U0573018

Strategy: A History 战略：一部历史［上］

［英］劳伦斯·弗里德曼（Lawrence Freedman） 著　　王 坚　马娟娟　译

社会科学文献出版社
SOCIAL SCIENCES ACADEMIC PRESS (CHINA)

本书获誉

（弗里德曼的）著作在取悦专家的同时仍然能为普通读者所理解，这对于驾驭此类体裁来说是种难得的本事。正因为如此，他写出了可以说是迄今为止最棒的一本有关战略的书籍。

——《华盛顿邮报》（*Washington Post*）

权威……渊博的学识和密集的论点。

——《经济学人》（*The Economist*）

这是一部蕴含着惊人的视野、学识以及重于一切的智慧的著作。

——《金融时报》（*Financial Times*）

全面而有力的战略概论……提出问题并解答问题的清爽文字——无论是对于广告宣传策划师还是军事计划制订者都助益无穷。

——《柯克斯评论》（*Kirkus Reviews*）

劳伦斯·弗里德曼爵士长达750页的代表作《战略：一部历史》堪称一部不按字母顺序编纂的百科全书，字里行间耐人寻味……虽然弗里德曼此前的一些著作对大战略已多有阐述，但是《战略：一部历史》却把读者放到了战略层面，使之成为大战略的一个子集。

——《新标准》(*New Criterion*)

《战略：一部历史》无疑是我多年以来读过的最雄心勃勃的书了……任何人都会对其中的某些内容提出异议，但没有人能否认它带给自己的充实感和智力挑战。它将会作为经典留存于世。

——马克·斯托特，《战争困境》(*War on the Rock*) 作者

《战略：一部历史》是由一位英国军事史学家打造的一部雄心勃勃且卷帙浩繁的巨著，他曾就核武器与冷战战略、马岛战争、当代军事以及其他战略主题撰写过大量内容优秀的著作……弗里德曼以令人钦佩的坦率态度告诉我们，他在1994年就拿到了本书的出版合同，而且“开始时写作思路总是不顺”。看看令人生畏的主题涵盖范围，这完全可以理解。再看看他在诠释这一主题时所表现出的睿智和解析才华，等待也是很值得的。

——《每日野兽》(*The Daily Beast*)

一部杰作……具有非凡的洞察力，语言极其透彻，弗里德曼的巨著是政治理论领域一项严肃的学术研究，它跨越多个领域，对军事规划、战略系统和权力本质感兴趣的人都会被它吸引。

——《出版人周刊》(*Publishers Weekly*)

这是一次非凡的战略探索……充满惊喜，凸显无与伦比的

博学。这部睿智的作品让我们明白，世界上最懂战略的人也许是那个对战略最不在意的人。

——《国家评论》(*National Review*)

这是一项博学的、百科全书式的研究，必然会成为学科标杆。

——《战略与经营》(*strategy + business*)

这是一部迷人的作品，回顾了我们创建明智决策时所能用到的各种工具。

——谢里丹·乔宾斯 (Sheridan Jobbins)，
世界经济论坛博客

劳伦斯·弗里德曼展现了他是个不折不扣的世界领先战略思想家，他认为相比权力平衡，战略在更大程度上是源自形势的核心艺术。

——约瑟夫·奈，哈佛大学教授，《权力大未来》作者

这是一次历经古往今来、世事变迁，有关战略思想含义和结果的非凡浩大之旅。弗里德曼在该领域堪称大师，他凭借卓越的能力解开了有关战略复杂性和各种悖论的诸多曲折。

——罗伯特·杰维斯 (Robert Jervis)、
阿德莱·史蒂文森 (Adlai E. Stevenson)，
哥伦比亚大学国际政治学教授

这是一部绝妙之作——战略领域的顶尖社会科学家全面、

深刻地综述了战略的本质。从战略来看：历史是清晰而冷静的，时而可悲，时常讽刺，给人启示。

——菲利普·罗比特（Philip Bobbitt），
《阿基里斯之盾：战争和平与历史进程》
（*The Shield of Achilles：War，Peace and the Course of History*）作者

这部内容充实、全方位的作品阐释了“战略”历史的各个维度……如此雄心勃勃的探索为读者提供了战略研究领域的实用入门之道。

——*CHOICE*

献给朱迪丝

目　录

第三部分　底层的战略

第四部分　上层的战略

第五部分　战略理论

前　言

在遭到迎头痛击前，每个人都是有计划的。 ix

——迈克·泰森

人人都需要战略。长期以来，人们一直认为胸怀大略是军队将领、大公司高层领导和政党领袖们的事情，但其实在今天，任何一个像样的组织都不敢想象没有战略该如何生存。人类事务充斥着无常与困惑，探索出路困难重重，但相比战术层面的计策，宏观的战略方法依然是解决问题的首选，遑论那些灵机一动得来的所谓妙招。胸怀战略意味着拥有高瞻远瞩、抓大放小、治本而非治标、放眼全局而非只见细节的能力。离开了战略，什么直面问题、追求目标就只是空谈而已。无论军事行动、企业投资还是政府计划，要想获得支持就必须先有一套可供评估的战略。一个具有“重要战略意义”的决策显然比相对循规蹈矩的常规决定更具价值。由此可知，比起那些只会出主意的建言者和负责实际操作的执行者，战略决策制定者的地位更高。

战略并非专为面临生死抉择、成败决断的强国和大公司打造，更多的世俗杂事同样离不开它。当在实现既定目标的过程
中遭遇障碍，或者需要对资源的有效利用和有序分配做出判断 x
时，战略就有了用武之地。在商业领域，首席执行官负责公司

的整体战略，其下的采购、市场、人力资源等部门则各有各的分战略。医生需要临床的战略，律师讲究起诉的战略，社会工作者则必备提供咨询服务的战略。至于个人，不管是追求职业发展、承受生离死别，还是填写纳税申报单，甚至训练宝宝大小便或买辆汽车，也都需要具体的战略帮忙。事实上，在当今世界，只要是人类活动，哪怕再低微、再平庸、再私密，也不可能抛开战略行事。

对于那些渴望获取更多有效战略的人来说，目前已经有大量书籍可供参考。这些书风格各异，适合拥有不同需求的读者群。有的书靠幽默调侃取胜，有的书采用大字印刷取悦读者，还有的书则把成功者的励志故事当作卖点。其中一些大部头的学术巨著运用图表来详细阐述与战略相关的众多复杂因素，中间不时夹杂着行动指南，提醒读者如果认真照做，起码会增加成功的概率。书里还会使用大段催人奋进的文字，鼓励人们大胆思考、果断行动，承诺读者如此必胜。但这些书只不过是陈词滥调的大杂烩，它们教人如何与对手做斗争，教人如何拉拢潜在盟友，其意见不尽一致。另外一些书则更具哲学反思意味，热衷于探讨冲突悖论以及一味追求远大目标所导致的僵化陷阱。甚至还有一些书专门教人如何成为空想战略家，其方法居然是看影视剧、重新打一场古代战争，或是在想象的宇宙中用复杂规则和特殊武器统治外星人。

那么，有没有这样一个词：它绝不空洞，却能同时适用于好几种事物，比如战争计划、政治竞选、商业交易，当然还有应对日常生活压力的种种方法？专栏作家马修·帕里斯（Matthew Parris）曾经哀叹，“战略”这个词已经被滥用到无所不在的程度，只要提及理想目标，人们就会心安理得地称其为“战略”。他质疑，为什么在经济停滞、负债累累时，人们会呼唤“增长战略”，而在应对干旱的时候，却没有人提出“下雨战略”呢？“负罪的人需要美德战略，吃不饱的人需要食物战略。”他注意到，“如今人们常常喜欢绕着圈子来证明某个论点，其实即便将任何一段话里的‘战略’二字抹去，也不会有损于说清道理”。[1] 然而，当我们试图根据自己的目标和能力预先制订行动计划时，“战略”一词仍是对这种行为最恰当的解释。虽然这个词经常遭到滥用和误用，其本义已被冲淡，但它形象地抓住了整个决策过程，显然无可替代。从这方面来看，“战略”“权力”“政治”这些词颇有相似之处。人 xi
们在学术作品中探究它们的确切意义，却难下定论；而在日常话语中，这些词表达的意思往往是不清晰、不明确、不严谨的。

目前，还没有一个公认的定义能够描述“战略”的范畴并划定其界限。在当代常用的定义里，“战略”指的是：明确目标，为实现目标获取资源和方法，在结果、方式、手段三者之间保持平衡。[2] 保持这种平衡不仅需要找到实现目标的方法，还需要不断调整目标，以便运用可行的手段发现最现实的成功路径。不过，这一过程只能用来描述最简单的任务，如果实现目标轻而易举，或者无须和其他人斗智斗勇，再或者行动的风险微不足道，那么就很难称其为战略。总的来说，只有在出现真正或潜在的矛盾、发生利益冲突或者需要做出决断时，战略才会发挥作用。正因如此，战略远远不只是计划。所谓计划是事先假定一连串事件，使人能够胸有成竹地随其发展进程来采取行动。而当有人因持不同意见，或出于对立的利益和关切考虑要挫败某人的计划时，就需要运用战略了。有时候冲突比较温和，比如在同一个组织内部，人们虽然各司其职，但追求的仍是同一个目标。拳击手迈克·泰森曾说，精确的打击能够挫败最聪明的套路。由于偶发事件、对手干扰、盟友失误等种种因素的存在，人类事务天生不可预知，这些都为战略增添了挑战和戏剧性。人们往往期待战略从最开始就能够提供一幅理想的最终图景，然而在实践中，事先设定的种种目标很难按部就班地逐一实现。相反，事物的发展进程会随着状态的变化而改变，完全不像事先所预估或期待的那样，这就需要对先前的战略以及最终目标进行重新评估和修正。本书即将展现的战略是流动的、灵活的，它受制于起点，而不囿于终点。

战略还常常被描述为一场决斗，一场爆发于两股对立意志之间的冲突。这反映了“战略”二字的军事血统，因此它也常被拿来和摔跤比赛做对比。同时，战略也可以被看作使用标准二阶矩阵算法对博弈论所引发的冲突建模的结果。但涉及战略的情境极少有这么简单的。在拳击场上，迈克·泰森的对手几乎没什么选择余地，但如果可以打破比赛规则，允许他从场外找个帮手，那么他的获胜概率会大大提高。可见，与人结盟不失为一种最精明的战略行为；同理，防止对手采取同样的对
xii 策也很重要。用决斗来比喻战略并不恰当，前者进行到最后只能有一名胜者。而冲突是可以通过共享利益，或者另寻搭档并打造一个获胜联盟来解决的。不过，鉴于这两种做法都需经过复杂的协商，让普通支持者们相信必要的让步很划算、很明智也许并非易事。由此可见，战略中既包含谈判劝说，也存在威胁施压；既讲究心理战术，也注重物质效果；既要靠言语，也要看行动。这就是战略被视为核心政治艺术的原因所在。讲究战略即意味着打破最初的力量平衡，从所处的既有态势中获取

更多利益。战略是一门打造力量的艺术。

对于那些天生的强者来说，运用战略并不困难。合理利用优势资源有助于获得成功。圣经中有句名言："赛跑未必快者赢，打仗未必强者胜。"[3] 美国作家达蒙·鲁尼恩（Damon Runyon）对此做了补充，"但下注的时候还得押快马"。和强者较劲，能让人在道德品质和英雄气概方面挣得高分，但通常也会降低人的判断能力和行事效率。因此，在单凭力量对比注定要失败的情况下，真正考验创造力的是弱者战略。擅用弱者战略的人会运用超常智慧，随时留意成功的机会。力量较强的一方往往对自身的优势资源习以为常，其策略不免单调、呆板、力量有余而机智不足。弱者战略利用的就是对手这方面的缺陷。善于运用这种手法的典型人物有奥德修斯、孙子、李德·哈特，阿喀琉斯、克劳塞维茨和约米尼则不在此列。前者善于使用欺骗、诡诈、伪装、迂回、速度、急智等手段，以合理的代价谋取胜利。无疑，靠智慧而非暴力取胜更能给人带来满足感。只是，当对手既掌握着优势资源又足够警觉、勇敢、聪明时，问题就有点棘手了。

"Strategy"（战略）的词源可以追溯到古希腊语。但从中世纪直至现代，有关战略的参考资料往往将其指向"战争的艺术"。像同盟的价值、战斗的作用、军力和计谋的各自长处这些后来被牢牢纳入战略范畴的问题，很早就进入了人们的视野。直到十八世纪晚期，"Strategy"一词才开始在英国、法国和德国使用，从中可以看出，在启蒙运动的乐观气氛下，人们认为战争和其他领域的人类事务一样，能够靠运用理性而获益。这同时反映了战争的需求。当时的战争因涉及规模庞大的军队和漫长的后勤补给链，用兵更需要认真准备和理论指导。

从前，战争的目标和手段也许合二为一地藏在战斗指挥者的脑子里，由此人负责构想并实施战略。渐渐地，这些功能被分解
xiii 开。政府设定目标，让各路将领去完成。后者招揽专业人士设计行动计划，然后再交给其他人去落实。

鉴于各种军事隐喻已经被广泛而熟练地应用在包括计算机命令语言在内的其他活动领域中，政界和商界领袖们采纳战略思想也就不足为奇了。1960 年之前，有关商业战略的参考资料尚且寥寥无几，直到七十年代才渐成气候，而到 2000 年，它已经在数量上超过了军事战略参考读物。[4] 这些管理和商业类著述扩大了战略一词的应用范围。各种组织的计划和政策，至少是那些最重要的、意义最深远的，纷纷被称作具有“战略性”。很快，人们在思考最佳职业选择时，也用起了战略这个词。二十世纪六十年代的社会和哲学运动鼓励让“自我”变得更加“政治”，此举潜移默化地将战略引入了更基本的社会关系。

企业需要策划团队来设定目标，供其他部门贯彻执行。政治家要聘用顾问出谋划策来赢得选举。于是，那些在这方面颇有经验的能人志士纷纷就战略原则著书立说、各处宣讲，传授放之四海而皆准的成功诀窍。由此，战略的兴起已经和组织官僚化、职能专业化，以及社会科学的发展结合在了一起。这反映出，人们希望通过经济学、社会学、政治学、心理学方面的专业化研究使世界变得更易于理解，进而更具可预测性。这样，人们便能够对当前的环境形成更充分的认知，做出更准确的判断，采取更有效的行动。

战略家的不断进步引发人们对他们的种种控制设想和集权架构的质疑。战略一直以来被看作一种自负和一种幻想，炫耀

万事可由精英人物自上而下地操纵。批评者指出，促成意外结局的往往不是少数人的深思决断，而是无数的凡人俗事，芸芸众生虽然无法纵览全局，但也在各种条件下尽其所能地应对着周围的一切。这样的观点促使人们提出了对分散决策和个体权力的要求。反之，这样的需求又促使战略成为人们应付日常生活变化的一种越来越个性化的手段。

本书描绘了上述不同途径的演变过程，从一种极端的严格集中规划到另一种极端的无数个体决策。从中可见，军事、政治和商业等不同领域在某种程度上一直存在着趋同的观点，即
最出色的战略实践在于令人信服地说明如何将一种不断发展的 xiv
形势转变为一个理想的结果。二十世纪六十年代末至七十年代初，人们开始流行将战略思考当作一种特殊叙事；当发现一个中央计划可以掌控大公司，甚至战争时，他们的幻想破灭了。认知心理学和当代哲学的发展更是共同强调了建构的重要性，人们可以通过它来解读各种事件。

作为一部历史，本书旨在探讨战略理论中一些影响战争、政治和贸易活动的最突出主题的发展演变，同时也不会忽略其间出现的各种批评和异议。读者也许会感到奇怪，为何某些人物会出现在书中？为何某些章节好像根本没有提到战略？原因就在于，为战略创造条件的理论才是重点。这些理论设置了战略家们必须解决的问题、他们所依托的环境，并决定了他们的政治和社会行为方式。因此，本书论述的并不是如何制订计划应对冲突，或是如何借助实用知识应对各种不确定因素，而是理论与实践之间的关系，甚至是作为一种实践的理论本身。战略为人们提供了一条入门途径，使之了解到各类话语：对理性行为意义的抽象构想以及对控制与反抗的后现代沉思；对因果

关系的论证以及对人脑工作的洞察；有关如何最有效地在战斗中打击敌人、暗中给竞选对手使绊、把新产品推向市场的实用性建议。战略家们讨论过各种方法的实际效用，不仅有形形色色的威逼强制手段，还包括各种引诱、压力之下的人性、行动中的群众组织、谈判技巧、美好的社会愿景，以及道德行为标准。

我在本书中采用的研究方法没有遵循任何特定的社会科学流派。实际上，我一直在设法说明如何用各种学术策略来解释特定流派的大行其道。最终，我想出了写部战略剧本的主意，即把战略当作一个故事来思考回顾。我知道，这样的剧本离不开写作过程中形成的分析脉络，但我希望即便读者不认同书中的分析内容，也能对其中的历史部分感兴趣。战略之所以让我着迷，就在于它是一门关于选择的学问，正是因为这些选择至关重要，其背后的论证才值得认真研究。战略是决策者的重大决定，关系个人发展和组织生存，同时它也是一种深入人心的见解和价值观，既有影响大众生活的使命，又为塑造国家未来方向提供机会。用这种方法研究战略可能有些离经叛道，在各
XV 式各样的社会科学中，随机与无序、失调与矛盾、例外与反常的东西，都是必须受到控制的尴尬异类。但有了战略，就必须严格地对这些异类给予特别关注，因为当事者的无能为力或者意外成功都会改变事情的预期。这种研究方法或许无助于演绎出什么伟大的理论，但它能够让学生体会到一些最具挑战性的决策过程中的刺激和起伏变化，而不用担心没有数学证据。

为了更好地驾驭这个主题，我将重点落在了西方关于战略的种种思考上，最近我还特别关注了美国人的研究方法。我希望将本书的主题和更广泛的政治、社会理论发展联系起来，因

此不可能进行更大范围的地域性综合研究。我深知不同的文化孕育了不一样的深刻见解，但美国不只是世界上最强大的国家，也是近些年在知识领域最具创新能力的国家。在古代，雅典人首开先河；十九世纪末，德国人独领风骚。将研究限定在西方文化范畴内的好处在于，这样就有可能提炼出一段时间内不同领域活动的影响和共同的主题。可选择性同样很关键。我在书中提到了一些经典文本（其作者常常被人提及）以及一些曾经轰动一时但现在已被遗忘的人物（他们通常也不值得被人铭记）。我还寻求将战略思想领域的潮流和趋势纳入书中。为了让书中的讨论有充分的依据，我一直牢记着雷蒙·阿隆（Raymond Aron）有关战略思想起源的一句话："它从每个世纪汲取灵感，甚至不放过每一个历史瞬间，各种事件本身暴露的问题也提供了诸多启示。"[5] 为了弄懂这些大理论家的思想，呈现其理论精髓，深入思考他们曾经回应过的诸多事件就十分重要。但是，我们大可不必像乔治·奥威尔（George Orwell）那样去评论一本有关战略的书籍。奥威尔称："将历史变迁追溯至某个理论家，这并不令人信服，因为离开了有利的物质条件，任何理论都无法立足并发展。"[6] 思想的历史之所以令人着迷，部分原因就在于一种环境孕育出的思想可以在另一种环境中继续生存，并获得新的意义。

叙事作为一种思考和传播战略的手段变得越来越重要，这也是本书想要突出的主旨之一。因此，我力求向读者说明那些最重要的战略构想从何而来，其背后的构建意图，以及它们的意义是如何随着时间变化的。为了和这种叙事主题保持协调一致，我还引用了圣经以及荷马、弥尔顿和托尔斯泰等人的文学作品中的一些例子，来阐释战略行为的核心问题及相应对策。

xvi 本书由探讨“史前”战略开始，讲述了西方文化传统的两大源头——希伯来圣经和古希腊的伟大文献，以及几位影响力最持久的战略著作家——修昔底德、孙子和马基雅维利。书中的第一部分着眼于军事战略。第二部分关注的是政治战略，尤其是失败者的政治战略。第三部分则从大型组织，特别是商业组织负责人的角度出发，思考了战略的发展。这部分内容篇幅最短，因为它只涉及半个世纪的研究资料，而不像前两部分那样动辄横跨两个世纪。最后一部分思考了社会科学对当代的贡献，并寻求对重要的主题加以归纳总结。

为了写作本书，我涉猎了一些自己不太熟悉的领域。这正好为我提供了一个机会，以钻研那些曾经在大学时代接触过，如今却已经模糊或早已忘却的知识和问题。在政治理论课上，老师曾要求我们阅读原著，而不只是读一些相关评论。我是这样做的，但这并不意味着我没有广泛参考他人对名著的解读。我吸取了众多专家的见解和观点（我希望没有断章取义）。写作本书的部分乐趣在于，我可以借此接触一些美妙的学问，既有社会科学方面的，也有一些与我的专业相去甚远的领域。我的同事们做出了最大的努力，但毫无疑问我在某些方面却做得有些过犹不及。不过，这些研究工作加深了我的一个感想，那就是学者们过于在意自己能否在学术圈子内留下好印象，而没有充分注意到圈子外的发展动态。鉴于这种态度显得苛责挑剔，我希望它没有冒犯别人。当然，还有许多问题值得探讨，我衷心希望读者能发现书中错漏并不吝赐教。

鉴于我的专业领域和战略这个话题的渊源，本书的大部分内容都和战争有关，不过我已经尽量在书中兼顾了革命、选举、商业战略等方面，并研究了它们之间的相互影响。虽然我接触过许多打过仗的人，但我自己并没有经历战争。我在学生时代曾非常热衷政治，积极参与过许多有关改革、革命、暴力等问题的讨论。后来在伦敦国王学院，我在各种管理岗位上工作了大约30年（到最后我的头衔中甚至都有了“战略”二字）。出于这些原因，这段时间里我一直尝试着像思考战略问题一样，从战略角度去思考所有的问题。

第一部分

※

起　源

一　起源1：演变

人类的祖先是一身毛发、长尾巴的四脚动物，可能还 3
有在树上栖息的习性。

——查尔斯·达尔文

在本章中，我认为人类战略的基本特征中存在着若干跨越时空的共性，包括欺骗和结盟的方式，以及暴力的推动作用。这些特征是那么原始质朴，以至于可以从黑猩猩身上寻到蛛丝马迹。黑猩猩具有自我意识，它们对同类的了解甚至达到了足以蒙骗它们的程度，它们在有所得或遭拒绝的时候，还会分别做出感激或报复的举动。它们有自己的交流方式，会仔细思考面临的难题，甚至还懂得未雨绸缪。

人们原先认为，黑猩猩的社会关系很有限。但是，相继对野生和动物园里的黑猩猩进行多年观察后，这种看法受到了质疑。显然，住在同一个地方的黑猩猩个体之间经常聚在一起，并形成了各种复杂的关系。它们不但一起劳动，还相互打架。战略研究者特别感兴趣的是，黑猩猩的行为和权位、利益有关。它们用梳理毛发、发生性行为、提供食物等手段拉拢潜在支持者，拉帮结伙建立同盟。它们也懂得控制冲突的重要性，
只有这样才能合作共处。激烈争吵之后，它们会相互亲一亲， 4
修补关系。它们还会刻意展示自己的弱点，目的是获得对方的

信任。[1]

二十世纪七十年代，弗朗斯·德瓦尔（Frans de Waal）观察一群生活在荷兰阿纳姆（Arnhem）动物园的黑猩猩，并做了大量内容丰富的笔记，由此揭开了一系列举世瞩目的“好戏”。他在 1982 年出版的《黑猩猩的政治》（*Chimpanzee Politics*）一书中，就黑猩猩社会的复杂性得出了一些令人吃惊的结论。他认为，黑猩猩的结盟方式和权力斗争表明，它们的行为举止称得上是“政治性的”。[2]

对黑猩猩来说，天生的蛮力作用有限。掌权的雄性黑猩猩主张权力时全身毛发倒竖，看起来比实际模样更大、更狰狞。它扑向成群的属下，对方立刻四散奔逃。接着，其他黑猩猩便会谦卑顺从地问候它，或者极为精心地为它梳理毛发，让它享受应得的尊崇。然而德瓦尔发现，每当黑猩猩的等级体系发生变化时，攫取权力者并不一定是最强壮的。当其他黑猩猩“选边站队”或“另投他主”时，社交策略就会更重要。这种等级结构的变化并非突如其来，而是有条不紊地展开的。

德瓦尔跟踪记录的第一起“政变”发生在一只名叫耶罗恩（Yeroen）的雄性掌权黑猩猩身上。起初，耶罗恩受到绝大多数雌猩猩的拥戴。但是，另一只雄性黑猩猩鲁伊特（Luit）向它的权威发起了明目张胆的挑战。耶罗恩面对挑衅不知如何应对。鲁伊特还当着耶罗恩的面和一只雌猩猩发生性关系，公然侮辱其权威。接着，鲁伊特找来雄猩猩尼基（Nikkie）结成同盟，让局势向对自己有利的方向扭转。在权力斗争的过程中，两只黑猩猩动用了各种战术，它们不仅展现力量和决心，还想方设法通过梳理毛发、陪小猩猩玩耍等手段鼓动雌猩猩叛变。过去，别的黑猩猩生怕耶罗恩发脾气而不敢有什么背叛的举动，但后来随着耶罗恩发火的次数越来越多，它的怒气就渐渐失去了威力。最终，耶罗恩认输，但斗争还在继续。现在鲁伊特成了掌权者，耶罗恩准备和尼基一道发起反攻，即便不能重掌大权，也要夺回往日的一部分特权。

整个“政变”过程中，实实在在的战斗只发挥了很小的作用。黑猩猩们很少撕咬，那是所有攻击行为中最危险的举动。德瓦尔认为，与其说战斗改变了黑猩猩们的社会关系，倒不如说它反映了社会关系的变化。猩猩们似乎知道要控制暴力，因为它们今后可能还要团结一致对付外敌。它们好像也懂得调停与和解。一旦达到目的，它们的行为方式就会跟着改变，比如输赢双方都不再会咄咄逼人地发起挑衅。

德瓦尔认为，黑猩猩们这一战略性行为的核心要素在于， 5
它们能否在个体之间相互交流，能否意识到各种社会关系，比如别的黑猩猩如何结成同盟关系，以及如何瓦解这些联盟等。在做出决定之前，黑猩猩们要完全了解自己行为的潜在后果，并在某种程度上规划一条通向目标的路径。果然，黑猩猩们展现出了上述所有特性，德瓦尔因此得出结论：“政治的起源比人类更古老。”他在后来的作品中以这些独到的见解为基础，用各种证据表明，灵长类动物具有表达容忍、自我牺牲、约束克制的能力，这意味着它们有心灵沟通、理解他人感受的能力。要做到心灵沟通，至少要对他人有一定的情绪敏感度，最高的境界是具备理解他人观点的能力。德瓦尔认为，这是“社会交往、协调活动以及合作实现共同目标等行为规则的核心”。[3]

战略的另一个至关重要的特性是欺骗，即为了改变他人的行为而故意发出不真实的信号。有些猩猩会趁强势的雄性猩猩不注意的时候骗取同类的食物，或者开小差偷偷追求雌性猩猩。同样，做出这些行为也需要和其他猩猩进行一定程度的沟通。要想误导别人，就得先明确理解他们的正常行为。

不管是黑猩猩还是人类，所谓的“战略智慧”是从严酷物质条件下的生存需求出发，通过复杂社会环境中的相互作用发展而成的。试想人类的大脑，它的重量只占成人体重的2%，却消耗人体20%的能量，远远超过其他任何器官。既然它的运行成本如此高昂，就必然有极其重要的用处。理查德·伯恩（Richard Byrne）和纳迪亚·科普（Nadia Corp）研究了灵长类动物主要分支中的18个物种，将它们的新大脑皮质的尺寸和实施欺骗行为的数量进行比照。他们认为，大脑尺寸和社交智慧之间存在某种联系，后者包括合作共事、应对冲突以及施展诡计的能力。[4] 按照进化论原则，当遇到更强壮、更弱智的其他物种发起挑衅时，这些技能无疑极具价值。如果新大脑皮质的尺寸限制了某个动物的精神世界，那么与其相关的其他动物也会受到牵连，这也决定了当它遭遇冲突时能够找到多少同伙。因此，脑部尺寸越大，该物种运作大规模社会网络的能力就越强。伯恩提倡“马基雅维利智慧”这个概念，使战略和进化之间建立了联系。尼可罗·马基雅维利为十六世纪时的意大利人找寻到的这一基本生存技巧，竟然与大多数原始社会群体的生存需求如此相似。[5]

6 这个概念的发展部分结合了对大脑生理发育的研究，对灵长类动物和人类的密切观察，并考虑到了生态和社会因素的影响。我们的祖先遭遇了种种智识上的挑战：他们要仔细琢磨如何才能高居树上而不掉下来；如何造个安全的住所并在那里睡上一觉；按照什么样的顺序操作才能得到并吃到那些外表长刺或外壳坚硬却营养丰富的稀有食物。体力劳动涉及一连串动作，需要事先计划。无论促进人类大脑进化发育的是何种生态需求和物理需要，在某种情况下，这个关键性驱动因素演变成了维护具有一定规模和凝聚力的社会群体的需求。要想在群体中发挥有效作用，就需要了解其他成员的个性，他们在群体中的等级地位，他们喜欢谁、忠于谁，以及所有这些情况在特殊条件下可能意味着什么后果。

暴力战略

有一种重要的复杂情况是，动物们需要对付与自己没有社会联系的其他群体，并同它们展开较量，查尔斯·达尔文称之为“生存竞争”。潜在的合作与限制冲突意识或许塑造了群体内部的社会关系，可一旦和外来群体发生对峙，这些意识就会被其他指令替代。个体攻击行为是动物们的家常便饭，但群体之间的搏杀概率就低多了。蚂蚁是最好战的动物之一。有人说，它们奉行的外交政策是“永无休止地侵犯，武力争夺地盘，尽其所能地消灭邻近群体。如果蚂蚁掌控了核武器，它们很可能不出一个星期就毁灭整个世界”。[6] 蚂蚁群体中有专门负责打仗的兵蚁，它们没有生育能力，因此即便在战斗中阵亡也不会威胁部落的数量规模。蚂蚁的作战目标很明确：抢夺食物，占领地盘。一群蚂蚁战胜其他群体后，胜利者会把败军的粮食储备转运到自己的巢穴中，败者不是被杀死，就是遭驱逐。蚂蚁打仗毫无战略可言。它们凭借的是残忍无情的蛮力消耗。蚂蚁们紧紧贴在一起，形成一大团，肆无忌惮地猛攻敌人的防御工事，完全没有谈判和协商的余地。

相比之下，研究发现黑猩猩身上表现出了战略智慧。其他

物种的雄性之间可能会为了争取和雌性交配的机会而展开一对
7 一厮杀。值得注意的是，有时候两个邻近的黑猩猩群体之间会发生冲突，并导致一些黑猩猩死亡。这种情况不符合黑猩猩生活的常规特性，它更可能发生在某种特定的条件下。这也再次表明，黑猩猩之间的战斗是策略性行为，而不仅仅是出于攻击本能。

在有关黑猩猩交战的观察记录中，最值得关注的是珍妮·古道尔（Jane Goodall）的研究成果，她是研究黑猩猩社会生活的开拓型学者。从二十世纪六十年代起，她在坦桑尼亚冈贝河国家公园观察研究黑猩猩。她多次发现，单独活动的猩猩会被附近其他部落的雄性黑猩猩杀死。一次，两只掌权的雄性黑猩猩吵翻了，导致部落分裂成卡塞卡拉（Kasekala）和卡哈马（Kahama）两部分，敌对双方由此在冈贝河国家公园里展开了一场惊心动魄的斗争。这场旷日持久的冲突从 1973 年延续至 1974 年，最终以卡哈马部落不复存在而告终。卡塞卡拉部落抢占了卡哈马部落的地盘，并掠走了雌性猩猩。[7] 古道尔发现，采取防守行动的时候，黑猩猩们会呼朋唤友地去打仗，很快赶到最需要它们的地方。为了实地察看存有潜在争议的地区，黑猩猩们还要在部落边界附近巡逻。由于存在被强势部落抓获的风险，巡逻的黑猩猩表现得异常谨慎，尽量避免发出一切不必要的声响，还要不时察看有没有敌对部落留下的任何蛛丝马迹。它们收起了平日的喧闹，直到返回自己熟悉的领地才恢复常态。这些巡逻行动中最令人意想不到的是，当黑猩猩们跨过边界深入敌人领地时，它们会一下子变得比平时更具掠夺性。黑猩猩们不惜花费大量时间，一声不响地等待机会攻击弱小的受害对象。一旦它们出其不意地抓到猎物，就不会轻易放手，对手即便不死也是奄奄一息。

有人认为，从上述研究中得出结论过于草率，因为黑猩猩的栖息地已经被人为缩小，而且古道尔对它们的食物供应施加了一定的外力影响。她用设置投食站的方式把黑猩猩从密林深处引诱出来，这种做法加剧了黑猩猩部落之间的竞争。与她相反，德瓦尔观察黑猩猩的手段则是操控、干预黑猩猩的食物分配，降低冲突水平。古道尔曾经不无遗憾地承认，她的干预确实怂恿了黑猩猩采取更多的攻击行为，但同时也指出这并不妨碍她得出结论，即在某些特定条件下，黑猩猩的行为举止会变得很独特。况且，古道尔的发现并非一家之言。研究人员对其他地方的黑猩猩群落进行密切观察后也发现，虽然打仗的事情只是偶尔发生，但这显示出它们的确有战争能力。

黑猩猩为什么打仗呢？进化生物学家理查德·兰厄姆（Richard Wrangham）认为，冲突的根源是它们“希望改善获取食物、雌性猩猩或者安全感的途径”。黑猩猩以成熟果实为
食，而果实的数量和分布反过来也是它们自身消化系统的产 8
物，因此在寻找食物的过程中，相邻部落之间的权力关系就很重要。当果实数量不足的时候，黑猩猩会独自上路，或者三五成群组成小队去寻找食物。食物分布地点很不均衡，某个部落的领地上可能食物非常充足，而有些部落则没果子吃。这就是造成冲突的原因，同时也解释了为什么强大的部落总想寻找机会欺负弱者。兰厄姆认为，成年雄性黑猩猩会“评估暴力行为的成本和收益”，当“可能净收益足够高时”就会出手进攻。杀戮行动的后果之一是，某个部落的相对地位会大大提高（这些部落一般规模都不大，任何一名部落成员死亡都会产生很大影响）。兰厄姆把这种现象称作“权力不平衡假说，它说

明造成黑猩猩之间相互攻击和杀戮的因素有两个：一是部落之间的敌意，二是竞争对手之间巨大的权力不对称”。[8] 这就是产生杀戮的原因，但并非潜在冲突的根源，真正的冲突根源是争抢某种稀缺的和攸关生死的资源。

比极端暴力行为更突出的是黑猩猩对待冲突的审慎态度。古道尔在观察中发现，“当一小支巡逻队遇到规模稍大或者雄性成员较多的队伍时，即便在自己的领地范围内，它们也会转向逃跑；反之，一大群黑猩猩即使走出自己的领地，只要来者在数量上不占优势，它们十有八九要追打对方”。有时候两群黑猩猩不期而遇，双方无论在成员数量还是成年雄性的力量方面都旗鼓相当，那么典型的结局是双方“互相打量，发出各种声音进行展示交流，不会发生冲突”。[9] 因此，重点在于，黑猩猩在实现权力平衡的过程中表现得精明、狡猾。当遭遇强大对手而自己处于劣势的时候，它们会设法避免争斗，随时准备撤退；而当自己的实力强于对手时，它们则长驱直入。因此，研究者从来都没有记录过进攻方的黑猩猩遭对手杀死的案例，这也就不足为奇了。可见，输赢双方的差别不在于绝对战斗力量的强弱，而在于“双方队伍的相对规模及其组成结构”。[10] 这种对待暴力的务实态度凸显了黑猩猩的手段。

因此，进化论者认为，战略是关键资源稀缺和生存竞争二者造成的自然结果。但它涉及的不只是就天生力量、进攻本能而言的适者生存问题。在竞争中幸存下来的动物比对手更善于思考，能够更好地把握社会关系并懂得如何去操控它们。成功既来自智慧，也离不开强壮的体魄，从竞争一开始两者的重要性就不相上下，而通过外力协助来战胜对手的做法尤其聪明。

虽然现在只能从“行为和战争效果”两方面进行推断，

但人们认识到，在通常所说的人类原始战争中也存在相似的行为方式，只不过这些“战略”一直被当成“习惯性的默契”。[11] 9
它们看上去大多属于消耗型战略，靠经常性战斗和突袭来拖垮敌人，造成的伤亡不大，但也不排除偶尔发动一场出其不意的大屠杀。这样的胜利往往是绝对而彻底的：掠夺财产和食物，破坏房舍和田地，杀死或掳走女人和孩子。由于缺乏后勤支援，食物和弹药很快会消耗殆尽，因此这样的战斗不可能持续太长时间，也不可能拉开战线。突然袭击具备诸多优势。由于原始人部落一般安全防卫措施薄弱，而且在夜色下难以觉察小部队的活动，因此突然袭击往往令人防不胜防。况且，一旦发现时机不利，袭击者还可以选择撤退。阿扎尔·盖特（Azar Gat）指出，人们有充分的动机来避免公开战斗。在谋划杀戮之前，人们巴不得受害者“毫无防备地束手就擒，最重要的是，他们最好无法对攻击者形成有效伤害”。这些因素促成了一种“高度统一”的战争方式，它在“任何采猎和原始农业社会中”[12]均有体现。

通过对早期人类社会和黑猩猩群体的研究，我们发现了战略性行为所具备的一些基本特征。[13]这些特征源于引发冲突的社会结构。它要求实施战略性行为的人能够辨别个体之间的差异性特征，判断对方是潜在的对手还是盟友；能设身处地地从对方的角度考虑问题，以便通过传递印象或误导等手段来影响他们的行为。暴力行为虽然通过展现优势、表达敌意，在战争中发挥了一定作用，但最有效的战略不能仅靠暴力，还需凭借结盟的能力。本书余下章节所论及的各种战略行为，其基本特征也没有超出这个范围。战略性行为的基本特征从来没有发生过改变，改变的只是其所应对的局势的复杂性。

二　起源2：圣经

> 因为这一次我要使一切的灾祸降临到你自己、你臣仆和你百姓的身上，为要你知道在全地没有像我的。现在，我若伸手用瘟疫攻击你和你的百姓，你就会从地上除灭了。然而，我让你存活，是为了要使你看见我的大能，并要使我的名传遍全地。
>
> ——《出埃及记》第九章 14 – 16

有关战略起源（其实是万物之源）的另一种解释来自希伯来圣经。圣经从未在任何意义上提及战略是邪恶的。其中有许多故事围绕冲突展开（有时是同室操戈，更常见的是对付以色列的敌人），诡计和欺诈是惯用的手法。有些故事（大卫和歌利亚是最明显的例子）至今仍影响着人们思考和谈论战略的方式。然而，圣经中的最佳战略性建议是：永远相信上帝，遵守他的法律。上帝可能会允许别人左右事物的发展，但最大的操控者永远是他自己。如果上帝拒绝提供支持，那么十有八九要大祸临头。当上帝站在他的子民一边时，胜利就毫无悬念。

长期以来，神学界争论的中心话题是圣经的文字问题，以及由圣经引出的有关自由意志与因果论的议题。如果万事万物都可归因于上帝的意图，那么各自鲜明的人类欲望又算什么

呢？人类的意图是不是上帝意志的产物？人类的意图能否独立形成？对战略研究者而言，圣经读起来令人沮丧。圣经故事明 11
显倾向于将欺诈作为一种至关重要的战略实践，展现了赤裸裸的人性弱点。当某个人物身陷困境时，只要有可能，他就会使用诡计脱身。例如，雅各在母亲的纵容下欺瞒年老眼瞎的父亲，骗取了保留给长子以扫的祝福。后来，他又被未来的岳父蒙骗，娶了两个妻子。最终，雅各最宠爱的儿子约瑟被卖作奴隶，他被另外几个儿子欺骗而以为约瑟已死。圣经承认骗局中存在道德模糊感，认同受骗者的满腔愤怒，但面对强势而卑劣的势力时，也认可诡计的价值。在充满缺陷的人类世界中，欺骗与生俱来，经常光顾。

上帝允许人类在一定界限范围内有所作为，对此存在两种可能的解释。第一种解释是，所有一切最终无可探讨，因为人类所有活动都受制于一种更高级别的操控。第二种解释是，人类有能力自己做点盘算，但最终攸关的战略判断只有一个：要不要服从神的旨意。史蒂文·布拉姆斯（Steven Brams）运用博弈论分析圣经故事得出的结论是：上帝是个“最高级的战略家”。[1] 上帝有先发优势，任何事物只要不是最好的，就会令他不满。然而，布拉姆斯注意到，上帝虽然对自己的无所不知乐在其中，却并不享受自己无所不能的本事。与其说他是个纯粹的傀儡操纵大师，还不如说他深受其他玩家的影响。为了解释上帝的意志及其战略，布拉姆斯参考了哲学家莱谢克·柯拉柯夫斯基（Leszek Kolakowski）的观点。上帝“为了自己的荣耀”创造世界，但如果没人感恩，这一切就毫无意义。“他需要一个能让自己超凡卓越的大背景”，而这一切只有在创造世界之后才有可能实现，“因为这样他就有了崇拜自己的信众，也有了参照物来显示自己是多么受人爱戴”。[2] 从中可见，上帝的策略是允许人们做选择，他想让人们通过有意识的行为来选择服从，而不是事先定下指令让人们除了服从之外别无选择。即便个人意志行为是创世时刻神圣计划的一部分，人们依然被赋予了对选择的感知力以及算计的能力。圣经中经常提到，上帝操控人类的选择，进而创造条件来彰显自己的伟大神迹。

自从男人和女人来到世上接管上帝创造的新世界后，问题就出现了。上帝让亚当和夏娃住在伊甸园中，随即就开始考验他们。上帝先说：“园中各样树上的果子你们可以随意吃。”但关键是，分别善恶树上的果子是个例外。“如果你们吃了它
12 的果实，”上帝警告亚当，“那就必死无疑。”我们必须假设，上帝当初造伊甸园时早已萌生此意。如果上帝真的不想让亚当和夏娃犯错误，那又何必种下这棵禁果树。试验很快就失败了。夏娃不但自己尝了禁果，还鼓动亚当吃下禁果。面对怒火中烧的上帝，亚当一方面自责无知，同时也责怪“您赐给我的那个女人”的愚昧。就这样，他把罪责推回到上帝身上。

导致亚当堕落的罪魁祸首是蛇，它引诱夏娃违抗了上帝之命。在圣经的各个译本中，对蛇的策略描述各不相同，有的称其为“诡秘的”（subtle），有的是“诡计多端的”（crafty），或者是“狡猾的”（cunning）。它让夏娃相信，吃下禁果非但毫无风险，还能有所收获。禁果之所以不能吃，不是因为它致命，而是因为其力量。“上帝这样说，是因为他知道你们一吃了那果子，眼就开了；你们会像上帝一样能够辨别善恶。”蛇谴责上帝欺骗了亚当和夏娃。也许它有一定的道理。上帝确实认为，亚当和夏娃一旦吃下禁果就能够区分善恶，“成为像我们一样的存在”。万一他们摘下生命之树上结的果实，甚至还

可免于一死。正因如此，上帝将亚当和夏娃逐出了伊甸园；生怕他们吃了生命之果后长生不死，从而使上帝的威力大打折扣。[3] 因而，亚当和夏娃成了凡人，最终难逃一死（虽然亚当想方设法活到了930岁）。被逐出伊甸园后，男人从此要在土地里讨生活，女人则要承受生产儿女的苦楚。蛇受到的诅咒是用肚子行走，终生吃土。[4]

作为战略压制的十灾

上帝在自己拣选的子民面前彰显伟大的时刻，是他引领犹太人摆脱奴役、逃离埃及的那一刻。有一种看法是，与其说《出埃及记》记述了解放以色列奴隶，倒不如说它是一部有关上帝让子民感谢他、敬畏他、宣示其伟大力量的故事。根据这种解释，《出埃及记》中的故事简直就是一种巨大的操控行为。以色列人被怂恿离开一个他们并不急于逃脱的国家。因此，果不其然，以色列人后来被困沙漠时便开始怨声载道，此时上帝降临各种灾难，目的是让埃及诸神领教他的权能和优势。

戴安娜·李普顿（Diana Lipton）提出，《出埃及记》中很少关切以色列人所受到的压迫，更多反映的是以色列人受到埃
及生活引诱，逐步被同化的过程。[5] 以色列人进入埃及是因为 13
雅各的儿子约瑟，他在埃及社会位高权重。他们离开埃及则是由摩西引领的。摩西是个在埃及长大的以色列人，受上帝之命维护以色列人的独特身份。在摩西和法老打交道的所有过程中，大多数时候他的身份是上帝的使者。

《出埃及记》中比较偏爱的战略是胁迫，即利用威胁手段迫使目标（此处指埃及法老）投降。其难点在于如何影响目标人物心里的打算，让违背的潜在损失超越失去当下所造成的

损失。以色列奴隶对埃及很有价值，因此对埃及人的威胁必须很有分量，且胁迫手段必须保证有效。这些威胁虽是摩西发出的，然而他背后却是上帝在掌控。埃及人根本不信上帝这个神，也缺少充分理由来严肃地看待上帝。因此，第一个挑战便是如何改变埃及人的这种想法。这做起来并不难。但更艰难的挑战是，如何让法老有所触动。神使用的是一种标准的胁迫方式，用渐进式的“拧螺丝”手段施加压力，以便寻找到目标的痛阈。正因如此，法老才会屡次承诺服从，同时又一再背信食言。

摩西最初谦恭地向法老提出“放我的百姓走”。他要求允许希伯来奴隶行走三天的路程到旷野里祈祷和祭拜。他告诉法老，如果拒绝，“耶和华我们的神，（可能）就会用瘟疫、刀兵攻击我们”。可见，这个故事中最先受到胁迫的人其实是犹太人自己。摩西让他们夹在法老的权力和更为强大的上帝之间。而法老的回应是拒绝了解、尊重这个神，并且变本加厉地让希伯来奴隶去捡草做砖，让他们活得更加悲惨。这种额外的痛苦很快就打击了摩西的自信和可信度。

一开始，法老并没有受到惩罚。神让他目睹威力，目的是劝告他郑重看待上帝。摩西的哥哥亚伦当着法老的面，把木杖丢在地上，木杖变成了一条蛇。出人意料的是，法老的术士也会施同样的法术，于是亚伦的木杖把其他蛇全吃了。然而，法老不为所动，因为受过训练的蛇在埃及相当普遍。可见，摩西做了尝试，却无法用非惩罚性方式来达到目的。法老仍然不相信上帝的力量。

随后，十灾降临了。一开始，河水变成了血，但这对法老起不到什么作用。他的术士们声称，他们也能把水变成血。接着，从河里蹦上来大批青蛙。法老有点犹豫，容许以色列人去旷野祭祀。但青蛙一消失，法老就改变了主意。后来，虱子灾难住了法老的术士，他们终于遇上了自己不会的把戏，承认 14
"这是神的指头"，即神的手段。但是，法老仍然无动于衷。之后是苍蝇灾，在成群的苍蝇面前，法老畏缩了。可苍蝇灾一结束，他就背弃了先前说过的话。接下来是畜疫灾，瘟疫杀死了埃及人的牲畜；再往后是泡疮灾，每个人身上都长满了疖子。这时，上帝让摩西去见法老，并转告他：

> 容我的百姓去，好事奉我。因为这一次我要使一切的灾祸降临到你自己、你臣仆和你百姓的身上，为要你知道在全地没有像我的。现在，我若伸手用瘟疫攻击你和你的百姓，你就会从地上除灭了。然而，我让你存活，是为了要使你看见我的大能，并要使我的名传遍全地。你还向我的百姓自高，不容他们去吗？[6]

然后，冰雹灾袭来，摩西让法老通知每一个人赶在下冰雹之前带着牲口回家，否则就会遭殃。这一回埃及人紧张起来。有些人听从建议找到庇护所逃过一劫，那些无视警告的人则命丧此灾。

法老现在乱了方寸，他承认有罪，并同意一旦雷电和冰雹止住，就让希伯来人离开。可他仍不守应许。法老违背诺言，一意孤行成了罪人，加大了风险赌注。下一场祸害是蝗灾。灾难降临的前一天，臣仆们对法老说："这个耶和华为我们编织的罗网，要到几时呢？容这些以色列人去吧，埃及已经被他们搞得糟透了，你是知道的。"法老的态度软了下来，他召来摩西和亚伦，开始讨价还价。他问，谁要离开？摩西回答，每个人都离开，并且要把羊群、牛群一同带走。法老本来只打算让男人和孩子走。他认为，崇拜神灵这种事情和女人无关，而且把牲口带走的做法只能说明他们是不想回来了。但是，此时摩西的要求变得越来越复杂。他当初是为希伯来人争取一个外出祈祷的机会，这个最初并不过分的要求变得更加彻底了。

第八场灾难过后，蝗虫吃尽了雹灾后侥幸存留下来的蔬菜和果子，谈判继续进行。法老深感懊悔，可是等蝗虫散去，他的心依旧刚硬如铁。于是，三天三夜的黑暗之灾降临了。这场灾难令这个敬拜太阳神、害怕日食的王国惊恐万分。和第三次、第六次灾难一样，黑暗之灾来得很突然。这是神在警告，谈判的时间已经结束。黑暗过去后，法老同意每个以色列人都可以离开，但不准他们带走牛群和羊群。然而摩西回答说，必须带走每一个人、每一件东西。现在已经很明显，以色列人不是想要外出祈祷和祭祀，而是打算永久性地离开埃及。法老见势中断了谈判："不要再让我见到你。倘若我再见到你，你就休想再活了。"摩西答应，不会再回埃及。

上帝说，为了成功达到目的，他要再掀起一次更大的灾殃。即便是躲过前面九次灾祸的希伯来人，这次也须严阵以待。以色列人在房子上涂抹羊血，这样当上帝击杀埃及一切头生的子女时，只要看见血记号就会越过去。到了那个月第十四天的半夜时，整个埃及"无一家不死一个人的"。埃及人陷入了巨大的痛苦和惊恐。法老召来摩西和亚伦，让他们带着以色列人离开埃及。埃及人急于摆脱他们，因此打发所有以色列人带着所有的牲口快快离开，包括金银器和衣裳，他们要什么就带走什么。

失去这么多奴隶，对法老而言，是个巨大的打击。于是他最后一次改变主意，决定派战车、骑兵和军队去追赶以色列人。这一次，他又好了伤疤忘了疼。虽然已经屡次领教了上帝的威力，但他似乎只在大祸临头的时候才相信上帝的力量。最初，希伯来人看上去难逃一劫。他们畏缩在红海边，担心埃及追兵一到，自己就会葬身旷野。这一回，上帝已经没有时间用胁迫手段来对付法老了，干脆直接干涉。只见红海一分为二，海水退到两边，希伯来人从红海中间逃走了。埃及人紧跟其后，但分开的水墙合拢起来，吞噬了“法老的全军”。

这个例子中所采取的方法很独特，但其战略逻辑反映的还是“拧螺丝”式的逐步压制。评论家们甚至注意到了其中的逐步升级方式：前四个灾难只是令人讨厌而已，后四个灾难引发了真正的痛苦，而最后两个灾难则使埃及人陷入了绝对恐惧之中。还有人发现，这种不断升级的压力是两两出现的：前两个灾难都和尼罗河有关，第二对灾难扯进了昆虫，第三对灾难夺取性命，第四对灾祸分两个阶段破坏庄稼，最后的两个灾难则充分传达了上帝的力量。还有些人强调，每隔两个灾难，便会突降一次灾祸。我们不妨留意一下，上帝在向法老施压的过程中，每一次都会在方式方法上出现微妙变化。这一点很重要，它们对法老及其臣仆的心理产生了影响。

这个故事最显著的特点在于，劝说埃及法老在如此明显可信的超凡力量面前做出积极回应的难度竟然那么大。他为什么耗费了那么长时间才同意以色列人离开？如果埃及人根本不信或者疑心那只是虚张声势，那么所有的威胁就可能功亏一篑。
一开始，法老可能觉得看到了一个不同寻常的巫术，它只不过 16
比自己身边术士们的把戏更高级些而已。当法老的术士们承认这些神迹超越了他们的法术时，转折点出现了。但是，在整个压力不断升级的过程中，这个拐点出现得比较早。摩西随时可以证明，自己不是在吓唬人。

另一个问题是，随着压力增加，摩西的要求也在逐步升级。最初，他只是要求一个祈祷的机会，但后来这个需求演变成一次逃跑的机会。一旦埃及人表示巴不得以色列人马上离开，摩西又在要求中增加了带上足够的牲口和其他物品的条件，以便缓解未来一路上的物资匮乏。随着风险赌注不断加码，本来足以满足一般要求的威胁手段就变得不够分量了。

只要稍微读一下逾越节的故事就会发现，法老之所以这么顽固，原因很简单：他是个非常不快乐的人。他一次次的欺骗和口是心非，与摩西自始至终表现出来的谦恭和高尚形成了鲜明对比。他对自己的权力很有把握，随时准备投入这场灾难性的力量角逐。然而，还有另一种更有趣的解释：法老过于自命不凡。上帝在发动十灾前，曾经对摩西说：

> 我要使法老的心刚硬，也要在埃及地多行神迹奇事。法老必不听从你们，因此我要伸手严厉地惩罚埃及，把我的军队，就是我的百姓以色列人，从埃及地领出来。[7]

毫无疑问，每当灾难发威时，法老就会游移不定。圣经中提到，神让法老的心变得更加刚硬。冰雹灾过去之后，法老首次承认了上帝的力量，但马上又出尔反尔，于是上帝对摩西做了如下解释：

> 我使他和他臣仆的心刚硬，为要在他们中间显我这些

> 神迹：你好将我向埃及人所做的事和在他们中间所施的神迹，述说给你儿子和孙子听，使你们知道我乃是永恒主。[8]

上帝需要一个顽固的法老，只有这样他才有机会展现不可思议的神迹，显示自己的威力，以及在地球上至高无上的优势地位。假如上帝刚一发威，法老就崩溃了，那么这些奇妙的故事就无法一代代传给后人了，旁人也就无从了解上帝的威力究竟有多强大。

犹太教法典学者以及后来的基督教神学家都对此存有疑 17
问，因为它提出了一个有关自由意志的基本问题。如果灾难降临是因为我们做出了错误的道德选择，那么对于一个认识不到自己的愚蠢并一再犯错的法老，我们该拿他怎么办呢？上帝并不想找个借口来消灭埃及人。当埃及军队遭到毁灭时，欢天喜地的犹太人遭到了上帝的斥责。正如前面所述，普通埃及百姓与希伯来人之间的关系本来并不糟糕，但是如果埃及人受苦是因为法老的顽固，那么似乎只有从道德意义上才能解释为什么最后一场灾难会吞噬那些无辜的生命（甚至女仆们的儿子也没能幸免）。战略和道德一样全凭选择，如果这出戏中的演员只是在按照一个不容更改的脚本演出，那么只有上帝才是真正发挥作用的战略家。

胁迫的名声

胁迫成功能促成在未来采取的行动。现在，上帝的威胁已经具备了可信度。由于非凡的威力使他名声在外，所以控制以色列土地上的居民也就变得容易多了，那里早已是犹太人的应许之地。但就在快到以色列的时候，摩西死了，约书亚成为以色列人的首领。以色列人要征服这片土地，遇到的第一个障碍是耶利哥城，它的城墙又高又大，位于这片肥沃之地的中心，掌控着水源。[9] 约书亚打发两名探子前去了解地形。两人借宿在喇哈家中，后者通常被说成是个妓女，但其实更可能是个客栈老板娘（客栈永远是搜罗小道消息的好地方）。耶利哥王要求交出两名探子，但喇哈却把他们藏了起来。她听说过埃及人的遭遇，说："这片土地上所有的居民都在你们面前颤抖不已。"他们胆战心惊，"因你们的缘故勇气全失"。她和两名探子做了笔交易，只要她的家人能够逃脱耶利哥城眼下的灾难，她愿意替他们保守行动秘密。这桩交易并不符合希伯来上帝的道德价值——只能算是神的特权而已。当真正夺取耶利哥城的时候，根本没有必要采取长期包围的手段。以色列人每日绕城一次，连续走了六天，直到守城的士兵开始掉以轻心。接着，上帝令耶利哥城摇摇欲坠（城墙在先前的地震中已经遭到破坏），以色列人趁机攻进城里。

随着进攻的推进，一路上队伍经过的地方，人人都如惊弓
18 之鸟。虽然上帝可怜那些住在遥远之地的人们，但他对生活在以色列人应许之地上的居民，没有表现出一丝怜悯。基遍人听见以色列人的事，找到约书亚并假称自己是从遥远的地方而来。他们精心编织了一场骗局，故意穿得衣冠不整，声称是受到上帝名声的感召从极远之地赶来。眼见约书亚对此存疑，他们便亮出"干得发脆"的饼、残破的酒袋子、破旧的衣裳和鞋。约书亚上当了，他许诺不会伤害基遍人，条件是他们要服劳役。很快，以色列人就发觉自己被骗了。约书亚怒火中烧，可他明知上当也不能打破以上帝之名许下的誓言。他只能怒斥基遍人，让他们永世为奴。"你们为什么骗我？"他问。基遍

人老老实实回答说，因为听说上帝“把这全地赐给你们，并要为了你们，灭绝这地的一切居民”，所以都惊恐万分。若论约书亚被骗，他只能责怪自己。他轻信了基遍人的表象，“没有去求问上帝”。如果不去查证故事是否存疑，那么即便能接触到全能的上帝，又有什么用呢?[10]

《士师记》讲述的是一个以色列人弃离上帝的常见模式，于是上帝动用敌对部落米甸人来惩罚他们。米甸人长驱直入，把以色列人折磨得贫困无比，直到解救者基甸登场。以色列人因为崇拜偶像而遭受惩罚，请求上帝解救他们。上帝挑选基甸来完成这个使命。基甸集合了一支大约三万人的队伍，但上帝说人太多。他认为，如果以色列人觉得可以靠人数优势取得胜利，那么他们就会“向我自夸说：‘是我自己的手救了我。’”因此，出征的人数必须减少。首先，那些“惧怕和胆怯”的人离开了，队伍人数一下子减少了 2/3。接着，上帝给基甸出主意，让士兵们到河边去喝水，进行一次特别测试。凡是跪下喝水的人都被打发回家，用手捧着舔水的人留了下来，后者也许被认为是一直保持着警惕。出征人数只剩下 300 人，成了原先的 1%。他们的敌人严阵以待，“散布在山谷中，如同蝗虫那样多。他们的骆驼无数，多如海边的沙”。基甸将手下精锐分成三组，让每人手中拿一支号角。基甸吩咐他们在靠近敌营时，看着他并照着他的样子做。“当我和跟随我的人吹响号角时，你们在营地周围也都要吹号角，并且呐喊：‘为上主杀敌！为基甸杀敌！’”他们这么做了。敌人“四处乱跑，一面喊，一 19
面逃窜”。[11]这段故事强化了所有这些故事中的基本教训——最明智的（其实也是唯一的）战略就是服从上帝，按照他的旨意行事。

大卫和歌利亚

圣经中最具标志性的故事之一是大卫和歌利亚。它一成不变地借用了败者的角色，只不过其中的弱者只是个错觉，因为大卫的背后有上帝支持。故事的基本情节广为流传。非利士人与以色列人两军在山谷地带展开对峙。从非利士人军营中走出一个来自伽特的大汉，名叫歌利亚。他身披铠甲，手持盾牌，肩扛铜矛，向以色列人发起挑战，要求最棒的战士出来对阵。如果歌利亚战死，非利士人就做以色列人的仆人；如果他战胜，以色列人就要给非利士人当奴隶。歌利亚的挑战持续40天得不到任何回应，似乎吓瘫了以色列人，包括他们的首领扫罗。唯一没感到害怕的是年轻的牧羊人大卫，他受父亲之命到军营中给将士们送面包和奶酪。他听到歌利亚的挑战，看见周围的人吓成一团，并且意识到一旦有人想办法杀死歌利亚将得到一大笔财富。大卫毛遂自荐，扫罗王将信将疑。大卫毕竟太年轻，而歌利亚“从小就是一名战士”。于是，大卫讲了一番自己杀死偷羊的狮子和熊的故事，取得了扫罗的信任。

扫罗动了心，把自己的铠甲和刀剑给大卫披挂整齐，让他去迎战歌利亚。但大卫脱下了这些装备，因为他“不习惯”。大卫到溪水中捡了五块鹅卵石，带上他的甩石鞭。毫无疑问，歌利亚觉得以色列人派出的这个挑战者非但其貌不扬，甚至还是对自己的一种侮辱。“你拿杖到我这里来，我岂是狗呢?”两人对阵的时间很短。歌利亚发誓要把大卫的“肉给空中的飞鸟和田野的走兽吃”。大卫回应，自己以上帝的名义前来作战，便朝着非利士人冲了过去。他跑到阵前，从口袋里摸出一块石头，“用石鞭甩去，打中非利士人的额头，石子遂进入额内。然后，他向前扑倒、面伏于地”。大卫取下巨人身上佩带的刀，割下了他的头。非利士人眼看自己的勇士死了，顿时溃散奔逃。[12]

大卫的成功靠的是出其不意和精确的打击。他自知无法和
歌利亚进行对等比拼，因此拒绝了扫罗提供的常规作战盔甲。 20
他不受约束，速度飞快，赶在歌利亚反应过来之前，投出了秘密武器。他只有一次投掷石块的机会。一旦失手，或者石块只击中了歌利亚的武器而非要害，他就不会再有第二次机会。和第一次投掷石块同样关键的是，要迅速行动，防止敌人发起反攻。大卫不但打倒而且杀死了歌利亚，让敌人再也站不起来。大卫很了解非利士人，料定他们会咽下苦果，不会为了替这场卑鄙的偷袭找回荣誉而把个人争斗升级为全面战争。假如非利士人发起反攻，那么大卫投掷石块的超凡技术将变得一钱不值。事实上，这样的把戏他只能用一次，再也不能重复使用。大卫没有 B 计划。假如他的 A 计划失败，就只能束手就擒。

这个故事几乎没有什么上下文。它只是以色列人和非利士人一系列复杂遭遇中的一个片段而已。非利士人控制了约旦河西岸的土地。在最初的冲突中，以色列人表现得很差劲，损失了大约四千人。之后，他们显然吸取了教训，重拾上帝的律法，再次获得了上帝的保护，因此他们一度只需造出大声点的噪音，就足够把非利士人吓得四散奔逃。非利士人被驱赶并被征服后，以色列人夺回了失地。所有这一切发生在先知撒母耳作为士师引导以色列人的那段时期。

扫罗是撒母耳膏立的第一个以色列王。这次宪法创新是为了满足以色列人的要求，他们渴望自己的国家采用与别国相同

的领导方式。他们挑选王的标准是：高大英俊，不失谦逊，展现出军事威力。然而，他不一定永远对上帝俯首帖耳。扫罗的儿子约拿单向非利士人发起挑衅性进攻，杀死对方一名军官，双方敌对依旧。非利士人再次发动进攻，以色列人被打败。扫罗军事才能有限（比如，大战前夜要求手下禁食），而且做事谨小慎微（不愿意出去直面歌利亚）。如果说上帝是最好的防守，那么像扫罗这样缺乏信心（也就是对上帝缺乏信仰）的行为本身就是违抗了上帝的意志。虽说投石一击让大卫声名大噪，但其实是大卫的信仰决定了歌利亚的命运。

通过圣经我们看到，诸多因素发挥作用决定了以色列历史，但说到这些故事的主题，人们一直很难理解所有一切到底是怎么回事。上帝的目标很明确，但其手段总是充满欺骗。他设下圈套，让对手误以为自己掌握了命运。因此，欺骗成了圣
21 经的一个强大主题。当处于劣势者必须动用智慧才能取得胜利时，巧施诈术便成了一种自然而然的方式。骗子们表现出一副目中无人的样子，他们使用“智慧、阴谋和欺骗等手段，认为胜局既非绝对，也不‘干净’”。然而，要是他们在使诈的时候没有上帝相助，那么诡计十有八九会遭报应，任何成功都是“不可靠的”。[13]大卫之所以取得成功，是因为他将不可靠的计谋和相比之下可靠得多的信仰结合在了一起。

《出埃及记》和大卫的故事给了败者希望。实际上，每当论及劣势战略的时候，人们总会搬出大卫战胜歌利亚的例子。然而人们常常忽略的是，成功并非只靠初次打击，还需要第二次打击配合才能实现。正因如此，大卫确信歌利亚没有复原的机会，而且非利士人也准备接受现实。在这两个故事中，成功的关键在于对手的反应。法老和歌利亚都分辨不出自己落入了

陷阱。其间，只有法老有机会考虑自己面临的困难，并做了相应的战略调整。但上帝让他的心肠变得越来越硬，即便他曾经想到自己正带领国家走向深渊，那个念头也只是一闪而过，很快便消失了。不只是摩西，法老也在听从上帝的指令。最终看来，这两出戏都是人为策划的，而这就是真正的战略。

数世纪以来，对于希望通过苦读圣经而从中寻求引导和启发的人来说，圣经传递的核心信息是显而易见的。上帝的臣民们主张将信仰和服从作为战争的“标准配备”，即便是内斗也要遵循这一标准。他们或许一直坚信，这是获取胜利的一个必要条件。但同时几乎所有人都发现，光靠这些是远远不够的。

三　起源3：希腊人

22 特洛伊的人们，你们不要相信这匹马。不管它是什么，我警惕希腊人，尽管他们是带着礼物来的。

——拉奥孔（维吉尔《埃涅阿斯纪》）

战略起源的第三个源头是古希腊。若论后续影响，古希腊无疑是最重要的。首先，和圣经一样，古希腊有关权力和战争的故事也都复杂地充斥着神的干预，暗示最出色的战略性建议就是顺应神的旨意。但是，到公元前五世纪，一场希腊启蒙运动开始了，它结合了知识领域的思想开放和政治领域的激烈讨论。这场运动产生了一批内容极为丰富的哲学和历史著作，具有经久不衰的影响力。虽然荷马笔下的阿喀琉斯和奥德修斯之间存在分歧，表明二者之间存在潜在冲突，但这些英雄个个都是言语和行动的大师。骁勇善战的人既可能因勇气而备受仰慕，也可能因为只会使用蛮力而被当作蠢人、遭到冷落；巧言善辩的人可能因聪明智慧而一举成名，也可能因言语具有欺骗性而处处遭人提防。

有关这部文学作品的一个不可思议之处是，其中一些类似战略性思考和行动（不只是军事意义上的）的最有趣片段，后来纷纷因遭到诟病而失去了影响力。我们可以将此归咎于柏拉图的介入。他坚定地认为，哲学应该与种种被他称为诡辩的

倾向明确划清界限。他认为，诡辩将无私追求真理变成了一种 23
唯利是图的游说手段。具有讽刺意味的是，柏拉图在对待诡辩时所采用的夸张、讽刺等手段，也很具战略性。鉴于柏拉图在后世受到的关注和研究，他在这个领域的重要成就也不应该被低估。

荷马史诗中出现了两种对立的特质，力量（biē）和智慧（mētis），它们分别以阿喀琉斯和奥德修斯为代表。随着时间的流逝（比如到马基雅维利时代），它们逐渐成为武力和诡计的象征。这样的对立性因素在战略著作中一直存在。虽然靠狡猾与诡计获胜常被斥为既不荣誉也不高贵，但相比公开冲突，用计取胜的痛苦风险更小。还有一个更现实的问题是，依赖骗术很容易导致收益递减现象，因为对手会渐渐识破诡计，认清自己的处境。正如本书前两章所述，突然袭击或施以诡计是战胜强敌再自然不过的手段。在对手力量较强的时候，还可以采用结盟抗敌或破敌联盟的方法来应对。

偏好武力或计谋可能反映出人的气质性格，但其本身并不是一种战略。所谓战略取决于如何将一系列复杂并不断变化的事务转化为有利条件，而这反过来依靠的是一种游说能力，即能否说服计谋执行者，并得到他们的认可。雅典执政官伯里克利是一名强势执行战略的高手，至少修昔底德这么认为。他不仅让自己人信服，还能说服盟友和敌人，这是一个成功战略家的关键特质。正因如此，战略既是语言和行动的结合，也是操纵语言和行为的能力。

奥德修斯

在希腊语中，Mētis 描述的是一种特殊的战略智慧概念，在英语中没有明显与之匹配的词语。希腊语中与之相关的另外两个词语是 mētiaō（考虑、冥想、计划）和 metióomai（图谋）。这两个词传递的是一种未雨绸缪、讲究细节、掌握他人思考和行为方式的能力，以及足智多谋的才能。但同时，它们也包含了欺骗和诡计，抓住了战略艺术中至关重要的道德矛
24 盾。根据希腊神话，女神墨提斯（Mētis）被宙斯选为他的第一个妻子。宙斯担心儿子继承了父亲的力量和母亲的智慧而变得过于强大。为避免日后的风险，宙斯用花言巧语哄骗妻子，将她一口吞入腹中。宙斯认为将墨提斯吃进肚里，就可以永远掌控所有的智慧之源。但他不知道的是，女儿雅典娜当时已经孕育在墨提斯腹中。雅典娜是完整地从宙斯的头颅中出生的。雅典娜女神是智慧与战争之神，比其他诸神更具智慧。她与最智慧的凡人——荷马史诗中的英雄奥德修斯——结成亲密联盟。雅典娜称奥德修斯“在凡人中最善谋略、最善辞令，我在所有的天神中间也以睿智善谋著称”。[1]

奥德修斯展现出一种机敏而圆滑的智慧。他能迅速评估形势，做出预测，即便身陷模糊不定的局面也能坚守最终目标。他关心成功胜过荣誉，善于攻心，迂回行事，始终寻求迷惑敌人、以智取胜。但是，奥德修斯身为出了名的骗子，自己也饱受磨难。没过多久，他就成了说谎者悖论的受害者：人们不再轻易相信他，即便他说实话也没人信。奥德修斯最辉煌的成就是留在特洛伊城外的那匹木马。它终结了对特洛伊城的十年围攻，打开城池带来了彻底的破坏和大规模杀戮。罗马人维吉尔看待奥德修斯不如荷马那么宽宏大量，他在作品中描述了希腊人假装放弃进攻特洛伊城的情形。希腊人造了一个像马一样的巨大装置，里面藏着 50 名士兵。他们将木马拖到特洛伊城下。

木马上铭刻着一段文字："为了返回家乡，希腊人把这件贡品献给雅典娜。"[2]

特洛伊人早就盼望着结束长达十年的围城，纷纷来到城外端详这匹奇怪的马。国王普里阿摩斯和长老们争论着该怎么办。做选择并不难。他们可以把木马当作威胁，一把火烧了它，或者打碎它看看里面到底藏着什么；他们还可以把木马拖进特洛伊城，把它视为一个膜拜雅典娜的机会。可是雅典娜向来偏爱希腊人，而且善使诡计。事已至此，到底应该相信雅典娜还是希腊人呢？奥德修斯知道，此时需要有人到特洛伊人耳边吹吹风。这个任务落到了撒谎老手西农身上。西农告诉特洛伊人，自己是个逃兵，因为与奥德修斯不和，才逃离了撤退的希腊人。他谎称希腊人为保证回程一路顺风，要把他当作祭品献给神。特洛伊人听了半信半疑。普里阿摩斯问，"那个像马一样的大怪物"是祭祀用的，还是"打仗用的"？西农说，这匹木马确实是献给雅典娜女神的，用来平息她对希腊人的怒 25
火。它不是用来对付特洛伊人的。希腊人把木马造得那么大，是担心特洛伊人把它拖进城里。如果那样的话，雅典娜就会从此保护特洛伊人，使其永远不受侵略之扰。

西农现身时，特洛伊的祭司拉奥孔发出警告，这个貌似礼物的东西是个骗局，是个"战争诡计"。拉奥孔操起一根长矛刺向木马，躲在里面的士兵们吓得惊叫起来，诡计差点儿露馅。多亏雅典娜出手相助，她派出两条海蛇勒死了拉奥孔和他的两个儿子。这好像暗示，拉奥孔因为亵渎圣物而遭到了惩罚，因此人们完全有理由无视拉奥孔的建议。除此之外，特洛伊国王普里阿摩斯的女儿卡珊德拉也发出过警告。她告诉特洛伊人，他们这是在犯傻，正面临"可怕的命运"。但可悲的是，阿波罗神虽然赋予卡珊德拉未卜先知的能力，后来却因为得不到爱的回报而对她下了诅咒。卡珊德拉和西农的不同之处在于，后者撒谎有人信，而前者的预言虽然准确无误，但谁也不会当真。因此，特洛伊人决定把木马拖进城。夜里，藏在木马里的希腊人出动了。希腊军队根据西农发出的信号赶来，特洛伊城正城门大开地等着他们。这座城市遭到了洗劫和屠杀。

荷马只在《奥德赛》的字里行间提到木马屠城的故事，而且是将它作为一种特殊的诡计，用来区别奥德修斯和他那些缺乏想象力的伙伴们。在荷马笔下，奥德修斯是个逃脱困境的天才，如果换作别人就只能屈服于宿命论或者绝望地冒险送死。荷马对于奥德修斯的种种诡计采取了宽容的态度，但维吉尔却不这么看。他认为奥德修斯的行为很可悲，而且这正是典型的靠不住的希腊人才会干出来的事情。在之后的几个世纪里，西农和奥德修斯一起被投入了但丁的第八层地狱。那是专门让满嘴谎言、颠倒黑白的人受苦的地方。而正派的英雄在美德和真理的感召下，绝不会受到机会主义和瞒骗欺诈的操纵。

在史诗中，荷马将智慧（mētis）和力量（biē）做了一番对比。阿喀琉斯是力量的化身，他力气过人、勇敢机敏、善使长矛，同样闻名于世的还有他的火爆脾气。如果说《奥德赛》讲述的是智慧，那么《伊利亚特》主要探讨的则是力量。阿喀琉斯不仅展现了力量所能达到的极限，而且显示了一旦力量和某种程度的野性、杀戮欲相结合，就会引发可怕的屠杀和死亡。然而，世间万事几乎都离不开力量。阿喀琉斯受到阿伽门农王的怠慢后，放弃了与特洛伊人的战斗。奥德修斯只好率众前往，恳请他出山。阿喀琉斯听了对方的话后，公开谴责奥德修斯和他的办事方式：“我讨厌口是心非的人，这种人如同地

狱之门一般令人厌恶。”阿喀琉斯毫不客气地指出，特洛伊的 26
超级英雄——狂暴“杀人”的赫克托耳——要把希腊人赶回大海上，智慧显然无力应对。

在荷马笔下，赫克托耳也是有智慧的人。他是特洛伊人中唯一具有宙斯般品质的人，被寄予极大的希望。可到了关键时刻，那些和智慧有关的战略判断力却弃他而去。这是因为雅典娜女神在暗中施加负面影响，只是特洛伊人一直被蒙在鼓里，以为自己受到了女神的佑护。在特洛伊的议会上，赫克托耳在仇恨和狂热的引导下错过了一次通过谈判获取和平的机会。他满怀对希腊人的怨恨，一心发动战事，完全不考虑未来的情形。他主张发起进攻。战斗打响后，赫克托耳横冲直撞地打退了希腊人，杀死了阿喀琉斯的密友帕特洛克勒斯。好友之死促使阿喀琉斯将自己对阿伽门农的极度怨恨转移到了赫克托耳身上。他重新投入战斗，一边追杀赫克托耳，一边对特洛伊人大开杀戒。最后，雅典娜使出诡计，让东躲西藏的赫克托耳不得不直面阿喀琉斯。[3] 赫克托耳很快就被一枪刺中脖子而丧命。阿喀琉斯把他的尸体拴在战车上，在战场上拖着到处疾驰。

故事讲到这里已经接近《伊利亚特》的尾声，我们很自然地会以为阿喀琉斯的这次胜利从此决定了特洛伊的命运。然而，希腊人无法将优势保持到最后。阿喀琉斯很快就死于帕里斯之手。帕里斯曾经抢走斯巴达国王墨涅拉奥斯的妻子海伦，引发了特洛伊战争。他从远处放箭射中了阿喀琉斯。根据某一种传说版本（非荷马版本），这支箭射中了阿喀琉斯的脚后跟。传说阿喀琉斯的母亲在他出生不久后，就把他浸泡在冥河里。由于母亲倒提着他的脚踵，因此阿喀琉斯除了脚踵之外，全身其他地方刀枪不入。阿喀琉斯的脚踵提醒人们，即便最强大的人也有弱点。这个弱点一旦被人发现，就可能受到致命一击。不管是赫克托耳杀死帕特洛克勒斯，还是阿喀琉斯刺死赫克托耳，这两个故事都在善意地警告过犹不及的危害，即武力若离开了智慧的掌控，就会很危险。做事光靠蛮劲是不够的。珍妮·斯特劳斯·克雷（Jenny Strauss Clay）指出："归根到底，奥德修斯的高尚英雄主义建立在智慧和坚忍的基础上，比阿喀琉斯那种不稳定且易变的荣耀更胜一筹。"[4]

木马计决定战局之后，希腊人踏上了返乡之路。这条归程和之前的十年攻城一样充满挑战。海上的风暴大得可怕，巨浪推着他们撞向礁石，击沉了船只。奥德修斯被风暴吹离航线，
27 在海上漂泊了十年。一路上的冒险经历为他提供了足够的机会来运用智慧。其中一次著名的考验是，奥德修斯遇到了库克罗普斯人波吕斐摩斯。波吕斐摩斯是个独眼巨人，吞食了奥德修斯好几个同伴。奥德修斯和侥幸活下来的人被一块巨石困在山洞里。这块石头只有波吕斐摩斯才能移动。奥德修斯的第一步计划是把巨人灌醉。然后，他告诉醉醺醺的波吕斐摩斯，自己的希腊语名字叫"没人"（Outis）。[5]奥德修斯用这个办法隐藏了自己的身份，而且还为波吕斐摩斯挖了个日后上当受骗的陷阱。下一步是，奥德修斯把一根木桩钻进巨人的眼睛，弄瞎了他。波吕斐摩斯暴怒地大叫，其他库克罗普斯人问他："是不是有人想强行赶走你的羊群？还是有人想用阴谋或暴力伤害你？"巨人回答："'没人'企图用阴谋杀害我。"库克罗普斯人一听"没人"，便把这件事抛在一边忙别的去了。[6]波吕斐摩斯搬走石头放走羊群，他想摸一摸奥德修斯是否会和同伴们骑在羊身上逃走。但他没想到，奥德修斯一伙竟然躲在羊肚子底下逃跑了。这时奥德修斯不再是"没人"，他很不明智地自吹

自擂起来，自称“因擅使诡计而闻名”的攻陷特洛伊城的英雄。于是，波吕斐摩斯的父亲——海神波塞冬——决定让奥德修斯在漫长的归家途中受尽痛苦和折磨。

智慧之道

在奥德修斯身上，结局证明了手段的正当性。一个人究竟是不是骗子总是要由结果来评判。从索福克勒斯的戏剧《菲罗克忒忒斯》来看，人们显然对这种判断方式产生了道德上的不安。菲罗克忒忒斯是一名前往特洛伊参战的希腊士兵，是赫拉克勒斯神箭的传人。但他不幸被毒蛇咬了一口，伤口不但剧痛，还发出阵阵恶臭。奥德修斯无法忍受菲罗克忒忒斯因疼痛而发出的叫喊声和伤口散发的气味，于是把可怜的弓箭手连同他的武器遗弃在一个海岛上。十年后，奥德修斯意识到，要对付特洛伊人，菲罗克忒忒斯的弓箭至关重要。于是，他和阿喀琉斯的儿子涅俄普托勒摩斯一起去找菲罗克忒忒斯。奥德修斯知道自己过去的行为不可原谅，无论是靠武力还是靠巧言，都无法得到那把弓箭。于是，他鼓动涅俄普托勒摩斯去骗菲罗克忒忒斯。可是这个年轻人和他的父亲一样“对阴谋诡计有天生的反感”。他宁可“荣誉地战败”，也不愿靠诡计取胜。奥德修斯难道不觉得撒谎“邪恶”吗？不，奥德修斯的回答是，将顾虑置于共同利益之上，会将战争置于危险的境地。

在这出戏中，剧作家使出妙招加设了一个前来解围的人 28
物，才解决了这个问题。这个意外介入的人是赫拉克勒斯，他劝说菲罗克忒忒斯前去参战。后者立刻响应道：“这是我渴望已久的声音，这是我幻想已久的身影，这次我终于看清楚了！

我不会违背你的意志。”[7] 就这样，出于对神的敬畏和服从，一场麻烦的争端解决了，而狡猾的计谋却办不到。故事的结局皆大欢喜。奥德修斯胜利完成任务，涅俄普托勒摩斯守住了自己的节操，菲罗克忒忒斯获得了荣耀并且治愈了伤口。剧中强调，耍了骗术还想获取别人的信任，那是极其困难的。凡是对奥德修斯的名声有所耳闻的人，几乎都不相信他，即便他秉忠直言也无济于事。[8] 如果讲述者缺乏诚信，那么再好的故事也很难打动别人。

奥德修斯一直被当作某种现实智慧的例证。巴尔诺（Barnouw）认为，奥德修斯能够“根据预期结果来考虑下一步行动”。他脑子里始终装着主要目的，但又能超越那个目标回到现实，通过一系列复杂的手段（克服各种障碍）达到最终目的。因此，与奥德修斯的品性形成对立的并非强大的武力，而是无法洞察危险信号、无力预见行动后果的鲁莽表现。每当奥德修斯按捺住一时冲动、放弃报复时，他想到的是，相比眼前的胜利，他更需要实现长远目标，比如安全地回到妻子潘尼洛普身边，回到家乡伊萨卡王国。现实智慧中的理性和激情并不矛盾，要在二者的此消彼长中找到相互依存的恰当关系。奥德修斯深知他人如何看世界，由此他通过发出自认能被他人以某种方式理解的信号，来操控别人的思想过程。奥德修斯不是因为喜欢看别人落难，才搞出各种恶作剧。实际上，他的诡计多端和善于瞒骗都是经过磨合，为其最终目标服务的。因此，智慧（Mētis）是一种包含预期和计划的前瞻，其中不乏狡诈和诡计。巴尔诺形容这种智慧“出于本能而非源于理智”，与其说是“冷漠的权衡选择”，不如称其为一种目标优选或者最渴望的内心冲动。在理性的作用下，它更多地反映出

“激情的强度和深度”。[9]

马塞尔·德蒂恩内（Marcel Detienne）和让－皮埃尔·韦
尔南（Jean-Pierre Vernant）也认为奥德修斯所代表的智慧是
现实智慧的一种特殊形式。它不仅精明世故、狡猾诡诈，而
且颇有远见，能把眼下的行动纳入长远计划，把握局势发展
并将人引入歧途。它是一种气质，也是一种劣势者战胜所谓 29
强者的方式。虽然这种智慧和“不忠的骗局、背信弃义的谎
言、背叛”有千丝万缕的联系，但它是一种“致命武器，无
论在什么环境下，无论冲突条件如何，它是确保胜利、控制
他人的唯一手段”。力量会败于更强的力量，而智慧能击败一
切力量。

当面临的事物呈现出易变、不为人知、飘忽不定，“各种对立的特性和力量”相互交织的时候，智慧是最有价值的手段。基于对现实的“充分把握”，对未来的“明确认识”，对“往事的经验积累”，对不断变化的事物的灵活适应能力，以及对意外事件的充分适应性，智慧适合运用于无法采取既定行动、无法预料行动后果的情况。现实智慧在冲突环境下发挥作用，反映在对事物的先见能力、洞察力、敏锐的理解力、运用诡计的能力等方面。具有这种智慧的人往往难以捉摸，能够凭借模棱两可、本末倒置、惊天逆转等本事，“像流水一般从对手的指缝间”逃脱。[10]在所有这些描述中，战略智慧能够从复杂暧昧的形势中识别出制胜之道，直至最后取得成功。但这种智慧在很大程度上也是种直觉，或者至少被含蓄地隐藏起来，直到危局突现的时候才可能成为救命稻草。至于为何在有条件进行深谋远虑的情况下，这些智慧的特性无法发挥作用，这个问题没有答案。

修昔底德

阿忒（Atē）是不和女神厄里斯的女儿，她由于在人、神之中鼓动愚蠢的行为，被宙斯逐下奥林匹斯山。芭芭拉·塔奇曼将她描述为昏聩女神，集恶作剧、妄想、荒唐于一身。据说阿忒会蒙蔽受害者，令其无视道德，漠视底线，“无法做出理性的选择”。塔奇曼认为，这样的神给人们提供了犯错的借口。在荷马笔下，众神之王宙斯坚持认为，如果人类遭遇“无妄之灾”，那绝不是神的过错，而是“他们内心的无知”。令他们遭难的不是命运，而是蹩脚的战略。[11]然而，在雅典的各项事务中，人们还是会经常向众神求助，寻求种种征兆，征询各种神谕。

30 到公元前五世纪的雅典启蒙时代，人们有了一种新选择。他们不再迷信神对事物的种种解释，开始重视人的行为和决定。与此同时，战争变得复杂起来，光靠几个人勇猛作战是无法获胜的，想打赢战争更需要合作与计划。雅典军事委员会由10名将军（strategoi）组成，他们个个独当一面，能在前线带兵打仗，抵抗强敌。由此看来，战略起源于这些将才身上，也就是构成他们有效领导力的各种素质。[12]修昔底德大约生活在公元前460～前395年，曾经是个将军。他在与斯巴达人的战斗中兵败安菲波利斯，因为城池失守而被流放二十年。其间，他有机会像了解雅典人一样去研究斯巴达人。他后来回忆说，“我有充分的时间去仔细观察各种事务”。[13]他利用这段时间记录雅典和斯巴达之间的战争经过，写成了自认为颇具权威的《伯罗奔尼撒战争史》。这是一场以雅典为首的提洛同盟与以斯巴达为首的伯罗奔尼撒联盟之间的战争，从前431年持续到前 404 年，斯巴达人大获全胜。雅典是战前希腊城邦中最强大的，但战争结束时已日渐式微。

作为一名历史学家，修昔底德是启蒙精神的典范，他用不掺杂任何感情的审慎言语描述冲突，就权力与目的提出尖锐的问题，并且评论探讨了选择对结果的影响。他不再将人类事务归因于反复无常的命运和恶作剧的众神，而是将责任集中在政治领导者及其战略上。他秉持经验主义，只要有必要、有可能，他就要通过勤奋研究尽力对各种事件做精确描述。他的叙述阐明了战略的几大中心主题：时代环境的局限、结盟作为力量源泉的重要性和不稳定性、同时应对内部对手和外部压力所带来的挑战、防御性的沉稳战略面临快速果断进攻时的困境、意外的打击，以及（也许是最重要的）语言作为战略工具的作用。修昔底德强调的这些主题，常常被看作在说明权力的不可抗拒性，以及强者面对叫苦连天的弱者或种种道德考虑时的不为所动。在此基础上，修昔底德被认为是现实主义学派的创立者之一。人们一直认为战略理论家致力于研究权力，认为自身利益是对行为的最好解释，因此他们很容易受到现实主义的影响。在更加教条的现实主义看来，缺乏一个统治国际事务的绝对权威往往会导致各国本能地没有安全感。如果它们没有胆
量相信他国的善意，那么就必定采取预先防卫的措施——而这 31
些先行的措施反过来又会使对方产生不安全感。[14]从这个方面来看，修昔底德的重要性在于，他揭示了这种不安全感是永恒存在的。

从非教条主义的角度来看，修昔底德确实是现实主义者，他如实反映了人类事务，而不是按照自己的想法来塑造它们。但他不认为，人必须按照狭隘的自身利益行事，也不建议人们

真的为争取广泛利益而采取行动。他描绘的图景相当复杂多变：片刻的力量展示可能隐瞒了潜在的弱点；政治领导者的听众既有内部成员，也有外部行动者；新的联合既能创造新型优势，也能造就劣势。

然而，修昔底德笔下的关键人物却用言语暗示，他们是在遵从不可抗拒的权力命令行事，而且毫无缓和的余地。比如，雅典人曾一度解释说，他们的所作所为“没有什么违反人情的地方”，维持其帝国地位是迫于“三个强大的动机：荣誉、恐惧和利益”。而且，他们认为这个先例不是自己首创的，“弱者应当屈服于强者，这是一条普遍的法则”。[15]在著名的米洛斯对话中，雅典人又提出了类似的论点：“强者能够做他们有权力做的一切，弱者只能接受他们必须接受的一切。”[16]因此，他们对米洛斯人除了镇压别无选择。雅典人这么做除了扩大统治范围之外，还另有理由。因为如果机会来了而他们不占领米洛斯，就会显得虚弱无能，进而有损名声。法律和道德的约束能力非常有限，强者可以根据自己的目的需要来量身制定法律，解释道德规范。虽然修昔底德引证的论据都支持弱肉强食的权力行为，但这并不意味着他对此持认可的态度。他认为，总担心自己显得不够强大是可悲的，它会导致一个国家不顾警告（它们一向谨慎），堕入灾难性的赌局。因而除此之外，修昔底德还提出了其他甚至有点理想主义的观点。

伯罗奔尼撒战争的起源是修昔底德最著名的言论，也是有关现实主义哲学最重要的断言：“使得战争无可避免的原因是雅典日益壮大的力量，还有这种力量在斯巴达造成的恐惧。”修昔底德承认，根据双方的“控诉理由”，对于战争起源还有别的解释，但他用一个更系统性的分析取代了它们。[17]要理解修昔底德的观点，难点之一在于翻译问题。一种较为细致的译本认为，虽然毫无疑问，修昔底德发现两大国之间的权力转移至关重要，但当时的战争起源其实是与权力和争议交织在一起的。[18]即便如此，仍然存在的一个问题是：系统性因素是否真 32
如外界所认为的那样突出。修昔底德如此重视系统性因素，可能是出于对伯里克利名声的考虑，后者从公元前 460 年开始统治雅典约三十年，是修昔底德心目中的英雄。

雅典领导的希腊联军在抵抗波斯入侵的战争中取得了胜利。战前，雅典的发展并无特别之处，战后其势力和威望壮大起来。它将一些与其协作共事的松散、互助的城邦变成了更加可控的联盟。然而，随着之后雅典霸权越来越不得人心，这种联盟反而成了弱点。公元前 461 年伯里克利巩固了其雅典执政官地位，他说，即便不再寻求扩张联盟，管理现有帝国也是个不小的挑战。斯巴达人认同这样的看法。前 460 ~ 前 445 年的战争结束后，雅典和斯巴达签订了《三十年和约》。签约后，伯里克利一直避免激怒斯巴达人。斯巴达人注意到这一点，并予以默认。在此期间，雅典既没有对斯巴达持敌对立场，也没有进行非同寻常的战争准备。

雅典和斯巴达之间的关系为何出现倒退，原因在于联盟的复杂局面。对于一心谋大的弱国而言，加入联盟显然益处颇多；而对已经强大的国家而言，入盟却是把双刃剑，它被寄予期望、赋予责任，但得到的回报却少得可怜。联盟成员可能在共同的敌人方面达成一致，但除此之外几乎没有什么共同利益。更何况，雅典还采取了一些从提洛同盟搜刮好处的手段，比如同盟国须向雅典人缴纳金钱和提供舰船等，这些行为招致了怨恨。随着波斯人的威胁日渐弱化，同盟国对雅典的不满日益加深，后者的态度也变得更加强硬。雅典人要求同盟国更加雅典化，包括要求它们实行雅典式民主政治。与之相反，斯巴达人对同盟国的内部事务却兴趣寥寥。因此，当时伯里克利极力维护的地位其实已经风雨飘摇、岌岌可危。帝国统治对雅典极具价值，却令各城邦躁动不安。

出于不同的原因，伯罗奔尼撒联盟内部也不得安宁。斯巴达在实力最强大的盟友科林斯的逼迫下，对雅典采取强硬路线。科林斯有自己的支持者，其中就包括墨伽拉。由于雅典颁布《墨伽拉法令》，墨伽拉人无法将产品运至雅典市场上出售，因而心怀不满。而墨伽拉之所以如此急于进攻雅典，是因为它当时正与克基拉闹得不可开交，后者是墨伽拉向外扩张的一大障碍。克基拉寻求通过与雅典结盟来获得海上军事援助，进而巩固自己的地位。如果雅典拒绝了这一要求，战争或许可以避免，但最后二者之间竟然达成了一种尴尬的妥协。一个同
33 盟即将成形，可它却只具备防御功能。唐纳德·卡根（Donald Kagan）注意到，修昔底德的描述中，雅典人对防御同盟表示出不解。修昔底德当时可能就在辩论现场，但提到这一段经历的时候，他放弃了自己向来采用的引用整篇演讲内容的叙事方法，也没有提供其他不同意见。[19]卡根认为，修昔底德之所以这么做，是因为如果对这场辩论进行进一步的详细描绘，就会暴露出战争并非无法避免，它其实是在伯里克利的劝说下导致的。[20]凡是在战争问题上做过争议性决定的人，都愿意把此举说成是迫不得已，以淡化其中审慎判断的成分。

虽然修昔底德认为在关键时刻雅典官方不该派人去斯巴达，但雅典方面还是决定派遣使者到斯巴达去解释自己的政策。因此，修昔底德没有在书中提到使者是谁，以及此人的使

命是什么。他对斯巴达辩论进行了更为完整的描述，其间提到，雅典的手下败将科林斯人要求斯巴达人提供援助。这种要求具有一定的威胁性。如果斯巴达人表现得消极被动，盟友们就会落入险境，甚至“在绝望中投入其他阵营”。[21]这就提高了风险。斯巴达人不想落得个软弱的名声，也不愿意因失去牢固盟友而削弱自身的实力。这种情况导致斯巴达陷入了危机。虽然科林斯人描绘雅典人怀揣着永无节制的霸权野心，但斯巴达人之所以响应科林斯人，并不是出于对雅典人的共同恐惧，而是担心关键盟友的背叛。实际上，斯巴达国内的“战争派”对雅典力量不屑一顾。与“战争派”相比，斯巴达的阿希达慕斯国王做事更为谨慎，更渴望维护和平，但他的意见却被忽略了。公元前432年8月，斯巴达长老会议投票决定与雅典开战。

然而，即便投票通过了战争决议，斯巴达还是向雅典派出外交使团，并且双方差一点达成和解。最后，双方谈到了《墨伽拉法令》。值得注意的是，斯巴达使节并没有像科林斯人那样不依不饶，但提出该法令明确违反了双方之前签订的《三十年和约》。修昔底德写道，许多人站出来发表了看法，有些人认为战争是必要的，还有些人则建议为了和平而废除《墨伽拉法令》。[22]这一次，修昔底德详细记录了伯里克利果断干预的过程，其关注重点是斯巴达人拒绝接受仲裁。他指责斯巴达人只知道威胁而不愿意讨论，这表明他们拒绝平等对待雅典人。修昔底德引用了伯里克利的观点，这种观点经常被用来警惕表面谦逊、理性，但背后隐藏更大野心的对手。“这绝非小事，”伯里克利强调道，“如果你对他们让步一尺，他们马上就会要求你退后一丈，因为他们会认为你们是因怕他们而让步的。”[23]即便到了此时，伯里克利的策略仍是克制的。他把先发制人、拒绝仲裁的责任都推到了斯巴达人身上。

34 在最极端的版本中，修昔底德关于战争不可避免的主张则完全站不住脚。战争爆发前，出现过好几个时间节点，不同的想法很可能占据上风，并推动历史朝着不同方向发展。理查德·内德·勒博（Richard Ned Lebow）认为，战争远非不可避免，而是由“牵涉其中的几大权力领导人所做的一系列极为糟糕的判断”所导致的。[24]一切皆因几个小国而起，它们之间的敌对行为与复杂关系将雅典和斯巴达推到了交锋前沿。不然，雅典人本可以拒绝克基拉的结盟要求，斯巴达本不该受科林斯人的鼓动而采取强硬立场；雅典人完全可以放弃《墨伽拉法令》，而斯巴达人或许会同意接受仲裁。

但问题是，其中还有一些结构性因素在发挥作用。提洛同盟和伯罗奔尼撒同盟之间的关系并不稳定。二者之间的不信任感给追求各自利益的小国提供了发挥空间。雅典和斯巴达的一些领导者为了维护和平，准备采取措施遏制打仗的冲动，以免事态升级，他们千方百计维护《三十年和约》。但双方阵营中都存在鹰派，他们不喜欢缓和局势，一心为战争造势。科林斯人告诉斯巴达人，雅典人骨子里喜欢挑衅、好斗；克基拉人则游说雅典人与其结盟，理由是两国海军联合起来力量更大。克基拉人说，战争一旦打响，结盟很有必要，因为斯巴达及其联盟“出于恐惧，很想对你们发动战争；而科林斯人是你们的敌人，他们在斯巴达很有势力”。[25]不过，由于各方彼此间的忠诚度总在不断变化，双方都迟迟做不了判断。摆在雅典人面前的两条路是，要么和克基拉人结成同盟，要么眼睁睁地看着伯罗奔尼撒同盟攫取克基拉的海上力量；而斯巴达人的选择是，要么支持科林斯人的野心，要么冒险任其投奔敌营。

两大阵营的领导人致力于维护和平，然而现在他们践行缓和与克制战略的能力受到了限制。他们尽可能委婉地描绘强硬路线，极力缓和它的影响。因此，伯里克利同意和克基拉人结盟，但坚称那只是个防御性同盟，他制造这个概念的目的就是想寻找一种最不具刺激性，且未来不会遭人质疑的解决办法。随后，伯里克利派船前往克基拉确认同盟关系。这真是一支小小的舰队，它既不够给克基拉人壮胆，也不足以吓退科林斯人。因此，雅典人最后怎么也想不到，结果竟然会比预期的严重得多。同样，当斯巴达人为避免开战寻找外交途径的时候，他们的出发点也并不是什么科林斯的利益，而是在《墨伽拉 35
法令》这个看似并不重大的问题上。这时，双方回旋的余地越来越小。伯里克利认为对斯巴达的任何直接要求做出让步是很危险的，但他仍然表示会接受仲裁。

从伯里克利接下来执行的战前策略来看，其中仍不失克制的成分。他这么做有一定的道理。设想斯巴达内部仍有主张和平的派别，一旦主战派的所作所为被证明徒劳无益，那么主和派的力量必然会得到加强。这也表明两个同盟之间的另一种差异。伯罗奔尼撒同盟主要位于大陆，而雅典虽身居大陆，其势力范围却是个海上帝国。伯里克利深知斯巴达军队的实力，因而极力避免陆地战，希望凭借雅典的海上力量优势取胜。然而，伯里克利没有考虑给予斯巴达致命一击。与之相反，他寻求的是一个僵局。他的算盘是，雅典的各种储备充足，即便战争拖延很多年，己方也能取胜。在后世的描述中，伯里克利寻求胜利的方式是把敌人拖垮，而不是消灭敌人。

从政治上看，这种克制战略很大胆，是一场巨大的赌博，也许只有像伯里克利那样负有声望的人才有可能获胜。但是，伯里克利输了这场赌局。斯巴达每年蹂躏阿提卡半岛——那里距离雅典不远，生产许多农产品，雅典对此除了派部队劫掠伯罗奔尼撒同盟城邦的沿岸城镇之外，没有别的回应手段。阿提卡半岛的农作物收成不断受损，削弱了雅典国库进口必需品的能力，也让雅典在斯巴达的进攻面前显得不知所措。就在这时，灾难降临了。公元前 430 年一场瘟疫暴发，无家可归的阿提卡人纷纷涌进雅典城，导致城里人满为患，加重了疫情。这时，伯里克利又一次没有实施正确的应对措施。最终，他遭到罢免，雅典只得向斯巴达求和。斯巴达提出了苛刻的要求，本质上要求雅典放弃统治，从根本上破坏了和平协议。于是，伯里克利官复原职，但公元前 429 年他被瘟疫夺去了生命。（修昔底德也差点死于瘟疫。）伯里克利想在过度侵略与姑息缓和之间找到一条出路，努力将强硬和克制相结合。但是，这么做非但没有弱化威胁，反而加重了雅典人面临的风险。伯里克利的策略对斯巴达人的威胁有限，却使自己付出了惨重的代价，其他城邦见此情形开始反抗。伯里克利死后，雅典采取了更具进攻性的战略，获得了一些胜利，甚至连斯巴达也表示愿意求和，但就在此时，雅典人开始自我膨胀了。

36 语言和欺骗

修昔底德很欣赏伯里克利，因为后者能够运用权威和理性的口才来管理雅典的政治体系。他劝说群众接受明智的政策，而不是用蛊惑人心的手段去迎合大众的非理性。尽管后者在民主政治中很常见，并且伯里克利死后这种做法在雅典大行其道。[26]

雅典式民主要求这个城邦中的所有重大决定都要经过激烈

的公众讨论。战略容不得半点隐晦，必须明确清晰地表达出来。对于决策者而言，重要的不仅在于采取正确的行动，而且要有能力预见事情的后续发展，还要具备让人信服的能力。议会和法庭辩论充斥着各种对立的演讲，其内容自相矛盾，但这激励人们去培养强有力的辩论能力。人们普遍乐于学习和运用说服人的艺术。[27]高尔吉亚在伯罗奔尼撒战争初期（公元前427年）到达雅典，在那里生活到晚年，他就展示出了这种修辞技巧。他向人们展示了如何通过周密细致的设计使一个无力的论点变得强有力，并且将这种艺术传授给了愿意受教的学生们。他认为话语（说词）可媲美物质力量，它们可以引起痛苦和愉悦："有些让人感到恐惧，有些让人胆气十足，有些则以其邪恶的说服力让人心智大乱。"他存于后世的言论之一验证了为什么海伦随帕里斯私奔会引发特洛伊战争。另一位颇有影响力的人物普罗泰戈拉则以探索合理运用语言而著称。他颇有几分个性地形容自己是位智者（源自希腊文 Sophistes，意为"聪明的人"），这个词被柏拉图用来定义整个思想家群体。当时，有关公共演讲的专门教育大有市场。诉讼当事人可以学习如何进行有效辩护，竞选公职的候选人可以靠它提高自己的吸引力，活跃的政治家则可以借此变得更有说服力。[28]

伯里克利喜欢和包括普罗泰戈拉在内的众多知识分子为伍。当时有观点认为，对于实干家和耍嘴皮子的人应该加以甄别，伯里克利对此嗤之以鼻："我们热爱智慧，但不会因此丧失男子汉气概。"劝说别人需要有说服力的语言：那些有学问但没有"清晰表达能力"的人，还不如一无所知的好。在雅典人面前，他表明自己是"一个至少和别人一样能够明白应该做什么以及能够解释这一切的人"。说服的艺术极具价值，因此演讲和对话在修昔底德的记述中占据了重要篇幅。伯里克利用这种方式展示其战略观点，只不过修昔底德的描述也许比实际话语在逻辑上更为连贯。

37 伯里克利的成功在于他的权威，以及他说服人们遵从战略的能力。这些战略都是经过高瞻远瞩的周密计划发展而来的。他通过运用和表达智慧来设法掌控局势发展。正如帕里所说，伯里克利演讲的创造力在于，他能够描绘出一个只要听从他的建议就能实现的未来。这种未来构想取材于现实，但又超越现实。它的可信性不但源于其可行性，还源于它“对外部世界最强大和最持久力量的洞察”。之后，伯里克利要做的便是确保形势的发展与他所描绘的图景是相符的。所以，他不能只做个有说服力的演说家。他的演讲堪称战略计划，提供了一条理想的未来之路。这表明，他依据对世上现有各种力量的判断，已经完全掌握了未来的种种可能。伯里克利高于常人之处在于，他为雅典人设计了一条可以成功践行的道路，使现实与他的未来设想保持一致。但是，这也往往取决于敌人的行动以及各种偶然因素。最后，计划的完整性很可能被事态的实际发展所破坏。从深层意义上看，修昔底德的记述是悲剧性的，因为它揭示了战略推论在面对矛盾的世界时，是有局限性的：

> 但最终事实证明，现实是不可控制的。它打破、改变并最终毁掉了人们的构想。如伯里克利所说，哪怕人们的构想明智而合理，哪怕这些构想以其自身的创造力和对现实的洞察力，而与事情的发展相契合，现实情况也会像运气一样，以一种不理性的方式颠覆和破坏那些最崇高、最智慧的构想。

对伯里克利而言，那场突如其来的瘟疫象征着“具有毁灭性，且不可预测的现实力量”，它破坏了他的未来设想，否定了他对历史进程的掌控。一旦他说的话无法让雅典人信服，那么他就失败了。修昔底德将伯里克利奉为英雄，他的悲剧在于无法接受另一种出路。语言和行动一样，能分析现实并展示如何重塑现实，是掌控演绎现实的唯一希望。当思想和语言千方百计地想与现实保持一致时，它们就会变得毫无价值，沦为口号，失去了真实意义。[29]

另一个人物狄奥多图斯对此进行了批判。当米蒂利尼的政治寡头反抗雅典失败后，狄奥多图斯劝说他的同胞不要听从煽动家克里昂的蛊惑去残酷惩罚失败者。狄奥多图斯的做法其实是在反思民主国家中演说的作用。他认为，正直的公民应该在如实表达理性论点的基础上表明自己的态度，这一点至关重 38
要，但议会里的敌对气氛却助长了欺诈行径。

> 把真诚的忠告当作恶意的怂恿来怀疑，这已经成为惯例，以至于一个心怀善意的人为了获取信任而不得不撒谎，就像出坏主意就必须先靠欺骗来笼络人心一样。[30]

因此，狄奥多图斯在阐明宽大政策时，依据的是雅典人的利益而非正义，其目的是让人们相信残酷惩罚的震慑作用很有限。[31]

修昔底德关注语言腐蚀的问题，在他笔下，克基拉暴动是与此相关的例子。这次事件导致了民主派和政治寡头之间的血腥内战。修昔底德在记述社会秩序崩溃的同时，也描写了语言腐蚀。鲁莽成了勇敢，谨慎成了胆怯，克制成了懦弱，考虑周全成了行动不力，而暴力反倒成了充满男子气概和精心谋划的自卫。支持采取极端手段的人得到信任，反对者却遭到怀疑。[32]语言服从行动。行动失去了约束，也就不可能有什么理智的言论了。

柏拉图的战略妙计

到公元前五世纪末，雅典逐渐衰落，进入一段政治动荡时期，其间斯巴达的支持者对它进行了短暂的野蛮统治。曾经活跃、积极的知识分子沦为被怀疑的目标，退出政治舞台。一个著名人物成了哲学的殉道者。苏格拉底曾谈论过斯巴达的积极面，也谈论过民主的消极面，平生秉持一贯的批判态度，他从外表到行为都被视为异于常人。公元前399年他以腐蚀青年的罪名被判处死刑。苏格拉底虽然没有留下任何著作，却拥有一批忠实的学生，其中就包括柏拉图。苏格拉底死的那一年，柏拉图25岁。柏拉图对老师做了理想化的描述，通过记录很多据信出自苏格拉底之口的对话录，发展出自己的哲学思想。柏拉图留下了一系列丰富的对话录，涉及话题极其广泛，但他自己的观点却没有留下明确的、系统性的记述。不过，某些特定的主题还是异常抢眼。其中与我们的意图最相关的是哲学的政
39 治作用，包括诋毁那些逝者的战略性才华。柏拉图给这些先人的哲学思想打上了诡辩的标签，并为此撰写了一份令人生畏的问罪单。

按照柏拉图的说法，诡辩家对待哲学研究的态度很不严肃。他们为玩弄修辞游戏而放弃了追求真理，为了获取回报而不惜为任何事情（无论起因多么卑劣，逻辑多么荒谬）动用自己的说服力。柏拉图依靠自己的判断，给后世留下了一个经

久不衰的、被贬损的诡辩家形象——他们是那个时代的“大话精”、修辞战略家、道德相对论者，他们对真相漠不关心，他们总在暗示真正重要的是权力。他们是雇工，是一群没有是非观念，为了金钱而出卖技巧的游走文字匠人。他们靠耍小聪明迷惑普罗大众，炫耀自己有可怕的能力，可以用谬论击败正确论点。一旦公开叫卖，艺术就失去了价值。诡辩家服务于形形色色的主人，缺少了一种道德核心，一味比拼谁更能哗众取宠。他们无情地怀疑一切，蔑视神灵，推崇利己主义，将良知、集体责任感、共同价值观和尊重传统置于危险的境地。花言巧语让愚昧无知显得睿智博学。在柏拉图看来，美德是普遍而永恒的，只能通过哲学来加以描述和定义。

如今这份问罪单已经失去了权威性：诡辩家不是个协调一致的群体，他们的观点错综复杂且各不相同。“诡辩家”并不是他们为自己挑选的统一称谓，而是因为柏拉图才有了贬义内涵。其中有些人可能对说服他人并非那么感兴趣，他们只是想在谈话中做些尝试，进行一种恶作剧的智力游戏。[33]柏拉图人为地造出这个概念，是刻意要将他的老师苏格拉底从这个受人鄙视的骗子集团中拯救出来，尽管事实上苏格拉底本人也具有很多诡辩家的特点，尤其是他对待所有质询所采取的那种怀疑和质问方式。用本书第二十六章所探讨的现代术语来说，柏拉图安排了一场“范式转换”，他把自己反对的人集合到一个无力追求真理的旧范式之中，并将其与新范式进行对比，发展出一门独特的、专业化的哲学学科。用另一个现代术语来说，他把这个问题“构建”于二元选择之间，一方是寻求道德上的真理，另一方是作为一种交易，进行权宜性的说服辩论。伯里克利将培养人才当作所有雅典人的追求和向往，柏拉图将哲学视为一种目的纯粹的专属职业。[34]

40 柏拉图认为，真正的哲学家与众不同，应该成为统治者。柏拉图不相信民主，因此他认为哲学家身怀治国之才并非因为他们擅长辩论，能够让人们支持他们的做法，而是因为他们能够获得最高级的知识，明确而具体地领悟善的本质，并以此照看与呵护全体国民。知识多元主义以及思想和行动的复杂互动是一个充满生气的政治体系的典型特征，但柏拉图对此毫无热情。他认为，统治者必须拥有至高无上的权力，来评判何为明智、何为合理。他的这种设想曾一度对可能成为哲学王的人产生吸引力，也一直以来被认定为极权主义的根源之一。[35]

柏拉图坚持真理是最高目标，但明显与此相矛盾的是，他极力拥护一个基本神话，即一个可以让人们“满足于各自角色”的“高贵谎言”。苏格拉底是这种思想的倡导者：“我们想要一个能让所有人都相信的高贵而伟大的谎言，如果统治者也相信就更完美了，如果办不到，那么其他国民相信也行。”[36]哲学家和统治者对真理和公民秩序各有承诺，这两个角色之间存在固有冲突，将其合而为一之难，莫此为甚。看起来，柏拉图用一种真理观将二者很好地调和在一起，这种真理观不仅仅是经验上的，更是道德上的，是一种对更高美德的深刻理解。并非每个人都有这种理解力，由此在与没有接受过教育的人以及下层社会打交道时就得有责任感，因为那些人对世界的认识往往是有限和虚幻的。所以说，高贵谎言的目的是好的，是苏格拉底为他的理想城邦制定出的宪章神话。相比荷马所说过的话，这些谎言必定能创造和谐与幸福，而荷马的作品中则充斥着杀戮与纷争。高贵的谎言在很大范围内是善意的谎言。就像孩子要哄着才肯吃药，士兵必须打足气才能上战场一样，对大众也必须进行教育，让他们相信社会和谐，确信现行秩序是天经地义的。因此，阶级结构是众神将不同金属注入不同人的灵魂的结果——金给了统治者，银给了统治者的辅佐者，铁和铜分别给了农民和工匠。

柏拉图的主要遗产不在于刻画出一群统治者的特征，而在于他使哲学成为一种专门职业。随后我们会发现，在现代的后启蒙时代，社会科学领域也发生过类似的事情。有些知识及其实践与大而有争议的社会政治问题直接相关，它们一开始充满谜团，到后来却成为一种专业知识主张，并声称要追求更高的“科学”真理。战略必须与冲突相关，永远达不到柏拉图式的理想状态。冲突不仅存在于城邦内部或各城邦之间，而且还存
在于言语主张与实际作为之间，存在于诚实的美德与欺骗的权 41
术之间。柏拉图的一部分遗产是，他取代传统，将理论和实践知识鲜明地区分开来。而传统做法重视的是，世界观与应对复杂世界经验之间的频繁互动。

四　孙子和马基雅维利

兵者，诡道也。

——孙子

在所有战略思想中，荷马最早提及的力量之神（biē）和智慧之神（mētis）代表了对比最鲜明的分野。前者渴望肉体上的成功，后者追求精神上的胜利；前者相信强悍，后者看重智谋；前者勇气过人，后者想象力丰富；前者直接面对敌人，后者迂回接近对手；前者时刻准备为荣誉而死，后者总是想靠欺骗偷生。在罗马帝国时期，思想的钟摆由智慧摆向了力量。荷马笔下的奥德修斯也因此在维吉尔笔下变身为尤利西斯，成了有关希腊人背信弃义的传说的一部分。在这类传说中，甚至是雅典人，当发觉自己在与斯巴达的战争中处于下风时，也从特洛伊木马上找到了某些共鸣，开始对奥德修斯的这一残酷计策另眼相看。罗马时代的英雄不再像从前那么依赖狡诈和聪明，他们更坦诚、更可敬，在战斗中也更勇敢。

由此，古罗马历史学家李维（Livy）写道，观念较为传统的元老院议员对当时追求“过于狡猾的智慧”的世风深恶痛绝。这种智慧类似于“迦太基人的把戏和希腊人的诡计，它让人觉得用欺骗之术克敌制胜比武力征服更光荣”。罗马人作战时不会“采取伏击和夜间行动，也不会在假装逃跑之后给

粗心之敌来个回马枪”。也许有时候“计谋比勇气更实惠”，43
但相对于“耍手段和凭运气”，只有“在一场公平正义的战争中展开光明正大的白刃战”才能真正挫败敌人的意志。[1]

尽管存在上述观点，但使用计谋仍有着巨大吸引力。不久之后的提比略①统治时期，瓦莱留斯·马克西穆斯（Valerius Maximus）便在其著作中对谋略做了积极的阐述，并首次赋予其正式定义。“与狡猾和诡诈相关的各种行为在希腊语中被统称为‘strategemata’（谋略）。的确，这些概念有着光辉的一面，和它们所遭受的种种非议完全不是一回事，因为它们几乎无法用一个（单一的拉丁）词语来恰当表述。”他举了几个例子：“健康的心态”（salubre mendacium）有助于提振士气（有效说服你属下的一支部队发起进攻，理由是另一支部队正在有效推进，虽然这不一定是真的）；假冒的叛逃者（比如西农）可以从内部瓦解敌人；被围困者运用心理战术，可以让围困者丧失斗志；麻痹你眼前的敌军，就能够以双倍兵力打击其他敌军；先用计迷惑敌人，然后发起突然袭击；当敌人试图围困你的城池时，抢先下手，以其人之道还治其人之身。所有这些例子都抓住了诡诈之术的特点，那就是扰乱敌人部署，至少要打消己方的顾虑。比起单靠武力，一条计谋会让胜利更有保障。[2]

在古罗马元老院议员弗龙蒂努斯②于公元 84 ~ 88 年编写的《谋略》（*strategemata*）一书中，罗马人的作战传统得到了

---

① 提比略·克劳狄乌斯·尼禄（Tiberius Claudius Nero），罗马帝国的第二位皇帝。（除特别说明，本书脚注均为译者注。）

② 塞克斯图斯·尤利乌斯·弗龙蒂努斯（Sextus Julius Frohtinus），古罗马政治家和军事理论家。

承袭。书中思想广为流传，长久影响着后世学者，其中就包括马基雅维利。在对该书的介绍中，弗龙蒂努斯对一些可能由他自创的概念做了澄清。“如果有人确实对本书感兴趣，”他要求，“请他们记住区分‘战略’和‘谋略’的含义，这两个词天生就很相像。”战略指的是“一个军事统帅所具备的全部素质，体现为深谋远虑、扬长避短、胆大心细和行事果决”。而作为该书主题的谋略，依靠的则是“技巧和聪明”。它们“能用来躲避敌人，效果并不逊于击垮敌人”。[3] 弗龙蒂努斯所说的谋略无疑含有诡诈和欺骗的因素，但同时也包括不少更实际的、用于保持部队士气的方法和经验。这样说来，谋略算是战略的一个子集。弗龙蒂努斯曾就军事问题撰写过综合性论著，但不幸已经遗失。

在其他文化体系中，谋略和诡计更有市场，尤其被当作摆脱困境的法宝；人们对其推崇备至，认为它们体现出一个有效战略的本质特征。莉萨·拉法尔斯（Lisa Raphals）对德蒂恩内和韦尔南有关智慧之神的论述多有研究，并将其所代表的谋略与汉语中的“智”进行了比较。“智”有很多意思，从学
44 问、知识、灵性，到技能、手艺、聪慧或狡黠，不一而足。一个智士往往是圣明的统帅，就像智慧之神的化身，能够凭借自己精通的诡诈之术击败实力强于自己的对手。[4] 战胜弱敌无需超常之才，只有在不容失败、保证克敌必胜的情况下，真本事才得以显现。诡计的运用至关重要：变有序为无序，迷惑敌人，隐勇示怯，隐强示弱。作为统兵智士，还要有料敌机先的能力。比如，间谍可以帮助己方掌握敌人的计划和部署，继而判定应该何时使用计谋，何时正面交锋；何时迂回转移，何时直接进攻；何时全力出战，何时保持灵活。

孙子

圣明统帅中的万世楷模当属“兵圣”孙子，其代表作便是简短的战略宝典《孙子兵法》。人们对此书的作者了解甚少，甚至不知道是否只有一个作者。据传，他是公元前500年前后中国春秋末期辅佐东部吴国国君的一位将领，但迄今尚未发现那个时代有关他的记载。《孙子兵法》似乎是在战国时期撰写或至少汇编而成的。当时，中国的中央政权已经土崩瓦解，一批各自实力有限的诸侯国借机群起争雄。随着时间推移，实际战例不断被补充进这本兵书之中，使其重要性大增。这个时期还涌现出其他一些中国军事经典著作，但都无法超越孙子的兵法。

孙子的影响力在于他对基本战略方法的认识和把握。受道家思想影响，《孙子兵法》同时涵盖了治国方略和战争艺术。如同其他古代文献一样，此书看起来言辞古雅、引证晦涩，但基本主题不失清晰。书中提到，战争的最高境界不是“百战百胜”，而是“不战而屈人之兵”。最伟大的战略家必须是一个诡诈大师，用兵讲求最高效率，“避实而击虚”。[5]挫败敌人的战略意图（或称“伐谋”）才是“上兵”。稍逊一筹的是“伐交”，再次是“伐兵”，最下之策是攻打敌人的城池。

在孙子的公式化格言中，诡诈的精髓简单说来，就是出其 45
不意，即有能力却装作没有能力，积极备战却装作消极避战，欲攻打近处却装作攻打远处，攻打远处却装作攻打近处（“能而示之不能，用而示之不用，近而示之远，远而示之近”）。要想做到这些，就需要布阵周密、军纪井然。例如，对敌示怯的前提是自己必须骁勇善战。在知己的同时，还要知彼。敌方将领如果暴躁易怒，就可以轻易折损他的锐气（“怒而挠之”）；如果偏激冲动，就可以用轻侮之计激怒他，使其失去理智（“忿速可侮”）；如果骄傲自负，就可以通过哄骗使其产生盲目的优越感，从而放松警惕。按照孙子的观点，统兵将领的致命弱点是轻率鲁莽、胆小懦弱、急躁易怒、自矜声名以及优柔姑息。

能真正发挥作用的是对敌情的预先掌握（“先知”）。要预先了解敌情，不可求神问鬼，也不可根据相似现象进行类比推测，不可用日月星辰运行的位置去验证，一定要从熟悉敌情的人那里获得（“不可取于鬼神，不可象于事，不可验于度，必取于人，知敌之情者也”）。凭借这种素质，可以掌握敌军的部署情况、部队特点和将领个性。敌人内部的政治关系也可以成为算计的目标。有时可以在敌国君臣之间制造分裂，有时也可以挑拨敌国与其盟友的关系，使它们相互猜疑而彼此疏远，这样就能让它们中计（“亲而离之”）。

对东亚地区的军事统帅们来说，孙子堪称典范。他对中国共产党领袖毛泽东的军事著作的影响尤为明显。据说，拿破仑也曾研究过法国耶稣会士翻译的《孙子兵法》。虽然其英译本直到二十世纪早期才出现，但一经问世便受到人们的重视，被视为军事智慧的源泉，甚至在二十世纪八十年代上升为商业制胜法宝。此书的兵法最擅长应对各种复杂斗争，在这些斗争中，对垒态势往往晦暗不明，各方结盟和敌对关系又总是变化不定。

《孙子兵法》没有提供唯一的制胜之道，它承认虽然避免作战是最佳选项，但有时作战也是逼不得已。孙子在书中描述的不过是些相对简单的冲突，在这些冲突中，大胆无畏的行动就会让敌人不知所措、陷入混乱。而一个潜在的弱点，比如在下达作战任务时不说明其中意图（“犯之以事，勿告以言”），同样可以成为力量之源。任何类似的解释在今天看来都晦涩难解，而且在军事理论发生巨变的情况下似乎已显过时；然而，如果孙子当年给出具体战术策略上的建议，那么这本书现在恐怕不会有人瞧得上。相反，孙子教给学生们的“只是一些关于考虑问题的特定提示，至于解决问题的办法或途径，则必须自己去寻找”。[6]

孙子的用兵方法被单方运用时效果最好：如果对阵双方将领都在研读孙子兵法，其中的诡诈之术可能不会取得什么效 46
果，双方也可能会懵懵懂懂地爆发一场意外冲突。人们对于诈计往往会有多重理解，就像避免交战可以被理解为示敌以虚。在面对一支力量强大、阵容严整的敌军时，智力游戏也只能做到这一步。如果对阵双方都想尽力避免正面冲突，那么胜利将属于能够避免持久战，并且最终将敌人逼入绝境、负隅顽抗或缴械投降的一方。总而言之，如果不想把部下搞得晕头转向，一个统帅在智谋上能够运用的诡秘和机巧，和他的对手一样有限。归根结底，孙子的价值并不在于他找到了一个适用于所有场合的取胜秘诀，而在于他提出了一种理想的特定战略思维模式，其凭借的是智取对手，而非暴力征服。

弗朗索瓦·于连（François Jullien）[①] 通过论证《孙子兵法》所代表的中国战争艺术与中国语言艺术之间的相似之处，发展出了一套耐人寻味的思考方法。他认为，在战争中不愿卷入高风险的、可能有害的直接对抗的心理，在言语交锋中同样

① 法国当代著名哲学家。

存在，后者具有相似的间接性和含蓄性。委婉和微妙的表达方式都具有隐晦和难以捉摸的特点，基本等同于军队所运用的躲避和袭扰战术。只要不被对方牵着鼻子走，或者一味辩护而给对方以反驳的口实，就能在论战中保持主动，即使这可能导致一场无休止的“操纵游戏”。[7] 在演讲中采用间接表达方式和在战斗中采取迂回战术，都会产生同样的问题：当双方使用相同的伎俩时，争斗就会遥遥无期，很难收场。

于连提到了与此形成鲜明对比的雅典人。在雅典人看来，坚决果断的行动更具优势，能够让战争和辩论尽快结束，以免因持久对抗而损失惨重、一蹶不振。战争以实实在在的战斗为基础而直接展开，军队排成密集的方阵向前推进，以确保对敌人形成最大的压力，谁拥有实力和勇气，谁就能获得胜利。军队将领们虽然通晓诈敌之术并深谙出奇制胜的道理，但他们不愿在躲避和袭扰的游戏中浪费时间。同样，雅典人在辩论中也是直来直去。无论在剧场、法庭还是议会，演讲者都会在限定的时间内直接、清晰地表达自己的观点，供对手当场辩驳。因此，辩论和打仗一样，都讲究速战速决。在这些论战中，双方
47 就像修昔底德所说的那样，“各持论据激烈交锋”，最后胜负则由诸如陪审团或选民这样的第三方评判。

这是一个有趣的对比，也许论战方式反映出某种广泛而持久的文化偏好，这种偏好影响了人们对冲突的态度。维克托·戴维斯·汉森（Victor Davis Hanson）认为延续至今的西方战争模式开启于古典时期，古希腊人严重偏爱“决定性”战斗的说法正由此得出。这一观点颇有争议。[8] 反对者基于对古希腊战争及其后续历史的分析，质疑上述理论的权威性。[9] 比阿特丽斯·霍伊泽尔（Beatrice Heuser）强调，到拿破仑战争之

前，西方军事思想中至少有一个极具说服力的分支是主张避免恶战的。“没有几个人认为仗是非打不可的，也没人平白无故地盼着打仗。”[10]昆图斯·费边·马克西穆斯（Quintus Fabius Maximus）① 是“费边战略”的创造者。最初，由于在汉尼拔麾下势如破竹的迦太基军队面前显得懦弱怯战，他一度被嘲讽为“拖延者”。但到公元前 216 年（原文误作前 17 年）罗马军队于坎尼战役惨败之后，他的军事智慧得到了承认。在那之后的大约 13 年里，罗马人始终不与敌人正面交锋，而是不断袭扰汉尼拔的补给线，直到他最终认输并撤出意大利。

在整个中世纪，最负盛名的古罗马军事论著是韦格蒂乌斯②的《论军事》（*De Re Militari*）。当时，人们仍然认为所有重要的战争教训都包含在古典著作中。中世纪同样面临着资源、交通和地理条件方面的限制，所以战争中要解决的关键问题就是后勤补给，一支攻击部队如果不会四处搜刮和掠夺，就会陷入困境。《论军事》中的相关段落写道，打仗是“最后的非常手段”，只有在考虑了所有其他计划并尝试了应急办法之后，才能走这一步。如果失败的可能性过大，就应该避免作战。最好是运用“计谋和手腕”，尽可能从细微之处搞垮敌人，从而令其不敢轻举妄动。韦格蒂乌斯以类似于孙子的措辞表达了自己的偏好，即断敌粮草比贴身肉搏更容易迫使敌人投降（“饥饿比刀剑更加可怕”），并谈到“要打败敌人，采用切断军需、制造惊扰和攻击要害的办法（即通过迂回战术）比在战场上硬碰硬更有效”。[11]关于中世纪战争是否真的如此反对正面作战，学者

---

① 古罗马政治家、军事家和杰出统帅。

② 弗拉维乌斯·韦格蒂乌斯·雷纳图斯（Flavius Vegetius Renatus），古罗马军事著作家。

们一直都在争论。克利福德·罗杰斯（Clifford Rogers）认为，将领们更愿意主动求战，至少在己方处于攻势的时候。不过，他并没有一口咬定决战是战争的主导模式。[12]

拜占庭帝国皇帝莫里斯（Maurice）在七世纪初所著的《将军之学》（*Strategikon*）一书也持相似观点："用欺骗、突袭或者饥荒来伤损敌人是上策，千万不要被诱入一场激战，打
48 仗展现出来的更多是运气而不是勇气。"为了表明还有另一种观点，霍伊泽尔引用了罗昂公爵亨利（Henri，Duke of Rohan）[①]在欧洲三十年战争期间的相关论述。后者认为，"对敌人发起进攻是最光荣和最重要的战争行为"，但遗憾的是，当时的战争"更多是在学习狐狸而不是狮子……更依赖围困而不是战斗"。不过霍伊泽尔随后指出，亨利并没有见过真正的战斗，那些经历过战争的人发表议论时往往会更加谨慎。萨克森伯爵莫里斯（Maurice de Saxe）是十八世纪早期的法国军队统帅，他认为最好能够避免激烈战斗：

> 没有什么比这个办法更能让敌人陷入窘境，也没有什么能让事情向更好的方向发展。频繁的小规模军事行动可以消耗敌人，直到他不得不躲开你。[13]

在不得不战的情况下，派军队不时突袭敌人、破坏敌人经济和瓦解敌人士气，可以成为另一种战术选择。最重要的是，在探讨成功的原因时，比如就英法百年战争而言，"政治因素往往比军事因素更重要"，即使由天才战略家指挥作战并在赢得一场激

---

① 十七世纪早期领兵对抗法王路易十三的法国胡格诺派领袖。

烈的战斗之后。[14]就像法国试图鼓动苏格兰扰乱英格兰的后方一样，英格兰在战争中也充分利用了自己在法国各地的盟友。

从“百年战争”这个带着怀旧味道的标签可以看出，冲突可能会经历几个不同的阶段，但所有战役都缺乏决断性，因为根本性的争端永远都不会完全化解。从这个角度来讲，战斗在当时的作用和后来人们对它的理解往往大相径庭。在1415年的阿金库尔战役中，亨利五世率领英军大败法军，这是百年战争中最著名的战役之一。在谈到其背后的战略考虑时，扬·威廉·霍尼格（Jan Willem Honig）极力主张从当时复杂的交战传统和惯例入手来审视这场战役。在这些传统和惯例中，围困、扣押人质、提出政治要求甚至实施大规模屠杀，都有各自的战争价值。冲突双方对打仗都很谨慎，似乎既求战又怯战，而且在决战之前都会精心设计作战方案。霍尼格认为，所有这一切都是战斗带给人们的“形而上的神秘感”在作怪，它反映出一种战争观，即让上帝裁决，而战斗和神判同样重要。当其他所有争端解决方式都用尽时，就会出现这样的心理。

> 战争的结果成了一场较为缓和的竞争，因为双方都对上帝这位最高法官的裁决充满敬畏。这种敬畏，以及任何优秀的中世纪基督徒对其事业正义性和信仰坚定性的怀
> 疑，促使人们发展出一套用于约束武力对抗规模和限度的 49
> 传统规则，并加以遵循。

这意味着战争可以沿着相对可预知的道路发展，以顾全脸面的方式避免打仗是可行的。尽管不能确定对手究竟会恪守规则，还是会为满足私利而行动，但共同的行为模式仍然对冲突和战

略产生了影响。[15]打仗虽有风险，但它也有特殊作用，偶尔可以充当解决争端的手段。它是一种契约，一种就谁是胜者以及何谓胜利达成共识的方式。它要求各方接受这样的安排：既然无法和平解决纷争，那这就是最好的解决方式。打仗是一次“军备冒险”（chance of arms），是一种两相情愿的暴力，从中会产生一个胜者。战斗有时间和空间的限制，即一天之内在一个确定的战场上进行（黎明打响，黄昏收兵）。在这个范围内，它们难免血腥、残忍，但至少会打出个结果，不会让战火蔓延到国家的其他地方。胜利的最低要求是在这一天结束之前取得对战场的控制权，打跑敌人。只有双方承认胜负已分，一场战斗才具有决定性意义。这并非源于骑士风范或者有限战略概念的自我克制，而是一种法则。战争被视为一场有法律效力的赌博。正是因为风险如此之多、运气如此重要，它才被如此谨慎地对待。[16]

马基雅维利

我能比海上妖精淹死更多的水手，
我能比蛇怪杀死更多凝视我的人。
我的口才媲美涅斯托耳，
我的诡计赛过尤利西斯，
我能像西农那样再拿下一个特洛伊。
我比蜥蜴更会变色，
我比普罗透斯更会变形，
连那杀人不眨眼的权谋家也要向我学习。[17]

无论这些可接受的行为规则是否始终得到了严格遵守，它们无疑都影响了当时的话语体系。这有助于解释，为什么尼可罗·马基雅维利（Niccolo Machiavelli）对基于统治者私利的政治行为的赤裸裸辩解能产生巨大影响。他让诡计和花招超越了 50
战争范畴，直指国家所有事务管理的核心。他被认为是自奥德修斯以来，又一个不可信任的狡诈圆滑之徒。不久，“马基雅维利主义者”就被用于形容那些深谙操纵之术、专靠欺骗谋私利的人；这种人醉心于权力本身，对借助权力行正直高尚之事则不感兴趣。马基雅维利的非道德学说遭到了教会的谴责，以至于作为其理论化身的“权谋”几乎被当成了魔鬼的工具［马氏的名字“尼可罗”（Niccolo）恰好与早于他而存在的撒旦的绰号“老尼克”（old Nick）相合］。莎士比亚笔下的格洛斯特公爵（后来的理查三世）——以上引述的正是此君的言论——就代表了这类具有最严重缺陷的权谋家。

尼可罗·马基雅维利本人是一位佛罗伦萨公务员、外交官、政治顾问和实用主义哲学家。他最有名的著作《君主论》（*The Prince*）是一本写给统治者的手册。在当时意大利深陷动荡和危机的背景下，这本书奠定了马基雅维利作为政治顾问的地位。他以平实的文字表达了强烈的紧迫感，反映出他对自己所处时代的绝望，以及他对佛罗伦萨乃至整个意大利在法国和西班牙强权面前的软弱无能及其政治恶果的忧虑。出于同样的原因，马基雅维利还就军事事务提出了明智而有说服力的建议。他主张依靠征兵制度建立一支更具持久战斗力的军队，从而为保卫国家和扩张国家势力提供更可靠的基础。但不幸的是，由他协助建立起来的佛罗伦萨自卫队于 1512 年在普拉托战役中被西班牙军队击败。和修昔底德一样，马基雅维利在失去实权之后有了写作的时间，开始为其他人如何行使权力出谋划策。

这种境况同时赋予了他一个超然的视角，丰富了他对理想和现实之间的差异的感受。他认为，在理想世界中，真正高尚的人总能因其善行而得到回报，而现实世界却不那么令人如意。马基雅维利采用经验主义研究方法，因此也被视为政治学之父。在他看来，自己并没有提供一套新的道德规范，只是反思了同时代的实际道德规范。政治生存靠的是不掺杂感情的现实主义，而不是对虚幻理想的追求。这意味着要重视利益冲突及其潜在的解决方式，解决这些冲突要么靠实力，要么靠计谋。但是，狡猾和欺诈不可能创造它们自己的政治遗产：立国的基础仍然是良好的法律和军队。

马基雅维利对政治方法学的兴趣，体现了包括孙子在内的大多数战略家所追求的目标：如何对付别人可能更强大的力
51 量。马基雅维利并未夸大战略的效用。风险总是存在的，所以不是总能辨明一个安全的行动方向。就像用二十世纪的博弈论预测"极小极大"结果那样，他注意到："从道理上讲，你永远别指望能躲过一个危险而不遇上另一个危险，但精明的人知道如何识别不同危险的本质，并选择面对其中害处最小的一个。"[18]该做什么则由环境决定。"命运是我们半个行动的主宰，即便如此，它还是会留下几乎一半归我们支配。"甚至在这个明显由人支配的部分，采取行动时也需要审时度势。自由意志体现了让事物适应人性的可能性，马基雅维利则认为事物可以塑造人性。

马基雅维利的《兵法》（*Art of War*）① 是他唯一于生前出

① 《孙子兵法》的英译，亦可直译为"战争的艺术"。

版的著作，书名有可能受到了孙子著作的启发。实际上，从十七世纪的拉依蒙多·蒙特库科利（Raimondo Montecuccoli）[①]，到十八世纪的萨克森伯爵莫里斯，再到十九世纪的约米尼男爵（Antoine-Henri de Jomini）[②]，有关这个主题的专论大多以“兵法”命名。这是个通用的书名，往往偏重于探讨技术性问题。作为这类体裁之一，马基雅维利的著作获得了极大成功，被翻译成多种语言。他强调了常备军的潜在价值，以及一个人如何以合适的方式服务于真正的国家利益。他还为当时的一些实际问题所困扰，从要塞的防守到火药的发明。由于这本书是以就关键问题展开辩论的形式撰写的，我们不能认为其中的观点都代表了马基雅维利的思想，确切地说，他在某些问题上的立场一直是模棱两可的。但他关切的核心很清楚，尤其是他强调建立一支合格、忠诚的军队至关重要，可以保卫国家安全并为外交创造自由回旋的余地。他理解战争和政治的关系以及彻底击败敌人的重要性，认为即使敌人逃离战场也要将之消灭干净，使其再无机会卷土重来。他深知命运女神对战争的操控能力，因此在谈及命运问题时态度谨慎。正是出于这个考虑，他主张作战时倾尽全部军力，而不仅仅是有限介入。毫无疑问，他还表现出了对诈术、诡计和间谍活动的重视，认为这些手段可以料敌机先，如果可能，偶尔还能靠它们不战而胜。

不过，他的著作最引人注意的特点在于书中鲜有提到如何抵御外敌，更多强调了国内臣民的忠诚和奉献。具体说来，他更愿倚重本地民兵，而不是只为钱打仗的职业雇佣兵。他不敢

---

① 奥地利陆军元帅和军事理论家，神圣罗马帝国的亲王。

② 法国拿破仑时期的将军和军事理论家。

52 指望爱国主义，而更相信铁的纪律，包括采取切实措施严防逃兵带走任何财物。“劝说或阻止几个人做一些事情非常简单，因为如果用嘴说不管用，你可以动用权威或武力。”可要取信于大众则困难得多：他们必须聚在一起同时被说服。所以，“优秀的统帅应该是演说家”。对军队训话可以“驱除恐惧、提振士气、增进顽强、揭露欺诈、承诺奖励、示险避险、灌注希望、赏优责劣，以及实现旨在扑灭或点燃人类激情的所有目的”。[19]这类鼓舞斗志的演说能够激起全军将士对敌人的义愤和藐视，同时令他们对自己的懒惰和怯懦感到羞耻。

在《君主论》中，马基雅维利就如何攫取并掌控权力提出了臭名昭著、见利忘义的建议。在他看来，要达到这个目的，必须肆意使用各种阴私手段，而在表面还要装得道貌岸然。潜台词就是，一个人若追求言行高尚，便会万劫不复。生存应该成为最高目标，否则将一事无成。君主需要随形势变化来调整自己的行为，包括在必要时行不道德之事。在他最著名的一段论述中，马基雅维利提出了这样的问题：

> 究竟是被人爱戴比被人畏惧好一些，还是被人畏惧比被人爱戴好一些？我回答说：最好是两者兼备；但是，两者合在一起是难乎其难的。如果一个人对两者必须有所取舍，那么，被人畏惧比受人爱戴是安全得多的。因为关于人类，一般可以这样说：他们是忘恩负义、容易变心的，是伪装者、冒牌货，是逃避危难、追逐利益的。当你对他们有好处的时候，他们是整个属于你的。正如我在前面谈到的，当危险还很遥远的时候，他们表示愿意为你流血，奉献自己的财产、性命和子女，可是到了危险即将来临的

时候，他们就背弃你了。[20]

这种“性恶论”是马基雅维利学说的核心。在书中某处，他对比了狮子和狐狸分别给人带来的启发，前者代表力量，后者则象征着狡猾。一个人“必须是一只狐狸，以便认识陷阱；同时又必须是一头狮子，以便使豺狼惊骇”。由于“人都是卑鄙无耻的，不会对你信守诺言，所以你也不必对他们守信”。但是，被人看出不诚实就不妙了。这就是做狐狸的好处：“一个人必须知道如何掩饰自己的行为，学做一个伟大的说谎者和欺骗者。人们是那样单纯，并且那样受着当前需要的支配，因此骗子总可以找到一些容易上当受骗的人。”君主最好尽量装得“慈悲为怀、笃守信义、清廉正直、虔敬信神”，甚至还要 53
这样去做，只要这样做有利可图。让人觉得苛酷无情是有好处的，这样有助于维护统治秩序，但千万不要给人留下丧尽天良的印象。“每一个人都看到你的外表是怎样的，但很少有人摸透你是怎样一个人……群氓总是被外表和事物的结果所吸引。”[21]误导，而且是大规模误导的能力也是一种必要素质。在某种程度上，人们不会完全抛开对君主实际行为的审视，而仅从表面上判断君主是否具有美德。马基雅维利深知，要想守住权力，就必须减少对残酷手段的依赖，以更适度、更得体的方式行事。

他提醒君主，应该避免让自己受到憎恨和轻视。他不反对君主使用残酷的手段，但认为只能在必要的时候使用它们，并且要“一劳永逸”地达成目标，这样就有可能让暴行转变成“对臣民有益的善举”。他强烈建议不要使用那种“虽然刚开始不易察觉，但时间一长不仅没消失，反而越来越明显”的残酷手段。这个结论基于他对人类心理的研究。如果君主在一开始就使用了残酷手段，而且之后没有再次使用，“他就能够让人们安心，并在施予恩惠时赢得他们的支持”。否则，君主“将不得不一直把刀握在手里，永远无法依靠自己的臣民，因为他们深受暴政之苦，不可能从君主那里得到安全感”。虽然暴行应该一次用尽，以使“人们随后忘记所受之若而减轻怨恨”，但相比之下，恩惠却应该一点一点地赐予，因为“它们的滋味更好”。[22]马基雅维利明白，即使权力靠武力和诡计取得，靠残酷手段巩固，它的安全也有赖于民众的拥护。最有效的权力应该是用得最少的权力。

虽然“马基雅维利主义”已经成为诡诈和操纵之术的同义词，但马基雅维利的学说实际上要合理、有效得多。他认识到，君主越是被人认为爱搞阴险勾当，他们就越不可能取得成功。明智的战略家会为权力运行建立起一个良好的基础，使之超越虚假和残酷，取得切实成就并赢得广泛尊重。

五　撒旦的战略

> 人之意志有如驮兽，由上帝驾驭便走上帝的路，由魔 54
> 鬼驾驭便走魔鬼的路。意志之不由自主，亦如驮兽之不能
> 选择其驾驭者……驾驭者们则争着拥有它。
>
> ——马丁·路德

马基雅维利对后世政治思想的影响是深远的。无论是如他所愿地为那些顺势之人提供行动指南，还是流于极端，被邪恶无德的反派主角所利用，他对权力现实的坦率评价，为人们谈论政治提供了一种新途径。马基雅维利学说影响政治行为的一个鲜明例证可以从约翰·弥尔顿（John Milton）的著作中找到。在弥尔顿发表于1667年的史诗《失乐园》（*Paradise Lost*）中，撒旦成了马基雅维利主义的化身。通过评估撒旦的战略，我们会看到马基雅维利学说的各种局限性和可能性，以及上帝对战略自由的持久约束。

弥尔顿作品的核心是探讨最令人困惑的有关自由意志的神学
问题，自由意志在亚当和夏娃的故事中被首次提出。如果一切都
是预先注定的，那么亚当和夏娃在这个问题上别无选择。他们的
原罪并非他们自身的过错，即便是，上帝也依然需要找理由让他
们犯错。如果有善和恶两种选择，恶也一定是上帝创造出来的。 55
如果人类会受到恶的诱惑，那么人类就必然生来不完美。然而问

题在于，如果这都是早已注定的结果，他们还应该受到惩罚吗？如果生来完美，他们怎么会犯罪，又怎么会有罪的概念？既然在夏娃劝亚当吃禁果之前，只有她自己真正受了蛇的诱惑而先行吃了禁果，为什么还要两个人一起受罚？蛇的动机又是什么？

在《失乐园》中，约翰·弥尔顿试图对所有这些问题做出合情合理的解释。从某个层面看，他讲述的是一个王国内部发生叛乱、叛乱者被打败并企图扭转败局的故事。换个层面看，就像弥尔顿在其著作前言中所写的，这部史诗旨在说明"上帝对待人类的方式正当合理"，特别是探讨如何调和上帝之无所不能与人类自由意志之间的冲突。然而再从另一个层面看，它涉及的其实是国王与臣民之间的世俗关系。《失乐园》创作于英国内战后的王政复辟时期，而弥尔顿在内战期间一直是个忠实的共和派。当时，异见人士遭到镇压，弥尔顿本人也一度险些因叛国罪而被处决。

自由意志这一概念引出了关于上帝在人类事务中的角色问题。如果上帝不插手俗务，人们为什么还要祈祷和忏悔？如果上帝插手俗务，坏事又怎么会发生在好人身上？也许当代神学家对此自有一套系统的阐释，但在弥尔顿创作这部史诗的十七世纪的欧洲，这些问题无论在政治上还是宗教上都引起了热烈讨论。

十七世纪是在加尔文主义的影响下拉开帷幕的。加尔文教派教义严格，宣扬上帝拥有至高权威，没有什么能够阻挠上帝行使其意志。神的恩典是预先分配好的，万事都由最初的伟大规划所安排。希波的奥古斯丁（Augustine of Hippo）[①] 提出，

① 早期西方基督教神学家、哲学家，曾任北非城市希波的主教。

“上帝主宰一切”，他“在人们的心里按自己的想法操纵他们的意志”。加尔文主义者也认为，上帝“随心所欲并且不容改变地主宰着所发生的一切”，没有什么能脱离他的意志而存在。人类只是在按照上帝创造他们时拟定的剧本共演一场戏，演戏过程中不需要他们即兴发挥。这种观点超出了一般人的理解力，甚至超出了上帝全能的概念，上帝全能说仅仅是假定上帝如果愿意，可以干预人类生活，同时认为历史进程不可改变。如果所有事物都被预先注定，自主选择只是一个幻想，那么唯一的解释就只有宿命论了。这样的话，任何想要改变历史进程的努力都是没有意义的。

与加尔文主义者的观点不同，雅各布斯·阿米念（Jacobus
Arminius）的信徒认为，人类可以通过行使自由意志来创造自 56
己的历史；上帝以仁爱之举回应人类的顺从和对自身罪过的忏悔，而这正是上帝权威的体现。加尔文主义者眼中的上帝行事专断，无需理由。而阿米念主义者眼中的上帝不会主观地将任何人排除在他的恩典之外，并且坚信人类能够区分善恶，以显示对上帝的顺从。

《失乐园》问世于早期加尔文主义出现之后，弥尔顿是支持阿米念派的。他的看法是“鉴于人类有行动的自由，上帝对于他留给人类自行解决的任何事都不会做出绝对的裁决”，否则就是荒谬的和不公平的。如果上帝“只是随心所欲地让人向善或是向恶，然后又奖善罚恶，那么就会招致各方对天理的强烈抗议”。[1] 对于这个令人费解的难题，《创世记》中给出了最佳答案，即如果没有罪恶的存在，就无法检验人类对上帝的忠诚，也无法使他们认识到自己潜在的善。弥尔顿借上帝之口做了说明：“我凭正直公平创造了他，既可以站得稳，当然也有坠落的自由。”[2]

对于罪恶的探讨，一种态度以人类的弱点为依据，认为人类总是不断受到诱惑并且故意违抗上帝的旨意。另一种在弥尔顿时代十分普遍的态度则将罪恶看作一股有生命的、活跃的力量，它处心积虑地企图推翻上帝和诱惑人类。罪恶的化身就是撒旦，《创世记》中的蛇事实上正是由撒旦假扮，尽管书中并没有明确地提到这一点。在很多古代文明中，蛇都象征着罪恶，同时也代表着生育能力。撒旦最早出现在圣经中，当时他并不是上帝的死对头，而是一位忠诚的天使。在天堂当着上帝之面参与争论时，撒旦成了一个对立角色，表现出强硬的态度，但他归根结底是忠于上帝的。这方面最著名的例子见于《约伯记》，其中称撒旦“走遍了世界，周游了各地回来”。[3] 撒旦的一大责任就是挑战人类的罪恶。是撒旦力劝上帝考验约伯，并经上帝同意后被派去让约伯历尽悲惨。不过，撒旦并非作为反叛者，而是作为天庭的一员来执行此事的。

撒旦不仅是一个残酷天使，还是一个堕落天使，并最终被指责为制造所有分歧和不幸的罪魁祸首。早期的基督教会曾试图挑战摩尼教（另一种东方宗教，以善与恶两种力量的对立来解释一切事物）的影响力，但是它坚持认为恶并不是一种有生命的存在，这种观点无法让人信服。不过，有关邪恶力量不断想要引诱人类背叛上帝的思想确立了下来。摩尼教的不同之处在于，善恶之争到最后总会分出胜负。撒旦称王的地狱不
57 可能成为圣殿，上帝将永远是至高之主。于是恶魔只能危害尘世，但又受到了强有力的约束，很容易被打败。[4] 在圣经终篇《启示录》中，撒旦成了邪恶力量的化身。其中描写到非同寻常的一幕：天使长米迦勒与“龙”各率支持它们的天使们在

天堂里展开争战。“那大龙被摔了下来。他就是那古蛇，名叫魔鬼，又叫撒旦，是迷惑普天下人的。他被摔在地上，他的天使也跟他一同被摔了下来。”[5] 圣经学者将此视为世界末日时的剧变景象。但弥尔顿认为这代表着世界的开始，而且持此观点的不止他一人。撒旦因背叛了上帝而被放逐到地上，在那里他变成一个作乱者，扮成蛇劝说夏娃偷吃智慧树上的果子，借此赢得了第一次胜利。

天堂战争

弥尔顿的讲述之所以深入人心，不仅得益于他的语言才华和戏剧表达，还源于他对自由意志的强烈追求。为了解答关于信仰的难题，他试图证明，真实表达自由意志会让人下决心毫无保留地服从上帝。所以，当上帝允许表达自由意志时，他知道人们会做出什么样的决定。弥尔顿还对挑战世俗君主权威（好事）和挑战天上君主权威（坏事）这两者进行了区分。的确，世俗君主的权威理应受到挑战，因为这种权威本身就相当于对上帝权威的挑战。在某种背景下可能被用来使不服从正当化的理由，换到另外的背景中则完全不管用。但仔细思考一下的话，这又不是很说得通，因为反对两类君主的理由听起来差不多。就像很多评论者注意到的那样，当撒旦反对盲目服从上帝时，弥尔顿给了他最积极的评价。用威廉·布莱克（William Blake）① 的话说，弥尔顿“不知不觉地和魔鬼成了一伙”。[6]弥尔顿将撒旦描述为一个堪比狡诈君主的领袖。撒旦具备特定的性格（勇敢和狡猾的混合体），能够适应环境的变化，有

① 英国十八世纪末十九世纪初的浪漫主义诗人。

着承担风险的自信，并且清楚力量和计谋各自的优点（“实力不及处，以智谋诈术为本，定出锦囊妙计方是上策”）。[7]

这部史诗在叙事结构上赋予了每一个主要角色以人性，其结果是弱化了上帝的权威，抬高了撒旦的形象。弥尔顿脱去了上帝的光环，使其显得被动而迂腐。我们在《出埃及记》中看到的上帝诡计多端、善于操纵，行事难以捉摸，但《失乐
58 园》中的上帝却没有那么神秘。撒旦的形象则丰满得多，总的来说更有看头。[8] 虽然当时他对自己的沉沦颇为懊悔，但仍按照选定的道路一往无前。他的矛盾性格和要求意味着他不总是那么容易对付。在弥尔顿看来，撒旦是个权谋家，他用欺骗性的言辞和力量控制着堕落天使，同时又想方设法把这些腐朽倾向全都加到上帝头上。[9] 撒旦用共和主义者对自由选择、价值及和谐的诸般主张来描绘自己的统治，却断言上帝依靠的是胁迫和欺骗。

《失乐园》中包含了许多主题和思想，其中最重要的是，创世时发生的事情与最终耶稣受难和复活之间的关联。我只关注上帝和撒旦之间的争斗及其可能反映出的他们各自的战略用心。这个故事包括两大关键部分。它们在《失乐园》中并不是按照时间顺序展开的，但在这里我会依照它们发生的时间先后进行阐释。第一部分内容讲述了天堂大战的故事，上帝座前天使之一拉斐尔将此事告知亚当，并提醒他警惕撒旦的本性和邪恶潜质。不幸的是，在亚当得知此事之时，夏娃已经受到了引诱。第二部分内容即为《失乐园》开篇场景，描述了撒旦一伙在初战失利之后商讨对策的情形。

根据弥尔顿的说法，最初被称为路西法的撒旦曾是天军中的大天使之一。危机出现于上帝宣告其子拥有和撒旦同等的地

位之时，因为此举极大冒犯了后者。此前从未得到这方面消息的撒旦感到自己在天堂等级体系中的地位受到了侵害，于是集结其他天使随他造反：“你们怎么愿意伸出头颈去受缚，愿意在他面前屈下软弱的双膝？”随后，撒旦为争取政治权利给出了强有力的理由：

> 谁能冒称平等的同辈为帝王而君临？论权利和光荣，虽有所不同，但论自由，却都是平等的。我们本没有法律，也不犯罪，难道能拿法律和敕令压在我们头上？用它们来主宰我们，硬要我们尊敬，简直是对我们赫赫名号的冒犯，我们的名号理应制人而不是受制于人！[10]

1/3 的天使站到撒旦一边，对天堂发起攻击，但天堂早有准备。说来也奇怪，本应和平、美丽、宁静的天堂，此时却是严阵以待。弥尔顿曾对奥利弗·克伦威尔（Oliver Cromwell）麾下组织严密、纪律严明的“新模范军”大加赞赏。这似乎给了他创造一个“新模范天堂”的想法。[11]这场争斗不仅仅是 59
肉搏战。反叛者在第一天被击退，但他们第二天用大炮发起反攻，只是因为对方拔起群山投向他们，才转胜为败。反叛者求助于火药的情节绝不是毫无所指的，这种东西与 1605 年天主教阴谋中的叛国行为密切相关。在当时，火药常常被形容为魔鬼的发明，目的就是要抹杀战争的神圣与光荣。

上帝目睹了这场动乱，最终在第三天出手干预。为什么他会任由动乱持续呢？从对希伯来圣经要义的解释中可以找到答案。上帝是在为自己的荣耀和非凡被人尊重创造条件。如果是这样，就必须留意圣子的决定性作用了。上帝对圣子解释自己的行为称，“就是打算让你蒙受终止这场大战的光荣盛誉，因为除了你谁也不能制止它”。他命令圣子率领全体天军将叛乱天使赶入地狱。圣子欣然领命，再次体现出他的服从和撒旦的反叛之间的鲜明对比。对于圣子来说，“对您服从是完全的幸福”。撒旦一伙也重整旗鼓，“想在失望中生出希望”。双方都做好了最后一搏的准备。圣子让部众闪到一旁，因为这是他一个人的战斗：“他们的嫉妒和恼怒都是对着我。”[12]

抛开天堂内斗、大炮（某种程度上把群山当作炮弹更恰当）的使用甚至俗世惯有的夜间停战等奇思妙想不谈，故事里还有一个因双方天使长生不死而引发的意外转折。虽然会感觉到痛苦，但他们中没有谁会因为受伤而丧命。无论弥尔顿如何推崇战争美德，他都想表明，有些问题永远不可能靠打仗来得到真正的解决。也许他还反思了英国内战期间自己作为议会派一员的获胜经历，那次胜利并没有挡住随之而来的王政复辟。即便是在这场不寻常的天堂战争中，扭转局面的也是圣子的特殊力量，而不是人多势众。

万魔殿

当敌人从最初的打击中恢复元气，就很难再被一举击败。长生不死的斗士给这经典的困局添加了一个意想不到的转折。就像《失乐园》开篇所写，堕落天使们在他们新的安身之地重新组织起来，开会讨论下一步计划。虽然被逐出天堂，但撒
60 旦并没有气馁，仍坚决反对“天上的虐政”。他在地狱宣告：“在这儿，我们至少是自由的……与其在天堂里做奴隶，倒不如在地狱里称王。”

于是，堕落天使们的领袖摩洛、彼列、玛门、别西卜以及

撒旦本人在地狱展开了一场战略性讨论。会议在一个名为“万魔殿”（字面意思为魔窟）的特殊地方举行，反叛者聚在此处商量下一步行动。上帝想必已经有了防止他们再生事端的把握，任凭他们制订自己的行动计划。撒旦决心把伙伴们从软弱无助的悲哀情绪中解放出来，反抗上帝所做的一切。“行善绝不是我们的任务，作恶才是我们唯一的乐事。”他用一场有铜管乐队伴奏的阅兵来提振部下的精神，以此显示他们仍然是一支强大的队伍，“比特洛伊战争双方的力量以及亚瑟王或查理曼大帝指挥的任何军队都更强大”。然而，这种做法虽然可以鼓舞士气，让他的追随者们去对抗上帝，却不能成为制定可靠战略的基础。[13]

一系列选项被描述成可能有助于任何组织应对重大挫折。安东尼·杰伊（Anthony Jay）指出，“一家公司在遭到主要竞争对手的可怕打击并被其一度依赖的市场淘汰后，总是试图制定出一项新政策，这种情况表现在各个重要方面”。[14]尽管撒旦知道自己想要什么，但他还是从善如流，通过向部下问计来决定采取何种行动。

摩洛第一个站出来，建议“公开宣战”。他不屑于搞阴谋、耍花招，发出这种吁求完全是出于激情、魄力、好斗的性格以及听天由命的心态。“我们不如用地狱的烈火和狂怒作为武器，以措手不及的进攻，直向天上的高塔袭击。”他承认，他不能保证这么做能够取胜，但至少算是一种复仇。

比起摩洛的直接进攻，彼列的想法更现实，但本质上却是失败主义论调，“并非为了和平，而是为了贪图安逸”。他甚至怀疑他们连复仇都做不到：“全副武装的士兵在天上的塔楼里把守瞭望，所有的关口都被堵截了。”他表明了一个其他同伙似乎都会忽略的基本观点，那就是“无论用武力或阴谋”都不可能成功。上帝“明察秋毫”，早就把魔鬼们的计划看在眼里并大加嘲笑，哪怕这些计划正被实施。因此，彼列认为应该换个法子，等着上帝发善心。“我们现在正在受罪，如能支持、忍受，那无上的大敌，或许会减低愤怒。”

玛门对前面两种选择都嗤之以鼻。他既不想发动战争，也
61 不指望上帝的原谅：“我们又将以何颜面卑躬屈膝于他的面前？以何颜面去接受他那严厉的法律？歌颂他的宝座，赞扬他的神性，被迫歌唱哈利路亚，眼睁睁看着他以君王的身份，高高坐在宝座上。”他的意见是挖掘地狱自身的潜力：“这片荒地并不缺乏金玉隐约的灿烂，也不缺少建起庄严境地的技能艺术，天上岂能还有比这更优越的东西？”为此，他力劝堕落天使们“在冥土另建王国，或用策略，或用长时间的进展，希望能巍然崛起，有能力与天国分庭抗礼”。由于玛门曾经帮助建起了万魔殿，他的意见听起来颇有些道理。大家头一次明白了他们喜欢什么，玛门“话音未落，人们即窃窃私语，好像彻夜狂欢扰乱大海的暴风停止时，岩洞里残留的催眠调子”。

不过，就像所有聪明的领导者一样，撒旦在讨论开始之前就已经想好了自己中意的方案。万事俱备，只等一锤定音。他的副统帅别西卜“提出了魔鬼的建议，这原来是撒旦的计划，已经提过部分内容”。首先，他推翻了玛门的主张，警告说上帝不会允许地狱和天堂平起平坐。接着，别西卜提议采取一种主动但有别于摩洛直接开战的策略。撒旦谈到“有一个地方（如果天上从古流传的预言属实）这时候正创造出一个新世界，里面住有叫作‘人’的新族类”。这个新族类据说和天使

一样，可能是被创造出来填补被逐天使留下的空缺的。既然直接进攻徒劳无益，那么拿这个新族类下手倒可以成为算计上帝的办法，也许能哄骗人类加入反叛队伍。作为一名战略家，撒旦为他在天堂的失败找到了一个可能的解释。很简单，失败是因为力量悬殊，忠于上帝的天使数量是反叛天使的两倍。要想扭转战局，与其白费力气地发动直接进攻，何不哄骗人类加入反叛队伍？于是，在撒旦称赞了别西卜的计划后，这个计划马上获得了通过。战略一经制定，撒旦便开始着手落实。首先，他需要有用的情报。“让我们的心思都放在那方面，去探明住在那里的生灵是什么，怎样的形状、资质和禀性，有多大力量，有什么弱点，凭暴力或诡计，哪一样容易试探他们。”[15]

他绕着大地往返七次，以躲避守卫天堂的天使的警戒。后来，他装成下级天使骗过守卫，溜进了伊甸园。他的目的是率领手下的堕落天使攻占并移居伊甸园。然而，当他在伊甸园遇到夏娃时，被她的美貌迷住了，霎时间“似有向善之心，放弃了仇恨、欺诈、憎恨、忌妒和复仇”，过了一阵他才恢复常态，并提醒自己到这里来“不是为爱，而是为恨”。此刻，他想起了自己的邪恶目的，对亚当和夏娃的态度也变得怨毒起来。“我想同你们联盟，相互亲善，相互爱护，彼此相亲，毫 62
无隔膜。我要来和你们同住，或者你们去和我同居。”

撒旦化身为被弥尔顿比作特洛伊木马的蛇，引诱夏娃偷吃了智慧树上的果子。撒旦谎称，他这样一个畜生在吃了智慧果后就被赐予了说话的本领，而且上帝没有杀了他。后来夏娃对亚当辩解说，如果当初受引诱的是亚当，她认为亚当也无法“看破那奸诈狡猾的蛇的狡计”。而且，就算夏娃当时意识到事情可能有诈，也不见得会起疑心：“我和他之间没有什么仇恨的根源，他为什么对我怀有恶意，以祸害相加呢？”[16]

夏娃吃过禁果后，劝亚当也吃了一些。人类的忠诚由此受到挑战。如果他们入了撒旦的圈套，力量天平就会向他倾斜。对亚当和夏娃来说，这是一个抉择时刻。他们不再无知，必须做出选择。亚当和夏娃的选择让撒旦的阴谋破了产，他们忏悔并站到了上帝一边。按照米迦勒的预言，“好人受罪，恶人享福，一切颠倒，在自己的重负之下，世界呻吟着前进”，直到基督再次降临。亚当渐渐明白了一个道理，那就是即使势单力薄，也必须反抗不公与邪恶，因为“最高胜利中的坚毅斗士是为真理而受难”。上帝的成就不会总是那么明显，往往表现为“弱者战胜世界的强者”。[17]

此时的撒旦信心大减，他远离老巢和部众，脑子里充满“混杂的思想”，认识到上帝的全能和他反叛的错失，以及自己心中的罪恶，但他的自尊不允许他屈服。问题不在于弥尔顿赋予撒旦的谋略。鉴于冲突各方都可以长生不死，用蛮力永远不会取得决定性的胜利。撒旦最希望的是改变人类，使他们加入堕落天使的行列。为此，欺骗是必要手段，而且最初撒旦成功地把亚当和夏娃骗出了天使的同盟阵营。但他没能把他们拉到自己这边，因为上帝的圣子掌握着终极武器。

弥尔顿虽然在撒旦的言谈话语中加了自由色彩（他可能曾用这样的言辞反对过他自己的国王），却不见得是魔鬼的同党。弥尔顿笔下的天堂因其明显的好战作风而不同寻常，但它从来没有被描绘成一个暴虐无道之地。天使们服从上帝是因为崇拜上帝的固有权威，而不是因为害怕受罚，而且每位天使代表上帝行事时都有一定的自由度。他们自然而快乐地团结在一起保卫天堂，抵抗叛军。此外，使用这种共和主义语言来谴责

一个自称君权神授的世俗国王，与谴责上帝本身完全不同。 63
1609年，詹姆斯一世①对议会宣称：“国王理应被称作上帝，因为他们以神权或类似神权统治着世俗世界……国王们不仅是上帝在俗世的代理人，高坐神位，而且就连上帝自己也称他们为上帝。”从一开始，弥尔顿的政治愿望就是挑战这种无耻之说，以及它所衍生出的所谓不服从国王就等于不服从上帝的谬论。这种君权神授论的用意是制造偶像崇拜。弥尔顿所说的地狱是一个发展中的君主国，“充斥着保皇主义、邪恶语言、乖张表达、政治操纵和蛊惑宣传”。[18]不管身为造反头目的撒旦怎样说话，一旦到了地狱，他俨然表现得像个至高无上的国王。他“带着王者赫赫的气概，高高地坐在宝座上”，如同一位伟大的苏丹，在万魔殿发号施令。他认为自己理所当然地拥有这样的权威。他没有让手下叛众进行共和主义式的自治，而是让他们供自己这个篡权的国王奴役驱使。就此而言，他对于政治权利的虚假承诺，就像他诱惑夏娃时对蛇的生活的生动描述（或者他富于想象力的欺骗）一样不可信。

真正的谜题是为什么撒旦一度相信自己能成功。他不是败给命运，而是败给了上帝的全能和全知。上帝不仅拥有更强大的力量，而且不会上当受骗。无论撒旦谋划什么，上帝都会知道。撒旦以前做天使长时，应该也有这种本事。这就是为什么弥尔顿笔下的撒旦虽然像是马基雅维利眼中的理想君主，但在关键方面还是力有不逮。他在对抗上帝时犯了种种低级错误，而且缺乏马基雅维利主张的那种在应对强敌时所需的小心谨慎。马基雅维利所谓的理想君主“首先得是个实用主义者”，

---

① 英国国王，查理一世之父。

马基雅维利看不上“那些一味想克服无法逾越的障碍或顽固坚持注定要失败的事业的人”。在《失乐园》中，撒旦承认自己在天堂时低估了上帝的力量，到了地狱后又没有认真反省自己最初反叛的合理性。他固守着那套已经导致自己失败的战略，部分是因为他靠着这些战略差点就获得了成功。他没有学到任何能真正打击上帝的东西。用里布林（Barbara Riebling）的话说，他自吹能挑战上帝不过是“对战略智慧的嘲弄”。他准备使用暴力或诡计，但不是为了取得真正的优势，只是为了挑起“持久的战争”。要对抗一个全能的大敌，这就算最实用的办法了。“撒旦看起来像是个大胆开创未来的自由人”，但结果“他反而成了自己本性的奴隶”。[19]

在弥尔顿的虚构故事中，撒旦的使命就是突出上帝的地位。按照约翰·凯里（John Carey）① 的观点，撒旦“在这首诗里被安排和全知全能的上帝一同出现”，意味着“他采取的
64 每一次敌对行动都会弄巧成拙，然而他被虚构的职责正是采取敌对行动：他是魔鬼，是敌人”。[20]如果撒旦知道自己有被救赎的可能，并且努力争取被救赎，那么故事就讲不下去了。但是，作品仍留下了缺憾。弥尔顿给上帝安排了一个真正邪恶的对手，这个对手有充分的智慧向上帝发起足够有力的挑战，以展示上帝的荣光；但他又不够聪明，认识不到自己应该向上帝的仁慈投降。《失乐园》通过探究动武、使诈、安抚和认命这些手段的优缺点，阐明了一些战略思考，但只要涉及上帝，所有思考到头来都是白费功夫。这些戏里的角色可以为自己的利益行事，但这些利益只能限定在上帝的总体规划范围之内。

---

① 英国当代文学批评家。

诡计的局限

虽然圣经中经常提到的欺骗行为并非总是那么令人不齿，但是蛇用诡计把人类置于一个如此糟糕的起点上，绝对是开了一个让人高兴不起来的先例。弥尔顿通过撒旦假扮成蛇这件事，进一步证实了狡猾和邪恶之间的关联。当弥尔顿提到“诡计”（guile）这个词时，他是在暗指欺诈（fraud）、狡猾（cunning）和圈套（trickery）。从战略角度来看，这些手段似乎还是要比暴力更可取（当然更好过失败），但如此做法不够光明正大，无疑缺少高尚和勇气。那些靠诡计取胜的人永远都会背着道德污点。即便现在，形容一个人“毫无心计”（without guile）仍是赞美之词。这样的人说什么就是什么，不会在话里暗藏机锋。又或者，当一个人在某种人格或思想的诱惑下失掉了正常的镇定和理性时，我们会说这个倒霉鬼“丢了魂”（beguiled）。类似的词还有“wiles”，哲学家托马斯·霍布斯（Thomas Hobbes）用这个词来形容“控制一切他所能控制的人”。[21]《牛津词典》对“wiles”的定义传递出令人讨厌的意味：“阴险的、狡猾的、骗人的诡计；神神秘秘的、偷偷摸摸的、鬼鬼祟祟的伎俩；谋略，计策。之前偶尔也有更广泛的意义：一场骗局、一则谎言、一个妄想。”

弗龙蒂努斯所说的谋略，包含了欺骗、突袭、谋划、迷惑以及一般的诡计。谋略一直被定义为“为智取或奇袭敌人而设计的花招或把戏”。莎士比亚戏剧里不乏这类例子。其中，求助于谋略是一种通过突袭敌人获取不公平优势的不太光彩的手段。疯了的李尔王就曾提出“一个妙计”，“将毡呢钉在一

队马儿的蹄上”，悄悄接近敌人，但没人把这当回事。对磊落无欺的崇尚在《亨利五世》中表现得最为清晰，国王夸耀自
65 己的军队大捷并非“出奇制胜”，靠的是“明枪交战、实力相拼”。[22]

同样，“plot”这个词也在十七世纪被赋予了负面含义。一起著名事件将它与危险的闹剧或是恶毒的阴谋联系了起来。1605 年 11 月 5 日，一伙天主教反叛者①企图在詹姆斯一世国王驾临下议院时制造火药爆炸，但最终失败，这起事件被称为“火药阴谋”。从此之后，“plot”便被用来指背叛和阴谋，也就是那种由少数人秘密酝酿、旨在颠覆既有秩序的邪恶计划。殊不知，“plot”和“plan”有着相近的词源。二者最初都是指一片平地，之后是指一块地或一幢建筑的平面图，再之后是指一幢建筑的施工图纸，最后才用来指完成某件事需要采取的一整套措施。这样，一个计划就成了为实现一个目标而制定的详细方案。军队有自己的“攻击计划”或“战役计划”，这些提法已经脱离了它们的字面意思，通常象征着准备随时随地发起进攻或执行一项艰巨任务。当事情进展顺利时，它们就是在“按计划”进行。总之，在充分考虑该如何完成某项艰巨或复杂任务后，一个计划比一个合理方法的含义要丰富得多。“plot”所指的意思差不多，但不那么光彩。在约翰逊博士的 1755 年版词典②中，可以发现这两个词的细微差别。“plan”的意思是“scheme”（计划），“plot”也表示“scheme”，但同时有“阴谋、花招、诡计”的意思。[23]

---

① 包括盖伊·福克斯（Guy Fawkes），爆破专家，议会爆炸的具体实施者。

② 塞缪尔·约翰逊（Samuel Johnson），第一本英语词典的编纂者。

说到狡诈、诡计、欺骗和花招的时候，人们总会有双重评判标准。如果用它们来对付自己的人民，一般是要受到严厉谴责的，因为你了解他们，他们也很可能信任你，所以骗他们更容易；但如果用这些手段来对付敌人，则可以接受，甚至会因为用计巧妙而得到赞扬。人们之间的社会关系越紧密，靠欺骗手段从这种关系中获利就越容易；人际关系越弱，行骗就越困难。无论哪种情况，其对诡计的依赖都受到收益递减法则的制约。你一旦有了好名声，别人就会特别提防你耍心眼。所以，当你的对手消息足够灵通时，你的一举一动都会受到监视，耍心眼很容易被发觉。这些原因使欺诈手段只有在小范围内和对个人使用时，效果才最明显。欺骗政府和军队是可能的，但这往往是一场赌博，也许只能获得暂时和有限的优势。一旦和拥有复杂组织的庞大军队发生战争，诡计所能发挥的作用将会非常有限。到那时，还得靠实力说话。

第二部分

※

武力的战略

六　新战略科学

当我知道现代炮兵技术到了何种程度， 69
当我比修道院里的新手懂得更多战术，
简而言之，当我对基本军略有了最粗浅的了解时，
你就可以说马鞍上从来没有坐过更好的少将了。
毕竟我的军事知识，哪怕我勇敢又好冒险，
只不过达到了本世纪[①]初期的水平。

——吉尔伯特和沙利文，《潘赞斯的海盗》

上面这段著名的快节奏诙谐曲选自由吉尔伯特和沙利文[②]合创、于1879年首演的轻歌剧《潘赞斯的海盗》（*Pirates of Penzance*）。二人让他们创作的“现代少将”这个人物拼命炫耀自己在历史、古典文化、艺术和科学方面的全部学问。直到最后，少将才承认他欠缺的恰恰是那些跟他职业相关的知识。当他承认自己的军事知识只达到十九世纪初的水平时，他指的是拿破仑时代以前的军事知识，而那是个完全不同的时期，那时的军事知识已经无法满足其现在所处时代的需要了。

---

① 指十九世纪。

② 英国维多利亚时代的幽默剧作家威廉·吉尔伯特（William Schwenck Gilbert），和作曲家阿瑟·沙利文（Arthur Sullivan）。

马丁·范·克里韦尔德（Martin van Creveld）① 曾经质疑1800年以前是否有战略存在。[1] 当然，根据本书的观点，从灵长类动物形成社会组织的那一刻起，战略就已经出现了。范克里韦尔德也承认，古往今来一直都有关于战争技巧和制胜之道的明智见解流传于世。军事统帅们必须仔细制定出作战方案，并做好相应的军队部署。范克里韦尔德思考的是，十八世纪末十九世纪初所发生的重大转变。在1800年以前，情报搜集和通信体系既低效又不可靠。因此，将领们不得不亲临前线，至少不能离前线太远，以便迅速适应攻守变化。他们不敢制订任
70 何复杂的计划。诸如分散部队从不同方向进攻敌人或是组织后备部队去巩固胜利成果之类的做法，都可能给指挥和供给带来大问题。道路条件恶劣，行动必定缓慢。虽然后勤保障不再要求靠山吃山，但弹药补给必须时刻跟上。这不可避免地暴露出一个严重弱点，补给线一旦被敌人切断，后果不堪设想。适度迂回或夜间行军成了突袭敌人的最好办法。当时的军队没有战斗热情和献身精神，无法在持久战中鼓足信心，士兵也会在食物短缺或条件艰苦时轻易受到利诱而开小差。所谓深谋远虑，不过意味着集中精力把敌人推入弱势或无援的境地。所有这一切，都限制了战争对欧洲的稳定均势的影响。之后，随着交通体系的改善和陆地地图精准度的日益提高，自称法国皇帝的拿破仑·波拿巴（Napoleon Bonaparte）出现了。拿破仑象征着一种新的作战方式：整合优秀人才和群众团体的力量，制定远远高出前人的宏伟目标。

1789年的法国大革命迸发出巨大活力，引领革新，摧枯

---

① 以色列军事历史学家和理论家。

拉朽。它将各种政治和社会力量从那个时代的束缚中解放出来，其影响在此后几个世纪仍然经久不衰。在军事方面，这场革命催生了大规模平民化军队，其作用因为远距离运兵手段的完善而日益增强。战争不再是过去那种由各国统治者之间的争吵引发的、受制于补给缺陷和不可靠军队的有限战争，而是朝着涉及所有国家的全面战争转化。[2] 因为有了拿破仑，战争成为一个国家挑战另一个国家的手段。战争再也不是煞费苦心的讨价还价，它变得利害攸关，诱敌妥协的做法被统统抛弃，胜负只能靠一场血战来判定。军事演习的重要性因为时不时有仗要打而不断提高，所以它也不再是例行公事，而变成大规模冲突的前兆，这种冲突往往带来全军覆没和亡国丧邦的结果。

本部分内容以介绍现代战略概念开篇，然后将阐释亨利·
约米尼男爵和卡尔·冯·克劳塞维茨（Carl von Clausewitz）这 71
两位重要战略大师的观点。他们的思想产生于一个政治大动荡的年代。当时，频繁的战事不断改变着欧洲版图，大规模军队的组织、调集、行动和指挥面临新的挑战。人们关注的仍是一场场战斗，指望着凭借一次胜利让敌人在政治上陷入绝境。在当时的军事思想中，歼灭战的观念根深蒂固。此前，各交战国一直将打仗视为“军备冒险”，认为它是一种解决争端的恰当方式。但随着时代发展，这种认识渐入迷茫。

这样的思想一直延续到了十九世纪，大概直到十九世纪下半叶才告消亡。但在消亡之前，这种思想一直模糊不清，作用也十分有限。它是君主制度的产物。在君主制度下，战争的起因和结果主要和统治者的私利，比如王朝更替或对特定地域的主权密切相关。随着民族主义和共和主义的兴起，旧的作战思想日渐式微。它是传统战争标准框架的一部分，始终受到这个框架的制约。最有节制的胜利是一种双方均认可的结果，即一天战斗结束后，战场上只剩下一方军队搜拣战利品，而另一方尸横遍野、任人掳夺。这种胜利仍有赖于敌人对失败的接受。某些胜利比其他胜利更显正统，比如那些没有使用下流诡计而取得的胜利。不过，对于名义上被打败的君主来说，他只要认识到自己的撤退使敌人蒙受了更大伤亡，或者己方退而不乱、保有实力，还是会扭转困局、卷土重来。胜利者必须核算是否已经对敌人造成了充分打击，以便说服敌人理智地坐到谈判桌前。这种做法在某种程度上取决于双方的利害所在，以及敌人是否仍有反击能力，或者是否可以通过包围城市外围、发动暴乱等手段来胁迫敌人，让他们防不胜防。

哪怕是一个遭到重创的对手，也会找到继续抵抗、重新部署或是获得外援的办法。想一想跟战争有关的各种不确定性和爆炸性危险，我们还能说这只是一种暴力外交吗？如果最终能以达成妥协收场，为什么不在流血之前通过外交解决问题，或者寻求其他方式（通常是经济方式）压制对手呢？建立自己的同盟和破坏敌人的同盟（明显属于治国之道的范畴），与展示杰出将才一样能对战争的结果产生影响，甚至比后者更重要。

然而，十九世纪战略讨论的出发点是期待一场决定性战
72 役，而不是追求治国之道。对于前者，可能会有例外的看法；而对于后者，打仗本身就是个例外。当时的军界鼓吹将国际体系看成战场的延伸，一种为了生存和统治而进行的持续争斗。

作为职业和产品的战略

如果我们把战略看作一种解决问题的特别方法，那么它在人类出现之时就已经存在了。即便这个词并没有被一直使用，

我们现在回望历史，仍会看到以往的风云人物是如何从事那些后来被称为战略的活动的。难道一个词语的出现就让人类的实践活动变得完全不同了吗？要知道，就算在“strategy”这个词问世之后，它也没有成为一个普遍的描述性符号，甚至现在那些所谓的成功战略家也没有把它作为一个定义来使用。当时战略的概念与其日后含义的不同之处就在于，前者指的是领导者可以获得并利用的全部知识。战略家逐渐成了一种特殊职业，主要为精英人物提供专业意见；战略成了一种特殊产品，供各个国家和组织在复杂的局势中妥善自处。

更早的时候，我们会注意到“Stratēgos”① 一词在五世纪的雅典所代表的含义。而根据爱德华·鲁瓦克（Edward Luttwak）② 的观点，古希腊和拜占庭时期曾出现过和现在的“strategy”一词等同的“stratēgike episteme”（将军的知识）或“stratēgōn sophia”（将军的智慧）。[3] 在弗龙蒂努斯编写的以希腊文“Strategematon”为书名的拉丁文著作《谋略》中，这些知识和智慧以各种计谋策略汇编的形式得到了体现。古希腊人在形容作战技巧时会用到“taktike techne”，这个词既包括我们所说的“tactics”（战术），也有雄辩和外交之意。

“strategy”一词直到十九世纪初才被广泛使用。它的问世早于拿破仑的崛起，反映出启蒙运动中人们对经验科学和理性运用的日益增长的信心。甚至战争这种最难驾驭的人类活动，其研究和运用也遵循着同样的精神。最初的研究领域被称为“tactics”，这个词曾一度指部队的有序化组织和机动。据比阿

① 意为将军、领袖。

② 美国战略与国际问题研究中心研究员，军事战略家、政治学家、历史学家。

特丽斯·霍伊泽尔介绍，“tactics”被定义为“军事行动科学”的历史可回溯到公元前四世纪。直到六世纪，“strategy”才有了相应的定义，当时一部佚名著作首次明确地把这个词与统兵艺术联系起来。“战略是军事统帅用以保卫自己土地和打败敌人的手段。”公元900年，拜占庭帝国皇帝利奥六世写下《将道》（*Strategía*）一书，总结了与“Strategos”相关的全部术语。利奥的著作在几个世纪后才开始为人所知，并于1554年
73 由一位剑桥大学教授翻译为拉丁文，但其中并无战略的提法，译者使用的是“统兵艺术”或“指挥艺术”。[4]

1770年，吉贝尔伯爵（Jacques Antoine Hippolyte, Comte de Guibert）① 出版了他的《战术通论》（*Essai général de tactique*）一书。当时年仅27岁的吉贝尔是一个早熟且生活放纵的法国知识精英，此前有过丰富的军事经历。他撰写的一整套有关军事科学的论文把握了启蒙时代精神，产生了巨大影响。当时面临的问题是如何克服战争非决定性的顽症。吉贝尔认为，一支大规模军队要想取得决定性战果，就需要具备机动能力。他对后来发展成为“战术”的“基本战术”和后来发展成为“战略”的“大战术”做了严格区分。吉贝尔想建立一套统一的理论，将战术上升为“一种对任何时代、任何地方、任何武器都适用的科学”。他的独到之处就在于其对征募、训练和在战争中使用军队等问题的观点。[5] 到了1779年，他开始撰写有关“la stratégique”（战略）的著作。[6]

霍伊泽尔将“战略”一词的突然出现归功于法国人梅齐乐（Paul Gédéon Joly de Maizeroy）1771年对利奥著作的法文

---

① 十八世纪法国将军和军事理论家。

译介。梅齐乐认为利奥所说的“将军之学”独立于层级较低的战术范畴。他在该译作的一个注释中说：“准确而言，la stratégique 就是指挥官的艺术，指挥官凭借恰当而熟练地掌握和运用所有的统兵手段，调动手下所有部队，使他们成功地发挥作用。”到了 1777 年，此书的德文译本使用了“Strategie”这个术语。梅齐乐将战略形容为“制高点”（sublime，吉贝尔也用过这个词），认为其包含的理性成分要多于固定规律。战略需要考虑的东西很多：“为了制订出计划，战略要研究时间、地点、手段和不同利益之间的关系，权衡每一个因素……这些涉及辩证法领域，也就是说涉及推理的范畴，而推理是思想的最高能力。”[7]这个术语如今已经广为传播，为人们在一个曾不知战略为何物的竞技场上进行深远而审慎的思考开辟了一条道路。

从十九世纪初开始，strategematic、strategematical、strategematist、strategemical 等一大堆词在英国冒了出来。这些词都想给人留下使用者精通战略和计谋的印象。于是，strategemitor 成了制订计谋的人，而 stratarchy 则是指军队内部自最高指挥官逐级向下的治理体系。这个词曾被当时的英国首相威廉·格莱斯顿（William Gladstone）使用，来解释军队应如何超越层级界限，绝对服从所有上级军官。之后，又有了 stratarithmetry，这个词表示一种计数方法，即通过让一支军队或一群人排成特定的几何图形，来估算出他们的数量。 74
strategist（战略家）的近义词是 strategian，它伴随 tactician（战术家）而自然产生，但没有流行起来。

作为区分不同级别的军事指挥和与敌接触的一种手段，厘清战略和战术之别的重要性得到了普遍认可。战略是最高统帅

“规划和指导一场战役中大规模军事机动和作战”的艺术，而战术是“在战斗中或直接面对敌人时指挥部队的艺术”。[8] 不久，战略一词就脱去了它的军事色彩，进入贸易、政治和神学等五花八门的领域中。

strategy 这个词的迅速传播意味着，它在尚无公认定义的情况下已为人所用。当时，大多数人认为战略是一种和最高统帅有关、将军事手段和战争目标联系起来的东西。它超越了低层次、小范围、小规模的机动战和遭遇战，将军事领域中的所有事务联系在了一起。但同时，归于战略名下的种种行为又非常实用，人们认为它们是新时代庞大军队的产物，是适应部队行动和补给的特殊需要，也是影响对敌之术的决定性因素。战略之所以如此务实，多半是受了各种形式的实用知识和原则的影响，这些信息能够以一种系统性和启发性的方式展现出来，被较有远见的指挥官纳入考虑清单。所以，战略与计划的关系越来越紧密并不奇怪。补给和运输方面的问题限制了目标的实现，而对火力和防御条件的估计结果则会影响军队部署。可以这样说，战略涵盖了一场军事行动开始之前就已经决定好的方方面面。

改进后的地图给军事计划带来了巨大变化。制图学的发展意味着大本营、补给线、敌军阵地乃至调动部队的时机都可以用几页纸表现出来；在地图上标明一场战役的大致进程，就有可能判断出战局将如何发展。亨利·劳埃德（Henry Lloyd）是第一个在空间上重新定义战争的人。他因为参与了 1745 年复辟斯图亚特王朝的叛乱而逃离英国，此后曾为形形色色的欧洲国家军队打过仗。他认为那些在军界谋职的人“很少或根本没有认真研究过军事”，自称已经发现了确定不移的战争原则，这些原则只有在应用的时候才会发生变化。[9] 劳埃德以发明“作战线”（line of operations）一词著称。这个词直到今天仍在使用，其意思为一支军队从出发点到目的地之间的路线。 75
劳埃德影响了不少后世军事理论家，其中就包括普鲁士人海因里希·迪特里希·冯·比洛（Heinrich Dietrich von Bülow），后者于 1790 年赴法国，亲身经历了大革命的洗礼。他对拿破仑的战法进行了研究，撰写了一系列军事著作，包括 1805 年的《实用战略指南》（*Practical Guide to Strategy*）。比洛对使用几何表示法来解释军队备战情况颇为痴迷。他试图借助数学原理证明，军队可以根据其后勤基地与攻击目标之间的距离来编排和推进。这种方法可以从他对战略的定义中窥得一斑。在他看来，战略是关于“在大炮射程和视野以外进行军事行动”的科学，而战术是关于在上述范围内进行军事行动的科学。[10] 比洛对战术的研究被认为是有价值的，但让他非常懊恼的是，自己关于“新战争体系”的阐释在普鲁士将军们的眼里一钱不值。

无论在战场上使用什么样的科学方法，到了关键时刻，作战形式和作战指挥都更多地取决于统兵将领的个人判断。比起仔细的算计和筹划，将领自身的性格、眼界和直觉或许会起到更大作用。战端一开，变数无穷，理论也就帮不上什么忙了。这时，战争便成为一种艺术。战略可以被看作一门系统的、基于经验的、按逻辑发展的科学，涵盖所有可以事先计划且需要深思熟虑的事务。战略是艺术，那些能在无望形势下取得非凡战果、有胆有识的将领所做的一切都配得上战略二字。

拿破仑的战略

拿破仑更喜欢将其难以解释的作战方式置于战争的关键性

要素之上。他坚称，战争艺术既简单又符合常理，“一切都不过是执行的问题……与理论无关”。这种艺术的本质很简单：“如果军队总体数量处于劣势”，就应该“在准备攻击或防守的地点，让自己的兵力超过敌人”。如何以最佳方式达到目标，是一门“从书本和实践中都学不来”的艺术。这是军事天才的事，所以得靠直觉。拿破仑对战略的贡献不在理论，而在实践。没有人比他更善于用伟大的军队赢得伟大的战争。

拿破仑对新战争模式的缔造并非完全从零开始，他借鉴了同时代最为德高望重的统帅腓特烈大帝（Frederick the Great）的成果。腓特烈是1740～1786年的普鲁士国王，也是
76 一位善于思考且多产的战争著作家。他的成功得益于他将军队变成了一个训练有素、纪律严明、反应灵敏的工具。最初，腓特烈更倾向于进行“短促有力”的战争，这种战争要求一战定胜负，因为漫长的战争劳军伤财，而他的王国又相对贫穷。他在统治早期借奥地利王位继承战争（War of Austrian Succession）之机夺取了西里西亚，此役为他赢得了战术天才的殊荣。詹姆斯·惠特曼（James Q. Whitman）[①]视这场战役为一个最好的例子，用它来告诉人们，只要敌对双方都同意以打仗为赌注，“胜利法则”是可以让人保持克制的。腓特烈说，战争“决定国家的命运”，能够“结束那些不靠战争就可能永远无法解决的争端”。“没有什么高级法庭”能管住国王们，战斗可以“决定他们的权利”并“判断他们动机的合法性”。[11]

然而一段时间后，腓特烈对战争变得更为谨慎了，因为他发现打仗凭的是运气。取得成功可能要靠一次次小型战果的累

① 耶鲁大学法学院教授。

积，而不是靠一场决定性的遭遇战。与拿破仑不同，腓特烈反对在远离本国边界的地方作战，也不指望在战斗中全歼敌军，而且极力避免正面进攻。他的标志性战术就是“斜行序列”（oblique order）。这种迂回战术实践起来往往很复杂，对部队的纪律性有较高要求。所谓“斜行序列”是指：集中兵力攻击敌人最强的侧翼，同时避免让自己较弱的侧翼与敌人接触；如果敌人未被击垮，则己方仍有可能安然撤退；如果敌人侧翼被攻破，己方的攻击部队便可转身与大部队会合。腓特烈和拿破仑的共同点，也是后来得到理论家们赞美的，就是二者都能够在军队总兵力不占优势的条件下，在战场上创造出强大战斗力，并直接攻击敌人的薄弱环节。

作为一名年轻的军官，拿破仑还阅读了吉贝尔的著述，并将后者的某些思想纳入自己的观点，特别是他认识到在己方兵力占优势的关键地点发起攻击，以及向这些地点快速调兵的必要性。虽然吉贝尔已经断言“欧洲霸权将落入具有阳刚之气并握有一支国民军的国家之手”，但他没能想到将征兵作为实现目标的手段。他认为，公民和士兵的义务是相悖的，顶多也就是把民兵发展成国防军。庞大军队的真正出现，应该归功于法国大革命的关键人物之一拉扎尔·卡尔诺（Lazar Carnot）。此人与拿破仑素来不和，但一直为后者效力到 1815 年。正是当时担任战争部长的卡尔诺，通过征兵开创了“全民皆兵”（Levée en masse）的制度，并把军队变成了一个力量强大、训练有素、纪律严明的组织。卡尔诺还让人们明白了一支庞大军队是如何充当攻击手段的，具体做法是将其分成若干行动快于
敌军的独立作战单位，使其能够攻击敌军侧翼，并寻机切断敌 77
军的联络。拿破仑手下的大多数将军都从卡尔诺的军事才华中

受益匪浅。

拿破仑的贡献，在于他领悟到了发挥大军团潜力的真谛。他通过吸收启蒙时代的军事智慧和利用卡尔诺创建的军事体系，不仅颠覆了传统的战争观念，而且打破了整个欧洲的力量平衡。拿破仑的天才之处并不在于其战略思想的独创性或新奇性，而在于它们的合时顺势以及他的大胆实践。他一向重视决定性会战的作用，时刻准备直面战争的残酷无情，想方设法集中足够兵力全歼敌军。这是实现政治目标的途径。溃不成军的敌人是不会拒绝任何政治要求的。由于这需要彻底击败敌人，拿破仑因而不太喜欢使用间接战略。每当发现敌人的薄弱环节，他便会向该处调集更多的部队并一举攻破。然后，他们就可以从后方或侧翼进一步威胁敌人。这需要冒些风险，比如在集中兵力时不得不让自己的后方和侧翼陷入空虚。但拿破仑并非鲁莽之辈，他会等待正确的时机采取行动。他将确保战场上兵力占优作为重中之重，所以经常选在不引人注目的偏僻之地发起大会战，以便抓住机会，以绝对优势毫不留情地痛击敌人。而通过总揽军政大权，拿破仑还可以杀伐决断，无须广泛征求他人意见。他的乐观、自信以及对胜利的非凡驾驭能力为他赢得了部下的忠诚，也让他的敌人时刻处在忧惧不安之中。这赋予了他不可抗拒的个人魅力，而他本人也总是热衷于利用这一点。

拿破仑从未对他的战法做过完整解释。他没有写下任何有关战略的论著，虽然他曾明确将其指作“战争的更高境界”。他的观点存录于一大堆格言中。这些格言往往是对他那个时代常见军事问题的反思，虽然不像《孙子兵法》那样具有普适性，但它们抓住了拿破仑战法的精髓：关键时刻用优势兵力渡过难关（“上帝站在有兵力优势的军队一边”）；通过歼灭其军队来打垮敌人；将战略视为“运用时间和空间的艺术”；在实力较弱时花费时间积聚力量；以更大的决心、勇气和毅力弥补物质条件的欠缺（“精神之于物质是三比一”）。他的很多格言都以强调了解敌人为中心：如果与同一个敌人作战次数太多，
“你就会教会他战争的艺术”；绝不按敌人的意愿行事，“理由 78
很简单，因为敌人希望你做”；永远不要阻止敌人犯错；始终展现出自信，因为你能看到自己的麻烦，却看不到敌人的。[12]

博罗季诺

我们现在把目光转向历史上的博罗季诺战役。这场战役的结果既非典型的胜利，也非明显的失败，它之所以重要是因为它使拿破仑的战法受到了质疑。博罗季诺战役的发生地距莫斯科约 80 英里，其结果具有决定性意义。此战于 1812 年 9 月 7 日打响，法俄两国共投入大约 25 万大军，其中约有 7.5 万人阵亡、受伤和被俘。尽管法国最终获胜，俄国却并不承认失败。莫斯科在博罗季诺战役之后遭法军占领，但俄国拒绝接受和平条款，而且拿破仑也发现，他已无力让自己的军队继续支撑下去了。于是在五个星期后，他从莫斯科开始了那场史上著名的艰难撤退。

当拿破仑在 1812 年夏天发起这场战役时，他并非没有战略考虑。他期盼着能复制自己以前的战法，让敌人不停猜疑，同时在关键地点集中己方的优势兵力，然后发起进攻。一旦俄军落败，他就可以将议和条件强加给沙皇亚历山大。为缩短战争时间、避免深入俄罗斯腹地，他希望在边疆地区展开决战。有了 1805 年奥斯特利茨战役等一系列惊人胜绩撑腰，拿破仑

自负满满，坚信能击败俄军。由于沙俄的统治已经一团糟糕，拿破仑想当然地认为，只要法军取得了明显优势，胆小懦弱的俄国贵族阶层就会逼迫沙皇承认失败。

殊不知，沙皇亚历山大已经有了一套绝妙的战略，尽管它在政治上存在争议。利用沙俄在法国的完美情报网，亚历山大早在 1810 年就很清楚一场战争已不可避免，从而为思考对策和备战争取了时间。他客观审视了俄国的薄弱之处，包括缺少可靠的盟友。在此基础上，他曾想到一个对敌方案，那就是赶在法军深入神圣的俄国领土之前，依靠俄军的高昂士气和可能成功的突袭，抓住机会抢先动手。但亚历山大深知法军兵力占优，担心俄军主力受损之后，没有后备部队来对抗给养充足、全编满员的法国大军。一旦战败，俄国将危在旦夕。有了这些顾虑，他转而采取了一种防守战略，这意味着他放弃了结盟打算。考虑到俄军已计划撤退，奥地利和普鲁士当然不愿与这样
79 一个国家组成反法联盟。不过亚历山大怀疑，就算他采取进攻战略，也未必能指望两国伸出援手。最重要的是，他知道拿破仑渴望打仗，而敌人渴望的东西恰恰不能让敌人得到。

于是，不管大批天性好战的高级军官有多么懊恼，俄军最终决定撤退。通过以空间换时间的方式，他们就能增强实力。当法军离自己的补给线越来越远时，俄军却离自己的补给线越来越近。由于拿破仑的战法靠的是大会战和速胜，俄军可以在撤退过程中利用己方更占优势的轻骑兵切断敌人的联络，以疲劳战术拖垮拿破仑的大军。“在我们完全撤回自己的补给线之前，必须避免打大仗。”[13]

俄国人知道自己应该做什么，但他们还没有一个实际的撤退计划。这取决于拿破仑会在什么时候、以何种方式实施他的

第一步行动。从一定程度上说，撤退是在拿破仑动手后匆忙开始的，但比拿破仑的进军行动更有条不紊。这位法国皇帝本想速战速决，没打算长驱直入，对险恶的地势和严酷的天气准备不足。在为求一战而追击俄军的过程中，拿破仑把他的士兵，特别是战马折腾得筋疲力尽。直到逼近莫斯科，他才相信最终会迎来战机。尽管大军已疲惫不堪、损耗严重，拿破仑仍固守他的原定计划，坚持认为俄军不会一仗不打地放弃莫斯科。

率领俄军迎战的米哈伊尔·库图佐夫（Mikhail Kutuzov）将军是个精明的指挥官，他深谙普通士兵和俄国民众的心思，作战经验也极为丰富。但库图佐夫当时已经 65 岁，体力和脑力都大不如前，而且身边充斥着阿谀奉承的小人。战役打响时，他对部队的调度和指挥尽显随意：他把指挥权交给下级将领，由他们视情况处理。他的消极态度让人觉得他对战事进展和下一步行动一无所知。

然而，博罗季诺战役的实战结果却显示出拿破仑的表现是多么失常和离经叛道。深入俄国作战使法国遭遇意想不到的挑战，人员和物资损失惨重。到发起战役的时候，拿破仑大军团（Grande Armée）原有的 45 万人已经损失了 1/3。虽然从莫斯科撤退途中，俄国的严冬让法国人尝到了无尽的苦头，但最初给法军造成重大损失的却是俄国的酷夏。战役中，俄军名义上占据数量优势，但若不算 3.1 万名没有武器或未经训练的民兵的话，这种优势便荡然无存，结果就是大约 13 万法军对阵 12.5 万俄军。[14]此时的拿破仑皇帝本人，因为生活优越已明显发福，丧失了早年的活力。战役打响当天，他还发了烧，同时因为小便不畅苦不堪言，简直已无法临阵指挥。 80

在这种情况下，拿破仑的部将们几乎是各自为战，完全没有了他曾费心打造的凝聚力。他的军队并不是集结成一线发起进攻，而是毫无章法地以若干小股兵力冲击俄军阵地。虽然他的优势火力打开了俄军防线的缺口，但敌人始终顽强抵抗，拒不投降，这令拿破仑大为惊愕。在有可能突破敌人防线的情况下，他犹豫了，对部下采取大胆行动的提议感到心烦意乱，拿不准它们是否可行。在兵力所剩无几、急需补给的关键时刻，他仍拒绝出动自己的近卫军，而是想着要为下一场战斗保存些许实力。

在以往的战役中，拿破仑一直是阵前的主宰。他会骑马巡视前线部署，评估形势，并激发出官兵们的杀敌热情。但在这一天，他是那么茫然无助。看到与自己的判断相悖的俄军实力报告后，这位皇帝变得迟疑不定。一位曾目睹此情此景的法国军官形容说，拿破仑的“表情痛苦而沮丧，面如枯槁，目光呆滞；在可怕的枪炮声中，他发出的命令越来越苍白无力，和以前完全判若两人”。亚历山大·米卡别里泽（Alexander Mikaberidze）① 补充指出，拿破仑“就像换了个人，当他拒绝了可能一举制胜的建议时，他的低落或许已经成了对这场战役最具决定性的因素”。[15]

让这位皇帝感到欣慰的是，当天的战役进行到最后，他终于攻破了敌阵，并给俄军造成了大于己方的伤亡。但俄军并没有被彻底打垮，没有伤亡的部队大部分逃离了战场。拿破仑原以为会抓到大批战俘，但实际俘虏的人数很少。此时，他已经无力再发起一场战役来歼灭俄军了。而一个拥有众多人口的大国是可以从已有损失中恢复元气的。

库图佐夫设法以一种从容有序的方式撤回军队。他做出一

① 拿破仑战史专家。

个关键的决定，就是诱使拿破仑大军进入莫斯科，而不是追赶他的部队伺机决战。这并非库图佐夫的初衷。在博罗季诺战役之前，他曾一度反对放弃莫斯科，不认为牺牲城市是为了拯救俄罗斯帝国的更高利益而必须付出的代价。但后来库图佐夫认识到，他救不了莫斯科，也救不了俄国军队，而军队一旦拼光，莫斯科也就保不住了。如他所言："拿破仑就像一股我们无力阻挡的激流。而莫斯科则是一块可以将他吸入的海绵。"拿破仑的确把自己送进了莫斯科。在占领这座城市后，法军开始到处放火，最终将它的 2/3 化为灰烬。[①] 拿破仑希望沙皇能主动乞和，但他很快意识到，俄国人既不想再打一仗，也不想 81
坐下来谈判。这让他束手无策，因为他无法让自己的军队忍受饥饿和严寒的煎熬。除了返回法国，他别无选择。回家的路无比艰辛。俄军最终转守为攻，沙皇总算实现了自己的战略目标，并进而重新在欧洲组织起了反法同盟。

在经历惨败和第一次流放后，拿破仑曾东山再起，但最终在 1815 年饮恨滑铁卢。随着这位战争大师的彻底失败，那些教科书的编写者不再只是思考他最初的成功之源，也开始思考他最终的失败之因。其中有两位十九世纪最伟大的军事理论家，二人都参加过俄法战争，尽管当时只是次要角色。他们就是卡尔·冯·克劳塞维茨和安托万－亨利·德·约米尼男爵。

---

① 也有研究认为是俄国人自己放的火，可参见〔英〕安德鲁·罗伯茨《拿破仑大帝》，苏然译，社会科学文献出版社，2016。——编者注

七　克劳塞维茨

82　战争这种意志活动既不像技术那样，只处理死的对象，也不像艺术那样，处理的是人的精神和感情这一类活的却是被动和任人摆布的对象。它处理既是活的又是有反应的对象。

——克劳塞维茨，《战争论》

卡尔·冯·克劳塞维茨生于1780年，在普鲁士军队中学到了军事技能，但当时普鲁士军队败给了拿破仑的大军。因对普鲁士懦弱地附庸于胜利的法国感到失望，克劳塞维茨转而加入了俄国军队（这也是他出现在博罗季诺战役中的原因）。后来，他又回到普鲁士军队参加反法战争，战争以滑铁卢一役彻底战胜波拿巴而告终。和欧洲军官阶层中的大部分人一样，克劳塞维茨曾为拿破仑的魅力所折服。但在1812年，他亲眼看到了这位伟人的失误：拿破仑在关键时刻丧失了屠夫的本能，暴露出其天才的局限性。克劳塞维茨对这场战役做了详细记录，但因不通俄语，他的见解和记述未能产生较大的影响。此外，他还促成了《陶罗根停战协定》（Convention of Tauroggen）的签订，据此，一度被迫依附于拿破仑的普鲁士军队站到了俄国一边。

克劳塞维茨认为博罗季诺战役算不上经典的战略实践。在

整个战役中，他“没有发现一丁点儿跟艺术或超常智慧沾边
的痕迹”，战役的结果“更多源于优柔寡断和时运机缘，而不
是深思熟虑”。他一开始就对这场战役下了定论，听来不无道 83
理：俄国太过“巨大”，因此不可能“在战略上席卷并占领
它”。一个“欧洲文明大国”无法“在不发生内乱的情况下被
征服”。[1]后来，他对拿破仑没有坚持追击俄军的做法提出了更
严厉的批评，并把博罗季诺战役说成是一场“从未彻底分出
胜负”的战役。[2]这两个评价可谓意味深长：其一，在应对外
部威胁时，民众对国家的拥护程度很重要；其二，没有给敌人
造成致命打击的胜利，其价值很有限。

克劳塞维茨在普鲁士的军事声望平平，在受命管理军事学院后，更是忙于行政事务。他不用授课，这反而让他有时间认真回顾这段非同寻常、瞬息万变的战争时期，梳理归纳自己的思想，并将它们集结为一部巨著——《战争论》(*On War*)。

年轻时的克劳塞维茨曾对绝对战争感到震惊和胆寒。成熟后的克劳塞维茨渐渐明白，现实中的战争还没走到绝对战争这一步，而且后拿破仑时代的战争和以前一样，更多是要追求一个适度的结果，而不是为了国家的生存而拼个你死我活。正是这个新的认识促使他下决心对全部书稿进行重大修改，但这项工作到他去世时只完成了一小部分。有一种解释认为，克劳塞维茨的这种新认识是逐渐形成的；另有观点认为，1827 年是个关键的年份，当时他意识到他的战争理论无法充分解释复杂多变的现实战争形式。[3]在 1832 年染上霍乱病倒时，他仍坚持修改《战争论》。虽然他的遗孀尽一切努力出版了这部著作，但其最终版本却不免让评论家们疑窦丛生。他们想知道，这本书如果能在克劳塞维茨生前圆满完成，它会是什么样子。

约米尼

当克劳塞维茨在1812年寻求给俄国人当顾问时，约米尼恰好在帮法国打仗。在法军残部撤退途中的一个河流渡口，由于受到俄国游击队的袭扰，他的论文手稿不幸遗失。虽然克劳塞维茨现在被认为是这两人中更伟大的一位，但在十九世纪的大部分时间里，最先也是最全面阐释拿破仑战法的却是约米尼。据说拿破仑曾评价称，约米尼将其战略思想中最深处的奥秘都出卖给了敌人。而约米尼无疑会说，基于对这位大师的观
84 察了解，他已经认清了战争的基本原则。这为他赢得了“现代战略创始人”这一富有争议的称号。[4]

约米尼1779年生于瑞士。虽然他在巴黎的职业生涯是从银行职员开始的，但1797年他加入了法国军队，并得到了当时担任将军、后来成为元帅的米歇尔·奈伊（Michel Ney）的提携。1803年，约米尼撰写了一部探讨腓特烈大帝所经历战役的论著。这部著作中包含了他在1869年以90岁高龄去世之前一直恪守的核心理念。他为拿破仑和奈伊两人都做过参谋，但他恃才傲物，难以相处，曾多次辞职。1813年他升任奈伊的参谋长，但因未能晋升少将（general de division），转为俄国效力，并在那里得到了上将军衔。他的核心思想体现在他的《战争艺术》（*Art of War*，一个很常用的书名）一书中，此书最初出版于1830年，后于1838年出了修订版。[5]这部著作曾被誉为“十九世纪最伟大的军事教科书”。[6]通过阐释战略的持久性原则，约米尼力图“让教学更简单易懂，让实战中的判断更准确合理，同时也让犯错的概率更小一点”。《战争艺术》多次再版，流传甚广。这意味着彼此为敌的军队都能很好地运

用书中金律，从而使这些建议和指导趋于中和，除非其中一方敢于打破约米尼的教条，否则两军都难以取得优势。

在约米尼看来，战略的活动领域介于政治和战术之间，政治决定和谁打仗，战术则涉及实际战斗。他认为，战略是在地图上进行战争的艺术。他所关心的是军事指挥官怎样才能将作战区域视为一个整体，利用现代制图技术赋予的空间意识，系统地规划出对敌行动。“战略决定在哪里采取行动；后勤确保部队顺利抵达行动地点；大战术则决定行动的方式和军队的部署。”[7]

政治和战术由不同原则决定，但出人意料的是，约米尼对这两方面所论甚少。用约翰·夏伊（John Shy）① 的话说，战争唯一“真正吸引他的是腓特烈和拿破仑这样的最高统帅，他们能自如地操控大规模流血战争，他们能以超凡的智慧和意志驾驭麾下将士打败敌人”。约米尼眼中的军队更像是“通过神秘方式武装和供养的没有个性的大众”。他们的指挥官通过在某一决定点上集中兵力击败弱势敌人来展示他们的威力。[8]腓特烈大帝和拿破仑的实践都证明了遵循这条核心原则的重要性，尽管绝不能简单地对其加以应用。将兵力集中到一个点上
而不惜削弱自己的侧翼，需要相当的勇气和风险评估能力。总 85
之，必须想方设法集结攻击部队，并确定主要进攻点。

约米尼所考查的只是那些符合他观点的历史案例，同时他认为，同等规模的军队在武器、训练、纪律、补给和动员方面的水平也基本相当。这样一来，战略就显得至关重要，因为只有指挥官的素质和决策能对双方的力量对比产生影响。因此，

---

① 美国战史学者。

他将战略设想为一种永恒的原则，以至于他在漫长的一生中始终认为，重大物质手段的变化（像使用铁路等）只是细节问题，不能改变战略原则。如果原则真能一成不变，那么拿破仑的失败又该如何解释？约米尼的回答是，只有军事思想走向成熟，原则才能得到正确领会。[9]持这种观点的并不止他一人。

约米尼的思想到二十世纪开始渐渐过时，但在此之前，他一直是众多有抱负的战略家所推崇的最高权威，他的著作也被奉为要言不烦、通俗易懂的典范。约米尼的思想或许并不总是那么辉煌闪亮，但是比克劳塞维茨的理论更容易为人理解和信服。

两人之间的关系可谓复杂微妙。克劳塞维茨年轻时明显借鉴了约米尼的思想，而约米尼的《战争艺术》第二版也纳入了克劳塞维茨的批评意见。[10]两人从未见过面，互相之间也没有什么好评。在很多实际操作问题上，他们的分歧并不大。约米尼自称已意识到墨守迂腐理论很危险，而克劳塞维茨也深谙作战技巧的重要性。约米尼的主要目的是教学，他认为克劳塞维茨的理论依据过于夸张。克劳塞维茨在发展自己学说的过程中，有意与冯·比洛的数学分析法划清界限，不过他对冯·比洛的批评可能也为约米尼提供了帮助。他注意到，那些“为作战规定种种原则、规则甚至体系”的努力毫无用处，因为它们未能“充分考虑所涉及的无穷无尽的复杂因素”。克劳塞维茨在书中写道：“这些规则对天才来说是毫无用处的，天才可以高傲地不理睬它们，甚至嘲笑它们，那些必须在这些贫乏的规则中爬来爬去的军人是多么可怜！事实上，天才所做的正是最好的规则，理论所能做得最好的事情，正是阐明天才是怎样做的和为什么这样做。”[11]后来，克劳塞维茨被奉为伟大的战争理论家，但始终受到军事规划者们追捧的却是约米尼。由于约米尼的理论形成于拿破仑军事政治生涯的鼎盛时期，他的著作中散发出克劳塞维茨所没有的乐观精神。正如休·斯特罗恩(Hew Strachan)① 所说，约米尼对他的理论充满自信，他那“富于理性和实用价值”“高瞻远瞩且目标明确”的战争理论以及自成一体的作战思想影响了几代美国陆军及海军上将。[12]

克劳塞维茨的战略

克劳塞维茨在《战争论》中做了一些雄心勃勃的尝试。 86
这部著作不仅是可供有野心的将军参考的教科书，更是一套关于战争的完整理论。他的成就在于发展出了一个充分抓住战争本质的概念框架，从而使以后的几代人都要借助它来弄懂他们所处时代的各种冲突。模棱两可的表达和字里行间的紧张气氛，使马克思主义者、纳粹分子和自由派人士都纷纷宣称将这本书作为各自理论和战略体系的权威支撑。[13]甚至那些认为《战争论》满是谬论且不合时宜的人也在相互攻击，似乎不诋毁克劳塞维茨就无法证明他们自己的正确性。[14]“当时，要想更好地深入研究克劳塞维茨的著作，就得仔细论证各种译本中的内容是否充分和恰当，以及作者的个人经历和智力发展如何相互影响。任何一个偶尔出现的词句都有可能暗藏着宏大思想，而那些关键的概念和它们在特定案例中的应用也都可能具有双重含义。”[15]

了解这些之后，我们就能从克劳塞维茨的战争理论中探究其战略内涵了。克劳塞维茨最著名的格言——“战争无非是

① 牛津大学军事史教授。

政治通过另一种手段的继续”——是战略家们的共同纲领。迈克尔·霍华德（Michael Howard）爵士①和彼得·帕雷特（Peter Paret）②合译的版本中选用了“policy”（政策）一词，因为他们觉得这个词的指向应该高于日常的“politics”（政治），在他们看来，后者在英国和美国有负面含义。但巴斯福德③却认为，“政策”听起来过于死板、单边和理性，而“政治”的优点是传达了互动的意思，体现出敌对双方被冲突绑在一起的状态。[16]两种解释都有道理，要点在于战争若能坚持政治目标，就能避免成为愚蠢的暴行。这句名言并非想说战争始终是政策的合理表现，也不是指从政治到战争只是从一个定义变成另一个定义。二者的区别在于暴力以及两种敌对意志之间的尖锐冲突。这反过来又强化了感情因素和运气成分的作用，它们在政治领域表现明显，但对军事领域的影响却重要得多，常常使战争行为趋于复杂化。所以，克劳塞维茨毫不否认战略的有效性，因为这才能体现出《战争论》的价值，他想强调的是战略所受的限制，这种限制会让聪明反被聪明误。

政治乃至战略以执着追求国家利益为目的，很难为其披上合理的外衣。虽然他的格言后来常常被引述为权威论断，用来说明民事手段优于军事手段，但安图利奥·埃切瓦里亚
87 （Antulio Echevarria）④提醒人们注意，克劳塞维茨的很多关于政治和国际冲突的思想，特别是没有经他修改的章节所表现出

---

① 英国著名军事历史学家。

② 美国军事、文化和艺术史学家，尤其精于德国历史研究。

③ 克里斯托弗·巴斯福德（Christopher Bassford），美国国防大学学者。

④ 美国陆军军事学院研究员，克劳塞维茨军事思想研究家。

的思想，都是循环的和宿命的。作为一位军事理论家，克劳塞维茨真正的伟大之处在于他从自己成熟思想的深处对战争本质的观察。在他看来，战争呈现出

> 显著的“三位一体”特点，包括：原始暴力、仇恨和敌意。这些都可被看作一种盲目的自然冲动；机会和概率的作用，创造精神在其中自由活动；以及作为一种政策工具的从属性质，它使战争仅受理性的支配。[17]

这三大因素之间复杂多样的相互作用为他的理论提供了支撑。“三位一体”学说超越了他的著名格言，暗示了政治并不能统领一切，而只是三者之一。任何国家要想在一个充满挑战的国际体系中生存（克劳塞维茨对“三位一体”概念的理解正是基于此种认识），政治就必须始终为战争创造条件，但政治又不能挑战“战争的基本原理”，以免减少成功的机会，进而影响最终目标的实现。反过来，这又可能让军事行动造成巨大的政治后果。虽然军事明显从属于政治，三大因素的动态特征仍有助于人们理解为什么它们的相互关系如此复杂。[18]

作为一场对立意志的冲撞、一场大规模的决斗，理想意义上的战争很容易发展成绝对的暴力活动。克劳塞维茨承认存在这种可能性，但他同时针对三大因素中的其他两项，解释了为何绝对暴力活动不可能成为现实。政治是制约战争的一种力量，而摩擦则是另一种。这也是克劳塞维茨对于军事思想发展所做的最重要贡献之一。“摩擦”概念的提出，帮助人们认清了理想中绝对的、不受限制的战争与现实战争的差别。他在书中对这一现象做出了解释：

> 战争中一切事情都很简单，但最简单的事情也就是困难的事情。这些困难积累到最后就会产生摩擦，没有经历过战争的人对这种摩擦是很难想象的……无数意想不到的微小事件加在一起，就会降低整体作战水平，以致原定的目标总是不能达到。

其结果就是“作战效果无法估测，因为它们很大程度上要靠运气”。所以，摩擦会导致延误和混乱。在战争中采取行动就像在水中行走，眼前的景象常常晦暗不明。“所有行动都是在类似黄昏那种半明半暗的条件下进行的，而且就像在云雾里或月光下一样，看什么都觉得尺寸很夸张，样子也变得稀奇古
88 怪。”[19]这注定会让统兵的将领们感到沮丧。做每件事情都会比在正常情况下花费更多时间，很难根据战场形势随机应变。

在看似相互矛盾的三大因素中，暴力和机会仍可能从属于政治和理性的运用。如果战略家失去理性，战争就会逐渐变得混乱失序、无法预测。聪明的战略家所面对的挑战是如何先发制敌，如何预见所有导致摩擦的因素和偶发风险。正确的做法是针对混乱状况和不可预知因素提早做准备，而不是打退堂鼓，认为这些因素会让全部计划失效、功亏一篑。检验一位将军是否伟大，要看他能否制订出一个自己能够一以贯之的计划。克劳塞维茨提到，指挥官应该是军事天才，但这不一定是指像拿破仑那样出类拔萃、百年不遇的人物。天才要明白战争的需求，了解敌人的特点，并时刻保持冷静的头脑。当然，一个自作聪明的将军绝非克劳塞维茨心目中的天才，他更欣赏那些能克制自己的想象力和创造力、牢记战争残酷现实的人。

因此，他在描述战争时，一方面认为明智的做法应该是保

持最大的灵活性，并随时抓住机会；另一方面又给出相反的结论，主张以一系列密切相关的连续性步骤为基础，制订出一个明确的作战计划。他特别强调，制订计划时应谨慎认真、集中精力。战略家必须“拟制战争计划，其目标将决定为达到这一目标所应采取的一系列行动”。[20]发动战争不能没有一个深思熟虑的计划。一旦计划开始实施，只有在不可避免的必要时刻才可以修改它。[21]克劳塞维茨将战略定义为“利用战斗来达到战争目的”，这一定义把政治目标转化成了军事目标。战略家应“设计出每一场战役，并决定其中的每一场战斗”。[22]为了获取胜利，选择更有计划地投入战争是可以理解的，但他如何确信每个计划都会落实呢？

克劳塞维茨给出了三大理由。第一，虽然人们大谈事物的不可预知性，但并非所有事物都那么神秘。采取有把握的行动，其效果也能预先知晓。被人从背后攻破或轻易中了埋伏的敌军往往士气低落、勇气不足。最重要的是，对于敌我力量的强弱，可以通过考量双方的作战经验以及“精神和情绪”来进行相对客观的评估。在无法准确了解敌人的计划和对形势的反应时，可以运用“可能性法则”来判断。跟一名容易激动的空想家打交道，与对付一个冷酷且工于心计的敌人完全是两回事。勇敢、 89
主动和机敏会比谨慎、消极和愚蠢得到更多的尊重。

第二，情报的不可靠性。如果没有一个坚定有力的计划，偶尔得到的报告很可能会导致过度的偏离：“战争中很多情报是互相矛盾的，更多的是虚假的，绝大部分是不确定的。”而且，情报往往具有悲观倾向。被夸大的坏消息令指挥官们沮丧而绝望，他们脑子里会浮现出种种充满危险的臆想图景：“战争用它自己的方式为舞台装点上了涂满大堆可怕幻象的粗糙布景。”这些生动的观感盖过了有条理的思想，“即使是亲手规划作战行动并亲自推进落实的人，也有可能对自己先前的判断失去信心”。所以，他必须驱除假象，转而求助于“可能性法则”，从“对人和事的理解及常识中”获得自己的判断力。[23]随着信息收集情况的改善，克劳塞维茨关于应忽略及时情报的建议就显得很明智了。现在看来，这个办法在应对灾祸时比在避免不必要的恐慌时更管用。

第三，敌我双方都会受到摩擦的制约，这也是一个糟糕的失败借口。问题在于谁能更好地应对摩擦。杰出将才的精髓，就在于能够通过精心制订计划和在遭遇不测时保持镇定来尽量克服摩擦。[24]“优秀的将领必须了解这种摩擦，以便在可能时克服；而在行动受到这种摩擦的阻碍时，也不可按既定的标准强求行动完美无缺。”[25]这一重要的限制条件告诫人们，过度的战略野心是不可取的。

所以，军队的规模很重要。各国军队“非常相似”，“其中最好的和最坏的几乎没什么区别”。因此，无论在战术上还是战略上，最可靠的成功之道就是在数量上占优势：“战斗力上二比一的优势可以抵消最伟大指挥官的才干。”克劳塞维茨应该也注意到了诡诈、迂回战略的妙用，承认它能迷惑敌人和瓦解敌人的士气。他提到，人们可能认为“战略”得名自“诡计”，但他发现历史上鲜有证据表明诡计（谋略）能取得实效。相反，他认为，通过大规模调动军队来制造假象是危险的做法，因为这些军队在真正需要担当重任时，很可能已经被部署在了错误的位置上。在战术层面上，奇袭是重要且容易实现的手段；但在战略层面上，军队的集结和调动却可能泄露作战意图。摩擦也是一个重要因素，它会使这类意在攻敌不备的

行动无法顺利实施。所以，在应该力取还是智取敌人的问题 90
上，克劳塞维茨选择前者。“战略家的棋子没有这种计谋和诡诈所必需的灵活性……相比于骗人的天赋，准确和深刻的理解力是一名指挥官应该具备的、更有用也更不可缺少的条件。”他的建议是保证计划简单明了，特别是在面对一个有实力的对手时。一个简明的计划要求执行者出色地完成每一次作战任务，为此，战术的成功至关重要。在这方面，只要能连续取得作战胜利，战略计划就会始终有效。

知道应该何时收手同样很重要。一个有意愿也有能力加倍反击的敌人会让最后的胜利很难实现。克劳塞维茨的另一个重要概念就是“胜利的顶点”，一旦达到这个顶点，继续进攻往往会导致命运的逆转。所以，“在制订战役计划时准确地计算出这个顶点很重要”。[26]也就是说，在战役进行过程中，双方优势对比是不断发展变化的。遭受损伤后的敌人是一蹶不振还是怒而奋起？应该避免哪些事物分散你的注意力，是不是那些看似有利可图却偏离了主要前进方向的目标？夺取“一些地点”或“未设防的地区”看上去很诱人，好像因为它们是“意外的收获”就有了价值似的，但这样做却会给实现主要目标带来风险。应以一贯和专心的态度摒除那些扰乱大局的因素。拿破仑在 1812 年的失败正是这些因素造成的。

通过对俄国战役的考查，克劳塞维茨发现，法军对于建立在奇袭和复杂军事机动基础上的战略缺乏信心，这使他认识到，优势取决于防御。占领敌人国土所必需的进攻行动会耗费进攻者的精力和资源，而防守的一方则可以利用这段时间，做好迎击进攻者的准备。“时间积累起来就会变成防御者的本钱。”出敌不意对防御和对进攻一样有效。这里所说的出敌不意是指通过“军事计划和部署，特别是军队的分布和配置”给敌人以打击。进攻者可以“用全部力量随意攻击敌人整条防线上的任何一点”，但防守者如果比预想的更强，也可能会在选定的地点对进攻者发动奇袭。防守者是在自己熟悉的地方作战，因此能够精心挑选阵地，同时占有后勤补给之便，并得到当地民众的支持；民众不仅可以提供情报，甚至可能成为后备军。即使进攻奏效，占领军也可能会像拿破仑曾在西班牙所遭遇的那样，陷入抵抗斗争或游击战的困扰。而且，只要防守国不投降，其他国家就可能站到它的一边。按照“力量均势”的主流观念，不管侵略者的意志多么坚定，其他国家都可能出
91 手干预，以防止其变得过于强大。就算是最强大的国家，也可能被一个反对它并决心恢复国际体系均势的联盟打败。这同样可从拿破仑付出的代价中找到答案。不过，克劳塞维茨在把防御形容为较强作战形式的同时，也指出防御在目的上的消极性。它是一种有限而被动的选择，关心的无非是保存力量、维持现状。只有进攻才能保证战争目标的实现。弱者不可避免地会采取守势，但一出现有利的力量对比，他们就会受到鼓舞，转而采取攻势。“迅速而猛烈地转入进攻（这是闪闪发光的复仇之剑）是防御最伟大的一刻。”[27]

说到进攻，克劳塞维茨又提出了重要的“重心”（schwerpunkt）概念。与包括摩擦在内的其他概念一样，这个概念也取自当时的物理学。重心表示一个物体的重力聚集点，物体的重量通过这个点均匀地作用于各个方向。打击或颠覆这个重心会导致物体失去平衡，进而掉落或倒塌。对于一个简单对称的形状，找到它的重心并不困难。可一旦物体的构造含有活动的部件或变化，那么它的重心就会不断改变。克劳塞维茨从来没有完全认

真地运用这个比喻。按照他的解释："物体的重心总是位于质量聚集最多的地方，指向物体重心的打击是最有效的；而且，最强烈的打击又总是由力量的重心发出。""schwerpunkt"是"敌人力量的中心要素"，因此是"我们应该竭尽全力去打击的点"。这就需要找到敌人力量"终极实体"的源头，然后对准这个源头发动攻击。真正的目标或许并不是一股集中起来的人体力量，而可能是一个使敌军相互联系并接受指令的点。针对这个点的任何破坏行动都会使效果达到最大化，从最接近的一点波及更大的整体。

虽然克劳塞维茨没有充分探究这一原理，但他认识到，这个关键点可能是一国首都或是一个联盟的凝聚力。说到国家间结盟，它曾一直左右着拿破仑战争的潮起潮落，克劳塞维茨认为，联盟中的每个国家都有各自的眼前利益，而加入联盟就要承担风险（比如，设法调用盟友的军队或被迫援助一个较为弱小的盟友）。一个联盟想要蓬勃发展，就得有一个统一的政治目标，至少"大多数盟国的利益和力量"必须"依附于主导国的利益和力量"。这就给对手提供了一个作为目标的重心，对手可以通过制造分裂来瓦解这个联盟。[28]即便是和平时期的同盟，也 92
未必都能发展成一个对付共同敌人的"联营企业"，就像"做生意"一样，行动总是"被外交上的保留条款所阻滞"。[29]

由此可见，重心没有明显的特征。这个概念只是想说明，如果敌人看起来是一个整体，那么攻击它的集合点就可能使其失去平衡，甚至崩溃。但如果敌人没有表现出这种形态，则可能无法找到一个明显的焦点。基于此，一个松散的联盟可能比一个紧密的联盟更难攻破，尽管它的松散可能使其战斗力更弱。[30]如果敌人作战时没有全力以赴（例如在一场有限战争中），恐怕就难以指望通过重击其军队而产生超出其作战区域的影响了。然而，尽管“重心”常常令人困惑而非替人解惑，但如同克劳塞维茨的其他学说一样，这个概念渐渐嵌入了西方军事思想。

胜利之源

就在克劳塞维茨讲述战争本质的同时，战略已经成为一种经久不衰的意志行为，其目的是掌控战争中令人畏惧的不确定性。战略既由人性弱点造就，也是世事无常使然。鉴于敌人面临同样的问题，胜利仍有可能通过集中优势兵力攻击敌人的重心来实现。克劳塞维茨认为，只要在一场战役中击败敌人，胜利便指日可待。在他那个时代，这种观点几乎被看成理所当然的真理。没有了军队，一个国家也就没有了依靠。它要么被消灭，要么被整个吞并，要么被迫接受胜利者可能强加给它的任何条件。因此，每个国家都会尽一切可能避免失败，并以某种方式进行战斗。进入 1789 年之后的新时期，这种态度在公众和政府层面表现得十分明显。

克劳塞维茨深知政策是联系政治家和军事将领的纽带：政策为将领提供了目标，以及为实现目标可以动用的资源。关于这些目标，斯特罗恩提到了 1815 年的一则信条：“对于我来说，政治（或政策）的主要规则是：永远不要让自己孤立无援；不要指望从别人的慷慨中得到什么；在实现目标无望以前，不要放弃它；尊重国家的荣誉。”[31]因此，政策为战略指明了方向，本质上是国际关系中国家利益的表现。克劳塞维茨承
93 认，国内政治作为一种特殊的摩擦因素会对国家战略产生影响，但他没能真正地对这种影响加以探究。让军队总司令成为政府成员很重要，这样他就能对战略做出解释，并协助评估战略与

政策的关系。克劳塞维茨不得不承认，强烈而普遍的民族感情确实能让一个国家直面战争压力并决心战斗到底。但他也越来越感觉到，能够靠战争得到的东西似乎极为有限。这在很大程度上促使他开始考虑进行十八世纪那种有限战争的可能性。

虽然一个丧失了军队的国家元气大伤，但是“胜利不只表现为占领战场，还表现为从肉体和精神上彻底消灭敌人，而这通常要等到一场胜仗后追击残敌时才能实现”。[32]如果能全歼敌军，那么无论想从敌人那里得到什么都可以得到，而且可以通过威慑扭转敌方民意。然而，就像在博罗季诺战役中那样，全歼敌军是不太可能的。即使取得成功，也可能只是暂时的。被击败的敌人可能东山再起，他们会怀着复仇之心扭转颓势。既然胜利成果只是暂时的、难以持久，明智的做法就应该是在最合适的时机与敌谈判，以达成对己方最有利的方案。

拿破仑的经历告诫人们，想单纯依靠军事胜利来实现政治目标是不会有结果的。他想成为欧洲的绝对霸主。对于一个强权人物来说，这完全是自然而然的追求。直到现在，某些国际关系理论家仍然秉持着这种观念。而在实践中，由于胜利永远不可能完全实现，持续不断的战争就成了实现这一目标的法宝，但最终总是以孤单的失败收场。拿破仑在 1805 年对奥地利和俄国，以及次年对普鲁士所取得的惊人胜利，并没能把它们从地图上抹掉。在屈辱地接受了败局之后，它们最终卷土重来，而这次它们已经对法国的战法有了更好的理解。正如拿破仑亲眼看到的那样，无论是游击战，还是由多国军队组成的占据兵力优势的强大联盟，都对一支寻求决战的正规军构成了显著挑战。他总是想通过打仗来达到自己的目标，但是对于这些目标将如何推动形成一个具有某种稳定性的新欧洲政治秩序，他并没有清晰的认识。靠着别人都能模仿的战法是难以主宰欧洲大陆的。拿破仑无疑是个军事天才，但他缺乏政治敏锐性。他总是倾向于让敌人接受惩罚性的和平条款，而且在与别国结盟方面表现糟糕。

如果战争的目标是对己有利的和平，那么军事行动就是实现这个目标的手段。作为“暴力的一种完全自由、绝对的表
94 现（就像纯粹的战争概念所描述的那样）”，战争会“在政策将它摆上台面的那一刻就强行取代政策的位置”。它会排挤政策，而只服从自身的法则，这“很像一包炸药，只能以预先设定的方式或方向引爆”。[33]从道理上讲，战争是可以为有限目标服务的，手段或目的不一定完全不受限制，但仍有些问题令人困惑。一个国家的目标越雄心勃勃，就越容易诉诸战争，战争也就会变得越暴力，但其结果得不到保证。一场为实现有限目标的战争未必会以相应的有限手段进行。打仗时心里想的可能是战争的目标，但仗能打成什么样却要由敌人的军队来决定。这又形成了一个反作用，即不管外部采取什么样的控制措施，内部都可能产生爆炸性力量。我们现在习惯把这个过程称为“升级”。民众的参与将会增强这种作用。克劳塞维茨注意到，“两个民族和国家之间可能存在很紧张的关系，很大规模的敌对情绪，以至于最轻微的争吵都能产生完全不相匹配的巨大效力，这是一种真正的爆炸”。[34]

从这种对紧张关系的分析中，我们看到了克劳塞维茨思想的持久影响力所在。按照他的理解，理性的政策或许会对战争起到支配作用，但它往往要和“暴力、仇恨和敌对”等盲目的自然力量以及概率和机会争夺主导地位。他把政策、机会和仇恨与政府、军队和人民分别联系在一起，尽管这样的联系可

能有局限性和单一性。每个国家内部的紧张关系以及它与敌对国家间的紧张关系，都受到其自身“三位一体”因素的影响。“当激情战胜政策，当敌意赶走理性，战争本身的特性就会控制和取代‘三位一体’特性。”[35]这一更广阔的政治范畴突出了上述基本论点。克劳塞维茨承认，军事任务应该由政治家来设定。一旦任务完成，军方就会要求政治家利用军事胜利去获取最大利益。这时候，按照正常推断，政治胜利将紧随军事胜利而出现。如果此推断有误，那么就说明战略对军事事务的关注还不够。就是说，两支敌对军队之间的冲突其实是两个敌对国家之间的冲突。

“胜利”（victory）一词的古罗马词源把它牢牢定位在军事范畴之内。约米尼和克劳塞维茨都深知，战争的目标来自军事范畴之外。但是，他们本能地认为，只要“将敌人赶出战场”，便可以向其提出政治条件。目的和手段之间虽然保持着
某种均衡，但问题是，军事胜利可以预见，而政治胜利却未必 95
如此。战败国人民可能掀起抵抗和反叛运动，它们会很快让战场上的表面胜利化为乌有。如果无法肯定战争会带来更丰硕的政治成果，军队就可能仅仅着眼于有限目标，而置大局于不顾。此外，就像拿破仑的经历所证明的那样，简单地将一种军事战略思想重复用在一场场战役中，是不可能维持高质量战果的。对手们会熟悉你的套路，想出对抗方法。据此，布莱恩·邦德（Brian Bond）① 提出了一个根本性问题：“如果战略是一种人人都能学到其原理的科学，该怎样防止所有交战国都来学习它呢？要真是这样，各方肯定会陷入拉锯战或消耗战。”[36]

① 英国军事史学家。

八　伪科学

96 告诉我德国人怎样教会你们凭借所谓“战略”的新科学去同波拿巴战斗。

——托尔斯泰，《战争与和平》

拿破仑战争造成的苦难与艰辛促进了国际和平运动的发展。在整个十九世纪，这场运动鼓舞了“和平社会”的形成以及一系列人道主义会议的召开。战争受到普遍谴责，人们认为它不仅有悖文明、耗费财富、带来毁灭，而且从根本上说是非理性的，尤其是它对经济造成了破坏。对此，约翰·斯图尔特·密尔（John Stuart Mill）[①] 在1848年做了简明扼要的论述：“正是商业的发展使战争迅速被人唾弃，商业强化和增加了个人利益，而后者天生就是战争的对立面。”自由贸易的热心拥护者发现，自由贸易催生了新的国际交往形式，它将道德与功利主义不可思议地结合在一起，使借助战争解决问题成了一种显而易见的、愚蠢而可怕的选择。[1]

英国人或许早就认识到，在处理国际事务方面，开展自由贸易比以民族主义和战争为基础，依靠脆弱的权力平衡来维持和平的政策要有效得多。而在那些尚未跟上时代的人看来，这

---

① 英国十九世纪功利主义和自由派哲学家、经济学家。

是一种利己的主张。普鲁士经济学家弗里德里希·李斯特（Friedrich List）注意到，一个令很多人始终信服的观点是，自由贸易将导致“后进国家被拥有优势制造业、商业和海军 97
力量的霸权国家全部征服”。[2] 但更大的问题在于，这种观点忽视了克劳塞维茨在其军事生涯早期就已十分警惕的一个要素，那就是一支“令人无法想象”的军队。法国大革命使得广大民众满怀激情，跃跃欲试。拿破仑把这股激昂民意变成了他的力量之源，利用大众的热情发展起对他自己的个人崇拜，并创建了一支士气高昂、忠诚善战的军队。拿破仑让他们相信，他们的个人幸福与国家功业之间有着一种密不可分、充满爱国精神的联系。对于这个新要素的重要性，克劳塞维茨领悟至深，并将其纳入“三位一体”学说，这也是他的理论能够经久流传的原因所在。他深知民众热情难以控制，将极大影响战争的形式和进程。而且他认识到，民族主义是战争的根源。当法国渐渐成为一个威胁时，其他国家的民众就会纷纷组织起来。他们的认同感来自国家，而不是彼此。正如克劳塞维茨所说的，“两个民族之间可能存在很紧张的关系，很多的易燃物质”。[3]

这与国际事务中的进步文明概念背道而驰，向更高程度的民主诉求发出了危险的信号。自由主义改革家们所持的“战争是精英密谋产物”的论调也因此失去了根基。好战的民族主义情绪可能会被迅速地、方便地加以利用，继而对极端反战的自由市场贸易商形成猛烈打击。十九世纪中叶爆发的克里米亚战争，再次展示了民众热情（甚至在英国也是如此）在制造战争方面的力量。自由主义改革家们也再次发现自己被夹在冷漠的实用主义和激昂的民主之间，而这绝非最后一次。本章将讨论两位个性极其鲜明又彼此迥异的人物是如何看待战争和政治这个问题的，他们都不是自由主义者：一位是俄国作家列夫·托尔斯泰伯爵（Count Leo Tolstoy），他认为大规模军队不是总能受到其将领的真正控制；另一位是德国陆军元帅赫尔穆特·冯·毛奇（Helmuth von Moltke），他将军事指挥的可能性和局限性研究到了极致。

托尔斯泰和历史

克里米亚战争中，列夫·托尔斯泰被调派到塞瓦斯托波尔，那段经历对这位年轻的俄国贵族军官产生了极大的影响。托尔斯泰向往优裕的生活，却又受到宗教信仰的牵绊。他从前线不断发回记事性文字，并因此成为知名作家。这些文字中充
98 满了他对战争肆意妄为和个人身不由己的敏锐观察。托尔斯泰亲眼看到了俄国士兵倒在敌人枪炮之下、尸体在部队撤退时惨遭遗弃的景象。他对俄国精英阶层的麻木和无能感到越来越厌恶，开始探索通过文学来表达农民和贵族各自的经历和感受。他从 1863 年开始，历经 6 年，完成了名作《战争与和平》（*War and Peace*）。托尔斯泰为此进行了刻苦的调研，包括遍查史料、采访幸存者以及亲自察看 1812 年的战场故地，他的创作手法与专业历史学家格格不入，而且在情节设置上也完全打破了小说的传统套路。按照他自己的解释，此书是“作者以一种方式来表达自己想要并能够表达的东西”。作为这部混合体裁作品的一部分，后期修订本中加入了一些短评文章，对有关克劳塞维茨战略思想的传统史观提出了质疑。

托尔斯泰对克劳塞维茨的大部分观点持反对态度。克劳塞维茨甚至还在《战争与和平》中小小地露了一面。书中，安德烈·博尔孔斯基公爵（被认为代表了托尔斯泰的观点）无意中

听到了陆军副官长沃尔佐根和克劳塞维茨这两个德国人之间的谈话。其中一个说，“战争应当移到广阔的地带”，另一个表示赞同，“唯一的目的就是要削弱敌人，所以当然不应计较个人的得失”。这番话令安德烈十分生气，因为“广阔地带”将包括他的父亲、儿子和妹妹生活的地方。他对此给予轻蔑的评价，普鲁士“把整个欧洲都奉送给他（拿破仑）了，现在却来教训我们。真是好老师啊！”[4] 他们的理论“连一个空蛋壳都不值”。

托尔斯泰对于那些狂妄自大的政治领导者和所谓的历史学家素来心存敌意，前者错误地以为自己能掌控一切，后者则自信能洞察一切。托尔斯泰对政治、军事、知识精英从来都不可能有什么好感，所以哪怕是与他产生共鸣的读者也难以苟同其观点，因此，他的思想对当时的战略实践几乎毫无影响。但是，托尔斯泰在十九世纪的剩余时间里产生了广泛的政治影响，并且推动了非暴力战略的发展。他对社会现实的批判在之后的世纪里仍然能够找到共鸣。

要弄懂托尔斯泰的历史哲学并非易事。即便是以赛亚·伯林（Isaiah Berlin）① 研究此问题时所运用的学识，也被视为雕虫小技。[5] 托尔斯泰强烈反对“伟人史观”。这种观点认为，历史进程主要取决于某些杰出人物的意愿和决定，这些人能够借助自己的地位和特殊才能推动历史朝一个特定方向发展。托尔斯泰的反对并不限于简单指责这种理论贬低了更广泛的经济、社会和政治潮流的重要性。对于任何想通过强设抽象范畴并假定其内在合理性，将对人类事务的研究置于一个准科学基础之 99

① 英国哲学家、观念史学家和政治理论家，二十世纪最杰出的自由主义思想家之一。

上的理论，托尔斯泰似乎都不相信。书中的普弗尔将军把成功归因于“他从腓特烈大帝战争史中学到的间接行动”理论，而把失败归咎于没有完全运用这一理论。

托尔斯泰更看重“个人意志的总和”，而不是那些自以为一言九鼎、地位显赫却昏聩十足的大人物的意志。他看到了人的二元性：既过着随心所欲的个人生活，又过着“必须遵守为他们设立的各种法规”的“群体生活”；一边为了自己而有意识地活着，另一边却又充当着“实现人类历史性和普遍性目标的无意识工具”。在这个问题上，托尔斯泰和其他一些人的看法相同。这些人寻求将个人独立选择和行动的能力整合在一起，使之协调地发挥作用。他们确信，人类作为一个整体会沿着一条特定的道路前进，不管设定这条道路的是一只神圣之手、历史性力量、集体的情感，还是市场的逻辑。托尔斯泰认为，在这个整合过程中的某一时刻，个人价值将被群体价值所淹没。对这一哲学见解构成挑战的不是社会底层民众，而是那些自认为能创造历史的上层精英。

但即便是托尔斯泰本人，在著书过程中也遇到了一个和上述论点相冲突的问题，那就是政治舞台上的主要角色确实发挥了个人影响力，而且他们的决策取得了效果。有人断言如果没有拿破仑，欧洲历史肯定不会改变。这种想法很奇怪。承认历史并非伪科学并不需要否定系统性思想和概念化理论的潜在价值。从这个意义上说，用拿破仑在博罗季诺战役中的表现来证明伟人史观的谬误同样很奇怪。正如加利①所说，这是“史上

---

① 沃尔特·博伊斯·加利（Walter Boyce Gallie），英国哲学家、逻辑学家和政治学家。

最奇怪、最不典型的著名战役之一”，而托尔斯泰却把它套用在远没有那么奇怪和非典型的事物上，来强调其普遍正确性。[6]按照托尔斯泰的描述，这位皇帝总是装出一副主宰万事的模样，但在实践中却什么也控制不了。他陶醉于一种“人造的生活幻想”之中，终日忙碌操劳，下达着各种极为具体的命令，但这些命令却因为过于脱离战场实际而无法真正发挥作用：“他的命令没有一项得到执行，而且他在整个战役中对战况发展一无所知。”自始至终，他只是充当了一个“权威的代表”。用托尔斯泰的话说，他这件事倒是做得相当不错。“他没有做任何不利于战役进程的事，他总是采纳最合理的意见，从不扰乱军心，从不自相矛盾，也没有产生畏惧心理或从战场上逃跑，而是以他的机智老练和军事经验履行了自己的使命，冷静而有尊严地指挥作战。”他发出的命令很少能让部下完全领会，而他得到的战场反馈又常常迟于各种突发事件。但是， 100
这并非拿破仑个人的问题：战役当天，他身体不适，而且一反常态地在重大决策上优柔寡断。之后，在有机会分割敌军时，他又缺少后备力量去完成这个任务。总之，托尔斯泰很难认同这位处于权力巅峰的特殊伟人的历史作用。在论述奥斯特利茨战役时，托尔斯泰虽不情愿，但也认可与他同时代的人对这位皇帝所怀有的敬畏和赞美之心。

相反，托尔斯泰对库图佐夫的态度则相当友善。虽然库图佐夫的愚蠢是显而易见的，却被描写成极具内在智慧，理由是他把握住了局势的发展。说到对所谓军事科学的理解，拿破仑要胜过库图佐夫，但是这个俄国人懂得一些更为深刻复杂的东西，能够看到形势发展的必然趋势。库图佐夫告诉安德烈公爵，“时间和耐心是最强大的战士”。这个年轻人断定这位老人能够把握“事情发展的必然方向”，并具有避免瞎指挥的智慧。靠着这些，库图佐夫在战役中的不抵抗态度更多地表现出明智而不是惰性，更多地依赖军队士气而不是指挥官的命令。他唯一一次下达命令是在快要失败的时候，他想要在不利形势下准备反攻。命令的目的是振奋军心，而不是传达什么真正的作战意图。按照托尔斯泰的解释，法国人的进攻之所以手忙脚乱，是因为他们缺乏向前推进的道德力量，而俄国人则具备顽强抵抗的道德力量。

托尔斯泰对战略“新科学”的蔑视，是为提醒人们警惕那种“将事件的发生归因于在事件发生之前所下的命令的错误观念”。虽然发出的命令成千上万，但历史学家只关注少数几条得到执行的、与事件有联系的命令，而忘记了“由于不能执行而未被执行的其他命令”。[7] 这对于一个制订计划并下达行动命令的战略方案来说是个挑战，这样的方案忽视了真实情况，只能影响到诸多起作用因素中的极少数。托尔斯泰在书中描写了 1812 年 7 月的混乱辩论场景，当时俄国的指挥官们正不知如何对付拿破仑大军的进攻。分歧的焦点在于是否应当放弃德里萨营地。其中一位将军认为，营地后面有条河对俄军不利；另一位将军则认为，这条河正是营地的价值所在。听着这些刺耳的声音、意见，以及所有“设想、计划、辩驳和叫喊”，安德烈公爵做出一个推断，那就是“没有也不可能有什么军事科学，因而也就没有任何所谓的军事天才”。在这些问题上，所有条件和环境都不清楚也不可能弄清楚，更没有人对
101 俄军或法军的实力有充分的了解。一切都“取决于数不清的条件，而这些条件会在一个谁也不知道何时到来的特殊时刻发挥重要作用”。军人的天才品质所反映出的不过是浮华的举止

和赋予他们的权力，还有那些讨好奉承他们的马屁精。非但不存在造就一个杰出指挥官的特殊品质，而且如果没有了“人类最崇高和最优秀的品质——仁爱、诗意、温情，以及哲学探索的怀疑精神”，一名指挥官反而可能会更有效地履行职责。军事行动的成功依靠的并不是这种所谓的天才，而是“在队伍中高喊‘我们完了！’或者高喊‘乌拉！’的人”。[8]

战争天生让人迷惑，作为原因的命令和作为结果的行动之间不可能存在一个清晰的联系。但是，战略至少有一部分作用是让人了解战争能得到什么和不能得到什么。就这一点而言，战略和超出人类理解范畴的自然力量一样，决定着俄国的命运。正如利芬①所说，托尔斯泰没能清楚地看到沙皇的战略，没有看到所有事情都是像沙皇所期望的那样，按计划发展。不过，比“已有的所有史书”高明的是，《战争与和平》让人们普遍认识到了拿破仑的失败。“通过否定人类参与者对1812年事件发展的任何理性推动，以及暗示军事专业主义是一种德国病，托尔斯泰很容易地为西方理论界对1812年战役的解读提供了依据，那就是将法国的失败归咎于风雪或运气。”[9]一方面，应当承认军事机构不是总能对中央机构的要求做出积极响应。命令可能引起误读，情报可能出现错误，原定的作战计划可能需要修改，甚至有时需要推倒重来。另一方面，也不能否认军事指挥的有效性及其对改变战役进程的作用，或者否定领导力的作用；情报、建议和命令之间是有关联的；专业经验、训练水平和任职能力是能够产生影响的。也许对于托尔斯泰的

① 多米尼克·利芬（Dominic Lieven），伦敦政治经济学院教授、俄罗斯问题专家。

无政府主义哲学理论来说，弄清某些人是否比其他人更能影响形势发展，比弄清他们是否应该具备这种能力重要得多。他反对弄权思想和那些自称掌握生杀大权者的狂妄，力图将其影响力降到最小。

托尔斯泰面临的问题不是历史事件的发生缺少诱因，而恰恰是诱因太多。历史学家们只看到了其中最明显的，却错失掉了绝大部分。正如伯林所说的，“那些号称被历史所记录的人与自然的相互作用，是由各式各样可能的人类行为以及种类繁多的细微、难以发觉的原因和结果共同形成的，没有什么理论能够适用于所有这些复杂因素”。[10]有位和作家惺惺相惜的人士
102 曾经指出，托尔斯泰有力地揭穿了某些圣贤自命不凡的假面具，这其中不仅包括与他同时代的哲学家，而且包括后来的社会学家，这些“事后诸葛亮”只用唯一的证据或单个的要素来佐证自己的理论，而对所有与之相矛盾的东西视而不见。而且，历史学家们只关注决定性的历史时刻，但这样的时刻并不多见，因为任何事情的结果都是很多独立历史时刻的产物，而后者又都有各自的偶发概率。他们解释问题时，往往漏掉隐藏在观点背后的重要内容，而过分看重其他次要内容。这就是历史记述经常遭到质疑和修改的原因。在此基础上，加里·莫森（Gary Saul Morson）① 赞同托尔斯泰的观点，认为真正的理解只存在于当下和被“立即”决定的事件中。这就是为什么库图佐夫在开战之前的最佳建议是睡个好觉：紧盯眼前的种种可能性会比制订远景计划更有价值。[11]

针对集中控制或宏大理论的局限性而发出有益警告是一回

① 美国西北大学教授。

事，认为所有事情都可以归结为各种细碎、即时的决定（就好像没有哪个决定比其他决定更重要，而且已有的决定对后来的决定也没有任何影响）则是另一回事。历史学家们或许难以把握他们想要解释的全部历史进程，但重新解读历史的可能性始终是存在的。史学家回顾过去，而战略家着眼未来。挑战在于如何面对难以预测的形势，并做出反应。在这种形势下，只有某些因素会受影响，但该做的事情仍必须去做，所以无所作为也是个不祥的决定。事后来看，历史学家们可能会认识到所有事情会有怎样不同的结果。但是，选择必须在一切都还未知时做出。最严重的是，这类辩论中存在一个根本性的矛盾。如果总是盯着无关紧要的枝节问题，军事将领和他们的理论便可得到解脱，这看起来也许很愚蠢，却不必再冒风险。如果他们关心国家大事，就应该为自己的愚蠢负责。

冯·毛奇

在《战争与和平》出版后的翌年，战略家艺术便有了一次决定性的展示，其重要性和局限性在此期间一目了然。起因为1870年的普法战争，指挥这场战争的关键人物是普鲁士陆军元帅赫尔穆特·卡尔·贝恩哈特·冯·毛奇伯爵（Helmuth Karl Bernhard Graf von Moltke）。毛奇自称是克劳塞维茨的信徒，也是将其思想发扬光大的最有力践行者之一。他在这位大师主管普鲁士军事学院时是该校的学生。虽然两人从未谋面，
但克劳塞维茨曾对毛奇的学习成绩大为褒奖，将其报告评为 103
“典范”。毛奇在1832年《战争论》限量出版后即阅读了此书。[12]他出生于十九世纪元年，一直活到了91岁。他担任普鲁士军队总参谋长达30年之久，堪称十九世纪最伟大和最成功

的军事战略家之一。

毛奇虽然生于贵族家庭，但家里很穷。他 11 岁时被送进丹麦皇家军校学习，从此开始了自己的军事生涯。他博览群书、知识渊博，本来应该跻身于自由人文主义者之列，但 1848 年革命促使他突然思想右倾，变成了一名坚定的爱国者和强硬的反社会主义者。1857 年就任总参谋长后，他创建了一整套军事管理体系，为此后 100 年确立了军事专业化标准。他对于军事组织、装备、训练和后勤等所有方面均有论述。他在 1864 年对丹麦的战争中首次展露军事才能，但真正使他成名的是，促成德国以普鲁士为主体实现统一并取代法国成为欧洲最强大国家的一系列战役。

毛奇对战略的著述甚少。冈瑟·罗森贝格（Gunther Rothenberg）将他形容为一个“极少进行抽象思辨”的“语法学家”。[13]他最重要的论文均写于在 1870 年普法战争中取得辉煌成就的前后，从中可以看出受克劳塞维茨思想的影响。但在两个关键方面，他超越了克劳塞维茨和拿破仑所确定的模式。十九世纪六十年代，随着铁路的发明和公路体系的完善，军队比十九世纪初更能有所作为。毛奇敏锐地意识到，这些技术成果对于后勤保障工作大有价值，以较为简单的手段大规模投送军队也将成为可能。他同时认识到，如果双方都能动员大批人力，且每一方都没有十足把握左右战局的发展，战争就可能陷入僵局。

第二个影响毛奇作战思想的因素是，他笃信的克劳塞维茨有关战争是政治的延续的格言。他乐于为他的王国效力，却不太乐意与首相奥托·冯·俾斯麦（Otto von Bismarck）同朝为臣。因为他深感政治目的和军事手段有时很难协调一致，而且他对有限战争的可能性和盟友的价值也颇为怀疑。他赞同克劳塞维茨的理论，认为战争的目标就是“用武力执行政府的政策”。他抱怨政治家（应该是指俾斯麦）总是要求战争超出其实际能力，给予他们更多的利益。目标一旦确定，就应该交由军队来实现它们，“政治想法只有从军事角度审视是恰当或可行，才能予以考虑”。但如果某些目的无法达到，一场军事和 104
政治之间的对话便不可避免：它们一个确定目标，一个提供手段，无法在彼此独立的情况下发挥作用。这种思想明显反映在毛奇对胜利的定义中：胜利就是“以有效的手段达到的最高目标”。他对于战争的态度与克劳塞维茨相近，但他比后者更坚定地相信，胜利是决定一场战争的最佳手段。

> 以武力取得决定性胜利是战争中最重要的时刻。只有胜利才能击垮敌人的意志，并迫使他们服从于我们的意志。一般来说，起决定作用的既不是占领敌人的国土，也不是攻取敌人的前沿阵地，而只能是消灭敌人的作战力量。这也正是军事行动的主要目标。

不过，在没有足够条件消灭敌人有生力量的情况下，这种理论对于为了有限目标而进行的战争不会有什么切实帮助。

毛奇战略思想中更具创新意义的部分是，他绝不受任何理论体系或计划的束缚。在这个方面，他有个著名论断：“没有任何计划在与敌人遭遇后还能继续有效。”他告诉他下属的指挥官们，战争不可能“在会议桌上进行”，同时授予他们战场自主权，以便他们在察觉形势发展超出最高统帅部的预料时及时采取应对措施。他不相信泛泛之论和固定教条，认为重要的是在牢记目标的同时“具体问题具体分析”。对于那些抽象的概念和所谓的通用法则，他总是很警惕。在毛奇看来，战略应该是一种“自由、实用、富有艺术性的活动”和“一套权宜之计”。[14]战略选择应该基于常识：人的品格只有在极度紧张的形势中才能看清。由于普鲁士的战略地位至关重要，一旦爆发战争往往会面临他国卷入的危险，因此必须迅速取得决定性胜利。这意味着除了尽快发起攻击，别无选择。在主张速战速决的同时，毛奇也意识到了战场条件的发展，特别是不断增强的致命火力所带来的威胁，因此他又强调要避免正面进攻。虽然他看到了战略在应对冲突的不可预知因素及其可能产生的意外机会时的作用，但认为此时应将任务交给战术去完成，战略则应“沉默”。在这个问题上，他的看法与克劳塞维茨不同，后者认为把仗打完是战略的任务。在毛奇看来，战术任务说起来简单，无非尽可能多地消灭敌人的有生力量，但做起来充满挑战，这也是他在作战准备上一丝不苟的原因所在。而一旦战斗打响，战略又要发挥作用了。[15]

105 他的所谓“战略包围”战法以抢先于敌人集中起优势兵力为基础，后来逐渐成为德军战略的一个特色。同之前的拿破仑和克劳塞维茨一样，毛奇笃信军队数量的重要性。在战争开始之前，兵力规模可以通过与他国结盟得到扩充。1866 年普奥战争的结果之一，就是普鲁士将若干德意志小邦国发展成了自己的盟友。战争中，优势兵力可以被置于一个特定的决胜点上，而无须顾及更大范围内的力量平衡。要做到这一点，就必须快速机动，这可以通过认真制订作战计划来实现。在毛奇的主导下，长期在普鲁士军事准备工作中发挥作用的总参谋部进一步扩大了编制和权限。它不仅成为军事计划的创造者，还是监管者，同时负责计划的制订和执行。

作为指挥官，毛奇进行了颠覆当时教科书的最大胆创新，即把军队分为两路，使其能够分别得到补给，直到重新会合发动战役，也就是分散行军、集中作战（“分进合击”）。这样做的风险在于，它们有可能各自遭遇兵力占优的敌军，或者过快地合兵一处，给补给带来压力。在1866年的普奥战争中，虽然奥地利率先进行了部队动员，但毛奇运用铁路抢先将部队部署到位。令观察家们吃惊的是，他竟然让自己的两路大军彼此相隔约100英里之遥。如果奥地利军队指挥官能更加机警的话，这种分兵之术就可能给毛奇带来灾难性后果。而最终，奥军被从不同方向赶到的两路普军一举击溃。

这场胜利为毛奇精心准备的对法战争创造了条件。这一次他将军队分成三路，从而获得了最大限度的灵活性，只等法军意图明朗后，便可迅速做出反应。直到开战之前，他的选择一直留有回旋的余地。

> 部队若能在会战之日从各点上分别直接进入战场，那就更好了。换句话说，如果能以这样的方式作战，即让部队从不同方向最终在前线会合并插入敌人侧翼，就说明战略发挥了它所能发挥的最佳作用，必定能取得辉煌的战果。

但这种构想并不能保证一定实现。空间和时间的因素固然应予考虑，但由于存在各种变数，决策还将取决于“之前各场小规模战斗的结果、天气、假消息；一句话，取决于人类事务中一切所谓的机会和运气”。[16]部队过早或过晚的集中，都可能带来难以挽回的损失。

106 在1870年与法国的关键一战中，毛奇取得了彻底胜利，至少就战争的传统阶段而言是这样。他首先于8月18日将法军困在了梅斯，两个星期后又在色当完成了对法军的合围。他手下的指挥官并非个个都能照计划行事，但他们的过失被法国方面所犯的无数错误和过时的战法大大抵消了。虽然法军仅经过7周时间便告失败，但战争并未结束。法国的各路正规和非正规力量纷纷动员起来，联合组建了一个国防政府。这生动证明了，战场上的胜利并不总是能够自动带来政治上的胜利。随着普军向巴黎推进，毛奇意识到，普军漫长的交通线可能面临被切断的危险，而且实力犹存的法国海军仍可维持该国的物资供给。在是否应炮轰巴黎的问题上，他和首相奥托·冯·俾斯麦发生了争执。毛奇担心这只会让法国的抵抗更加顽强，因此他倾向于采取包围策略。而俾斯麦则担心，战争久拖不决可能会促使英国和奥地利助战法国。普鲁士国王最终采纳了首相的意见，从1871年1月开始炮轰巴黎。法国政府无心抗战，同意谈判。但战争至此仍未画上句号，因为之后很快就爆发了巴黎公社人民起义。这样一支在群众热情的鼓舞下临时组建起来、缺乏纪律约束的非正规军队令毛奇大为震惊。[17]而在对战略问题的争论中，他也未能占得上风。俾斯麦承认，让他感到“羞愧”的是，他从未读过克劳塞维茨的著作，但他很清楚战争一旦爆发，政治将会怎样持续地发挥作用。“确定和限制战争所要实现的目标并就此为君主提供建议，是政治的一个职能，它在战时仍将发挥和战前相同的作用；这种职能的发挥不可能不对作战产生影响。”[18]

毛奇承认政策决定战争的目标。但战争一旦打响，军队必须有自主权，“战略”必须“完全独立于政策”。这种理念可以追溯到1806年耶拿战役失败后普鲁士总参谋部的建立，此举的目的就是防止王侯们的无能贻误军机。毛奇认为，总参谋部的作用永远不可或缺。如果军事统帅总是被“一群不受约束且尽帮倒忙的顾问”围绕着，那就什么事也干不成。“他们会摆出各种困难，就像预见到了所有不测；他们永远正确；他们总是反对每一个积极想法，因为他们自己毫无主意。这些顾问简直就是拆台者，他们否定了军队领导人的作用。”[19]在一些核心职能上，毛奇领导的总参谋部不可避免地面临着压力。一段据说他与威廉王储的对话便可证明。在攻取巴黎后，毛奇主张普鲁士军队“继续向法国南部挺进，以彻底打垮敌人”。当 107
王储担心这样做可能会耗损普军实力而无法赢得战争时，他断然排除了这种可能性。“我们必定会永远打胜仗。我们一定会彻底将法国打倒在地”，然后“我们就能决定我们想要哪种和平”。王储接着质疑道：“如果我们在这个过程中先垮了怎么办?”毛奇回答：“我们不会垮，就算这样，我们的牺牲也能换来和平。”之后，王储又问他是否了解最新的政治形势，因为当下时局“可能使这样的做法显得不太明智”。“不了解，”这位陆军元帅回答，“我只关心军事问题”。[20]

这番言辞激烈的辩论显露出一个对后世军事思想至关重要的观念。毛奇强调，君主给了他发布作战命令的权力，所以他认为在战争操作层面，指挥官必须不受任何政治牵绊。发生在巴黎的这段插曲可能只是证明了“不要政治”是个空想，但对于战场上的指挥官们来说，这却成了一个恰当、有效地实现战略意图所必不可少的信条。

九　歼灭战或消耗战

108 要以压倒性的力量率先赶到战场上。

——内森·贝德福德·福里斯特将军

（或许有误）的战略名言

二十世纪初，军事史学家汉斯·德尔布吕克（Hans Delbrück）曾提出，所有军事战略可以分为两大基本形态。第一种就是符合那个时代大多数人观点的Niederwerfungsstrategie，即歼灭战略，主张以一场决定性战役全歼敌军。第二种则借鉴了克劳塞维茨1827年在一张便笺中传递出的思想，他当时认识到，在军事手段不足以进行决定性会战的情况下，还可能存在另一类战争。[1] 德尔布吕克称之为Ermattungsstrategie，即消耗战略（exhaustion，有时也译作attrition）。歼灭战略仅有一极，那就是会战；而消耗战略除会战外还有另一极，涉及实现战争的政治目标的各种方式，包括占领国土、毁坏庄稼和实施封锁。在过去，由于缺乏更好的选择，这些替代方法常常被使用且颇为有效。重要的是在确定一项战略时保持灵活性，兼顾当时的政治现实，切勿依赖超出实际执行能力的军事战略。

德尔布吕克并非在表明，最强大的军队一定会对歼灭战感兴趣，而弱者注定要借助消耗战来达到目的。消耗战指的不是
109 一次单一的决定性会战，而是一场能把敌人拖垮的持久战。他

对那种“能让战争不流血的纯粹迂回战略”思想嗤之以鼻。仗总是要打的。他的消耗战略理念比后来出现的消耗战概念更具可操作性，因为前者更重视潜在的经济、工业和人口因素对战争的支持作用。

德尔布吕克的分析结果，特别是他关于腓特烈大帝打的是有限战而非决定性战役的论点，引起了德国总参谋部战史学家们的激烈争论。历史证明德尔布吕克的看法是对的，腓特烈当时对战役的态度已经变得十分谨慎，他的雄心有所收敛，但仍然在处理彼此矛盾的复杂选择时遇到了问题。[2] 它意味着，军队必须就如何应对一场即将到来的战争提前做出根本性选择，这种趋势在下一个世纪的战略辩论中仍十分抢眼。然而德尔布吕克当时面临的挑战是，促使德国将军们认真考虑所有战略因素，而不是执着于通过快速进攻来挑起一场全歼敌军的决定性战役。

美国内战

1861～1865 年的美国内战揭示了战略理论和战略实践之间的复杂关系。从某种程度上说，这场战争的结果是由北方两倍于南方的人口数量和占有绝对优势的工业实力决定的。在战争的大部分时间里，南部邦联拥有更具创造力的军事将领。作为弱势一方，南部邦联本应该更依赖防御战术，但相反，它经常主动发起军事行动，其目的也许是希望和北方军打一场真刀真枪的决定性战役。林肯总统很清楚，联邦军应该采取进攻战略，但令他恼怒的是，他的将领们似乎无力发起哪怕一次成功的攻势，直到战争后期这种状况才有所改观。

从这些事件中看不出任何克劳塞维茨式战略的影子，但能看到约米尼思想的影响。西点军校的教授丹尼斯·哈特·马汉（Dennis Hart Mahan）① 曾在法国研习拿破仑战争并公开宣称自己是约米尼的信徒，而他的得意门生、林肯总统的总司令、人称“老智囊”的亨利·哈勒克（Henry Halleck）更是将约米尼的《拿破仑传》（*Life of Napoleon*）译成了英文。马汉对拿破仑的军事艺术大加赞美，

> 靠着它，敌人被一拳击碎，彻底瓦解。战前准备毫无
> 110 多余之举，确保关键位置具备绝对把握，决定性时刻没有半点犹豫，一眼扫去便通览战场全局，不可直观之事凭借准确的军事本能去领悟；轻装部队被投入前方以迷惑敌人，接着密集的炮火猛烈轰击，勇往直前的纵队在炮火撕开的缺口中冲锋陷阵，锐不可当的铠甲骑兵也全力猛攻，随后长矛骑兵和轻骑兵清扫被击溃了的零散残部：这些就是这个伟大的军事时期里差不多每场战役所留下的战术经验。[3]

哈勒克在战争之初已是高级将领，不久后又成为总司令。但作为一名工程专家，他更擅长构筑防御工事，因而格外重视军事防御。这与马汉有关“应有战场上的勃勃生机和追击败军的迅猛快速”的教导完全不符。他对挖战壕等防御手段很在行，忌惮线膛步枪的致命杀伤力，这必然会抑制其发动正面进攻的勇气。这种谨慎态度在联邦军首任总司令乔治·麦克莱伦（George McLellan）的身上表现得同样明显。

约米尼的思想在这些将领中很有影响力，他们重视交通线

---

① 美国军事理论家，阿尔弗雷德·赛耶·马汉的父亲。

的安全，反对林肯的建议，拒绝向南军同时发起系列攻击，包括在沿海地区采取行动。他们认为这种做法分散了部队的力量，违背了战争原理。这不过是山野村夫才会想出来的主意。[4]林肯从不怀疑这将是一场持久的消耗战，他不想强迫军方接受自己的观点，于是他考虑换将，以期找到愿意和敌人作战的人选。将领们深知敌人防御工事的威力，总想通过一场决定性战役置敌于死地，除此之外，他们不想让自己的部队冒任何风险。正如麦克莱伦将军所言："我不希望在一堆没用的小仗中浪费生命，更愿意直接打击敌人心脏。"林肯对这种宁可演习、不想进攻的态度感到越来越失望。他轻蔑地将其称为"战略"。"这就是——战略！"他在 1862 年大声表达了自己的不满，"麦克莱伦将军认为他能靠战略打败叛军。"[5] 这里的"战略"指的是一种让军队干这干那，唯独不打仗的作战方式。声东击西、机动迂回和其他妙招或许能偶尔得手，但真正赢得战争还要靠残酷无情的勇武之力。当南军最终被打开缺口、暴露出防御弱点后，林肯准备收下这份礼物："现在，先生们，真正运用战略的时候到了，因为敌人已经改变了他们的目标。"[6]

南部邦联军的罗伯特·E. 李（Robert E. Lee）对拿破仑有着自己的研究心得，他笃信的战争之道就是发动进攻、歼灭
敌人。他深知自己无法实施积极有效的防御，因此必须采取主 111
动，利用迂回战术占据最佳位置，然后与敌人会战。但是此举付出了极大的伤亡代价，而且联邦军至少懂得如何防御。李确立了一个无法实现的胜利目标，因而招致了失败。对手的军队"过于庞大，过于顽强，过于受到民主政府意志的鼓舞"，不可能被"一场拿破仑式会战"所击垮。尤里西斯·格兰特（Ulysses Grant）非常清楚，而且明白这个道理。他注意到，

双方军队的惨重伤亡所获甚微，但他也知道北军比南军更能承受这样的损失，所以他决定进行“世上从未有过的殊死战斗”，以持续不停地交火牢牢困住李的军队，直到他拼光所有人马为止。[7] 与此同时，格兰特派威廉·谢尔曼（William Tecumseh Sherman）将军到南方进行大扫荡，使当地民不聊生，从而难以为前线部队提供支持。

林肯的贡献是在 1863 年 1 月正式实施了《解放黑人奴隶宣言》（Emancipation Proclamation），这让反叛地区的黑奴获得了自由。此举被形容为“必要的战时反叛乱措施”，它不仅进一步动摇了南军的斗志，而且加强了联邦军的力量。到 1865 年，之前的黑奴已占到联邦军数量的 10%。战争最终成了一场消耗战。对于南部邦联领导人杰斐逊·戴维斯（Jefferson Davis）来说，战争的“量级”已经远远超出了他的预期。“敌人展示出了比我预料的更多的力量、干劲和资源。他们的财政能力也远比我想象的要强……这样大范围、大规模的战争不可能持续太长时间，战士们肯定很快会被拖垮。”[8]

攻势崇拜

工业化扩大了军队的人员数量，而蒸汽机和电力的发明使军队的调动和运输更为便利。火器的射程和杀伤力也在稳步提高。所有这些都对军事指挥官们构成了挑战。作战的地域范围不断拓展，投入的兵力不断增加，而天气对作战的影响日益减弱。后勤的作用和实际作战表现变得难以确定，战争中的政治因素也在发生变化。由于战争涉及整个社会和民族感情，军事事务越来越难以和民事事务割裂开来。

112 美国内战中的每一场战斗都不是决定性的；1870 年的色

当战役虽然明显是场决定性会战，但法国在战后仍继续抵抗。这些事实说明，在如何赢得战争胜利的问题上，当时已有的观点暴露出了局限性。然而，由于人们迷信决定性战役，当时仍然存在一种普遍的冲动，那就是想方设法通过暴力取得一个令人满意的结果。甚至那些在敌人优势兵力面前自认弱小的军队，也同样看重高昂的斗志，而不愿靠计谋打仗。在经历了1870～1871年的失败后，法国理论家们开始大肆追捧“进攻”战略，认为精神力量对于鼓舞官兵勇敢对抗敌人的枪炮至关重要。[9] 如果物质力量的对比不能保证胜利，那么就必须从精神层面找到制胜的关键要素，这就是英国陆军元帅道格拉斯·黑格（Douglas Haig）① 所说的“战胜敌人的士气和决心”。阿尔当·杜皮克（Ardant du Picq）② 对此也有经典著述。他认为，战场上的任何事情都取决于每一名士兵的心理和精神状态。他死于1870年战争，但他的遗作《战斗研究》（*Etudes sur le combat*，英文译名为 *Battle Studies*）直到1880年才得以出版，其影响力直达法军最高统帅。在第一次世界大战后期出任联军最高统帅的费迪南·福煦（Ferdinand Foch）相信，失败与心理状态有关。杜皮克强调，生理冲动毫无价值，“道德冲动”才是一切。这是因为“敌人能感知到激励你的决心”。当进攻袭来，防卫者会“惊慌失措、摇摆不定、焦虑不安、犹豫不决、优柔寡断”。[10]进攻原则遂成为法国的官方策略，后来更被形容为一种“崇拜”。

---

① 十九世纪末至二十世纪初的英军重要将领，也是第一次世界大战中最受争议的将领，以意志坚定和作战方法简单粗暴著称。

② 法军普通军官，在普法战争中阵亡，其生前军事著作以强调精神力量为核心，但直到二十世纪初才受到重视。

德国人的策略发端于一个完全不同的基础之上。毛奇坚信，如果德国在未来的战争中不能迅速取胜，其国家地位很快就会岌岌可危。所有德国战略家都认同的一个关键假设就是，如果德国受到东西夹攻，就会很快陷入紧迫境地，除非能将某个交战国尽早赶出战场。1871 年之后，毛奇对德国应对这种夹攻的能力日渐悲观。在制订对法俄两国同时开战的计划过程中，虽然军方的求战呼声高涨，他仍然认识到了降低政治预期的必要性。他希望为德国争取一个在谈判中达成政治解决方案的最有利地位。这就需要继续发动进攻（以便占取敌人的领土，作为最后讨价还价的筹码），而不是坐等别国来进攻。

毛奇的继任者们下定决心避免打消耗战，并为此展开了激烈辩论。他们无法面对一个不可避免的僵持局面。他们坚信，
113 到了关键时刻，新的政治秩序能够也应该由军事力量来建立。作为十九世纪末二十世纪初的德军总参谋长，阿尔弗雷德·冯·施利芬（Alfred von Schlieffen）是这种思想的完美代表。他认为，制胜秘诀在于将强有力的宏大概念与一丝不苟的注意力结合在一起。他在 1891 年写道，“战略艺术的根本要素”在于“将优势兵力投入战斗。这在一方一开始就较强的情况下相对容易做到，在它较弱时难一些，在兵力对比严重失衡时大概不可能”。[11]对于德国来说，最有可能出现的意外情形就是在西线和东线同时面临法国和俄国的威胁，这就要求德军必须在一方参战之前先击垮另一方。正面进攻会导致过多伤亡，从而在未来作战中力量不足。因此，必须采取主动，抢先攻敌侧翼并歼灭之。施利芬寻求通过精心制订计划来应对摩擦挑战，预测敌人的反攻策略。从战前动员到最后胜利，整个战役行动都是精心策划而来的。这样，敌人除了被德国牵着鼻子走，别无其他

选择。这些做法与毛奇的思想完全相悖，它使得个人几乎无法在作战中发挥主动性，也就没什么犯错的余地了。因此，为了降低军事风险，施利芬准备在政治上冒一次风险，尤其是打破比利时和卢森堡的中立态势。

关于在毛奇的侄子（小毛奇）1906 年接任总参谋长之前是否真的有过所谓的“施利芬计划”，军事史学界一直存在激烈争论。德国的相关历史记载很不完整，留传下来的内容无疑也随时势变迁而被修改过。[12]这位坚持从西线寻求突破的总参谋长也曾偶尔关注过东线战场，并为此调整了兵力配置。不过到了 1914 年，根深蒂固的传统战略观念再度占了上风，那就是利用战略包围以最快速度和最小代价先解决掉一个敌人。这一战略方案由小毛奇于 1911 年 12 月初步拟定，当时他建议，德国在任何情况下都应动用全部资源对法国开战。

> 对法国开战主导着战争决策。这个共和国是我们最危险的敌人，但我们可以寄望于在这里速战速决。如果法国在首场大会战中遭到重创，这个没有多少人员储备的国家将很难应付一场持久战。而另一方面，俄国却能够把军队撤入其幅员辽阔的内陆，无限期地拖长战争。因此，德国应尽一切努力在最短时间内以一记重击结束战争，至少要 114
> 在西线实现这个目标。[13]

德军于 1914 年 8 月发起攻势，以最新的通信和后勤技术成果刷新了拿破仑时代公认的作战准则，军事思想和实践也在一个世纪以来的发展过程中达到高潮。它毫无根据地假定进攻是更有效的作战模式，打破了克劳塞维茨的理论体系。正如斯特罗恩指出，1914 年时欧洲所有军队的战争计划都是约米尼式的："每一场战役的作战计划都应按照特定原则，为了实施军事机动以取得决定性胜利而设计。"[14]敌人的防御阵地会被团团包围，然后便会被一股难以抵挡的力量和气势打得晕头转向。这样的攻势往往体现出高度的忠诚、技巧、锐气和毅力，令敌人无法招架。

这是一种预先考虑周详的战略，所有计划都被有条不紊地纳入其中。为确保计划得到有效执行，军队必须严格、准确地听从指挥。这可不是那种强调每个人都能做出选择并决定战争结果的托尔斯泰式军队，而是由纪律和训练调教出来的绝对服从统帅意志的作战机器。即使不可预知的形势发展需要某支部队自主做出决定，它们仍将反映统帅的意图，这种意图的传递不仅依靠直接的通信联络，更依靠一种共同的制度文化和公认的信条。等级管理和专业职能分工协作体系是现代官僚制度发展的最高阶段。总参谋部掌握着最聪明的军事头脑中的精华。它为全面计划和个人准备设定了标准，确保其即便在困难的条件下也能够遵从直接命令。

但这些并不能保证成功。要想获得胜利，应该暂时抛开所有外交上的考虑，优先在军事上下功夫。最为严重的是，此举不得不打破比利时的中立状态，从而很可能促使英国参战，并激起当地民众实际或潜在的反抗。尽管如此，胜利仍可借助兵力上的优势实现，强大军队所具有的坚强意志足以碾碎那些计划不周、战术贫乏、军纪涣散的弱国。除此之外，没有明显的变通办法：没人有兴趣和资源来打一场久拖不决的消耗战，也没有其他办法来打一场歼灭战。如果排除军方最担心的非军事化趋势和国家立场
115 软化的可能，唯一的替代选择就是以战争相威胁，求得一个较好的外交解决方案。鉴于如此之多的因素都有赖于一记有效的初次打击，一旦军事动员开始，政治形势很快就会失去控制。

拿破仑失败后，有关所有重大国际争端都可以用武力解决的谬论受到顶礼膜拜，而实际上这方面的成功尝试屈指可数。虽然这些尝试增强了上述谬论的可信度，但仍有理由对其提出质疑：交通运输手段特别是铁路的大发展，为军队实施复杂机动以包围敌人并攻其不备提供了便利，但同时也使敌人向前线补充后备兵员成为可能；工业化成果优化了枪炮的口径、射程和精确度，便于突破敌人防线，但反过来也会让防御火力对进攻部队更具杀伤力。拿破仑战争的基本教训就是，即便一个国家的军队表现再出色，也无力和一个更强大的联盟进行对抗。1871 年的情况同样表明，战争的重压会让一国民众同仇敌忾，掀起革命浪潮。战争是一种极端手段。它能颠覆国际秩序，释放国内的狂热政治野心。它是一件需要运用战略以迅猛军事行动打击敌人的事情。但是如果敌人未被击垮，接下来就没有什么令人信服的后续战略可供使用了。

马汉和科贝特

当大陆列强痴迷于这些关于地面进攻和决定性胜利的辩论时，英国正依靠它的海上力量过着舒舒服服的日子。当时只有少数人关注海军战略，而且涉及的主要都是英国的活动，英国一直在用它的海上力量维持自己的洲际贸易和庞大帝国。在英国，主流观念就是控制海洋，这可以从修昔底德的思想中找到源头。控制海洋在本质上意味着你可以把人员和物资畅通无阻地运往任何地方，同时还能防止敌人做同样的事情。十九世纪的英国独享着制海权。它凭借海军力量成功地攫取最大利益，创造了一个不可战胜的神话。它派出战舰向弱国炫耀武力，实施威慑，提供保障，或为自己赢得讨价还价的优势地位，或对一个新兴势力给予惩戒，始终保护和巩固着大英帝国的交通线。

116 当时在海上，还不需要像在地面战争中那样，一门心思地考虑如何打败某个势均力敌的强国，因为在十九世纪的大部分时间里，英国从未碰到过这样的对手。法国曾经想发起挑战，但英国海军在1805年的特拉法尔加海战中再次证明了自己的超强实力。从那以后，海上军事冲突频繁不断，但英国海军的优势从未遭遇挑战。为了维系这种圆满的状态，英国人认定，他们的海军规模必须永远保持在两倍于其他国家的水平。直到十九世纪末二十世纪初，伴随着方兴未艾的蒸汽革命和异军突起的德国工业实力，英国定下的这一标准才开始受到威胁。第一次世界大战之前，英国虽仍是海上霸主，但已经相当费劲。

就在十九世纪晚期，海上强国迎来了一位具有真知灼见的理论家。1886年，阿尔弗雷德·赛耶·马汉（Alfred Thayer Mahan）在度过了一段闷闷不乐、平淡无奇的海军生涯后，阴差阳错地当上了新成立的美国海军学院的负责人。在那里，他编写了一系列有关海权在历史上的影响的教学讲义，并将其集结成自己最重要的两部著作，第一部涵盖了法国大革命的内容，第二部则涉及了1812年战争。自1896年从海军退役到1914年去世的这一段时间，他撰写了大量著作，论述既繁且丰。[15]他对于战略原则着墨不多，更注重探讨海权和经济权力的关系，特别是英国如何能够“不靠在陆地上进行大战，而靠控制海洋并且通过海洋控制欧洲以外的世界”发展成为一个强国。[16]作为一个美国人，他总是劝说自己的国家以英国为榜样，这不是为了挑战英国，而是要为英国提供额外支持，以使这两个国家能够共同维护海上的贸易自由。

他的著作在英国引起了强烈反响。他那有关在争取海权方面法国失败而英国成功的中心论点，可谓说到了英国人的心坎里。那些胸怀大志的强国普遍认为英国经验说明了一个道理，那就是以海洋为生的国家必须拥有一支由大型战船组成的庞大海军。虽然人们认为马汉有关历史和地缘政治的看法值得认真考虑，但他对海军力量的实际运用远未形成明确的观点。[17]他坚称，陆上战争和海上战争的原则本质上是相同的。为了证明这些原则，他转向研究约米尼的著作，尽管他自称从后者身上“只学到很少、非常之少的几条陆战原理，通过类比可应用于海战”。约米尼能在美国产生如此积极的影响，马汉的父亲丹尼斯起了很大作用。[18]在此人的推动下，约米尼的决定性会战理论受到广泛重视。必须将敌人的有组织力量作为“主要目标”，这是“约米尼的格言”，它“像一把双刃剑直插很多虚 117
伪命题的关节和骨髓”，要求我们将兵力集中起来（任何战略都会提到的基本要素）为会战做准备。只要遵循这些原则，海军军官们在战略上就能像他们的陆军同行一样成熟。[19]不幸的是，“海上战争艺术的发展一直缓慢不前，如今已经落后于陆上，”马汉评论说，“在物质和机械的发展竞赛中，作为一个专业阶层的海军军官们竟允许他们的注意力过度偏离对战争指导原则的系统性研究，而这本该是他们特别和主要关心的事情。”[20]但是，毕竟他首先是个历史学家。当他试着要将自己有关海军战略的所有思想集结成册时，他承认这是他写过的最糟糕的一本书。[21]

虽然马汉是海权的热心鼓吹者，并因此在美国和英国的海军圈子里拥有无数信徒，但他的理论贡献在持久性方面却很有限。和其他相信历史提供了永恒原则的人一样，他无法将蒸汽动力所代表的新技术给海军力量带来的巨大变化融入自己的基本理论框架之中。和其他竭力宣扬某一种军事力量优点的人一样，他担心海军会被当作另一种军事力量的附属品，因此反对用海军保卫岸上的据点，以防止其沦为陆军的一个分支。他强调，海军的作用就是对抗其他海军，以取得制海权。和其他痴迷于决定性战役的人一样，马汉对有限冲突毫无兴趣，并且对攻击敌人商船以破坏其贸易的做法不屑一顾，坚信只有打一场决定性海战并取得胜利，才能将敌人的商业命脉捏在手里。

德国海军总司令阿尔弗雷德·冯·提尔皮茨（Alfred von Tirpitz）有着和马汉非常相近的想法。当时正处于德国统一不久的十九世纪晚期，他的职责便是将二流水平的德国海军改造成为一支足以对英国海军优势构成严峻挑战的力量。他规划的蓝图野心勃勃，但缺乏想象力。这份蓝图和马汉的构想类似，不同的是，马汉的灵感来自约米尼，提尔皮茨的灵感则来自克劳塞维茨。他准备发动的未来海上战争看起来很像地面战争，即靠“舰队和舰队的硬碰硬”取得制海权。这种模式显然脱胎于陆地战，他甚至写过“陆军在水上的会战”这样的词句。他认为，海军的“天然使命”就是发起“战略进攻”，从一场“安排好的大会战”中追求胜利。只要“敌人的舰队还在并准备战斗”，就不可能采取诸如对岸炮击和封锁等其他行动。他的这些观点都想强迫一个不想打仗的敌人参加一场海军会战，这显然很难办到。[22]

118 正当马汉和提尔皮茨着眼于可能的海战目标和手段，寻求利用极其相似的观点推动各自国家成为新兴海军强国时，英国却没有一个出名的海军战略家。正如温斯顿·丘吉尔在第一次世界大战后所说，皇家海军“从没有为海军理论建设做出过什么重要贡献”。它的“思考和研究”全都用在了日常事务上。“我们拥有各个领域的杰出专家，也具备勇敢和忘我的精神，可一旦爆发冲突，我们能够驾驭战舰的人却多过能够驾驭战争的人。”有关海权论的标准著作是由一位美国海军军官所写的，而英国在这方面的最佳著作则出自一个平民百姓之手。[23]这个存有疑问的平民百姓就是朱利安·科贝特爵士（Sir Julian Corbett）。他以从容的分析与平和的文字，针对当时的社会主流思潮撰写了一系列有分量的批判文章，肯定有限战争的可能性，质疑人们对集中兵力进行陆上决战的片面强调，并认为以同样的方法来思考海上战争远远不够。作为一个有着法律专业背景的业余小说家，科贝特缺乏海军实践经验。正因如此，外界常常对他抱有成见，连带遭到非议的还有他对决定性会战和海军攻势论的怀疑态度，以及他意欲挑战英国海军历史上种种伟大神话（例如和1805年特拉法尔加战役有关的历史记载）的想法。

尽管如此，他还是应邀担任了参谋学院的讲师，成为英国海军教学领域的中心角色。他还是英国海军部的高级顾问，参与政策制定，甚至在第一次世界大战期间也没有间断。之后，他又受命对官方的所有海战历史记录进行审查指导。作为改革派的一员，他始终致力于实现皇家海军观念和文化的现代化，这使他自然而然地成为海事界保守势力的攻击目标。尽管他在战争中建言献策，其众多理论的影响力仍饱受质疑。[24]在一战期间，有位高层人物曾称赞科贝特写了“关于政治和军事战略的最好英语著作之一”，从中可以吸取各种经验教训，“发现一些难以估量的价值”。但是，没人有时间读他的书。“历史显然是为教员和坐在扶手椅里的战略家们写的。政治家和战士往往在黑暗中择路而行。”[25]

科贝特总是尽量把那些他怀疑的观点写进书中，这种毫无必要的做法有时会让他的著作费解难懂。马汉在某些方面像个善辩者，他的书更合读者口味；相反，科贝特身为平民，处境艰难，写的书也因此无法让人信服。在马汉从约米尼身上取经时，科贝特则从克劳塞维茨入手，只是在认识上要比提尔皮茨高明得多。[26]和德尔布吕克一样，科贝特也注意到《战争论》
119 中涉及的某些方面：除了绝对战争中的决定性战役，还有其他可能的选择。英国海军战略的明智之处，就在于通过一系列有限战争来实现一系列有限目标，这让它依靠有限的资源取得了巨大的利益。这种战略成功地结合了“海军和陆军的行动”，从而赋予“登陆分遣队超出其固有力量的重要性和机动性”。[27]不妨拿海上有限战争和欧洲大陆上的绝对战争两者的潜在作用做个对比。欧陆之上，各民族国家紧凑地挤在一起，彼此接壤，枕戈待旦。如果爆发战争，民众情绪极易高涨，而且在战局不利时，很可能会动员额外资源支援前线。离边界越远，政治风险就越小，但后勤保障任务也更艰巨。这种情况下，交战方更有可能限制自己的行动，克制自己的诉求。消灭敌人的武装力量是实现目标的手段，但它本身并不是目标。如果能以其他手段实现目标，那当然更好。

战略的关键问题不是如何赢得战争，而是如何向敌国的社会和政府施加压力。这说明封锁海岸和袭击商船（“劫掠战”）同搜寻敌人舰队同样重要。主战略或大战略事关战争的目标，需要同时考虑国际关系和经济因素，相对而言，指导实际作战的战略应居于从属地位。除非海上封锁最终奏效，否则由海军单独决定一场战争成败的可能性微乎其微，因此不应把陆军和海军分开考虑。“由于人类生活在陆地而不是海洋上，除了最罕见的例子之外，交战国之间重大问题的处理往往取决于两种可能，一个是你的陆军能对敌国的领土和国民生活造成什么影响，另一个是你的舰队能为你的陆军采取此种行动做些什么。”陆军和海军的关系属于海洋战略的研究范畴，而海军舰队的特殊使命在其中日益凸显。这就成了纯粹海军战略的事情。

陆上胜利的关键是控制领土，在海上则是控制交通线。这是因为海洋无法被占有，攻击和防御行动常常你中有我、我中有你。因此，失去制海权，即航道受阻，并不一定意味着另一方拥有了制海权。“制海权问题总是处于争论之中，它几乎是海军战略最为关注的事情。”科贝特知道一支海军为什么渴望出海寻歼敌舰以夺取制海权，就像拿破仑式的决定性会战那样，但他同时也知道这为什么不可能实现。他指出，特拉法尔加海战“被誉为世界经典决战之一，然而从表面上看，所有
伟大胜利只带来了一个直接后果……虽然英国最终获得了海洋 120
霸权，但拿破仑仍旧控制着欧洲大陆”。

那时候，进攻战略受到大肆吹捧，以致“成为一种迷信”，而防御战略则被贬得一无是处。但是在海上，防御的作用其实更强，因为它可以轻而易举地避免战争。一支自知势弱的舰队会想方设法躲避强大的对手。与马汉不同，科贝特认识到了分散用兵的巨大好处，比如，用这种方法可以避开一支较强的舰队，同时诱使一支对占有局部优势抱有幻想的较弱舰队进入险地，从而实现己方舰船的最佳组合。就此而言，“理想的集中”是“一种隐藏真实力量的示弱”。同理，最糟糕的集

中会让其他兵力脆弱无用，从而限制可控海区范围。“你越是集中兵力想要获得理想的结果，你的贸易就越容易受到袭扰。”[28]第一次世界大战对科贝特观点的支持远大于对马汉观点的支持。1915 年的日德兰大海战没有取得决定性结果，而且在科贝特看来毫无必要，因为英国皇家海军当时仍可继续实施封锁，坚持到最后就能削弱德国。同时，针对英国商船的潜艇战打了英国一个措手不及，在采取护航措施后，英国才得以勉强应付。

地缘政治

即使马汉从没写过一个字，其他强国也完全可能仿效英国建立庞大的海军，但马汉无疑赋予这些努力以合法性和可信性。这和当时流行的重商主义密切相关，后者的本质就是希望经济实力能得到军事力量的保护和加强。马汉认为，海上的商业航路和通道可以由一个海洋霸主来加以保护，这种观点受到了海洋狂热者们的衷心赞同，并得到西奥多·罗斯福总统的大力拥护。罗斯福早年也算个海军史学家，出于对马汉思想的推崇，他在 1907 年后对美国海军舰队进行了大规模扩充。

也许因为英国人认识到他们的海军优势已经维持不了多久，不只科贝特一人注意到了马汉的理论。其中，地理学家、探险家和政治家哈尔福德·麦金德爵士（Sir Halford Mackinder）就此提供了一个非常不同的视角。马汉一直希望美国做出“真正的选择”：是成为陆上强国，还是海上强国。
121 出于这个原因，他对这个国家一味热衷于开发内陆而损害沿海地区利益的做法深感惋惜。麦金德不接受这种非此即彼的分类。在 1904 年提交给英国皇家地理学会的一篇论文中，他提出了陆上强国从内陆获取实力，并利用这种实力打造一支海军的可能性。[29]但一个海上强国，也就是像英国这样的小岛，是难以做到这点的。新的运输方式，特别是铁路，使得内陆资源能够以一种在马匹时代无法实现的方式得到开发利用。他着眼于辽阔的欧亚大陆，认为德国或者俄国（或者两国联盟）迟早会将其完全控制，并靠着它增强经济实力，之后再轻而易举地将这种实力运用到海上。麦金德在1905年解释说："大陆上的一半国家可能最终都会在建设上和人口上超过一个岛国。"[30]在此基础上，他意识到英国正变得越来越脆弱，而这只有通过对其庞大帝国的更紧密融合才能加以应对。

他的理论在第一次世界大战结束后不久出版的一部著作中得到了更成熟的阐述。其中，他将欧亚大陆腹地命名为"心脏地区"。这是一个"在现代条件下海洋势力无法介入的地区"。[31]他将世界分割为两部分：第一部分是由欧亚和非洲大陆组成的，处于核心位置、有能力自给自足的"世界岛"；第二部分则是环绕在它"边缘"的其他岛屿，包括美洲、澳大利亚、日本、英伦诸岛和大洋洲。这些较小的岛屿要靠海上运输维持正常运转。虽然德国在1918年战败，但麦金德明白基本的危险仍然存在，"与海上强国相比，陆上强国的战略机会不断增长"。为此，他建议将"日耳曼人和斯拉夫人"彼此隔离。他的分析可归纳为三句名言："统治东欧者支配心脏地区；统治心脏地区者支配世界岛；统治世界岛者支配世界。"[32]麦金德看到了铁路和机械化运输改变地理距离的重要性，而飞机飞越陆地和海洋的能力最终会更深远地影响这种重要性。出人意料的是，仅仅在他1904年提交论文的几周前，莱特兄弟完成了首次历史性飞行，但他的论文中竟没有留意空权时代到来的可能性。

麦金德和马汉有很多思想上的交集。两人都从自然扩张的强国之间残酷竞争的角度理解国际关系。麦金德运用的思考方法是从地理空间的角度出发，认为陆地和海洋应被视为同一个世界体系中的一部分，即使政治和技术的变化影响到它们的关联性，它们也还是一个整体。他不是地理决定论者，承认权力
122 平衡还取决于“相对的人口数量、繁衍能力、技能素质，以及对有竞争力民众的组织水平”。[33]正是以国家间的互动和它们所处环境的持久特性为基础，麦金德才发展出了更高水平的战略理论。

麦金德从未使用过“地缘政治”这个词。该词由瑞典人鲁道夫·谢伦（Rudolf Kjellén）① 所创，他的老师正是第一个关注政治地理的地理学家弗里德里希·拉策尔（Friedrich Ratzel）②。谢伦的著作被译成德文后，受到前将军、地缘政治学派创始人卡尔·豪斯霍费尔（Karl Haushofer）③ 的重视。[34]尽管豪斯霍费尔不是纳粹分子，但他的世界观却认为，优秀的种族应该占据足够的空间以实现经济独立（autarky）。他的“lebensraum”（拓展生存空间）理论成了纳粹思想体系的组成部分，而这种联系使得地缘政治受到了质疑。[35]麦金德的思想则更为微妙，不仅照顾到了各个国家的有限关切，而且也让人们越来越担心怀有敌意的强国（英国除外）最终会统治世界。这一思想影响了二十世纪的大规模战争。它促使各国相信，国际政治架构中自然产生了一些不受时间限制、必须去做的事

① 二十世纪早期的瑞典政治学家。

② 十九世纪晚期的德国地理学家、地理环境决定论的倡导者。

③ 德国地缘政治学家、希特勒副手赫斯的老师。

情，但各国却忽视了它们的危险性。由此，各国在民族和领土问题上更趋保守，不再顾忌意识形态和价值观，尽管在决定为什么而战以及与谁缔结并维系同盟更有利时，意识形态和价值观本该是最重要的权衡因素。所以，当地缘政治学将战略从单纯关注作战艺术推向更高层次时，它自身也因未能关注更广泛政治背景的缺陷而深受其害。

十　头脑与肌肉

123 一清早，人们默默地出门，只见空中舰队纷纷从头顶上掠过——洒下毁灭——洒下毁灭！

——赫伯特·乔治·威尔斯《大空战》，1908 年

军事计划有不少局限性，这在 1914 年 8 月德国的进攻行动中表现得最为突出。德军总参谋部掌控着自己的一举一动，却忽视了法国人对计划的破坏作用——特别是当后勤补给和通信线路延伸以后。事实很快证明，德军的计划时间表是不可能完成的，尤其是比利时加入抵抗之后。这导致德军开始残酷对待平民（这种方式贯穿于第一次世界大战），其手段包括强迫劳动、取消食品供给，以及种种野蛮破坏等。[1] 几周后，进攻停止了。虽然德国没能将法国踢出战局，而且被迫与俄国、英国交手（因为进攻比利时），但这些都无法促使它从根本上对战争目标或者战略原则进行重新评估。德国人仍在寻求决定性胜利，他们凭借气质上的优越感，不会容忍一丝胆怯，相信一定会有什么新技术使他们在战局上力挽狂澜。在这些新技术中，首要的是毒气战，接下来是大手笔的无限制潜艇战。可见，德国人曾一度乐观地认为，民用船只根本无法应对潜艇的
124 威胁。由此，德国毫无悬念地把美国拉入了战争。德国人最后的赌注是 1918 年 3 月的那场进攻，这让德军的战线拉得更长，

完全暴露在打击之下。

德尔布吕克曾一度支持德军最初发起的进攻，并认为胜券在握，但攻势一停止，他马上修正了自己的想法。如果德军不能一举歼灭敌人，就只能被迫拖垮敌人，为此他曾想尽办法估算交战国受到的经济打击。他认为，德国应该和英法做一笔交易，以便集中精力打击俄国。但是，德国人那种绝不妥协的政治和军事立场导致他的算盘落空。“从某种意义上说，全世界结成联盟在反对我们，”1917 年他写道，“人们害怕德国人的专制独裁，这是一个我们必须重视的最严酷的事实，这也是敌方力量中最强大的因素之一。”[2]

德国人陷入了巨大的困境，除了继续烧钱发动炮火袭击和步兵突击之外，几乎看不到什么可以打破僵局的办法，于是只能拟定更加大胆的战略。他们意图在每一次战事中发挥新兴技术的潜能——地面坦克或飞机——来打垮敌人的意志。他们设想，不管是坦克还是飞机，新武器会在物质上和心理上同时打击敌人。德国人的目标是造成敌方集体性精神崩溃。这个设想直接否定了人们的既定想法，即只有歼灭敌人才算取得决定性胜利。其实，德国人的这些计划都不现实：一方面，当时的新技术仍处在初级阶段，生产能力有限；另一方面，与之相关的战术还很不发达。但无论如何，从以上两方面看，这些早期的战争计划为战后有关未来战略的激烈辩论设定了框架。

空中力量

德国人很早就意识到远程攻击的价值，认为其成功不在于制造了多少伤亡，而更多地在于打击了敌人继续参战的意愿。1915 年齐柏林飞艇首次突袭伦敦，虽然英国人认为任由德国人从自己头上飞过是件丢人的事情，士气受到了打击，但是这次袭击的实际战果很有限。后来，英国人学会了怎样对付齐柏林飞艇，德国飞机也提升了进攻效果。1917 年夏天，德国飞机空袭伦敦炸死 162 人，炸伤 432 人，英国人士气极度低落。在此之前，英国人一直集中空中力量支持法国部队。这次伦敦空袭之后，虽然支援法军仍是其优先考虑，但英国政府发誓要
125 展开报复行动，并在一定程度上保护民众。当时，英国皇家飞行队的主要目标除了保护法国军队的战壕之外，就是攻击德国人的前线运输补给线。空军将领休·特伦查德（Hugh Trenchard）当时正试图发展一种新策略，即如何尽量把稀缺资源当作一种独立力量利用起来，使它能够以足够的数量和持续性对既定目标进行集中打击，发挥决定性影响。虽然他判断远程轰炸机最终有能力攻击柏林，但是英国人挨炸后只有一个念头，那就是不分青红皂白地轰炸德国。

特伦查德的想法对美国空军产生了重要影响。德国空袭伦敦后，美国空军派部队抵达英国参战。奈普·戈瑞尔（Nap Gorrell）上尉是其中一员，他的任务是向美国飞机制造商提各种要求。此时，戈瑞尔开始酝酿一个空战计划。他的想法和特伦查德一致，认为需要制定“一个打击敌人的新策略”。他称之为“战略轰炸”，专门用来阻碍德国人从本国向前线源源不断地运送补给。他设想，德军倚赖的是相互关联的工业生产基地，其中还包括少数重要目标。一旦对这些工业基地发起进攻，当地民众的士气就会受到严重打击，不愿意返工继续从事生产劳动。这些老百姓甚至会对空袭忍无可忍，并由此向政府施压要求想办法和解。要想实现戈瑞尔的计划，就得让一支由上千架飞机组成的飞行大队日夜不停地执行任务，针对一个又

一个目标进行系统性攻击。这个计划没能成功，因为它太不现实了。对空中力量而言，压倒一切的任务是保护和支援前线的部队，而且规模如此之大的飞行大队已经远远超出了当时的飞机制造能力。[3]

戈瑞尔计划的重要价值在于，它涉及了当时一些核心人物的观点，这些人到战后成为发展战略空中力量的积极倡导者。除了特伦查德，其中还有为了组建独立空军不惜走上军事法庭的美国将军比利·米切尔（Billy Mitchell），以及千方百计让意大利军队接受先进制空权理论的朱利奥·杜黑（Giulio Douhet）。戈瑞尔通过其朋友，意大利飞机设计师乔瓦尼·卡普罗尼（Gianni Caproni），结识了杜黑。而米切尔之所以会和上司闹翻，更大程度上是因为他强硬谋求制度上的独立，而不是他的创新思想。在当时美国的工业实力背景下，他并不怎么担心“战术”任务会脱离“战略”。杜黑撰文记述了1911年意大利军队在利比亚展开世界战争史上首次空战的情况，之后于1921年出版了他的划时代著作《制空权》（*Command in the*
Air）。[4] 杜黑表达的观点并不为他所独有，但他对空军战略逻辑 126
的陈述却是最系统的，也是最尖锐的，尤其是在1927年该书第二版问世的时候。[5] 杜黑的逻辑事实上延续了马汉的思想，而马汉则继承了约米尼的理论框架。马汉认为打赢一场决定性海战有助于夺得制海权；杜黑将它运用到空战中，认为可以通过果断的空中攻势取得制空权。

正如阿扎尔·盖特（Azar Gat）所说，不管人们热衷的新型战争武器是陆上的还是空中的，其背后显示的是一种现代主义魅力，它可能代表了一个建立在机器基础上理性的、崇尚技术统治论的超高效社会，它和政治理论中的精英主义、艺术中的未来主义密切相关，自然也为法西斯主义埋下了隐患。[6]然而这并不意味着，所有围绕新式武器建立新战略的人都接受这一整套思想，其中许多人对此并不认同。他们当时只是在想象一个虽不遥远却无力企及的未来，他们的理论是围绕对科技的乐观主义和对人性的悲观主义发展起来的。

一战以后，有关空中力量的各种观点发生了一些变化，主要围绕以下五个核心主张。第一，这也是最重要的主张，只要部署合理，仅凭空中力量就能取得胜利。这一主张的必然结果就是，空中力量必须拥有自己独立的指挥体系，不应该听命于陆军和海军的需求。这一点在不少“战略”航空参考文献中都有所体现，其中提到，远程轰炸任务比单纯的“战术”辅助应用手段高明得多，它可以单枪匹马地达到战争目的。

第二，由于打垮敌人（这是条经典的获胜途径）需要付出高昂的生命和财富成本，因此地面战仍将以防守为主。但有了空军之后，打仗就不一定非要击溃敌军了，因为战机可以飞到前线直抵敌方的核心部位。特伦查德说：“对于空军部队来说，打败敌国不一定非要先击溃其武装力量。有了空中力量就可以省去这个中间步骤了。”[7]

第三，和水面作战相比，空中作战时进攻比防守更具威力。正如杜黑所说，飞机是“最卓越的进攻性武器”。后来，英国首相斯坦利·鲍德温（Stanley Baldwin）极为生动地表达了类似观点，他在 1932 年警告“大街上的老百姓”，“如果遭遇空袭，什么也救不了你。不管人们怎么说，投弹手根本就不在乎”。1937 年，英国战斗机司令部指挥官、空军上将休·道丁（Hugh Dowding）还说，空袭在伦敦引发了极度恐慌，这
127 样下去“顶多再有两周”英国就会战败。[8]

第四，上述这些空战的潜在决定性影响与其说是靠人员伤亡和财产损失得来的，倒不如说它们更多的是通过破坏政府的战争能力而取得的。敌方会在广泛的压力逼迫下求和。1927年特伦查德写道，空中行动的目的是“瘫痪敌人的各个军需品生产中心，阻断其通信和交通联络”。直接攻击敌人的“生命中枢”比打击保护这些设施的武装力量的战果更为显著。[9]因此，从较为人性化的角度来看，关键基础设施受损使得国家战争机器渐渐难以为继；而较不人性化的解释则是，空袭导致民众士气低落、消极怠工、惊慌失措，当这些情绪达到一定的程度和规模时，政府便不得不放弃战争了。

第五，先发制人的一方占有优势。杜黑认为，当部队“在保持自身飞行能力的同时还能阻止敌人升空飞行”时，那就具备了“制空权”。这个目的可以通过密集轰炸敌方空军基地和工厂（“把鸡蛋捣毁在鸡窝里”）来实现。这是一种倾向于趁敌人尚未做好战争准备就发起快攻（甚至先发制人）的战术。在这种情况下，双方根本来不及正式宣战。从地面战中我们也可以看出，促使一方采取先发制人战术的主要出发点是，预期自己一出手就能够取得决定性胜利。

所有这些主张都涉及实际操作问题。进攻型远程轰炸机除了携带燃料之外，还必须装载足够的火力，因此容易遭到飞行速度更快、动作更灵活的战斗机的攻击。如果白天执行任务，这些轰炸机很可能还未到达袭击目标上空就已经被敌人发现。它们也可以在入夜后采取行动，但那会降低投弹命中率。除此之外，还有报复的风险。杜黑认为，战争一开始，双方就展开了一场竞争，力图给敌方社会造成尽可能大的损失，这样胜者就可以抢先逼迫对方投降。这是一种可怕的景象，尤其是当任何一方都无法成功实施决定性打击的时候。相互破坏行动背后的逻辑是相互威慑，因为战争的任何一方都在想方设法让自己的民众免受报复性打击。1917 年盟军讨论使用远程轰炸机进攻的时候，法国人一想到自己在德国人的报复行动面前十分脆弱，满腔热情顿时凉了一半。除非第一波打击能够击溃敌人的战时经济，但这显然不可能，因此人们寄希望于通过打击敌对
128 国民众的斗志，尽早获取胜利。

杜黑认为，与训练有素、骁勇善战的军人相比，平民没有丝毫反抗能力。

> 无情的空中打击迫使国家社会结构完全瓦解。其国民出于自我生存的本能，为了终止恐怖和痛苦，会发起反抗要求结束战争。[10]

杜黑对任何贬低早期大规模进攻的看法都嗤之以鼻，他认为空中防守没有意义，也没有必要将空中力量留作备用，更不用提什么让空军去支援陆海军执行辅助任务了。这些做法只会徒增命中目标的额外成本，然而他在优先选择打击目标方面却表现得异常模糊。寻找打击目标没有“一成不变的法则”，它在很大程度上取决于“物资、士气、心理状态”等因素。[11]

无论是杜黑还是其他持类似主张的人，除了从英法对德轰炸的第一反应中获取一点推测外，都无法为他们的观点提供太多的证据。这引发了一些古怪的社会理论，比如下层社会普遍软弱、英国工人和德国工人各有各的抗打击恢复能力、惊慌失措的外国人带来的影响等。战前，受法国人古斯塔夫·勒庞（Gustave Le Bon）的鼓舞，人们对大众心理学产生了浓厚的兴

趣。对于那些担心民众介入政治生活，以及乐于驾驭大众情绪的人来说，勒庞提供了一个准科学基础，他的观点在当时相当受重视。本书第二十二章会着重剖析这个问题。值得注意的是，勒庞认为群体是个极易受影响的集体，个人在其中会丧失独特个性。然而，为何本质上无理性的大众会要求投降呢，这个问题并没有确切的答案。况且，大众情绪还有可能转向另一个方向。1908 年熟知勒庞作品的英国作家赫伯特·乔治·威尔斯（Herbert George Wells）写下《大空战》（*War in the Air*）一书。他设想的是民众（在该书中指的是纽约人）非但不恐慌，而且还变得极度好战。小说中，当局想投降，但民众却满怀激愤不答应。作为头脑的政府“被征服了，惊慌得不知所措”，身体却从头脑的管制下“解放了出来”。

> 纽约变成了一个无头怪物，根本不会集体投降。每个
> 地方都在躁动反叛；各地当局和官员们也都自主地加入到 129
> 那天下午的武装和升旗狂欢之中。

结果，德国只能兑现威胁，让纽约毁灭，“因为它突然强悍到难以征服，它是如此无序且桀骜不驯，不会为了逃避打击而选择投降”。[12]

杜黑和他的同行们没有解释一国政府会通过什么样的确切机制被迫放弃一场战争。他们深受心理学和民主谬论的影响，认为精英应该站出来回应歇斯底里的大众民意。而其实在许多情况下，人们不会因为恐慌而选择投降。第二次世界大战中，人们可能会因为饱受惊吓而变得相信宿命，他们别无选择，只能放弃恬淡寡欲的生活，适应新环境，转而把一腔怒火发泄在

敌人头上。如果他们真想结束战争，那就需要成立一个有效的政治反对派。否则，他们就很可能在专制政权的淫威下默默受苦。社会凝聚力和政治结构的基本因素，以及对战争政策及其实施情况的理解和支持程度等，都是非常关键的要素。无论是取代一个政府，还是让现有政府改变想法，需要的不仅是政治手段，还得依靠其他策略。

上述例子所阐明的冲突特征，指的是那些不想通过从物理上占领敌方社会来实现战争目标的行为。采用这种方式需要先构建一个敌方的社会经济和政治体系，获取关于其脆弱点和潜在压力点的可靠指标。如果这么做可以促成一次决定性行动，而不是致命的讨价还价，那么可以设想：一旦找到合适的点——不管是工业生产、政治控制，还是大众士气——敌人的整个系统就会被打垮。这种假设至今仍有影响力，但它充其量也只是个推测而已。

装甲战争

一名英国军官为这种假设提供了一个可能的理论基础，他的名字叫约翰·弗雷德里克·查尔斯·富勒（John Frederick Charles Fuller），绰号“排骨”（Boney）。他于 1916 年加入英国坦克军团（Tank Corps）。当时装甲车刚刚出现，富勒很快就意识到它将经历一场革命性发展。装甲车在当时具有一定的战斗力，但它过于笨重，也不十分牢靠，无法作为进攻基础。
130 1918 年，富勒研究出一个能够赢得战争的进攻计划，即“1919 年计划”。要实现这个计划，就得在第二年大规模生产一种新型坦克。正如戈瑞尔的空中作战计划，富勒对当时的武器供应能力过于乐观。和戈瑞尔一样，富勒战争计划的真正价值在于它与未来战争行为的相关性。

虽然富勒在坦克的发展过程中没有起到什么作用，也不是第一个想到让坦克扮演进攻角色的人，但他是缔造新型坦克兵团学说的杰出人物。一旦认识到坦克除了支援步兵以外还能发挥更多作用，富勒便开始勾画如果让坦克以更快速度、在更长的距离内实现大量部署，会取得什么样的战果。他认为机械化战争即将代替肌肉战，依靠马拉肩扛运输战斗火力的时代即将结束。汽油发动机将使地面战争产生革命性变化，正如蒸汽机改变了海战一样。富勒深知，坦克部队最初只能展开一些试探性行动，充其量也就是发动几次袭击德军前线的战斗，但他预想如果有一支装备了一千辆坦克的部队，那么就可以兵分两路，一路针对敌人的防线发起进攻，其余的力量则直捣敌军的指挥系统。1918 年春，德军发起进攻，盟军应声撤退，之后富勒进一步提炼、完善了自己的想法。他将盟军撤退归因于最高指挥的无能。他断定，“身体的潜在力量存在于人体组织中，如果我们能摧毁这个组织，就达到目的了”。由此，富勒成了一个“大脑战争”的倡导者，主张发起瓦解敌人心理的攻击，让他们军心涣散、无力抵抗。他认为与其把目标指向敌人的军队，不如打击其指挥部门。在富勒的计划中，德军指挥部是主要打击目标。他想让敌人头部中弹、一枪毙命，而非浑身是伤、慢慢熬死。这样，愚蠢的敌人就会慌神，继而整个部队乱作一团。富勒晚年回忆“1919 年计划”时曾说，它可以通过“惊人的戏剧性场面”确保胜利，“是赢得战争的唯一圆满方式”。

富勒把军队比作人的身体，指挥部是大脑，联络线路是神经系统，通向作为肌肉的前线作战部队。整个系统需要源源不断的补给。然而，这终究是个类比。布莱恩·霍尔登·雷德（Brian Holden Reid）指出，军队毕竟不同于人体组织，因为它的组成部分能够各自独立地存在。然而“脑力、勇气和战斗力三者密不可分，一场危机就足以让一个有能力代替上级指
131 挥战斗的下级军官一鸣惊人”。事实的确如此，坦克击溃德军各战区指挥部，加速了1918年德国的战败。但同时也应看到，这场战争漫长无比，使人筋疲力尽，此时战事已近尾声，双方士气都很低落。这一事实助长了一种观点，即冲击总会导致某种形式的恐慌；与此同时，也出现了一种贬低其他制敌因素的倾向。至此，我们看到了富勒与早期空中力量理论家之间的相似之处，实际上他与他们过从甚密。1923年他曾写道，一场空中打击就能把伦敦变成一个“巨大而狂躁的疯人院”，“恐惧会像雪崩一样扫平”英国政府。[13]富勒也曾仔细阅读勒庞的作品。他的创新之处在于，利用大众心理的概念解释了为何不仅是平民，就连军队也有可能在重压之下投降屈服。

富勒军事理论的与众不同之处在于，它们来自更加广泛的思想领域，并进一步发展了这些思想。这些思想已经在富勒心里构思酝酿了很长时间，反映了他广泛而独特的阅读风格。富勒涉猎神秘主义与神秘学，热衷现代思想，轻视民主政治，最终竟投身法西斯主义。他判断，由于自己乐于怀疑传统宗教，因而也就自然而然地愿意挑战传统军事思想。除了勒庞，他的思想还受到了社会达尔文主义和哲学实用主义的影响。人们广为熟知的是，他曾经宣称自己采用的是科学的战争研究方法。实际上他的方法虽未必那么科学，但反映出他自信已经掌握了放之四海而皆准的模式。富勒从不怀疑自己的分析比其他英国高级军官要高明得多，在他看来，那些人业务不精，蠢笨得让

人恼火。他们的无知无能已经在一战中大白于天下，如今又因为无法欣赏富勒的真知灼见而暴露无遗。然而，富勒的方法是建立在浮夸基础上的，是出于一种不切实际的强烈欲望，希望找到一种可以避免大规模杀戮的战斗形式。他曾经在法国亲眼见证这样的惨烈场面。尽管富勒在性格上存在缺陷，他自高自大、不讨人喜欢、崇尚权力主义，而且他的理论超越了军事范畴，不仅古怪，还时常令人费解，但他确实改造了传统的装甲战争概念，将人们公认的一种虽然有趣但用途有限的特殊战斗工具变成了新型战争的基础。富勒由此成了聚焦脑力战争的开创先河之人，他重视迷惑敌人的“大脑”而不是从身体上消灭敌人。[14]

战后，富勒回顾了一战中那些“大腹便便，满脑子糨糊”的战斗部队的命运。这些军队专注于火力摧毁，而富勒寻求的是在更大程度上尽可能使用坦克和飞机给敌人造成心理错乱，以取得决定性的战斗结果，而不是身体上的毁灭。和当时许多
技术乐天派一样，富勒的观点没有充分估计到战争中的后勤困 132
难，并且低估了大部队和工业社会的大量资源在一战中的作用。[15]其理论依赖的是一种黯淡的人性观点。他在第一部主要作品《战争改革》（*The Reformation of War*）中对主仆二者进行了大致的精英式区分，认为前者属于超人（super-men），而后者只能算超级猴子（super-monkey），他们不但心智不济、天生胆小，而且还有点娘娘腔（当时泛指易激动的歇斯底里人格）。在他下一部重要的理论作品《战争科学的基础》（*The Foundations of the Science of War*）[16]中，他反复思考了群体的特性。这是他观点的核心部分，即军队和社会是一个庞大的有机体，会随着强有力的领导力而动摇。富勒认为，掌握群体心理

是“领导力的基础”。所有人群，无论混杂还是同质，都有一个由本能驱使的、单一“灵魂”控制的“意志”。这正如勒庞所说，有的群体在采取行动时更像一个无理性个体，而不是一个由众多理性个体组成的集体。而富勒笔下的群体“只是一个授意者意志之下的自动装置。由于缺乏才智，他们的行为往往是错乱的。根据接收到指令的不同，相比于个人行为，他们的所作所为要么极度卑劣，要么无比高尚”。

富勒认为，群体在病理上是疯狂的，他们轻信、冲动、易怒，完全受感情支配。不愿意“随波逐流”的“天才”想要挑战群体，就必须“迫使它按照自己的意愿改变行进方向”。如果像拿破仑所说，精神对物质的比重是三比一，那么天才的重要性就是普通人的十倍。普通人就该被看作一台机器。富勒呼吁为这些普通人设计一套“看起来形式简单，无须人思考”的“精确系统”。有了这套系统，人们即便“不了解我们的意图，也能用双手完成我们用头脑做出的设计”。[17]在这一点上，富勒可能受到了弗雷德里克·泰勒（Frederick Taylor）的影响，本书将在第三十二章中讨论泰勒的科学管理体系。

富勒在描述“军事群体”时参考了勒庞的学说，“群体受到一个意志的支配，而这个意志是群体中每个个体思想的集中产物”。我们当然希望这是一种渴望胜利的意志，但如果它因为意外或灾难而瓦解，那么个体的自我保护本能将会取而代之。军队是一种有组织的群体，通过训练为了共同的目标走到一起，但同时它毕竟是个群体，一旦受到压力，意志就可能发生转变。“意志”坚强、“灵魂”强大的军队往往
133 吃苦耐劳，而一旦遭遇重大损失，士气受损，恐惧就会弥漫开来。

> 当战斗走向白热化，战局要么被超出常规的理智所控制，要么失去理智：应变能力掌握着机会的骰子，人人听从命运安排，或者像捕猎的动物一样凭直觉行事。自我牺牲精神催人奋进，自我保护思想令人退缩。理智决定一切，或者说，就算无法做出决定，责任感也能载着愿望向目标迈进一步。所以，决定战争输赢的不一定是参战人数，而是未知的死亡。[18]

在战斗中，一支受到惨重打击，失去首领的部队很可能流于涣散，并且丧失前进的意愿。而在平民生活中，并没有什么真正的较量可言。感情丰富、容易冲动的群体注定会陷入恐慌。

十一　间接路线

134 一个战略家的思想应该着眼于瘫痪敌人，而不是如何从肉体上消灭他们。

——巴兹尔·亨利·李德·哈特

李德·哈特的思想也是由其本人的一战经历塑造而成的。（他曾经在索姆河会战中遭到毒气攻击并负伤。[1]）他坚定地认为，未来战争应避免这种愚蠢的杀戮行为。富勒见解独到，是个强势的思想家，但他的理论有点艰涩难懂。相比之下，他的朋友李德·哈特的风格要清晰明快得多。二战前，李德·哈特在职业上乏善可陈，但在战后声名鹊起。这在一定程度上要归功于他为新一代文人战略家和军事历史学家提供了极为慷慨的支持。正是因为李德·哈特的付出，这些人才能够在比较安全的大学校园里潜心做学问，而不必像前者那样四处兼职谋生存。除此之外，二战中热核武器给全面战争的概念带来了全新的意义，李德·哈特关于有限战争的理论因此备受关注。李德·哈特不懈地宣扬自己的理论，甚至认为二战是英国将领因为忽视了他的装甲战争理论而酿成的悲剧，而德国将领却把这套理论变成了闪电战。二十世纪七十年代李德·哈特去世后，他的史学受到质疑，那种自抬身价的做法也遭到非难和指责，[2]但“间接路线”的核心思想却一直在商界和军界不乏追随者。

最初，李德·哈特完全是在模仿他人的作品。在宣布自己 135
的观点与富勒的思想并驾齐驱之前，他曾称《战争改革》是一部“世纪之作”。1920 年他在《军事季刊》（*The Army Quarterly*）上读到 T. E. 劳伦斯的早期作品，并且似乎还（虽然很难考证）吸纳了朱利安·科贝特的思想。李德·哈特虽然大量借用了他人的成果，却从来没有因此而遭受当事人的质疑。劳伦斯自己没有留下什么作品记录，因此他后来只是发现自己竟然和好友李德·哈特有许多相似的观点。[3] 科贝特早在 1922 年就去世了。而富勒根本就不在乎有人剽窃自己的作品，尽管他的妻子对此耿耿于怀。李德·哈特模仿富勒，将敌人的通信和指挥中心比作人的大脑，并提出要针对这些目标发起攻击。他呼吁把“间接路线”当作“最有希望和最经济的战略形式”，这一点引起了许多人的共鸣，他们赞成宁施巧计而不用暴力的方式。与富勒有所不同的是，李德·哈特声称自己的灵感来自间接路线和更为直接的战争路线之间的比较。后者被他称为克劳塞维茨留下的可怕遗产。

李德·哈特批评克劳塞维茨（或者至少他的追随者们）所固守的决战至上理念，后者认为战斗的唯一宗旨就是通过正面进攻打垮敌方部队。李德·哈特反感一战西线战场上徒劳的大规模攻势和令人发指的流血场面，认为那全是克劳塞维茨这个“邪恶的军事思想天才”惹的祸。他在作品中讽刺克劳塞维茨，将他刻画成一个充满杀戮欲望的人，称他只会用绝对论者的方式看待战争，但凡有机会就想打仗，不懂得运用战略，只会寻求数量优势打胜仗。他在早期作品《拿破仑的幽灵》（*The Ghost of Napoleon*）中猛烈抨击克劳塞维茨。[4] 他反对呆板乏味、不讲究战略的作战方式，称克劳塞维茨的“信条抹杀了战略的荣耀”。

但最终，李德·哈特承认自己在战争观念上和克劳塞维茨的分歧并不大——二者都认为战争是政治的延续，并且深受心理和强力因素的影响。[5] 他在这里可能指的是克劳塞维茨《战争论》的传播密度及其哲学复杂性。这证明了克劳塞维茨的作品很可能被不失时机地用来煽动早期战斗，而非在有利时刻发挥作用。李德·哈特在后来为塞缪尔·格里菲斯（Samuel Griffith）的《孙子兵法》译本所写的序言中明确指出，克劳塞维茨的追随者们只是摘录了一些简单的口号，并将它们草草付诸实践。他写道，孙子的“现实主义和温和态度”与克劳
136 塞维茨所“强调的逻辑观念与‘绝对’”是完全对立的，而克劳塞维茨的门徒后来又“超越常识范围，进一步发展了他的理论和全面战争实践”。有意思的是，李德·哈特记录了1927年自己和中国打交道，继而首次接触到孙子的经历。“我读了《孙子兵法》之后发现，书中许多内容都和我的思路相吻合，尤其是孙子经常强调出其不意，追求间接路线。它使我认识到，基本的军事观念是永远不会过时的，战术的特性亦复如此。”[6] 而根据一名传记作者讲述，二十世纪二十年代李德·哈特酝酿间接路线理论时并没有受到孙子的直接影响，实际上直到四十年代他才真正阅读了《孙子兵法》。[7] 这就使李德·哈特在书中刻意提到的1927年这段经历显得不可思议。在此后的两年中，他潜心钻研“间接路线”，其内容和《孙子兵法》在许多方面明显相似。之后，李德·哈特出版了一本书，名为《历史中的决定性战争》（*The Decisive War of History*），其中第一次提出了间接路线的核心观点，当然他没有提到孙子。这本书此后不断修正再版，但在最后一版《战略：间接路线》（*Strategy*:

The Indirect Approach）中，李德·哈特在卷首大量引用了孙子语录。翟林奈（Lionel Giles）翻译的《孙子兵法》是当时最流行的版本，其中有这样一句话："在所有战斗中，直接攻击也许是用来牵制敌人的，但为了确保获胜，间接方式也很有必要。"而之后从中文翻译过来的译本中，则把正面直接与阴险诡诈、正常与特殊、正统与非正统分别做了一番比较。

李德·哈特理所应当地追随孙子设定了一种理想的战略模式，他没有顾及的是，孙子实际上很注重战略的实际应用。李德·哈特认为克劳塞维茨对战略的定义过于狭隘，太注重作战，似乎把它当成了实现战略目标的唯一途径。因此，他把战略定义为"分配和使用军事力量以达到政策目的的艺术"。政策目的从大战略传承而来，并非军队的责任。在大战略中，所有的政策工具都被拿来做比较，大战略的视线必须超越战争，看到战后的和平。而从另一个方面来说，当"军事手段的运用与实战、直接行动的部署以及驾驭指挥结合在一起"时，就需要战术发挥作用了。

李德·哈特在一个全面战争的时代寻求有限战争，这种探
索在核武器问世以后显得尤为急迫。他主张以有限的目标确保
有限的手段，然而这种想在两者之间妄求平衡的冲动包含了一
个重大谬误：军事手段可能更多受制于政治风险，而不是敌军
的实力。大规模战争可能因一点无足轻重的利益而起。对此，
李德·哈特的看法是，如果潜在成本与可能的收益完全不成比
例，那么整个计划的价值就应受到质疑。战略的艺术不仅在于
找到实现既定目标的手段，还在于确定其目标是现实的、有价
值的。他的方法是设立一个理想的定义，据此来评判实际表 137
现。因此，战争的目标是"凭借尽可能小的人力和经济损失

制服敌人，抑制其抵抗意志”。虽然这些基本原则也适用于被迫参战的情况，但避免损失意味着避免卷入大规模战役。这些观点显然和孙子的思想有千丝万缕的联系：“最完美的战略，即是那种不必经过激烈战斗而能达到目的的战略”，所谓“不战而屈人之兵，善之善者也”。

直接路线指的是与早有防备的敌人展开明明白白的对抗，而间接路线则意在“削弱敌人的抵抗”。后者对敌人的致命打击着眼于心理层面，而非物质层面。这就需要推算出影响对手意志的诸多因素。因此，军事行动也许是抓获敌人的主要手段，而奇谋则是从心理上影响敌人的关键。“战略的目的就是要破坏敌人的稳定性，使敌人自行陷入混乱。结果，敌人不是自动崩溃，就是在战斗中被轻易击溃。为了使敌人自动崩溃，也许还要采取一定的战斗行动，但从本质上来说，这与进行会战已经是两回事了。”值得注意的是，虽然富勒和李德·哈特经常被外界看作学术界的孪生兄弟，但在这一点上，两人的观点并不一致。毫无疑问，富勒也寻求从心理上扰乱敌人，但他并不反对为实现预定目标而采取直接路线。间接路线“只是一种不得已的下策”，“武器的威力”会决定应该采用哪种路线。因此在这个问题上，李德·哈特是教条的，而富勒则比较务实。前者一心避免打仗，而后者认为，打仗也不失为一种获胜的方式。[8]

从物质层面上看，想要避免战争就得通过出其不意地“变换前沿阵地”来打乱敌人的部署。这一点可以通过分割敌军兵力、威胁和破坏其后勤补给、威胁斩断敌人退路等手段来实现，也可以综合若干上述手段同时使用。从心理层面上看，要想扰乱敌人的意志，就得令其指挥官察觉到上述物质手段，制造出一种让其感觉“自己已经落入陷阱”的效果。对敌人发动直接进攻不会导致其心理失衡，充其量也就是给敌人施加压力而已。即便直接行动取得成功，敌人开始撤退，那也是在靠近“预备队、补给基地和增援部队”。因此，间接行动的目的是找到“抵抗力最弱的路线”，转换到心理层面来说就是“敌人期待性最小的路线”。同样重要的是，战争计划得具备多个选项。有了替代方案就能让敌人始终捉摸不透，将其置于“左右为难的境地”，即便敌人对你选择的作战方案有所防备，你也可以随时做出灵活调整。“计划就像果树一样，要想结出果实，就必须有枝丫。计划如果只有一个目标，那它就像一根不能结果的光杆木头。”[9]

李德·哈特自称，其理论是在仔细研究了整个军事历史之 138
后发展起来的。但遗憾的是，他的历史研究方法是建立在直觉与折中主义的基础上，并非他所相信的那样是“科学的”。在他笔下，军事胜利总是含有微妙、惊喜或者创新的成分，间接路线是“深谋远虑的、善于机变的、具有心理影响力的，有时候甚至是‘不知不觉的’”。正如布莱恩·邦德注意到的，李德·哈特几乎陷入了一个循环论证：根据他的定义，“决定性胜利”是借助“间接路线”实现的。[10]至于孙子，李德·哈特的兴趣点在于他推崇智慧而非暴力。不过，和孙子一样，李德·哈特也提到了几个问题：在战争双方都采取间接路线的情况下事情该如何解决，如实际协调问题、机会和摩擦的影响等。虽然李德·哈特后来成为著名的战略倡导者，但他推崇的战役往往是持续的消耗战，目的是把敌人拖疲拖垮。

理想的间接战略是制造出这样一种情形：敌人还未参战就被迫认识到，战败已经不可避免。这种战略所依赖的是，通过聪明的军力调动来营造出一种敌我关系，这种关系一旦明朗，会促使敌人产生更加强烈的和解意愿。这种逻辑便是威慑。如果预知了可能的战斗结果，那么最明智的忠告是放弃原先的挑衅计划，或者走另一个极端，干脆采取出其不意的、先发制人的手段。然而，李德·哈特所论述的情况缺乏这样的清晰界限，无论采用间接路线还是直接路线，都无法预测或掌控战况。如果不开战，地面战争的角色必然受限，海空力量取而代之成为主力。海上封锁或者空中轰炸可以削弱敌方士气，破坏武装部队的后勤系统，甚至损伤维系敌国的经济和社会基础。因此，毫无疑问，李德·哈特一生推崇的是两种类型的战争，尽管他对海上封锁和空袭的态度几度起起落落。其中的难点是，只要敌人的领土没有被彻底占领，他们就能够一直抵抗下去。

虽然李德·哈特曾经警告，普通人遭受空袭后会“产生掠夺的疯狂冲动”，他还半真半假地钻研过大众心理学，但他的空中战略主张并没有持续多久。[11]当后来提到在陆地上采用间接路线时，他的分析——遵循了富勒的观点——主要集中在机械化打击方面。在此他又提到（在第二次世界大战打响前夕）组织严密的防守可能比发动进攻更有效。他希望以此降
139 低潜在侵略者的进攻意愿，及其打破力量平衡的能力。虽然李德·哈特对间接路线满怀热情，但它经常在付诸实践时遇到各种实实在在的制约，特别是当对手在原始力量和战术智慧方面具有相当实力的时候（更不用说敌人的实力占据优势了）。间接路线代表了一种战略理念，却只能在非常特殊的条件下才有可能实现。社会与军队都有很强的适应能力。要想坚决对敌方施以持续的压力，就得依靠高效的陆海空军事优势。而要做到这一点，就可能需要与敌军进行直接的、果断的交锋。因此李德·哈特最终总结道，战争的作用微乎其微。

丘吉尔的战略

> 将盟友拖入战场的策略，其作用堪比打赢一场大仗。若能用安抚或威慑手段使某个危险国家保持中立，其价值高于抢占一个战略要点。
>
> ——温斯顿·丘吉尔《世界危机》

在以后的章节中，我们会谈到闪电战背后的事实真相。纳粹国防军精通装甲战争理论，这无疑使德国在二战初期赢得了一些重大胜利，进而获取了对欧洲的实际控制。但德国人的优势并不彻底，最终一败涂地。导致其失败的不仅是军事威力，还有联盟的逻辑。德国人在战场上一贯强势，后来却无法应付美国、苏联和英国的三方合力。而在 1940 年春天，这种三强合一的局面尚未显现，当时投入战争的只是“三巨头”之一，而且其处境还非常不妙。1940 年 5 月 10 日，德军发起进攻，在 10 天之内一路攻破比利时、荷兰，打到法国西海岸。法国很快沦陷，英国陷于孤立。然而，即便当时英国的局势看上去令人绝望，英国人也仍在继续战斗，不愿意依靠与希特勒媾和而成为一个实力大打折扣的所谓的独立国家。

理查德·贝兹（Richard Betts）曾引用这段历史来质疑战略的作用。英国政府把战斗进行到底的决心是二十世纪最具划时代意义的决定之一，然而在当时的情况下，这种做法谈不上
有什么战略意义。[12]除非丘吉尔已经非常有把握地预知，德国 140
人无法越过英吉利海峡，会在英国打败仗，并最终输掉大西洋上的战斗。最重要的是，丘吉尔必须在当时就能够预料到，英

国将会在 1941 年年底与苏联和美国并肩作战。

然而，如此从战略的角度来看待当时英国政府的决定是错误的。相比之下，伊恩·科修（Ian Kershaw）对二战中各个强国的决策分析更为恰当。他不是从实现目标的角度，而是从如何明确各种可操作的选项和哪些深层考虑会影响决策的角度，来提出战略问题。他考虑问题的出发点是政治领导人们当时的处境，而非他们想要达到的目的。[13]

就在德国人一路开进法国，英国的亲密盟友摇摆不定的时候，温斯顿·丘吉尔当上了英国首相。他上任第一天，时间便被法国事务占满了：法国会不会继续战斗下去？如果法国无力继续战斗该怎么办？当时，丘吉尔作为战争领导者的威望尚未建立起来：人们因为他之前在职业生涯中的种种判断失误而对他充满怀疑。此时，丘吉尔首先要解决的是与外交大臣哈利法克斯伯爵之间的分歧。后者认为，如果能够和希特勒达成妥协，继而保全英国的独立和完整，那么遭受战争痛苦便是不必要的、毫无意义的。当时还有一个选择是，让尚未参战的意大利充当调停者。但丘吉尔说服了当时的同僚们，让他们明白这一招并不可取。

当时摆在英国人面前的并不是选择一条获胜的途径，而是如何尽可能地避免战败，避免和德国人签订羞辱性条款。问题的重点并不在于英国人坚决拒绝谈判，而是在当时糟糕的情况下，英国究竟能从谈判中得到什么好处。丘吉尔拒绝谈判不是出于好斗的本性，而是因为主和派的观点根本没有说服力。在当时的情况下，和希特勒谈判得依靠贝尼托·墨索里尼，而后者的立场是亲德国的，并且对希特勒缺乏影响力，因此此人作为调停者的可能性日渐减小。而且英国人发现，酝酿中的和平条约看上去令人无法接受。为了表现理智，丘吉尔在一次关于征税的内阁讨论中公开承认，自己也曾考虑过让步，以英国的影响力或者几块闲置的殖民地来“摆脱混乱不堪的状态”。但是，这些和谈条件直捣国家宪法独立的要害，事关建立另一种形式的政府以及被迫裁军，因此它们是不可能被接受的。[14]现成的媾和条款可能看上去比将来的军事惨败稍好些，但事情显然并非如此简单。形势很有可能每况愈下，英国可能面临亡 141
国。可是，事情也可能不会如此。如果德国人认为他们的对手战斗力尚存，对英国来说也许做笔交易会更好。可是寻求和解的做法不但会被别的国家看作示弱的表现，还会打击国内的士气。而在当时，英国并没有被打垮，其武装力量仍然自信能够组织起来奋力抵御德国侵略。上述讨论发生在敦刻尔克“奇迹”之前。人们最初的乐观期望是，成千上万的人能够从沦陷的法国撤退到英国。当百万大军冒着无休止的空袭从敦刻尔克海滩上撤退，而且有1/3的人获救时，事实早已证明抵抗的决定是正确而合理的。

当时，丘吉尔并不知道战事会如何发展下去。据埃利奥特·科恩（Eliot Cohen）所述，丘吉尔并不认为战略是胜利的蓝图。他深知战争进程无法预测，也许要等到最后一刻人们才会摸索到通向胜利之门。他不相信那些教人打胜仗的“老生常谈的算计”。对他而言，战略在很大程度上是一门近乎绘画的艺术，而不是科学。“他肯定具备一种无所不包的宏观见解，这种见解能够为他展现出事物的开始和终结、整体和局部，就像瞬间的印象能被一下子记在脑海里并久久挥之不去。”靠着之前始终在思考的一些关键主题和对形势发展的有效把握，他早就有了一个随机应变的计划框架。科恩指出，这不是一台意在“精心设计减小误差”的机器，更不是“一堆杂乱无章、投机取巧的决定”。[15]

虽然丘吉尔对待纯军事事务的方法有点鲁莽，但他天生精通联合作战。联盟一向是英国人的战略核心。无论在人力还是物资方面，英国都为战争做出了巨大贡献，因此它的特殊需要也理应得到满足。一旦欧洲战事发展到一个微妙的阶段，美国完全有能力毫不含糊地扭转局势。因此，丘吉尔刚一上任便意识到，要想得到令人满意的结局，唯一的出路是“把美国拉进来”，此后这一直是他的战略中心。他的前任张伯伦从来没有想过要去和富兰克林·罗斯福总统建立任何密切联系。虽然从当时的情况来看，英国的处境看上去相当危险，而美国民意则坚持反战，华盛顿方面几乎帮不上什么忙，但丘吉尔还是从一开始就和罗斯福建立了频繁的信件往来。他在第一封信中就英国陷入绝境或遭遇战败对美国安全的不利影响发出了警告。
142 如果英国人坚持下去，美国民意或许会发生转变。丘吉尔甚至相信，如果美国遭遇侵略，美国人的态度就会改变。[16]

与此同时，摆在希特勒面前的选项则显得顺心、容易得多。德军节节胜利帮他确立了军事天才的美名，赢得了至高无上的权力。然而他也意识到，击败法国之后再去侵略英国并不是一件轻而易举的事情。一场跨越海峡的侵袭既复杂又危险。要避免和英国打仗，还有其他的办法可以选择。第一个办法是将英国排挤出地中海，进而蚕食它的地位和影响力，干扰其获取石油资源。不管这一招能否达到目的，可以肯定的是，希特勒十分警惕他的几个地区伙伴——墨索里尼的意大利、佛朗哥的西班牙和维希法国。它们各执己见，没有一个是靠得住的。比如，墨索里尼利用德国的胜利，把一个不情愿的国家拖入了战争。接着，他为了显示自己在希特勒面前的独立性，鲁莽地入侵了希腊。墨索里尼的这一招不仅削弱了自己的力量，也惹怒了希特勒。德国被迫开进希腊、北非去拯救意大利，此举分散了希特勒的一大部分精力和物资，影响了其主要目标——进攻苏联。

希特勒认为德国和苏联必有一战，并且将之视为自己雄心抱负的顶点。他认为此举能够让德国实现对欧洲大陆的掌控，一劳永逸地对付犹太人和共产主义这对双胞胎（在希特勒眼里，二者紧密相连）。如果他无论如何都打算和俄国人交手，那么最佳时机莫过于三十年代斯大林刚刚在军队和党内搞过“大清洗”，苏联尚未恢复元气的时候。[17]迅速拿下苏联不但能够实现希特勒的重要目标，还能让英国陷于完全孤立。希特勒对战争走向也有一套自己的看法。他推断，英国之所以顽抗到底，是因为在期望俄国人参战。当然，如果对苏战争不能速战速决，希特勒就会面临两线作战的可怕前景——这是优秀战略家千方百计避免的情形——以及国内资源越来越紧张的局面。他必须征服苏联，获得食品和石油补给以维持战争。他推断，只要打败苏联，英国人就会认识到一切都完了，只能寻求讲和条件。如果希特勒当时承认苏联不可能被打垮，那么他唯一的出路就是努力和英国达成有限和平，但这么做显然与他之前的军事成就不匹配，也与他尚未实现的政治野心不相称。

希特勒想要速战速决的另一个原因是，美国最终很可能参战，但他认为美国人动作再迅速也不会早于 1942 年介入。迅
速赶走俄国人可以限制敌人结成一个大联盟来对付自己。在这 143
方面，斯大林确实帮了希特勒大忙。许多人提醒斯大林要提防希特勒的计划，但苏联领导人根本听不进去。斯大林认为，希

特勒会始终按照苏联人写好的脚本行事，为迫在眉睫的战事提供线索。他根本没把丘吉尔的警告放在眼里，认为那只是出于私利的宣传而已，其目的是挑起欧洲两大巨头之间的战争以缓解英国的压力。和 1812 年沙皇亚历山大一世的做法不同，斯大林将军队部署在边境上，这么做加剧了问题的严重性，为德军勾画作战路线和在交战前切断苏军防守提供了便利。苏联军队遭到了毁灭性打击，最后勉强死里逃生。然而俄罗斯著名的严冬，再加上德国人在何时何地发起进攻问题上的判断错误，让斯大林在遭到首轮打击之后得以恢复元气。一旦逃过了最初的失败，苏联的工业力量便扎实稳步地慢慢恢复起来，况且俄罗斯广袤的领土对于侵略者来说也确实有点难以应付。德国指挥官们有着艺术家一般的表现能力，他们千方百计地避免战败，却无法克服先天不足的大战略所带来的强大局限。

德国打向苏联的第一拳靠的是出其不意（就像日本对美国一样），但它没有将苏联打垮。最初的战场优势并不是长期胜利的保证。1940 年德国的意外获胜及其从秋天开始对英国各个城市的狂轰滥炸，这些都与富勒、李德·哈特和众多空军理论家的推断相差无几，但这些行动并不能起到决定性作用。它们将战争从一个阶段推向了另一个阶段，接下来的战事将会更加残酷且旷日持久。之后，双方展开了大规模、高消耗的坦克战，其程度在 1943 年的库尔斯克会战中达到了高峰。民众没有在空袭中崩溃，而是持续忍耐着巨大的灾难，直到日本的广岛和长崎遭到原子弹轰炸——战争以一种令人震惊的方式结束了。二十世纪七八十年代我们在讨论美国军事思想的时候发现，美国人对德国人的战争艺术评价很高，但结合当时的情况，它们虽然高明，却不足以赢得战争。

提到胜利，其中最关键的是同盟，同盟如何形成，如何团
结在一起，如何瓦解。同盟使战斗有了意义。轴心国是个弱势
联盟，因为意大利军队的表现乏善可陈，西班牙秉持骑墙的态
度，日本则一心忙于打自己的仗，千方百计避免和苏联起冲
突。法国沦陷导致英国失去了一个盟友，落入了最危急的境
地，直到德国对苏联发起进攻时，英国的局势才有所缓解。丘
吉尔将希望寄托在美国身上，可当时美国虽然同情并支持英国
的事业，却没有打仗的意愿。直到 18 个月后，美国才加入战 144
争。美国一介入冲突，丘吉尔便兴奋不已。“我们肯定赢了！……
没人知道战争会拖多久，会以什么方式结束，现在我也不关心
这些……我们不该被干掉。我们的历史不会终结。”[18]

十二　核竞争

145　我们就像一个瓶子里的两只蝎子，彼此可将对方置于死地，但自身也性命难保。

——J. 罗伯特·奥本海默

战争通常以一个和平又正义的新纪元的到来作为结束，第二次世界大战也不例外。但遗憾的是，随着美苏关系日益紧张，以及双方阵营在意识形态上的对立，战后局势几乎没有乐观的余地。在解放后德国占领区的命运问题上，暗涌的敌对情绪弥漫在英美占领区和苏联占领区之间，第三次世界大战似乎一触即发。1947 年沃尔特·李普曼（Walter Lippmann）以《冷战》为名写了一本书，“冷战”一词从此广为流传。[1] 李普曼的这种说法可以追溯到三十年代，人们曾经用“la guerre froide”① 来描绘希特勒针对法国的心理战。[2] 因此，冷战即两个国家相互权衡估量，就像拳击台上的两个选手在出拳之前绕着圈子。人们在使用这个词的时候不怀丝毫的乐观，他们都怕几十年的对峙格局一朝崩盘成为热战。[3]

其实，1945 年 10 月英国作家乔治·奥威尔（George Orwell）在李普曼之前就用过“冷战”这个词。他试图以此评

① 法语，意为“冷战”。

估原子弹对国际事务的影响。他所描绘的前景是“两三个超 146
级大国正在瓜分世界，它们各自拥有一种足以在数秒内毁灭上百万人的武器”。然而奥威尔发现，虽然存在发生一场毁灭性战争的可能性，但由于这些国家之间“有一个心照不宣的互不攻击约定”，战争还是可以避免的。它们只会对那些没能力进行报复的国家威胁使用这种武器。因此，这种新形式的最高级武力不仅会在几个超级大国之间形成不稳定平衡，还会催生控制弱势国家的新的有效手段。它也许能够阻止大规模战争，但会在“可怕的稳定……奴隶帝国”之间制造“一种不是和平的和平”。[4] 考虑到近来一些国家准备用大规模杀伤性武器来对付被降服的民族，因此当时那种认为原子弹会使被压迫者失去“反抗的力量”的想法或许还不是太牵强附会。

曾经专门研究海洋战略的历史学家伯纳德·布罗迪（Bernard Brodie）首次正式提出了这些新武器的战略目的问题。布罗迪刚一听说核弹，便对妻子说：“我写的所有东西现在都过时了。”[5] 当时的战略理论形式已经无法充分解释这种现象。他评论道：“原子弹确实存在，它的杀伤力无比强大，这两个事实让关于原子弹的一切都蒙上了阴影。之前，我们的主要军事目的是赢得战争，以后必然是防止战争。除此之外，军队几乎别无用处。”[6] 由此可见，布罗迪从一开始就已经认识到这种“终极武器”所具有的劝诫属性。对于这样一种既可毁灭对方，也可能令自己性命难保的武器，任何政治团体在使用它之前都会非常谨慎。

新战略学家

布罗迪在自己的职业生涯明确了一个问题，非军事专家也有可能在战略领域中独占鳌头。他对军事思想一直评价不高——他对此毫不掩饰——并且十分痛惜战争研究竟然大大落后于对人类其他活动领域的探究。“士兵们的目标显然不是为了出书，”1949 年他在一篇文章中写道，“但是一定有人认为，没有任何真正的思想火花能够完全躲过文献记录。”他认为军事训练妨碍了思考，是反知识的，它对实践事务和发号施令予以过多关注。从当时对战略的讨论程度来看，它们仍在沿着约米尼开创的路线前进，依据的是想象中一成不变的战争原则。
147 它们顶多是“用常识发出的命令”。

由于军事问题不仅日益复杂，而且还有可能酿成巨大灾难，布罗迪提出必须以严肃的态度来看待战略。他以经济为例来说明如何进行这方面的实践。经济学家寻求利用整个国家的资源实现财富最大化，而战略家考虑的是用同样的资源实现国家在战争中的效率最大化。鉴于所有军事问题都与经济手段脱不了干系，那么“古典经济学理论中的大部分内容都可直接用于军事战略中的问题”。尤其是“像经济学这样的学科”，开辟出一种“真正的科学方法”。[7] 解决战略问题依靠的是智慧与分析，而非性格与直觉。这种理念与当时的趋势是一致的，即主张把所有人类决断交付给理性判断与科学应用。在核时代，任何误判都可能带来灾难性结果，这促使人们更加重视战略问题。

科学方法可以用来解读大量互相之间毫不相关的数据，这一点已经在二战时的英国得到了证明。英国人以此来确定如何运用防空雷达，科学方法首次为人所知。虽然没有经济学家介入其中，但作为英国著名作战计划中的关键性内容之一，科学方法论更接近古典经济学而非物理学。[8] 战争期间，运筹学——一个刚刚为人所知的新领域——在实际运用中取得了进步，其作用包括计算面临潜艇攻击时最安全的护航阵容，或者遴选空袭目标。[9] 数学家和物理学家的影响力在美国则更大一些，尤其是那些参与曼哈顿计划制造第一颗原子弹的人。

二战后，兰德公司将这些方法集中运用于实践，尤其是军事领域，该机构因此成为典型的“智库”。为发展运筹学研究，美国空军拨款建立了兰德公司。很快，它就发展成为一个用先进的分析技术方法解决国防和其他公共政策领域问题的独立非营利机构。一开始，兰德公司招募了一批自然科学家和工程师来处理硬件设施的问题。沙伦·加马里-塔布里兹（Sharon Ghamari-Tabrizi）称当时的兰德公司是时髦的冷战先锋派，自觉做着探索和实验，“全然不把传统形式的军事经验放在眼里”。[10]不久，兰德公司开始招募经济学家和其他社会科学领域的学者。随着计算机科学技术的稳步发展，运用数学方法来解决复杂问题变得更具可行性。此时，经济学的发展已经 148
超越了数学。定量分析在实力和可信度方面不断增强。兰德公司转换了军事领域以及所有社会科学领域的既有思维方式，其重要性不言而喻。这一点在该机构成立初期尤为明显。它凭借手里的资源和工具，其中包括当时最先进的计算机，怀着满腔的使命感和信心练就了一身的革新能力。

兰德公司探索的新世界既是模拟的，也是现实的。菲利普·米罗斯基（Philip Mirowski）① 称其为“赛博格科学”（Cyborg sciences）。它反映了一种新型的人与机器之间的互动。在这种模式下，二者越来越相似，它们打破了自然界与社会、“现实”与虚拟之间的界限。例如，曼哈顿计划采用蒙特卡罗模

① 美国圣母大学研究经济思想史的历史学家和哲学家。

拟法处理不确定数据，从模糊不清中识别道路，从混乱中找到秩序，开启了一系列可能的实验来探索复杂系统的逻辑。[11]兰德公司的专家们用这些新方法替代了传统的思维方式，而不是将它作为后者的补充。人们开始探索动态系统的特点，其各组成部分之间不断互动变化，简单的因果关系形式显然已经落后了。这些系统模型或多或少具有一定的秩序和稳定性，早在战争的意义发生变化之前就已经开始流行起来。它们不仅建立在对一小部分可感知现实的直接观察结果上，也建立在对接近于更大的不可感知现实的相关事物的探索上。有了这些正式而抽象的模型后，即便在那些无须密集型计算的领域——包括自然科学和社会科学——人们也感觉越来越得心应手。这些方法能对各种单凭人类大脑无法应付的系统和关系进行分析。

早期的运筹学教科书中曾提到，从事此类工作需要对新事物有一种“客观的好奇心”，拒绝“一切没有根据的说法”，渴望在“某些定量的基础上做出决断，哪怕所谓的基础只是个粗略估计而已”。虽然这种方法一开始聚焦的是国防问题，但其深远影响却遍及方方面面。因为在军事领域，尤其是核领域，人们所做出的决定实用且重要，即便只是概念上的创新，其相关研究和分析也必须始终以证据为基础。

人类面临的核战争既没有先例也无法试验，其恶性程度挑
149 战了人类想象，唯一可能的应对方法就是模拟核战争。在一些非常独特的领域（“将军，您打过多少场核战争?”），经验的价值远不如一个敏锐而老道的智者。1961 年眼光挑剔而敏锐的澳大利亚年轻人赫德利·布尔（Hedley Bull）提出，战略思想的状态究竟在多大程度上是所谓“战略人”（Strategic man）的“理性行为”。布尔认为，“跟这样的人相处久了就会发现，

原来他是个具有非凡知识敏感度的大学教授”。[12]他分析认为，导致战略人地位上升的原因是核武器。从此以后，战略不再仅仅作为政策工具只关注如何打仗，还涉及如何动用战争威胁。人们在研究真正暴力的同时，还得探讨如何运用威慑以及如何操控风险。正因如此，战略思维不再是军队的独有领地。布尔注意到，非军事专家凭借着各种出版物征服了军方，成为探讨威慑问题和军备控制的台前人物。由此，约翰·F. 肯尼迪当上了总统，文人战略家“进入了权力要塞，在重大政策问题上胜过了军事顾问”。然而无论是军方还是民间，任何人都没有指挥过核战争，因此这些战略思维不可避免地具有“既抽象又理论”的特点，更加符合民间。文人战略家们在其中展现了“成熟老练和高超的学术素养”。[13]

运用这些新研究方法的主要人物大部分出自兰德公司。他们在五角大楼听命于国防部长罗伯特·麦克纳马拉（Robert McNamara）。后者早在福特公司任职的时候，就已经倡导使用定量分析方法。面对大量质疑，他要求海陆空三军证明其预算和项目的合理性。替他操办这些事务的分析师都很年轻，聚集在一个名叫系统分析办公室的地方。他们聪明、狂放、自信，对那些企图阻挡他们飞黄腾达的军官们充满不屑。麦克纳马拉在五角大楼的得力助手查尔斯·希契（Charles Hitch）曾就职于兰德公司，他和同事在 1960 年提出：“我们认为，在某个方面，所有的军事问题都可以被看作在有效分配和使用资源的过程中产生的经济问题。”[14]麦克纳马拉很看重数据，认为定量分析是评估备选方案成本与收益的最佳途径。他不顾海陆空三军的偏好，取消了受人青睐的项目，挑战了人们珍视的信仰。

众所周知，麦克纳马拉的方法并不适用于打仗，尤其是用来

对付像越南战争那样具有政治复杂性的问题。麦克纳马拉在越南遭遇惨败，从此名声一蹶不振。然而，在其执掌五角大楼的前半
150 段时期，麦克纳马拉一直被认为是肯尼迪和林登·约翰逊两任总统内阁中最天才、最实干的成员。军队在他面前会表现得不知所措，即便在讨论操作性问题时都会显出一副很外行的样子。人们叫他“长着腿的 IBM”，因为他办事果断，说话掷地有声，精通证据和分析技术，是理性战略人的缩影。[15]关于他的种种神话以及他所面临的种种敌视，夸大了他的方法所产生的作用。军方并没有主导艾森豪威尔的预算过程，非军方势力也不像外界所说的那样控制着肯尼迪政府的预算。然而，军队高级将领对那些缺乏战斗经验的文职人员插手军务是相当忧虑的。这些文职人员在兰德公司养成了傲慢的脾气，自信在他们的军方老板面前占有智力优势，因而埋下了被人怨恨的种子。一旦军方的各项计划和预算落入险境，他们就会招致更大的怨气。麦克纳马拉身边的两名工作人员曾在一本书中不无愉悦地引用过一名前空军将领的言辞激烈的演说。那位怀特将军抱怨这些“叼着烟卷，一脸聪明”，“自信过头，有时候甚至是傲慢的年轻教授们、数学家们和其他各种理论家们”，怀疑他们“在面对我们所面临的那类敌人时，是否还有足够的世故和勇气站出来”。[16]

当布尔为新战略学家所遭受的指责，譬如缺乏批判力、是非不分、伪科学等进行辩护的时候，他也注意到了这些人身上的自负。其中很多人坚持的观点是，先前的“各种军事事务根本没有经过科学研究，只是被二流人物漫不经心地关注了一下而已”。他还发现，这些文人专家的志向是通过“以新方法取代老方法”，把战略变成一门科学。有些人设想，只要这些新的研究方法能够进一步和经济学接轨，就有助于“使我们

的选择更加合理化，加强对环境的控制能力”。布罗迪对这种夸张的野心持怀疑态度。虽然怀特的评价只是心胸狭隘者的陈词滥调，且军方对外界抱有偏见，但布罗迪也发现新分析家及其各种方法的确让人喜忧参半。他们虽然改进了五角大楼在采购新武器等事务上的决策，但是将经济学运用到战略领域的成果毕竟有限。经济学家一般对妨碍他们各种理论的政治决策较为不敏感，且容忍度较低。相比他们在外交、军事历史和当代政治方面的弱势，更让人忧心的是，他们意识不到“这个缺陷对战略洞察力有多么致命”。经济学家们采用的理论架构精致前沿，导致其他社会科学显得“方法简单粗糙，毫无学术价值”，因而饱受蔑视。[17]

博弈论 151

博弈论被认为是新战略的标志性方法论。从本书第十三章所述的内容可以看出，它对核战略的影响并不显著。然而，博弈论代表了一种思考抽象的、形式化的战略问题的方法，对社会科学产生了深远影响。它是战争期间两位在普林斯顿大学工作的欧洲移民合作的结晶。其中的约翰·冯·诺依曼（John von Neumann）来自匈牙利，自小拥有惊人的记忆力和计算能力，被认为是个数学天才。二十世纪二十年代，他通过研究扑克牌形成了博弈论的基本原理。此时，他在普林斯顿结识了来自维也纳的经济学家奥斯卡·摩根斯特恩（Oskar Morgenstern）。后者意识到博弈论的深远影响力，于是帮助诺依曼建立了一个结构框架。两人于 1944 年出版了《博弈论与经济行为》一书。

为什么博弈论的灵感来自扑克牌而不是国际象棋呢？后者

一直被认为是战略家的游戏。对此，博学家雅各布·布朗劳斯基（Jacob Bronowski）记录了冯·诺依曼的回答：

> “不，不，”他说，“国际象棋不是博弈，而是一种定义明确的计算。你也许无法得出所有答案，但是理论中必须有解决方案，处在任何位置都有一个正确的程序。而真正的博弈与此大相径庭。真实的生活并非如此，其中有虚张声势、欺骗的小手段，还得经常思考对手如何忖度自己。这才是我理论中的博弈。”[18]

在国际象棋中，除了对手头脑中的想法之外，对弈双方面对的是同样的战局和充分的信息。而在扑克中，机会是因素之一，但扑克也不是一种纯靠运气的游戏。玩家还是可以运用各种可能性，来估算对手接下来大概会出什么牌。其间总是存在某种不确定性，同样的出牌会根据对手出招的强弱而以不同方式表现出来。扑克的两方玩家完全有可能在思想上超越竞争对手。因此，博弈论是本质上不确定的形势中的智能战略。

冯·诺依曼仔细观察了扑克游戏中玩家是如何利用不确定性来提高出牌质量的。虚张声势是出牌时一种重要且无法判定的有效招数。他将理性扑克玩家战胜对手、取得最优结果的方法称为“极小极大”（minimax）策略，即最差结果中的最上策。他在1928年对这种策略进行了论证，使博弈论具备了数学可信度，将它从“教人如何玩”变成了“应该怎么玩”。博
152 弈论展示了如何在不合理状况下理性行事，为什么欺骗手段可以合乎逻辑地攻守兼顾，为什么偶尔的随心一招会加剧不确定性，让对手摸不到门路。[19]

冯·诺依曼和摩根斯特恩的作品被誉为“二十世纪最有影响力但读者最少的一本书”。这部 641 页文字密密麻麻的数学巨著在出版发行的最初 5 年中只勉强卖出了 4000 本。[20]在得到广泛且褒贬不一的评论后，热心博弈论的人开始传播这个新概念，但经济学专业人士却没有表现出任何兴趣。博弈论最初立足于运筹学界，在战后早期的一次调查中被描述为数学的一个特别分支。当时冯·诺依曼在这个领域已经颇具影响力。1959 年冯·诺依曼罹患癌症逝世，之前他一直是政府的首席科学顾问。他鼓励运用线性规划等研究方法，扩大了计算机的使用领域，提升了科学投入的质量。他认为兰德公司是一个展示新技术的机构。[21]

冯·诺依曼和摩根斯特恩还发现了一名博弈论的推广者。不可思议的是，一般博弈论历史中居然漏掉了约翰·麦克唐纳（John McDonald）的《扑克、商业与战争的策略》（*Strategy in Poker, Business and War*）这本书。1949 年，麦克唐纳在为《财富》杂志撰写一篇有关扑克的文章时，结识了冯·诺依曼和摩根斯特恩。接着，麦克唐纳又为杂志写了一篇有关博弈论的文章，之后把这两篇文章收进了书中。麦克唐纳的书之所以被人忽略，原因可能是他没有进一步推动博弈论的发展，而是将其推向了大众化。但是麦克唐纳曾经和学术界进行过广泛交流，明确记述了学者们对未来可能取得的研究成果的看法。麦克唐纳承认，数学证明对任何一个外行的领导者来说都是个挑战，但他同时也保证，博弈论的基本概念很容易掌握。博弈论不仅为军事战略，而且为通常意义上的战略提供了深刻见解。只要当事方关系中涉及冲突、信息不完整，以及有欺骗动机，就和博弈论有关。由于这个理论“既正式又中立，而且非意识形态化”，因此它“对所有人都有益处”。它可能在价值伦理评定方面发挥不了什么作用，却“可以告诉人们能得到些什么，以及怎么得到它”。

博弈论促进了战略思维转换，就此而言，其关键性见解在于，采取何种战略性行动依据的是对他人未来行为的预期，而他人又是无法掌控的。战略游戏中的玩家不会相互配合，但他们之间又是一种相互依存的关系。在这样的约束条件下，理性战略不会试图获得最大化收益，而是会转而寻求一个最理想结果。麦克唐纳发现，极小极大是“当今学术圈里人们争议最
153 多的新鲜事物”。当他进一步思考博弈论的应用，关注联合的重要性时，发现其中蕴藏着多种可能性。“战争是个机会，”他总结道，“其现代哲学必然是极小极大战略。”但与此同时，麦克唐纳也将博弈论描述成一种“不具有魔法的想象力”。它涉及“一种含有不寻常转折的逻辑行为，追究下去就是数学计算”。[22]

博弈论问世之初，兰德公司曾满怀热情地予以支持和鼓励，并推测且确信它很有可能成为战略的科学基础。过去人们努力为战略相关事物寻找一个适当的科学基础，但由于没有分析工具，所以这项工作一直举步维艰。军事战略家缺乏数学知识，而数学又缺乏概念和强大的计算能力。现在既然上述条件都具备了，实现突破当然也就指日可待了。博弈论令人无比兴奋，因为它直接解决了决策者过多所造成的问题，并且为此提供了数学解答。博弈论很快就有了自身的理论文献和研讨会。

1954 年，社会学家杰西·伯纳德（Jessie Bernard）率先开始思考博弈论对社会科学领域的广泛意义。她对博弈论固有

的非道德性感到忧虑，认为它是“一种现代化的、改进版的马基雅维利主义”。她认为博弈论暗示了一种“人性的低级概念”，其预期“不慷慨、不高尚、不理想化。它怂恿人们虚张声势、伪装欺诈、隐瞒消息、发挥最大优势，充分利用敌人的弱点”。虽然伯纳德承认博弈论研究的是理性决策，但她还是误解了博弈论，把它当作了一种数学测试手段，而不是一种生成战略的方式。她的误解并非完全不合理，她认为提出战略需要具备若干各不相同的品质——“想象力、洞察力、直觉力、换位思考能力、通晓人类动机包括邪恶的源头，这些都是构想政策或战略的必要素质。”[23]因此，“社会科学家眼中最艰难的工作，可能已经完全被博弈论接管了”。依据伯纳德对博弈论的理解，虽然她对理论局限性的认识具有时代超前性，但她没有抓住问题的关键。博弈论崇尚的理性是建立在参与者的喜好和价值观基础之上的。

囚徒困境

对局会产生各种结果，人们从中得到的收益即其各自价值所在。人的目标是实现价值的最大化。参与者明白，从这方面
来说，所有玩家的目标都是一样的。在扑克游戏中，既定的游 154
戏规则决定了玩家可选择的出牌方式。但在更广泛的应用领域中，左右人们抉择的可能不仅仅是双方认可并接受的规则，还包括人们各自的处境。博弈论设定出与真实生活非常相似的情况，让玩家做极具难度的选择，这一理论本身因而得到了进一步发展。博弈论要发展，就必须超越冯·诺依曼和摩根斯特恩的两方博弈与“零和收益”分析局限，在这种框架下一方的收益必然意味着另一方的损失。一般数学方法已经解决了相对

简单的问题，接下来要面对的是更复杂的事例，比如生成联盟问题。但对博弈论而言，这一进程显然颇具难度，尤其是每到一个新阶段都需要进行数学证明。

人们终于在研究非零和博弈的过程中找到了突破，在这种情况下玩家既可能共赢也可能皆输，一切取决于对局是如何展开的。事实上，囚徒困境问世要归功于兰德公司的两名分析师梅里尔·弗勒德（Merrill Flood）和梅尔文·德雷希尔（Melvin Dresher）。而博弈论最著名的阐述方式则是由艾伯特·塔克（Albert Tucker）于1950年在斯坦福大学的心理学讲座上提出的。在囚徒困境中，两名相互之间无法沟通的囚徒分别面临审问，他们的命运一方面取决于自己是否认罪，另一方面则取决于两个人的回答是否一致。如果两人都保持沉默，会因罪行较轻分别服刑一年。如果两人都认罪，会得到一个轻于最重判罚的结果（均服刑5年）。如果其中一人认罪，另一人保持沉默，那么认罪者会从轻处罚（服刑3个月），而沉默者会得到最高刑期（10年）的判罚。这两名囚徒被分别关押在两个单独的牢房里，考虑如何应对审问。

值得注意的是，这个矩阵本身就是一种展示战略性结果的革命性方式，并成为之后正规分析的固定框架。矩阵体现了对 155
囚徒困境的预期（参见表12－1）。AB两个人都得认罪。A无法和B共谋，他知道如果自己保持沉默，就可能面临坐牢10年的风险；如果自己认罪，风险是坐牢5年。此外，假设B决定采取一种让双方利益最大化的策略而保持沉默，那么A还有可能在这种情况下通过认罪，即背叛B，进一步改善自己的境遇。而博弈论假设的情况是，B的推理过程和A是完全一致的。这就是极小极大策略，在所有最坏结果中确保一个最好的。这种博弈最主要的特征是，两个玩家被迫陷入冲突。如果他们相互之间能够沟通合作，那么两人就能取得互信并采取一致策略，不至于落入更加糟糕的境地。囚徒困境成为一种检验参与者相互协作或者相互搅局（即通常所说的“合作”与“背叛”）的强大工具。

表 12－1

		B	
		1. 保持沉默	2. 认罪
A	1. 保持沉默	－1 A1b1 －1	－0.25 a1b2 －10
	2. 认罪	－10 a2b1 －0.25	－5 a2b2 －5

注：单元格中角上的数字代表预计刑期。

二十世纪六十年代初，博弈论得到了迅猛发展，人们认为它塑造了核战略，尽管其实际影响力持续的时间很短。博弈论的价值在于，当两个力量相当的联盟形成两极时，可将它们的核心冲突置于一个矩阵中来考虑。在任何一场核战争中，冲突显然是个零和结果，任何一方都有可能落得灾难性的惨败结局。因此，双方在维持和平上拥有共同利益。由于两大联盟持有完全对立的世界观，所以显然没有什么方法可以结束冲突。但是考虑到潜在冲突，以及双方都不愿走向决定性对抗，二者关系还是能够保持一定程度的稳定性。

囚徒困境理论有助于明确各国政府面临的困境。其难点在于如何用它来制定战略，以解决政府面临的政策两难困境。一些分析家在面对核战争时，倾向于用正式的方法论来研究系统思想。如果讨论始终停留在抽象的、客观的层面上，那么应对任何行动所带来的可怕结果就会相对容易得多。然而涉及政策时，分析家必须超越理论。当问题涉及如何在核战争中保护切身重大利益，或者如何不通过军事升级来打赢常规战争等问题时，正式的方法论就无法施展手脚了。

十三　非理性的理性

156

这是一本大屠杀精神手册：如何策划、如何实施、如何甩脱干系、如何为自己开释。

——詹姆斯·纽曼评赫尔曼·卡恩的《论热核战争》

尽管布罗迪对核武器进行了耸人听闻的描述，但世界上第一批核武器却并不像他所说的那么“终极”。它们仍处在其他武器的火力能量范围之内（摧毁广岛的原子弹能量相当于200架B－29轰炸机满载炸弹的能量）。而且，至少最初看来，核武器是个稀有物件。核弹带来的关键性突破更多是在于提高了打击效率，而非造成的破坏规模。二十世纪五十年代初，两起相关事件改变了这种状况。其一，1949年8月苏联打破美国的垄断，进行了第一次核试验。一旦核游戏中出现了两个玩家，就得修改规则。从此以后，发动核战争的想法会因可能遭到报复而受到约束。

然后，第二个事件接踵而至。美国为了扩大自己的核优势，在核聚变（而不是核裂变）的基础上研制出热核弹。此举导致人类武器获得了几乎无限的破坏潜力。二十世纪五十年代，美国政府认为，运用热核武器将为美国及其同盟争取足够
的时间去建立一支足以抗衡苏联及其追随者的常规部队。1953 157
年，德怀特·戴维·艾森豪威尔登上美国总统宝座，他对此持

不同看法。他想尽可能长久地利用美国的核优势，同时减少在改良常规军备方面的投入。此时，美国的核武库已经十分充盈并且力量强大。出于这样的考虑，1954 年 1 月美国国务卿约翰·福斯特·杜勒斯宣称，未来美国对侵略的反应将是“在自己选择的地点，以我们选择的方式”进行，由此产生了所谓的“大规模报复”战略。[1]

外界对这一主张的解读是，对在世界任何地方遭受传统意义上的侵略，美国将回应以对苏联和中国境内的目标实施核打击威胁。大规模报复战略因为过于依赖核威慑而遭到广泛批评，而且随着苏联核力量的不断增强，这个想法也变得不那么可信。假设美国忽略了自身的常规军事力量，而限制性挑战却不断升级，那么摆在它面前的选择将是“要么自杀，要么投降”。在善于制造威胁的对手面前如何依赖核威胁，这个问题在当时带来了创造力的大爆发——人们后来称之为战略研究的“黄金时代”。[2] 它的核心概念是威慑，人们为此设计了一系列新的方法论来应对核时代的特殊需求。

威慑

一方明显的力量优势可能令对手弃而不战，这并不是什么新鲜观点。英文中的威慑（deterrence）一词来自拉丁文deterre，意为将对手吓得不敢做某事，或者干脆将其吓退。在当代用法中，威慑指的是威胁使他人痛苦并由此向对手发出警告，反映了其作用层面的意义。处于威慑之下并不意味着一定要受到威胁，例如，一个人在发动挑衅之前很可能会因为考虑到对手的反应而谨慎从事。然而，威慑作为一种战略却带有蓄意和目的的威胁之义。威慑概念早在二战之前就已存在，主要用于对战略空袭的预期。空袭给平民带来的恐慌令早期的空军理论家们备受鼓舞，这种观念一直在官方想象中占据着牢固的位置。持续的空中打击会引发人群恐慌，进而可能导致国家陷入无政府状态。二战之前，英国虽然欠缺大规模远程攻击能力，但英国人却一直怀疑防守的作用，并且相信只有施以惩罚性的攻击才能打退德国人。然而最终，英国人还是不得不依赖防守，在雷达的帮助下取得了意想不到的成功。无论是德国对英国的空袭，还是英国对德国发起的更猛烈的报复性空中打 158
击，除了导致可怕的平民伤亡之外，它们的政治作用都非常有限。这些空袭的主要作用是通过破坏生产和燃料供给来作战。战后的几次调查都显示，相比于战前各种豪言壮语，战略轰炸所产生的影响也不过如此。但是，原子弹的出现把人类的恐惧推向了一个新高度，事情因此变得不一样了。正如理查德·奥弗里（Richard Overy）所说，若论空中力量，“（威慑）理论走到了技术前面。但 1945 年以后，二者来了个全新换位”。[3]

核武器问世带来了一个尖锐的问题：作为一种在阻断敌人海陆军上不具备战术作用，但足以毁灭所有城市的武器装备，核武器应该扮演怎样的角色？答案是威慑。艾森豪威尔政府用战斗语言来回答这个问题，其效果令人不齿；而如果用威慑理论来回答，那么核武器就是用来阻止未来爆发战争的。这个回答听起来既强劲有力，又不鲁莽草率。它依靠进攻先发制人，时刻防范突然袭击，但仍然在本质上扮演着被动的角色。这其中的难点在于，如果威慑方自知其行为纯属虚张声势，那么这样的威慑还能否持续下去。对此，约翰·福斯特·杜勒斯提到，危急时刻要随时准备“迈入临界边缘”，威慑的可信度来自一种随时传达给对手的不顾一切的姿态。由此，动用核武器会给人以可怖的印象，准确地说那是因为它毁灭性的破坏力量。

这种看法支持了一个观点，即军队的主要优势在于其力量储备。西方国家绝不可以将军事能力用到极致，尽管出于威慑的需要并非没有这种可能性。如今几十年过去了，冷战终究没有演化成热战，可见威慑一直在起作用。每当危机降临，各方都愿意谨慎行事。战争之所以得以避免，是因为政治家们心里非常清楚失败的后果，他们深知以压倒性兵力摧毁敌人会带来什么样的危险。对于全面战争的恐惧影响了各方的用兵考虑，而这些顾虑并不局限于直接涉及核武器的领域。人们永远无法确认，不管有没有把握，军事上迈出的第一步会将事态引向何方。

一战定胜负的结局几乎不可能实现，这影响到了美苏关系的方方面面，并由此形成了“隐性对显性的优势、间接对直接的优势、有限对综合的优势”。[4] 如果人类真的无法走出核时代，那么威慑便是一种尽量把损失减到最小的手段。虽然很难说清楚威慑是如何施展魔法的（历史学家或许能列举出若干灾难一触即发的可怕瞬间），但第三次世界大战终究没有发生。事实上，两个超级大国都对核战争前景深感忧虑，当然这
159 或多或少都与无法将核战争付诸实践有点关系。

威慑相当重要，为此人们投入了大量精力来探索概念，研究其政策含义。如果一切相安无事就意味着威慑成功，但理解了其中的因果关系就会发现一个问题。不采取行动也许意味着缺乏行动意愿或者放弃了曾经有过的意愿。目的明确的威慑由多种因素构成，有些和威慑方发出的威胁有关，有些并不一定与威慑初衷相关。根据最直截了当的定义，威慑依靠的是让对

手认识到预期损失会超出预期收益，其手段是通过限制对方收益，或让对方遭受损失。扬言动用可靠的能力不让对方获得收益，从而阻止对方行动，这种方式被称作拒止性威慑（deterrence by denial）；[5] 而扬言通过惩罚来阻止对手行动就是惩罚性威慑（deterrence by punishment）。从本质上看，拒止就是一种有效防卫，如果能事先认识到这一点，那么拒止不失为一种对付侵犯的有力论据。因此，威慑的主要概念性挑战在于惩罚，尤其是其中最残酷的核报复。

当威慑与遏制性外交政策联手，用来阻止苏联在任何方面有所推进时，美国需要以威慑应对的行动既包括大规模战争，也包括小规模挑衅，而且它们不一定直接针对美国本土，也包括那些指向美国盟友的，哪怕是敌人的敌人。赫尔曼·卡恩（Herman Kahn）是威慑理论的早期推广者之一，他分析出三种情况：第一种，两个超级大国之间进行核大战；第二种，双方及其同盟展开有限常规战争或战术核攻击；第三种，大多数其他类型的挑战。[6] 应对每一种情况都需要坚定的政治意志，尤其是在双方都拥有核武库的情况下。用核报复来威慑核进攻是一回事，对非核事件进行核威慑则是另一回事。除了核武器，美国基本上不可能遭到其他大国的任何正面攻击，因此最有可能发生的非核事件是美国的盟友遭到攻击。在这种情况下所采取的威慑被称为延伸威慑（extended deterrence）。随着苏联核能力的不断提高，美国对自己的威慑能力信心日减：由不对等报复转变为对等报复；由设置明确障碍防止侵略演变成向侵略方发出警告——你若犯我，后果不可想象；由断言用压倒性兵力恣意威胁转向为相互毁灭共担风险。

160 谢林

在威慑战略和核战略方面，花费最多精力研究难题的理论家非托马斯·谢林（Thomas Schelling）莫属。他是二十世纪五十年代活跃于兰德公司内外的几大人物之一，这些人还包括伯纳德·布罗迪、艾伯特·沃尔斯泰特（Albert Wohlstetter）以及赫尔曼·卡恩。这些人尽管学术背景各不相同，却都针对新兴武器提出了不断发展完善的思维框架，他们看到了前所未有的可怕之处，试图描述它们各自的战略可能性。卡恩是当时最出名的人物，他为人热情、争强好胜，甚至很可能是斯坦利·库布里克的电影《奇爱博士》中的人物原型。虽然卡恩的传记作者称“他对任何战略理论家都没有一丁点儿兴趣”，[7] 但他的《论热核战争》一书却和克劳塞维茨建立了某种传承关系（至少从标题上看的确如此）。然而，沃尔斯泰特却评价说，卡恩的观点乏味单调，“就像是公共广播一样”。[8]

卡恩是核战略领域的“第一位名人”，以他的“大块头和有点让人讨厌的气质”证实了人类终极战争是“疯子天才”的想象杰作。他在让人难受的谈笑风生（例如，“除非倒了大霉或者管理不善”）中引用大量统计数据来说明核战争的大致特点，甚至用数以百万计的人口损失来评估政策选择。[9] 与卡恩共事的核战略家不欣赏他的表演能力，反感他给这项事业带来的坏名声，更反对他所宣称的从大毁灭中赢得胜利的观点。卡恩大力倡导民防，认为所有类型的冲突都是可控的，即便核战争也不例外。

相比之下，谢林在理论方面的作用更重要，他开发出关于冲突的思考方法，既阐明了核问题，也关注到更广泛的战略问题。六十年代中后期，他感觉自己在核问题方面差不多已经把想说的都说了，于是将注意力转向了犯罪、吸烟等其他问题上。但无论他涉足哪个领域，运用的始终是同一条研究途径。2005 年谢林获得诺贝尔经济学奖，其成就得到了充分肯定。他的获奖理由是："通过博弈论分析改进了我们对冲突与合作的理解。"[10]然而，谢林与博弈论之间是一种模棱两可的关系。他不愿意自称为博弈理论家，而宁可当一名时而利用博弈论的社会科学家。早在接触博弈论之前，他就想到博弈论为他提供了一种表达思想的方法。他喜欢进行类比推理，在纯粹主义者看来这种方法简直让人疯狂。谢林的声望来自他是一位杰出的阐述者，笔下文字优雅晓畅，这些特点在这个特定领域简直是 161
凤毛麟角。[11]

谢林并没有声称自己取得了人们在战略领域长期寻求的"科学"成就，也不认为形式逻辑或多或少会导向用数学方法解决问题。他和运筹学领域的学者一样持有一种越来越强烈的想法，即高等数学和抽象模型正在日益排斥其研究成果的潜在用户。[12]他坚持反对将战略列为"数学的一个分支"。[13]他坦承自己"阅读古希腊历史和亲眼看推销术比研究博弈论"收获更多。他认为博弈论最大的成就是收益矩阵（payoff matrix），将"涉及两个人和两种选项的简单情况"置于这个矩阵中，这种方法非常有用。[14]

谢林对博弈论的模糊态度并非独树一帜。五十年代，在兰德公司从事研究的其他核战略家更倾向于谈论如何追随博弈论的"灵魂"，而非遵守博弈论的法则。布罗迪在 1949 年发表的一篇文章中指出，在注脚中提到博弈论是"数学系统化"的源头之一，并称自己"出于各种各样的原因"不会认同这些作者的观点，“即他们的理论能够被直接并有效地应用在军事战略问题上”。[15]后来，当他发现即使博弈论进行了“改良”还是没什么用时，便认识到了“人们经常挂在嘴边的警句”的重要价值——“战争中，对手会针对我们的行动进行反击，而我们则必须再次反击。”[16]在关于核战略的著作中，提到博弈论的寥寥无几。博弈论的这种缺位在其创立者奥斯卡·摩根斯特恩的一本书中尤为明显。[17]布鲁斯－布里格斯（Bruce-Briggs）认为，核战略与博弈论之间的紧密联系是卡恩的《论热核战争》所造就的。虽然卡恩在书中既没有提到博弈论，也没有运用数学方法，但他被认为是个被博弈论控制的极端好战分子。这个绰号的言外之意是，此人具有强大的技术能力，却没有道德观念。谢林也被划分到这一类人当中。[18]当时，谢林的观点是，“我不认为博弈论有多么复杂，其复杂程度比拉丁语法或地球物理强不了多少；但是它那稀奇古怪的名字，让它听上去神秘而傲慢十足，好像真的是一种有效的手段”。[19]

谢林基本上没有军事背景。他是个经济学家，一直致力于推动美国重建欧洲战后经济的马歇尔计划。因此，他对各种类型的谈判有着普遍的兴趣，尤其是那些可能需要通过暗示或直白的讨价还价来寻找突破口以达成共同方案的过程。他曾经就不经直接交流而达成共同解决方案的可能性问题发表过一篇论
162 文。[20]之后他读了卢斯（Luce）和拉伊法（Raiffa）的《博弈与决策》（*Games and Decisions*）一书，并从中看到了博弈论的潜力。[21]谢林感兴趣的课题是“在谈判中，国家、民众或组织如何应对各种威胁和承诺”，于是他在1956年和兰德公司建立了联系。1958年至1959年，谢林在兰德公司度过了富有成就的一段时间。[22]在涉及多种学科、渴望理解核时代的多位重要思

想家的协助下，他检验了自己的理论。虽然肯尼迪政府给他安排了一个职位，但谢林更愿意保持独立身份，不过他还是以顾问的方式为政府工作。

谢林与他在兰德公司的同事们共同开发了许多理念和概念，它们渐渐为人熟知并进入战略语境，但值得注意的是，这些理念在当时是非常新奇的、激进的。批评家们不无道理地抱怨称，这种方法论使人们得以心平气和地谈论可怕的前景，以及那些文明人永远不可能支持的老谋深算的行动。他们所研究的各种战略模式无法超越冷战冲突，也不可能兼顾意识形态和地缘政治领域的各种问题和矛盾。这些理念和概念虽然存在上述重大局限，但其成就是无法掩盖的，它们开启了一种既能思考冲突，又能容纳合作的思维方法。

谢林从博弈战略的特点着手，将它同机遇、手段的特性做比较："任何一方的最佳选择取决于他预期对方所能采取的行动，而反过来，对方的行动则取决于其对他的行动的预期。"战略就是相互依赖，"以他人的行为作为条件，来决定自己的行为"。这个道理适用于任何涉及冲突与合作的社会关系。所有的伙伴关系都存在一定程度的危险性，正如所有的对抗在一定程度上都是不完整的。博弈论的核心是冲突与合作相互交融，缺少任何一方都能不称为博弈。谢林指出，博弈论的"一个极端是，如果各方不能相互体谅和包容，没有共同利益，甚至不打算躲避共同的灾难，那么博弈就无从谈起；另一个极端是，如果根本不存在冲突，在认同和达成共同目标方面没有任何障碍，那么博弈也就不存在了"。[23]

我们不妨在此基础上重新思考军队的作用。传统上，国家调动军队来夺取或保护自己想要的东西。"国家能强有力地击退、驱逐外来势力，渗透、占领他国地盘，抓获、消灭敌人，解除、瘫痪别国武装，防卫、阻挡外来势力，甚至直接挫败入侵和进攻。所谓‘能’指的是有足够的力量。至于是否‘足够’还要看对手的力量有多强。”[24]谢林最惊人的断言是，他认为除了强力之外，还有一种选择：“除了在军事上削弱敌人，还可以让敌人遭受苦难。”和当时流行的观点——相关国际
163 法——相左，谢林的观点强调避免让人们遭受不必要的痛苦。谢林认为，“军事力量最显著的特点之一”是给人造成伤害的能力。它的价值不在于将伤害行为付诸实施（那样做会给战略带来总体性损伤），而在于迫使对手采取行动避免受到伤害。只要暴力威胁存在并有可能通过和解来避免，那么它就具备强制性的价值。“伤害性力量是讨价还价的交易力量。利用这一力量便产生了外交——手段恶劣的外交，但它确实是外交。”在这样的主张下，战略从思考征服与抵抗的问题演变成了威慑、恐吓、敲诈和威胁。

因此，谢林这一理论的核心是高压威逼。伤害不一定是核打击。这个理论框架也适用于不那么强势的惩罚形式，比如经济制裁。这套理论也考虑到侵犯和防御的传统区分，只不过这里指的并不是一般意义上的征服土地，或者阻止边境被入侵。威逼的重点是，通过威胁来影响对手而不是控制对手的行为。与防守具有对等效果的是威慑，即劝告敌人不要采取攻击性行为；与侵犯具有对等效果的是胁迫，可诱使敌人退出或者默许。在威慑之下，对手无可作为；而受到胁迫的对手则必须采取行动，或者停止敌对行动。与威慑相关的是保持现状，而且没有明显的时间限制；但胁迫则要求将事情发展推向一个新的阶段，而且有可能很紧急。相比之下，施以威慑会更容易一

些，因为实施者只需要保留采取某一种行动即可，其威慑目标也可以否认自己曾经考虑过采取任何行动。而在胁迫之下，服从的特点更为明显，“被迫投降”的意味更加强烈。总之，无论如何也没有能力再使“原本打算要做的事情显得合理化”。威慑与胁迫这两种手段也可以结合起来使用。一旦最初的威慑失败，对手采取了敌对行为，那么下一步就得采用胁迫手段了。如果在一场冲突中，双方都可能受到伤害，且任何一方都无法强势地达成目标，优势平衡来回倾斜，那么就得交替使用威慑与胁迫两种手段，而这取决于在某一个时段哪一方占了上风。[25]

核威胁有一个特殊之处。实施核打击是一种异乎寻常的可怕行为，但是在实现核垄断的情况下，通过对他国施以核威胁而取得战略优势并不是一件多么困难的事情。要想改变这种情况，除非实施核威胁的国家有可能遭受到同样可怕的报复。如此缺乏可信度的威胁手段是如何让人获益的呢？这样的威胁一旦受到第一波挑战就会被证明不过是虚张声势而已。于是，谢林又一次运用颠覆传统概念的手法，解决了这个复杂难解的问题。人们一直认为，战略的目标是对正在展开的冲突施以最大的控制。谢林提出了一个完全不同的问题：如果承认并接受失 164
控，会不会取得战略优势？威逼是通过影响对手的选择而发生作用。也许，限制自己的选择会使得对手在选择时感到更加困难，进而迫使对方让步。这就是将理性注入明显的非理性姿态。那么，何不创建一种本质上就不理性的情况呢？

这种理念就是将决定权推到对方身上，迫使对方在继续较量和撤回放弃之间选择。只有“敌人退让了，形势才可能平息下来；否则双方的对抗将演变成一场考验神经的竞赛”。[26]这种情况早已有过先例：希腊人烧毁桥梁来显示自己要和波斯人决一死战；西班牙征服者科尔特斯下令烧毁全部船只，以向阿兹特克人表示破釜沉舟的战斗决心。既然选择了断绝退路，那么除了战斗别无选择，在这种大无畏的信心面前，敌人难免灰心丧气。

在核领域中，一种极端的情况是使威胁行动成为不受意志控制的行为，将选择权完全推给敌方，而且这种威胁一旦实施就无法撤回，除非对方完全服从。这就是所谓的“末日机器”概念：一旦越过了临界点，就什么也无法阻挡，必然会爆发一场共同的灾难。因为剔除所有选项让人无法接受，于是谢林以渐进风险提出这个问题。对手会发现，即便施威者想改变主意，威胁还是有可能被付诸实践。这就有可能引发一场“冒险竞争”，将战争变成一种“耐力、神经、固执和痛苦”的竞赛。这实际上不是什么末日机器，受到威胁的一方会发现其实施威者也并不完全是虚张声势，因为他们无法完全控制局势。谢林称其为“威胁中的机遇”（The Threat That Leaves Something To Chance）。这类威胁的特征是“虽然它们不一定被付诸实践，但最后的决定权并非完全掌握在施威者手中”。[27]他在讲述克劳塞维茨的冲突摩擦理论时，强调这种不确定性是普遍存在的，因此这类威胁也就有了可信度。

> 暴力，尤其是战争中的暴力活动，是一种混乱而不确定的行为，存在高度的不可预测性，它是由难免犯错的人组成的不完美政府做出的决定，依赖于并不完全可靠的通信和预警系统，以及未经检验的人员和设备。而且，它还是一时冲动之举，承诺和声誉能够积聚自身的动力。[28]

克劳塞维茨认为，除了最牢固的战略，冲突可以削弱一切，而谢林思考的却是如何突破羁绊，创造性地利用冲突的不确定性。当危机演变成局部冲突时，不确定性会随之增强，进而发 165
展成为全面战争，“逐步”失控。[29]但人们不一定非要躲避这样的现实，可以凭借高超的技巧来利用它。可以设想，让“局势多少有点失控”是完全值得的，因为这样的情形会令对手感到无法忍受。威慑之所以能够发挥作用，是因为可怕的事情即将发生（人们根据理性判断，它是可信的），并非因为有人威胁要去做那件可怕的事情（出于人类的理智考虑，那是不可能的）。

非理性中潜在的理性可以用“胆小鬼游戏”（the game of chicken）来诠释。两个少年比尔和本分别驾驶着汽车相向而行，两人都想以此证明自己的强大。驾驶过程中，谁先转弯避让，谁就是胆小鬼。如果两人同时转向，那么不分输赢；如果两人谁也不让，结果就是同归于尽。如果比尔避让了，本没有转向躲开，那么比尔会受到羞辱，而本就树立了威望。由此可以列出下面这个矩阵。

表 13－1

		比尔	
		1. 转向	2. 不转向
本	1. 转向	0 a1b1 0	+20 a1b2 −20
	2. 不转向	−20 a2b1 +20	−100 a2b2 −100

注：单元格角上的数字代表不同结果的价值。

根据极小极大战略，两人同时转弯躲避是所有坏结果中最好的一个。这代表了冷战中美苏双方所表现出来的天然谨慎态度。然而，在这个游戏中，转弯的时机大有讲究，它会令局势发生巨大变化。设想比尔打算转弯，但这时，本先转向躲开了。由此，比尔因为延迟转弯而成了赢家。这说明，比尔的神经能绷得更长久一些。也许，他心里很有把握，知道本意志薄弱肯定会转弯躲开。但是再设想一下，本心里很清楚比尔的想法，这一次他想扭转形象。他想让比尔看看，自己孤注一掷而且还有点失控。本如果强烈地想要让比尔觉得自己有点疯狂，或许得用些策略，比如威吓、吹嘘，甚至假装醉酒。这时候，非理性反而成了理性。如果本能够让比尔相信自己已经失去了理智，那么他就有可能成为赢家。

这正好解释了一个基本问题。即使人们为了向对手施加压力，在其面前公开做出非理性行为，但暗地里还是会把脚放在
166 刹车板上，双手牢牢地握住方向盘。但是，对个人可行的做法并不一定适用于政府，因为政府还得让国民相信，一切仍在掌控当中。即便国民完全理解并接受这种佯装失控的伎俩，它也不可能成为危机管理的常态。无论博弈双方涉及的是个人还是国家，反复不断地假装非理性都是一件很有难度的事情。和欺骗战略一样，假装非理性的做法很难复制，因为它会影响到对下一轮行为的感知。实际上，如果另一方对这种假装非理性的做法反应过度，那么该策略就无法达到预期目标。类似的游戏玩得越多，危险性就越大。战略的总体重要性不仅在于对当下事物的影响，还在于它对敌对双方长远关系的影响。战略在某一次博弈中所产生的结果会影响接下来的使用效果。博弈论展示了较量双方如何同时做出决定。而谢林推断，博弈双方的行

动是有先后顺序的，每一个动作都会使博弈架构发生变化。[30]

在谢林提出的模式中，相互认知的过程很重要。博弈论需要进行重新调整，并纳入这样的事实：“如果知道对方也正试图做出和自己一样的行为，双方常常能协调他们的意图或期望。”有些理论家认为可以用数学方法来找到彼此之间的均衡点，而谢林认为均衡点本身就存在，而且是显而易见的，但这需要“某些能让双方展开对话的共同语言”。出于各种微妙或复杂的原因，敌对双方不可能进行这样的沟通交流，而且即便在正式谈判和声明中也不可能出现这样的共同语言。它既是心照不宣的，也是清晰明确的，取决于双方共有文化中那些最显著的象征和价值。它依据传统和先例，增进相互理解并通过言行来加以巩固。它“并非靠逻辑推理，而是想象得来的；它取决于类比、先例、偶然、对称、美学或几何结构、诡辩推理、敌对双方的派别，以及他们彼此了解的程度”。[31]有些均衡点会因此变得非常显著。它们必须简单明了、显而易见。谢林在《军备及其影响》（*Arms and Influence*）一书中，举例说明有可能被无法直接沟通的敌对双方用来暗示对方的一些特征：

> 国家边界、河流、海岸线、战线，甚至纬线、空战与
> 陆战的区分、核裂变与化学燃烧的区分、战斗保障和经济 167
> 保障的区分、战斗人员与平民的区分，以及对国籍等因素
> 的区分。[32]

一旦有可能进行适当沟通，双方就可以通过直接对话进行公开的讨价还价。但谢林提出，这种“纯粹的协调博弈”“不仅缺少趣味，而且几乎已经不再是‘博弈’了”。[33]

然而，提到间接沟通的可能性，任何语言行为的影响或者生来就存在的均衡点都不如直接沟通更可靠。在几乎无法进行直接沟通的环境下，比如对冷战中两大意识形态集团而言，谢林提出的通过间接手段寻找可能的共同均衡点就很有价值。但是，这种手段不可能发挥更大的作用。它并不意味着，只要存在真正的需求，双方就一定能够找到这个均衡点。而且，当双方的信仰和价值观南辕北辙时，对一方而言显而易见的事物，在另一方眼里可能并不那么显眼。没有直接沟通就无法确认双方是否已经找到了共同点，进而很可能会出现误判，要么一厢情愿地认为对方和自己一样看到了明显的均衡点，要么想当然地认为在某些事物上达成一致是不可能的。正如赫德利·布尔在评论《军备及其影响》时所说的，超级大国“在传送信息时完全抹杀了理解，几乎连点个头、使个眼色的动作都不会有”。[34]

第一次打击和第二次打击

谢林认为，按照讨价还价和胁迫的原则来考虑核战略是完全可行的，而且除此以外的其他方法都是行不通的。这种观点直接挑战了决定性胜利的理念，认为该理念至少在核时代是毫无意义的。但是，这并不意味着人们不明白什么是决定性核胜利。为确保成功，决定性核胜利必须是大获全胜，使对手完全没有反攻报复的机会。冷战中的任何一方都不可能放过这样的机会。它在一定程度上为军备竞赛提供了动力，控制了风险计算。“第一次打击能力”指的是用突然袭击的方式解除敌人武装的潜在能力。它是有史以来最具毁灭性的军事行动。它是第
168 一次也是唯一的行动，它悄悄策划，秘密执行，使用未经试验的武器打击一个特定场景中的各种不同目标，同时还要利用全

新的防卫手段阻断对方的任何报复性武器。人类是否具备这样的打击能力，取决于对攻击武器和防守武器发展能力的评估。

二十世纪五十年代中期，兰德公司曾经做过一项著名的研究，由艾伯特·沃尔斯泰特领衔的研究团队认为，美国战略空军司令部的各个基地很容易遭到突然袭击。由于美国不可能针对这样的袭击展开报复行动，因而就会与盟国落入苏联的敲诈之中。[35] 这一想法挑战了当时流行的“打击社会财富”（counter-value）的观点，即可以单独用核武器来打击政治和经济中心。将核武器瞄准军事设施的做法称作“打击军事力量”（counter-force），它能够打得对手毫无还手之力，因此是一种潜在的决定性战略。然而，如果一个遭受核打击的国家能够承受住第一次打击，并且保存足够的力量来组织反击，那么它就具备了“第二次打击能力”。沃尔斯泰特相信，他的研究吸收了“运筹学和实证系统分析的传统”，远远超越了谢林的思想，发现了“战略力量的弱点”。[36]

假设敌对双方都有执行第一次打击的能力，那么布罗迪在1954 年的一篇文章中提出了另一种可能，他注意到如果“双方都有能力向对方发动突然袭击”，“好战”就会变得很有意义。正如“美国西部神枪手决斗时那样”，“先动手的一方会干净利落地获胜”。然而，万一双方都没有一招制胜的能力，那么先扣扳机就等于自杀，克制才是谨慎的做法。[37] 随着技术的发展，有可能出现两种情况，要么在高度紧张的政治局势下，双方都承受着抢占先机的巨大压力，从而形成一股危险的动力；要么考虑到发动核袭击占不到什么额外便宜，双方反而进入一种相当稳定的状态。因此，维持稳定的信心来自对对手的态度和行为的预期。在他的分析模式中，一个引人注目的例子是谢林所描述的“冲突双方对突袭的担心”：在一个明显稳定的威慑系统中，即便敌对双方均没有遭遇任何能够“根本性”地促使其先发制人的事由，局势也可能突然失衡。“尽管如此，似乎还是存在某种特殊诱惑可以令某一方先发制人，向对方发动突袭——尽管突袭的诱因和动机如此之小。这种诱惑可能演化为一个复杂的混合过程，其中包括双方的互动预期和连续的逻辑循环所产生的袭击动机：‘他认为我们认为……他认为我们认为他会进攻；因此，他认为我们会进攻；因此，他会进攻；因此，我们必须进攻。’”

为了减小产生这种想法的概率，核系统应该适应第二次核打击：既要相对无懈可击，又要相对不准确。这在实践中意味
169 着，受到打击威胁的应是城市，而不是武器。由此，第二次打击背后的逻辑越发令人不安，而且自相矛盾。我们不应该想方设法去消弭核战争带来的凶残后果，因为我们不该让人们认为发动核战争是值得的。“只能伤及民众而无法打击侵略力量的武器属于防守性武器，”谢林解释说，“面对拥有类似武器系统的对手，一方显然不会首先发动进攻。”真正危险的武器是那些意在“搜寻敌人的导弹和炸弹的东西——它们能够利用第一次打击的优势，为发动攻击提供了诱惑力。”[38]美国的目标是稳定美苏之间的核关系。谢林注意到，在此基础上，能够携带导弹的潜艇成了实现第二次打击的绝佳武器。潜艇在海中不易被发现，但也很难（在谢林的时代）被用来精确打击敌方部队。正因如此，谢林认为美国人不应寻求在潜艇上独霸一方，因为如果“敌人确信，潜艇既不能被用来实施第一次打击，又不具备发动第一次打击的政治能力，那往往是有利的”。

如果说上述推理得出的结论令军方惊诧不已，那么另一场有关采取激进措施裁军的讨论也收到了同样的效果。一方拥有的武器数量越多，另一方通过突袭消灭对手的难度就越大。为了稳定核关系，将导弹数量限制在高水平而不是低水平上，维护平衡稳定往往会更容易实现。因为如果约定的导弹基数很大，那么双方以欺骗、掩藏或破坏协约等手段实现己方的数量优势就会更困难。[39]无论是军方，还是主张裁军的人士都没想到，他们应该彼此配合，彼此激励。实际上，“军备控制”（arms control）这个术语最早出现在二十世纪五十年代，用来确定一种能够与新的军事战略动机相匹配的相互谅解形式。[40]它意味着，军队必须适应一种理念，即在与敌方力量对峙的同时

> 还需合作，避免双方陷入没有退路的危机中，避免出现假警报和误解意图的现象，还要在对抵抗施以威慑、对无法接受的挑战进行报复的同时，通过这种心照不宣的合作让人确信这些行动既遏制了潜在的敌人，也限制了自己的行动。[41]

谢林感兴趣的是，双方如何在无法直接交流的情况下达成富有成效的协议。与其相似的是，军控也涉及“引诱性的或者相互报答性的‘自我控制’，不管其诱因是谈判达成的协议、非正式理解，还是互惠式的自我控制”。[42]

无论如何，技术发展为第二次打击提供了支持。事实证 170
明，开发应对核攻击的防御措施是徒劳无功的。因此到六十年代中期，对技术军备竞赛可能触发突然袭击的担忧缓和了许多。在可预见的未来，任何一方都可将另一方当作一个现代化

工业国家予以消除。美国国防部长罗伯特·麦克纳马拉认为，只要两个超级大国自信能够保证相互毁灭——一种足以毁灭25%的人口和50%的工业，并造成“不可接受的破坏”——那么两个大国之间的关系就能保持稳定。值得注意的是，这种情况反映的不是对现代社会容忍度的判断，更多的是力量大规模激增到某个点后会因新破坏和新伤亡的增加，使边际收益减少。对此，丘吉尔的话很形象，到达了这个点“你所需要做的就是让小石子弹起来而已”。

如果真的开战，也有可能是出于其他诱因。假设双方没有经历核大战，也可以利用未知的可能性来塑造冲突的发展。即使在战争过程中，只要城市尚且存在，就有希望进行新一轮的讨价还价。一旦城市被毁坏殆尽，就没什么指望了。进攻城市简直就是“一个古代机制——人质交换——的大规模现代版”。让有价值的东西始终处于脆弱的状态，是一种强制维持良好行为的方式。[43]和克劳塞维茨一样，谢林也发现，原始的愤怒情绪也能破坏双方的克制力。

人们把冲突愈演愈烈变得更加危险的过程称为“升级”（escalation）。这个词（谢林不赞成用这个词）后来日渐流行起来，用来描述一场有限战争变成全面战争的悲剧性过程。它的原意指不管一开始的决定是多么让人后悔莫及，就像运动中的升降电梯一样，战争一旦启动就无法停止下来。这个词——最早可以和“爆发”（explosion 与 eruption）、“引发”（trigger）这些词互换——是第一个被用来挑战有限核战争观点的词。例如，1960 年亨利·基辛格将升级定义为“力量不断增大，直到有限战争不知不觉成为一场全面战争”。[44]谢林意识到，可以把升级过程视为讨价还价的机会。而且他还发现，如果渐渐对局势失去掌控，那么讨价还价的机会也会越来越渺茫。要让侵略者罢手，并退回原点，放弃占领土地，那么对其发出的威胁就必须可靠且足够严重，然而现实往往是，对方并没有对先前受到的威慑给予足够的重视。因此，要理解有限战争的作用不应仅仅看到其有限的一面，还应更多的认识到它形成了有预谋的“全面战
争的风险”，使战争升级的风险提高到“零度以上的中等程 171
度”。[45]第一次核交锋的作用“不仅仅在于或并不主要在于改变战场上的力量平衡”，其主要作用应是“使战争变得太痛苦或者太危险，从而无法继续下去”。[46]

超级大国之间的对抗主要是相互摧毁的意念，而谢林早在这一现象显露之前就已经形成了自己的观点。谢林探讨的可能性并没有实现，因为使用核武器的后果非常可怕，即使煞费苦心地操控也无济于事。人们对危机性行为变得谨慎小心起来。因此，回顾谢林的理论框架，可以将它作为一种清醒头脑的练习，虽然它只是在推理假设的范围内探索各种可能性，但至少展示了传统战略思想所欠缺的一个方面。二十世纪五十年代，人们对战争中的挫败记忆犹新，大多数人相信第三次世界大战并不是遥不可及的事情。探索威慑的逻辑，以及为什么接受它比避而不谈更有意义，这些问题都极为重要，为此付出的种种努力也都是值得的。

存在性威慑

几乎没有什么国家会愿意保持持续的克制，我们或许可以想象，两个超级大国之间爆发了一场不涉及核武器的大规模战争。埋藏在美国战略家心里的真正的核心问题是，对非核同盟国家提供核手段帮助的承诺。一旦出现僵局，为了同盟国的利

益而发动核战争显然过于草率。但是，欧洲人似乎又没有足够的传统手段，去阻止苏联领导的华沙条约组织发动的攻击。如果欧洲不想遭到蹂躏，至少美国得表现出为此发动核战争的可能性。如果没有这种反映重大利益的基本政治承诺，那就没有必要去考虑谢林所提出的“威胁中的机遇”。所谓的战术核武器正是对这种理念的最好阐释，对其军事价值的最恰当解释就在于它能带来的风险，即一旦卷入欧洲地面战争，它就能发起一场超乎理性想象的核战争。

二十世纪六十年代初，美国渐渐出现了一种观点认为，解决这些问题的最佳途径是增加常规部队——用反向的拒绝方式
172 来制造威慑，减少对核威胁的依赖。但这种做法的难点在于，积蓄常规武装力量的成本高昂，而且减轻自身的核责任，在欧洲人看来，就意味着美国人认为欧洲安全并非什么重大的切身利益。从中可以看出，之前美国智库所做的战略分析与欧洲的政治状况是脱节的，二者在两个敌对的意识形态集团之间处于某种稳定的分离状态。欧洲人并不认为自己身处大战边缘。他们认为，即便核威胁并不可信，威慑也仍能发挥作用，因为还存在其他的可能性：如果欧洲发生了非理性战争，造成局势紧张，核武器可能会派上用场。对于政治领导人而言，只要有一丝可能，他们就会坚决维护可控的现状。在此基础上，威慑的关键就在于结盟，即美国的威力（包括其核武库）和欧洲安全之间的紧密联系。任何破坏这条联系纽带的行为都会对威慑能力构成威胁。

在此出现了一种战略框架间冲突。一种是自上而下地从经典大战略的角度出发，专注于强大的理性，设想战争会给各方带来灾难，因此力主避免冒战争之险。另一种则是自下而上的

操作分析，认为优势就蕴含在冲突中，只要政治家决定冒险，打仗是完全值得的。这显示出，西方在常规力量方面处于弱势，无法与苏联相匹敌。一旦苏联人抓住并利用了这个弱点，西方所能做的就只能是发出越来越多令人难以置信的核威胁，增大核战争的可能性。

1961 年，这个问题进入白热化阶段，美国新当选总统肯尼迪在柏林地位问题上面临重大挑战。德国旧都柏林位于苏联人掌控的东德境内，然而作为战后协定的一部分，这座城市被一分为二。西柏林虽然与西德之间交通不便，却为寻求逃离共产党统治的东柏林人提供了一条通向西方的便利途径。这对莫斯科而言，是个巨大的刺激。当年夏天流传的各种威胁称，苏联要发起行动以切断西柏林的对外通道，将其纳入苏联的控制范围。由于凭借常规武器无法保护柏林，于是为了阻止苏联人采取行动，核战争的阴影也随之而来。最终，核战争威胁压制住了苏联人的挑衅，他们造起了一堵墙把柏林一分为二，把自己的人民圈了起来。

在那年夏天的柏林危机期间，肯尼迪收到了一篇谢林写的关于有限核冲突的论文。这篇论文强调，提高敌人面临的风险至关重要，而不应徒劳无功地下决心赢取什么决定性胜利。“我们应该计划一场神经战、表演战、议价战，而不是针对战 173
术目标进行打击。”这篇文章显然给肯尼迪留下了“深刻的印象”。在此之前，谢林曾经和肯尼迪的国家安全顾问麦乔治·邦迪（McGeorge Bundy）探讨过这个问题。二人共同关心的一个问题是，军队似乎无法彻底弄明白“常规战争和‘一场大规模的全面爆炸’之间是一个可怕的跨越”。[47]谢林对当时美国政策的主要贡献是，他设计了一个“危机游戏”，尽可能地模拟了决策者可能面临的混乱、紧张环境，以及他们所要解决的诸如柏林危机升级之类的问题。谢林的游戏探索了柏林危机会如何演变，模拟了众多场景，其优势在于从中可以了解到各方领导人的实力及其核心观点。1961 年 9 月，华盛顿举行了几轮模拟活动，目的是加深参与者对“军事危机中的议价”的理解。游戏活动要求高层决策者——既有武官也有文官，对各种各样的情境做出回应。游戏结论凸显了各种事件的压力作用，对官方思想和谢林后来的理论均产生了影响。人们从中发现，有效沟通比设想的难度要大得多，因为敌人只能看见你的行动，而看不到行动背后的真正意图，而且可用作交流的时间也往往比期望的要少得多。

然而，在这些游戏的过程中，即便想要发动一场大规模常规战争也有相当大的难度，更不用说引发一场核冲突了。谢林的合作者阿兰·弗格森（Alan Ferguson）说，这些实验“最惊人的结论”是，“我们居然没有能力发动一场战争”。[48]这个游戏同时也突出了柏林问题：“不管是谁发动双方都不想看到的致命攻击，都会遭到威慑和阻拦。在这种危机一触即发的脆弱状况下，聪明的战略是把采取进一步行动的主动权推给对方。”[49]因此，即便柏林危机恶化，这个游戏也不赞成将任何使用核武器的想法作为现实选择，甚至是作为暗示对方的手段。它进一步证明了常规战争与核战争之间的巨大差距。一名助理在向肯尼迪汇报时强调，“在和苏联日复一日进行政治斗争的过程中，出于战争目的而灵活、有效地使用军事力量”是相当困难的。[50]

第二年，肯尼迪遭遇了更大的危机，美国人发现苏联居然要在古巴建造导弹基地。美方高层人员为采取反制措施和潜在手段展开了多次讨论。这些对话大部分都被记录下来。从中可见，肯尼迪在危机中花费了大量时间来揣摩莫斯科方面采取某项行动的效果。他甚至还为此把自己设身处地地放在尼基塔·赫鲁晓夫的位置上考虑问题。肯尼迪设想，苏联领导人和他的处境大致相同，要对危机做出及时回应，面对阵营内部强硬派的压力，甚至和他一样难以撤回对公众的承诺。肯尼迪担心， 174
对古巴实施导弹打击会导致苏联进攻土耳其，美国在那里部署了中程导弹；而封锁古巴也会让苏联封锁西柏林那样的局面重演。

肯尼迪建立了一个由重要官员组成的执行委员会（ExComm）来讨论几种可选方案。其中的一个选择是，对苏联设在古巴的导弹基地发动空中打击，在它们有能力发挥作用之前先将其消灭。在这种选择之下需要考虑的是，有没有可能通过一次小小的“外科手术”式打击来达到目的，还是只有持续不断的高强度空袭和辅之以入侵古巴才能消除隐患。解决问题的另一个选择是采取渐进方法，通过封锁行动来展示决心，阻止军事设备流入古巴境内。执行委员会的决定在一定程度上取决于方案的可行性：空军方面是否有足够的能力找到并破坏苏联人的导弹基地，他们将遭遇多强的地面防空力量，苏联人部署的武器中是不是有一部分已经具备了打击能力。发动空袭，尤其是突然袭击式的空中打击，让执行委员会中许多人感到一丝不安。毕竟，美国曾经是 1941 年 12 月 7 日空中偷袭的受害者。总统的撰稿人泰德·索伦森（Ted Sorenson）发现，自己可以在讲稿中轻而易举地宣布封锁的消息，但若要提及空中打击就会困难重重。封锁的另一大好处是，如果达不到立竿见影的效果，也不排除采取更加强硬的行动。这会使选项始终处于开放的状态，让对手猜不透。

然而，人们仍然焦虑，对古巴实行封锁是否可行。罗伯特·肯尼迪曾经对他的哥哥有过这样的描述，当时肯尼迪正静待苏联船只的反应：

> 我想，那几分钟对总统来说非常重要。世界是不是真的到了毁灭的边缘？这是我们的错吗？是不是搞错了？我们是不是错过了一些应该做的事情？或者有些事情我们本不应该做？他抬起手捂住了嘴。他张开又握紧了拳头。他看上去很憔悴，眼睛很疼，脸色灰暗。

在苏联方面，两天后赫鲁晓夫给肯尼迪发来了一封充满激情的长信：

> 如果人们不拿出智慧，那么最终他们就会像瞎眼的鼹鼠一样撞在一起，然后开始相互残杀……这就像你在一根绳子上打了个结，你我双方都不应该使劲拉扯着这根绳
> 175 子，否则这个结会越拉越紧。最后，很有可能连打结的人也解不开这个结，只能用刀把它割断。我并不是要把事情的后果解释给你听，因为你自己完全明白我们两个国家正在做着多么可怕的事情。[51]

1962 年 10 月 27 日星期六，苏联发出了各种各样的信息（除了一条略显温和，其他的都很强硬），再加上美国的一架侦察机在古巴上空被击落，美苏之间的紧张气氛达到了顶点。人们推测美国会向古巴的苏联地对空导弹基地发起报复行动。即便

不发动袭击，美国也会择机对古巴进行空中侦察，这就将空军置于危险的境地，并不可避免地导致还击。罗伯特·麦克纳马拉设想了一个可能的脚本。如果执行任务的美国侦察机遭到地面火力攻击，美国将被迫做出回应。美国飞机一旦遭受损失，“我们就会向古巴发动猛烈攻击”。这种状况不会持续很久。“因此我们必须准备好对古巴发起进攻——速战速决。”这是一种包括空袭在内的全面进攻，“每天出动军机执行任务，我个人认为这样几乎肯定会导致一场入侵古巴的军事行动。我虽然不能完全肯定，但几乎可以断定一场入侵在所难免”。

接下来要设想的是，赫鲁晓夫会采取以牙还牙的报复行动：“如果我们这么做了，那么苏联很有可能，我认为很可能，攻击土耳其的导弹。”“如果苏联袭击了土耳其的导弹基地，我们必须做出回应。北约不会坐视苏联破坏部署在土耳其的‘朱庇特’导弹。”他又写道：

> 苏联攻击土耳其的“朱庇特”导弹后，北约至少也会动用其部署在土耳其的部队发起常规武器反击，也就是说土耳其和美国空军会联手对黑海地区的苏联战舰和（或）海军基地发动攻击。我认为对方起码也会这么做，而这么做确实非常危险——苏联袭击土耳其，北约对苏联进行报复。[52]

麦克纳马拉非常重视这个问题，虽然他在自己的脚本中预设政府会做出不明智的选择，但他怀疑美国很快就会发动一场核战争。然而在现实中，不管是肯尼迪还是赫鲁晓夫，谁都不想面对一场灾难，他们发现了一条悬崖勒马的退路：美国承诺不入 176

侵古巴，以此换取苏联从古巴撤出导弹。从这个实例中可以看出，不论双方多么不了解彼此，但在根本问题上它们还是存在共同点的，即都下定决心要避免一场核悲剧。

导弹危机最终如此收场，虽说是出于美苏双方对核战争的共同恐惧，但从中可以得出的一个结论是，只要有清醒的头脑和坚定的意志，类似的危机是可控的。特别是，这次危机的成功化解对事态升级论提出了质疑。事态升级论向来称不上什么战略，而是人们避之唯恐不及的东西。古巴导弹危机之后，事态升级论遭到质疑，因为它无法认识到渐进式行动的潜力，尤其是在冲突发生的早期，真正大战斗还没打响之前。阿尔伯特和罗伯塔·沃尔斯泰特认为："这就像我们面前既有上行扶梯也有下行扶梯，两段扶梯之间还有落脚的平台供人站在上面思考，要不要坐扶梯，选择上行还是下行，或者干脆原地不动，或者选择走楼梯。事情到底发展到什么地步就会具有自动性或者不可逆性，这个问题虽不确定但至关重要，正因如此决策者才需要找个平台，停下来喘口气，考虑下一步动作。"[53]

赫尔曼·卡恩力求展示，即便核大战已经打响，也能够找到办法采取行动给对方施加压力，同时避免一场终极大决战。他认为，战争升级是必须消灭的恶魔，它并不是什么独立于人类行为之外的现象，而是缺乏智慧、物质准备匮乏的恶果。他想让人们认识到，战争升级很可能是一种蓄意行为。当"人们想让战争升级那么一点点，却感觉对方不愿意再往前走一步"[54]时，这一想法就获得了行动上的支持。由此，逐步升级就从一个无可救药、无法驾驭的过程，变成了有可能加以操控的行为。卡恩在 1965 年出版的《论逐步升级》（*On Escalation*）一书中介绍了"升级阶梯"（escalation ladder）的概念，"阶梯"

共有6个（原文误作sixteen）门槛，44级台阶。对大多数人而言，这本书最大的特点是指出，当人们在第15级“台阶”处初次使用核武器之后，任何人都有可能提出近30种不同的方法来运用核武器。[55]当事态失去了控制的伪装后，全面战争便会爆发，“升级阶梯”也就走到了头。卡恩声称，自己并没有套用弗洛伊德的阶梯论。而意大利左翼作曲家路易吉·诺诺（Luigi Nono）则将卡恩的阶梯理论用作了一支乐曲的主题。他把这支曲子献给越南民族解放阵线，乐曲的第一章是“危机”，直至第44终章“愚蠢的战争”。[56]

美国前总统肯尼迪和约翰逊的国家安全顾问麦乔治·邦迪
对这种分析反应强烈。他认为，军备竞赛已经发展到与真正的 177
国际政治行为几乎毫不相干的地步。一旦双方都握有热核武器，形势便会陷入僵局。所谓“一定的报复可能”意味着“不管是美国还是苏联，任何一个理智的政府都不可能有意识地去发动一场核战争”。他写道：“政治领导人对核武器的真实想法与在模拟战争中计算出来的相对‘优势’之间存在巨大差距。”在智库看来，数以百万计的人死亡也是“可以接受”的损失，因此“对一个理智的人来说，损失十几座大城市也未尝不可”。而邦迪认为，“在真正的政治领袖的真实世界里”，“如果某个决定会导致本国的一座城市遭到氢弹袭击，那么人们会提前认识到这是一个灾难性错误；如果10座城市遭10枚氢弹袭击，那就是一场史无前例的灾难；如果有100座城市遭到100枚氢弹袭击，那简直就是不可想象的事情”。[57]

邦迪认为，圈内的战略讨论已经和现实脱节。他的这种看法在1983年引起了争论，因为在“最猛烈的先发制人攻击”之后，双方还是有能力用热核武器进行报复，那么基于“对未来的不确定性”，某种形式的威慑仍然“存在”。[58]这一观点消除了特定武器项目、就业计划，抑或各种规则声明的战略效果。只要超级大国之间的战争有可能引发大灾难，那么最好不要去冒险。事实证明，邦迪的想法很有吸引力，因为它不仅具有直观的合理性，而且通过清除它们的相关性的方式解决了所有关于核政策的复杂问题，只要这些问题不是过于离谱或太过愚蠢。虽然在决策圈里，人们除了参考华盛顿讨论新武器系统时所假设的实际交战需求之外，依旧很难想出评估核武库的大小和构成的办法，但这些讨论最终还是落在常规框架之内。各种各样的方案变得不再具有可信度。对美国来说，核威慑是有用的，因为它对破坏现状的严重后果提出了警告。这种对危险的警觉依靠的不是理性的核反击，而是一种依稀犹存的疑虑，即一旦战争狂热不再受到约束，非理性的核反击是靠不住的。

十四　游击战

军队的力量是一种看得见的东西， 178
它中规中矩，被时间和空间所限；
可是，谁来追踪力量的极限，
勇敢的人能随心所欲地带来光明和黑暗——
燃起复仇之火为自由而战？
谁的脚步也追不上，
谁的眼睛也跟不上，
这种力量来到了一处决定命运的所在，
这种精神
或像强劲的风展翅飞翔，
或像沉睡的风深藏在可怕的洞穴中。

——威廉·华兹华斯，1811 年

如果说核武器将军事战略引向偏离常规战争的方向，那么游击战也是一样。核武器问题涉及用极端武力威胁社会。游击战则是一个愤怒的社会对不合理的武力所做出的回应。虽然游击战后来和激进的政治运动拉上了关系，但它最根本的吸引力仍在于：它是一条有助于弱者生存的途径。尽管游击战算不上什么全新的战争形式，而且美国独立战争期间也采用过这种作战方式，但游击战真正得名自十九世纪初西班牙人反抗法国占 179

领军的“小规模战争”中所采用的埋伏、骚扰战术。华兹华斯的诗歌描写的正是这场战争。

游击战是凭借地利与人和而采取的一种防守型战术。它后来发展成为一种消耗战略，采用故意拖延时间的手段来拖垮敌人，或者等待事态发生突然转变。这样的战争如果单凭一己之力很难获胜。在比较常规的战争中，当敌人同正规军交战时，非正规军在分散敌人火力方面是最有效的。拿破仑之所以在西班牙吃亏，是因为他同时还要对付英国军队。1812 年，俄国农民同样也让法国军队的境遇雪上加霜。克劳塞维茨经历过法国占领普鲁士的战争，见证了西班牙的暴乱和法国人在俄国的惨败，他将游击战作为自己早期演讲和作品的主题。在《战争论》中，游击战被定性为一种防御方式。到十九世纪二十年代，克劳塞维茨完成了《战争论》的大部分内容，此时游击战已经成为一种不常使用的战略。大众战斗力日渐衰微，保守国家开始占据上风。

游击战能够给一支占领军带来麻烦，但它同时也是濒临战败的人们“最后的绝望手段”。一个奋起抵抗占领者的将领必须是“神秘且难以捉摸的”，因为一旦所有信息变得具体、明朗，抵抗就会被攻破。游击战术虽然是一种战略上的防守概念，但它必须具有攻击性，旨在出其不意地打击敌人。在一个国家内部，最适合打游击的地方往往是地理条件恶劣的偏远地区。在克劳塞维茨看来，如果没有正规军帮忙，非正规军就没有什么价值可言。[1] 约米尼的观点与此类似。他知道民兵组织足以对占领军构成威胁，也很清楚如果民意被煽动起来，占领军就很难打赢扩张战争。这些都是约米尼避之唯恐不及的事情。他认为，人们因宗教、民族、意识形态差异而发动的战争是应受谴责的，“有组织的谋杀”引发了“狂热的激情，它让人变得心怀恶意、残忍、可怕”。他承认，自己的“偏见来自对旧日时光的怀念，那时候法国兵和英国兵甚至会礼貌地请对方先开火”，而不是像“在这个可怕的现实里，包括牧师、女人和孩子在内，整个西班牙都在密谋杀死掉队的士兵”。[2]

十九世纪三十年代，马志尼领导的青年意大利运动失败，朱塞佩·加里波第带领红衫军崛起成为一个天才的游击队领导人。这表明游击战可能成为一种暴动手段。虽然有了意大利这个例子，但革命性暴力的主要模式仍是大众突然起义，然后出其不意地抓获当局。有人认为，起义民众可能会在长时间的运 180
动中被渐渐拖垮，但这种观点并不流行。弗里德里希·冯·恩格斯在为卡尔·马克思起草的一篇文章中指出，游击战在西班牙兴起反映出西班牙军人的无能。在恩格斯笔下，这些人与其说是军人，还不如称之为暴民。他们的动力来自“仇恨、报复和掠夺”。[3]他倾向于按常规军事组织来思考，即使在思考革命问题的时候，他的设想也是革命成功以后，一个社会主义共和国需要一支像样的军队来保卫国家。革命需要一支具有阶级意识的、纪律严明的无产阶级战斗部队。这种想法一直影响着社会主义者的思想。于是，游击队就被视为无政府主义者和罪犯的势力范围，以及乌合之众放纵自己的暴力倾向的领地。虽然在俄国，列宁也或多或少认同这样的观点，但他并不完全排斥游击战。他认为，游击战只是一种次要的斗争方式，并不是主流方法，而且党的纪律可以控制它，并使之受益。一旦人民革命发展到一定阶段，在革命内战的“大决战”“间隙”发动游击战也不是不可能的。[4]

1917 年十月革命后，布尔什维克党人发现自己卷入了内战旋涡。军方政委列昂·托洛茨基（Leon Trotsky）也将游击战视为一种有用但只是辅助的作战方式。它的实践要求很高，需要恰当的组织和方向，必须摆脱不够成熟的业余色彩和冒险主义者的影响。它虽然不可能“推翻“敌人，却能给敌人制造麻烦。强势部队可以用统一指挥的大规模军事力量来消灭敌人；托洛茨基认为，弱势部队可以用小规模的、相互独立的机动力量来瓦解强劲的对手。这种观点继承了德尔布吕克有关歼灭战略与消耗战略二者区别的看法。显然，托洛茨基赞成消灭敌人。“苏联的力量一直并且仍然是强势的一方。”苏联的任务是消灭敌人，“这样才能自由地进行社会主义建设”。因此，想打游击战的一方是敌人。由此可见，局面发生了变化，无产阶级成为统治阶级，沙皇的支持者成了反叛者。托洛茨基否认自己的战略过于沉闷呆板，缺乏机动灵活性。[5] 红军是靠“志愿者、反叛者、纯朴的老百姓、经验不足的游击队员”起家，并把这些人锻炼成了“真正的训练有素、纪律严明的军团”。但无论如何，随着内战日趋严酷，托洛茨基开始组建机动的游击小分队来支援“红军大部队”，在敌人后方制造麻烦。[6] 因此，即便在激进分子看来，游击战也是一种次要战略，一种防守的权宜之计，不能靠它来取得胜利。

181 阿拉伯的劳伦斯

十九世纪欧洲帝国的扩张引发了频繁的起义和反抗，由此也对正规军提出了更高的要求。英军把这项任务交给皇家警察。卡尔韦尔（C. E. Calwell）在 1896 年出版的《小规模战争》（*Small War*）一书中探讨了这种现象，并指出一条普遍性规律，“去遥远的殖民地镇压叛军，必然意味着一场拖泥带水、吃力不讨好、意志薄弱的战争”。一战期间，英国考古学家托马斯·爱德华·劳伦斯（Thomas Edward Lawrence）因煽动阿拉伯人反抗奥斯曼土耳其帝国统治而名扬天下，他不是费尽心机去控制游击战，而是把大部分精力花在研究如何打游击战上，并制定出相应的法则。劳伦斯不但经历不凡，还极具文学天赋。他擅用生动的比喻和各种格言警句，因此其作品流传甚广。他的回忆录《智慧七柱》（*The Seven Pillars of Wisdom*）是一部经典之作。他的这部游击战基本哲学，以及阿拉伯国家反抗历史于 1920 年首度出版。[8] 战后，他努力打破自己之前创造的神话，为协约国的无能而备受煎熬，因为他曾经向阿拉伯人许诺要帮助他们实现独立。

反抗奥斯曼土耳其帝国的斗争始于 1916 年，手段是在麦地那至大马士革的铁路运输要道沿线发起行动。令土耳其人非常恼火的是，火车屡屡受损，但将整条铁路线保护起来不受阿拉伯人攻击又是不可能办到的。最终，这场行动演变成一场阿拉伯人的全面反抗——从很大程度上分散了土耳其人的精力。劳伦斯曾经描述过 1917 年年初的一段经历。他当时正在努力克服非正规军的种种局限性。他们做不到正规武装部队该做的事情，比如“寻找敌军部队，摸清敌人的力量中心，在战斗中消灭敌人”。他还发现，这些非正规军力量无法有效地攻打一个目标，也无法守住目标。他的结论是，非正规军的优势位于“深层，而不是表面”，可以利用他们的战斗威胁，让土耳其人陷入被动的防守地位而不能自拔。

后来，劳伦斯大病一场，身体痊愈之后他开始思考这场运动的未来。他曾经“读过相当多”的军事理论书籍，克劳塞维茨在他脑海中留下了深刻印象。然而他又排斥只靠“一场战斗”来消灭敌人的“绝对战争”观点。他认为这像用鲜血换取胜利，阿拉伯人是不会那么做的。他们为自由而战（“人只有活着才能享受到自由的快乐”）。军队就像植物，“整体上无法动摇，牢牢地扎根在土里，通过长长的茎自下而上输送营养”，而阿拉伯非正规军则是“一个难以捉摸的东西，它既伤不着，也没有所谓的前方和后方，就像飘飘荡荡的气体”。奥斯曼土耳其缺少足够的人手来对付“阿拉伯人的邪恶”，尤其是他们更倾向于对叛军采取毫不含糊的绝对行动。他们不会承认“对叛军的作战就像用小刀喝汤一样，进展缓慢且一团糟”。供给线遭袭使得土耳其人始终处于资源紧张的状态中。这场战争中双方互不接触，更像是一场隔空战斗。游击队只有在出现进攻机会的时候才会被敌人发现，避免了因为“完美”的情报而被迫进行防御。这其中涉及一个心理学问题。按照当时的普遍说法，劳伦斯提到了“大众”，并且认为有必要“把他们的精神调整到一个适合采取行动的状态，为了达到某种结果而事先改变他们的想法”。阿拉伯人不但要给自己的军队下命令，也要给敌人下指令（“尽我们所能”），还要为支持与反对的国家以及“持观望态度的中立国家”厘清思路。

为此，劳伦斯练就了一支规模小、机动灵活性高且装备精良的部队，正好用来对付那些分散驻扎、防卫薄弱的土耳其军队。阿拉伯人没什么需要防御的，而且非常熟悉沙漠环境。他们的战术是“打了就跑，不往前推进，但会时常发起行动”。他们在一个地方打了胜仗之后，不会固守战果，而是继续前进，到别的地方实施打击。在这种情形下，胜利取决于“速度、隐蔽性和打击的精准程度”。劳伦斯认为，“非正规战斗比拼刺刀更讲究智慧”。这些战术把土耳其人逼到了“无可奈何”的境地。但他也承认，奥斯曼帝国最终垮台主要依靠的并不是非正规战斗，而是艾伦比（Allenby）将军领导下的英国常规武装力量不断向前推进的战果。从这个角度来看，劳伦斯的行动虽然发挥了重要的支援作用，但也只是“锦上添花的余兴表演”而已。劳伦斯在认可艾伦比的同时心里也有一丝遗憾，因为正是正规军的参与让他失去了一个验证不靠大战役也能打赢战争的机会。“非正规军作战和起义是一门精密科学，要证明这点则是一场令人兴奋的尝试。”劳伦斯注意到，非正规军占据着诸多优势：一座无懈可击的基地（于他而言是英国皇家海军保护下的红海港口）、无力控制占领区的外国入侵者，以及友善的大众（“反抗力量中2%是活跃的武装人员，另外98%是持同情立场的人”）。对此，劳伦斯提供了一份情况概要：

> 掌握了机动性、安全性（拒绝成为敌人的目标）、时间和信念（把万物转化为友善），胜利将属于起义者，因
> 为最终起决定作用的是未知因素，无论多么完美的手段和 183
> 精神与之斗争都只能是徒劳。

毫无疑问，李德·哈特对劳伦斯一见倾心，因为后者正是他所崇尚的间接战略的实践者。战后，两人有过短暂的书信往来，李德·哈特借用了劳伦斯的观点。两人后来成了朋友，李德·哈特作为军事编辑，将劳伦斯的思想编成条目收录在1929年版《大英百科全书》中。劳伦斯的功绩成为李德·哈特解释间接战略的教材。他尤其注意到，劳伦斯既是思想家，也是实践家，没有经过军队系统的历练便获得了如此大的指挥

权。之后，李德·哈特写了一部满怀仰慕的传记，他在其中将劳伦斯置于极高的地位。[9] 令他颇感兴趣的是，劳伦斯发现，阿拉伯人热切期盼的是一场不流血的胜利。否则，李德·哈特对一场出于激进目的的游击战是不会有什么兴趣的。如果说李德·哈特有什么不认同劳伦斯的地方，那也是因为游击战通常会导致残杀和恐怖行为。李德·哈特之所以热衷于研究游击战，是因为他认为一般战争很可能沿着劳伦斯在非常规战争中探索出来的道路发展。[10]

毛泽东和武元甲

1949 年毛泽东带领中国共产党打赢了内战，从他的战略中可以看出，他显然认为游击战并不是一种另辟蹊径、获取胜利的方式。他认为，游击战是可以在防守时采用的一种战略，但单靠打游击是不可能赢得胜利的。他会在生死存亡的关键时刻依靠游击战。由于毛泽东经常处于守势，因此他的游击战略具有一定的权威性，但相比之下，他更喜欢的战争形式还是靠机动灵活的常规部队来打仗。毛泽东之所以依赖游击战，原因不仅在于他在 20 年左右的时间里遇到的对手不是强大的国民党武装，就是日本占领军（1937 年至 1945 年）；更重要的原因是，他把根据地建立在农村地区，并认为革命力量的源泉是农民，而不是城市工人。

虽然毛泽东出身于农民家庭，但二十世纪二十年代他作为党内活动分子的第一项任务却是工人斗争。这是党的城市领导层提出的要求，但毛泽东却认为，在一个像中国这样的农业大
184 国里，工人阶级并不是促进变革的因素。1927 年，他在目睹了湖南农民运动之后写道，农民一旦以适当的方式行动起来，

“其势如暴风骤雨，迅猛异常，无论什么大的力量都将压抑不住”，“一切帝国主义、军阀、贪官污吏、土豪劣绅都将被他们葬入坟墓”。就在这一年，脆弱的国共合作破裂了。在接下来的冲突对抗中，毛的部队打了败仗，被迫撤退。毛泽东很快得出一个结论，只有在中国广大的农村地区打游击战，革命力量才有可能生存下来。[11] 1930 年，共产党领导的城市暴动相继失败，毛泽东在下一阶段的思想中提出，与其说农村是攻打城市的根据地，倒不如说农村就是干革命的地方。他建立了新的根据地——江西苏维埃——然而由于 1934 年对国民党据点的常规进攻失败，导致敌人反扑，根据地面临巨大压力。长征大撤退行动让毛泽东逃脱了险境，但也付出了巨大的代价。共产党军队历时一年跋涉了 6000 多英里，直到 1935 年 10 月找到陕西这个新的安全地带。此时，毛泽东的队伍数量锐减，只留下不到 1 万人。① 根据张戎和哈里迪（Chang and Halliday）的记述，实际上国民党是故意把共产党军队放跑的——因为斯大林手里正扣押着国民党领导人蒋介石的儿子当人质——于是毛泽东进行了一次不必要的长途跋涉，避免了加入对手的大部队。[12] 由于原有的领导层名声受损，不再受到信任，于是毛泽东作为一名军事领导者和中国农村问题专家成为中国共产党的领导人。

1937 年 7 月，日本入侵中国。毛泽东组织起抗日民族统一战线。虽然各方在 1936 年 12 月已经谈妥各项事宜，但统一战线在实践中却很脆弱，尤其是因为相对于国民党而言，它对毛泽东更有利，后者可以利用这个机会赢得时间。国民党处于防守地位，其领导层和军官被逐出了众多战略要地。与此同

① 根据国内资料，此时毛泽东队伍数量约有不到 3 万人。——编者注

时，日本人也无法建立起有效统治。于是，共产党趁机填补了空白。共产党成为抗日统一战线的代表，获得了宣扬其所追求的经济和社会改革的机会。农民则得到了改变地方权力结构的机会。但与此同时，在和日本人交手的问题上，毛泽东表现得格外谨慎。尤其是当1941年12月美国参战之后。抗日战争结束后，内战随即席卷中国，毛泽东依然很谨慎，希望通过谈判
185 与国民党达成和解。[13]到了1947年，他开始觉察到，国民党虽然表面上控制着中国的大部分地区，但他们根基不牢，很难抵挡共产党的进攻。1949年，毛泽东终于夺取了政权。

毛泽东的理念早在10年前就已经成形。最初，这些理念和人们公认的智慧有所背离。因为那时候毛泽东还不是党的领导人，这些想法是在更加务实、受限的条件下形成的，而不像其之后的表述中看上去那么教条。1937年，毛泽东在长征结束、日本入侵之后，发表了一系列演讲，对人民战争做了最权威的陈述。这些思想构成了他论述游击战的基础。[14]它们反映了毛的坚定信仰，即农民可以成为革命性变革的代理人。由于毛泽东主要不是和城市无产阶级战斗在一起，因此他认为后者理所当然需要获取政治意识。他认为，人民战争的核心是政治教育和动员。这就要求广大人民群众理解斗争的政治意义、斗争的目的，以及斗争胜利之后准备实施的计划。因此，通过游击战术赢得的时间，应该被颇有成效地用来“在群众中做宣传”，帮助他们获取革命力量。政治永远是指导一切的。

毛泽东轻视经济和武器力量等他自己明显欠缺的物质因素，他重视人的力量和士气：“决定的因素是人不是物。”[15]鉴于他从事了十多年的武装斗争，对于他坚持奉行另一句格言“枪杆子里面出政权”也就不足为奇了。从中可见，迂回曲折的武装斗

争塑造了毛泽东的人生。毛泽东读过克劳塞维茨和约米尼的著作。[16]约翰·夏伊认为毛泽东在某些方面更像约米尼，他们有“相似的格言、信条和劝诫”，采用“同样的分析与指令相结合的方法”，还有同样的“说教的动机”。[17]孙子显然也对毛泽东影响颇深，毛曾经提出在面对强敌时如何避免战斗拖垮敌人（“敌进我退，敌退我进，敌驻我扰，敌疲我打”），他还提出了情报与更好地把握局势的重要性（“知己知彼，百战不殆”）。[18]

尽管游击战迫不得已地在毛泽东的作战计划中处于相当突出的地位，但毛深知其局限性。他将作战的基本原则称作“保存自己，消灭敌人”。游击战只是消灭敌人的第一步，尽管在毛泽东的军事斗争生涯中，除了最后的几年，游击战几乎占据了全部。他依靠游击战的防御特性——人和与地利——对
抗敌军占领。在一个广为流传的比喻中，他形容说，动员了全 186
国人民，“我们就能创造吞没敌人的汪洋大海”，在这水中我们的军队是鱼。[19]他强调游击队和老百姓要团结，为此他立下了三大纪律（“一切行动听指挥；不拿群众一针一钱；一切缴获要归公”）和八项注意（“上门板；捆铺草；说话和气；买卖公平；借东西要还；损坏东西要赔；洗澡避女人；不搜俘虏腰包”）。[20]

劳伦斯的部队善于出击，往往在险要之地向敌人发起进攻。毛泽东与之不同，他对于远离根据地的冒险进攻非常警惕。他的战略是，诱敌深入到自己的势力范围内再打。他可以在自己的地盘上继续发起战术进攻，但要进行战略进攻就会受到种种局限。他打算和日本人打一场持久战。毛泽东在思考战争进程的时候，发现了一个最佳的三阶段战略。第一个是防御阶段。等到敌人趋于保守，局势陷入僵局（第二阶段），共产

党的军队也就有了足够的信心和能力发起反攻（第三阶段）。虽然中国人当时独立作战，但毛泽东意识到，到了某个阶段很可能会有外部力量介入以削弱日本军队的实力。他看到了游击战和阵地战（防御或进攻特定的点）的作用，但最好的结果是发起运动战。只有这样，才能歼灭敌人使其失去抵抗能力，而不是在肉体上完全消灭敌人。毛泽东和日本人的这场战争可能会陷入僵局，但绝不会出现妥协。因此，战争的第三阶段需要的是常规部队。在此之前，游击部队会一直非常关键。而到了第三阶段，游击队就只能当配角了。

中国革命胜利后，越南的武元甲大将成了毛泽东最不懈的追随者。他原是一名反抗法国殖民统治的教师，后来又对抗美国支持的南越反共政权。1940 年他到中国深入体会毛泽东的理论和实践，后来回到越南领导反日、反法斗争。有报道称，他将劳伦斯的《智慧七柱》当作自己“离不开”的“战斗真理”。他认真研究了毛泽东的三个阶段理论，并在此基础上做了重大创新，认为斗争可以根据环境条件的不同而在各个阶段之间来回转换，而毛泽东认为这三个阶段是按顺序排列的连续步骤。和中国相比，越南领土面积小，因此具有更大的灵活
187 性。尤其是，武元甲准备在第三阶段还没到来之前就启用正规部队来保卫领地。

武元甲描述游击战的时候抓住了二十世纪中期亚洲共产主义斗争的最佳实践。游击战使得经济落后国家的广大人民群众勇敢地反抗“训练有素的侵略军”。他们在抗击敌人的过程中表现出“无限的英雄主义”。斗争前沿不是固定的，哪里有敌人哪里就是前线，敌人在哪里暴露出弱点，哪里就是当地部队的前线，“在进攻和撤退中”，采用了“主动、灵活、快速、出

其不意、突然袭击等手法”。“这些小小的军事胜利会一点一点”将敌人拖垮。一定要避免损失，“即便以撤退为代价”。[21]

因此可见，从恩格斯到武元甲，主流共产主义者从来都没把游击战当作一种充分的作战方式。它只是真正的军事力量尚未形成之前所采用的一种生存手段。只要能够继续周旋下去，什么事都可以做。但如果目标是夺取政权，那就必须击败国家的正规军。

镇压叛乱

二十世纪五十年代出版的两本书记录了美国千方百计同共产主义反抗实现妥协的过程。一部是格雷厄姆·格林（Graham Greene）的小说《文静的美国人》（*The Quiet American*）。该书以作者五十年代初在越南的经历为基础，将笔触聚焦在一个热情而天真的美国人奥尔登·派尔（Alden Pyle）身上。派尔有一套自己的理论概念，却并不真正理解越南到底需要什么。他“怀着自己特有的真诚”，却“无法想象自身会遭受怎样的痛苦和危险，就好像他不知道自己可能会给他人造成怎样的痛苦一样”。尤金·伯迪克（Eugene Burdick）和威廉·莱德勒（William Lederer）分别是学者和军官，二人本打算撰写一部非小说类书籍，来探讨美国在东南亚对抗共产主义的过程中所犯下的种种错误。但后来他们明智地决定写一部小说，认为那样能更为有效地表达自己的观点。《丑陋的美国人》（*The Ugly American*）更像是美国英雄。陆军上校埃德温·希伦戴尔（Edwin Hillendale）在南越和菲律宾帮助当地人成功地发起了运动。该书传递的信息是，美国人如果想在东南亚社会做点有影响力的事情，就得深入当地人的生活，学会他们的语言和文化。希伦戴尔认为，“每个人、每个国家都有一把钥匙，掌握了这把钥匙就能打开他们的心门”。“如果你用对了钥匙，就可以用任何方式操控任何国家或者个人。”[22]

这两本书中的主要人物大多被描写成受到爱德华·兰斯代尔（Edward Lansdale）将军的鼓舞。虽然格林时常否认这一
188 点，但希伦戴尔明显是以兰斯代尔为原型创作的人物。兰斯代尔被说成美国为数不多的真正理解反叛乱需求的几个人之一，因此1961年他成了肯尼迪总统的顾问。兰斯代尔知道，没有民众支持就“没有支持战斗的政治基础”。必须让人们明白，社会运动、政治改革和敏锐的军事行动一样，能够改善他们的生活。要实现这一点，就需要一个有求必应、作风清明的政府，行为端正的军队，一个能让人信服的事业目标。

约翰·肯尼迪在当参议员的时候就对《丑陋的美国人》大加赞赏，令他着迷的是书里的中心思想，即美国的自由主义理想和苏联的共产主义一样，都能鼓舞那些身处绝境的人。肯尼迪担任总统后采取的第一项行动就是，要求美国军队更加严肃认真地对待反叛乱行动。[23]肯尼迪鼓励身边所有人阅读毛泽东和古巴革命理论家切·格瓦拉的著作，他自己则对特种部队及其训练手册、装备深感兴趣。他建立起各种工作组来协调所谓的“秘密战争”，很快南越就成了重点工作区域。实际情况是，这些地区的发展问题很突出，政府机构非常薄弱，在普通人看来军队不是安全保障而是压迫工具。然而，制订行动计划比判断形势要艰难得多。美国人花费大量精力研究毛泽东的理论学说，也就是说美国的政策开始有所反应，试图弄清楚北越的共产主义运动是不是正从第二阶段转至第三阶段，美国人开始专注于如何对抗共产主义宣传和战术。

罗伯特·汤普森（Robert Thompson）曾经写道，英国人在马来半岛的成功经验对美国人产生了一定影响。[24]在杰拉尔德·坦普勒爵士（Sir Gerald Templer）的领导下，共产党叛乱得到了控制。坦普勒认为，其中“打仗的因素占25%”，“另外的75%在于让这个国家的民众站在我们这一边”。坦普勒的办法不是“派遣大量部队深入丛林”，而是如他的那句名言所说“要进入人们的心灵深处”。他深知公民行动的重要性，也知道要拿出必胜的决心。这就需要做好准备，面对各种冷酷无情的局面。[25]坦普勒取得了成功，然而他所处的环境条件毕竟是有利的。在马来亚，共产党绝大多数是少数族裔中的华人，他们的补给线很弱，经济条件只能算还过得去。

大卫·格鲁拉（David Galula）的作品中反映了法国人在越南和阿尔及利亚的失败经历。他就如何对付共产党的战术提供了一个更为简明清晰的答案，并且推广了“叛乱”（insurgency） 189
这个概念。他还强调了民众忠诚度的重要性，成功的反叛乱必须确保民众有一种被保护的感觉，只有这样他们才能摆脱遭报复的后顾之忧，进而采取合作的态度。胜利是靠一点一点地攻城略地得来的，每块被征服的区域都可以作为安全基地，为下一次行动做准备。[26]格鲁拉在阿尔及利亚的经历相当复杂。他努力以积极的态度善待当地民众，但他的同僚军官们却不这么看。至于宣传，他认为法国人“绝对比我们的对手要愚蠢多得多”。和其他反叛乱问题专家一样，格鲁拉发现自己的理论既不适用于地方政治结构，也无法适应军队文化。[27]法国军官阶层试图发展出一种能够应对共产主义者政治上的强度和冷酷的反叛乱学说，结果却是他们因未得到政府足够的支持而将怒火转移到巴黎当局头上——甚至试图发动一场政变。[28]

美国人意识到，要给反共的南越政府提供更大的合法性，将其转变为民主和发展的代理人，从中可见理论目标与实际情况大相径庭。人们都知道，作战的时候必须由当地人来打仗，可这又带来一个问题，如果这些土著军事力量不合作又该怎么办？有一种叛乱是打着国际共产主义的旗帜发泄对当地状况的种种不满；而如果叛乱是由外来的共产主义者所推动的，那就另当别论了。美国军方不能肯定，后者是不是一种新的叛乱类型，只是把它当作旧的叛乱活动来对待。反叛乱理论中提到，军事行动的作用是制造一个足够安全的环境来推动各种民政项目，由此改善人们的社会环境，进而赢得“人心”，阻止叛乱者建立基地、招募人员、获取支持。但军方不同意这种观点，他们认为赢得战争靠的是消灭敌人的军事力量，破坏敌人的军事行动。他们主张用子弹和炮弹准确攻击敌人的藏身区域，即所谓“搜索与摧毁”策略。然而敌人通常会转移，这些攻击行动带来的是平民伤亡和民众的对立情绪。

一名当年参与过此类内部讨论的人士后来就越南“解放战争”后对巨大威胁所做的“过分简单化”推断表达了遗憾。在这种心态下，美国人根本看不到“内部动乱的国内根源和根本原因”，他们把这些叛乱力量当作“组织严密的军事部
190 队，而实际上他们是根植于社会的金字塔顶端力量”。[29]另一名官员则对“叛乱者”这个称谓提出了质疑，认为其对手应是革命者或反对派，将其描述为“叛乱者”否定了对手起始很可能是民众运动的首领。让美国难以接受的是，其对手通常是当地颇受欢迎的人物，而他们所反对的人则是实施压迫的人。[30]一个根本的问题是，要想消除“导致民众不满的根本原因”，解决“最丑恶的不公正现象”，当地政府就必须采取积

极正面的行动——有时候还需进行激进改革，然而这些措施都因涉及改变国家的社会结构和国内经济状况而威胁到政府的地位。[31]值得注意的是，反叛乱学说的最初构想是把主要任务交给当地力量去完成，美国只是充当资源提供者与顾问的角色，应避免大规模投入美国的军事力量。[32]二十世纪六十年代有过许多这方面的例子。从这个意义看，南越是个例外，而且这个例外也给后来所有的反叛乱理论及实践蒙上了一层阴影。

1965 年年初，局面已经十分明朗，对付越南南部的国内叛乱力量势必困难重重。于是美国调整方向，将矛头对准了通向北部的供给线。美国人将这场冲突严格地设定为一场与北越共产党领导层及其部下的战斗，而不是南越内部的一场权力斗争。其间，托马斯·谢林的讨价还价概念和威慑外交发挥了相当大的作用。这在有关越南问题的种种探讨中就可见一斑。而实际上越南的情况与之前谢林自己设想的情形相去甚远，他设想的是超级大国之间争夺欧洲中心区域的一块价值宝地，并且直接关系到一场潜在的核战争。[33]六十年代，美国政府中受谢林影响最深的要数约翰·麦克诺顿（John McNaughton）。他是哈佛大学毕业的学术型法律人，1967 年死于一场空难。四十年代末，他和谢林共同参与了马歇尔计划，并由此结下了深厚友谊。麦克诺顿只要谈起军控，就会表现出对“双方共有的突袭恐惧”（reciprocal fear of surprise atteck）和“非零和博弈”[34]这两个概念的强烈兴趣。据称，他曾经说过，古巴导弹危机所体现的就是谢林的博弈论的现实性。[35]麦克诺顿是美国越南政策形成过程中的关键人物，曾与国防部长罗伯特·麦克纳马拉和国家安全顾问麦乔治·邦迪密切共事。一名同事曾经将他的备忘录描述为规划师艺术中的归谬法，将现实政治与美

国最尖端智库的超理性主义结合在了一起。[36]1964 年 2 月，麦
191 克诺顿在其牵头撰写的一份工作小组报告[37]中提出的建议就完全是谢林式的：用“具有伤害性但不具破坏性”的行动来影响河内方面的决策。[38]另外，还有一条从谢林那里借鉴来的建议是“以坚定的决心和广泛的军事部署为基础，如果真有必要就决定动用军队，并尽可能用一切方式把这个决定传递给对手，营造一个最佳的现实机会避免真正使用武力”。其中，最根本的原则是“一磅的威胁在价值上等同于一盎司的行动——只要我们不是虚张声势”。[39]

麦克诺顿的团队认为，主要问题是如何运用美国的空军力量。当时，政府仍在想方设法避免动用地面部队。但空袭并没有太多的直接军事价值，因为凭借空中打击很难切断地面的供给线，而且针对平民的大规模空袭也是让人无法接受的。麦克诺顿的主意是为了政治目的发动强制性空袭，他称之为“渐进的挤压与对话”，即在逐步加大军事压力的同时精心安排外交接触。即便美国最终选择了放弃，也很有必要向外界展示，美国一直都在“履行诺言、坚忍应对、甘冒风险、流血流汗，而且重创了敌人”。[40]麦克诺顿努力寻找各种方法让人明白，美国人虽有承诺但并不坚决，遵循了一条道路却并没有关闭其他渠道。

1965 年年初，麦克诺顿向谢林请教，在当时那种毫无希望的环境下应采取什么手段来胁迫北越。有一种说法是，两个人在一个问题上反复斟酌，怎么也得不到令人满意的答案。这个问题是：“美国应该要求北越停止什么行动，这个要求既要让对方服从，美国又能马上知道北越方面已经服从，并且在轰炸停火后北越无法重新开始行动。”卡普兰曾经不无得意地评

论说：“在谈到用武力传递信号，用痛苦逼迫对手就范，借助战争威慑手段编排各种交流方式的时候，托马斯·谢林在理论层面上很自信，笔下时常洋洋洒洒，但是当面对活生生的‘有限战争’时，他被难住了，根本无从着手。”[41]事实上，谢林对于轰炸北越的价值一直深表怀疑。他注意到，美国在实施轰炸的同时，外交工作特别薄弱，他希望能和北越方面展开更为直白的私下沟通。[42]谢林的推理虽具有启发性，也很振奋人心，但其自身却无法形成战略，因为战略所需引进的各种复杂性是其理论结构无法驾驭的。

新一代的文职战略家对美国的早期越南政策产生了一定影响，但发挥最大作用的还是美国军方的喜好。在某些方面，双方的出发点是相同的，即聚焦与政治背景脱离的技术与战术。与核战略一样，反叛乱理论作为一种特殊的专业领域发展起 192
来，主要探讨特殊类型的军事关系，或者说特殊的战争类别。正如本章所探讨的，毛泽东和武元甲在实力尚弱时只是把游击战略当作权宜之计。他们认为自己不可能靠“游击战争”取胜——游击战争层面的胜利往往使他们能够将斗争推至下一阶段，即依靠常规部队粉碎敌军。在他们看来，他们构想的战争进程真正与众不同的地方是对政治教育与宣传的重视。

越南战争让文职战略家们猝不及防，他们几乎没提出过什么有价值的见解。它标志着战略研究的“黄金时代”走到了尽头。相互确保摧毁理论的出炉给冷战带来了一段相对平静期，而越南战争却“害死了学术圈”。[43]科林·格雷（Colin Gray）① 指责文职“智囊们”过于自信，他们自认为理论可以

① 英国雷丁大学国际政治与战略研究教授。

轻易转化为“行动的世界”。预言家成了献媚者，靠他们的知识资本生活。他们既要满足以问题为导向的官员们的需求，又要符合“政策中立”的学术标准。这种“双重忠诚”导致他们的政策建议是不切题的，并造成了学识上的浅薄。[44]作为对这种批评之声的回应，布罗迪赞扬了学者们在政策制定中的参与，并为接受重担、研究新兴核世界的一小部分文职战略家做了辩护，因为军方毕竟无力从事类似的研究。1966 年，布罗迪离开兰德公司。他为工程师和经济学家极度缺乏政治意识，以及他们对外交和军事历史的无知感到惋惜。他认为正是这一切酿成了越战苦果。

十五　观察与调整

谋无术则事难成，术无谋则必败。 193

——孙子

核战略显然已经无可再谈，越南战争让人不堪回首，在这种形势下，美国的文职战略家纷纷退出了这个领域。智库开始更多地专注于紧迫的政策问题以及更具技术性的话题。文职战略家向来在常规战争的一些经典问题上提不出太多见解，尽管这些都是军方会自然而然关注的话题。由于核战争、游击战等非常规战争抢先吸引了人们的注意力，因此常规战争倒成了二十世纪五六十年代各种文献中相对无人问津的领域。

法国退休陆军上将安德烈·博福尔（Andre Beaufre）是个例外。鉴于当时美国人准备将战略转换成一系列技术和实用性问题，博福尔的方法相比之下就显得更充分、更冷静。这反映在他对战略的定义中，他认为战略是“两个对立意志使用力量解决争议的辩证艺术”。[1]这种定义把战略放到了政策的最高层，其中包含的不只是军事冲突，还包括所有与权力相关的可能因素。战略表现为国家的最高职能，需要在不同的力量形式
之间进行选择，协调运用，确保将它们的效力发挥到最大。获 194
得胜利不一定要依靠武力，还有其他手段。目标是敌人的意志，让他们无力发动或继续战斗。因此，心理效应至关重要。

这种辩证法由三个相互关联的部分组成——核战争、常规战争和冷战。博福尔采纳了朋友李德·哈特的间接路线并赋予它一个更大的框架，注重依靠各种行动，而不是依靠军队来施加影响。因此，他对常规战争持有一种传统观点，认为打仗就是要取得胜利，但同时他也认为在核威慑时代，常规战争已经变得不那么有意思了。相比之下，冷战更让他感兴趣，因为它虽然是个新概念，却显然是一种持久现象。冷战将冲突扩展到了所有领域，包括经济和文化，矛盾双方很可能在这些层面发生对峙。从这个方面来说，在殖民地挑起不满情绪和发布人道主义呼吁都能成为同一种战略的不同组成部分。这种构想的风险在于，目标完全不同的事件会被解读为“对立意志的辩证法”。

美国人发现，博福尔的哲学方法受到了笛卡儿和黑格尔的影响，很难将它们付诸实践。伯纳德·布罗迪的观点很务实，他认为战略就是“以一种特定类型的竞争努力追求成功”，并自认为无法理解博福尔的观点。他难以接受博福尔摒弃军事历史、对搜集技术数据毫无兴趣的做法。它违背了“一个共识，即对技术及其他各种变化的认识是战略家的一种高层次需求”。[2]

布罗迪对博福尔的反应或许可以用来解释为何詹姆斯·怀利（James Wylie）会遭到冷落。怀利是一名美国海军上将，于六十年代写了一部简明扼要的当代战略指南。当时，人们曾经将怀特的战略方法拿来与博福尔做比较。[3] 詹姆斯·怀利的《军事战略》（*Military Strategy*）长期以来拥有一批追随者，但其影响力却一直很有限。[4] 五十年代初，怀利开始记录下自己的想法，主要是回忆他在第二次世界大战中的经历。与他合作的海军上将亨利·埃克斯（Henry Eccles）也持相同的观点。作为继承了马汉传统思想的海军军官，他们二人相信，战略的目的就是取得控制。

埃克斯认为，控制问题超越单纯的军事领域，既向内扩展，也向外延伸。其力量来源各不相同，就内部而言，不但包括政治家和公众，也包括后勤以及各种工业基地；从外部来看，这些力量更加难以掌控，除了对手之外，还包括同盟和中立方。[5] 在这种情况下，控制显然不可能是绝对的，而只能是 195
一定程度的。怀利深知战略关乎目的和手段，是一个“目标与若干手段的结合体”，是一种表现为各种竞争模式的战争，一方可以将某种模式强加于敌人而获取优势。这样的战争并不需要动用真刀真枪，可以通过展示威慑力量来逐步遏制敌人。

怀利的重点主张来源于两种战略之间的差异。它最早受到了美籍德裔历史学家赫伯特·罗辛斯基（Herbert Rosinski）的启发。罗辛斯基曾于 1951 年就“直接”（directive）战略和“累积”（cumulative）战略的差异发表过一番评论。罗辛斯基当然了解德尔布吕克，很可能一直在思考如何修正歼灭战与消耗战之间的区别。1952 年，怀利在一篇文章中首次发展了罗辛斯基的观点。“它波澜不惊地靠岸，从此停泊在码头上。”[6] 他后来在书中再次谈到了具有攻击性的线性战略和累积战略之间的区别。线性战略需要谨慎地展开各项步骤，每一步都取决于上一步，它们组合在一起决定战争结果。这种战略提供一种逼迫敌人就范的可能性，但要求实施者具备未雨绸缪的规划能力以及对冲突结果的预判能力。怀利同时也充分意识到了其风险在于，一旦某一个环节与预先设想的不一致，那么余下的步骤就必须遵循另一种方式，并最终导致一个比最初寻求的目标稍为逊色的结果。相比之下，累积战略更具防御性。它意味着“各种细小因素以不易觉察的方式叠加累积到某个未知的节点，当这些行为累积到足够大的规模时，就会发挥至关重要的作用”。这些细小因素并不是相互依赖的，因此即便某一个因素产生了负面作用，也不会使整个过程发生逆转。累积战略可以用来应对线性战略，摆脱敌人的控制，但其弱点是无法迅速产生决定性的结果。在实践中，怀利认为二者并不是相互排斥的，累积战略能够对鲁莽错误的计划起到有益的阻拦作用。[7]

虽然线性战略和累积战略之间的差异内涵丰富，但在美国关于各种战略的讨论中它们并不突出，因此怀利的影响力也相当有限。这些概念都很抽象，无法化解六十年代的种种偏见。直至七十年代，有关常规战争的严肃探讨才重新兴起。此时，经典问题已经发展到了足以进行重新评估的程度。常规战争仍是军事开支中最大、军方下功夫最多的领域，而且新技术正在不断挑战各种既有信条。

196 人们对常规战争重新燃起了兴趣，起点是当前战争最基本、最传统的遭遇之一，即先进技术介入之后，如何在空中混战中展开捕获与追逐。在朝鲜战争中作为战斗机飞行员参战的空军上校约翰·博伊德（John Boyd）就这个问题写了一本权威手册。他在写作过程将自己的深刻见解发展成为一种颇具影响力的方式方法。博伊德早就认为，美国空军过于注重速度，在越南战争的早期空战中，这一点就已凸显出来。而与之形成鲜明对比的是，过时的苏制米格战斗机却在战场上如鱼得水，原因是后者更容易操作。在对竞争型战斗机进行了一番详细分析之后，博伊德得出的结论是，飞机在空战中最关键的性能并非绝对速度，而是敏捷度。在混战过程中，反应能力最强的战斗机能够绕到敌人身后，随时准备置敌于死地。

OODA 循环

博伊德将所有想法总结起来形成了“OODA 理论”。OODA 是 Observe（观察）、Orient（调整）、Decide（决策）和 Act（行动）的缩写。这个循环由观察开始，即获取相关的外部信息。进入调整阶段后，对这些数据进行分析，以便做下一步决策，进而实施行动。随着循环理论的发展，其内容变得越来越复杂，尤其是当博伊德认识到调整的重要性之后。该理论中的各个要素之所以能形成循环，是因为行动会改变环境，而一旦环境发生了变化，那么整个过程就得从头再来。理想的情形是，调整阶段不断完善改进，再结合其后采取的行动，使结果越来越接近现实。它使战斗机飞行员深刻认识到，最重要的是赶在敌人之前进入循环中的行动环节。博伊德发现，循环理论适用于任何需要保持主动权或者获取主动权的情况，其目标永远是迷惑对手，使其无法掌握局势，因为情况往往会以一种意想不到的方式比预期发展得更快。最终，敌人便无力做出任何决策了。

有人专门写书来解释博伊德的理论，还有人运用了该理论，但博伊德从未给自己的这套理论用文本加以界定与规范。他的基本思想都收录在一套名为“输赢讲稿”[8] 的上百张幻灯片中。20 年间，博伊德以此为基础，给包括大多数美国军方高级官员在内的无数听众介绍过 OODA 理论。博伊德有一批狂热的追随者，循环理论经他们传播后产生了巨大影响。这些追随者与博伊德一样，信奉将艰涩的成本 - 收益分析和广阔的战略视野相结合，鄙视那些既没有成本 - 收益观念又缺乏战略 197
眼光的官僚和野心家。除此之外，至少乍一看，OODA 理论十分简单，只是集合了博伊德众多理论的复杂性。从空军退役后，博伊德自主学习，博览群书，在精通工程学的基础上钻研了数学理论，继而又涉猎了历史学和社会科学。

通过广泛阅读，博伊德巩固并强化了自己的观点，即保持主动性具有一定的难度。敌人的行动可能比预期更快；调整所带来的可能不是更清晰的目标而是更加犹豫不决。他在一篇著名的文章中引用了数学家库尔特·哥德尔（Kurt Gödel）和维尔纳·海森堡（Werner Heisenberg）的研究成果，说明当调整努力适应预期的时候反而更可能迷失方向。[9] 随后，他运用热力学第二定律探讨了闭合系统会导致熵的不断增加，所谓熵即体系内部的混乱无序状态。博伊德认为，现在要做的不是搜寻各种适应牛顿物理学的“定律”，而是要理解各种新兴的、挑战倾向于均衡的概念的理论形式，这种新的理论形式往往指向混沌，而非明晰。他的基本结论是“不能让敌人有任何发现或辨别出我们的行动方式或其他现实的可能性”。[10]

人类必须应对不断变化的现实，因此就有必要向各种僵化的思想发起挑战。接着，这些新思想也会在它们的时代渐渐僵化，继而慢慢消失。博伊德的研究成果之所以具有深远的重要性，是因为它聚焦于如何扰乱敌人的决策，激起不确定性和混乱状态。在他的影响下，美国军方修改了既有的指挥和控制理念，纳入了如何收集信息、解读信息、传播信息等内容。1997年博伊德去世的时候，信息通信革命已经起步，而博伊德早已为它在军事方面的应用设置了条件。

博伊德广泛阅读当时的各种科学文献，无师自通地学会了用简单命题来解释复杂现象的发展理论。他从中汲取语言和观点，来描述自己感兴趣的种种类型的冲突。他从诺伯特·维纳

(Norbert Wiener) 的控制论到默里·盖尔曼 (Murray Gell-Mann) 的复杂性理论中提取了若干核心主题，如系统内部各部分的互动、适应变化的环境、貌似不确定但其实可以解释的种种结果等。实践战略家从这些理论中得出的结论大多失去了其原有的精致，反而让人怀疑他们的主要目的是用艰涩的语言 198
来包装那些人们早已掌握的事物。例如，很多的新兴主题都曾出现在谢林的作品中。复杂性理论的最大贡献在于，它强调了个体的重要性，认为个体是复杂系统的一部分，因此评估个体的时候必须与环境结合起来，环境在不断适应个体，就像个体在不断适应环境一样。如果双方都不具备适应能力，那就会出现问题。

“混沌理论”解释了因果关系明确、战略评估可靠的系统如何变成了以随机结果为标志的无序系统。它强调，虽然动态交互作用令事物无法预测，但微观原因可能导致意想不到的宏观效果，初始条件可以决定结果。过程虽不明确，但结果总是有因可循的。一个基本的结论是，短期内犯下的错误经历长时间之后就会变得很难逆转。[11]

这一切对支撑官僚组织和日常规划的潜在合理性假设提出了质疑。那些一心寻求稳定和规则的人会发现，自己不得不应对混乱与无常。如果结果是不确定的，尤其是在更复杂的环境和更持久的冲突中，一个负责任的战略家如何才能透彻地思考各种行为的结果。随着社会学中“非预期结果”和“自我实现预期”两个“法则”的出现，控制论中也出现了两个概念：“反馈－回路”和“非线性”。如果投入与产出是成比例的，那么就可以利用线性方程直接测定变量，但如果是非线性方程，那就无法测算这个变量了。因为其中的关系非常复杂，结果与效果是不成比例的。[12]

人们从以上论述中产生的第一个念头也许是，所有的战略都注定要失败。接下来人们可能会想，只有在早期阶段才能实现对过程的控制，因此最明智的做法是集中力量掌握最初优势。如果冲突能够在短时间内结束，这种做法当然可取，可是一旦过了初始阶段，情况就有可能渐渐失控。大量史实证明这种情况确实存在，施里芬计划（Schlieffen Plan）的失败就是一例。

消耗与机动

博伊德的理论引导人们开始用新的方法来评估各种战略，即它是否能够扰乱敌人的心志，让敌人犹疑不决、无所适从。这可以借助以下几种方式来实现：瓦解敌人的战斗意志（“道
199 德战”）；通过欺骗手段或破坏通信歪曲敌人对现实的认识（“精神战”）；运用已经取得的优势削弱敌人的开战能力，让敌人无法生存（“物理战”）。[13]其中，从分析第一项战略而产生的种种策略，大部分来自后拿破仑时代的经典著作以及富勒和李德·哈特的作品。

博伊德举出的关键案例是1940年的法兰西战役（Battle of France），这场战斗催生了他的“闪电战对抗马其诺防线心态”理论。当德国人制定出OODA循环作战方式后，法国人的决策立刻陷入了瘫痪状态。[14]德国人取得成功的一个关键因素是，他们很乐意将任务授权给部下。战术指挥官会用自己的方式来实现任务。这种做法依赖的是德军对于使命的一致共识。博伊德对消耗战和机动战做了一番比较：前者将火力当作一种破坏性力量，注重物理意义上的领土权；后者的重点是精神占领，

其目标是通过模糊、机动和欺骗等手段使敌人感到“惊讶和震撼”。博伊德认为，闪电战涉及威胁和不确定性，也能够产生道德层面的效果。

这个案例并不是随意择取的。它在当时有关美国未来军事政策的讨论中发挥了作用。二十世纪七十年代，美国武装力量仍在为越战之败疗伤，军方妥协的结果是放弃了征兵制，改为志愿兵役制。美国将军们认为，通过集中力量优先保卫北约的核心地带，他们就能最大限度地重建军队。这样做的另一大好处是，军队可以回到舒适地带做好打大战的准备，不必再纠结于各种暴动和叛乱。除此之外，从六十年代开始，美国决策层就已经表示，希望减少对核威慑的依赖，以免招致越来越多令人难以置信的威胁。从这个方面来说，越战后期以及 1973 年的中东战争显示，也许可以用以新技术为代表的各种新方式精准地投送常规弹药，这促使人们有机会重新思考阵地战法则。同时，人们担心欧洲正面临着更加严峻的挑战：华沙条约组织仍然在数量上占据着优势，而且趁着美国身陷越南修改了自身的政策主张，壮大了力量。

此时，五角大楼内部对麦克纳马拉的管理主义仍然怨声载道，这从当时的许多批评性文献中可见一斑。人们认为他是个墨守成规的乏味说教者。他就好比掌管着一家正要开创新事业的大公司，本该弘扬勇敢奋斗的美德，培养锐意创新的人才，现在却成了公司里避险文化的代表。这简直成了对官僚化和科学理性的浪漫挽歌，尽管科学思考复杂性的发展趋势让人们觉得现在被取代的正是理性主义者。这也让已经融入社团文化的 200
军方精英们遭遇挑战。他们整日伏案工作，远离真正的冲突场面，他们引以为豪的是自己的工商管理学位和经济学学位，早已忘记了军事战略方法。

越战后，军方重新评估了作战理念，首批成果体现在 1976 年版的《美军战场手册：作战篇》（*Field Mannual 100 - 5: Operations*）中，这是美军的主要指导手册。[15]这部手册利用现代武器的致命杀伤力，将所有火力形式——陆地的和空中的——组合成一种旨在形成“积极防御”的作战方式。这是一种传统方法，依靠最先进的装备和专业化训练打造一支能够抵御强敌进犯、重创敌人的武装力量，使其毫无还手之力。

然而，这部手册很快就遭到了强烈批评，其中既涉及整个军队编制改革，也涉及如何看待北约核心地带等难题。批评之声起初不是出自军队内部，而是来自一群防务专家，他们中大部分人虽有军方背景且深受博伊德的影响，但并非军方人士。这其中最具代表性的是威廉·林德（William Lind），他虽然身为民主党参议员的立法助手，却是个强硬的保守派。林德对德国作战方式十分感兴趣，博伊德以马其诺防线与闪电战做类比来区分消耗战与机动战的观点，在林德笔下具有了更大的生命力。与旨在消灭敌人、摧毁设施的消耗战相比，以闪电战为基础的机动战则将“通过制造意外、不利的行动和战略环境”击垮“对方高级指挥官的精神和意志”当作“首要目标”。[16]

五年过去了，改革者显然在这场辩论中占据了优势，美军 1982 年采纳了“空地一体战”理论，修改了战地手册。从一开始，“空地一体战”就旨在为所有战争制定广泛的原则，而不仅仅是欧洲的战争。它要求人们以全面的眼光看战场，强调行动成功的关键在于“主动、深入、敏捷和同步”。[17]在《美军战场手册》中，机动是战斗的动态要素，可以集中力量利用奇袭、心理冲击、位置、时机，使小股力量战胜大部队。它被

视为“在火力掩护下调动军力部署，获取优势地位”，以此摧毁或威胁摧毁敌人。机动的目的是快速行动、探测防御、利用 201
成功优势，将战斗推进到敌人的后方。[18]其核心是进攻，与博伊德侵入敌人 OODA 循环的主张是一致的：

> 每次遭遇战的潜在目的是抓住或守住行动的独立性。要做到这一点，就要比敌人更为迅速地做出决策并采取行动，以此瓦解敌人的军力，使其措手不及。[19]

1986 年，美军推出了直接应对反政府武装力量的《反游击作战手册》（*Field Manual 90 – 8 Counterguerrilla Operations*），其中提到“可以将空地一体战的基本概念运用到反游击行动中”。[20]1989 年美国海军陆战队发行 *FMFM – 1* 手册，强调其战略理念的基础是“机动战”，它能提供一种方法，“瓦解对手的士气和凝聚力，使其无力抵抗”，从而战胜一支“在物理条件上占据优势的敌军”。[21]

作战艺术

“机动”二字很快就取代了“歼灭”。这一切都是在冷战的大背景下发生的，当时美国的敌人名声在外，而且实实在在，需要解决的问题是阻止并在必要时抵抗来自东德的入侵。因此，斗争的焦点是强权军队之间在欧洲核心地带的对抗。这使人们有机会升级传统军事战略，以适应信息时代的需要。

爱德华·路德维克（Edward Luttwak）是一个出生于罗马尼亚的博学家，看待争议话题时目光犀利。他写了一系列论文和著作，其中综合了各种围绕美国军事策略展开的批判性思考。他质疑美国国防部过于庞大的指挥结构，认为军方沉迷于武器采购而忽略了战略思想。[22]他认为，军事战略需要有别于普通平民生活的思维方式。对立因素之间的相互作用意味着战争领域“弥漫着一种其自身特有的困思逻辑（Paradoxical Logic），它与我们生活中其他方面所涉及的一般线性逻辑是对立的”。它“诱导未来，甚至颠倒黑白”，突破了“正常的”逻辑。结果是，矛盾的行为往往能有所收获，而直截了当的、有逻辑的操作却会遭遇困惑，“就算没有发生致命的自我伤害，也会产生令人啼笑皆非的后果”。[23]因此，那些懂得如何管
202 理庞大的文职政府机构的官员在主持军队工作时根本无法掌握战略，因为战略涉及一种截然不同的思维方式。他们只知道寻找标准答案，根本想不到这会给敌人打开方便之门。路德维克承认，即便国家领导层以某种方式掌握了这种矛盾的思维方式，他们也不敢将其轻易示人，唯恐吓到选民和同僚，因为任何对“经过时间和空间检验的、符合常理的传统惯例”的偏离都会冒“丧失权威”的风险。[24]罗伯特·麦克纳马拉带进五角大楼的线性规划模式明显存在瑕疵，它无法预测事物的方方面面，因此很可能导致不利的结果。这使路德维克事实上赞成的是一种混乱的状态，或者至少反对那种不可能达到的协调状态，因为“只有那些看上去自相矛盾的政策才能巧妙地避开困思逻辑的自我挫败效应”。路德维克将此观点发挥到极致并认为：战争并不需要一种完全不同的逻辑，人们只需认识到自己身处一种完全不同的环境，遵循一条不同于和平时期的道路就可以了。[25]

路德维克集中精力关注的是他所谓的“操作层面”的重要性。它是欧洲战争的古典传统，却一直被忽视。约米尼、李

德·哈特以及约翰·博伊德都把它当作诸多大战术的一部分。约米尼将其描述为“在战场上调动部队，以及出于进攻目的而安排各种不同的部队阵势”。路德维克认为操作层面才是考验军事指挥能力的关键领域，因此，他对美国当代军事思想在这方面的缺失深感痛惜。“类似闪电战、深度防御之类的战争计划正是在这一层面上开发并发展起来的。”美国人之所以忽视这一点，是因为他们过于依赖一种“消耗型战争风格”。[26]

德国军事战略家毛奇留下一笔思想遗产，他认为战争的操作层面无关政治，指挥官们可以在同敌人展开一系列复杂的遭遇战时，展示其掌握调动大部队的能力。这一观点因在苏联军事思想中占据突出地位而更加焕发光彩。苏联从建国阶段开始，其军事领导层就一直就战争的操作层面进行理论上的辩论。人们认为它是介于战术和战略之间的中间阶段，并就面临抉择时，到底应该选择决定性的歼灭战还是防御性的消耗战争论不休。第二次世界大战前夕，苏联元帅图哈切夫斯基对机动化和空中力量进行了一番思虑后，坚定地认为应该在歼灭战中使用能够执行纵深行动的大规模机械化部队。图哈切夫斯基的对手们最终因为错误的战略和那些站不住脚的理论而受到了严惩。二者相较，后者更具有危险性。在斯大林的大清洗中，这
一条决定了许多人的命运，尽管图哈切夫斯基最终也没能逃脱 203
类似的命运。战后，苏联最初的关注焦点是热核武器的威力。为此，苏联一度削弱了常规部队的数量。直到六十年代末，常规部队的数量才有所回升。苏联人的观点是，获胜的机会存在于一场战争的初始阶段。苏军总参谋部强调，一定要赶在美国的军事储备力量越过大西洋到达欧洲之前，调兵遣将深入北约内部，采取联军作战形式，用最轻微的前期调动制造最惊人的

效果。华沙条约组织的军事理念反映的正是这样的想法，以美国为首的北约国家也因而采取了同样的思路。[27]

有人认为，以火力为基础的消耗战和以军事调动为基础的机动战是对立的两个极端。对于这种观点，路德维克持鼓励、认同的态度。消耗战不是一种绝望困境中的痛苦挣扎，而是反映特定意志的周密抉择。路德维克认为，消耗战“过于依赖火力，以至于损害了部队的机动性和灵活性”。但他承认，这种作战风格的巨大吸引力在于，它具有“可预测性，而且功能简单”，所有的军事行动都可以做到向目标发动系统性攻击。在这种误导性的光环下，“操纵战争的是一种类似于微观经济学中的逻辑”。“所有层面的战争行动”都会“类似于管理追求利润最大化的工业企业”。最终，占据优势资源的一方即便战术程序老套、重复，也能夺取胜利。总之，投入越大，产出越多。这种消耗战的风险在于敌人也会发动相应的消耗战。如果敌人找到同盟，便会在力量平衡中占据优势，颠覆原先的胜算。为此，路德维克提出了与沉闷乏味、中规中矩、官僚味浓的线性消耗战完全对立的一种充满想象力的作战诀窍和操作悖论。他寻求的是与消耗科学正相反的机动艺术。[28]理智的机动战寻求避开敌人的锋芒，打击敌人的薄弱之处。路德维克建议，对于资源贫乏的一方而言，这几乎是一种不得不采用的作战方式。

博伊德、路德维克及其同时代人在抛出这些话题的同时，敦促军方回归现代军事经典，但出于对认知过程的高度敏感，他们又对这些经典做了后现代式的改动。在至关重要的军事战略问题上，经典并不如人们想象的那般清晰明白，因而结果往往是，为了新读者而更新这些经典理论。当然不可回避的是克劳塞维茨。众所周知，《战争论》是一部未竟之作，克劳塞维茨直至临终时仍在不断修改自己的观念，因此而造成的种种模棱两可，影响了一批将此书当作战略入门的人。一些如德尔布
吕克、李德·哈特等战略领域的关键人物也对克劳塞维茨的言 204
论存在诸多曲解。而语言和翻译的复杂性无疑加深了这方面的困惑。也就是说，回归经典的结果是引发了一场激烈的辩论，焦点是这些经典到底要传达什么意思——人们在试图用这些理念应对当代的诸多问题时，遇到了种种概念上的困惑，这样的讨论似乎有助于解答这些问题。正当辩论进行得如火如荼时，彼得·帕雷特和迈克尔·霍华德出版了一部重要的克劳塞维茨《战争论》英译本，与此同时德尔布吕克的作品也首次有了英译本。[29]

在所有这些讨论的背后还有一个大问题是，除了发动大规模战斗，是否还有其他获取胜利的途径。而且，一个难度更大的问题在于胜利本身的意义（以及可能性）。有限战争盛行于十八世纪，十九世纪也出现过不少战例。如果战争结束时，一个国家没有征服另一个国家，那么接下来双方就要展开谈判。可以预想，谈判必然与旨在消除双方敌意的权力平衡有关。其实，克劳塞维茨也看到了这种结束战争的可能性，但他并没有在书中充分展开这一点。他关注的焦点是通过战斗消灭敌人的战斗部队，让敌国陷入无助的境地。

这就是毛奇所谓的歼灭战略，之后被德尔布吕克拿来与消耗战略做比较。德尔布吕克认为，消耗战就是在敌人尚未被消灭殆尽之前，劝说其放弃战斗。所谓消耗是指，敌人已经疲惫不堪，无法应对接下来的战事。当敌人认为自己的性命可以保住，所冒的风险很有限，并且容易达成妥协时，消耗战略才最

有可能起作用。但人们在战斗方式上仍存有困惑，因为一系列非决定性的战斗同样可以达到消耗敌人战斗力的目的。于是德尔布吕克提出了“两极战略”（bipolar strategy）这种说法，用它来表述指挥官们为达到目的随时要在战斗和机动之间选择的理念。

选择歼灭战略或消耗战略并不只是一个战略喜好的问题，它还反映了一定的物质条件。如果战争无法避免，那就必须具备获胜的足够力量，此外还要在一场决定性的战斗之后存有乘胜追击的能力，夺取敌人的领地。而机动作战或许能带来最初的战场优势，但仅此还不够，因为敌人很可能在损失了一支部队之后，再派遣另一支队伍上战场。急于谋求歼灭战并非明智之举，除非自信已经占有绝对的军事优势。如果必须保存力量打一场拉锯战，那么最好避免去打那些事先精心设计的战斗，
205 除非环境对自己非常有利。因此，消耗战和机动战之间存在一种联系，它们都是避免直接战斗的方式。[30]

李德·哈特采用机动战的理念，在将其与大会战进行对比之后，发展出一种新的战略。更让人不解的是，自第一次世界大战以来正面袭击也和消耗战扯上了关系，尽管后者同德尔布吕克设想和理解的并不一样。克劳塞维茨当年或许已经认识到了这些潜在的战略原则，但这样的战斗规模和烈度已经超出了他的设想。李德·哈特始终认为，并非只有重大伤亡才能打败对手，迷惑、误导、奇袭同样可以达到目的。但当时的人们尚不清楚，这种攻其不备地战胜一支部队的方法是否同样适用于战胜一个国家。有些国家即使在战场上严重受挫，也仍然有能力拖延时间，储备力量等待时机，或者转而投入全民抵抗。因此问题在于，除了正面进攻之外，是否还有其他在战场上打败敌人的

方式，以及如何才能将军事胜利转化为实质性的政治成就。

要认识这两个问题，还得回头看克劳塞维茨，他提出了许多不朽却未必十全十美的概念，“重心”（the center of gravity）也称“重点突破战术”（Schwerpunkt）便是其中之一。除了歼灭战略之外，克劳塞维茨在重心概念中也谈到了这两个问题，然而他并没有提出解决之道。西方军事机构后来纷纷采纳了这个概念，尽管他们的做法加剧了这个概念本身的固有问题。这个概念后来越来越为人们熟知，以至于都用缩略语“COG”指代重心二字。克劳塞维茨原先的关注点在于敌人的部队，但由于人们将重心视为敌人的权力和力量资源，因此这个概念也可指代一个联盟或者一个国家的意志。

到八十年代末，各种思潮已经汇成一种明确的军事理念形式扎根于西方军事机构中。人们认为，应在战争的操作层面设置军事重点。部队应该直捣对手的重心，其意义在于动用军队才最有可能迫使敌人投降。这种新思维鼓励人们相信，最重要的重心是直接连接敌人的大脑中枢的，用休克和紊乱让敌人出现精神上的混乱，继而麻痹和瘫痪敌军力量，而不是用炸弹消灭敌人的肉体。

消耗战和机动战之间的差别变得十分尖锐，简直到了讽刺的地步。崇尚机动战的人直白地说明了消耗战支持者的想法，
他们将“敌人当作系统性交战和毁灭的对象。因此作战的重 206
点是效率，发展出了一种系统性的、几乎很科学的战争方法”。消耗战的方方面面都要依赖火力的效率，崇尚集中控制的方式，而不是各部分自主行动。人们用数量语言做战争损失评估、“死亡人数统计”、测量地形，并以此定义战争的进度。依靠惩罚性的消耗战来打仗意味着要随时做好准备，敌人也会

采取同样的手段进行报复。获取胜利“与其说依靠的是军事能力，倒不如说依赖的完全是人员和装备上的数量优势”。这意味着，战场上的人员伤亡其实是缺乏想象力和技术能力造成的。由此，仰仗情报的机动战拥护者要更胜一筹。这些崇尚机动战的人会

> 绕过问题，从一个自己占据优势的位置发起攻击，而不是与之直接对抗。目标是运用兵力有选择地攻击敌人的软肋。从定义上看，机动战依靠速度和出其不意，失去任何一样都无法做到集中兵力打击敌人的弱点。

机动战的目标“不是从身体上、物质上消灭敌人，而是粉碎和破坏敌人的凝聚力、组织、指挥控制以及心理平衡”。[31]做到这一点需要极为优秀的技能和判断力。谁不想拥有一套这样的战略呢？

然而，这套方法中还有一些悬而未决的关键因素。在既有的等级架构中，战略由不同层面构成的理念根深蒂固。它的潜在规则是，每个层次的战略目标都是从上一级传承下来的。大战略层面关注的是策划冲突、缔结联盟、调整经济、振奋人心、分配资源，以及定义军事角色。而到了战略层面，政治目标转而成了军事目标，人们就重点战略和具体目标达成一致意见，并据此部署人力和装备。在大的战术或操作层面，人们需要判断，根据当时的条件应采取哪种最恰当的战争形式来达到目的。及至战术层面，各军事单位的任务就是在自身的特定环境下努力推进任务目标。

这些不同的战略层次反映了适用于强国之间正规战争的等

级指挥架构，以及当代各种战争实践之间的明显差异。当代人痴迷于系统理论和信息流，但没想到的是，正是它们对等级指挥结构形成了威胁。在类似想法的影响下，商业活动也呈现出等级结构日益退化的迹象。指挥结构中链状关系过多，很可能
就会导致各个组织反应迟钝。自下而上的信息传送速度会变得 207
缓慢，且发生扭曲变形。如果新的指令总是受制于这样的链状结构，那么最初的战略意愿就会大打折扣。

后来，人们又开始讨论各种战术问题，认为它们是短期的、直接的，并不一定具有长久的重要意义；而战略问题涉及的都是大问题，它们具有持久性、决定性的意义，可能影响深远。在这些讨论过程中，上述有关系统理论和信息流的假设也被持续关注着。然而在有限战争中，每一次单独行动都有可能产生决定性影响，因此局部战术因素事关大战略，并由此受到最高级别的政治掌控。二十世纪九十年代，局部的地方性因素变得越来越重要，美国人开始谈论：在承受巨大压力——决策受到媒体和公众舆论严密监视——的情况下，一个“处于战略链上的下士”完全有能力“做出合情合理且独立自主的决策”。这名战略链上的下士会意识到，他的行动所造成的潜在影响不但涉及直接战术形势，而且会波及操作层面和战略层面，由此“引出更大规模的行动”。[32]

在战略与战术层面，还有一个操作方面也在发挥作用。英国历史学家迈克尔·霍华德在战略的操作层面之外，还识别出了其他三个维度，它们分别是后勤组织、社会和技术。他提醒道，不能把军事行动与后勤保障、社会环境、技术应用割裂开，持这种成见是很危险的。[33]军方偏爱将注意力集中于调兵遣将的操作层面，是因为其可以避免受到军民关系的

影响。这在理论上是一个更重要的战略层次。而在实践中，将重点限定于一个明显的操作层面能够让战斗处于专业的军事掌控范围内，远离民间非专业意见的干涉。从这方面来看，这正好反映了美国军方对越战惨败的解释——“民间力量的微观操控”。

“重心”概念提出之后，又出现了第二方面的问题。虽然人们接受了这个提法，但是在指挥官应有的目标和寻找目标的方法上却难以取得一致意见。如果人们采用约米尼的决胜点概念，问题或许会变得更简单一些，仅须针对关键点投入尽可能多的兵力即可。至少它可以省去麻烦，让人不必费心去做一些不恰当的比喻。[34]

例如，自身实力强大的军队认为，强大并不意味着应该和对手“硬碰硬”，它应更多地被当作一种间接手段，“运用战
208 斗力量去应对一系列避开敌方优势的决胜点”。[35]规模较小的海军陆战队，首先考虑的也是避开敌人的优势兵力，攻其软肋。海军陆战队甚至在谈及“重心”理论时发现了其中的隐患，因为克劳塞维茨主张在实力较量的白热化阶段要“敢字当头，赢得一切”。[36]和识别“重心”一样，发现敌人的关键性弱点也不是件容易的事情。因此，在发现决定性机会之前，不妨先将敌人的“任何以及所有弱点”都利用起来。这个有些随意的过程让美国海军陆战队学院的乔·斯特兰奇（Joe Strange），重点研究了开发利用敌人的关键弱点需要具备哪些判断能力和要求，这将有助于形成瓦解敌人重心的累积效应。[37]

美国空军上校约翰·沃登（John Warden）提出了关于“重心”概念的最有影响力的版本。他认同克劳塞维茨的主张，但寻求将其与空军力量联系起来。敌人的重心“是其最

为薄弱的地方，只要朝着这个点攻击，就极有可能获得决定性的最佳时机”。这种决定性表现在，到那时，敌军领导层必然会“按照你的意图行事”。沃登将敌人（任何敌人）看作一个系统，它由相互关联的几个部分通过若干节点和链接串成。“重心”可能就存在于五个部分——领导层、生产设施、基础设施、国民和地面部队——的任何一个中。任何战略实体都可用这五个部分来概括和描述。它的意义在于，空中力量是唯一一支具备能力平行地（而不是连续的、成系列的）同时打击这五个部分，进而瘫痪对手的力量。他认为，这种战法的效果具有决定性意义。[38]沃登的推测是重心存在于物质结构中，打击并摧毁敌方的物质结构可以使敌人接受现实、承认失败。进而，沃登试着证明如何在仔细分析目标之后，利用消耗战的火力方式达到机动战所追求的迷惑敌人的效果。

由此可见，对于这些概念的确切含义并不存在什么一致意见。经过 20 年的系统阐述之后，人们发现“在发展和应用重心概念的过程中缺乏理念指导，使得决策者们浪费了时间，几乎没有从中得到什么切实的益处”。据称，一些决策团队会耗费“数个小时——甚至好几天时间——争论敌人的‘重心’到底是什么”，而最终结果却不是通过分析得来，而是由个性最强的那个人决定。[39]人们一直相信，好方法有助于管理任务，获得有价值的结果。而实际问题是，“重心”这个概念已经被扩展到了一种毫无意义的程度。它既可以指一个目标，也可以 209
指代数个目标。所谓的“核心”既可以是敌人的力量之源，也可以是敌人的关键薄弱点。它既可能存在于物质、心理方面，也可能存在于政治领域。如果攻击敌人的“重心”之后一切顺利，其结果将是决定性的，或者带来具有潜在决定性影响的后果，即便在过程中还得依靠其他手段帮忙。“重心”概念已经与其最初意义大相径庭，但是作为一个专业术语，人们还是希望它能提供一整套十分具体的操作目标，据此发动进攻，便能达到期望中的政治效应。这体现了克劳塞维茨的初衷，即胜利的关键在于击溃敌人的军事系统，但如果敌人的政治应变能力并非源于军事，那么即便攻击了所谓的“重心”也是枉然。如果“重心”并非一座实实在在的设施或一系列武器装备，而是一种政治理念或同盟关系，那么设想攻击目标就会变得难上加难。

另外，纵观军事史，消耗战和机动战并不是完全割裂的，而且机动战也只是偶有建树，并不是放之四海而皆准的原则。卡特·马尔卡西安（Cater Malkasian）抱怨称：“一些指挥官和理论家曾经在运用和发展消耗战这个概念上做出了有益的努力，但机动战鼓吹者对此从来只字不提。”[40]虽然消耗战被说成一种血腥的苦战，让军人们在没头没脑的交火中徒然丢了性命，但马尔卡西安指出，消耗战也包括“全面撤退、有限地面进攻、前方突袭、侦察巡逻、谨慎防卫、焦土战术、游击战、空中打击、炮兵火力、扫荡等战术”。历史上有过许多成功的消耗战战例，其中“最辉煌的也许是”1812 年俄军抵抗拿破仑的战役。[41]消耗战最显著的特点在于拖垮敌人，这就意味着其作战过程很可能是旷日持久、循序渐进或者零敲碎打地往前推进的。最终结束战争的既有可能是一场决定性的战斗，也有可能是饱经折腾的交战双方一致同意通过谈判来解决问题。可见，消耗战适用于目标有限的强制战略。其风险在于，消耗战可能会发展为一场耐力竞赛，而且很难预测敌人会在何时被击垮。

休·斯特罗恩一针见血地指出，“人们提到‘机动’二字时显得自以为是，并越来越‘机动主义’”，作战层面被说成了“一个无关政治的领域”，这是相当危险的，“机动主义是很难理解的，其本质只有首次使用它的人心里最清楚”。[42]他将这种只关注作战层面的观点追溯到了埃里希·鲁登道夫（Erich Ludendorff）将军身上。一战前，德国部队只关注军事领域的
问题，刻意排斥平民百姓，对其行动的政治后果漠不关心。军 210
方认为，只要打一场漂亮的歼灭战，就能在政治上达到任何目的。鲁登道夫认为，德国之所以在1918年惨败，是因为被老百姓“在背后捅了一刀”，而非他自己在战场上吃了败仗。他一心支持全面战争，认为想获胜就应该投入所有的社会资源。不是战争服务于政治，而是政治应当为战争服务。因此，他的战略观点延续了毛奇的思想，也让他在一战中密切关注着作战层面。让他无法接受的是，正是这种观点导致了德国的失败。同样，在一战和二战间的几十年里，德国没有产生什么创新性的战略思想也根源于此。1940年，闪电战在西欧战场上小试牛刀，但它并非德军的战前新理念，而只是给指导施里芬计划的旧理念换了个新包装而已。闪电战之所以成功，靠的是德军在战场上的灵光乍现和法国最高指挥部的失误，后者在敌人集结力量之前，对于眼前的威胁既没有动用战略力量储备，也没有调用战术空中力量。

然而，1940年的那几场胜仗确实让希特勒相信，闪电战就是战争的制胜之道，于是他以此为基础对苏联发动了进攻。苏军一开始的失误使闪电战取得了初步成果，但德军的经济需求无法得到充分满足，攻势很快就弱了下来。闪电战的支持者在将其作为作战理念的同时，并没有充分考虑到它在东欧会有怎样的遭遇——除了失败之外，征服目标、掠夺、种族统治等

因素都会对它的战略路线产生影响。[43]最终，德国人在二战中又走上了一战的老路，他们试图用成功的机动战打赢战争，结果却发现自己陷入了一场消耗战。闪电战模式因此暴露了缺陷，只在第二次世界大战史中留下只言片语。

而八十年代初在北约核心地带，人们又夸大了机动战的作用。快速进攻、出其不意这些字眼听上去很吸引人，但要用在规模庞大的现代军队身上就有点含糊不明，而且很难实践。这反映了当时人们的一种浪漫而怀旧的战略观，不受政治和经济条件的束缚。人们对苏联人的战略理念耿耿于怀，高估了机动战对苏联人的打击作用，同时又过分乐观地估计了西方国家成功实施机动战的能力。[44]各种受到鼓吹的机动战略往往不切实际。当时欧洲城市的扩张进程，以及复杂的公路和铁路网，都
211 让机动战略都成了高风险选项。它要求情报充足、准确，指挥控制高效，这也给各个部门施加了巨大的压力。机动战本身的缺陷绝对是个灾难，会将自己的大后方暴露给敌人。另外，一种全新的攻击学说则有着可能瓦解美国的欧洲同盟的风险，特别是联邦德国。不管是进攻战略，还是防守战略，这个国家已经不想再听到任何可能把自己的国土变成战场的东西了。这一切的症结就在于忽视了地缘政治因素，割裂了作战艺术与大战略。就大战略而言，相比于为假想战争设计聪明的作战方法，维护同盟内部团结可能更加重要。

路德维克虽然是个机动战法支持者，但他从理论层面提出了慎用此法的几大理由。他从李德·哈特的间接战略中吸取了攻其不备的方法。敌人显然对常见的、依靠有利地形的最直接攻击路线做了充分准备。因此，最复杂、最艰难的作战路线才是对付敌人的最佳方法。可是，一旦敌人察觉到这种间接作战

方式，那就意味着要么找一条更加意想不到、难上加难的作战路线，要么干脆采取双重诡计，采用最平常的、敌人眼中最不可能的作战路线。在这种情况下，到底走哪条路线成了一场惊奇的考验。如果无法形成出其不意的效果，那么走复杂路线所付出的额外努力都将变得毫无意义，可能还会带来危险。突袭能够让人“即便在斗争持续的状况下，也有可能短时间地、在部分程度上摆脱战略窘境”。[45]其好处在于，敌人会一时间来不及反应，并从而暴露出薄弱环节。敌人的决策循环就此受到了干扰。

这种逻辑之所以不会带来令人困惑的悖论，是有实际原因的。军事行动很可能因为各种条件而受到限制，比如只能携带必要的燃料和补给，没有存放武器弹药的空间等。除非最初取得了特别巨大的胜利，否则军队根本没有能力持续作战。除此之外，实现出其不意的效果还得依靠保密和欺骗。如果在作战过程中被敌人识破计谋或者中了埋伏，那么机动战即便设计得再精心，也是徒劳无功。因此，间接战略是一种“自我削弱型的方法”，既有代价，也有风险。克劳塞维茨还敏锐地发现，它还有可能带来更多的麻烦。这是在实施基本计划的过程中全部障碍因素所形成的聚积效应，比如，车辆抛锚、误解指令、供给失误、气候异常、无法逾越的天险等。战略的目标之一是通过逼迫敌人采用间接战略，让敌人遭遇更多麻烦，做好 212
一切准备对敌实施直接攻击，阻断敌人的供给线。

路德维克还从克劳塞维茨那里得到启发，注意到另一个悖论：初始战略实施得越成功，部队离开大本营越来越远，其遭遇麻烦的风险也会越来越大。随着进攻部队推进到不熟悉的区域，供给线变得薄弱；敌人被逼得步步后退，越来越靠近大本营，却能够获得充足的补给，调用新鲜储备。获胜的一方很容易走过头，因为野心过大而失败。他们一旦越过“顶点”，即相对于敌人占据最大优势的位置，优势的天平就会开始向另一方倾斜。乱作一团的敌人无法重新集结起来，因此进攻方就可以谨慎地将优势推向极限，由此产生了非决定性战斗的问题。如果没有充分的投降条件，敌人就会寻求重新集结并继续战斗，即便国家被占领也仍可以作为叛乱势力而存在。因此，对战略的最终考验并不是突袭能否成功，而是战术问题，是否能够达到期望的政治目的。这其中的基本要点是，紧盯一种作战模式不放只能给敌人创造机会进行调整和反击。

最后，所有这一切的背后还存在一个对因果关系的预设，即“模糊、欺诈、新奇、机动、暴力威胁或者真正的暴力”等因素相结合，就能对敌人产生足够的震慑效果，使其陷入混乱的无序状态。博伊德认为，心理战的本质在于：

> 制造、利用并放大各种威胁（危及人的幸福和生存）、不确定性（各种古怪的、自相矛盾的、陌生的、无序的事件所造成的印象或气氛）和不信任感（怀疑的气氛以及瓦解一个有机整体或两个有机整体成员之间的关系纽带的种种怀疑和猜测）。

这种方法之所以能够发挥作用，是因为“表面的恐慌、焦虑和疏远会产生众多互不合作的‘重心’”。[46]

敌我双方的士气和凝聚力当然有所不同，头脑发热的指挥官一旦看到自己的军队四散奔逃便会陷入绝望，他们甚至会极度夸张地称其指挥中枢是在集体精神崩溃的情况下瓦解的。这时候，原本组织严密的部队成了乌合之众，遵守纪律的聪明人突然成了在黑暗里横冲直撞的绝望傻瓜。博伊德认为，“勇气、信心和精神”构成了一种“精神力量”，它能抵御这种负面效应。如果敌人确实拥有这种“精神力量”，那么企图让敌 213
人陷入精神崩溃的种种物理手段就会失去效用。或者，个人和集体之间会有各种不同反应，有些人能够很快地体会到事件背后的深意并迅速适应。他们的反应也许不是最理想的，但足以使他们重新组织起来应对新的情况。

指挥官因为突然遇袭而陷入精神错乱的情况，在历史上有过著名的案例。1941 年，斯大林就遭遇过这种情况（虽然他事先接到过类似警告）。当时，德军开始进攻苏联，并很快扩大了战果。斯大林一连几天都在想方设法弄明白到底发生了什么事情，老百姓却得不到丝毫消息。就在斯大林冥思苦想的同时，前线将士们也在各自找出路，有人选择撤退，也有人选择以极大的勇气去和敌人对抗。最终，斯大林回过神来，向民众发出了一条激动人心的消息，并指挥战斗。苏联国土广袤，人口众多，对德军来说最重要的是速战速决，但希特勒小看了斯拉夫人的智商，认为只要自己的部队不断向前推进，敌人就会陷入崩溃。而当心理战没有达到预期效果时，遭遇打击的便是希特勒的部队，他们只能撤退。随着苏联领导层恢复理智和镇定，德国人的这种打击手段也渐渐失去了威力。

说由于意识控制身体，因此与其消灭敌人的肉体倒不如扰乱他们的心智是一回事；但说因为物理打击能够粉碎敌人的肉体，所以心理打击能瓦解敌人的意志就是另外一回事了。虽然人的精神认知是十分重要的，但并不等同于对它的直接打击就一定能使敌人崩溃。人的大脑即便在处于极端的压力下，也能够做出拒绝、抵抗、恢复、适应等惊人的壮举。

十六　新军事革命

214
> 新军事革命可能会给战场带来某种战术上的清晰，却要以战略上的模糊为代价。
>
> ——埃利奥特·科恩

战争的“操作”方法从来没有在设计它时所设定的环境中得到检验。二十世纪八十年代末，苏联共产主义从内部崩溃，华沙条约组织瞬间化为泡影，中欧地区爆发另一场大战的可能性也随之烟消云散。由此，美国军队很快把注意力放到了一系列全新的问题上。环境发生了巨大变化，这本应给重新思考作战方法提供很好的理由。但事实并非如此，旧的作战思想反而更加根深蒂固，这在今天被说成是一场新军事革命。

美国无须再担心出现一个极度庞大而强悍的敌人。得益于新技术的发展，美军拉开了与所有潜在对手之间的素质差距；同时对作战理论的看重，又使得美军能够利用情报和通信优势在对手眼皮底下活动。这种全新的作战能力很快就得到了证明。1990年8月，伊拉克侵占了邻国科威特；次年年初，美国领导的多国部队就解放了科威特。在此之前，传感器、智能武器和系统整合等技术发展对战争的影响还只是未经检验的假
215 设。怀疑论者（包括卢特瓦克）[1] 曾警告，在和伊拉克的战争

① 爱德华·卢特瓦克（Edward N. Luttwak），美国战略与国际研究中心资深研究员。

中，那些理论上最先进的武器系统可能会因为它们本身的复杂性和传统作战能力的欠缺而威力大减。[1] 然而在“沙漠风暴”行动中，这些装备却表现出色：从上千公里以外发射的巡航导弹，通过自动制导飞越巴格达的一个个街区，直接钻进目标建筑物内爆炸。

这场一边倒的战争展示了现代军事系统在最完美状态下的潜力。伊拉克人曾经吹嘘自己拥有规模庞大的陆军，但其中大部分都是装备低劣、缺少训练的新兵，他们面对的却是训练有素、装备精良、拥有压倒性优势火力的多国部队。这就像是在“好心”地用自己的军队来炫耀敌方军队的实力。美军的作战计划遵循西方军事实践的基本原则，专门针对一个实力和火力完全处于下风且没有制空权的敌人。伊拉克人仅仅在一次试探性的正面攻击后，便溃不成军。但诺曼·施瓦茨科普夫（Norman Schwarzkopf）上将仍乘胜前进，以一种攻敌侧翼的复杂机动战术包围了败退的伊军，只是没有足够迅速地全部消灭他们。美国人甚至宣布停火，有意避免了一场歼灭战。这体现出美国在这一问题上的决断，那就是把战争控制在有限程度之内，达到解放科威特的目标后立即收手，而不是贪得无厌地谋求占领整个伊拉克。这样做对外交和军事都有好处，但是战争后果却佐证了决定性胜利的论调。萨达姆·侯赛因（Saddam Hussein）的政权得以幸存，战争的结果只能说不算完整。[2]

有观点认为，这次战役可能为未来树立一种模式，甚至象征着一场新军事革命，这种看法来源于安德鲁·马歇尔（Andrew W. Marshall）领导的美国国防部“净评估办公室”（Office of Net Assessment，简称 ONA）。马歇尔曾效力于兰德公司，在军事战略分析方面是个厉害的老手。他注意到，苏联在最后的几年里曾有过关于“军事技术革命”的讨论，当时的观点是军事技术革命可能使常规军队的作战效率迈上一个新台阶。马歇尔坚信，新型武器系统不仅仅意味着装备质量的提高，更会改变战争的性质。1991 年海湾战争结束后，他要求手下一名分析员、陆军中校安德鲁·克雷皮内维奇（Andrew F. Krepinevich）研究精确制导武器与新型信息通信技术结合使用时所能产生的影响。此前，克雷皮内维奇一直在研究北约和华约之间的军力平衡问题，随着苏联阵营的瓦解，这一问题已不复存在。[3]

1993 年夏，马歇尔就未来战争提出了两种看似可信的变化趋势。其中一种可能性是远程精确打击将成为“首要的作战方式”，另一个就是“所谓的信息战”的出现。[4] 就此，他开
216 始鼓励使用“新军事革命”（revolution in military affairs，简称 RMA）这一术语，取代“军事技术革命”（military - technical revolution），用来强调战术上、组织上以及技术上的变革对于战争的重要性。[5] 克雷皮内维奇在 1994 年将新军事革命描述为

> 将新技术应用于海量的军事系统之中，同时与创新的作战理念和部队适应力相结合，由此引起武装力量的作战潜力和军事效能成级数地提增，进而根本性地改变冲突的性质和表现。[6]

虽然 RMA 源于理论，但它背后的驱动力是技术。也就是说，新军事革命是信息收集、处理和交换诸系统与运用军事力量的诸系统之间相互作用的结果。一个所谓的系统体系可以确保这种相互作用的顺畅和持续。[7] 这一概念尤其适用于海洋环境。在海上就像在空中，面对的是一个除了交战者外空无一物的战场。

即使回到第二次世界大战，当时的空战和海战模式也对系统分析颇为敏感，从中可以清楚地看到技术创新对战事的影响。

相比之下，地面战争总是显得更为复杂多变，受制于更广泛的外界因素。而未来，新军事革命有望一举改变陆战的面貌。远程精确打击能力的提高，意味着时间和空间将不再是重要的制约因素。对敌方作战单位的攻击可以在远距离的位置上发起。陆军可随时保持灵活机动，因为他们不必再携带除自卫武器之外的笨重装备行动，能够从外部请求所需的火力支援。有效运用非自备火力，将会减少对规模庞大、行动不便的整装陆军师的依赖，同时降低与之相伴的高伤亡率。[8] 当敌方指挥官还在忙着调用资源和制订计划时，一支已经不再受时间和空间限制的军队很可能突然发起致命打击，令敌人的种种努力瞬间灰飞烟灭。避免赤裸裸地消灭敌人有生力量的军事行动或许能遵照博伊德法则来完成，那就是更迅速和更敏捷地采取行动进而让敌方指挥官处于无力抵抗的境地。这一法则的狂热鼓吹者甚至宣称，“战争迷雾”将因此消散，战场上的各种阻力也将被一一化解。[9] 不管怎么说，至少战争将从此远离高强度拼杀，变得更加可控、更加细致，以最小的兵力投入瘫痪敌人的
军事体系。不消耗更多资源，不浪费更多财产，不流更多的 217
血，同样可以实现特定的政治目标。

这一切可能会让将来的战争变得相对文明，既没有核战争的毁灭性，也没有越南战争般的阴郁和煎熬。它应该是由专业化军队进行的专业化战争，就像巴切维奇①直截了当描述的那

① 安德鲁·J. 巴切维奇（Andrew J. Bacevich），美国波士顿大学国际关系学和历史学教授，政治学家，前职业军官。

样，是“一遍遍回放的海湾战争”的图景。[10]这一理论的精髓体现在美国国防大学1996年的一份刊物上，其中提出了“震慑与敬畏”（shock and awe）概念，主要意思是应该集中全力，在敌人有机会反抗之前尽快从生理上和心理上压垮他们。“震慑与敬畏”意味着让敌人对形势的认识和掌控能力陷入超负荷状态，进而全面瘫痪。这种结果的极端例子就是对广岛和长崎的两次核打击。虽然它们的得手可能更多是靠虚假情报、错误情报和欺骗手段，但“震慑与敬畏”概念的发明者并不排除核打击在理论上的有效性。[11]

在1997年发表的《共同愿景2010》报告中，这种思想的影响显而易见。该报告将作战方面的信息优势定义为“源源不断地收集、处理和传播信息，同时对敌人收集、处理和传播的信息加以利用或抵制的能力”。[12]信息优势可以凭借“性能卓越的传感器、迅捷强大的网络、显示技术，以及复杂的建模和仿真功能”获得。部队应用它们，将会“大大增强对战场的感知和了解，而不是简单地获取更多的原始数据”。这可以弥补部队数量、技术条件或阵地位置等方面的不足，同时加快作战指挥流程。部队可以“通过自下而上或同步的组织形式来贯彻指挥官的意图”，使“敌人的行动计划迅速落空，化解并发事件的突然冲击”。敌人根本没有时间遵循著名的博伊德OODA循环。阿瑟·塞布罗夫斯基（Arthur Cebrowski）和约翰·加斯特卡（John Garstka）认为，“网络中心战”可以让作战更有效率，就像商业机构运用信息技术实现经济活动的更有效运行一样。[13]在讨论从“平台中心战”过渡到“网络中心战”的问题时，五角大楼很大程度上采纳了这一构想（加斯特卡是提出者之一），同时认识到，在物理领域和信息领域之外还

有一个认知领域。认知领域包括

> 作战人员的头脑和民众对作战人员的支持。很多战役
> 和战争都赢在或输在认知领域。该领域的要素既有领导 218
> 力、士气、团队凝聚力、训练水平和经验所体现出的无形价值，也有对形势的感知能力和民意。指挥官的意图、教理、战术、技巧和作风都属于这个领域。[14]

这种战争模式适用于美国，因为它能够发挥美国的长处：它比人海战术更有价值；它反映出了对智取敌人的偏好；它避免了敌我双方的过度伤亡；它让人觉得几乎不用费什么劲就可以取得优势。这些观点无疑让人深受鼓舞，而且有可取之处。虽然新军事革命计划认识到美国的优势对尖端技术和强大火力（特别是空中火力）的依赖程度，但信息通信技术肯定会深刻地改变军事实践。而且，美国在特殊类型战争中明显的军事优势可能会促使其他国家改变作战方式，它的网络中心战能力还能遏制对手的野心。由于和美国打一场传统常规战争的做法显得越来越愚蠢，特别是在 1991 年海湾战争证明了这种愚蠢之后，对美国优势的潜在挑战又少了一种，就像之前的相互确保摧毁战略将核战争踢出政策选项之外一样。

不过，新军事革命的表现形式是由政治偏好决定的，即美国人想要打什么样的战争。它恰好既满足了降低高伤亡率或避免陷入越战式泥潭的意愿，又符合西方道德传统强调的战争区别和适度原则。建设专业化常规部队成为新军事革命的表现形式，因为高质量武器已经让数量不再重要，同时对部队的精干性也提出了更高要求。无法忍受人员伤亡和附带损害，意味着

打击行动应针对军事目标而不是无辜平民。大规模杀伤性武器的使用也变得不可能。军事会和民事分开，战斗人员会和非战斗人员分开，炮火会和人群分开，有组织暴力会和日常生活分开。打垮敌人无须大开杀戒，混乱和迷惑就可以让他们一败涂地，因为他们永远都不可能摆脱 OODA 循环。如果这一趋势得以充分发展，那么到了某个时候，我们就有可能看到一场没有眼泪的战争：用精确制导武器发起远距离攻击，让尽可能少的人（最好没有一个人）受到战火波及。目标就是降低任何被认为与“战斗”有关的因素的作用。理想的状态是以压倒性优势发起让敌人认知错乱的高强度集中打击。新军事革命远
219 非一场真正的革命，它让人回想起早先决定性军事胜利的理想化原型，这些胜利决定了各国甚至整个文明世界的命运。只是在今天，对于有史以来最强大的军事霸主来说，取得这样的成功实际上不用经受什么痛苦。

这种对未来战争的看法有些不太真实。它要求进行战争的政治实体摒弃畏惧、绝望、复仇和愤怒的心理，能够在利益和敌人面前保持理性、分清主次。这种看法背离了对于冲突和暴力之源的超然态度，表现得更像一个忧国忧民的旁观者，而不是立场坚定的参与者。它忽略了战争的物质性及其暴力和破坏倾向。如果那些未来战争的信奉者只打注定会取得简单胜利的小仗，那么军事事务就很难有什么革命。1991 年的海湾战争似乎证明了这种未来战争观的正确性，但它的胜利是因为萨达姆·侯赛因帮了忙，他没有认识到真实的力量对比。就此而言，这个证明本身就是靠不住的。考虑到二流常规部队在一流劲敌面前的不堪一击，未来的敌人在挑战美国时肯定会加倍小心。1991 年后，不知道谁会再打这样一场战争。美国军事文

学中提到了军事禀赋可比肩美国的“同时代竞争者”，但它们是谁却不得而知。此外，对于一场要按照上述原则进行的战争来说，交战国不仅应拥有旗鼓相当的军事实力，而且要有相同的道德和政治底线。这种对阵模式是依照美国的实力设定的，而正是因为美国太强，敌人望尘莫及，它们才不会依照这样的对抗模式，反而会千方百计地利用美国人缺乏耐心和担心伤亡等想象出来的弱点。敌人更倾向于通过制造伤害来达到扰乱人心和瓦解同盟的目的。

精确战争既可能减少损害，也可能最大限度地造成损害。就像高精度打击既可能避开核电厂、医院和居民区，也可能直接命中目标一样。即使在美国的战争模式中，也总是会有一些军民两用的设施，比如能源和交通设施。出于军事目的打击这些设施，势必破坏民众的正常生活。从其他方面来看，新技术使民事和军事领域逐渐重叠，高质量的监视、情报、通信和导航设备越来越容易获得，成为普通人手中的小玩意，而这给了那些缺少资金的小型非法组织以可乘之机。最后，核武器和远
程导弹（它们的问世在当时也被形容为一场“新军事革命”） 220
丰富了杀伤手段并扩展了潜在打击范围。而旨在减轻其破坏性的努力，比如对导弹防御系统的改进，却一直不尽如人意。这意味着，能够夺走成千上万人生命的核爆威胁并没有消失。

不对称战争

当一个国家在常规战争中陷入绝境、败局已定时，攻击敌人的后方恐怕就成了唯一的选择。这就是二十世纪战争史让那些相信军事行动后果可控的人倍感沮丧的原因。军事弱国可以采用一系列手段对付军事强国：集中力量给敌人造成痛苦而不

是指望打胜仗，尽量争取时间而不是急着结束战争，像破坏敌人先进的军事能力一样攻击敌国的政治中心，以及利用敌人不愿忍受极端的损失和痛苦与己方在解决冲突上利益关系不大的心理优势。简单而言，军事强国天生偏爱在战场上赢得决定性胜利，而军事弱国则更愿意把平民推入冲突，同时避免正面交锋。

对于那些难以匹敌美国常规军事能力的国家（差不多是所有国家）来说，最理想的战略就是尽量把冲突变成一场所谓的“不对称战争”。这个概念作为越南战争的一个反映，大约出现在二十世纪七十年代。[15]到二十世纪九十年代中期，它重新流行起来，开始被用来指代不同军队之间的所有交战行为。所有冲突都发生在某些方面有所不同的军队之间，它们或是来自不同地域，或是属于不同联盟，在军队结构和信条上也不尽一致。战略的作用之一往往是对这些存在差异的方面进行识别，为己方发现特别的机会并找到敌方的弱点。即使双方乍看上去是对称的，它们各自设定目标时也会把一种关键性的不对称因素当作取胜的重要优势。在核领域中，对称性之所以能够发展成为相互确保摧毁战略并发挥作用，唯一的原因就在于它带来了一定程度上的稳定。而在常规领域，两支军队的势均力敌或许是保证双方能够对等消耗的不二法门。

这些概念是如此繁杂，以至于人们对不对称的定义往往前后矛盾、无所不包，因而开始失去了实际意旨。在 1999 年的《联合战略评估》（Joint Strategy Review）报告中，不对称手段被定义为企图“使用明显不同于美国预料的作战方法对美国
221 的弱点加以利用，进而规避或破坏美国优势”的手段。这些手段可以用在“战略层面、作战层面、地面战术层面等各种

级别的战争中，以及军事行动的整个范围内”。可以这样说，不对称手段已经成了所有对抗美国的有效战略的代名词，不再具有任何特殊性。[16]不对称战争真正让人感兴趣的地方在于，对阵双方都会寻求打一场完全不同的战争，特别是在美国人坚持正规作战，但敌人升级到动用大规模杀伤性武器或是采用非正规作战套路时。

最大的危险是敌人拥有大规模杀伤性武器，但最可能发生的却是非正规战争。自越南战争后，美国军队已经认识到，最好的做法不是为打赢非正规战争进行更充分的准备，而是避开可能陷入的战争泥潭。美国军队中对越战最著名的记述进一步强化了这种倾向。美国陆军军事学院教官哈里·萨默斯（Harry Summers）引用克劳塞维茨的理论，解释了美国人是如何只顾反叛乱而忘了战争最传统的属性。萨默斯通过从1975年北越军队最终战胜南越军队进行倒推分析，来佐证自己的观点。北越获胜的可能性一直存在，但这并不意味着之前发生在南越的叛乱与此毫无关系。在一位熟悉二十世纪六十年代南越反叛乱内情的批评者看来，问题不在于美国军队忽视了敌人的“主力”，而在于他们没有充分认识到游击战想要达到的目的。[17]

美军对越战式冲突的坚决抵制反映在“大规模作战行动”（large-scale combat operations）和“非战争行动”（operations other than war）的差别上。前者是美军所欢迎的作战方式；后者则包括武力展示、为实现和维持和平所采取的行动，以及反恐和反叛乱，这些事情比打仗次要得多。[18]对非正规战争的提防，意味着美军不愿为适应这种作战形式而去发展专门的理论并对部队进行相应训练。人们认为在绝对必要时，能够胜任大规模常规战争的军队也应该能够完成要求更低的任务。实际上，二十世纪九十年代频发的小规模紧急事态都没有受到重视，因为在处理不涉及国家切身利益的次要政治事务时不恰当地使用武力，很容易让自己深陷恶性流血冲突，难以脱身。[19]

222 2001年9月11日，美国遭到了史无前例的意外袭击，这次袭击将不对称战争的概念推向了极致。盘踞在世界最贫困地区的一小撮伊斯兰激进分子策划了一个低成本的计划，把矛头直接对准了象征美国经济、军事和政治优势的标志性建筑。两架飞机撞击了纽约的世界贸易中心，一架飞机撞击了华盛顿的五角大楼，另外一架飞机本来打算撞击白宫或国会山，但在机上乘客的奋力阻止下中途坠毁。美国很快就确定了幕后黑手——“基地”组织，这个伊斯兰极端组织以阿富汗为大本营，并受到塔利班内部精神伙伴的保护。

美国政府随即宣布发起“反恐战争”，并展开旨在推翻塔利班和粉碎“基地”组织的军事行动。虽然挑衅来自“基地”组织，但如何反应却由美国人说了算。塔利班在一场准正规战争中被打垮了，因为美国人能够得到阿富汗反对派（北方联盟）的帮助，后者为美国人提供步兵，美国人则为后者提供通信设备、空中支援，偶尔还通过利诱策反敌人阵营中的某些派系力量。在此基础上，乔治·W. 布什总统得出结论，称这场战争表明“创新的作战理论和高技术武器完全能够塑造并主宰一场非常规冲突”。它是一次信息时代战争的胜利。战争中，指挥官“掌握着整个战场的实时画面”，能够“瞬时获得从传感器到射手的目标信息”。美军特种部队骑在马背上请求空中打击的浪漫图景随处可见。小布什称，这场冲突“在军队未来发展方面教给我们的东西，比蓝绶带专家小组和智库研讨会在十年里教给我们的还要多”，[20]言外之意是类似战法不仅可用于2001年年底阿富汗的特殊环境，还可以用到更广泛的作战领域中。在下一阶段的行动中，这种观点得到了体现。美国打垮塔利班之后并没有制订应对激进伊斯兰运动的计划，而是发动了一场旨在推翻伊拉克萨达姆·侯赛因政权的战争，理由是美国怀疑萨达姆拥有大规模杀伤性武器，而它们可能会落到任何企图给美国造成更可怕伤害的恐怖组织手中。随着伊拉克政权的顷刻覆灭，美国再次展示了它在常规军事能力方面的公认优势。

阿富汗战争和伊拉克战争都具有明显的决定性意义，敌对政权在它们的军队失败后被迅速推翻。但是，这两场战争都没能解决根本问题。美国国防部长唐纳德·拉姆斯菲尔德(Donald Rumsfeld）一直想要证明，军队大胆地使用更少的兵 223
力也能打赢一场战争。尽管所面对的敌人基本没有抵抗能力，但他的观点还是得到了认可。[21]在不久之后美军的反叛乱实践中，兵力投入的不足暴露出了美国的轻率。美国当初入侵伊拉克的政治理由，即“伊拉克非法发展大规模杀伤性武器”，最终被证明是个错误，这使得旧政权向新政权的过渡进程更趋复杂。这就要求建立起一套以帮助伊拉克实现民主转型为目的的新秩序，但这项任务又因为美国领导的联军缺少应对日益恶化局势的力量，而变得更加艰难。曾在旧有政治精英阶层中占据重要地位、占人口少数的逊尼派，发起了最激烈的抵抗运动。逊尼派得到了那些自感丧权辱国、害怕失去既得利益的人的支持。被遣散的前军人和大批失业青年纷纷加入了他们的队伍。这支队伍中包括了“前政权骨干分子”和以约旦人阿布·穆萨布·扎卡维（Abu Musab al-Zarqawi）为首的一伙强悍的“基地”组织成员。扎卡维不但想赶走美国人，而且热衷煽动伊拉克逊尼派和占多数人口的什叶派打内战。虽然什叶派是萨达姆政权倒台的天然受益者，但是由穆克塔达·萨德尔（Muqtada al-Sadr）领导的什叶派激进势力同样对美国人怀有敌意。美国在打了这场不费力气的胜仗之后所面临的挑战表明，战争的胜利不一定带来顺利的政治过渡。同时它还表明，不管美国人在正规战争中有多么神勇，他们在应付非正规战争时都表现得手足无措。

在美国的权威不断遭遇挑战、军队频频受到伏击和路边炸弹困扰的同时，美国陷入两难境地：一方面形象受损，另一方面又不得不强硬地使用武力。很快，联军的战线开始拉长，政治信誉也随之丧失。糟糕的安全形势阻碍了经济和社会重建，而重建进程的搁浅又进一步恶化了安全形势。由于过去 30 多年里一直对镇压叛乱的重要性缺乏认识，美军在伊拉克举步维艰。为了展示实力，他们穿镇过村地清剿每一处的叛乱分子，但是由于没有足够的美军部队留驻当地，敌人可能很快又会卷土重来。这意味着当地民众不会愿意和美国人合作。美军也曾努力在各地建立起地方安全部队，但它们经常被武装分子渗透。此前，美军部队从未接受过作战以外的训练，不知道该如何克制使用火力、如何避免使自己的行为激起民愤，以及如何设法接近充满疑虑的当地民众。他们发现很难从无辜的百姓中辨别反叛分子，于是很快就开始怀疑每一个人，这进一步加重了彼此间的疏离感。

224 美国把更多的精力放在了震慑对手上，却没有想争取那些犹豫不决的中间力量。一份针对 2003 ~ 2005 年美军在伊拉克行动的分析报告显示，大部分行动都被“用在了对付反叛活动，即搜剿反叛分子方面”，很少有行动“专门被用来为当地民众营造一个安全环境”。[22]“隔离加清剿”战略使保住占领区和消灭敌人成了唯一选择。无论这种方法在军事上能否奏效，它的政治后果肯定是致命的。

美军认识到了自身所处的复杂局势，开始重新考虑采取行动镇压叛乱，对原有军事体制已经心灰意冷的军官们开始指挥行动。正是因为这些体制性障碍的存在，美军此前一直对非正规形式的战争抱着轻视和抵触态度。2004 年之前，位于莱文沃斯堡的美国陆军联合兵种中心（Combined Arms Center）①的内部刊物《军事评论》（*Military Review*）很少涉及伊拉克战事，而在 2004 年之后，该刊平均每期都要登载 5 篇左右这方面的文章。[23]从托马斯·爱德华·劳伦斯到大卫·格鲁拉的有关游击战的经典著作被重新翻出来加以研究。像约翰·纳格尔（John Nagl）那样熟悉以往反叛乱作战历史的军官开始就美军在伊拉克的行动提出建议。[24]作为后殖民时代首批反叛乱作战理论家之一，被借调到美军服役的澳大利亚军官戴维·基尔卡伦（David Kilcullen）提出了一套更有价值的反叛乱理论，其中融入了一个重要认识，即“基地”组织和其他具有相同意识形态的恐怖集团的目标是发起一场无国界的全球性叛乱。基尔卡伦想要弄清，普通人“意外变成游击队员”究竟在多大程度上是因为反对外来干涉，而不是赞成极端主义思想。要想防止“基地”组织成为一支全球性反叛力量，就必须将其化整为零、各个击破。要想防止它在信息化环境中发展壮大，反叛乱部队就必须像在物理环境中一样认识到特殊战场的重要性。[25]

① 成立于 1973 年，为美国陆军智库。

反叛乱作战行动的领导人是戴维·彼得雷乌斯（David Petraeus）上将。他认识到，问题的出现是因为美国被动地卷入了一场准备不足的战争。为此他强调，这不仅仅是个军事技术问题，更应该从政治维度加以考量。“反叛乱战略还应该包括其他内容，首先就是努力营造一个政治环境，以减少叛乱分子可能获得的支持，并降低他们所信奉的思想的吸引力。”[26]2007年年初，当伊拉克濒临内战边缘而美国已经开始考虑抽身之际，小布什总统决定做最后一搏。这就是众所周知的“增兵”行动，由彼得雷乌斯负责落实。但这一行动过分强调了军队数量的重要性，与新战略的原则背道而驰。[27]经过一年的努力，形势出现了些许明显的改善迹象，这被看作战争的一个转折点，就算不能实现美国人早先承

225 诺的把伊拉克变成自由民主国家的目标，起码也降低了伊拉克发生内战的危险。

形势的好转和增派部队及其部署技巧并没有太大关系，虽然这些因素也重要，但更主要的原因在于伊拉克人厌倦了内战，特别是“基地”组织的暴行激起了逊尼派内部不少人的强烈反应。随着针对什叶派目标的袭击行动不断减少，什叶派对逊尼派的报复性袭击也越来越缺少理由。要想动用美国的军事力量来强化这一势头，就必须拿出一个更加细致巧妙的伊拉克政治解决方案，而不是简单地把安保责任移交给伊拉克政府，不管它有没有能力应付。这意味着美国人开始顺应伊拉克的政治现实行事，不再逆势而为。

第四代战争

二十一世纪的战争体验究竟是代表了一种趋势，还是一些

不可能被复制的特殊情况呢？在那些持前一种观点的人看来，有一套比较可信的理论框架能够证明这一点，因为它可以轻易解释国际恐怖主义的出现。这套理论框架伴随着有关“第四代战争”的广泛讨论而产生。它和新军事革命一样，也与OODA循环和机动战密切相关，但它涉及的对象与正规战争迥然不同。[28]它最初出现在威廉·林德领导的研究小组发表的一篇文章中。作为博伊德的信徒，林德是一位积极的军事改革者。[29]根据他们的思路，前三代战争是一种互为因果、逐代发展的关系（先是排成横队和纵队的方阵战，然后是集中了大规模火力的攻防战，再后来是闪电战）。而第四代战争开始于道德和认知领域，在这一领域中，即便是物质力量强大的实体，也可能因为横遭打击、惊慌失措、信心崩塌和秩序大乱而一败涂地。该原则随后被应用到了整个社会领域中。在第四代战争中，攻击目标变成了社会凝聚力的源头，包括共同的准则和价值观、经济管理体系和制度架构。它是将人工操作层面的战略转型为一种倒置的大战略，带来了关于敌对意识形态和生活方式的问题，以及无须卷入过多战斗的冲突形式。

灾难性的大国冲突显然已成过去，现今的观点坚持认为，新战争都发生在弱国内部或弱国之间。越来越多的国际热点事件都有着遭受内战之苦的国家的影子。[30]然而，西方强国对
这些冲突的介入却被看作任意之举（它们往往被形容为“可 226
打可不打的战争”）和基于人道主义考虑的救助行为。虽然这些干预行为引发了经济重建和国家建设等诸多军事行动以外的问题，但它们和第四代战争理论只沾了一点边。甚至还不如说，它们只会让那些立场更坚定的第四代战争理论家分心。

虽然新军事革命有着相同的起因，但它只针对一种极为特殊的正规战争，而这种为美国量身定制的战争不太可能发生。第四代战争则涉及几乎所有其他方面，这也是关于它的理论会有众多版本的原因。林德所代表的一派着重于从国家正统性危机来研究第四代战争。他们认为，不受约束的移民政策和文化多元主义侵蚀了美国的国家正统性，并不是什么社会潮流，更多是“文化马克思主义者”精心策划的结果。文化受损不是更广泛、更分散的社会趋势或经济发展的产物，而是敌人蓄意的敌对行动造成的，美国国内那些有着天真和错误想法的人助长了敌人的气焰。美国海军陆战队上校托马斯·哈姆斯（Thomas X. Hammes）所代表的另一派则更有影响力，他们强调第四代战争是一种非正规战争，尤其是那些在二十一世纪给美国造成巨大不幸的恐怖主义和叛乱。[31]

第四代战争学说有五大核心主题。第一，它遵循博伊德理论，关注的是战争在道德和认知领域内的胜负。第二，它确信五角大楼热衷于高科技和短战争是个错误。第三，全球化和网络化趋势模糊了战争与和平、平民与军人、有序与无序之间的界限。战争是不受时间和空间限制的。它跨越“人类活动的整个范围”并且“在其持续期间会产生广泛而深远的政治和社会（而非技术）影响”。第四，敌人不易被发现或控制。博伊德的前同事查克·斯平尼（Chuck Spinney）形容第四代战争的勇士

> 几乎没有什么害怕遭到常规攻击的重要目标，而且他们的追随者通常都更渴望为了他们的事业去战斗和牺牲。他们很少穿制服，所以很难和广大民众区别开来。他们还

很少受传统和习俗的束缚，更有可能使用创新手段来实现目标。[32]

第五，由于这些冲突体现在道德和认知领域，任何军事行动都应被视为一种交流形式。林德在他最初的论述中曾提出："心 227
理战可能会以媒体或信息干预的方式成为主要的作战和战略武器。"[33]

作为一种合乎逻辑的理论，第四代战争学说很快就失去了影响力，这不仅因为其流派众多，还因为它所依托的是一个不管用的历史模式。历史上从未有过纯粹的正规战争，但人们都认为前三代战争是以正规战为中心的。而且，就连劳伦斯和毛泽东这样的非正规战争爱好者，也承认夺取政权只能靠正规军。可能有一些恐怖组织和反叛集团依靠非正规作战形式，但这主要和他们的力量薄弱有关，而不是因为他们对新技术的影响和当代世界中的社会经济结构有什么独到认识。还有一派观点认为，这些人们不愿看到的新发展和新情况都有一个个指导性的事业目标。

拉尔夫·彼得斯（Ralph Peters）①也持有类似看法。他认为，西方军队必须做好面对"勇士"的准备。他文采飞扬地将所谓的"勇士"刻画为"习惯使用暴力、不遵从社会秩序、忠诚度低的偏执原始人"。在彼得斯看来，这些人的作战方法完全是游击战门徒所熟悉的套路。他们只有在占据压倒性优势时才会站出来战斗。"只不过，他们会采取打冷枪、设埋伏和误导欺骗等手段，千方百计地愚弄受到纪律约束的反恐部队士

① 美国陆军上校，国家安全分析专家。

兵，离间其与当地民众和盟军的关系；要不然就保持低调，设法在搜剿他们的军队眼皮底下苟且偷生。”[34]这么说不免有些夸张。有些“勇士”喜欢战斗或许有他们自己的目的，但那些最让人胆寒的“勇士”可能是为一项事业或者一种他们珍爱的生活方式而战。至少可以这样说，游击队、民兵和大众武装的行为表现是很复杂的。

信息战

在有关不对称战争的讨论中，一个关键要素就是对所谓“信息战”的关注。“信息战”这个术语并不准确，因为它指向的是一系列彼此关联却又相互有别的活动，其中有些涉及信息的流动，另一些则涉及信息的内容。一份美国官方出版物对这个术语的潜在定义做了说明，称“信息战”的目标就是获得并保持“美国及其盟友的信息优势”。这需要一种“影响、扰乱、破坏或侵入敌方人工和自动决策体系，同时保护己方决策体系安全”的能力。在有关电子战和计算机网络乃至心理
228 战和欺骗术的参考资料中，不难看到自动和人工决策体系混合使用的例子。[35]这一切反映出两个不同的重点，一个是传统上改变他人观念的重要性，另一个是数字化信息的作用。

当信息成为稀缺商品时，我们可以认为它和燃料、食品等其他重要商品差不多。只要能获得并保护优质信息，就有可能保持对敌手和竞争者的领先优势。此类信息可能包括知识产权、敏感的金融数据，以及政府机构和私营企业的相关计划和能力。这给了情报机关存在的理由。克劳塞维茨可能认为情报并不重要，但随着收集敌方机密信息的手段不断翻新，情报工作的价值正日益凸显。这首先得靠间谍，其次要有破解密码的

能力。电报通信技术诞生后，用它侦听到的信息为确定敌人的位置和任务提供了可能的依据。第二次世界大战期间，盟军正是因为破解了德军的通信密码，才在多次遭遇战中明显占得上风。接着，又陆续出现了从空中和太空拍摄照片的技术。阻止敌人获取军事设施和军队部署方面的重要信息变得越来越困难。

随着信息的日益数字化（这样可以更简单地生成、传输、收集和储存信息），即时通信技术应运而生，信息爆炸也取代了以往的信息匮乏，成为新的挑战。大量数据资料可以通过公开或非法手段轻易获得。外人会试图破解系统密码并闯过防火墙，以获取敏感资料、盗取身份或是挪用资金。另一个挑战是在蓄意扰乱或篡改行为的威胁下维护信息的完整性。这些破坏行为往往通过发自远程服务器的病毒、蠕虫、木马和逻辑炸弹等各种阴险狡诈的数字侵入程序加以实施，通常不具备清楚的动机，但有时也怀有明显恶意。大多数此类活动都和犯罪与诈骗有关，但也会有一些例外，比如：由国家资助的黑客大规模盗取政府和企业机密，发动网络攻击使政府运作系统瘫痪，用神秘病毒感染武器研发计划，以及损坏军事设备赖以正常工作的软件。那么，会不会有一支软件奇才大军在暗中使用电子手段干扰破坏诸如交通、金融和公共卫生这样的现代社会支持系统呢？

类似的攻击行为无疑会造成不便和烦恼，偶尔还会惹出大
乱子。其间，军方可能会发现防空系统失灵了，导弹射偏了， 229
地方指挥官抓瞎了，高级指挥官眼前的监视屏幕变成一片雪花了。如果他们认为快速的数据流能够消除“战争迷雾”，那么他们一定会遭受天大的打击。就算没有敌人的干扰，迷雾也会

因为信息过剩而产生。比起过去的信息匮乏，过滤、评估和消化海量信息更让人头疼。不可否认，新的信息环境给各国政府带来了新的问题，它们需要清楚如何管控形势发展以及如何影响新闻议程。普通人会用手机转发一些经常内容失准或断章取义的图片和新闻，当它们在社交网站上疯传的时候，政府可能仍在设法弄清到底发生了什么，忙着寻找对策。[36]

这种情况会发展成约翰·阿奎拉（John Arquilla）和戴维·伦菲尔德（David Ronfeldt）① 1993 年所确定的那种危险吗？当时他们警告："网络战来了！"[37]他们断言，未来的战争将以知识为中心。他们对"网络战"（cyberwar）和"社会网络战"（netwar）的概念进行了区分，认为前者限于军事体系之内（虽然后来扩展了这个概念的使用范围），而后者更多发生在社会层面。网络战面临着和其他新型战争同样的问题：就其本身而言，它会是决定性的吗？或者像史蒂夫·梅茨（Steve Metz）所说的，能不能找到一种"政治上可用的办法"去充分破坏"敌人的国家或商业基础设施"，以"达到不战而胜的目的"？[38]

那些猜想会有一场决定性网络战的人认为，发起网络攻击的一方优势在握，而且其影响将是深远、持久和无法控制的。随着公司企业甚至五角大楼等更知名机构的网络系统频繁遭到黑客攻击，这种威胁变得越来越真实可信。面对着处心积虑探测网络最薄弱环节的老练敌人，保护和管理好特权信息已成当务之急。但若想对敌人发起有效攻击，需要掌握大量情报，以了解敌方数字系统的精确配置及网络入口。发动匿名或突然袭

---

① 两人都是美国国际关系学者和兰德公司研究员。

击可能是个有吸引力的选择，但任何此类行动都会引出一系列显而易见的问题：攻击一个警惕的敌人有多大成功的把握？能否对敌人造成真正的伤害？敌人的系统恢复需要多长时间？会不会招致敌人的报复（不一定以相同的方法）？一个真正受伤的对手很可能会以物理方式而非数字方式进行反击。但托马斯·里德（Thomas Rid）[①] 提醒，这个问题的严重性被夸大了。大多数“网络”攻击从它们的意图和效果看都是非暴力的，而且总体而言，网络攻击比其他可能的攻击方式更为温和。它们只是传统的破坏活动、间谍活动和颠覆活动的最新版本。所以他的结论就是，“网络战”是一个“被滥用的比喻”，这样 230
的比喻无助于解决新技术带来的实际问题。[39]

阿奎拉和伦菲尔德将“社会网络战”形容为“一种在传统战争之外、表现在社会层面上的新兴冲突（和犯罪）模式，其参与者采用的是与信息时代相适应的网络化组织以及相关的理论、策略和技术”。与那些规模庞大、等级分明、独立运作且常常被极端分子效仿的军警组织不同，社会网络战的参与者“可能是一些分散的组织、小团体和个人，他们往往没有中央指挥系统，主要以在线方式进行联络、协调和开展活动”。[40]恐怖分子、反叛分子，甚至非暴力激进团体一般不会发动正面进攻，也不需要层级式的指挥链条，而是会采取“蜂群战术”，在一个由手机和互联网连成一体的网络中用不同方法、从很多不同方向、以小集团的形式发起攻击。在实践中，这种攻击更明显地表现为“黑客活动”，其追求的更多是对政治或文化的冲击，而不是威胁经济或社会的稳定。就算是心肠更硬的敌人

① 伦敦国王学院战争系教授。

想要发起实实在在的攻击，其结果也可能是“大规模破坏”，而非“大规模毁灭”，给社会心理造成的不便和迷惑要比恐怖和崩溃更明显。[41]

在 2011 年“阿拉伯之春”运动初期，人们对脸书（Facebook）和推特（Twitter）这些社交媒体的使用，表明了蜂群战术是如何让政府在迅速发展的民意面前束手无策的。这种战术和在信息时代到来之前就已被广泛接受的原则一脉相承。激进组织，特别是在它们的早期阶段，组织上往往都比较松散。它们发现，要想避免引起当局的注意，比较安全的做法是以半独立的基层组织为单位活动，各基层组织彼此间或和共同的上级之间应尽可能少地联系。因特网和其他数字化通信方式固然方便了人际沟通，但一些导致电话或电子信息被跟踪的安全漏洞仍让他们不敢在网上交谈时把话说得太直接、太具体。另外，激进网络的形成需要有一个基本的社会凝聚度或是对某个社会运动宗旨的普遍忠诚度作为条件，这样才能把形形色色的人拉拢在一起。为了壮大自身，它们的行动必须超越小股模式。这就要求它们拥有一个能够动员充足力量进而给对手造成重大打击的领导层。如果没有权威性的决断力，除了令人讨厌地不断骚扰对手，很难占得上风。正如 2011 年至 2013 年的阿拉伯起义所展现的那样，统治阶层面对汹汹民
231 意，没有使用自己的社交网络工具进行应对，而是采取了武力镇压手段，结果就可能引发武装叛乱，而当局也乐得用军队捍卫岌岌可危的政权。

最初人们关注的是信息流对普通军事行动的支持作用，包括加快决策速度和确保达到更精准的打击效果。但发生在二十一世纪的非正规战争很快就让更传统的信息战成了新的焦点，

在这些较量中，美国人看起来败给了明显落后的对手，他们不知该如何认识这类冲突，也不知其中蕴含着什么风险以及应对办法是什么。他们的对手缺少物质力量，但似乎懂得如何影响人们的思想。在物理环境中具备的优势没有多少价值，除非它能转换成信息环境中的优势。因为这是敌人“选中的战场”，美国现在需要学着从影响大众认知而不是通过决定性战役来消灭敌人的角度，思考如何取得胜利。[42]这个问题和数据流的关系不大，主要由人们的思维方式决定。

在伊拉克和阿富汗进行的反叛乱斗争，几乎让后现代主义者们也开始吹捧起前理性的、根深蒂固的思维模式，具有此种思维模式的个人乃至广泛的社会群体，对世界抱着一种特别的看法。罗伯特·斯凯尔斯（Robert Scales）少将①提出“文化中心战”的概念，试图用以解释伊斯兰军队为什么会在西方式常规战争中失败，而在非常规战争中获得巨大成功。[43]他认为，在面对着一个“耍阴谋使诡计、大搞恐怖活动、沉得住气又不怕死”的敌人时，美国人把主要精力都花在了让“打击精度再少几米、速度再快几节、带宽再多几个比特”上，却很少能让它们“平行转换为基于认知能力和文化意识的价值”。打赢战争靠的是“缔结同盟、利用非军事优势、解读敌人意图、建立信任、引导民意以及树立形象——做到这些都需要具备一种了解民众及其文化和动机的特殊才能”。对手将会是“分散的敌人”，他们“靠口头传话和地下通信”进行联络，以“不需要网络或复杂技术集成就能用”的简单武器进行战斗。

① 前美国陆军军事学院院长、哈佛大学军事历史学家。

作为越来越重视文化因素的一个表现，五角大楼聘用了人类学家蒙哥马利·麦克菲特（Montgomery McFate）①，请她分析军事行动和伊拉克社会之间的相互影响。经过分析，她发现美军犯下了一系列错误，包括忽视了民众在政权垮台后仍会忠
232 于各自部族的既有传统；忽视了价值堪比官方宣传的“咖啡馆传闻”的重要性；忽视了诸如手势交流这种小事的意义。[44] 在这之后，美国军方明显越来越重视影响他人的世界观，他们不断提及“感情和理智”，用以警告任意而无情的军事行动将会造成怎样的政治损失。美军的长远目标是切断武装分子的潜在支持来源，包括应召成员、消息情报、粮食补给、武器弹药和庇护场所。作为这一更广泛战略的组成部分，美军会随时随地把“感情和理智”这个短语挂在嘴上，通过行善举、拉感情，说服当地民众相信安全部队是他们真正的朋友。而马基雅维利的观点与此恰恰相反：被人畏惧总比被人爱戴更安全；对敌人可以靠武力加以威吓，使其丧失斗志，任何妥协让步都只会激起他们的反抗。

问题更多在于对“感情和理智”这个概念过于肤浅的诠释。在其他语境下，“感情”和“理智”是截然对立的：前者表现为强烈的激情，后者表现为冷静的算计；前者看重的是象征意义，后者看重的是思维能力。更早使用这一概念的是英国将领亨利·克林顿爵士（Sir Henry Clinton）②，他在北美独立运动风起云涌的1776年遇到了相似的问题。当时他认为，英国必须“赢得美洲人的感情并压制美洲人的理智”。[45] 但事实

① 美国文化人类学家、高级社会学家、防务和国家安全事务分析师。

② 美国独立战争时期曾任北美英军总司令。

上，在讨论该如何打击叛乱活动和恐怖主义时，那些反对使用武力的人往往更注重赢得感情，而不是压制理智，好像光靠提供物资和服务就能得到绝望的民众的支持。

争取人心存在三大难点。第一，如前所述，当地的政治忠诚度取决于当地的权力结构，所以采取任何措施之前都必须评估它们会给这种结构带来的影响。第二，修道路、建学校或保护电力和卫生设施的安全固然能造福当地社会，但如果安全环境差到外国军队和当地百姓无法密切沟通和发展互信时，这些努力终将难以为继。类似的政策或许能防止形势进一步恶化，但不太可能让形势恢复如初。要建立信任，更理智的做法恐怕是弄清谁有可能在持续不断的政治和军事冲突以及利益各方的长期博弈中成为赢家。叛乱分子会在民众中间制造各种猜疑，比如谁可靠谁不可靠、什么是真相什么是假象、谁是真帮忙谁是假装帮忙。在叛乱和反叛乱双方为争取当地民众支持而大玩智斗游戏时，他们可能会像渴望树立友好形象一样急于展现自己强悍的一面，以求在慷慨施惠的同时彰显自己的胜利。从战略的认知层面来看，展示力量和行善积德同样重要。二者都得 233
依靠当地老百姓和当地领导人的亲身体验，以及他们用来解读这些体验的心理建构。第三，实施这种战略需要更加细致用心，不能仅仅满足于知道不同的民族有不同的文化。不可否认，尊重其他民族的世界观、避免表现出种族优越感正变得越来越重要。文化本身是个难以捉摸的词语，经常被用作某种掩盖个性并不切实际地塑造个体行为的东西。这个词几乎可以涵盖所有无法用常理解释的事物。对其他民族战略文化所下的定义往往是非常一致的，没有矛盾和对立，几乎无法改变。至少在学者圈子里，对异族文化的认识很大程度上会受到源于某些成见的习惯做法的影响，这些成见左右着人们的思维模式和事件的发展方向，但只适用于正常的变化和发展趋势。我们会在本书最后部分研究“剧本”理论时回想起这些思想的某些内容。[46]对文化的夸张理解会让人想当然地认为，对立态度和不合作行为是坚持古老生活方式的表现，这种生活方式不受现代因素影响，在任何情况下都唯我独尊。

一般认为，不同的个体是依靠共同的想法、准则、行为模式和相互了解的方式等硬文化实现社会化的，这些东西往往是含蓄的、不言而喻的和想当然的，外人几乎难以理解。但也有人持相反的看法，认为在整个社会受到新的影响和挑战的动态环境中，文化可能会不断发展和调整，对人们的凝聚作用也变得越来越弱。由此，帕特里克·波特（Patrick Porter）在他关于文化差异造就出新伊斯兰主义者、圣战民兵和叛乱分子的文学作品中提到，他所碰到的人似乎“并非在自主行动，而是在不受个人感情影响的历史力量的作用下行事，听命于文化的引导；或者说他们的作战模式独一无二，是由祖先的习惯所固定下来的”。这些人完全能够在他们的文化范畴内学习并适应新型武器的使用和新的作战方法。至于根深蒂固的仇恨心理和回荡于脑海的文化信条，则会加深原本就有的和来自外部的成见，这与那种认为所有人都在努力按照西方式形象改造自己的成见同样有害。把问题行为解释成人们积习成性的结果，不仅有居高临下、胡批乱评之嫌，而且刻意回避了外部干预力量的影响。外来势力的所作所为或许已经激起了敌对反应，同时他们也低估了敌人在长时间冲突中可能出现的互动以及在思想、
234 武器、战术方面的彼此交流。[47]军官们要想在对付邪恶敌人的同时与他们应该帮助的民众搞好关系，就得学会讲令人信服的

故事。基尔卡伦注意到，叛乱分子的“毒化影响”靠的正是一个简单、统一、容易表达的“单一故事”，这样的叙述可以让人感同身受，为听者提供一个理解事物的框架。他认为最好能够“挖掘一个不包括叛乱分子的现有故事”，让人们自然而然地欣赏和接受。否则，就得另想一套讲述内容。[48]让一支结构复杂的多国部队编造一个能取悦不同受众的故事并不容易。一位英国军官见证了这样一个故事的价值，发现它不仅有助于人们理解部队的行动，而且能团结起“队伍，成员来自不同机构，承担不同职能，如外交使团负责人、陆军连队指挥官、救援专家、在本国首都办公的政治家”。他承认这可能导致故事出现种种变化，但只要有个贯穿始终的基调，就无须担心。不过，自由民主制政府很难编出前后一致的故事，或者说，身处遥远首都的政客们很难了解前线的需求。[49]

一套由美国海军陆战队编辑整理的饱含悔恨色彩的论文集指出，美国已经证明自己没有能力“将它喜欢的规模庞大且占优势的商用信息基础设施迅速用于国家安全目的”。[50]被“基地”组织折磨得如此不堪着实令人困惑，这一组织传递的信息和他们发动的袭击一样无耻可恶。然而，在这场唇舌之战中，美国却处于被动防守的境地，一味去挑对方故事里的毛病，而不是想办法讲好自己的故事。美国总是热衷于炮制自以为能吸引人的宣传，不管这些宣传会收到怎样的效果。为了迎合新的目标受众，西方宣传者不得不应付各种流言和谣传，化解当地民众对官方新闻报道的不信任和对外国说教的冷漠情绪，同时还要和其他形形色色的消息源展开竞争。人们会忽略掉那些他们不相信或者认为无关紧要的宣传，也可能听信各种内容新奇的只言片语或变了味的核心信息，并按照自己的判断和原则对这些信息进行解读和拼接。

最为严重的是，无论是粗心部队的军事行动还是粗心政客的政策主张，其影响都不可能被彻底挽回。可能会有一群专家在信息战的标签下开展工作，但受众只会从引起他们注意的信
235 息中得到启示。美国也许发明了大众传媒和现代公共关系产业，但这些挑战超出了常规营销技巧的应对能力。那些具有政治竞选或政治营销经历的人在受邀就伊拉克和阿富汗的宣传战提建议时，往往选择搞些没有长期效果的短命项目。而且这些人明白，他们的工作业绩要根据国内受众的好恶来评判，所以国内受众才是他们想去迎合的群体。这种做法非但不得要领，而且会让那些总是迷信本国宣传的决策者们受到蒙蔽。杰夫·迈克尔斯（Jeff Michaels）创造了“话语陷阱”的概念，用来指政治上悦耳得体的描述语言会让决策者对形势发展产生重大误判。例如，他们坚称最初对伊拉克的错误攻击罪在前萨达姆政权分子，拒绝承认其他人负有责任，却没有估计到温和逊尼派的不合作和什叶派激进势力的发展壮大。[51]

说服人们用不同的眼光认识世界并改变他们的想法很难，这需要洞悉他们的不同身份背景、性格特征和关注重点。如果对象是来自某种陌生文化的一整类人，而这种文化又有着极其显著但外人难以觉察的内部倾向和特征，那么要说服他们更是难上加难。军事作战时，理解这些行动如何左右陷入冲突中的人判断形势是十分重要的，其效果远远超越其他活动。它会影响人们的忠诚与同情会以何种方式瓦解，以及怎样被组合在一起。理解这一点有助于避免犯下大错，这种错误有可能把民众中的重要力量推向对立面。但由于很难衡量和确定改变人们信仰的手段的成效，军事指挥官们往往更相信枪炮的作用。[52] 如

果真正的挑战在于重塑政治意识，以便和有势力的外国人达成一致意见，那么军队的作用必定是有限的。良好的形象不会像某种精准武器一样被直接发射到目标受众的脑子里，更不用说整个信仰体系了。如果说有什么还值得安慰的话，那就是“基地”组织的成功也被夸大了。现代传播媒体无疑为人们创造了几乎可以实时传输生动图像的机会，对所有当代的巴枯宁(Mikhail Aleksandrovich Bakunin)① 来说，这是发起“行动宣传”(Propaganda of the deed)② 的非凡时机。[53]但是，就像能够阻碍官方的“信息战”取得成功一样，同样的因素也可以用来对付武装分子，让他们的随意暴力活动、格格不入以及不断重复的乏味说教成为对他们不利的东西。[54]正如本·威尔金森(Ben Wilkinson) 在一项针对伊斯兰激进团体的研究中所指出的那样，真正的问题不是缺少简单的信息，而是他们为说服自己和支持者相信最终定能成功而预想的因果关系并不可信。这 236
把他们引入歧途，被“糟糕的推断、虚假的臆测、错误的解读和荒谬的想法”所害，他们会夸大人的能动作用，而忽视偶然和不可预知因素的影响。所有这些导致了严重的“叙事错觉”。[55]由于愿望和手段之间存在巨大差距，激进的战略家们尤其会有叙事错觉的危险，但它其实是所有战略家都容易犯的错误。

---

① 十九世纪俄国著名的无政府主义者。

② 指对政敌采取暴力行为，以此启发群众、催化革命。

十七　战略大师的神话

237 ……1793 年出现了一种人们意想不到的情况。战争突然又变成了人民的事情，而且成为全都以国民自居的三千万人的事情……所能够利用的方法和所能够做出的努力使原有的界限已经不存在了，用来进行战争的力量再也碰不到什么阻力了。

——克劳塞维茨，《战争论》

由拿破仑开创并被克劳塞维茨以最具启发性的方式发展的战争及战略问题思考框架，不会被轻易取代。克劳塞维茨见解之精明、阐述之雄辩，让人们很难找出有效研究战争的其他方法。那些凭借自己对以往战争和克劳塞维茨可能想象不到的各种新情况的丰富了解而哗众取宠的人，其实没有抓住要点。克劳塞维茨的分析框架之所以能够产生持久影响力，在于他发现了政治、暴力和机会之间的有力互动。正因如此，军事战略著作家们一直保持着对这位大师的顶礼膜拜。科林·格雷就是其中一位，他不明白为什么现代战略思想远远比不上《战争论》，而且没有哪个战争领袖像拿破仑那样能够激发出伟大的阐释性理论。他还指出，无论是熟悉战略理论的军人还是有实践经验的民间理论家，目前都很缺乏。现代战争的复杂性对那
238 些空想理论家构成了挑战，而关心国家战略的人们又变得越来

越注重眼前的政策问题。

格雷对战略家有着一种崇高的看法，认为他们能够纵览全局，充分顾及各种事物间的多重相互依存关系以及诸多起作用的因素，进而找出最有利的努力方向。在其《现代战略》（*Modern Strategy*）一书中，他确定了 17 个需要考虑的因素：人民、社会、文化、政治、种族、经济和后勤、组织机构、行政管理、信息和情报、战略理论和学说、技术、操作、指挥、地理、阻力/机会/不确定性、对手以及时间。制定恰当的战略，需要对这些因素进行全盘考虑，也就是说，既要分别审视每个因素，又要将它与其他因素综合审视。[1]

美国陆军军事学院教官哈里·亚格尔（Harry Yarger）接受了格雷的主张并将其发扬光大："战略思考就是彻底和全盘的思考。它力求通过审视每个部分及其相互关系，即它们彼此间在过去、现在和可预见未来的影响，来理解各部分如何互动成为一个整体。"这种全盘视角需要"充分了解战略环境中的其他动向，以及它的各种选择对上层参与者、下层参与者和战略家自身努力的潜在的一阶、二阶和三阶影响"。全盘视角不是为那些满足于得到初步见解和早期收益的人准备的："追求实现长期利益的战略家应摒弃急功近利的权宜之计。"人们对一个真正的战略家赋予了太多的期望：作为一个当前问题的研究者，他必须了解过去、洞见未来，能够意识到偏见的危险性，对模棱两可和混乱无序保持警惕，时刻想清楚备选行动方案的后果，以便足够精确地阐明所有这些供人们遵循的原则。[2]这是一个无法实现的理想。毕竟，一个人能够积累、吸收和运用的知识只有那么多；在一个充满不确定性、复杂性和乱象的体系中，能够解决的事情也只有那么多。

格雷也认为上述条件过于苛刻，承认自己要求太高了。他评论亚格尔“似乎是在鼓励甚至强求人们去做不可能做到的事情”。[3] 哪怕只是开始努力具备这些素质，也需要掌握相当多的技术和概念。不过，格雷仍然把战略家形容为某类较为特殊、工作要求“非常苛刻”、能够看到“广阔蓝图”并且熟悉战争方方面面的人。他赞赏地引用弗雷德·伊克尔（Fred Iklé）① 的观点指出，制定出色的国家战略需要“渊博的知识和全面发展的人格”。[4] 同样，亚格尔也曾认为战略代表着“非
239 凡智慧的领域、终身钻研的学者、一心一意的专家和无懈可击的信心”。[5]

真有这样能看透万事、出类拔萃的战略大师吗？如果有，这个人将会成为各方来求的宝贵资源，一边要努力预测未来，一边又不得不花时间把研究成果深入浅出地传达给那些需要理论指导的人。由于这种系统和前瞻的思维能够揭示很多风险和机遇，在一位实践者看来，它的全部价值就是明确提出行动要点。一国政府在实施某项重大计划之前，往往希望能有一个对形势的全面分析，以便在采取行动时占得先机。但是一旦遭遇事先未考虑的突发情况时，应对之策便成了一种奢侈品，这时可能需要一种临时应变的特别战略。在此情况下，即便是战略大师也会多少有些措手不及。

战略家所谓的全盘视角也是不确定的。需要特别注意的是“系统效应”，即明显不同的活动领域发生联系后所产生的意外结果。由于可能出现意想不到的后果，所以在急于采取大胆行动时应该小心谨慎，一旦付诸实践，就应密切关注其影响。

---

① 前美国军备控制和裁军署署长、里根政府的国防部副部长。

对一个广阔环境中各种关系的范围和多样性加以认真探究，就能够施加间接影响，或发现对手最薄弱的环节，抑或促成一个令人羡慕的联盟，进而确定自己可以在哪些方面做文章。[6] 但是，这并不需要对整个系统有一个总体看法。系统内部肯定是存在某些界限的。理论上，任何事物都和其他事物相关联；但实际上，局部活动的影响可能很快就会消失。而且，全盘视角需要具备从外部观察整个系统的能力，但实用战略家注定是“近视眼”，他们更关注眼前的要务，而不是那些永远不需要操心的远忧。随着时间推移，事物的重点会发生变化。但这并不是说要预料到每一件事；相反，人们应该认识到，抱着不容置疑和志在必得的信心坚持制订出一套能实现长期目标的计划是不现实的。

有人认为，社会和与之相关的军事体系可能被理解成了复杂的系统。这种想法让那些苦苦搜寻敌人“重心”的人相信，在准确的位置上打击敌方系统可导致其迅速崩溃，因为打击效果会波及和影响到系统内所有相互连接的部分。搜寻无效源于这样一个事实，即打击效果不会从某个关键的中心点简单地扩散开去。社会能够适应各种冲击。作为一个系统，它会分解成 240
更容易独立发展的子系统，建起屏障、减少依赖、找到另外的生存方式。这个过程是持久而复杂的。

克劳塞维茨曾把战争描绘成一个动态系统，但它同时也是一个引人注目的独立自给的系统。他是一个战争理论家，不是国际政治理论家。[7] 他从历史中看到了战争的政治源头，却没有将此作为着眼点。在最终成为所谓大战略的国家政策层面，“怎样才能最有效地实现目标”是一个必须回答的问题。答案中可能排除了使用武装力量或只赋予它们次要角色。只有站在这一更加偏重政治的高度上，才能评判军事行动的成败和评估胜利的价值。克劳塞维茨分析战争现象的权威性和不朽性，使人们忘记了产生战争的背景，也就是由法国大革命引发的剧变。他专注于决定性胜利的分析法，需要根据政治形势的变化重新加以审视。即使有人指出克劳塞维茨当时已开始重新评价有限战争，决战的思想还是在军事专业内大有市场。其吸引力显而易见：它赋予了武装力量特殊的角色和使命。每当军队想要获得更多资源或政治支持时，他们就会把“军队掌握着国家命运”挂在嘴边。如果问题可以不靠决战来解决，总参谋部就会丧失其重要性和影响力。但是随着武器杀伤力和打击面越来越大、参战人员越来越多，打仗本身也越来越引起争议。要让决战成为可能，就必须找到某种新的关键性因素。在第一次世界大战之前，人们发现高昂的士气和勇敢的民族精神能产生重要的激励作用。之后，人们又开始重视以出其不意和机动迂回的战术迷惑敌人、反制敌人强大火力的可能性。二十世纪后几十年里，这一兴趣在美国得以重拾，尽管对于预测常规军事行动的结果而言，军力对比和高超的作战技巧同样重要。

即使在那个时候，表面胜利也可能随着正规战转向非正规战而大打折扣。这并非什么新鲜事。克劳塞维茨曾提到西班牙首支游击队对拿破仑大军的有效抵抗。当时，占领军经常会遭受愤怒不屈民众的袭扰。这种现象常见于反抗殖民主义的斗争中。一旦正规战有陷入泥潭的危险，政府就会寻求通过海上封锁或空中打击来压制平民百姓的反抗势头，进而
241 打破战争僵局。民众的斗志渐渐变得和军队的斗志同样重要。所以，小到反叛乱，大到核威慑，起关键作用的因素并非来自

一支军队与另一支军队的角力，而是源于对敌人政治和社会结构的攻击。

一旦承认民间领域如此重要，那么民众的认知以及如何影响他们的认知便成为新的问题。要采取威慑政策，就需要影响那些可能正打算大干一场的人的期望值，提醒他们这么做或许是个坏主意；要打非正规战争，则需要分化武装分子及其潜在支持者，让他们明白这么做注定失败，即使成功也得不到什么好处。这其中没有多少科学成分。核战争的危险人人都能感觉到，无须绞尽脑汁地昭告天下；而要想改变那些卷入战火又不愿选边站的人的思想，无论做出多大努力，都会因为戏剧化事件或忽视当地民意而前功尽弃。如果想传达的信息没有核战争爆发那么惊人，那么通过回首往事来解释别人的行为要比通过“信息战”来影响人们的行为更容易。二十一世纪早期的反叛乱行动反映出人们对“听故事”的强烈喜好，但与其说这些故事是解决问题的源头，还不如说它们阐明了问题所在。从以往的经验看，领悟一个社会主流观念的转变过程是可能的，但这和为一个有远见的战略提供依据是两回事。

在更高级的指挥体系中对非军事领域和军事领域进行政治割裂，加大了二者间复杂互动的现实难度。冯·毛奇所代表的传统军事思想认为，一旦政治领导人确定了战争的目标，接下来的作战行动就是军队的事了，人民大众应该退到次要位置。就算不必为惊慌失措的老百姓操心，对付顽强而狡猾的敌人也已经够受的了，特别是现代通信技术还会时不时添乱，总被人用来帮倒忙。试想，如果国家首脑可以和最下层的前线指挥官直接取得联系，那么整个指挥链条上的审慎判断都可能被一小撮外行和少数几条愚蠢意见搅和掉。在任何情况下，政治方向的突然转变再加上假扮伟大指挥官的业余尝试，都必然让内行欲哭无泪。

这是唯打仗论所造成的盲点，按照这种论调，和作战有关的事情最好留给军事指挥官们去做。[8] 这种将武装力量的部署
242 和使用主要交由军人负责的军民关系是完全不够格的。两大领域之间需要不断对话交流。不考虑军事可行性，政治目标便无从谈起。外交行动会受到军事选择及其风险的影响。无论是做出外交让步，还是获取第三方的资源或基地，抑或是缔结同盟，都离不开军事上的评估。接着，这些评估结果又可以帮助推测出敌方阵营的组织形式以及他们打持久战或通过基地扩张地盘的能力。将军事战略和政治战略分开的想法不仅是错误的，而且是危险的。

平民百姓不能置那些和军事战略有关的所谓作战问题于不顾。他们需要评判战争的手段与战争的目标是否一致，超越即将打响的战役，看到随后到来的和平前景。他们需要让公众和潜在或实际的盟友站在自己一边。这需要考虑社会所能承受的负担以及它对其他社会所能造成的合理伤害，还要考虑如何让国家政策服从或突破这些限制。提到作战，大多数军事组织都不得不在某个时刻现场发挥，不管它们认为自己从以往战争中得到了什么“教训”。这时，陆军上将和海军上将们往往会就如何最有效地击败敌人发生分歧。单一的军事观点代表的只是例外而不是规则，而且分歧常常在本质上表现为政治评估。由于形势在不断变化，原有的计划又千篇一律，所以军人需要定期得到政治指导。

就这样，发展一门战略科学的努力因为军事事务固有的不可预知性而受阻，并且因为政治事务更大的不可预知性而变得

异常艰巨。战争不是套用一些只有老练的军事专家才能掌握的规则方法就能打赢的，一味地追求避实击虚、出奇制胜并不靠谱。军事行动必须根据具体情况来设计，优秀的指挥官会灵活地进行作战决策。在解释战争的胜败时，贬低指挥艺术当然是错误的，但成功战略的关键往往在于政治技巧，政治技巧是阻止敌人成功结盟、打造己方联盟所必须具备的。

一个独特的军事战略概念起源于控制欲，而且我们会在接下来的两个章节中看到，相似的欲望对政治（甚至革命）和商业两种战略的起源也都产生了影响。这种欲望塑造了通过彻 243
底消灭敌军控制战场的战略。在坚持将作战事项列为军事领域头号要务方面，它表现得也很明显。纯粹的控制往往是幻想，顶多算一种暂时的成就感，随着新形势带来新挑战，很快就会消弭于无形。想让国家从一场消耗战中解脱出来，需要进行尴尬棘手的谈判；即便取得了辉煌的胜利，其中也包含着持久和平的内涵以及如何对待失败者的问题。战略家的想法由此成了一个神话。一方面，它要求具备一种完全掌控复杂多变形势的不可企及的全知视角，或是为实现远大目标开辟一条可靠而持久道路的能力。另一方面，它又考虑不到那些对于战略制定来说往往现实而迫切的需求。制定战略是要让形形色色、互不相干的参与者聚在一起，就如何应对当前事态下最紧迫的问题达成一致意见，并规划出通往更好局面的途径。

控制作战进程的欲望产生于后勤保障任务日趋复杂、军队规模不断扩大和政治形势动荡不定的年代。正如我们所看到的，这一状况催生出了两条核心原则，虽然它们有着明显的局限性，适用环境也变得更具挑战性，但实践证明它们的适应性极强。第一条原则是，只有消灭敌军才能稳妥地实现完全控制，这个道理不容置疑。第二条原则是，达到上述目的需要始终将作战事项列为军事领域的头号要务。这条原则使得有关军事战略的讨论集中到了一个既突出又狭隘的焦点上。政治因素被看成某种独立存在的东西、目标的源头和最终的和平条款，与作战指挥不搭界。

军事歼灭的目标和政治镇压的目标会自然而然地协调起来，尽管不是总能做到这一点。更广泛地观察一起冲突的构成就会发现，对形势施加一定程度的政治控制的能力，恐怕将不仅取决于敌方军队的实力，还取决于敌方民众抵抗镇压的决心，针对不友善的民众可以采取的措施、己方的资金和生活必需品来源，以及双方阵营的力量和士气对比。克劳塞维茨承认这些因素有其潜在重要性。在他提出的“重心”概念中，他暗示可以通过一次定向军事攻击来解决问题。但实际上，根据各个因素的具体情况分别加以应对常常是最有效的做法，这就引出了妥协和讨论还价、进入市场和政治宣传等问题。所以，伟大的战略家往往能够认清一起冲突在政治上和军事上最显著
244 的特征，并知道如何才能改变这些特征。他们的天赋源于他们以行动说服他人接受其见解的能力（如林肯和丘吉尔）。他们常常被视为伟人，是因为他们足够走运以及他们的对手出现了失误。但有时，他们的运气也会耗光，暴露出自己容易犯错的一面（如伯里克利）。

由此可见，就像格雷和亚格尔描述的那样，战略大师是个神话。只在军事领域下功夫，他们的视角只能是片面的；而要想在政治领域有所作为，他们又需要具备一种完全掌控复杂多变形势的不可企及的全知视角，以及为实现远大目标开辟一条可靠而持久道路的能力，在这方面，好运气和愚蠢的敌人都帮

不上忙。能成为战略大师的只有政治领袖，因为他们必须设法满足各色人等提出的紧迫且经常相互矛盾的种种需求，这些人里既有外交官又有军队将领，既有政府部长又有技术专家，此外还有亲密盟友和可能的支持者。哪怕是他们当中的佼佼者置身于最简单的政治环境下，也无从厘清所有相关因素及相互关系。因此，他们必须依靠自己卓越的判断力看清眼下最紧迫的问题，规划出迈向更好局面的途径，此外还要准备在发生意外转折时随机应变。

第三部分

※

底层的战略

十八　马克思及其为工人阶级服务的战略*

哲学家们只是用不同的方式解释世界，而问题在于改 247
变世界。

——卡尔·马克思，《关于费尔巴哈的提纲》

上一章讲述了美国颇费心神地想出了化解非正规战的办法，那就是不再死抱决胜思想，集中精力对付占领地区日趋激烈的反抗活动。在设法应对恐怖分子的暴行和伏击时，美国认识到，这场战争是假借保护普通百姓之名发动的，即便不能得到他们的积极支持，也要尽力得到他们的默许。为此，美国鼓励前线部队主动接触当地民众，找到与他们交流的途径，并让他们相信美军是真正站在他们一边的。然而，美军的努力始终遭遇着理解上的障碍，造成这种障碍的不仅有语言和文化差异，还有美国以往的各项行动、政策以及认定说服工作比打胜仗更难的态度。如何才能改变人们，特别是大批具有共同信念的人们的想法？这是本章将着重讨论的一个突出问题，因为改造人的思想一直都是激进分子和革命者的急务，他们一门心思

* 作者关于马克思主义的一些观点，我们并不认同；但为保证内容的连贯性和完整性，我们对这一部分予以保留，请读者在阅读时细加鉴别。——编者注

想要代表广大民众颠覆现有权力结构，只是民众并不愿意参与其中，当然也不至于主动唱反调。

248 本章将探讨弱者或至少是那些自称代表弱者行事的人的战略，他们想要达到的目标和可利用的手段之间存在着巨大差距。对这些人来说，制定战略是最具有挑战性的事情。他们必须以不会招致镇压的方式争取支持。如果有可能遭到镇压，他们就要考虑苟且偷生甚至凭一己之力进行暴力反抗。他们不知道能否说服所有人为共同的目标走到一起，也不知道是否有必要做出让步和必要时应该做出多大让步。怀有不实际目标的激进组织可能会自命清高，而那些尝到成功滋味的人则看到了附和他人观点的价值。每当他们制订行动计划时，只要讨论到军事事务，比如该严防死守还是出奇制胜、该打歼灭战还是消耗战、该正面抗敌还是间接施压等，各种问题就会冒出来，这常常会让他们低下的军事素质暴露无遗。

本章会大量出现各种理论，特别是那些涉及工业化社会权力变化的重大问题的理论。激进派理论描绘了一个更美好的世界以及可能推动其实现的历史性力量；保守派理论则以种种理由证明这个新世界永难实现以及就算实现也不会变得更美好，警告人们改朝换代只是妄想，可能出现的新精英阶层与旧的统治势力不会有什么不同。暴力鼓吹者的理论认为暴力能够扫清所有貌似强大的腐朽政权，成为个人和社会解放之源；而非暴力倡导者不仅主张采取审慎态度，而且认为占领道德高地的一方有利。由于一部分人对群众运动感到恐惧，另一部分人则认为群众还远未发动起来并为此感到失望，所以又出现了意识理论（信奉者众多），这种理论对信仰之易变、大众之盲从、宣传之蛊惑以及长期占统治地位的成规旧矩深感悲哀。

理论记录并例证了官僚化和合理化过程，它提供了有效制订和实施计划的战略，解释了为什么就连革命政治都需要专业的指导和健全的组织。这已经成为对政治生活特别是左派政治生活的检验标准之一，因为它尖锐地提出了这样一个问题：强大又一直掌握实权的人能否避免坏的习惯。在纪律性组织中起领导作用的党政官员常常会受到谴责，谴责者认为他们的领导会抹杀人文精神。总的来说，强有力的组织行动要胜过自发行为的整体效果。尽管如此，我们最终还是要组织总统竞选，待在主流而非边缘的政治生活中，但仍然离不开社会变革理论和 249
政治信仰。不仅政治变得越来越专业化，理论也是如此。在这个过程中，社会科学的兴起发挥了重要作用。社会科学家发现了不受党派利益玷污的普遍有效的理论，因而渴望这门学科能像自然科学一样得到严肃对待。在本章和下一章，我们会看到社会科学（虽然多多少少受到价值观的约束）有时候代表了公共政策的一个来源，它一旦被开明的国家所接受，可能会让政治乃至战略变成多余的东西。

职业革命家

我们首先要谈的是那些处心积虑想要推翻现行社会秩序的准造反派们。为此，我们得回到上一章的开头，因为职业革命家的成长和拿破仑战争一样，也是 1789 年法国大革命的产物。这场革命虽然成为此后全部革命的鼻祖和标杆，但它的发生并非源于一起阴谋或是什么登峰造极的深远战略。作为对僵化无能的“旧制度”（ancien regime）的反应，它深受启蒙运动的影响，是一场思想和思维模式的革命。真实的事件进程出乎所有人的意料，包括那些主导这一进程的人。大革命爆发后不久，就出现了宣传公民和人权核心思想的“雅各宾派”（Jacobin Club）及随之而来的政治恐怖。起初他们的政策还算温和，但后来在计划和方法上变得越来越激进。由此，革命陷入僵局，拿破仑异军突起。在国际和国内事务中，这个时期催生出的强权、暴力和变革理论长久地控制着革命和军事战略的发展。

掌权的保守派精英在1815年召开维也纳会议，决心阻止革命热情和战场杀戮的进一步蔓延。其中一些人准备实行更大的民主，但多数人认为只有家长式君主制才能维护既有秩序。殊不知，当时正是社会和经济剧烈动荡的年代，欧洲上下民怨沸腾。农民为他们传统生活模式的瓦解而陷入绝望；工人们开始时弱时强地组织起来；开明的中产阶级抱怨现行体制遏制了他们的自由、发言权和赚钱能力；出身土地贵族的统治精英们则对自己执掌政权的前景感到不安。在整个十九世纪四十年代，经济衰退和农业歉收交织作用，让人们普遍相信欧洲已到革命前夜，某些东西即将被打破。对于那些渴望革命的人而言，是制订计划的时候了。
250

正如迈克·拉波特（Mike Rapport）[①] 所言，这是一个新时代，它孕育出了“为暴力推翻保守制度而孜孜不倦暗中谋划的职业革命家”。[1] 职业革命家认为，革命可以有意识地发动，不必非等到哪一天突然爆发汹涌民意来摧枯拉朽。由于有了1789年的先例，革命不再是空想，那种所谓现有秩序神圣不可侵犯的鬼话很难再吓到任何人。曾经发生过的事情可以再次发生。于是革命家们制订计划，商量着如何把群众的示威和不满变成一场真正的起义。在这种巨大可能性的激励下，他们

---

① 现为苏格兰斯特林大学历史系高级讲师。

商讨革命战略并且时不时地将自己的理论付诸实践。

这些思想多为陈词滥调、一钱不值，最终沦为笑柄，成了个别往往带着狭隘宗派气息的群众政治组织的标语口号。但是在十九世纪的头十年，它们听起来新鲜、靠谱、令人兴奋，反映了当时的知识和政治躁动。这是一个激进主义的创新时代。在大革命后的“法国立法会议”议事厅中，“左派”和“右派”所代表的政治立场和座席安排相对应。旨在应对“社会问题”的“社会主义”一词首次使用于1832年，而主张完全平等和共同占有土地和财产的“共产主义”则在1839年成为常用词。

革命理论家相当于战争理论家。他们有着相同的标志：热衷于抗争、攻击和战斗。他们寻求发起像决战一样的暴动，相信只有到那时才能看清谁会脱颖而出。按照诺伊曼和冯·哈根①的说法，“克劳塞维茨所强调的果断行动，甚至在战略防御状态下发起的战术进攻，已经成了革命战略的惯用手段”。[2] 政权必须从统治精英手中奋力抢夺。这就需要打败有组织的国家暴力机器。最好的结果是军队在人民的正当诉求面前主动屈服、拒绝向自己的人民开枪，但必要时仍须通过正面作战打败他们。因此，暴动也是一种战斗，也受类似规则制约。但面对敌人的优势火力，人员数量是革命的首要资本。这就必须以某种方式将广大普通群众，包括贫民和流离失所者、农民和工人，动员并管理起来。他们投身战斗不仅是为了改变自己当前的悲惨命运，更是为了迎来一个更好的新社会，总而言之，是
为了迎来一个更值得赞美、更高尚、更公正、更和谐、更繁荣 251

① 西格蒙德·诺伊曼（Sigmund Neumann），德国已故政治学家和社会学家，二战前逃往美国，战后回到德国；马克·冯·哈根（Mark von Hagen），美国亚利桑那州立大学欧亚历史学者。

的新社会。

所以，新型职业革命家们在最初以斗士、组织者和指挥者的面目出现时，还必须把自己变成思想家，清晰有力地表达出人民大众的早期愿望，分析哪些地方出了问题，并考虑今后如何纠正这些错误。革命家靠着他们的思想威力，通过报纸、小册子和书籍著作四处宣传自己思想而声名远扬。这并不奇怪，要想让可怜的手段与辉煌但又多少有些遥远的目标相适应，往往需要大量的脑力劳动和口若悬河的信仰说教。这引发了关于一系列不可行战略孰优孰劣的恶意争论。定义一个美好社会是一回事，说清它怎样才能变成伟大群众运动的自然产物是另一回事。编出一个顺理成章的故事告诉人们革命终将开花结果是一回事，革命时刻到来时能不能顺势而为是另一回事。从这些让人印象深刻的戏剧性场景中，革命家或许能一窥他们始终想要得到的一切，但问题是除了这一窥还会有什么。他们不可能有太多机会去发现别的东西。

这些职业革命家大多生于 1789 年大革命之后的十九世纪头一个十年。如今已经过去了差不多两个世纪，他们中的很多人仍被奉为左派中的决定性人物。其中最极端的一个当属路易 - 奥古斯特 · 布朗基（Louis-Auguste Blanqui）。这位桀骜不驯的法国激进活动家在监狱里度过了半生光阴，对高度组织化的密谋活动偏爱有加。他虽然承认革命应以群众的名义发起，但不希望也不欢迎群众真的参加到革命中来。以他姓氏命名的“布朗基主义”成了左派圈子里的一种代表性思想，主张最好通过暴动或政变来实现革命目标。皮埃尔 - 约瑟夫 · 蒲鲁东（Pierre-Joseph Proudhon）是提倡无政府主义的第一人，他在 1840 年将无政府状态定义为“没有主人、没有统治者”。他提出“什么是财产?”的问题，并给出了“盗窃”这一著名回答。当时还在酝酿革命信念和思想的俄国人米哈伊尔·巴枯宁（Mikhail Bakunin）到后来更是给无政府主义涂上了一层完全不同的色彩。意大利人朱塞佩·马志尼（Giuseppe Mazzini）则给革命赋予了更多民族主义的基调，他始终致力于统一自己四分五裂的祖国，希望它能成为一个共和制的社会主义国家。他坚持认为爱国主义和国际主义并不矛盾。在匈牙利领导反抗奥地利统治的科苏特·拉约什（Lajos Kossuth）也持有类似的观点。

另外一位便是卡尔·马克思。他既因自己非凡的才智而受到革命同人的尊敬，也因对革命同人的嘲笑而遭到他们的强烈
憎恶。马克思 1818 年生于普鲁士特里尔的一个改信基督教的 252
犹太家庭，他本该成为一名律师，但在大学期间他迷上了哲学，尤其深受被称为“青年黑格尔派”（Young Hegelians）的激进组织的思想影响。青年黑格尔分子赞同伟大哲学家格奥尔格·威廉·弗里德里希·黑格尔（Georg Wilhelm Friedrich Hegel）思想中的核心主题，特别是他对理性和自由的颂扬，但反对他关于当时的普鲁士已经发展到理想的历史顶峰的观点。由于马克思强调关注历史变革中物质因素的重要性，他与青年黑格尔派决裂。1843 年，马克思移居到审查制度较为宽松的法国，做了一名新闻工作者。在那里，他遇见了他的终生合作者弗里德里希·恩格斯。作为一名德国实业家的儿子，恩格斯长期工作和生活于工业革命的中心曼彻斯特。当时，他刚刚发表了个人专著《1844 年英国工人阶级状况》（*The Condition of the Working Class in England in 1844*）。两人很快成为合作伙伴。恩格斯不仅为马克思提供经济上的支持，还为他的学术论述贡献各种素材，特别是自己在军事历史和理论方面

丰富的专业知识。在《德意志意识形态》（*The German Ideology*）（合著于 1845 ~ 1846 年，但直到 1932 年才首次发表）一书中，马克思和恩格斯创立了他们的基本哲学理念，这种理念否认“道德、宗教、形而上学和其他意识形态，以及与它们相适应的意识形态”的独立性。他们明确主张唯物主义，坚持认为“不是意识决定生活，而是生活决定意识”。[3]实际上，他们会发现，革命战略中最令人困惑的问题往往就产生于这两者的相互作用。

马克思在革命领域的地位堪比克劳塞维茨在军事领域的地位。就像克劳塞维茨提供了一套战争理论，马克思也提供了一套革命理论，尽管没那么抽象。克劳塞维茨对马克思的实际影响很小，恩格斯倒是更仔细地读过他的著作，不过是在 1850 年以后。如果说有什么影响的话，那也是因为他们的行动都遵循着同一个历史主义传统。在这方面，他们之间有条“历史和知识的家庭纽带”，尽管这条纽带并不紧密。[4]马克思的理论证明了革命作为伴随生产方式改变而出现的阶段斗争的产物，在充满活力的历史变革中所起的作用。这一理论虽然给革命者带来了希望，但没有告诉他们该做什么。与克劳塞维茨从战争实践中发展出自己的理论不同，马克思是在投身革命之前先形成了理论，然后突然发现它们在应用中存在问题。

尽管如此，马克思的超强理论在他的一生当中仍给世人甚至是反对者留下了深刻印象，并长久主导着社会主义者对未来的想象。二十世纪的革命家们几乎总是能从马克思那里为他们的战略和政治计划找到理论根源。他的作品中既有严肃的新闻报道，又有深奥的哲学巨著，其中一些重要著作未能在他生前
253 出版。学者和准社会活动家们不断探讨这些著作中关键段落的

含义和隐喻，从他对一些模糊事件和无名思想家的评论中寻求教导。对大师语录的适当引用让另外一些受到质疑的理论具有了合法性，而围绕马克思论述的“真实意思到底是什么”的争论则在那些自称继承了马克思衣钵的人中间引起了数不清的分歧。解读克劳塞维茨的问题在于，他去世前一直在修改自己唯一的重要著作。而解读马克思的问题在于，他完成了很多著作，但从没见他修改过任何内容。

1848 年

马克思摒弃了当时彼此争强的所有激进思想。在他看来，宗教律令、爱国诉求、文明价值观和人权主张、反动政治纲领以及改革渐进主义统统是不切实际的幻想，体现的不是统治阶级赤裸裸的私利，就是那些早已作古者的思想残渣；它们毒害着人民群众的头脑，让他们觉得自己受到压迫理所应当。对于马克思来说，他的理论本身就是有力的武器，是无产阶级的信心之源，还是帮助劳动人民认识自身潜力和命运的手段。

战略必须以阶级斗争为基础。试图通过善意、正义、平等或人类意志的无限可能性来调和矛盾是行不通的。革命进程要求根据当时的总体经济和社会条件来夺取政权。马克思的理论倾向于经济决定论，极力主张等待历史进程自然走向必然结果。但马克思是个政治活动家，根本不相信宿命论。他的目标始终是建立工人阶级政权。他把自己打造成无产阶级战略家，对于其他阶级的态度则是，根据它们在无产阶级的前进道路上起帮助作用还是阻碍作用，来评判它们是盟友或敌人。

1848 年革命前夕，未满 30 岁的马克思已断言自己是个掌握独特手段的政治运动领袖，比同时代的其他小册子作者明显要高出一等。他的有力著作兼具严谨的说理和无情的讽刺，在借鉴当时公认的社会主义特别是空想社会主义理论大家思想的基础上，形成了自己更科学的方法论。但他不是一个天生的领袖，相反，他缺乏感召力和同情心，追随者也很有限。他更像
254 个演讲者而不是雄辩家，更喜欢争论而不是安抚，更倾向于分析问题而不是感情用事。正如在左派阵营中常会出现的那样，马克思所传达的无产阶级团结思想藐视一切，只有他自己的主张可以例外。他不怕和人闹翻。保持革命思想的清晰有力，比虚伪地迁就错误和糊涂观念要好。马克思和恩格斯都不具备依靠个人能力打造一个联盟的天赋。

马克思最初的对外政治联系，是加入了一个名为“正义者同盟”的传统左派组织，该组织有着秘密社团所有偷偷摸摸和故弄玄虚的做派。1847 年，马克思和恩格斯在其他人的帮助下将该社团改组为更加开放的“共产主义者同盟”，在德国、法国和瑞士设立了分支机构，并用“全世界无产者，联合起来”的新口号代替了“人人皆兄弟”的旧口号。两人受委托为同盟起草一份明确而权威的共产主义者宣言。经过 6 周的紧张写作，由马克思执笔的《共产党宣言》于 1848 年 2 月完成。它的著名开篇语——“一个幽灵，一个共产主义的幽灵在欧洲徘徊”颇具讽刺意味。共产主义不是幽灵，不是可怕的鬼怪，而是一股真正的力量，并且已经公开号召“用暴力推翻全部现存的社会制度”。与政治宣言相关的一系列特殊要求，有点像是因为急赶着发表而匆匆忙忙拼凑起来的。最重要的是清晰连贯的理论表述。该宣言解释说，“至今一切社会的历史都是阶级斗争的历史”。在当下这个时代，阶级对立简单化了，整个社会日益“分裂为两大敌对的阵营，分裂为两

大相互直接对立的阶级——资产阶级和无产阶级”。共产主义者的独特优势在于，他们“最先进、最坚决”，能够最清楚地了解“无产阶级运动的条件、进程和一般结果”。这个战略并非服务于一个国家、一个民族、一个政党或是一个机构，当然更不是一个人。它所服务的是一个根据与生产资料的关系来定义的阶级。

1848年，革命像流行病一样蔓延到整个欧洲，其中在法国、德国、波兰、意大利和奥地利帝国声势最大。虽然这场流行病起于西西里岛，但法国的起义在强度和严重性上却更胜一筹。拿破仑倒台后，法国恢复了所谓立宪君主制度。1830年，查理十世（Charles X）企图攫取实权，激起了人民起义，而且起义取得胜利。这进一步验证了人们对法国的看法：在这个欧洲国家，民众走上街头总是管用的。但是，查理十世的替代 255
者路易·菲利普（Louis Philippe）也没好到哪去，依旧维持着特权精英的统治。1834年，街垒起义再次爆发，这也为维克多·雨果（Victor Hugo）的《悲惨世界》（*Les Misérables*）提供了背景。这次起义遭到镇压，但到了1848年2月，当士兵向人群开枪、民众冲进波旁宫之后，路易·菲利普被迫放弃王位并逃往英国。临时政府很快宣布建立法兰西第二共和国，赋予男性公民普选权，并对穷人实施了救济。

但由于富人外逃、商家停业以及新政府内部各派势力之间争吵不休，这场革命不久便陷入经济和政治乱局。作为1789年大革命的产物，法国社会主义者在语言和抱负上的理想主义色彩要多过实利主义色彩，他们更关心权利和正义，而不是拥有财富。在法国农民眼里，自私的巴黎通过横征暴敛维持着奢侈的城市生活。很快，民间便发出建立新秩序的呼声。保守派取得了政府控制权，军队开始清除街垒。中产阶级对现状感到满意，但工人阶级却群情激愤。6 月，自感被抛弃的巴黎工人再次筑起街垒。政府军对其实行了残酷而有效的镇压。工人们坚持战斗了 4 天，但最终在一场血腥屠杀中失败。

在这风云激荡的几个月里，德国一直是马克思和恩格斯的主战场，那里的民族问题使形势变得尤为复杂。由于维也纳会议强调的是权力有序平衡，不鼓励带有破坏性的民族自决，所以当地只组成了一个以奥地利为首、包括普鲁士和其他 38 个小邦在内的松散的德意志邦联。更麻烦的是，匈牙利作为奥地利帝国的一部分，并不属于德意志邦联。这种不稳定的安排和各邦的独裁特性交织在一起，导致形势不断激化。与建立在国家主权基础上的德国统一大业相伴随的是，对民主的更高诉求。

革命按照一个普遍的模式发展着。民怨高涨引发大规模示威；人们投掷石块；军队做出反应；一些示威者被打死；人们怒气高涨，筑起了街垒。虽然街垒在开阔的大路和广场上毫无用处，但在街道狭窄拥挤的地区却能成为阻止政府军前进的真正路障。在失去对市中心人口稠密地区的控制之后，统治当局开始犹豫是该继续血腥镇压还是该考虑政治妥协。在一片争论声中，他们做出足够的让步以安抚民众，为随后重整旗鼓争取时间。因此，革命在最初有着“超越社会和政治分野的共同
256 目标”并取得了胜利。[5] 但暴动并非这个故事的结局。暴动者本来是有机会创建新的国家机构的，包括建立武装力量来保卫革命果实并将革命推向前进，但新形势的不确定性反而制造了激进派和温和派之间的紧张关系。中产阶级渴望改革但害怕革命，担心混乱局面持续下去。而左派的过头做法加剧了中产阶

级的恐惧。各方在争论，他们是要求得太多还是要求得不够。与此同时，君主及其政府重拾残暴并组织起了军队。激进派在血腥的战斗中被打败，其领导人不是锒铛入狱就是流亡海外，遭到恐吓的起义民众开始退缩。法国的情况因为路易·菲利普的退位而有所不同。但这只是常规中的例外——革命如同战争，一个内部充满矛盾的联盟的素质和凝聚力会对其行动产生巨大影响。

按照当时刚刚出版的《共产党宣言》的逻辑，马克思和恩格斯对于欧洲乃至德国本地形势的最初态度是，工人阶级应该首先发起一场民主革命，为社会主义革命做准备。挑战旧秩序的联盟规模越大，就越可能取得成功。有了普选权和言论自由，工人阶级才能更好地组织革命。通向下一个历史阶段的征途虽然漫长，但至少能让工人阶级在人数、觉悟、组织和战斗性等方面得到加强。[6] 这其中的风险在于，胜利后的资产阶级会马上转过头来镇压共产主义运动。为此，共产主义者必须时刻提醒工人阶级，即使在进行民主革命的过程中，他们和资产阶级的关系也注定走向敌对和对抗。由此，马克思和恩格斯提出“不断革命”的思想，认为在第一阶段的民主革命成功后不能有丝毫松懈，应该立即发起第二阶段的无产阶级革命。

事态的迅速发展令他们大受鼓舞。法国是一个革命传统深厚、阶级斗争尖锐而果决的国家。当革命消息在2月首先从巴黎传出时，恩格斯不禁欢呼：“由于这次革命获得胜利，法国的无产阶级又成了欧洲运动的领袖。荣誉和光荣属于巴黎的工人们！”[7] 随后的失望只是暂时的，接着又传来更令人兴奋的六月起义的消息。马克思断言，伟大的时刻已经到来。“这场暴动正在发展成为有史以来最伟大的革命，”他写道，“发展成

为一场无产阶级对资产阶级的革命。”[8] 起义虽被镇压，但仍被认为是一种进步。通过揭示阶级斗争的残酷现实，它将激发出
257 更彻底的共产主义觉悟。二月革命是“一场漂亮的革命，一场得到普遍同情的革命”，而六月革命则是“一场丑恶的讨厌的革命，因为这时行动已经代替了词句”。马克思和其他革命者一样，认为失败不会让工人阶级感到绝望、相信宿命，而会让他们变得更勇猛、更坚定。

马克思和恩格斯当时正在科隆。这是个马克思熟悉的地方，工人阶级的队伍相对壮大，政治形势紧张。他用一笔颇为及时的遗产创办了一份充满斗志的报纸《新莱茵报》（*Neue Rheinische Zeitung*），以推进其激进的事业。该报于6月1日创刊出版，并很快就有了大约6000个订户。它反映了马克思的信条：无产阶级太过弱小，无力单独行动，所以必须与农民和下层资产阶级（小资产阶级）联合起来，共同反对资产阶级。急于把社会主义强加给小业主们是不可能实现这种团结的。所以在《共产党宣言》发表几周后，马克思和恩格斯提出了略微温和些的要求——一个统一的共和国所采用的标准民主程序、男性公民的普选权，以及一些应对社会问题的额外措施。马克思把工人和农民召集到一起，在一处农村地区首次组织了群众大会。[9]

当时主要的工人组织是科隆工人联合会，有大约8000名会员。其创始人安德烈亚斯·戈特沙尔克（Andreas Gottschalk）关心的是改善社会和工作条件，而不是开展更广泛的政治活动。[10]在他看来，马克思设定的最终目标过于极端，但在实现方法上又过于温和。他不太赞同有序地分阶段推进革命，对民主革命也没什么兴趣。马克思主张在选举中支持民主派候选

人，否则就“只好在某一偏僻地方的小报上宣传共产主义，只好创立一个小小的宗派而不是创立一个大型的行动党了”。[11] 戈特沙尔克则抵制选举，希望立刻实现社会主义。

戈特沙尔克于 1848 年 7 月被逮捕后，马克思和恩格斯接管了科隆工人联合会，带领其转而支持民主运动。这种新姿态不是很受欢迎，特别是缴纳会费的新章程导致会员人数急剧下降。革命成了苦差事。工人不一定都是先进分子。他们也许关心社会状况，生大资本家的气，但他们同样渴望像前工业化时代那样工作，不想加深阶级冲突。这种革命热情的缺乏让马克思感到沮丧。他后来不无辛辣地评论说，如果德国的革命者想要攻占一个火车站，他们会买一张站台票。[12] 他原本希望巴黎六月事件的消息能够刺激德国革命，但它反而给反革命分子壮 258
了胆。

随着德国政府的镇压，马克思变得愈加激进。从 1849 年早期起，他开始单纯强调建立社会主义共和国的无产阶级要求。进入 1850 年后，他从恶化的经济状况中获得了启发。他写于当年春天的文章《法兰西阶级斗争》唤起了无产阶级的希望，他们这时已经充满新的革命意识，在失败中成熟起来，准备加速历史进程。上一年发生的事件意味着“法国社会的各个阶级必须以星期为单位来计算发展进程，而从前，它是以半世纪为单位来计算的”。[13] 革命进程可以自己产生推动力，它的凶猛狂暴打碎了理想主义的幻觉，制造出一种无产阶级在统治阶级的非常手段面前捍卫阶级利益、改变阶级命运的观念。

他乐观得太早了。人们已经厌倦了起义和流血，谨慎心理占了上风。随着欧洲经济的恢复，革命时机不知不觉地溜走了。马克思和恩格斯在政治上陷入孤立，有了时间来反思他们的挫折。接下来的情况甚至变得更糟。1848 年 12 月，拿破仑皇帝的侄子路易 - 拿破仑·波拿巴（Louis-Napoleon Bonaparte）打着貌似进步的政治旗号，设法让自己当选为新共和国的首任总统。作为总统，波拿巴与保守派合作，矢志推行社会改革，但改革渐渐陷入僵局。1851 年 11 月他发动政变，并于一年后废止了第二共和国，自己做了皇帝。

恩格斯在写给马克思的信中，将路易 - 拿破仑的政变评价为“雾月十八日”（法国共和历中记载的拿破仑一世政变夺权的日子）的拙劣翻版。这是历史的重演，“一次是作为伟大的悲剧出现，另一次是作为卑劣的笑剧出现”。[14]马克思照搬了这个主题，将其写进了他所有历史著述中最精彩、最辛辣的篇章之一《路易·波拿巴的雾月十八日》（*The Eighteenth Brumaire of Louis Napoleon*）。无产阶级任由自己受到革命活动的诱导，“盲目冒进，想出一些在它的现有条件、教育程度和社会关系下无法马上实现的方案”。它迷失了方向，被胆怯的小资产阶级所抛弃，而农民仍受着拿破仑传奇的麻痹。只有保守派在为他们的真正利益行事。起义爆发前，马克思和恩格斯曾认为，对混乱的恐惧可能会造成革命的工人阶级与其他阶级的分裂。但是在和旧式社会民主主义划清界限后，马克思又转而把失败归咎于这场激进运动的领导层。

259 “人们自己创造自己的历史，”他在《路易·波拿巴的雾月十八日》中的一段著名文字中指出，“但是他们并不是随心所欲地创造，并不是在他们自己选定的条件下创造，而是在直接碰到的、既定的、从过去承继下来的条件下创造。”这是一个简单却深刻的战略远见。每个人都在努力塑造自身的命运，但他们的选择是由他们所处的形势以及他们分析形势的方式决定的。“一切已死的先辈们的传统，像梦魇一样纠缠着活人的头脑。”当人们开始投身革命并“创造前所未闻的事物”时，他们苦于缺乏想象力，只能回顾过去而不是展望未来。他们“战战兢兢地请出亡灵来为他们效劳，借用它们的名字、战斗口号和衣服，以便穿着这种久受崇敬的服装，用这种借来的语言，演出世界历史的新一幕”。最初的法国大革命首先以罗马共和国的形象示人，然后又变成了罗马帝国的样子，而 1848 年革命就只能模仿 1789 年革命了。某种程度上，马克思极力主张“十九世纪的社会革命”不能从过去，而只能从未来汲取自己的“诗情”。

在这个问题上，马克思自己也犯了错误。正如马奎尔（John Maguire）所说，“马克思的思想难以摆脱 1789 年法国大革命的无处不在的影响”。[15]这场革命设定了衡量其他一切的标杆：惊心动魄的攻占巴士底狱、继之而来的革命审判，以及乐此不疲地重新考虑包括历法和问候方式在内的每件事，也就是从下到上而非从上到下地重新认识世界。在 1848 年试着领导科隆工人时，马克思曾把雅各宾派主导的法国“国民公会”称为“各个革命时代的灯塔”。在这个时期，他不断提到自己对 1789 年革命的看法和这场革命的教训，从农民的作用到革命的领导模式，以及爆发一场欧洲大战的可能性。他用于指导 1848 年德国革命的战略可以被概括成“激进的法国革命”这个短语。[16]《路易·波拿巴的雾月十八日》本身就依赖于这种比较。

马克思还被自己的理论所连累，他在革命前提出的理论构想经过首次试用后，被证明难以有效地指导政治实践。他的理论提供了一套令人信服的说辞，目的是通过宣讲让无产阶级清楚自己的真正利益和历史角色，相信自己正呈上升之势，注定会比其他所有阶级更有生命力。但这套理论在1848年失败了，因为他此时忽然发现，无产阶级不仅弱小，而且在政治上很不成熟，它只是广阔社会布局中的一个阶级，如果想干出点名堂是需要盟友帮忙的。具体而言，马克思的理论构想存在四大根本性问题。

260 首先，阶级不应该只是一个社会或经济类属，而应该是一个被其成员心甘情愿接受的身份认同。无产阶级应该不仅是一个阶级本身，而且是一支自觉的政治力量、一个为自身谋利益的阶级。这是一个意识问题。《共产党宣言》中提到，到了最终“热情迸发的一刻……这个阶级将会同整个社会亲近和相容”。但是，这种阶级认同的形成是单纯源于共同的经历和苦难，还是要靠共产主义者的不断激励，抑或是马克思在1848年偶尔想到的那样，通过实实在在的革命经历铸造出来呢？

其次，作为一个阶级，提高觉悟需要弱化民族和宗教诉求，然而对于很多工人来说，成为一个社会主义者和成为一个爱国者、一个基督徒并不矛盾。当时一些最重要的革命人物，比如马志尼和科苏特，都是把自己的政治主张首先建立在民族主义的基础上。波兰摆脱沙俄统治的民族解放事业被广泛接受，这其中也包括马克思。《共产党宣言》强调“无产阶级共同的不分民族的利益”，不过马克思也很清楚，各国在经济和政治结构方面是存在民族差异的。当然，他可以用一种在人们看来非常离谱的方式对民族性进行笼统的概括。相比马克思，恩格斯甚至更倾向于抱持种族成见。

再次，虽然《共产党宣言》声称两极分化日益严重，但1848年的阶级结构其实极为复杂。其中包括一些可能注定难逃历史厄运，但在当时却非常活跃的群体。它们有可能形成广泛的政治布局，发挥广泛的政治影响。马克思断言："小工业家、小商人和小食利者，手工业者和农民——所有这些阶级都降落到无产阶级的队伍里来了。"[17]但这几类人未必等同于城市无产阶级，而是各有各的利益。恩格斯对小资产阶级愤怒不已："总是吹牛，爱讲漂亮话，有时甚至在口头上坚持最极端的立场"，可是一旦面临危险，它便"胆小如鼠、谨小慎微、躲躲闪闪"，当问题变得严重时，它又"惊恐万状、顾虑重重、摇摆不定"。[18]农民尤其难以动员。他们是像贵族那样对已经一去不返的封建旧秩序恋恋不舍了，还是被新的农村所有权形式弄得过激了？这种焦虑在《共产党宣言》里表现得很明显，它一方面把农民说成保守和陈腐的阶层，另一方面又号召德国的工人和农民结成同盟。手工业者、小资产阶级、小店主和地主也都数量可观，而且有着他们自己的政治见解。即便是工人阶级，在1848年时同样成分复杂，他们更多地存在于小作坊中而不是大工厂里。在这些人眼里，机械化是一种糟糕的东西，而不是一个进步的标志；是给他们带来更多困苦的罪魁 261
祸首，而不是经济发展过程的一个必要阶段。革命失败后，马克思指责腐化堕落的流氓无产阶级充当了镇压六月起义的打手（虽然别动队的社会构成实际上代表着更广泛的工人阶级）。

最后，最大的困惑在于，《共产党宣言》断言资产阶级革命必定发生在无产阶级革命之前。这为无产阶级的成长壮大，以及他们对自己主宰工业社会的能力意识创造了条件。但这是后话，其直接战略意图就是鼓动工人阶级支持中产阶级闹革命。对于资产阶级而言，他们的方针很明确。他们可以凭借企业家的创造力巧妙地颠覆现有秩序。最终，这个充满活力的阶级将会赢得自己的政治地位，而无产阶级也可能会有收获，那就是享受到更多的民主。但是，如果马克思的理论是正确的，这种前景对于一个革命的工人阶级来说，绝不是发展的契机，只会给他们带来更多的剥削和水深火热。正如戈特沙尔克在指责马克思看到工人的痛苦和穷人的饥饿只是出于“科学和教条主义的兴趣”时所说的，“无产者”为什么要革命和流血，“主动把我们自己扔进腐朽资本主义统治的炼狱以挣脱中世纪的黑暗，只为了到达你那理想中的共产主义天堂”？[19]

起义的战略

由于马克思和恩格斯在 1849 年热切期待的经济衰退没能成为现实，他们判断，只要军队仍效忠政府，起义就不可能取得成功。如果起义在一地得手，可能是在法国，它若想保住胜利果实就只有激起其他地方的连锁反应，最重要的是组成一个革命国家联盟，打败反动军队。当马克思专心研究政治经济学时，恩格斯把精力放在了军事问题上，试图分析出革命国家和反革命国家之间潜在的力量对比。他的研究方法机械呆板，不掺杂任何感情。“我愈是深入地研究战争，就愈是鄙视那种英雄气概；英雄气概只是一句无聊的空话，一个普通士兵是根本不放在嘴上的。”[20]恩格斯怀疑单个国家无法复制拿破仑早期的成功，因为以机动性和群众性为基础的现代战争艺术已经“尽人皆知”。的确，法国人已不再是这一传统的“优秀传承
262 者”。他的结论令人灰心。恩格斯断定，战略战术上的优势未必对革命有帮助。无产阶级革命有它自己的军事表现方式，并

催生出新的作战方法，反映了消灭阶级差别的目的。但恩格斯认为，这可能会加强而非削弱军队的群众性和机动性，而且无论如何都需要很多年时间。起初，为了防止国内敌人抢夺革命果实，无产阶级军队仍需要从“暴徒和农民”中征募兵员。在这种情况下，革命就会采用现代战争的手段和方法，因此“强者必胜”。马克思尊重恩格斯的军事知识，但对于军事因素在革命中的作用却并不怎么重视。这一点在美国内战期间表现得很明显。虽然他们两人都对北方联邦军的被动表现感到沮丧，但马克思始终相信它将凭借占优势的经济实力取得最后胜利，恩格斯则担心南部邦联军会靠它在军事指挥上的优势占据上风。到了 1862 年夏天，恩格斯确信北方“彻底完了”，但马克思并不这么看，对恩格斯表示“你有点太容易受军事因素的左右了”。[21]

1851 年 6 月，恩格斯给他的密友、当年晚些时候移居美国的前军官约瑟夫·魏德迈（Joseph Weydemeyer）写信，表示他需要一些“基本知识……了解和正确评价军事历史事实所必需的细节知识”，包括地图和手册。他还征求魏德迈对克劳塞维茨以及“被法国人捧上了天的约米尼”[22]的看法。他阅读了克劳塞维茨的著作，但发现还是约米尼的理论更可信。1853 年，恩格斯再次致信魏德迈。在信中，他认为普鲁士的军事著作“无疑是所有军事著作中最糟糕的”，还特别强调“天生的天才克劳塞维茨，虽然写了一些优秀的东西，但是并不完全适合我的口味”。[23]到了 1857 年，他又开始喜欢上了有着“奇怪的哲学思维方式”的克劳塞维茨，尤其赞同克劳塞维茨将打仗和战争的关系比作付钱和生意的关系。[24]

对军事问题的不同态度还导致了共产主义者同盟的分裂

乃至夭折。此事发生在 1850 年，起因是马克思对革命迫切性的质疑。反对一方以奥古斯特·冯·维利希（August von Willich）为首，恩格斯形容这位前军官是个“勇敢、冷酷、老练的战士”，但同时又是个“无聊的思想家”。[25]在政治移民蜂拥聚集的伦敦，维利希堪称流亡者中的红人，他们一同泡酒馆，大聊回国解放德意志的乐观话题。相比马克思和恩格
263 斯这样的“文人”，维利希更像是个急躁的实干家。马克思和恩格斯对读书似乎比对革命更有兴趣，其著作仅用于教育和宣传目的，而且他们支持资产阶级民主运动；维利希的支持者们则对支持资产阶级分子上台不感兴趣，一心想着马上将最高权力夺到自己手中。为此，他们操演战术，练习射击，并建立起等级分明的军事化组织，积极着手准备发动革命战争。

马克思始终反对这种布朗基式的观点，即对于革命来说，意志和军事技能与物质条件同样重要。鼓动人民去以卵击石毫无意义。[26]“我们对工人们说：为了改变现存条件和使自己有进行统治的能力，你们或许不得不再经历 15 年、20 年、50 年的内战，”马克思对维利希解释道，“而你们却相反地对工人们说：我们必须马上夺取政权，要不然我们就躺下睡大觉”。[27] 1851 年 9 月，马克思写信给恩格斯，引述了维利希的同伙古斯塔夫·泰霍夫（Gustav Techow）就 1849 年事件的教训发表的评论。[28]按照泰霍夫的说法，革命如果只是某一个派别的斗争，或者哪怕是一个民族的斗争，都不可能取得胜利。它必须成为普遍的革命。街垒战只是居民反抗的信号，使政府的力量受到考验而已。组织作战，建立有纪律的军队，永远是革命最重要的手段，因为“只有依靠这些才有可能发动进攻，而只

有发动进攻才能取得胜利”。国民制宪议会无法组织作战，因为它们把全部时间都花费在只有等胜利以后才可能真正解决的内部政治问题上，并且愚蠢地指望将民主原则运用到军队之中。空怀热情的志愿者在纪律严明、给养充足的士兵面前不堪一击。革命军队需要强制力，需要“严格的铁的纪律”。在恩格斯轻蔑的评价中，泰霍夫总是把不同阶级、不同理念之间的斗争延迟到战争胜利之后，认为届时将会有一个军事独裁者来压制注定要发生的“内部政治”，即真正的革命。然而，泰霍夫并不知道如何才能组建起这样一支庞大的军队。[29]由此看来，如果 1852 年爆发革命，那么这场革命必然会处于守势，充其量也就是发表一些“空洞的声明”或进行几次注定失败的军事远征。

1852 年 9 月，恩格斯回顾了德国国民制宪议会自 1849 年 5 月在法兰克福成立后的表现。这个主要由左派和资产阶级民主派掌控的议会曾经有效地挑战了奥地利、普鲁士和巴伐利亚三大邦的君主统治。当时，包括德累斯顿和巴登的起义（恩格斯和维利希均参与其中）在内，德国的群众革命运动风起云涌。国民制宪议会本该号召人民拿起武器支持它，却反而任由起义遭到镇压。这些事件促使恩格斯认识到：

> 起义也正如战争或其他各种艺术一样，是一种艺术，
> 它要遵守一定的规则，这些规则如果被忽视，那么忽视它 264
> 们的政党就会遭到灭亡……第一，不要玩弄起义，除非你
> 有充分的准备来应付因此而招致的后果。起义是一种带有
> 若干极不确定的数值的方程式，这些不确定的数值每天都
> 可能变化。敌人的战斗力量在组织、训练和传统的威望方

> 面都占据优势；如果起义者不能集中强大的优势力量对付敌人，他们就要被击溃和被消灭。第二，起义一旦开始，就必须以最大的决心行动起来并采取进攻。防御是任何武装起义的死路，它将使起义在和敌人较量以前就遭到毁灭。必须在敌军还分散的时候，出其不意地袭击他们；每天都必须力求获得新的胜利，即使是不大的胜利；必须保持起义者的第一次胜利所带来的精神上的优势；必须把那些总是尾随强者而且总是站在较安全一边的动摇分子争取过来；必须在敌人还没有能集中军队来攻击你以前就迫使他们退却；总之，要按照至今人们所知道的一位最伟大的革命策略家丹东的“DE L'AUDACE，DE L'AUDACE，ENCORE DE L'AUDACE！”（勇敢，勇敢，再勇敢！）去行动。[30]

这段话的意思是，革命进程一旦开始，就必须坚持下去。它需要动力并保持攻势，不应有任何犹豫。最初的起义是远远不够的，必须战斗到彻底打败反革命势力为止，当然，这可能需要同各个反动国家展开一场全面战争。如果选择军事方针，恩格斯会选择歼灭战。

但是这又引出了一个问题：倘若这种军事方针导致完全失败该怎么办？如果革命采取的是一种冷静现实的战略，其军事方针也会是谨慎和有耐心的。可如果革命战略充满个性化色彩，反映出对某种迫切变革的坚定承诺，那么它在军事上必然不受束缚。我们将会在下一章中看到，无论选择哪条道路，激进的政治策略都会让人产生极度的挫败感，要么在不公正的现实中苦等可能迎来转机的那一刻，要么明知前途渺茫却仍奋起反抗不公正的现实。

十九　赫尔岑和巴枯宁

人们之所以攻占巴士底狱，不是因为历史是曲折发展的。历史之所以曲折发展，是因为人们受够了的时候，就去攻占巴士底狱。

——亚历山大·赫尔岑

亚历山大·赫尔岑（Alexander Herzen）是个罕见的矛盾体，他既向往激进的变革，又对鲁莽行动的后果心存恐惧。他是剧作家汤姆·斯托帕（Tom Stoppard）著名的三部曲《乌托邦彼岸》（*The Coast of Utopia*）中的男主人公。在这部戏剧中，斯托帕生动地描绘了一幅十九世纪中期簇拥在赫尔岑周围的俄国激进流亡者的人物群像。赫尔岑 1812 年生于莫斯科，之后不久便爆发了博罗季诺战役。他从一个贵族家庭的私生子成长为才华横溢的作家和社交家、敏锐的民生观察家，在流亡期间更是成为一名矢志改变俄国现状的有影响力的鼓动家。[1] 斯托帕的这部剧作由赫尔岑的个人和社会生活经历串接而成，其中包括他的妻子和一名德国革命者的狂热恋情。知识分子追求的目标背后有一个始终存在的问题，那就是如何激励和引导根本性的政治变革。在斯托帕的作品中，当时那些伟大的革命人物都在满怀热情、无所顾忌地期盼着一场即将到来的革命，而赫尔岑却对此充满不祥的预感。

斯托帕借用了同样欣赏赫尔岑的哲学家以赛亚·伯林的观
266 点，刻画了一个“主张个体高于集体、现实高于理论”，不能接受“用未来的幸福为现在的牺牲和流血辩护”的男人。斯托帕认为，对于赫尔岑来说，“历史没有剧本，没有目的，未来往往像过去一样无法确定”。[2]当一个激进分子提到“历史精神，永不停止的前进步伐”时，赫尔岑怒吼道：“去你的强调语气！我们在要求人们洒下热血——至少别用你那种自以为是的看法来教训他们，说他们在表现一个抽象名词的变迁。”[3]

由于对自由主义的怀疑和对知识分子的普遍不信任，斯托帕未能在其作品中公正地反映赫尔岑的自由社会主义思想。[4]赫尔岑长年为推动俄国改革发挥着重要作用，直到1861年农奴获得解放。他和挚友诗人尼古拉·奥加辽夫（Nicholas Ogarev）合作创办的《钟声》（*The Bell*）杂志，在俄国知识分子和精英圈子中被争相捧读。许多读者甚至上层人士都认同他的看法，对俄国仍然深陷封建泥沼，无法融入欧洲当时充满活力的经济、社会和政治发展大潮感到耻辱。赫尔岑通过抨击丑恶现象、嘲弄审查制度和揭露社会弊端大力鼓吹改革，但他关注的只是改革的必要性，而不是如何改革。他甚至寄希望于沙皇亚历山大，直接向后者请愿。此举当时在政治上颇显机敏：既不用公开呼吁人们起来革命，又能对政府进行有力的批判。

但这种态度招来了非议，那些根本不相信沙皇的革命者指责赫尔岑缺乏明确的计划。他和虚无主义者之间的争吵尤其激烈。对于虚无主义者这个群体，赫尔岑圈子中的另一位成员、作家伊万·屠格涅夫（Ivan Turgenev），在他发表于1862年的小说《父与子》（*Fathers and Children*）中做了这样的描述：虚无主义者“不屈从任何权威，不把任何准则当作信仰，不管这准则是多么受人尊重”。虚无主义者是彻底的唯物主义者，拒绝相信任何无法证明是真实的事物。他们贬低一切抽象的思想和美学，唯一的兴趣就是创造一个新社会。这些人的思想领袖之一就是尼古拉·车尔尼雪夫斯基（Nicholas Chernyshevsky）。他于1862年在监狱中写下并侥幸逃过审查的长篇小说《怎么办?》（*What Is to Be Done*?），作为文学作品所获评价不高，却成为狂热青年们的人生指南，让他们明白了革命者应该如何以钢铁般的意志迎接未来的斗争。不管赫尔岑个人怎么想，当时主要的虚无主义文章和著作中有很多都是通过他在伦敦建立的印刷所秘密出版的。

斯托帕以他的方式呈现了赫尔岑与车尔尼雪夫斯基在1859年的一场真实邂逅。车尔尼雪夫斯基曾经是赫尔岑的崇拜者，但后来发现赫尔岑竟是个气人的“革命思想上的半吊子”。他的经济和社会地位可以让他脱离现实斗争，相信所谓让统治者自己摧毁自己的改革幻想。在车尔尼雪夫斯基看来， 267
“只有斧头才管用”。赫尔岑认为这种论调会制造分裂。他无法接受一种将改革者推向保守派怀抱，从而帮了政府大忙的立场。“难道使人民摆脱了束缚，他们就能生活在知识分子的专政之下吗?”与其让血在污水沟里流淌，不如以和平方式进步。[5]

1861年3月沙皇废除农奴制是个转折点。为此，赫尔岑特地在伦敦的家中举办了一个盛大的庆祝会，但欢声笑语很快归于沉寂。不仅《解放农奴宣言》的具体内容让人大失所望，暴露出了它的骗人本质，而且法令刚刚颁布，俄国军队就在华沙大开杀戒。赫尔岑同情农民和波兰人，对如此暴行感到无比愤怒。他曾努力维系一个改革派联盟，但现在已经没有了这种想法。统治者的背信弃义令人发指。他和那些既担心国内不稳又害怕波兰起义的自由主义者划清了界线。1861 年 11 月，他在《钟声》杂志上写道：“牢骚在积聚，怨言在增加——它是裹挟着风暴的汹涌海浪在可怕而乏味的平静之后发出的第一声咆哮。对人民！对人民！”[6] 这段话可能更多是在发泄愤怒，而不是代表什么政治纲领，但被解读成了一个革命号召。赫尔岑每时每刻都在犹豫是否应该支持革命，但他无法让自己去支持那些口口声声为民请命、骨子里却明显轻视人民的政治领袖。他拒绝接受农民愚昧落后的说法，因此渐渐走向民粹主义，越来越相信普通大众比知识阶层更有智慧。他说：“吗哪①不是天上掉下来的，而是从地上长出来的。”作为一个既有激进信仰又不愿迎合那些自封的革命精英、被温和派和极端分子都瞧不起的人，他异常清醒而深刻地看到了目的和手段之间的鸿沟：

> 我们就像故事里那些迷了路的侠客一样，走到岔路口不知该向何方去。向右走，你会失去你的马，但能保得自身安全；向左走，你的马会很安全，但你会丢掉性命；向前直走，所有人都会抛弃你；而走回头路又是不可能的。[7]

巴枯宁

在斯托帕的三部曲中，马克思是作为一个粗鲁无礼的配角出场的。在赫尔岑的梦里，马克思给其他 1853 年时叱咤风云
268 的革命家都起了挑剔的绰号（“好大喜功、招人厌烦的废物”，

---

① 古以色列人在经过荒野时所得的天赐食粮。

比“我屁股上的疖子”还没用，“虚情假意的笨蛋”，“冒冒失失的话篓子”）。[8] 可以肯定，当时的马克思和恩格斯已经对他们的很多革命伙伴感到失望。恩格斯在他晚年时曾这样描述革命失败后的情形：“形形色色的党派集团纷纷成立，每一个集团都责难其余的集团把事情搞糟了，骂它们有背叛行为和犯了各种各样不可饶恕的罪过……不言而喻，结果总是不断使人失望……所以互相之间的责难愈积愈多，最后总是闹成普遍的内讧。”[9]

在斯托帕的叙述中，也就是在赫尔岑的一生中，米哈伊尔·巴枯宁的分量越来越重。他给人的印象是一个讨人喜欢的捣蛋鬼、一个充满矛盾的装腔作势者，总是在要钱，沉浸在自己的幻想世界里却又有着毋庸置疑的个人魅力。巴枯宁因在1848年四处参与欧洲革命而被引渡回俄国入狱服刑，后被流放，但在流放期间成功逃脱。自那以后，他不停奔走于一个又一个充满希望的革命场合，并发展出了一套与众不同的无政府主义学说。他和马克思有很多共同点：都背叛了生活优越的家庭，都在性格形成期迷上了黑格尔哲学，都参与了1848年革命，都对工人阶级抱以极大热情但又都不太了解这个阶级。1840年二人同在柏林开始学习哲学，但直到1844年才彼此相识。在此后若干年里，他们的经历曾有过多次交集，包括1848年那些令人激动不已的日子。[10] 巴枯宁不信任德国知识分子和他们的迂腐做派，但远比不上马克思对俄国人的不信任，这也是他不想和赫尔岑打交道的一个原因。

巴枯宁算是一个原创型的、有深刻洞察力的理论家，但是他缺乏耐心，常常半途而废，而且总是发表自相矛盾的言论。在政治经济学方面，他是马克思的信徒。他甚至仔细研读

（并颇有心得）过俄文版的《资本论》（*Capital*）。马克思有时也对巴枯宁的热情和坚定表示赞赏。虽然巴枯宁认为马克思在1853年曾骂自己是沙俄的代理人，但他们还是弥合了分歧。然而最终，他们因为在革命运动的方向问题上发生激烈争吵而分道扬镳。巴枯宁承认道："他说我是个感情用事的理想家，他说对了，我说他是个空虚的人，背信弃义而又狡猾，我也说对了。"[11]

赫尔岑对巴枯宁最著名的描述为人们呈现了一个令人畏惧的大块头形象："他的活动能力、他的散漫作风、他的胃口，以及其他一切，如他的高大身材、一刻不停的汗水，都超过了一般人，正如他本人像个巨人，脑袋像狮子的头，披着一头直立的鬃毛一样。"[12]在对当时这位职业革命家的生动描述中，赫尔岑提到巴枯宁"除了热情洋溢地宣传、鼓动，以至煽风点
269 火以外，除了夜以继日、不遗余力地发动和组织秘密活动，密谋策划，互相联系，赋予这些活动以巨大的意义以外"，还"准备为此牺牲，勇敢地承担一切后果"。[13]无论过去还是现在，巴枯宁的支持者都反对把他看成变态的疯子，认为他狂野的破坏本能是源于贵族式田园生活滋养的好奇心。[14]赫尔岑喜欢并欣赏巴枯宁，他眼中的巴枯宁有一种别样的焦虑，相对于所有目标宏伟、手段贫乏的革命者，这个人显得过于激情四射。巴枯宁可以施展身手的舞台太小，很容易就被他占满了。"这是英雄的性格，"赫尔岑说，"只是由于历史的限制，使它不能有所作为。"巴枯宁"孕育了重大行动的萌芽，却无人问津"。他承认自己"热爱异想天开的、非同寻常的、前所未有的冒险，热爱前景广阔无际而又无法预知结果的事业"。[15]他反对一切国家，相信人民大众在完全自由的条件下能够自发地建立起

一个理想社会，但他仍然一心想着打造等级森严的秘密社团。他在实践中是个可怜的阴谋家，但他仍然把自己想象成一个“秘密的指导者”，作为“无形的力量”影响人民大众和后革命时代的社会。

第一国际和巴黎公社

马克思和巴枯宁都没有参与国际工人协会（International Workingmen's Association，简称IWA），即后来所谓的第一国际（First International）的创建。国际工人协会成立于1864年，旨在鼓励各国工人协会之间展开合作，以推动实现“工人阶级的保护、发展和彻底解放”。它不分派系、基础广泛，吸收了众多栖身伦敦的流亡者和当时各领风骚的哲学理论家，其中包括民主主义者和无政府主义者、国际主义者和民族主义者、唯心主义者和唯物主义者、温和派和极端分子。

对于马克思来说，这是一个重返现实政治生活的好机会。他主张走国际联合的道路，让无产阶级成为协会的主体。这有利于工人阶级形成更强烈的阶级意识，为此，可以先不顾及协会的有限群众基础和那些意识形态可疑的成员。马克思很快就成了第一国际的笔杆子，时刻警惕着不同思想动向的出现。他曾向恩格斯提到，他不得不“仔细措辞”，以便把他的观点用
“目前工人运动所能接受的形式”表达出来。“重新觉醒的运 270
动要做到使人们像过去那样勇敢地讲话”还需要一段时间。在起草协会的《告工人阶级书》时，他甚至使用了“义务”和“权利”以及“真理、道德和正义”等词，但是这些字眼“已经妥为安排，使它们不可能为害”。[16]由此，最终的协会章程字斟句酌、谨小慎微，与《共产党宣言》所表现出的那种

自信大不相同。马克思对集体主义和中央集权的天然偏好有所收敛，暂时退到幕后推动协会工作，而不是站在台前充当旗手。

1848 年革命后，流亡者中弥漫着消沉情绪，但这并没有影响到当时正被监禁和流放的巴枯宁，而且他在国际工人协会成立后的 4 年中并没有真正参与协会的活动。在这段时间里，他成为一名更加货真价实的无政府主义者。他借着国际工人协会召开巴塞尔代表大会、马克思缺席之机加入了协会。他给人们留下的强烈印象让马克思认识到，此人并非一个不靠谱的同志那么简单，而是一个危险的对手。自十九世纪四十年代对付蒲鲁东派开始，马克思一直在和无政府主义者进行论战，从而导致同一场工人运动中的两股力量之间出现不可弥合的分歧。蒲鲁东的影响力来自他的著作，尽管他的战略眼光总是受到怀疑。他曾作为一名作家和演说家投身 1848 年巴黎起义，但又短暂地当过国民制宪议会议员。这段不愉快的经历使他对其他议员脱离和惧怕群众的本质心生抱怨，此后，他对经济发展投入了比对政治发展更多的研究热情。他曾在 1852 年断言路易 - 拿破仑会引领法国走上革命道路，但后来又放弃了这种看法。虽然蒲鲁东在法国拥有一批追随者，但他的思想渐渐右倾，变得越来越仇外，反对罢工、选举和其他所有面对面的政治行动。他并不是想着如何发动群众推翻政府，而是呼吁放弃一切有组织的政治斗争，着重促进自由公民之间的互助合作，以此达到教育大众的目的。[17] “工人不靠资本家的帮助自发地组织起来，用劳动征服世界，他们绝不需要莽撞的起义，而是会凭借道义的力量横扫一切，得到一切。”[18]就这样，他既思考战略问题，又不提倡采取任何需要战略的行动。

巴枯宁代表着一种大不相同的无政府主义。他反对所有形式的集体主义，但热衷革命，坚称破坏即创造。“只有让生活本身挣脱一切统治和教条的束缚，让人们的自发行动获得完全的自由，创造才能实现。”他是个令人信服的雄辩家，比蒲鲁东更具领袖式的个人魅力。他还有一个自己的激进分子全球网络。马克思指责巴枯宁擅自豢养独立于国际工人协会之外的秘密组织。这多少符合事实：巴枯宁一直维系着他的网络，目的 271
是暗中推动整个工人运动朝着他所希望的方向发展。不过，马克思的活动多少带点偏见和恶意。双方争斗的结果就是葬送了国际工人协会。1872 年，马克思最终把巴枯宁开除了，并将协会总委员会迁往美国，协会也由此在实质上走向终结。

他们两人的分歧到 1871 年巴黎公社成立时走向白热化。对于革命者来说，巴黎公社的成立是一个具有决定性意义的事件，堪比 1848 年革命，但也同样未能取得成功。它发生在普法战争之后。随着路易 - 拿破仑的战败，激进分子接管了法国，宣布成立第三共和国，并继续进行抵抗。5 个月后的 1871 年 1 月，巴黎陷落。但戏还没完。整个巴黎处于政治狂热之中。人民被充分武装起来，激进分子控制了全城。中右政府的首脑阿道夫·梯也尔（Adolphe Thiers）逃往凡尔赛，并在那里重新集结起所有还没有倒向激进分子一边的正规军、警察和各级行政人员。在巴黎，国民自卫军中央委员会安排举行了公社选举。各式各样的激进分子和社会主义者都站了出来，其中一些人缅怀着 1789 年大革命时的光辉岁月，另一些人则向往着崭新的共产主义理想国。路易 - 奥古斯特·布朗基当选为公社主席在很大程度上仅具有象征意义，因为他已经被政府逮捕。一时间，巴黎城内红旗飘扬，旧的共和历被重新启用，政教实现分离，适度的社会改革得以实行，女权主义和社会主义思想深入人心。在公社领导层，无政府主义者、社会主义革命派以及形形色色的共和派人士在一起融洽共事。但是，这种状态并没有持续多久。梯也尔新组建的军队最终设法进入巴黎，城中的防御由于缺乏统一协调和指导，虽然英勇却毫无希望，很快便被攻破。政府军重新夺回了巴黎并开始了报复行动。据估计，一开始就有多达 2 万人遭到处决。

马克思和巴枯宁都没有在巴黎公社中扮演重要角色。“他们欠公社的比公社欠他们任何一人的都多。”[19]马克思在《法兰西内战》（*The Civil War in France*）中称巴黎公社是革命政府的样板，是“无产阶级专政”（这个词后来被赋予了更多邪恶的色彩）。公社的实践表明，工人阶级是可以掌握政权的，但很难利用现有国家机器为自己的目标服务。巴黎公社社员“浪费了宝贵时间”去组织民主选举，而不是迅速而彻底地消灭凡尔赛政府。马克思认为这原本可以靠顽强战斗和统一指挥来实现。巴枯宁的观点则大相径庭。他认为，巴黎公社的全部意义就在于它的自发性和工人委员会的非集权性。马克思关于应在强有力的统一指导下建立稳固政权的想法让他感到害怕。
272 他呼吁人们警惕“少数自诩有超凡智慧的人统治多数人”的事情发生。现在回想起来，巴枯宁当初警告会出现一个新的精英阶层以及社会主义制度会产生强权国家是有先见之明的。[20]这些警告是他思想的自然流露，他确信国家是罪恶之源，反对任何人将自己凌驾于其他人之上。

马克思否认自己持有这样的观点，即强大的国家强制力对于无法预知的未来是必不可少的。就像恩格斯所说的，它终将“消亡”。根据马克思的理论，无产阶级只有解放了全人类才能最终解放自己。国家作为一个阶级统治的手段，将会成为多余的东西。这一理论让人们感到些许安慰，但是马克思从来不会在政治权力的运用上心慈手软，也不会去想象阶级斗争会变得如何残酷。资产阶级不会自愿交出权力，如果权力被夺走，他们会再奋力夺回来。这可能会引发和各个反动国家的战争。所以在短期内，马克思一刻都不会怀疑无产阶级必须通过斗争夺取政权。这也正是巴黎公社的教训。认为没有统一的指导和强有力的政权，革命也能成功，是天真幼稚的。在恩格斯看来，革命“无疑是天下最权威的东西；革命就是一部分人用枪杆、刺刀、大炮，即专制的手段，强迫另一部分人接受自己的意志”。[21]

巴枯宁则认为，马克思相信国家将会按照他的设想最终消亡是很幼稚的。国家可以是任何个人利益的表达，而不是只有阶级。即使心怀善意的革命精英也会走向威权主义，动用国家权力来维护和加强他们自身的地位。“我不是一个共产主义者，”他解释说，“因为共产主义把所有社会权力集中和吸收到国家，它一定会最终把财产集中到国家手中。”相反，巴枯宁主张“废除国家，彻底消灭权威的原则和国家的监护”。他寻求实现社会力量“自下而上的自由联合，而不是靠强权自上而下地组织在一起”。[22]他挑战的不是那些行使政治权力的人，而是政治权力这个观念本身。他承认，革命必须同“装备有最可怕的杀伤性武器、什么都不放在眼里的军事力量”做斗争。对付这样一头“野兽”，需要另外一头同样狂暴但更加正义的野兽，那就是“一次有组织的人民起义，一场像军事行动一样不择手段、毫无顾忌的社会革命”。[23]

虽然马克思设想的步骤“有助于对权力本身加以研究”，[24]

巴枯宁还是认为革命可以通过废除政治权力而不是交接政治权
273 力的方式进行。在巴枯宁眼里，权力是一个人造的概念，是一种对人性不必要也不道德的压迫。没有权力，人性会回归到更加真实的状态，法律也会体现出它原有的和谐本质。只有这样的乐观主义才能使无政府主义摆脱混乱无序的内涵，让人觉得更有望实现解放，减弱持久的不安全感。可是如果革命拒绝一切权力，它又怎么能成功呢？对此，巴枯宁通过解释职业革命家的有限作用来自圆其说，但还是被人指责言辞虚伪。虽然原则上反对权力，他自己却似乎很喜欢权力，因为他总是处在各种阴谋的中心位置。如 1870 年，他曾打算“创建一个多至 70 人的秘密组织”，助俄国革命一臂之力，并实现“秘密组织的专政”。这个组织将“指导人民革命”，凭借“一个看不见的力量——无人知晓，无人施加——通过它，我们组织的专政将会无比强大，它越是不可见和不可知，就越是可以在没有官方合法性和重要性的情况下发挥作用”。

当然，巴枯宁是在一个遍布政府密探的环境中开展活动的，要想生存就得掩饰自己的意图和活动圈子。要阴谋在很大程度上也是巴枯宁丰富想象力的产物。他的计划没几个得到了正儿八经的落实，不过他倒是花了些功夫对职业革命家的特殊作用做了阐释。他们必须出类拔萃，相当于某种“革命的总参谋部，由忠诚的、坚毅的、聪明的，主要是真诚的，而不是沽名钓誉的人，由有能力充当革命思想和人民本能之间的中介的人民之友组成”。[25]这个比喻本身就暴露了总参谋部的实质：它终究还是传统军队中制定战略的实体。此外，巴枯宁在批评传统政治活动时一直在警告人们，哪怕“最高尚、最纯洁、最聪明、最无私、最宽厚的人，也总是并且肯定会因为从事政府工作而腐化堕落”。这就是他反对参与任何政治选举的原因。世上的好人并不多。

巴枯宁摆脱这一逻辑困境的办法是强调职业革命家能够发挥的作用极其有限，无论他们怀着什么样的初衷。对于马克思来说，革命是积极的、富有建设性的事件，它自然地起因于潜在经济条件的变化。而巴枯宁则把革命说成是很难预测的事件，认为它有着无法被人操纵、未必能被那些鼓励或反对它的人所认识的深层次原因。革命“是由事物的力量、由群众运动产生，然后才爆发出来的，表面上它们常常由无关紧要的原因引起”。它们来自历史的潮流，“历史潮流持续并往往缓慢地在地下流淌着，为主流阶层所不见，逐渐环绕、渗透直至淹 274
过他们，直到它们流出地面，激流冲垮一切阻挡其前进道路的障碍物”。从这个角度来说，革命既不能由个人也不能由组织来发动。相反，它们“独立于所有意志和密谋之外发生，并且总是由时势所创造”。[26]

有趣的是，巴枯宁的这种历史观与托尔斯泰很接近。两人的思想传达出同一种感觉，即历史进程取决于很多人对他们所处环境的反应，这些反应既无法预知也无法操纵。相互间的影响倒是很有可能的。托尔斯泰的《战争与和平》创作于十九世纪六十年代，先是以连载的形式发表，直到 1869 年才最终定稿。两人又同时受到蒲鲁东的影响。蒲鲁东 1861 年在布鲁塞尔同托尔斯泰会面时，后者给他看了自己写的新书《战争与和平》。[27]为表示敬意，托尔斯泰借用了这个书名。他独特的基督教无政府主义思想受到了农民的单纯信仰的启发，近乎蒲鲁东对一个自下而上建立起来的新社会的想象。

巴枯宁与托尔斯泰或蒲鲁东都不一样，对于人在指导革命方面的主观能动性，他的看法更为适度。人民本能地具有革命思想，只是没有意识到自己是社会主义者，需要某个人把他们团结起来。否则，他们就可能被那些一心想要独裁、把人民当成“实现他们个人荣耀的垫脚石”的人所欺骗。正如一位传记作家所说，“知识分子应该在历史进程中扮演低级角色，充其量在人民自己编写剧本的时候做个有帮助的编辑”。[28]这是个令人欣慰的假设，但和马克思所谓无产阶级专政仅仅是一个过渡阶段的说辞一样信不得。有人认为世上存在着某种有别于虚伪暴政的纯洁而自然的权力形式和影响力，这种想法完全是出于对权力的极端简单化的认识。政治家总爱宣称自己只是人民的公仆，既领导人民也倾听人民的呼声，但据巴枯宁观察，现实中事情往往是另外一个样子。

从他们对 1870 年 9 月普鲁士占领法国事件的反应中，不难看出两种态度的反差。马克思为国际工人协会所写的文章虽措辞轻蔑，但他的分析严谨、透彻和精辟，对诱发法兰西第二帝国灭亡和德国人发动征服战争的种种奸猾伎俩做了详细评述。他希望曾经支持战争的德国工人阶级坚决督促当局与法国
275 实现光荣的和平，而法国工人阶级必须摆脱对过去的迷恋。他不无预见性地指出，如果工人阶级仍然采取消极态度，“那么现在这场可怕的战争就会成为将来发生新的更可怕的国际战争的预兆”。这是一个十分投入的旁观者才具有的全局视角。

巴枯宁所写的《就当前的危机给一个法国人的信》（*Letters to a Frenchman on the Present Crisis*）并非针对特定对象，文字冗长且杂乱无章，却十分吸人眼球。其中的一个核心主题是德国军队可以被击败，另一个主题则是打败德军需要工人阶级和农民结成联盟。这样，法国人民就不会屈服于“世

界上任何一支军队，哪怕它力量强大、组织严整并且配备了最具威力的武器”。如果资产阶级表现得不是那么差劲，法国或许早就爆发了反抗德国人的“令人生畏的游击战，甚至是盗匪暴动”。而现在主要得依靠农民。虽然他们可能愚昧、自私和保守，但他们有着“与生俱来的激情和朴实无华的民风”，并且会非常抵触“被城市工人热情接受的思想和宣传”。但实际上，工农之间的隔阂只是出于一种“误解”。只要工人们做出努力，就可以教育农民摒弃他们的宗教信仰、忠君思想和私产意识。

当革命真正到来的时候，再进行组织建设或是“矫揉造作地搬弄教条社会主义的学术词汇”就来不及了。相反，这时候应该“冲进革命的惊涛骇浪，我们必须从即刻起传播我们的原则，不是用语言，而是用行动，因为这是最受欢迎、最有说服力、最不可抗拒的宣传方式”。一旦把农民动员起来，便可以鼓动他们“通过直接行动摧毁每一个政治、司法、民事和军事机构，并在普天下建立和组织起理想的无政府社会”。此时此刻，“仿佛有一股电流通遍全社会，把秉性各异的人们的情感汇聚成一种普遍的情感，把完全不同的思想和意愿打造成一种共同的思想和意愿”。否则，人类可能陷入又一个“暮气沉沉、令人沮丧的不幸时代，一切都散发出腐朽、枯竭和死亡的气息，预示着社会和个人道德的泯灭。这是历史性灾难发生之后的衰落期”。

行动宣传

“行动宣传”这一概念反映出巴枯宁对理论日益缺乏耐心，认定只有采取非常行动才能刺透混沌众生的模糊认识。他

276 的目的是向人们展示，如何卸除农民身上的枷锁。只要他们能够看到现有制度的脆弱性，就会激发出强大的本能，然后揭竿而起。因为无政府主义者煽动群众的具体做法常常涉及暗杀，所以巴枯宁被视为激进恐怖主义之父。马克思谴责巴枯宁的一个重要原因，就是他和谢尔盖·涅恰耶夫（Sergei Nechayev）搞在了一起。作为一个尖刻、禁欲、好斗的人，涅恰耶夫打着事业的旗号宣称自己有权也有义务做任何事（他的这一结论并不单单服务于革命事业），把虚无主义带向了有害的极端。1868 年年底他在瑞士与巴枯宁会面时，自称是“俄国革命委员会”的代表，刚刚逃出监狱。由此，巴枯宁正式宣布他为“世界革命联盟俄国支部”成员（第 2771 号）。[29]

接下来的几个月对于巴枯宁来说简直是场灾难。直至后来他终于摒弃了涅恰耶夫的残酷学说。涅恰耶夫炮制的各类恐怖小册子公然赞美“毒药、刀子和绞索”的好处，大谈特谈“火与剑”的净化作用。虽然外界认定巴枯宁也参与了这些出版物的编写，但其中有些或许跟他没关系。涅恰耶夫宣称，“大批地杀死达官显贵”将会让统治阶级陷入恐慌。有权势的人越是表现得不堪一击，其他人就越是会勇气倍增，最终爆发普遍革命。涅恰耶夫在其最臭名昭著的出版物《革命者教义问答》（*Catechism of a Revolutionary*）的开篇中写道：“革命者是自我献身的人。他没有自己的利益、自己的事务、自己的感情、自己的爱好、自己的财产，甚至没有自己的名字。他的一切都融汇在唯一仅有的利益、唯一的思想、唯一的激情——革命之中。”[30]只有革命能够区分善恶。巴枯宁当初被这个充满活力和战斗性、为革命前途带来希望的年轻人迷住了，两人最终分道扬镳并不是因为涅恰耶夫的政治观点，而是因为他滥用了巴枯宁的热情慷慨。涅恰耶夫不仅带走了巴枯宁的钱、以巴枯宁的名义恐吓出版商，还曾试图勾引赫尔岑的女儿，而且为保全自己的名声杀害了一名大学同学。

1875 年，革命斗志尽消、梦想破灭的巴枯宁走完了他的一生。虽然他在意大利、西班牙和俄国撒下了很多群众运动的种子，但他留下的直接遗产还是对“行动宣传”的追求。这种强调以实际行动鼓励群众造反的宣传方式贬低语言的作用，甚至对说服艺术也不屑一顾。以意大利人艾力格·马拉泰斯塔（Errico Malatesta）为例，他在 1871 年读到了巴枯宁的著作，5 年
后便大谈“革命在于少说多做……当爆发群众自发运动时……每 277
一个革命的社会主义者都有义务正式表明自己与发展中的运动休戚与共”。但是后来，马拉泰斯塔也反对无政府主义者采取恐怖行动，因为当时语言宣传仍是有说服力的。在他们寻求摧毁一切现有制度的时候，一条“血河”已经让群众运动失去了成功的机会。[31]马拉泰斯塔曾多次催促无政府主义国际（Anarchist International）找到一种暴动的方法，之后他便开始通过实际行动搞起了自己的宣传。他现身于坎帕尼亚（Campania）的各个村庄，让一伙武装分子烧毁了税收登记簿，并宣布君主统治已经终结。很快，马拉泰斯塔和他的追随者就遭到了逮捕。不过，马拉泰斯塔素以他的分析和辩论技巧著称，这在政治审判中明显对陪审团产生了影响。据一名警方线人描述，他力求“心平气和地说服别人，从来不使用激烈的言辞”。他总是谨慎地避开“很多无政府主义者和社会主义者惯用的伪科学表述、激烈而自相矛盾的措辞或污言秽语”。[32]

在那之后，他走遍欧洲以及阿根廷、埃及和美国，到处煽

动叛乱，并与人们探讨美好的社会该是什么样子、怎样才能在不动用权力或创建一个新政权的条件下推翻旧制度。到了晚年，他又对滥杀无辜的恐怖行为大加谴责，坚持认为只有正当的暴力才有助于实现解放。他在1894年时写道："可以肯定的一点是，靠刀丛剑雨无法推翻一个资产阶级社会，因为这样的社会建立在一大堆私利和偏见之上，维持它运转的更多是人们的惰性和他们逆来顺受的本性，而不是武力。"[33]

但说到动用武力，激昂的革命语言是不会让人保持克制的。1881年在伦敦召开的国际无政府主义者代表大会号召利用一切手段"消灭所有统治者、国务大臣、贵族、教士、最有名的资本家和其他剥削者"，特别要注意学习化学，准备好爆炸材料。德国无政府主义者约翰·莫斯特（Johann Most）本着雅各宾党人的精神，主张彻底铲除有产阶级。他在一本名为《革命战争科学：硝酸甘油、炸药、火棉、雷汞、炸弹、引信、毒药等的使用和制备指导手册》的小册子中写道："科学所做的最好工作，就是为世界上千百万受压迫民众提供了炸药。一磅这玩意儿远远胜过一蒲式耳的选票。"暗杀成了家常便饭。从沙皇亚历山大二世1881年被炸身亡开始，暗杀活动先后夺走了一位法国总统、一位西班牙首相、一位意大利国王和一位美国总统（麦金莱，McKinley）的性命，但对德国皇帝
278 的暗杀未能成功。1914年6月奥地利斐迪南大公（Archduke Ferdinand）的遇刺更是引发了第一次世界大战。虽然无政府主义的信徒们用尽浑身解数想要凸显这种政治思想更为温和、更为人道的一面，但直到今天，人们还是会把无政府主义和恐怖活动联系在一起。

小说家约瑟夫·康拉德（Joseph Conrad）敏锐地刻画了无

政府主义者和他们活动的圈子。他在小说《在西方的注视下》（*Under Western Eyes*）的按语中说，“残暴和愚蠢”的专制统治会激起“纯乌托邦革命论者同样愚蠢和残暴的反击，他们极具破坏性，做事不择手段，并且有种奇怪的信念，即消灭了任何已有人类制度之后应立即从根本上改造人的心灵”。[34]在1907年出版的小说《间谍》（*The Secret Agent*）中，他对他那个时代成事不足、败事有余的革命者做了最脍炙人口的性格描绘。其中最臭名昭著的人物就是一心渴望造出完美炸弹、被称为“教授”（实际上只是个学过化学的三流技师）的炸弹制造者。教授随身携带炸弹，让警察不敢碰他。然而在“邪恶的孤独”背后，他总是担心人们太过软弱，无力颠覆现有秩序。“顽固不化、麻木不仁的芸芸众生”令他备感沮丧。他不禁哀叹：“这些人的社会精神全部被包裹在了一丝不苟的偏见中，这对我们的工作是致命的。”为了打破“对守法主义的崇拜”，他试图诱使当局来场大镇压。

书中最邪恶的人物也这么想。此人不是无政府主义者，而是来自某国大使馆的弗拉基米尔（Vladimir），这个无名使馆明显指的是俄国使馆。在弗拉基米尔看来，英国是反恐链条上薄弱的一环。他抱怨说：“这个国家对个人自由的尊重充满感情色彩，简直荒唐可笑。”照他的推断，人们需要的是一场“大恐慌”，而现在正是“最适当的时机”。什么样的恐慌最有效呢？暗杀皇帝或总统已经不再是什么新鲜事，而袭击教堂、餐馆和戏院能轻易地找到理由并得到人们的理解。他渴望“一场毁灭性的暴行，它应该足够荒唐，荒唐到不可思议、莫名其妙甚至难以想象，实际上就是疯狂。疯狂才是真正可怕的”。按照这样的逻辑，他把“本初子午线”确定为他的目标，指使倒霉的阿道夫·维尔洛克（Adolf Verloc）去炸掉格林尼治天文台。书中的故事基于1894年发生的一起真实事件，事件中，天文台完好无损，爆炸的实施者却被炸成了碎片。康拉德把这段插曲形容为“一次愚蠢至极、毫无意义的喋血行动，任何合理甚至不合理的思考过程都不可能弄清它的起因”。在他的小说里，无论教授还是弗拉基米尔都没能诱使当局实施镇压，整个故事变成了一场个人悲剧。[35]

279 无政府主义并不只限于个人恐怖主义。值得注意的是，二十世纪的头十年，一场真正受到拥护的群众运动在西班牙蓬勃兴起。无政府主义在西班牙左翼人士中大有市场，比共产主义更有吸引力。它的表现形式多种多样，包括工人队伍中的强大工团主义倾向。西班牙全国劳工联盟（CNT）成立于1911年，10年后就拥有了上百万会员。它避谈政治，致力于在经济领域展开直接行动，谴责一切形式的权力。但它从未远离政治。它有很多分会，每个分会的所有会员在经过适当讨论后都承认，他们的想法受到了多数人意见的束缚。很快，联盟中就出现了一个极端派别和一个温和派别，前者准备发动暴力起义，后者则准备同雇主和政府做交易。对于如此大规模的群众运动而言，这并不奇怪。二十世纪三十年代早期，极端分子在劳工联盟内部成功排挤了温和主义者，组成一个巴枯宁式的阴谋集团。当时正值一个社会持续动荡的时期，群众运动开始面临真正的抉择。他们的行动后果显而易见，并非只是理论上的。

由于1933年放弃参加选举让右翼政府上了台，于是很多劳工联盟会员在1936年投票支持左翼的人民阵线（Popular Front）。之后便发生了佛朗哥推翻共和国的军事政变。劳工联盟领导人们展开抵抗，它的前线会员按照集体主义原则接管了所到之处的共和国控制地区。这时，权力归属开始成为困扰他们的残酷现实。首先要选择的是，究竟该解散加泰罗尼亚地方政府，建立起一个实质性的无政府主义专制政权，还是和他们一直谴责的传统机构合作。他们的领导层选择了合作。随着佛朗哥军队发展壮大，劳工联盟领导层认为有必要与社会主义者结成统一战线，并立刻要求其会员转而遵从党派路线。在加入政府后，劳工联盟的报纸评论说，由于无政府主义者成了部长，国家也就不再具有压迫性。征兵和严肃军纪成了头等大事，而社会实验（其中有些已经取得成功）暂时告一段落。事实上，军队里多是民兵，他们各有各的政治靠山，动不动就会导致派系内斗。随着军队纪律越来越严整以及共和国越来依赖苏联的支持，共产主义者很快在军官集团中取得了支配地位。[36]最终，共产主义者在苏联的支持下将矛头指向无政府主义者，一场内战中的内战开始了。西班牙的经历，使无政府主义在原有的恐怖标签之外又加上了徒劳无功的注脚。

无政府主义者或许非常清楚地认识到了权力的诱惑和邪 280
恶，它和他们心中的理想社会水火不容，但他们无法证明一个社会没有了权力该如何有效运转。当出现一个能够对人间万事发挥影响的机会时，他们要么必须忘掉自己以往对权力和官位的非难，要么把机会让给其他不那么讨厌权力的人。无政府主义者知道采取什么样的手段就能取得什么样的结果，但既然弃用了所有可能卑鄙龌龊的有效手段，他们就只能等着人民主动像他们所希望的那样行事了。正如卡尔·利维（Carl Levy）所指出的，这种不愿掌权的姿态多少有些自相矛盾，因为绝大多数无政府主义者“得仰仗他们的领袖（地方的、国家的和世界的）帮助维护制度的连续性”。[37]然而，那些必须假装自己不是领袖的领袖们却无法为人们指明战略方向。的确，拒谈权力就不可能制定出正经的战略，所以他们的角色只能是愤怒的批评家。领导问题持续分化着左派阵营，使其走向两个极端。一边是纯粹主义者，他们基本上只会不停对群众进行说教；另一边则是激进主义者，这些人坚定地充当着变革的先锋，并且认定除了他们设定的道路之外，没有其他道路可走。

二十　修正主义者和先锋队

实行突然袭击的时代，由自觉的少数人带领着不自觉 281
的群众实现革命的时代，已经过去了。

——弗里德里希·恩格斯，1895 年

有人将恩格斯于 1895 年去世前几个月发表的最后著述视为他的“临终遗言”。尽管这并非恩格斯的初衷，但它毕竟是一篇反思文章，文中借用马克思写于 1850 年的《法兰西阶级斗争》[①]，对十九世纪下半叶工人阶级运动的命运变迁进行了评价。这篇文章的政治重要性在于，德国社会民主党（SPD）领导层可以用它来证明自己一直遵循并取得了一些成功的议会策略是正确的，同时提醒人们要警惕暴力革命的危险性。由于恩格斯所具有的非凡权威，那些还在渴望以更激进的方式闹革命的人感觉事情变得麻烦起来。他们认为恩格斯是在德国社民党掌权集团的压力下才降低革命调门的，因为政府正在考虑实行反社会主义法。这么想也不无道理。尽管恩格斯坚称自己并不反对暴力革命，而且他的分析中更乐观的部分只真正适用于德国的情况，但他也承认，他对社会主义革命策略的看法在 1848 年后发生了显著变化。那时候，革命被看作一场“大决

① 全称应为《1848 年至 1850 年的法兰西阶级斗争》（*Class Struggles in France 1848 to 1850*）。

战”，一旦开始就注定进行到底，历经沧桑沉浮，直到取得
282 “无阶级的最后胜利”。然而，在差不多50年的时间里，街头起义者打败正规军的例子少之又少。

在他苦苦思索如何把起义者变成一支成功军队的时候，过去几十年来围绕军事问题的讨论对他产生了明显的影响。要想使力量对比朝着有利于革命的方向倾斜，唯一可行的办法就是利用政府军对作战理由的疑虑，以及劝说他们不要向自己的人民开枪。除此之外，在任何情况下，装备精良、纪律严明的正规军都占据上风。武器落后的示威者往往寡不敌众，何况政府还能通过铁路把后备部队迅速送到任何动乱地点。他们的武器装备也要好用得多。甚至连城市规划者也在和革命作对，各个城市的“街道都是又长、又直、又宽，好像是故意要让新式枪炮充分发挥效力似的”。

守住区区一个自治村镇对于革命者来说尚且困难，更不用说守住整个城市了。

> 集中战斗力于决定胜负的一点，在这里自然根本谈不到。所以，这里主要的斗争方式是消极的防御；如果某些地方也采取进攻，那只是例外，只是为了进行偶然的出击和翼侧攻击；通常进攻只限于占领退却军队所放弃的阵地。[1]

街垒的唯一价值是它作为一种动摇“军心”的手段，是在道义上而不是物质上起作用。这也是革命无法“由自觉的少数人带领着不自觉的群众”实现的另一个原因。而如果不能让群众直接参与其中，革命就没有成功的机会。

相比之下，男性普选权创造了真正的机会，工人阶级通过德国社民党充分利用了这种机会。如果支持该党的选民人数继续稳步增加，“我们（在二十世纪末）就能（夺得社会中等阶层的大部分、小资产阶级和小农）。发展成为国内的一个决定力量，其他一切势力不管愿意与否，都得向它低头”。所以，德国社会主义力量在上升过程中面临的风险，就是“跟军队发生大规模冲突，像 1871 年在巴黎那样流血”。要避免这种事情的发生，就必须保存实力。在恩格斯看来，历史的发展颇具讽刺意味，“革命者”和“颠覆者”通过合法手段得到了更全面的壮大，反倒是那些“秩序党”“正在他们一手制造
的合法条件下渐渐沉沦”。只要我们“没有糊涂到任凭敌人把 283
我们骗入巷战”，那么被迫考虑采取非法行动的就是我们的对手。

恩格斯私下里是个信志坚定的人，不可能主张完全禁用武力。有人说他是“一个不惜代价崇尚和平守法的温和派”，[2] 这令他感到烦恼。他认为，当社会主义者具备了能够合法取得政权的选举实力后，政府就会对其进行镇压。之后，他们可能就有必要走上街头了。他的临终遗言里有几段被德国社民党高层视为太具有煽动性的文字，其中提到要避免在“前哨战”中无谓地消耗自己的实力，而是“要把它好好地保存到决战那一天”。按照他的观点，只有在群众充分拥护革命，也就是政府军士气最低落的时候，才能启动革命进程，不能把上街闹革命当成争取群众支持的手段。若干年前，他就曾对德国社民党作为议会多数党上台执政的可能性表示怀疑。他指出，十之八九早在这一刻来临之前，“我们的统治者”就会“使用暴力来对付我们；把我们从议会多数派变成革命派”。[3]

修正主义

马克思的理论内涵是经济决定论，但作为一个行动主义者，他从不否认政治领域也可能会引发后续行为。对于《雾月十八日》[①] 这样的著述而言，如果看不到阶级利益和政治行动之间的联系有时会模糊扭曲，如果认识不到选择失败会葬送革命时机，那么它就毫无意义了。马克思不会忽略任何机会的存在，包括可能促进工人阶级事业发展的议会选举。尽管他一直顽固坚持着自己的基本理论，但他的政治判断却非常务实。

社会主义建立在科学的基础之上，它不是一种单纯的想象，而是一种因果理论，一切都必须取决于工人阶级是如何逐渐了解自身处境并奋起抗争的。当无产阶级从一个阶级本身发展成为一个为自身谋利益的阶级，掌握了其全部实力和潜能时，关键的时刻也就到来了。对马克思理论的一种解读是，当人们看清了他们自己的痛苦根源，弄清楚如何才能改变一切时，这个过程也就自然而然、几乎不由自主地发生了。但这时候政党该做些什么呢？民众的愤怒和对更好生活的渴盼，最后
284 等来的往往是希望的破灭以及更多的迫害和苦难。激进运动要么渐渐平息，要么突然变得体面起来，成为整个体系的一部分，而不是颠覆这个体系的一种手段。

这简直是马克思的诅咒，就连他本人也深受其害：一个必然的、进步的变革理论，却注定会让改革者遭受挫折。如果没有适当的物质基础，政治上就不可能正确，那么革命政治家们该怎么办？一个答案是等待条件成熟，先积聚起足够力量，直

---

① 全称为《路易·波拿巴的雾月十八日》，见前文。

到革命时机最终到来、工人阶级做好准备。另一个答案则是为更快地提高阶级觉悟创造条件，设法加速变革进程。作为一个最有分量、最具自信的马克思主义政党，德国社民党看似找到了一条中庸之道。阶级觉悟的提高程度可以用党员人数的不断增加和在选举中的连连胜利来衡量。至于过渡到社会主义的时刻何时到来，这并不神秘：该党将会得到多数选民的支持。但风险在于，工人阶级的革命热情会随着其境遇的逐渐改善而消失，政党本身也将演变为现有体系中一个利益攸关方。

马克思和恩格斯一直强调正确的社会主义纲领而非特定战略的重要性。当德国社会民主党于 1875 年创立时①，马恩二人对于他们的追随者奥古斯特·倍倍尔（August Bebel）和威廉·李卜克内西（Wilhelm Liebknecht）将其政党与斐迪南·拉萨尔（Ferdinand Lassalle）的全德工人联合会（General German Workers' Association）合并表示愤怒，因为他们不赞同全德工人联合会的改良主义和不符合科学原理的路线。马克思接受两党合作，但不接受两党的共同纲领，认为这样的纲领是在试图找到与资产阶级的共同点，好像阶级冲突是源于一个令人遗憾的误会似的。至关重要的是，不能“把阶级斗争从运动中勾销”，甚至不能暗示什么“工人太缺少教育，不能自己解放自己，只能由资产阶级来解放”之类的意思。[4] 3 年后，恩格斯发表了一部批判盲人哲学家欧根·杜林（Eugen Dühring）渐进主义思想的著作，后者反对马克思和恩格斯的决定论，主张搞自治合作社。这部被称为《反杜林论》（*Anti-Duhring*）的

① 原文此处不准确，1875 年是“全德工人联合会”与“德国社会民主工党”合并成为“德国社会主义工党”的时间，而“德国社会主义工党”到 1890 年才改名为“德国社会民主党”。

政治宣传册通俗易懂，对于向新一代社会主义者普及马克思主义发挥了重要作用。它呼吁工人阶级不要满足于次优结果，在应该得到权力的时候不要指望慈善家的施舍。

随着反社会主义法的废除，德国社民党于 1891 年通过了由卡尔·考茨基（Karl Kautsky）和爱德华·伯恩施坦（Eduard Bernstein）撰写的《爱尔福特纲领》（*Erfurt Program*）。这份党纲仍然预言资本主义即将灭亡，但准备通过和平手段追求社会
285 主义。恩格斯去世后，伯恩施坦作为他的遗稿保管人，开始着手对革命理论进行修正，以使其适应改良主义实践。与马克思的预测相反，他指出工人阶级的境遇不是恶化了，而是改善了。1898 年，他出版了《进化社会主义》（*Evolutionary Socialism*）一书。如书名所指，他的结论是不必搞什么革命，利用合作社、工会和议会席位这几样东西，完全可以渐进而温和地实现社会转型。他将两种运动方式进行了对比：后者是一个依靠合法活动推动的明智、有序但缓慢的历史发展进程，而革命活动则是要凭借感情和自发行为推动历史加速发展。对于伯恩施坦来说，“最终目的是微不足道的，运动才是一切”。

他昔日的合作伙伴卡尔·考茨基以一个虔诚信仰守护者的姿态，对以上观点表示反对。作为信奉马克思主义的主要政党内的权威理论家，考茨基对科学社会主义的阐释极具影响力。他的研究方法按部就班且不加反思，对马克思主义的绝对正确性和普遍适用性毫不怀疑。甚至在经历了第一次世界大战和布尔什维克革命之后，他也从未背离早期形成的一系列观点。科学告诉考茨基，社会主义将随着资本主义的成熟和各阶级的分化得到发展。他反对伯恩施坦把问题归咎于阶级对立的激化，而非工人的日益贫困。资本主义灭亡的时机终将成熟，无产阶

级终将取得政权，而草率的行动是不会让资本主义灭亡的。但他并没有完全解释清楚如何找准时机，以及如何夺取权力。它将是一场革命，但其形式很难预先判断。他相信，工人阶级在革命前的斗争时期准备得越充分，就越有可能和平地取得政权。这使得他一直宣称德国社民党是一个无须真正发动革命的革命政党。

原则上这没什么意义。一个准备花很长时间逐步取得政权的政党要做教育和组织工作，这和那种想用“一劳永逸的暴力行动”[5] 夺权的政党大不相同。然而在政治策略方面，这种思想却很有道理。作为党的首席理论家，考茨基偶然发现了一条遵循恩格斯思想的准则：将马克思主义教条与谨慎的政治实践相结合。它让革命者们能够保持自己的信仰和追求，但又不会给当局实施镇压的理由。很难说这不是一种成功。社会民主党在 1887 年德意志帝国议会选举中获得了 10% 的选票，到 1890 年得票数就翻了将近一番，1903 年时更是达到 30% 以上。想了解无产阶级的阶级意识成熟度，只要看看德国社民党不断提升的支持率就够了。[6] 286

罗莎

罗莎·卢森堡（Rosa Luxemburg）是一个修正主义的强烈批判者，但她同时对于将工人运动与政党完全关联起来的做法持谨慎态度。虽然出生于俄国统治下的波兰，但她在因为从事激进政治活动而陷入麻烦之后移居到了瑞士苏黎世。她在那里获得了博士学位，之后迁居德国，并很快以其鲜明而极端的政治观点赢得了声誉。她为俄国社民党和德国社民党建立起独特的联系并活跃于两党之间，但这同时也意味着两党都不会把她当成自己人。她形容自己“作为一个女人、一个犹太人和一个跛子，遭受着三重非难”。身为知识分子，她对资本主义在经济上注定失败的原因进行了复杂的论证，但是她的主要影响力还是源于其社会主义战略战术理论家的身份。她的文章生动活泼，因为她相信只有这样才能唤起读者的热情并给他们以启迪，而党报党刊上的语言让她失望：“文风老套、呆板、一成不变……就像一台发动机运转时发出的苍白无趣的噪音。”[7]

卢森堡的出发点是，工人将通过斗争和实践逐渐成长为社会主义者。政党的任务是帮助他们制订计划，但不需要自上而下地向他们灌输思想意识。她反对实行集中制的官僚主义政党。真正的策略创新不是政党领导人的组织发明，而是“已经爆发起来的运动本身的自发产物”。当革命运动风起云涌时，“社会民主党组织的主动性和自觉领导已经不重要了”。她注意到，恩格斯的《法兰西阶级斗争》导言中有些可能令人不安的暗指，其支持开展合法斗争，反对街垒战。但她坚持认为恩格斯论述的不是无产阶级在掌握国家政权时对待资本主义国家的态度问题，而是在资本主义国家框架内它的态度问题，他“对被统治的无产阶级而不是对胜利的无产阶级做了指示”。一旦时机成熟，无产阶级将会采取一切必要手段捍卫社会主义的未来。只有听信“布朗基主义”或政变蛊惑，才会发生提前夺权的危险。只要依靠“广大有阶级觉悟的人民群众”，就能准确把握夺取政权的时机，因为这明显只能是“资产阶级社会崩溃”的结果。很难相信无产阶级能够“通过一次胜利的打击来完成把社会从资本主义制度变成社会主义制度的巨大变革”。斗争将是长期的，而且无疑会遭遇挫折。让她百思不得其解的是，如果不对国家权

力发起攻击，斗争该如何进行，或者说如何确定胜利的标 287
准。[8]

她突然想到了群众罢工，觉得它是避免过早暴动的风险和议会改良主义陷阱的最佳方式。她的灵感并非来自德国，而是来自俄国。1905 年 1 月，一场自 1871 年巴黎公社革命以来发生在欧洲国家的最严重暴动在俄国拉开了帷幕。以俄国在战争中败给日本为背景，以枪杀前往冬宫向沙皇请愿的手无寸铁的工人为导火线，历时数年的经济和政治动乱蔓延至各条大街小巷。从工人委员会到工会，形形色色的组织大量涌现，衬托着局势的动荡，表达着各自的诉求。陆海军士兵纷纷哗变，农民争相夺取土地，工人则忙着筑起街垒。卢森堡回到华沙投身群众运动，并开始相信有效的革命手段是罢工。这是客观革命条件发生深刻的内在急速变化的自然表现，将孕育出政治正确的革命组织。阶级感情将会“像受到电击一样”被唤起。真正的、严肃的群众罢工时期一旦开始，所有的费用计算就都变成了“想用一只玻璃杯舀尽沧海这样的打算了”。[9]

群众罢工的想法并不新鲜，但也不是马克思主义者的专利。它的潜能已经在 1942 年的英国大罢工中得到见证，当时大约有 50 万名工人参与其中。这次罢工本来是为了回应经济困难时期削减工人工资的做法，但随后和宪章派的政治要求扯到了一起。可在当时，甚至宪章派的领袖们也说不清二者之间的联系；而且在英国，罢工像在欧洲其他地方一样，已经逐渐成了工会的事情，主要和经济要求相关。只有无政府主义者支持政治性罢工，它被巴枯宁吹捧为某种群众自发性的体现。仅仅因此一点，这种策略就遭到了马克思主义者的质疑。恩格斯曾在 1873 年嘲笑巴枯宁主义者的想法：

有朝一日，某个国家的或者甚至全世界的一切工业部门的全体工人都停止工作，这样最多经过一个月，就可以迫使有产阶级或者低头认罪，或者向工人进攻，那时工人就获得自卫的权利，乘机推翻整个旧社会。

在恩格斯看来，举行群众罢工必须要有“一个工人阶级的完善组织和充裕的储金”。在具备这些条件之前，工人们应该已
288 经通过其他手段得到了权力。而且，如果他们有了这样的组织和资金，“也就无须绕着总罢工的弯路去达到它的目的了”。[10]

所以，面对恩格斯的不同意见，卢森堡需要解释她的想法为何合理。她辩解说，1905 年的事件展现出了革命策略上的一些新东西，与无政府主义没有关系。但是，她所热爱的变革思想更多源于工人阶级对自身处境所做出的自然单纯的反应，而非出自政党的战略规划，这一点和巴枯宁差不多。也正因为这样，她在自己的论著中不遗余力地表达了对无政府主义的蔑视。尽管如此，她仍然不信任党内的官僚们，这一点，在她同那些犹如“执行委员”为罢工规定确切日期一样对待斗争策略的人，以及那些喜欢按“计划和框框”搞“秩序井然、纪律严整”的斗争的人进行论战时，表现得十分明显。1905 年的俄国革命“既谈不到事先的计划，也谈不到有组织的行动”。社会民主党的那些号召很难同“群众的自发奋起”合拍。说到这里，她还煞费苦心地辩称，这次革命并不完全是自发行动，而是受到了社会民主党多年宣传鼓动的影响。

她还反对德国工会之类的组织把罢工看成经济活动的一个单独门类。经济和政治密不可分，相互依赖。群众罢工的优点就在于，它把经济斗争和政治斗争结合在了一起。罢工可以从

经济诉求开始，然后在社会主义者的鼓动和政府的应对下变成某种更政治化的运动。更重要的是，它们有助于提高阶级觉悟：“在革命大起大落的波浪式发展中，最可珍贵的是它的精神成果，因为这是永存的：无产阶级在知识和文化上的飞跃发展，为它今后在经济和政治斗争中不可遏止的前进提供了坚实的保障。”她的目的是肯定德国群众罢工的作用，即它是无产阶级“采取每一项重大革命行动时第一个天然的、具有推动作用的形式”。资本与劳动的矛盾越是发展，群众罢工就越是有效。它们不会取代“残酷的街垒战”，因为在运动发展到最高潮时，群众武装必须迎战国家武力的进攻。只是街垒战将会仅仅成为“漫长的政治斗争时期的一个瞬间”。[11]

列昂·托洛茨基在他的回忆录中描述了自己1907年亲历的卢森堡和考茨基的一次邂逅。两人曾是密友，但在1905年以后就出现了思想上的分歧。托洛茨基形容卢森堡矮小、虚弱，却富于智慧和勇气，带有“紧张、准确、无情”的风格。相比之下，托洛茨基发现考茨基很“迷人”，但头脑“呆板、枯燥”，缺乏“随机应变的灵活性和心理感染力”。对他来说，只有改良才是现实的，而革命只是“模糊的历史远景”。他们一起去参加游行，并发生了尖锐的冲突：“考茨 289
基只想当旁观者，罗莎·卢森堡却想当参与者。”[12]到了1910年，由于卢森堡一如既往地倡导群众罢工，两人之间的矛盾公开爆发。

在上一部分中，我们曾着重提到军事史学家汉斯·德尔布吕克对歼灭战略和消耗战略所做的颇具影响力的区分，前一种战略要求以一场决定性战役全歼敌军，而后一种战略则利用一系列替代手段拖垮敌人。在政治上，为了方便理解，这两种战略也可以被分别称作颠覆战略和疲劳战略。1910 年，为了对付卢森堡，考茨基毫不含糊地搬用了德尔布吕克的著作。颠覆战略靠的是“迅速集中力量正面迎敌，以决定性的打击瓦解敌人，使其丧失反抗能力”，而疲劳战略是指

> 最高统帅开始时会避免决战；他的目的是采用所有机动迂回的战术令敌人疲于奔命，没有机会通过打胜仗来提升部队士气；他会努力通过接连不断的消耗和威胁拖垮敌人，持续减弱他们的抵抗能力并挫其斗志。[13]

考茨基极力主张采用疲劳战略。卢森堡热衷的群众罢工则志在颠覆政权。后者是轻率鲁莽的，因为它会招致政府的镇压和反社会主义法律的出台，而这些正是考茨基最希望避免的。如果群众罢工的号召发出之后应者寥寥怎么办？果真如此的话，在议会斗争中取得的所有成果都将付诸东流。

列宁

考茨基对颠覆战略和疲劳战略的区分，也得到了俄国社会民主工党布尔什维克派领导人弗拉基米尔·伊里奇·列宁（Vladimir Ilyich Lenin）的认可。列宁那时候正与信奉考茨基理论的孟什维克派就 1905 年革命的意义展开辩论。[14]考茨基与列宁后来出现了观点争执，但当时，考茨基还是欧洲社会主义的领袖，列宁对卢森堡的做法也有些个人的不同意见。

列宁对派系斗争的特殊嗜好反映了他的优先目标，那就是
290 建立起听从他领导的党组织。为此，1905 年革命一爆发，他就在伦敦召开的党代会上奋力争夺对党报的控制权。从他对所

有革命问题的分析方法可以看出，他早年养成了执着专一的做事习惯。在列宁的政治经历中，有两件事对他影响较大，一件是哥哥亚历山大因试图行刺沙皇而被处死刑，另一件是他自己因在大学期间参加示威活动而被开除学籍。1891 年，俄国发生可怕饥荒，而政府的不作为使形势不断恶化。此时，已经研究了两年马克思主义的列宁更加积极地参与到了政治活动中（和同时代的其他人一样），开始以一个忠于马克思理论的社会主义革命者自诩。接着，他也走上了一条俄国革命者常走的老路：坐牢，流放，遍访欧洲，参加革命者集会，尝试建立能够逃避警方审查的秘密组织，以及编辑一份革命报纸——《火星报》（*Iskra*）。

如果说列宁有个榜样的话，那他就是车尔尼雪夫斯基的小说《怎么办?》中的“新人”拉赫美托夫（Rakhmetov）。两人都过着苦行僧般的生活，不抽烟不喝酒，完全献身于革命事业，随时准备牺牲自己的一切。列宁还借用车尔尼雪夫斯基的小说标题来命名自己的第一部主要战略论著，此书于 1902 年 3 月出版，当时列宁 33 岁。他有意培养自己强硬、坚韧、有条理和不妥协的性格，为了理论和策略问题不惜与昔日同志反目，在进行论战时言辞激烈有如疾风暴雨。他对待不同意见毫不留情，而且从不承认错误。列宁在他自己的《怎么办?》一书中，充分表达了他通过理论研究和亲身实践得来的思想认识，希望这本书能够成为一份具有里程碑意义的政治声明。它把社会主义圈子里普遍接受的论点主张变成了冷酷无情的逻辑结论。即使那些谴责修正主义的人，也对列宁观点之犀利胆寒。

如果迅速革命意味着加快历史发展进程，那么俄国有大段历史需要一带而过。俄国物质发展水平落后，尚未告别封建时代。与此同时，它永远表现得民怨四起而又好战。列宁精力旺盛，很适合干革命。他的小册子解释了为什么用其他方法闹革命没有出路，而只有通过一个组织紧密、纪律严明的政党坚持不懈地按照他的方法去做，革命才能成功。

从《怎么办?》的很多内容来看，列宁的主要攻击目标是“经济主义”。经济主义者们嘲笑空谈理论的马克思主义者在工人脑袋里塞满不切实际的诉求，认为还不如集中精力提些实
291 际的建议，得到些实实在在的眼前利益。因为在俄国的高压环境下，经济诉求的风险远低于政治诉求，而政治诉求可以留给一直盼着民主革命的资产阶级提出。列宁讽刺这种观点是“尾巴主义”，是跟在无产阶级运动的屁股后面走，而不是领导它。他以德国社民党为例来证明有效的组织可以鼓舞工人，让他们相信自己每天的斗争都是为了实现社会主义。因为社会主义是最好的解释，所以不能让它的意义有丝毫弱化。“马克思主义哲学”是“由一整块钢铁铸成”的，绝不可以“去掉任何一个基本前提，任何一个重要部分，不然就会离开客观真理，落入资产阶级反动谬论的怀抱”。[15]

就像他的批评者所指出的，上述说法想当然地认为工人没有自己进行斗争的能力，必须由那些掌握社会主义理论的人做指导。“社会民主主义的意识，”列宁写道，“只能从外面灌输给工人，各国的历史都证明：工人阶级单靠自己本身的力量，只能形成工联主义的意识。”鉴于只有资本主义和社会主义两种政治意识，拒绝接受其中任何一个都意味着接受了另一个。但是，列宁似乎并不担心这个问题。他相信工人的天性，所以他并不认为职业革命家先锋队的努力可以代替工人阶级的努

力。他担心的主要是俄国社会主义的先天不足。它在政治上不够成熟，组织松散，无法赋予斗争必要的凝聚力和目标，无法引导斗争远离“资产阶级意识”。这些事情需要职业革命家来做。原则上，他并不排斥民主主义政党，但在实践中，革命者们难免行动诡秘，否则将难以生存。列宁的一个亲密伙伴后来就被发现原来是个警察。

所有这些在欧洲主流马克思主义者中并没有引起什么特别的争议，只是他对资本主义意识和社会主义意识的尖锐划分引出了奇怪的结论，即纯粹的工人阶级运动几乎注定会变成资产阶级运动，除非由出身资产阶级、精通理论的职业革命家来领导运动。列宁也不希望由知识分子来领导运动，认为这个群体太喜欢空想、太利己，而且对他所看重的党的纪律无动于衷。真正重要的是政党本身，它应扎根于无产阶级，得到他们的支持，但也必须为整个运动制定目标和相应的策略。无政府主义者曾警告称，政党本身将变成一种目的。但马克思主义者坚持
认为，任何一个至高无上的角色都只会在革命进程迫切需要时 292
发挥暂时的作用，而不会为领导人的私利服务。

列宁坚称政党仅仅是实现目标的工具，然而他却以一种非常独特的方式对组织和领导权问题给予了太多的关注。党内民主赋予了每个人说话的权利，无论他们是不是真心献身事业，但是革命若想成功，党就不能允许其成员围绕着党内民主的形式和理论上的细枝末节争论不休，这是一种奢望，是革命政党无法承受之重。基本的政治工作需要组织，而面对警察的监视和领导人四处流亡的现实，这种工作不免会表现出偷偷摸摸的一面。此外，在同样的政治环境下还有许多其他积极有效的替代办法可供选择。当时的俄国社会民主工党处于一种脆弱的状

态，因此列宁的想法雄心勃勃，他期盼着能有一个理论正确、行动坚决的政党来发挥果断的领导力。

列宁的组织能力和旺盛干劲首先被用在了对付党内批评者上，而不是他想要推翻的制度上。1903 年 7 月，俄国社会民主工党在布鲁塞尔召开了第二次代表大会，列宁领导的党报《火星报》编辑部及相关人员参加了会议。党在这次会上俨然分成了两派力量，尽管两派直到 1905 年的另一次党代会上才正式决裂。以列宁为首的布尔什维克派（多数派）和孟什维克派（少数派）之间的论战占满了报纸版面。论战源起于有人指称列宁坚持要在党内设立一个大权独揽的中央委员会，接着又涉及党员资格问题，即党是应该只接纳那些全身心致力于党的事业、随时准备为党工作的人，还是应该同时向那些只愿意提供一点帮助的人敞开大门。一种途径是把党变成一个精英集团；另一种途径则是把党发展成为一个群众性政党，对党内领导权实行民主管理。除此之外，两派在党的策略问题上也存在很大分歧。孟什维克派倾向于和自由派联合，采用议会手段展开斗争。而列宁不太愿意依靠议会斗争，认为农民才是天然的同盟军。

在所有这些激进的团体之间，不同意见常常会自然而然地升级为对原则和理论核心问题的争执。而列宁的态度使论战的气氛更趋紧张。孟什维克派不仅令人奇怪地接受了一个自贬身份的名字（少数派），而且也不是特别善于妥协，这在很大程度上源于其内部分歧。他们的领导层不团结，纪律也很涣散。列宁则是个极具影响力的人，他从不做好好先生，对政治骑墙派和妥协派缺乏耐心。他宁可控制一个小集团，也不愿在一个
293 大集团里和人分享权力。他曾回忆起自己在党代会上同某位党员的争论，当时那人哀叹：“这是多么残酷的斗争，这是怎样

在鼓动互相反对，这是多么激烈的论战，这是怎样的非同志态度啊！”列宁却反驳说，这是件好事：

> 公开地、自由地进行斗争。各种意见都发表出来。各种色彩都暴露出来。各种集团都显现出来。手举过了。决议通过了。阶段渡过了。前进吧！这是多么好啊。这才是生活呢。这才不是无休无止的讨厌的知识分子的无谓口角，人们结束这种无谓口角并不是因为他们已经解决了问题，而只是因为他们说得疲倦了。[16]

他非但没有感觉到分裂给党内带来的压抑气氛，反而乐见此事，哪怕这会造成老同事之间的失和。列宁的批评者指责他是布朗基主义者，想通过政变夺权。列宁对此予以否认。群众当然不容忽视，但他们需要引导。革命注定是件专制的事情，需要一种带有“雅各宾心态”的强制性独裁。

罗莎·卢森堡对于列宁的这些组织设想感到震惊，这无疑和德国社民党内的官僚作风给她留下的印象有关。她认为这些设想会强化保守主义的力量，破坏创造力，剥夺党（以及更广泛的运动）的各级组织发挥革命主动性的能力。列宁所主张的“极端集中主义”“充满了毫无生气的看守精神”。它的全部实质是控制，“是束缚而不是联合整个运动”。然而，俄国社民党正处于“推翻专制制度的伟大革命斗争的前夕”。在这样的时代，把党“用铁丝网圈起来，会使它不能胜利完成当前的伟大任务”。她认为，眼下的问题是“如何建立巨大的无产阶级党组织的问题，不能预先要求这个方案完美无缺，无论如何都必须经过实际生活的烈火的考验”。

进一步，退两步

1905 年发生的诸般事件或许可以证明卢森堡的正确性。尽管一败涂地，她仍满怀着对未来的憧憬，酝酿着宏伟的战略计划。不过，这对于列宁来说只是艰难岁月的开始。就在 1905 年革命开始时，俄国社民党的内斗延烧到了当年 2 月召开的另一次代表大会上。这一次，孟什维克派因为党内元老级政治家普列汉诺夫（Plekhanov）背弃了列宁，而占得上风。列宁评价这次代表大会的论著题为《进一步，退两步》（*One Step Forward*，*Two Steps Back*），表达了他面对挫折时的沮丧心
294 情。党内反对派被他骂成是机会主义者。现在，这些已经接管了《火星报》的人开始发起反击，痛斥列宁的偏执作风和精英集权主义思想。两派都自称代表无产阶级的利益。对于孟什维克派来说，这意味着支持工人运动发展；对于布尔什维克派来说，这意味着确保真正的无产阶级思想享有至高无上的地位，不管现实中工人究竟信仰什么。

当流亡中的党领袖们发生分裂并争论不休时，他们无法左右的真正的革命形势似乎正在国内酝酿发展。他们对国内事态的影响微乎其微，当时国内形形色色的政治势力，包括自由派团体和对现状不满的下级军官组织等，都想结束沙皇统治。最引人注目的是，圣彼得堡和莫斯科出现的地方工人委员会，即苏维埃。布尔什维克对它们充满猜疑，但又不得不有所迁就。它们的明显局限性验证了列宁对组织不力的后果的担忧。在当局取缔苏维埃后，莫斯科发生了孤注一掷的起义，缺少武装的革命者遭到了政府军的屠杀。

当时是 11 月，列宁很快就能趁着大赦从日内瓦安全地返

回俄国。此时，革命已经发展到最高潮。随着10月一场全俄大罢工开始，沙皇许诺进行宪法改革以帮助缓解眼前的危机，接着当局便对革命者进行迫害。社会主义者似乎已走投无路，他们内部出现了争论，不知这狭窄的政治空间里何处是自己的容身之地，又该如何容身。

这次经历显然让列宁感到不安。只要人民大众仍然同情广泛的政治运动，就没有必要改变策略，使用恐怖和暴力手段。一旦运动失败，他也变得好战起来，要求采取更直接的行动。就像1849年后的恩格斯，列宁在1905年后认定，他必须研究军事战略。“历史上的伟大斗争只有依靠武力才能取得成功，而在现代斗争中，武装组织就是军事组织。”[17]他很想看到身上带着“左轮手枪、刀子、用来放火的浸满煤油的布条”的武装民兵构筑街垒。他抱怨同志们做事拖沓，说了半年之内要造炸弹，可最后一枚也没造出来。这似乎更多地体现出了他的失意沮丧，而不是成竹在胸。他玩弄恐怖分子的伎俩，包括没收银行储金。这种为了行动而行动的做法巩固了列宁的强硬派形象，但也让他显得鲁莽轻率。

战争与革命 295

第一次世界大战前夕，欧洲的各路社会党普遍对未来充满信心。特别是在法国和德国，这些政党已经成为令人生畏的选举力量。它们的共同家园是第二国际（Second International）。第二国际是1889年为纪念法国大革命100周年而成立的，为了避免重蹈第一国际的覆辙，还杜绝了无政府主义者的加入。在这里，意识形态的争论依旧激烈，但各派之间总体上是友好的（这就是为什么列宁的行为在大家眼中如此古怪）。修正主义和群众罢工问题虽然引发了意见分歧，但很少会让同志之间彻底闹翻。但有一个问题可能比意识形态更容易造成不和，那就是战争。战争涉及民族主义，原则上会破坏阶级团结。

虽然马克思主义者算不上和平主义者，但他们向来被认为是反对军国主义和反对战争的，因为战争对工人阶级没有任何帮助。他们清醒地意识到了当时大国关系的紧张及其可能转变为一场重大冲突的危险。关于社会主义者应如何阻止这样一场灾难的发生，包括是否应该为此举行罢工和示威，他们曾展开严肃而热烈的讨论，但没有讨论出什么结果。这部分是因为无论某些国家表现得多么好战，他们都不相信如此可怕的事情会成为现实；同时也因为和平行动会被简单地视为不爱国的表现，从而为当局镇压提供口实并失去民众支持。唯一的共识是，工人应该阻止战争的爆发；但一旦开战，就应促使其速战速决。在这个问题上，卢森堡和列宁双双表达了类似的不同意见。他们认为，如果战争来临，就应该利用它加速革命进程。

当危机在 1914 年 7 月间愈演愈烈时，主流社会主义政党仍缺乏应有的紧迫感。他们没有意识到这次危机比以往更严重。第二国际也不一定能起什么作用。社会主义者的战争观向来源于帝国主义理论和“经济竞争催生领土占有欲的固有观念”。他们没有想到战争会打着自卫的旗号而得到民众拥护。为了维护团结，第二国际通过的正式立场文件强调了和平时期出现黩武主义的危险性，但同时认为战争威胁离欧洲还很遥远，不必急着揭开“它自己身上潜在的民族主义裂痕”。就这样，他们对突如其来的战争毫无准备。[18]第二国际就此瓦解。各党也因其党员高涨的爱国热情，纷纷倒向了本国政府一边。

296 列宁看到了战争给沙皇政府带来的危机，他从一开始就认为俄国战败将是最好的结果。事实证明了他的预见。1917 年 2 月，君主统治在面包暴动、罢工和街头示威的浪潮中轰然崩塌，沙皇尼古拉二世（Nicholas II）逊位。此时，布尔什维克派因其领导人流亡在外，无法从危机中获得好处。那些身在俄国的布尔什维克成员最初支持自由立宪派组建政府。列宁 4 月从流亡地瑞士回国后，立即号召发起世界范围内的社会主义革命，同时明确表示不支持新政府。此举风险很大：他的党受到了孤立。但这也意味着它不用对国内的恶劣形势负任何责任。与此同时，临时政府也在垂死挣扎，内部出现分化，不得不把各项棘手问题推迟到举行立宪会议选举时解决。随着战争的继续，经济状况愈加恶化。由于被指称为德国间谍，列宁逃到了芬兰。

尽管列宁反复强调党应该是一支由精英组成的先锋队，但在当时的狂热气氛中，布尔什维克已经渐渐变成了一个群众性政党，并不是所有党员都懂得科学社会主义理论。列宁虽是党的领袖，但只代表了党内最极端的一部分人，其他人总想着对政府做出让步。列宁的成功并不是精心组织或重视思想纯洁性的结果，而是在于他对形势发展的无与伦比的把握能力。他了解人民的悲惨处境，深知他们对于现有制度比所有政治党派都更失望。现在这个时候需要的不是向少数人灌输大堆思想的宣传家，而是向广大人民传播有限思想的鼓动家。他提出“和平、土地和面包”的口号，领导布尔什维克发动群众运动，以坚决反对战争的态度树立起自己的鲜明形象。随着新的军事攻势不断带来新的灾难，布尔什维克的声誉也在不断提升。然而，一场误判了形势的夏季暴动几乎断送了一切。当局的镇压行动差点瓦解布尔什维克的领导层，好在他们幸免于难。到了

8 月，临时政府终于失去了民众的支持。

在这种形势之下，布尔什维克是该拥护成立一个基础广泛的联合政府，还是该冒着内战风险奋起革命呢？9 月，列宁得出结论认为，国家已经严重两极分化，将来不是左派专政就是右派专政，别无其他出路。10 月，列宁从芬兰回国，提出了“一切权力归苏维埃！”的新口号。这意味着政府的权力将被剥夺。他获得了布尔什维克中央委员会对武装起义的支持。原来的对手列昂·托洛茨基此时也成了他的亲密盟友，两人同心协力，准备利用彼得格勒苏维埃军事革命委员会夺取政权。忠
297 于苏维埃的部队开始攻占各主要建筑物。无论是自由派还是军方，抑或右派，谁都不愿为了临时政府进行抵抗。[19]

列宁之所以能在 1917 年赢得胜利，是因为他坚持到了最后。本来有好几次他都险些被处死或下狱，也可以考虑像其他人一样投靠临时政府，遭人唾骂。以前他所受的孤立曾害得他为潮流所不容，而现在这反倒成了他的最大优势。当他麾下的队伍自下而上发展壮大之后，他就不需要自上而下的同盟了。

布尔什维克革命永远地改变了左派阵营的战略语言。左派的语言一向生动有力，而且往往带着辱骂腔调，但在 1914 年以前，它还有包罗万象、不停变化和敏于时势的一面。在战前的第二国际历次会议上，各派社会主义者之间充满着交流和争论。但随着列宁的成功，言论气氛渐趋刻板僵化。运动的中心从柏林转移到了莫斯科。善于从政治效果角度评判各种思想和观点的列宁，现在可以主宰对马克思主义的解释了。在撰写于 1917 年、发表于 1918 年的小册子《国家与革命》（*State and Revolution*）中，列宁坚持马克思的极端和不妥协观点，借助其解释了俄国为什么能够绕过资产阶级革命，快速通向共产主

义。这本小册子的很多内容都是在全力抨击考茨基。之前，甚至列宁都承认考茨基是马克思和恩格斯思想的最权威的解释者，但现在却永远给他贴上了“叛徒”的标签。

如果列宁的革命努力失败，这本小册子就会被长久遗忘。但列宁是一个即将取得革命胜利的人，是他所在阵营里第一个取得成功的职业革命家，作为他的思想体现，这本册子获得了权威地位。列宁和他的接班人约瑟夫·斯大林注定会成为一场严格遵循正统理论的运动的导师，持不同意见的人将被逐出集体或遭到更严重的惩罚。官方立场不仅仅是更高明的观点，还是“正确的”和科学的观点。不正确的人也不只是做错事的人，他还是阶级叛徒。

列宁 1919 年创立的新的第三国际坚持认为，共产党应该集中权力，准备发动暴力革命，然后实行专政。它们同现有的社会党划清界限，不断强调着二者在共同价值观和目标之外的差异。此时的列宁和托洛茨基坚信自己是革命洪流中的先驱，期待着其他国家的革命者能以他们为榜样。在战后的躁动气氛下，这种期待不算过分，而且 1919 年发生的一系列未遂革命也取得了些许进展。但最终，除了苏联的诞生，这简直就是一段堪比 1848 年革命的挫折期。德国的情况尤其如此。随着
1918 年 11 月的突然战败，德意志帝国垮台，社会民主党主导 298
组建了新政府。此前已经因为社民党支持战争而与其决裂的激进派别“斯巴达克同盟”（Spartacist League）想当然地认为，革命时刻已经来临。于是在卡尔·李卜克内西和行事谨慎的罗莎·卢森堡的领导下，该组织号召在 1919 年元旦发动起义。但这次起义成了一场灾难，不久两人便遭右翼分子杀害。巴伐利亚的进展稍强些，曾短暂地出现过一个苏维埃共和国，但很

快就被镇压了。在匈牙利，共产党也曾一度夺权，但这个政权治理无方，很快就因为经济恶化和国际孤立而倒台。意大利的形势颇为鼓舞人心，都灵的工人尤其活跃，不过政府完全有能力对付他们。

正当所有这些革命运动方兴未艾之时，布尔什维克却打起了内战，无法向他们的欧洲同志伸出援手。他们所得到的最接近于输出革命的机会，就是与波兰的冲突，但以失败告终，因为波兰的工人和农民将民族利益看得比阶级团结更重。后来，莫斯科又试图在1921年和1923年重新点燃德国的革命之火，末了却以可笑的失败收场。

遭到孤立和包围的布尔什维克竭尽全力地应付着内战、外部干涉和饥荒。所有这些困境使他们确信，必须牢牢抓住权力杠杆。斯大林在想方设法成为列宁的接班人后，对权柄抓得更紧了。为了巩固自己的地位，他对党的组织严加控制，利用摆样子的审判和大规模清洗除掉了所有潜在的异己。列宁的亲密副手列昂·托洛茨基被迫流亡国外。作为一位可以和最强对手进行舌战的极富口才的知识分子，托洛茨基的资历难以小觑，他坚持不懈地挑战莫斯科的路线，特别是在斯大林主义的种种伎俩越来越为人们所认清和鄙视的时候，直到1940年他在墨西哥被斯大林的一名特工暗杀。

虽然托洛茨基谴责斯大林的恶劣行径，但他无权质疑强大的无产阶级专政，况且他也没想这么做。他也曾参与革命早期的种种暴行，所以不会承认最初的苏维埃理念存在错误。他坚持认为，苏联虽然毁于其领导者之手，但仍旧是一个工人阶级的国家，完全可以从暂时折磨它的官僚主义逆流中重获新生。斯大林把一切罪过都推给托洛茨基的偏执做法，也造就了托洛茨基的极端自我主义。他总是把自己幻想成一个现实存在的苏联“左翼反对派”和一场注定要完成历史使命的国际运动的领袖。比起斯大林的浮夸之作，他的作品无疑更具现代风格。但他过于教条，很容易因为思想上的偏差和他的支持者们发生争吵。左派理论之所以变得枯燥无味、经不起推敲、完全沦为 299
1917 年革命的遗产，他本人是有责任的。

与此同时，苏联以外的左翼政治运动充斥着你死我活的派系斗争，它们在能力和资源之间、政治形态和民主理想之间的差距日显突出。莫斯科要求各主流共产党把支持其反对国内外敌人作为当务之急。于是，与苏联的最新对外政策保持一致、拒绝给予反党势力任何援助成了各党工作的重中之重，地方上的形势和问题统统被弃置一旁，哪怕这在实践中会让资产阶级活得更舒服。这种单调的政治气氛把理想主义者变成了党的工具，迫使知识分子陷入了痛苦的选择，不知是该忠于工人阶级运动还是忠于自己的良心。从此，作为战略创新之源的欧洲马克思主义再也没能恢复生机。

二十一　官僚、民主人士和精英

300 我这样回答后，转过身，对那些嘲笑我的城市
的人，我回敬以嘲笑，我说：
来呀，给我看别的城市，也这样昂起头，骄傲地
歌唱，也这样活泼、粗犷、强壮、机灵。
他把工作堆起来时，抛出带磁性的咒骂，在那些
矮小软弱的城市中，他是个高大拳击手。
——卡尔·桑德堡，《芝加哥》

十九世纪的最后几十年中，至少在欧洲，任何社会学学者都不可避免地研究过马克思这个社会学领域最有分量、最具煽动性的人物。然而无论人们对他的结论持什么样的怀疑态度，更不用提那些打着他名义的革命鼓动，马克思还是凭借掷地有声、包罗万象的分析吸引了人们的注意。因为马克思，社会学作为一门独立学科发展起来。它的奠基者之一爱米尔·涂尔干（Émile Durkheim）曾计划研究马克思，但此事从未兑现。他的研究动机既有学术上的，也有政治上的。据他的同事马塞尔·莫斯（Marcel Mauss）[①] 说，涂尔干曾着手对马克思之前的社会主义“从纯科学的视角，作为学者应该不带成见、不

① 法国人类学家、社会学家、民族学家，涂尔干的学术继承人。

加偏袒、冷静看待的事实”进行研究。[1]

在反驳马克思观点的同时，社会学还充当着“资产阶级 301
知识分子的一般社会意识”和“重塑自由主义意识形态”的一个来源。[2] 自由主义缺少一种起支配作用的理论来源，包含着很多不同的分支。尽管如此，它仍有个清晰的政治规划，那就是想办法避免导致分裂的阶级斗争，为开明国家的改革计划提供一个可靠的理论依据。特别是对已经不相信放纵的资本家和腐败堕落、玩弄权术的党魁们能拿出高明政策的那些美国人来说，科学研究为实现真正的进步提供了可能。

在马克思的理论纲要中，权力和利益问题是核心。而一种更注重实证主义的科学则让人联想到了某种非政治、无偏见和不带感情的东西，似乎它研究的是自然现象。可是那么多的事物都在政治上利害攸关，对它们的研究真的能只重证据而不在乎有权有势者和那些质疑它们的人的影响吗？实际上，主流社会科学并非不谙政治。一些持保守观点的人用现有社会结构的适应力，以及即使在民主乐观情绪下仍然根深蒂固的等级制度，来证明政治因素的无处不在。但总的来说，从事实际研究的人把自己视为进步力量，认为自己在人类事务中代表了理性主张，反对任何编造出来的观点和盲目的信仰。一个马克思主义者可以毫不费力地从这番话中听出统治集团的思想意识，断言这都是为了满足资产阶级的利益。检验这种思想意识的优劣，要看它能否对经济和社会变革做一个有说服力的解释，以及能否在这一变革进程中为有目的的行动提供指南。

马克斯·韦伯

马克斯·韦伯（Max Weber）对社会科学的问题和潜力均

进行了举例说明。他生于 1864 年，父亲是个二流自由派政客，父子俩关系疏远。韦伯于 1920 年死于肺炎，之后其声望和影响力大涨，一个重要原因就是（像克劳塞维茨一样）他忠诚的遗孀对他的文稿进行了精心整理，使它们在丈夫死后得以出版发行。在她发表于第二次世界大战结束后的传记中，韦伯是个温和的自由主义者，代表了纳粹统治下的德国最美好的东西。他的观点（连同他的个人生活）在今天的人们看来相当复杂，这其中当然有自由主义的一面（他一直都乐于为争取个人表达意见的权利大声疾呼），但同时也有帝国主义和致力于建设强大德国的一面。[3]

302 他也许算不上一个战略理论家，但影响力却是非常巨大的。首先，他寻求证明一种价值中立的社会科学的存在。其次，在他最知名的著作《新教伦理与资本主义精神》（*The Protestant Ethic and the Spirit of Capitalism*）中，他提出了不同于马克思的观点，论证了文化因素在资本主义发展中的作用。再次，他把自己变成了一个官僚体制悲观论者，指出科学的理性主义已经渗入生活的方方面面。又次，他提出一种政治观，认为政治是一出恒久戏剧的一部分。最后，由此观点引出一种描述战略选择的方式，它要求像渴望理想那样关注结果。

《新教伦理与资本主义精神》之所以声望卓著，是因为韦伯在其中对渐进的“西方文化理性主义”表达了结论性的失望，后者颂扬惯例常规，以及那些可靠的、可测的和有用的事物，并由此认为自然应服从科学，社会应服从官僚政治。组织机构的日益复杂化、知识的专业化以及对专业人员的需求，都促成了官僚制度的崛起。他在结论中警告，一个承载着只具有技术性价值的理性化文官政府的“铁笼”即将出现，它将会被视为

“终极和单一价值，一个应该决定所有事务的组织”。那些待在笼子里的人都是“没有灵魂的专家和没有心灵的感觉主义者”。官僚机构冷漠无情、麻木不仁，雇用的都是些鼠目寸光的顺从者，他们虽称职却缺乏创造力，没有任何更深层次的追求。

官僚主义在韦伯的世界观中和资本主义在马克思的世界观中一样，二者扮演着相同的角色。韦伯认识到了官僚主义不断增强的力量及其不可抗拒性，因为他也在自己的作品中寻求成为一个专业且称职的技术人员，但他无法为此感到高兴。马克思相信历史终会葬送资本主义，而韦伯对于官僚主义则不抱类似希望。科学让人们在失去盲目的宗教信仰之后幡然醒悟，却无法生出新的吸引力。韦伯珍视自由和开放，但在原则上又无法反对法律的准则、健全的政府和尽责的官员。生活可能会失去深层意义、流于尘世俗务，但至少整个系统是运转正常的。官僚主义“从形式上看，是对人类实行必要控制的已知最为理性的手段。它在精确性、稳定性、纪律的严密性以及可靠性上优于其他任何治理形式”。[4] 同样，政治是个永恒的现象，不可避免又令人烦恼，因为除此之外没有什么恒久不变的东西，无论是和平、正义，还是救赎。政治是一种权力和不断的斗争。权力是面对阻力时仍能贯彻自己意志的能力，表明了某种由暴力控制的东西或使用暴力的可能性。因此，政治是和国家 303
联系在一起的。政客们必须说服别人追随他们，但这在习俗和宗教面前就不管用了，官僚制度本身不可能是价值观的来源。这就产生了合法性的问题，也是韦伯从接受度而非固有价值的角度提出的一个检验标准。[5] 对于韦伯来说，政治信仰的本质是一个核心谜题，尽管他更倾向于从信仰的类型上而不是实质内容上解答它。

在第一次世界大战期间和战争刚刚结束之后，韦伯应“自由青年学生”组织的邀请在慕尼黑发表过两次演讲。第一次在 1917 年 11 月，探讨的主题是“以学术为业”（Science as a Vocation）；第二次在 1919 年 1 月，主题是“以政治为业”（Politics as a Vocation）。两次演讲如今已被认为是社会科学发展史上具有里程碑意义的事件。韦伯亲身从事了这两种职业（或者说是行业），但最成功的还是学术事业。他所面临的挑战之一在于，弄清楚一个人能为其他人做些什么。必须将科学的客观性和政治中的党派偏见区分开。他坚持认为，教授不应要求“拥有政治家或改革家的权杖”。这就得出了一个重要结论：一旦价值被排除在外，社会科学本身是无法制造出一个政治理论的。虽然韦伯坚定地秉持着自己的观点，但他并没有说这些观点是建立在科学基础之上。[6] 到了战争末期，这种一边死抱自己观点、一边又拒不承认它们有科学依据的个性特点明显地表现出来。据他 1919 年演讲的一位听众形容，“这个面容憔悴、蓄着胡须的男人看起来既像一位被幻想中的灾难折磨着的预言家，又像一位即将奔赴战场的中世纪武士”。[7]

出于不同的原因，他并没能让学术和政治这两种职业具有什么特别的吸引力。社会科学结合了高度自律的职业道德和禁欲主义的自我否定，尤其令人生畏。[8] 韦伯也强调社会科学在实践中存在困难、需要专家的意见，所以他采用了往往不易理解的概念性表述。虽然韦伯对事实（或价值）区分的强调证明了以学术为业的重要性，但他探讨的并不仅限于科学知识作为一种政治价值来源的局限性，还延伸到了如何“运用它阐明事实和价值在世界上的存在，从而帮助选择应该采用的价值追求手段”。[9] 这样，学术就可以通过确定达到目的所必需的手段来服务于战略。之后，当遇到合适手段的时候，你可能会发现它们正是“你相信你必须予以拒绝的。面对这种情况，你必须在目的和不可避免的手段之间做出选择。目的能否‘证明’手段合理”？科学并非战略的来源，因为目的必须由其所 304
属范畴之外的价值来确定，但科学可以通过解释某些手段为何有效或某些目的为何无法实现，从而体现出巨大的战略价值。选择可以按照“利多害少”的原则来进行。科学和价值之间的相互作用实际上是手段和目的之间的相互作用，这种相互作用指的不是必要的和谐，而是持续的冲突。韦伯提出，“在无数的情况下，获得‘善的’结果是和一个人付出代价的决心联系在一起的——他为此不得不采用道德上令人怀疑的或至少是有风险的手段，还要面对可能出现，甚至是极可能出现的罪恶的副效应”。[10]这些难题今天看起来或许很普通，但之前从没有人能够如此清晰地把它们表述出来，而且坚信没有任何政治制度能够最终对它们给予解答。

这个主题在韦伯的第二次演讲中提了出来。当时的背景更为黯淡。战争已经结束，但德国仍没能摆脱前一年 11 月向协约国军队投降带来的厄运，国内革命和反革命活动此起彼伏。韦伯的个人职业无疑是科学家，这也是他一生中最有建树的领域，但他在政治方面的才能却乏善可陈。战争期间，他曾担心德国的战争目标过于野心勃勃和咄咄逼人，而且为他的祖国同美国开战而发愁。当战争史学家汉斯·德尔布吕克发起请愿活动，对抗由更极端的学术界民族主义者发起的另一个请愿活动时，他也在请愿书上签了名。1918 年，他从他担任客座教授的维也纳返回德国，似乎准备充当重要的政治角色，但此事没能实现。他加入了一个新宪法的起草委员会，并参与了新的中间派政党德国民主党的组建，但在其领导层中没有得到什么高级职位。一位传记作家发现，韦伯的政治领悟力并不总是那么出色，而且“他还有一种令人讨厌的倾向，就是常常陷入多余而无谓的争论之中，这绝不是一个天生政治家应有的表现”。[11]作为一个积极致力于新党事务的活动家，他却总是在演讲中对左派和右派各打五十大板，而当时正需要党派间结成联盟，他的这种倾向表明他生来就不是个联盟缔造者。到了1920年，他认识到自己已经不可能有什么作为，于是退出了党的领导层，并表示：“政治家应该且必须学会妥协。而我的职业是个学者……学者不需要做出妥协或是掩饰自己的愚蠢。”[12]政治这一行不适合他。

但在感情上，他仍然执迷于建设一个强大德国的想法，敌视和平主义，对于突如其来的革命行动大动肝火，尽管他的不
305 少朋友也参与其中。[13]他害怕国家会因为解除武装而力量尽失，同时也为革命者煽动的骚乱深感不安。他在慕尼黑发表演讲时，“斯巴达克同盟”领导人卢森堡和李卜克内西刚刚遇害不久。他虽谴责了这起暴行，但同时也表现出对两位革命理论家的恼怒（“李卜克内西适合待在疯人院，而罗莎·卢森堡适合待在动物园”）。他同意发表这次演讲，仅仅是因为担心如果自己不来，讲台会被卡尔·艾斯纳（Karl Eisner）① 占据。艾斯纳是巴伐利亚共和政府的激进领导人，韦伯认为这个临时政府难成气候。

这是一个政治生活明显陷于困境的时期。战争的失败和时断时续的革命，说明了目的和手段会有多么不匹配。这使得韦

---

① 似乎应为库尔特·艾斯纳（Kurt Eisner）。

伯提出了一种分析，它直指战略思考中紧张关系的核心，那就是无论目标多么崇高，如果无法实现就是毫无意义的。他继续强调，分析手段时要参照它们带来的后果。

韦伯以习惯性地婉拒“就一些当前的现实问题表明立场”开始了他的演讲。接着，他对政治和国家下了有说服力的定义。政治大概指的是“一个政治团体也就是今天的国家的领导权，或该领导权的影响力”。国家不能根据它的目的来定义，因为存在多种可能性，给国家下定义必须根据它的手段，“即暴力的使用”。他并没有说暴力是国家的常规手段或唯一手段，然而暴力却是国家特有的手段。所以，国家是这样“一个人类团体，它在一定疆域之内（成功地）宣布了对正当使用暴力的垄断权”。只有国家可以使暴力合法化。一旦这种垄断权受到威胁（当时威胁既来自外部也来自内部），国家就会陷入困境。

国家权威大体有三种来源：传统、法治和超凡魅力。由于传统型权威已不复存在，法治型权威又作用有限，韦伯把目光投向了魅力型权威。他所谓的超凡魅力指的是某种特定的政治领袖素质，是凭借神圣不可侵犯的气质、英雄主义精神以及典范性人格获取权威的能力。超凡魅力是一种将领导者区别于普通文官的政治素质。政治家应该时刻准备“采取立场，充满激情”，而普通文官则应“忠实地执行上司的命令，就像完全符合他本人的信念那样”。问题在于权力应该如何正确行使：“一个人，如果他获得允许，把手放在历史的舵盘上，他必须成为什么样的人呢?”

人们必须在基于信念（终极目标）的伦理和基于责任的
伦理之间，在根据基本原则（即使对事业有害）行事和根据 306

可能的结果行事之间做出选择。韦伯在演讲中对那些拒绝在原则上让步、“沉浸在我们用‘革命’这一高傲的名称来修饰的这场狂欢节中的知识分子”发出质疑，抨击他们“缺乏任何客观责任意识”的空洞无物的浪漫主义。不计后果的做法会让恶人有机可乘。韦伯嘲笑了那些在行动上帮了反动和压迫势力的忙却指责别人的革命者。如果纯洁的动机造成了糟糕的后果，那么光有这样的动机就是不够的。

德国当时有人打算“用武力在地球上建立绝对正义”，其中有些可能就是聆听韦伯演讲的学生，他们应该想一想这将意味着什么？他们能保证追随者和自己想的一样吗？他们的做法真的可能跟仇恨心理、报复欲、怨愤之情和“对一种貌似道德的自命正确的要求”，或是对“冒险、胜利、战利品、权力和俸禄”的渴望无关吗？这样的追随者能获得足够的回报和动力吗？这样做会不会和领导者最初的动机和目的发生抵触呢？“情绪高昂的革命精神”不会因此而最终（也许很快）变成“因袭成规的日常琐务”吗？如果革命者真的认为问题源于这个愚蠢和粗俗的世界，那么他们认为自己该如何铲除它呢？韦伯质疑“山上宝训”（Sermon on the Mount）① 的和平主义思想。他坚持认为，政治家应持相反的观点，因为不反抗就要“为恶势力获胜负责”。

于是韦伯为责任伦理大加辩护，指出责任伦理从一开始就看清了人性的弱点，并且根据可能的后果来评判行动。然而，他又担心政治单纯重视即时效应，因为这会使政治变得毫无意

① 亦作登山宝训，指《圣经·马太福音》第五章到第七章里，耶稣基督在山上所说的话。山上宝训中最著名的是“八种福气”，被认为是基督教徒言行的准则。

义。他的理想是将信念伦理和责任伦理结合在一起，构成“一个真正的人——一个能够担当‘政治使命’的人”。他要寻找的是一个具有超凡魅力的人、一个英雄，同时也是一个领袖，“即使这个世界在他看来愚陋不堪，根本不值得为之献身，他仍能无悔无怨”。但韦伯并不乐观：“不管是哪一伙人先在表面上获胜，我们的前面都不是夏日将临，而是冰冷难熬的极地寒夜。”他强调，政治需要“激情和眼光”，因为“可能之事皆不可得，除非你执着地寻觅这个世界上的不可能之事”。[14]

相比基于纯洁动机的行动，韦伯更相信考虑后果的行动，这反映出他对于人的后果评估能力以及有助于此类评估的科学研究的作用抱有信心。社会行为可能一直是种赌博，但是只要
对可选行为的预期做出合理设想，就有可能减少不利因素。没 307
有这个信心，怎么来评判一个拟议的行动方案相对于其他方案的优劣呢？

托尔斯泰

如果韦伯脑子里有一个终极目标伦理的代表人物的话，他就是列夫·托尔斯泰伯爵。这位作家解答了困扰他的关于科学、官僚制度和现代主义的所有问题，但视角与他人截然不同。韦伯甚至一度考虑写一本关于托尔斯泰这个与他同时代的最伟大思想家的专著。韦伯承认，“不说别的”，托尔斯泰至少在既反对战争又反对革命这点上是始终如一的，但也正因如此，他不仅与战争难以相容，而且对这个世界和文化带来的好处也大加排斥。[15]韦伯在“以学术为业”的演讲中专门论述了托尔斯泰的反理性和反科学观点，这证明他对托尔斯泰进行了

潜心研究。在“以政治为业”的演讲中，当韦伯嘲讽仁爱伦理关于“莫要以武力抗恶”的说法时，也选用了托尔斯泰最喜欢的“山上宝训”的文句。

这是托尔斯泰的信条。他在经历了一系列精神危机后，渐渐开始抵制东正教的浮华和特权，发明出了他自己独特的基督教信仰，其核心就是“山上宝训”以及“把另一边脸让人打”的宽恕隐忍精神。这种信仰催生了一套规则，包括和平相处、不仇恨、不抗恶、在任何情况下都摈弃暴力、避免贪欲和咒骂。只要这些规则得到普遍接受，就不会再有战争和军队，甚至不会再有警察和法庭。他质疑现有的教会和世俗权力，但同时也反对暴力革命，认为它邪恶且无益。他热爱乡村，倡导人与自然的和谐交融，抵制城市生活和财富积累。

我们已经见识过托尔斯泰作为非传统战略家的一面。这有着相同的源头。他非常怀疑特定结果是否能轻易地归因于精心设计的动机，因而蔑视那些自称精于此道的人。伯林提到，他鄙视大多数“专家、教授、声称对别人有特殊权威的人”。在《战争与和平》中，他曾嘲笑那些自以为是的人，他们声称一个伟大的将军通过层层下达命令表现出来的意志行为，能够影响一大批人的行动并因此改变历史。军事将领和革命知识分子都可以自称遵循了科学的战略，但他们是自欺欺人，因为他们
308 脱离了群众，不了解这些他们赖以成事的普通人。任何改变，无论是好是坏，都是卷入历史事件的个人所做出的无数决定的结果。遗憾的是，普罗大众愚昧无知，他们或许可以靠共同情感和价值观维系彼此关系，但不能充分认识自己的困难，也不能团结起来创造一个新世界。

说到托尔斯泰对真理的追寻，以及他那用足够坚定的探索

才能获得的强烈而刻骨的信仰，他或许算个启蒙者；但他在很多关键方面又是反启蒙的，他害怕现代化，害怕过度相信科学，害怕他心目中美好生活的本质会在政治改革中荡然无存。他“与他同时代或任何时代的任何公众运动格格不入。他属于那些颠覆性的发问者，他们提出的问题自古以来就没有答案，未来似乎也可能不会有答案”。[16]根据加利的保守观察，有组织的行动不是托尔斯泰的“专长”，他“在实践方面表现很弱，简直让人头疼”。[17]甚至他的家人也不信服他的新生活方式。[18]他给予人们的，而且对他来说并非微不足道的，是榜样的力量以及众多著作和文章。

托尔斯泰坚定不移的和平主张挑战了沙皇专制统治，揭示了穷人的苦难，响亮而清晰地传达出他的核心理念；他对自己思想的宣传越来越有效，不仅因为他的生活方式，更得益于他的文学天赋。他在论述中生动地描绘了城市贫民窟中的生存斗争、军旅生活固有的残酷性，以及权贵阶层自欺欺人的本事。他在剖析军国主义的罪恶和爱国主义的目光短浅时，加进了讽刺手法，偶尔还会表现出先见之明。他将未来的战争狂热形容为神父“为杀人犯祈祷”，报纸编辑“开始煽动仇恨和谋杀”；描述成千上万“单纯、友善的百姓”将会如何“离开宁静的辛勤劳作”奔赴战场，直到这些可怜的人们“在不知道为什么的情况下，杀掉成千上万以前从未见过、没有也不可能伤害他们的其他人”。[19]从这个意义上讲，托尔斯泰眼中的战争反映并加重了社会的总体失调和人类的反常分化，并将其推向了一种极端形式。为了解释人们这样做的原因，他提出了自己对虚假意识的看法，那就是人们不仅被他们的政府“催眠”，而且最不幸的是，他们还互相“催眠”。只有戳穿爱国主义的谎言，才能打破魔咒。他的非传统战略构想的核心，就是相信人类社会的分化是反常的，所以如果治愈了这个痼疾，也就不需要斗争和冲突了。

309 1882 年，托尔斯泰参与了莫斯科的人口普查。那一年，他写了篇文章，问了当时俄国人常常会问的“怎么办?”问题。[20]莫斯科刚刚经历了一个快速发展期，到处都是农村来的移民，给这座城市带来了拥挤、贫困、犯罪、疾病和剥削等各种问题。他解释说，这次人口普查是一次“社会学调查”。而且，作为一种独特的科学，社会学的目标是“实现人民幸福”。[21]不幸的是，尽管有这样的目标，但无论收集信息能够阐明什么“法则”，无论遵循这些法则能够获得什么样的长远利益，穷人的生活都很难马上有所改观。对穷人悲惨境况的有力描述或许是采取行动前必不可少的一步：“社会的所有伤口，贫穷的伤口，罪恶的伤口，愚昧的伤口——全都会暴露无遗。”但这还不够。托尔斯泰坚持认为，当碰到一个饥肠辘辘、衣衫褴褛的人时，“给他以帮助比进行所有可能的调查更重要”。他极力主张接近穷人、帮助穷人，而不是死抱科学上的超脱态度，忙着研究一个又一个令人伤心的案例。

他的真正目的应该是拆掉“人类在他们自己之间建起的藩篱”。[22]这意味着拒绝施舍，施舍无非是为减轻那些加剧社会分化的上层精英的内疚感。所有人应该携起手来，治疗社会的伤痛。他呼唤一个共享和博爱的社会，要求志同道合的人们向穷人以及被压迫者伸出援手。这在物质上和精神上都有好处。反之，他警告会发生阶级斗争：“事情不必也不该如此，因为这有违我们的理性和我们的感情，如果我们活着，就不能让它发生。”

不幸的是，他很快意识到了自己的曲高和寡。而且，当他调研城里人的私生活时，他越来越认为，穷人和富人一样受到了城市生活的腐蚀。症结并不在于问题的大小和严重程度，而在于莫斯科变成了什么样的社会。在穷人中，他毕竟还能发现一些高尚的东西，但要说到酒鬼和娼妓，他对他们的了解和他们对他的了解同样有限。这是一种他无力改变的外来文化，以一种令他厌恶的方式存在着。对城市生活了解得越多，他之前的愿望就越显得天真。终于在一天夜里，他停止了研究工作。他觉得自己既愚蠢又不切实际，就像一位医生发现了病人的病灶，却不得不承认“为他治病没有任何意义”。他不再做笔记。“我不想问任何问题，因为我知道这不会有什么结果。”[23]看起来，“怎么办?”的答案就是“没办法”。

尽管他仍旧把社会的分化归罪于他所属阶级的荒淫无度， 310
但认为根本问题源于城市生活本身。城市是贪赃枉法、腐化堕落之地，改革也无济于事。其原因甚至比想象的还要深远——错误在于人类追求经济发展的整个过程。金钱已经成了影响正当人际交往的障碍。只有在大家不那么看重金钱、不用彼此疏远防范、更愿亲近自然之美的地方，才有可能重新找回这种人与人之间的健康关系。他回到了亚斯纳亚波利亚纳（Yasnaya Polyana）庄园，身体力行地创造出了自己的农村乌托邦：只有一件衣服，没有钱，靠体力劳动获得满足感。在这种完全脱离现代社会的环境中，托尔斯泰坚持认为他正过着唯一真正忠于自己信仰的生活。他对现实的态度消极冷淡、拒人千里，但没有采取什么直接行动，因为这会涉及某种程度的组织管理和对于人类能动性的臆断。

他在 1890 年写道，“无政府主义者在许多方面都是对的，如否定现存秩序，证明在现存的习俗中不可能有比政权暴力更恶劣的东西”。但他又指出，他们犯了一个错误，认为无政府主义可以通过革命来确立。无政府主义只能通过这样的方式来确立，即“让越来越多的人不再需要政权的保护……只有一种永久的革命——道德革命：精神的新生”。[24]

简·亚当斯

1896 年 5 月，托尔斯泰在亚斯纳亚波利亚纳接待了一位访客：来自芝加哥的简·亚当斯（Jane Addams）小姐。亚当斯是伊利诺伊州一个富有的农场主的女儿，当时 30 多岁，不久将成为美国最让人敬佩、最有影响力的女性之一。她的名望源于 1889 年在芝加哥建立的赫尔安居会（Hull House Settlement）。它是仿照亚当斯几年前在伦敦东区参观过的汤因比安居会（Toynbee Settlement）而建。其基本理念就是，受过教育、地位优越的人应该和贫穷、没受过教育的人同住，这样对双方都有好处。赫尔安居会最红火的时候共有 13 幢建筑，住所、沐浴设施和运动场一应俱全。在这里，不但有机会学习和享受高雅的美学、文学和音乐艺术，还能聆听特邀嘉宾的演讲，参与讨论、研究和宣传活动。

311 亚当斯阅读过很多托尔斯泰的著作。她把 1887 年在美国出版的《怎么办?》形容为她思想的源泉，“只有真正和穷人分享自己住房和食物的人，才能无愧地说自己曾经为他们服务过”。[25]托尔斯泰对亚当斯的影响十分明显，甚至赫尔安居会餐厅的墙壁上都挂着这位伟人的画像。作为一名对有组织的宗教持怀疑态度的坚定的和平主义者和基督徒，亚当斯还明确地支持托尔斯泰的不抗恶思想。她称自己“从哲学角度坚信反抗毫无意义，认为只能以善制恶，不能蛮干”。贫困、疾病和剥削是整个社会面临的挑战，必须以调解的方式加以应对，否则就有可能引发冲突，使社会四分五裂。她形容福音书是“友爱社区的外在象征、某种和平的纽带、某种可以靠团结精神克服所有分歧的神圣之物”。[26]

不过，她与托尔斯泰的邂逅让人扫兴。他没怎么注意听她对赫尔安居会的介绍，而是“疑惑地瞟着我的旅行服的袖子”。他断言，光是袖子上的布料就足够给很多年轻女孩做衣服了。难道这不会造成“人和人之间的隔阂”吗？而且，她在伊利诺伊州有个农场，难道不是个“外居地主”吗？他暗示说，她要想多做点事，可以“种种自己的地”，而不是到拥挤的城市里凑热闹。这么说她不太公平，但足以让她感到不安，她决定回到芝加哥后每天在面包店里工作两个小时。她尽了力但没能坚持下去。这不是对自己时间的最有效利用。[27]从这段小插曲可以看出，她不可能成为托尔斯泰真正的追随者。

托尔斯泰认为劳动分工有违天理，亚当斯则认为不可避免。她的整个项目就是要让人们懂得互赖互助的道理。托尔斯泰对城市感到绝望，因为它造成了人类社会的分化，而亚当斯认为城市可以并且应该为它的所有居民服务。亚当斯和其他进步人士与托尔斯泰所共同信奉的基本原理是，社会分化是反常现象，可以也必须找到更好的治理办法。但托尔斯泰憧憬的是一个能让人、土地和精神合而为一的世界，亚当斯则寻求在世界上最不可能的城市之一芝加哥创造一个没有争斗的社会。

当时，芝加哥是仅次于伦敦、纽约、巴黎和柏林的世界第五大城市。它形成的时间比其他几座城市要晚得多。在铁路网

和作为中西部商业贸易中心的城市地位的共同作用下，芝加哥
312 连续迎来大规模移民潮，城市人口从 1880 年的 50 万增长到 1890 年的超过 100 万，到 1910 年又翻了一番，达到 200 万人以上。大约 60% 的人口出生在外国，其中又有 80% 是新移民。德国人、波兰人、俄国人、意大利人和爱尔兰人各自形成了独具特色、自我认同的社群，彼此之间常常关系紧张。1871 年的一场大火烧毁了城市里老旧的木制建筑，此后这座城市主要用石头和钢铁重建起来。[28]芝加哥发明了摩天大楼，约翰·D. 洛克菲勒（John D. Rockefeller）把大量金钱用在了发展艺术、建造公园和全新的大学上。城市里生活艰辛，条件可怕。激进的新闻记者林肯·斯蒂芬斯（Lincoln Steffens）曾在 1904 年这样描述芝加哥："最早是暴力，最近的是肮脏；喧闹、无法无天、不讨人喜欢、气味难闻、新兴发展；乡下一个生长过快的呆子，诸城中间的'粗人'。它对犯罪敞开大门，做起生意来厚颜无耻，在社会生活方面既无思想也不成熟。"[29]为了创作小说《屠场》（*The Jungle*），厄普顿·辛克莱（Upton Sinclair）专门到牲畜饲养场做卧底，曝光了肉类加工行业中新移民工人的恶劣工作环境。

1904 年秋天，马克斯·韦伯在前往圣路易斯参加一个重要的科学大会途中访问了芝加哥。他在描述芝加哥时用了一个惊人的比喻，称其"像一个被剥光了皮的人，你可以看见他的肠子在蠕动"。[30]他参观了牲畜饲养场，亲眼看到"毫无戒心的牲口"被送进屠宰区、被锤子砸倒、被铁夹夹住、被吊起来，然后被工人"取出内脏和剥皮"这一整套自动化生产过程。用他的话说，"看着一头猪圈里的猪变成香肠和罐头"是完全可能的。在他到访的时候，北美切肉工人与屠宰工人混合

工会正沉浸在罢工失败的痛苦中，他们的斗争目标是将牲畜饲养场纳入工会，但没能成功。关于这起事件的后果，韦伯不无夸张地描述道：“大批意大利人和黑人充当了罢工的破坏者；双方每天都有很多人死于枪战；一辆有轨电车被掀翻，因为有个非工会成员坐在里面，不少妇女被压在车下；高架铁路受到炸弹威胁，一节车厢脱轨并掉进河里。”[31]他还参观了赫尔安居会，他的妻子玛丽安用称赞的笔调写道：“它包括一个日间托儿所、一套供 30 名女工居住的宿舍、一处为年轻人服务的运动设施、一个有舞台的大型音乐厅、一个教学厨房、一个幼儿园，还有用于缝纫和手工等各种教学的房间。整个冬天，有 1.5 万名男男女女在这里接受指导、启发、建议，以及享受休闲时光。”[32]

顽固的种族和歧视黑人问题、农村的衰退和城市的兴起、 313
族群之间的紧张关系，以及劳资双方的不断冲突，各种因素共同造成了城市的分化，亚当斯自己和赫尔安居会都卷入了这个大旋涡中。她加入了进步主义运动。这是美国当时主要的自由主义改革运动，把社会问题视为政府面临的核心挑战，担心如果不采取紧急行动，这些问题会给社会造成无法治愈的伤害。政府应该是一支团结的力量，超越局部利益，代表社会整体。说到这一点，亚当斯对民主政治是持乐观态度的。她相信，普通人对于该如何让自己的生活有序而体面有自己的想法，有能力在城市事务中发挥建设性作用。相对于进步主义者，她认为英国的费边主义者们思想很幼稚，其实，“教会或政府里的那些权威人物一旦真的知道什么是错的，就会纠正错误”。[33]她认为，他们可以帮助普通人接触伟大的艺术和绝妙的想法，从而更好地实现自我发展，做出他们一生中合理的选择。

作为一个令人敬畏的社会和政治批评家，她严厉指责市政当局没能清洁街道、教育儿童和规范管理工作场所。她是女权主义者，主张种族平等，支持工会组织。然而她也深信，没有什么冲突非要发展到使用暴力的地步，调和明显不可调和的矛盾是有办法可寻的。尽管她和社会主义者颇有来往，但她反对经济决定论、阶级意识和所有为暴力对抗所做的准备。她虽支持工会，但希望他们能更多地接触那些他们视为敌人的人。她强调，赫尔安居会是“基于各阶级相互依存的原理，本着严肃冷静的态度开办的”。[34]她理解人们为什么会走向极端，但不赞同如此行事。与此同时，她对芝加哥这座已经明显失控、无法让市民享有体面生活的城市感到害怕，非常渴望找到一条代替阶级斗争的变革途径。在某种程度上，她想让社会各阶层，包括资本家和工人、保守派和鼓动家，聚在同一个屋檐下。这样他们就能设法化解彼此间的分歧，让那些每天都要应付无耻剥削者的迷茫的新移民看到一个“更好的美国人”。[35]

发生在芝加哥的一场涉及普尔曼公司（Pullman Company）的激烈争执促使她写了篇文章，提出了自己的哲学思想。这起纠纷并非仅仅源于简单粗暴的商业行为，还源于普尔曼公司在用自己的专属小镇供养工人生活方面表现出的家长式作风。经济萧条导致工人的工资被减，但他们在公司小镇的房租却丝毫未降。工人们反应强烈，继而引发了双方数月的争吵，最终升级为严重的暴力冲突（13 人死亡），当局实施了军事管制。亚当斯在她的文章中把这场冲突比作李尔王（King Lear）和她
314 女儿考狄利娅（Cordelia）之间的冲突，因为父女俩都没能理解对方的态度，终致双双殒命。[36]“我们几乎都承认，当时的社会情感是倾向于劳动者解放的，”她写道，

> 但就像考狄利娅无法（用真心实意的言语）拯救父亲、兀自采取了行动（指从法国起兵攻打英国）一样，看到了曙光的工人们也想为自己争取解放；可以肯定的是，考狄利娅的诚心在新生活中得到升华，驱使她回到父亲身边，然而她在那里遭到了灭顶之灾，陷入了实实在在的悲剧性残忍和愤怒之中，可见，工人们的解放事业必须首先将雇主纳入其中，不然的话就必将遭遇诸多挫败、残酷镇压和反攻。[37]

亚当斯认识到冲突的存在，承认它们不完全是人为的产物，并且理解不同阵营会互相掣肘和挑衅。但她同时相信，防止这些冲突陷入暴力泥潭是完全可能的。正如埃尔施坦①所说，问题在于她想努力"为世界的未来找到最佳方案"，让不同族群之间少些争斗。她本人在驾驭芝加哥复杂的族群政治和寻找各族群共同利益方面的能力，使这种想法成为她的核心使命。她看到很多人因为每天为生存抗争而抛弃了他们的偏见和传统的对抗心理，乐观地认为包括国与国战争在内的任何冲突都不会带来任何好处。如果有机会表达自己，人们固有的善良完全可以弥合分歧，甚至能让战争远远地走开。她把自己看作"全世界所有爱好和平的妇女的代言人"，不计个人得失地在1917年反对美国介入战争。战后，她又不遗余力地推动和平，并最终获得1931年诺贝尔和平奖。她认为"源于城市生活需求的社会和谐可以在国际层面上复制"，并相信"任何对国防和安全的关心都等于接受军国主义和专制主义"。[38]

---

① 珍妮·贝思克·埃尔施坦（Jean Bethke Elshtain），美国现代伦理学家、政治哲学家、公共知识分子。

约翰·杜威

亚当斯和托尔斯泰有着同样的顾虑，担心孤立的学术研究解决不了什么问题。不过，赫尔安居会作为一系列社区研究项目的中心，对世纪之交的城市生活做出了令人信服的描述。这
315 主要是受到了弗洛伦斯·凯利（Florence Kelley）① 的鼓动，凯利在苏黎世获得博士学位，并曾与恩格斯有过交往。此类研究工作反映出一种积极向上的乐观精神，即只要了解了社会实际状况，就有办法加以应对。[39]

在芝加哥大学，认为社会研究和行动应相互结合的思想几乎被当作一种给定的理念。阿尔比恩·斯莫尔（Albion Small）是该校社会学系的创建者，这是美国第一个社会学系，而且直到第二次世界大战爆发以前一直是该学科领域的美国“资产”。[40]作为一名牧师，斯莫尔认为他所信奉的基督教教义和社会调查工作并不矛盾，一直推动运用社会学在反动力量和革命力量之间描绘出一条前进之路。社会学是实现民主变革的工具：“习惯是正题，社会主义是反题，而社会学是合题。”[41]在一篇引人注目地以《学术和社会风潮》（Scholarship and Social Agitation）为题的文章中，他为这种渐进主义信条进行了有力辩护。他写道，美国的学者们应该“从了解事实走向了解力量，从了解力量走向控制力量，以实现更完美的社会和个人生活”。他对任何社会学概念既不赞同也不相信，称它们“满足于玩弄抽象名词，或是没有牢记一切研究工作与正常人的生活情趣之间的关系”。芝加哥提供了一个实现这些目标的独特基

---

① 美国社会工作者、美国全国有色人种协进会的创建者之一。

础，简直就是个“巨大的社会学实验室”。[42]

这种实验性特点引起了约翰·杜威（John Dewey）的极大兴趣，他在于1894年进入芝加哥大学任教前就已经在心理学和哲学领域拥有显赫声名。受他妻子爱丽丝的鼓励，他当时的政治和学术立场正趋于激进。芝加哥大学本身并不是一个适合激进主义者活动的地方。校内已经有些人因为公开声援工人而被开除。但杜威同时注意到，芝加哥是一个“充满种种亟待解决的问题”的地方。他在赫尔安居会找到了自己的用武之地，成了亚当斯的朋友，并经常在那里开办讲座。他到芝加哥大学时正逢普尔曼公司发生大罢工。虽然他最初完全支持工会一方，但亚当斯告诫他应多做推动双方和解的事，而不是火上浇油。工会因失败所付出的代价验证了这种想法的明智。他身上独特鲜明的自由主义气质反映出，他关心的是随时可能被不必要的分歧所伤害的社会有机体的健康，而不是更传统的自由主义者关心的个人权利问题。但同时他又坚信，这只能通过民主制度来实现，据他后来自述，民主是他在自己漫长一生中的永恒追求。[43]他和亚当斯对民主都抱有这种特殊的乐观态度。体现在教育理念上，就是努力创造条件， 316
让所有人都能学会把自己看作社会的一员，学会妥协和包容，从而发挥自身的潜力。他的观点是，所有那些受到从学校到工厂等各种机构影响的人，都应该参与这些机构的决策。他提倡参与式民主，认为它既是善政之源，又能够丰富改善社会状况、推进文明进程的经验。和亚当斯不同，他并非和平主义者，支持美国介入第一次世界大战，尽管后来他转而采取了强烈的反战立场。[44]

他想要从哲学中寻求的不是“解决哲学家自身问题的手

段”，而是“由哲学家发展出来的解决人类问题的方法”。[45]它将对保守主义发起挑战，并给出一种革命以外的替代选择。激进派和保守派需要走到一起。激进派有自己的“远景规划和行动动力”，但如果“没有前人的经验和智慧”，他们就会“肆意胡为”，仅仅凭着“一时的随意和盲目的热情”行事。

这赋予了社会改革者一个特殊的角色。作为“心理学家、社会工作者和教育家”，这个人必须“帮助对立双方弥合分歧，在调解社会矛盾的同时，修补被涉及个体的不完整人格”。[46]将社会视为有机整体的观点，对基于个体自主假说的自由放任经济主义提出了挑战。懒散的达尔文主义者所谈论的、被过于死板地视为暴力之源的适者生存理论，必须被必要的社会团结原则所取代。如果说人类正经历着一个进化过程的话，那就是他们渐渐明白了一个道理：合理的解决办法将建立在合作和互惠，而非个人受益的基础之上。[47]这是非战略家的哲学，非战略家的目的是解决冲突，而不是有效地驾驭它们。但他也接受实用主义，作为一种哲学，实用主义渐渐和战略联系起来。

Pragmatism（实用主义）一词源自拉丁词语 pragmaticus，在古罗马时期的含义与“积极务实”有关。这个词一度带有贬义，表示“过度的干预或干扰”。但是到了十九世纪，实用主义一词有了更积极的含义。它是指从现实出发，在事实的基础上系统地、实际地对待事实或事件，考虑的是能做什么，而不是想做什么。它的哲学建构源头可以追溯到十八世纪德国哲学家伊曼努尔·康德（Immanuel Kant）。康德以医生基于观察到的症状为病人做诊断为例，来形容一种需要在面对不确定因素时采取行动的情形。由于不敢肯定这是正确的治疗方法，他的

信念也是依情况变化而定的。其他医生可能会得出不一样但更 317
合理的结论。“这种信念视情况而定，但仍可作为采取特定行动时实际采用之手段的基础，我称之为实用的信念。”这恰恰是一种战略所需要的信念，虽然它在不确定的环境中仅仅算是最合理的猜测，但足以为行动提供依据。

查尔斯·皮尔士（Charles Pierce）认为，康德描述的并非一种特殊的信念，而是一切信念，因为一切都是变化不定的。一切行动都是赌博，因为一切都取决于猜测的水平。信念起了作用就相当于押对了宝。1910 年 68 岁时去世的心理学家、哲学家威廉·詹姆斯（William James）被普遍视作真正的实用主义之父。他吸收了皮尔士的见解，并将其发扬光大。他把实用主义方法定义为“一种确定方向的态度，这个态度不是去看最先的东西：原则、‘范畴’和必需的假定，而是去看最后的东西：收获、效果和事实”。[48]在詹姆斯看来，思想并非从一开始就正确，而是作为事件的结果变得正确。一种思想的“正确性其实就是一起事件发生的过程，也即证实自身的过程”。所谓的信念与真理无关，只与行动准备有关。“简而言之，信念才是行动的准则，全部思维功能仅仅是行为习惯产生过程中的一个步骤。”[49]在此基础上，检验一种信念的标准不是看它能在多大程度上描述事实，而是要看它是否能成为有效的惯例。就像钞票，只要它们被当作货币使用，它们就有价值，思想也是一样。只要得到别人认可，就是正确的思想。这可以作为对公共领域思想命运的敏锐观察，尽管它尴尬地暗示了所谓真理的可靠性。

实用主义可以是一种思考的诀窍、一种鼓励恰当评估行动后果的论证方法，与麻木生硬的思维模式完全相反，深受战略家们的推崇。它也可以被用来描述每个人如何思考，弄清哪些思想家比其他思想家更有影响力。随着人们对知识制约性的认识日益增强，工作假说和过程实验的观念应运而生。就像物理学家只能通过实验来证明他们的假说一样，所有社会行为也是要通过实验证明关于因果关系的假说。

正是在这个基础上，杜威始终致力于发展出一种先进的实验科学理念。这从他在术语使用上更偏爱“工具主义”而不是“实用主义”可见一斑，尽管“工具主义”一词并没有流行开来。[50]他将实用主义当作一种手段，旨在弄清信念的本源以及它们如何通过经验得以发展。与韦伯不同，他不认为事实
318 脱离于价值观独立存在。观察者的视角决定了他如何看待世界。世界观的改变并不是因为不断变化的价值观念，而是因为不同形式的接触交流。杜威对他提出的有关思考和行动属于同一过程的工作假说有着充分自信，不仅以此为基础发展出一套教育理论，而且在非常知名的芝加哥实验学校（Laboratory School in Chicago）对其进行了实际应用。

所以，思想只是适应现实的手段，并没有揭示多少现实。真理必须具有实际的效果。真理观往往是片面和不完整的，是我们自己的解释，而不是客观表现。批评人士认为，这一论点如果走得太远，就会发展成相对主义；一套信念只要能够指导行动，就和任何其他信念同样有效。但它是否“管用”，取决于如何评估效果。[51]这就是社会研究之所以重要的原因，随着社会研究的积累，人们会更容易地预想到行动的后果。所以，在考虑是否应该为达目的不择手段这一标准道德问题时，杜威毫不怀疑地指出，只有结果能证明手段的正当性。他认为，达到了预想目标的具体手段是否可信，要由取得了其他次好结果

的相同行动来验证。因此在采取行动之前，有必要全盘考虑意料之中和意料之外的各种可能结果，并在此基础上做出选择。[52]这需要非凡的远见，否则实用主义的价值就会大打折扣。

杜威将思维发展过程和社会生活过程联系在了一起。他和托尔斯泰都认为，美好生活是作为社会大家庭的组成部分实现的。和托尔斯泰的不同之处在于，杜威认为，由于存在发生冲突的可能，民主可以作为一种手段，用来协调人与人以及人与更广泛群体的需求，克服明显的对立，将个人利益融入公众利益。这意味着承认个人目标在实现社会目标的过程中可能不会全部实现，但可以借助一个活跃的政治集团来实现。冲突不是解决问题的手段，它本身就是需要解决的问题。

由于杜威决定不参加 1904 年圣路易斯科学大会，因此没能和受邀与会的韦伯见面（但是他在哈佛大学见到了詹姆斯）。韦伯或许已经对杜威的工作有所了解，因为后者的思想中至少有些核心主题与他不谋而合。他们两人在某些问题上有着相似的思路，比如他们都赞成采用科学方法展开研究，都重视思想和行动之间的关系，都强调结果和目的同样是行动的评判标准。但同时，两人的思想也存在着重要差异。杜威不太注重区分事实与价值，而韦伯坚持认为二者不能混为一谈；杜威 319
认为民主具有包容性和参与性，而在韦伯看来，民主的价值在于从一大群人里选出一个合适的领导人并确保对其进行一定程度的问责。

实用主义是作为一种战略家的哲学发展起来的。它逐渐被用来指代一种特殊的政治素养，一种随环境改变不断调整目的和手段，展现灵活性，坦然面对一个充满意外、麻烦、错误、政策转向和形势变化的世界的天赋。与实用主义者相比，教条主义者拒绝妥协，对外界变化无动于衷，而且对任何明显的征兆视而不见。但杜威将实用主义这种战略家的哲学，与一种试图否认深层矛盾、用研究主导型改革取代政治的非战略性世界观结合在了一起。梅南德①评论说："当另一场可能的内战显得并不遥远时，反对盲目思想崇拜的哲学可能是唯一被成功植入了进步政治理念的哲学。"[53]在这方面，它提供了一种看起来既让人躁动又让人安心的思维方式。但并没有固有原因说明为什么会这样。考虑后果时必须有辨识不同后果的把握，至少大致上应该如此。这有助于做出最佳选择，但仍旧只能两害相权取其轻。

1936 年，深受韦伯影响的美国社会学家罗伯特·默顿（Robert Merton）撰写了题为《有意图的社会行动之非预料结局》（The Unanticipated Consequences of Purposive Social Action）的文章。[54]他在文中提到，对于为什么一切后果都不可预料这个问题，通常给出的主要解释是"无知"，这就形成了一种观点，即更多更好的知识将会稳步提升行动的质量和效率。但是能够获得的知识是有限的，而且默顿预见到了一种多年后将会由行为经济学家提出的观点，怀疑是否值得花费时间和精力去获取额外知识。另一个导致无法预测后果的因素是"失误"，比如仅仅因为一种做法之前实现了预期结果，就想当然地认为它能再次取得同样的结果，而毫不关注环境的变化。这反映了粗心大意或某种更受心理影响的东西，"不是断然拒绝就是没有能力思考问题的某些要素"。

---

① 路易斯·梅南德（Louis Menand），哈佛大学英美语言文学教授、美国近现代文化史专家，曾以《形而上学俱乐部》一书获得普立策奖历史著作奖。

接着，文章提到默顿所称的注重短期利益、不计后果的
“利益面前直接强迫性”（imperious immediacy of interest）。一
个行动在追求特定结果时也许是合理的，但“正是因为一个
特定行动在心理或社会真空中无法进行，它的效果将会分散到
其他价值和利益领域”。在文章最后，他点出了一切战略的核
心：“公众对未来社会发展的预测常常无法持续，这恰恰是因
为预测本身已经变成了具体情况中的新要素，故而易于改变最 320
初的发展过程。”他把马克思的预言作为例子。“十九世纪的
社会主义说教”导致工人组织更多地利用劳资谈判来表达诉
求，“这样一来，马克思所预言的工人运动新发展即便没有被
完全摒弃，也放慢了速度”。

任何战略讨论的核心都是因果问题。战略行动意味着预期效果将遵从于行动者对合适的行动方针的选择。大体上讲，社会科学本该有助于战略选择，因为因果关系更容易理解。这催生了它自身的道德问题。在韦伯看来，人们或许能够认识到作为或不作为行为可能产生的后果，这就意味着不用社会科学提供的深刻见解思考问题是不负责任的。在杜威看来，用社会科学的见解思考问题同样愚蠢，因为这等于拒绝了一个从每次行动中得到最大收获的机会。而在托尔斯泰看来，真正的愚蠢是幻想自己永远能够正确把握复杂的社会进程。在这些问题上，或许没有真正的专家。人类不可能完全把握影响重大社会和政治进程的各种因素。如果不相信任何特定行动能起作用，也就不会有什么战略。

在二十世纪的头几十年里，人们普遍否认战略的存在，这等于是放弃了应对各种重大而紧迫的社会和政治问题的希望。然而，保持谨慎无疑是有道理的。情况越是复杂和怪异，就越

是难以把行动和后果联系起来。意料之外的结局可能和意料之中的结局同样意义重大。即使短期目标得以实现，所获收益也可能被长期不良后果所吞没。最具挑战性的情形是，有反对者千方百计地想要驳倒工作假说。就算正确理解了因果关系，仍可能缺少足够的措施来产生所需要的效果。改变教育政策是一回事，而改变资本主义发展进程或者消除束缚人民思想的有害谎言则是另外一回事。认为依据先进社会科学制定的开明社会政策能够治愈工业化创伤的乐观态度，在经历了二十世纪中叶的思想、经济和军事灾难后几乎消失殆尽。开始于二十世纪后几十年的社会和政治转型几乎未受主流社会科学理论的影响，而是个人和组织努力通过集体行动改善自身生活的结果。

二十二　规则、神话和宣传

须知思维工场就像纺织厂， 321
出好产品得有能干的工匠。
——歌德《浮士德》

韦伯和杜威代表了自由主义对马克思主义的几股独特评价，而一群被称为新马基雅维利主义者的意大利学派成员则对马克思主义做出了更为保守的评论。西西里人加埃塔诺·莫斯卡（Gaetano Mosca）是其中的佼佼者，他在意大利长期占据重要的学术和政治地位；德国社会学家罗伯特·米歇尔斯（Robert Michels）在意大利度过了职业生涯的大部分时间；意大利人维弗雷多·帕累托（Vilfredo Pareto）在意大利开启了他的职业生涯，不过后来流亡日内瓦。他们的思想明确纠正了对逐步迈向更平等、更民主社会的种种期望，其特点不在于战略思考，而在于对战略效果局限性的一种敏锐感觉。他们属于当时从政治经济学转向社会学潮流的一部分，目的是为了探究社会行为中的非理性行为。他们被称为马基雅维利的继承人，[1]这不仅是因为他们和意大利的渊源，而且还在于他们将马基雅维利奉为用实事求是的方法研究政治学的典范，采纳的是严酷的现实实践本身，不会依据实践者的巧言表象来做判断。

他们的核心主张是少数人将永远统治多数人，因此，其关 322

键问题始终围绕精英阶层应采用什么手段维护自身地位，以及他们会以何种方式下台。韦伯的学生罗伯特·米歇尔斯对其中最具重要性的内容——有组织的需求对民主权利的影响——展开了实证研究。米歇尔斯是一名活跃的德国社会民主党成员，他逐渐认识到党组织在确立政党目标和战略中占有举足轻重的地位。无论资本主义政党如何谈论“人民意志”，[2] 都不会有人怀疑他们是非民主，而社会主义政党则因为宣扬平等主义而给民主原则带来了更尖锐的考验。米歇尔斯的分析和韦伯的官僚制理论完全一致，但韦伯没有自己的学生那么激进，他认为研究进行到革命的热情随之受损就可以了。他对米歇尔斯解释说：“对我来说，人民的真正意志早就不存在了，它们只是些虚构的概念而已。”[3]

米歇尔斯通过对战前德国社会民主党的研究发现，政党的壮大以及在选举中获得成功，会使其失去战斗性：“组织成为政党生死攸关的要务。”只要这个党还在继续发展，其领导层就会知足，不愿意冒险采取任何可能威胁现状的大胆举措。米歇尔斯指出，他们感兴趣的是如何使自身利益永久化，“在某种意义上，组织本身就成了目的”[4]。组织工作要求高也复杂，需要专门的才能。那些知道如何管理财务、照看党员、编写文件、指挥运动的人具备高超的知识，掌控了各种沟通的形式和内容。只要这些人保持团结，那么相对弱势的群众就难以对其施加自身意志。“所谓组织，就是寡头统治。”这是米歇尔斯的“铁律”。

除了这条规律及其后来对社会主义的失望之外，米歇尔斯再没有提出过什么重要理论。在这方面，莫斯卡的地位更重要一些。他的起始论点很简单：在所有政治体系中，古往今来任何地方总有一个统治阶级，他们是“有影响力的少数人，不管愿意与否，多数人都得服从他们的管理”。[5] 莫斯卡认为，这种统治既不可能由单独一个人，也不可能由大多数人来执行。这是由组织的必要性决定的。大多数人天生缺乏组织性，而个人光从定义上看就是无组织的。所以只有少部分人可以被组织起来，这也就意味着重大政治斗争只能在精英阶层内部展开。要成为卓尔不凡的人，就必须雄心勃勃地努力工作，而不仅仅是拥有正义感和无私精神。最重要的是“一种对个人和大众心理的洞察力、意志力和强大的自信心”。[6]环境的变迁影响着 323
精英们的命运起伏——神职人员在宗教社会中如鱼得水，武士们在战争中享有主导地位。如果某种特定的社会力量式微，那么从中获取权力的那部分人也会随之地位下降。

帕累托紧随莫斯卡的脚步（莫斯卡认为并非始终如此）。帕累托学习过工程学，并在工业行业工作过一段时间，之后在经济学领域声名鹊起，后来成为社会学界的著名学者。在洛桑大学任教期间，帕累托坚守新古典主义传统。他在那里追随一般均衡理论之父里昂·瓦尔拉斯（Leon Walras）①，后者主张如果整个经济体系处于均衡状态，那么其中任何单一市场也必然处于均衡状态。瓦尔拉斯在1885年出版的著作《纯粹经济学要义》（*Elements of Pure Economics*）中用数学方式证明了一般均衡理论，从而为下个世纪中叶颇受欢迎的，尤其是在美国被踊跃采纳的经济学理论开了先河。

帕累托有两项以他的名字命名的重大贡献。帕累托法则是指在任何大系统中，约80%的结果是由该系统中约20%的变量

---

① 法国数理经济学家，开创了一般均衡理论。

产生。这条粗略的经验法则表明，少数的投入可能会对产出造成不成比例的影响，从本质上质疑了均衡概念。他的第二个贡献，也是更为重要的，是帕累托效率（Pareto efficiency），它同样对后世的经济学思维产生了影响。1902 年帕累托发表了一篇对马克思主义的批判性文章，这标志着他从经济学领域转向了社会学领域。帕累托认同马克思有关阶级冲突的观点，以及他分析人类行为时所采用的犀利方式，但不认同阶级冲突会随着无产阶级胜利而终结。人们或许笃信他们在为一个伟大的事业而斗争，也许领导者们也这么想。然而在现实中，精英们只关心自己的利益。即便在一个集体主义社会中也仍存在冲突——比如知识分子和非知识分子之间的冲突。帕累托最重要、最具影响力的主张之一是源于其工程学和经济学背景的社会均衡理论。他认为社会生来拒绝变革。当其内部或外部出现干扰力量时，一些对抗性运动就会应运而生，使社会回到原本状态。帕累托认为，离开精英，大众就像人的身体只剩下躯干（“没有能力，缺乏才能、个性和才智”），[7] 好比一旦抽走了逻辑，大多数行为就会成为不合逻辑的剩余范畴，这都充分反映了他的精英主义观。

帕累托的作品中，一个耐人寻味的方面是有关政治体系中的战略角色分析。这指的并不是他如何表达这一议题，而是对他富有个性的特殊语言所做的理性解码，尤其是他最重要的作
324 品，用英文出版的四卷研究报告《心灵与社会》（*The Mind and Society*）[8]。帕累托自称其谈论的不是战略，而是“逻辑行为”。它本质上是一种程序理性：行为应该面向一个可实现的目标，并采用适合那个目标的手段。在他的概念体系中，客观目的（要获取的）和主观目的（想获取的）是完全一致的。这为逻辑性设立了一个相当高的标准。反而观之，“非逻辑行为”中

客观目的和主观目的是相互背离的。在这种情况下，要么是行动缺乏目标，要么宣布的目标根本无法完成，或者无法通过既有手段达成。果然，帕累托发现这是一种普遍现象。这种非逻辑行为的例证包括魔术、迷信、依赖常规、向往乌托邦，以及夸大个人和组织的能力与信心，或者夸大某些战术的效用等。

帕累托认为非逻辑行为的根源是“剩遗物”（一种理性被拿走后的剩余物）。它们是影响人类行为的稳定的、本能的因素，而“派生物”则是那些随着时间和空间的变化而变动的因素。有关剩遗物的分析最早出现在四卷本《心灵与社会》的第二卷中，但很快其论述就变得异常散漫和复杂起来。到了第四卷，先前六个剩遗物被减到两个，它们被拿来与马基雅维利提出的狮子和狐狸的特性做比较，后者分别代表了力量和狡诈。他把与狐狸的特性相关联的称作一类剩遗物，反映了“组合的本能”——这是一种将不同元素和事件联系在一起的冲动，以便发挥思考想象去尝试战胜别人、采取行动摆脱困难、产生思想意识形态以及组建权宜性质的联盟。

与之形成对比的是二类剩遗物，也就是那些和狮子的特性有关的剩遗物，它反映了“集合体的持续性”，意指人类倾向巩固已有地位，本能地喜欢永久、稳定和秩序。狮子们表现出对家庭、阶层、民族、宗教的依恋，会提出团结、秩序、纪律、财产或家庭等诉求。帕累托将狮子与使用武力的意图联系在一起。虽然看起来狮子更趋保守而狐狸稍显狡猾，但事实未必如此。在帕累托的概念体系中，意识形态是根源，而理性化指向更深层次的事物。武力可以用来维持现状，也可以推翻现状。因此，帕累托将“剩遗物”描绘成经典战略的两大支柱，力量和狡诈，二者分别使用武力和脑力解决问题。帕累托并不认为这两种特征只是在程度上有所差别，他认为二者根本就是两种独特的具有排他性的特征类型。

精英更像是一群聪明的狐狸，凭借狡猾和欺骗来维持他们
325 的地位，而更冷漠、更缺乏想象力的狮子则存在于大众之中，被集体忠诚束缚。狐狸们设计出种种能够让大众得到满足感的意识形态，寻求通过达成一致意见来实现统治，他们不想使用武力，而是想在短期内解决危机。但这也正是狐狸们的弱点所在。他们易于妥协，对使用武力过于敏感，这会削弱他们的政权。当有朝一日他们的伎俩失效时，面对的将是无法以智取胜的强硬对手。当更加刚强的狮子进行统治时，他们倾向于依靠暴力，对于妥协毫无兴趣，声称要维护更高的价值观。既然任何一方都无法单凭一己之力维持长久统治，那么最稳定的政权就是这两种类型的混合体。在实践中，双方都会将自己的同类拉进这个阵营。狐狸政权会随着时间的推移而退化，难以承受骤然出现的武力；狮子政权则会因遭到狐狸们的渗透而日渐式微。由此，帕累托假设出了“精英循环”理论。精英永远存在，只不过其成分会有所变化。有利的统治方法是依靠精明和狡诈，但永远不排除使用暴力。

政治史就是武力实践者与诡诈者两种力量之间的辩证存在，这种观点有一定的吸引力。但帕累托对自己政治语境的概括反映了他对民主需求的怀疑，对腐败及当时犬儒政治的种种厌恶。他试图从历史上寻找借鉴来支持他的理论，淡化物质变化和日益举足轻重的官僚组织的影响力。[9] 然而，就像我们后来所看到的，即便如此，他的思想还是对保守势力产生了影响，后者正寻求用一种强健的知识替代品取代社会主义和马克思。

群众与公众

保守派也许认为精英永远存在，激进派则相信精英们迟早要被推翻。双方都感兴趣的是，如何在几乎不使用武力的情况下抓紧权力。双方都想从意识形态中寻求解释。精英统治是否牢靠，得看其用于控制大众的意识形态是否强大。马克思认为阶级斗争可以产生一股这样的挑战力量。日渐增强的自我意识会引导工人阶级行动起来去获得政治身份，而不仅仅满足于纸上谈兵。但令人遗憾的是，阶级结构的发展方式远比马克思想象的复杂得多，而且工人们还固守着一些不正确的想法。社会主义者遇到的困难是，既要论证一种真正的阶级意识在科学上 326
的正确性，又要展现其政治潜力。他们必须同从教士到改良者等种种传播错误意识的人做斗争，前者向工人们的头脑中灌输荒谬的宗教言论，后者——也许更有害——声称无须通过革命就能让工人们的需求得到系统响应。对于保守派精英而言，政治稳定并非取决于信仰的对错，而在于它们是否能让大众满意，是否会点燃造反情绪。

莫斯卡写到了为统治阶级服务的“政治公式”，它们可以令人信服地提供一些能被人普遍理解并承认的广泛概念，比如种族优越感、君权神授、“人民的意志”等。政治公式绝不只是见利忘义的统治者所使用的“诡计和骗术”。相反，它需要反映大众需求。莫斯卡设想，大众更偏好“服从以道德原则为基础的统治，而非仅仅依靠物质力量和才智”。一个公式可能不完全与“真相”一致，但需要明白：但凡人们对它的有效性产生普遍怀疑，那么其结果就是社会秩序受损。

社会心理学领域的发展激发了人们对意识的兴趣。古斯塔夫·勒庞的《乌合之众：大众心理研究》（*The Crowd*：*A Study of the Popular Mind*）是一本极具影响力的作品。本书在前面的章节中提到，它曾经对军事思想家“排骨”富勒产生过影响。该书于1895年在法国出版，很快被译成多种语言。从许多方面来看，它是保守精英对等级制解体和“天赋人权”取代“君权神授”的哀叹。勒庞敌视社会主义和工会，认为它们是恶意煽动家蛊惑大众的例证。最引人关注的是他对大众心理中无理性根源的探讨。勒庞在这个著名的社会思想命题中提出，相对于深思熟虑，有意识的行为在更大程度上受到“头脑中遗传所造就的无意识基础”的影响。当个人加入群体后这种影响会变得更为强大，非理性得以充分释放。

> 进一步说，单单是他变成一个有机群体的成员这个事实，就能使他在文明的台阶上退好几步。孤立的他可能是一个有教养的个人，但在群体中他却变成野蛮人——一个行为受本能控制的动物。他表现得身不由己，残暴而狂热，也表现出原始人的热情和英雄主义，和原始人更为相
> 327 似的是，他甘心让自己被各种言辞和形象所打动，而组成群体的个人在孤立存在时，这些言辞和形象根本不会产生任何影响，他会情不自禁地做出同他最显而易见的利益和最熟悉的习惯截然相反的举动。一个群体中的个人，不过是众多沙粒中的一粒，可以被风吹到无论什么地方。[10]

勒庞的语气很悲观，但他提出了一种控制大众的可能性。由于大众的意见反映的并非其利益，实际上甚至算不上什么严

肃的想法，因此同样一群敏感的大众既可能受到别有用心的社会主义者的荒谬想法影响，也可能听从钻研过大众心理学的干练精英们所提出的对立想法。在错觉当道的时候，诉诸理性是毫无意义的。人们需要的是戏剧性效果、一幅吸引人眼球的惊人景象——“是绝对的、毫不妥协的、简单的”——能够“填充并战胜人的意志”。掌握了“影响群众想象力的艺术，也就掌握了统治他们的艺术”。勒庞的书成了统治阶层精英们的必备读物。

法国人乔治·索列尔（Georges Sorel）提出了一个颠覆性的类似观点。他是个外省工程师，步入中年才开始从事研究和写作。虽然他一贯藐视理性主义和中庸之道，但在他的一生中，其政治主张曾经发生过巨大转变。休斯称他的头脑是“一个大风呼啸的十字路口，二十世纪初几乎每一种社会学说都在这里经过了一遍”。[11]他的批判立场使之成为当时非常受人关注的，一个有很强感知力的社会理论家。[12]他以一种非常独特的方式信奉马克思，认为后者与其说是个资本主义经济崩溃论的预言者，倒不如说是个资产阶级道德崩溃论的预言家。[13]他深信勒庞的观点，认为人的理性会消失在群体之中，这意味着他对群众性的政治运动无法抱有信心。

索列尔厌恶腐朽的精英阶层、懦夫和骗子，认为这些人缺少争取自身权益的魄力，一心想与反对者媾和，他认为这些人会在一场决定性暴动中被清理掉。他脑海中的斗争模式是一种拿破仑式的战斗，最终让敌人一败涂地。索列尔最负盛名的是，他在参加工团主义运动期间写下的作品《反思暴力》（*Reflections on Violence*）。工团主义运动能够吸引他，部分是因为它不涉及党派政治。索列尔在书中提出了最有力的观点，即

神话理论。神话既不用分析，也无须计划。它是一个无可辩
328 驳、不具逻辑、非理性的图片和文字的组合，它“仅凭直觉，不经任何考虑分析，能够唤起一种不可分割的群体意识，与之对应的是社会主义在反对现代社会中展现出的不同战争形式”。

索列尔强调直觉的重要性，从中可见，法国哲学家亨利·柏格森（Henri Bergson）对他产生的影响。索列尔曾经在巴黎听过柏格森的讲座。对于神话唯一的检验就是，它能否推动政治运动向前发展。它不是系统性思想概述，更多关注的是信心和动力。一个成功的神话能迫使人们参与一项激进的事业，让他们树立必胜的信念。神话鼓舞的副作用就是它的破坏性大于创造性。索列尔特别厌恶诸如原始基督教和马志尼民族主义所主张的乌托邦主义，以及认为人会善良行事的种种主张。在撰写《反思暴力》期间，索列尔脑子里的神话就是工团主义者大罢工。他已经对马克思主义革命丧失了信心。后来，他又打算接受列宁的布尔什维主义和贝尼托·墨索里尼的法西斯主义。致力于寻找一种能够发挥作用的神话，用意识形态方面的影响来评估思想，可以说这些做法都是务实的，尽管这并不十分符合实用主义者心里的想法。

葛兰西

索列尔影响了一批人，其中就包括安东尼奥·葛兰西（Antonio Gramsci）。因为童年时遭遇的一场意外，葛兰西长得特别瘦小，不但驼背而且体弱多病，但他凭借过人的才智和广泛的爱好获得了大学奖学金，最终成为一名激进派记者。他得到了索列尔的支持，在都灵的工厂委员会运动中表现活跃，接

着在 1921 年参与社会党的分裂运动，并协助创立了意大利共产党（PCI）。葛兰西作为共产国际的意大利代表在莫斯科工作了 18 个月，回到意大利之后，他惊讶地发现，由于左派内部不团结，法西斯主义已经在意大利形成了气候。虽然葛兰西最初作为意大利下议院成员可以免于牢狱之灾，而且在不到场的情况下当上了意大利共产党总书记，但他还是在 1926 年 11 月被捕。35 岁时，他被法西斯分子判处 20 年监禁。等到释放时，葛兰西的身体已经彻底垮掉，于 1937 年逝世。

葛兰西博览群书，在狱中就广泛的话题写下了大量笔记。他原本打算一旦获得自由，就对笔记中的思想进行系统化阐述。尽管这些笔记看上去字迹潦草、残缺不全，而且为了迷惑
狱卒，还故意写得语焉不详，但他的笔记还是被保存了下来。 329
现在这些作品被认为是代表了葛兰西对马克思主义和非马克思主义理论的一大重要贡献。直到第二次世界大战之后，他才被真正“发现”，被称为人道的、非教条的马克思主义者。他质疑第二国际遗留下来的机械构想，反对依赖历史进步的法则得出一个乐观的社会主义结论，并认为应该将文化和经济摆到同样重要的地位。他的狱中札记里有一些很特别的笔记，试图阐述工人阶级在面对赤裸裸的剥削时为何表现得那么顺从。

他了解新马基雅维利学派，并且认同他们的一些结论。例如，他一度认可只要存在阶级，就会存在“统治者和被统治者，领导者和被领导者”。任何忽视这一“根本的、不可或缺的事实”的政治纲领都注定失败。[14]统治者更愿意借助普遍支持进行统治，而不愿使用高压政治。要达到这个目的，就得让被统治者信服，现有的政治秩序是为他们的利益服务的。不通过暴力，而是凭借思想的力量实现统治，葛兰西将这种能力称

为“领导权”。这个词并非葛兰西首创，它出自希腊语hegeisthai（意为“领导”），其基本主张也并不新。《共产党宣言》中写道，“任何一个时代的统治思想始终不过是统治阶级的思想”。列宁警告称，工联主义不是无产阶级思想，它是为资产阶级服务的，他使用“领导权”这个词的本义来指代领导。[15]葛兰西探究霸权统治的根源，充实了这个概念，使之成为主流政治词汇的一部分。

马克思主义所面临的问题是经济与政治之间的紧密关系，物质条件的变化会不可阻挡地改变政治意识。然而，葛兰西指出，“在某些时刻，经济因素的自主推动力会因为传统意识形态元素而放缓、受阻甚至随时消失”。[16]一个明显的例子就是，资产阶级声称可以通过劝导性的议会手段获取民主与平等。只要这种方式持续下去，统治阶级就可以避免使用武力。只有当统治阶级失去霸权地位的时候，才有必要动用更专制的措施。这种方式会在危机时刻经受考验，政府为了转移大众的怒火会寻找各种操控思想的办法，制造一批逆来顺受的群众。

葛兰西将社会分成政治社会和市民社会。政治社会即权力领域，包括各种国家机器：政府、司法机关、军队、警察。市民社会指的是思想领域，包括除前者之外的各种行为体，如宗
330 教机构、媒体、教育机构，以及各种与政治发展和社会意识相关的俱乐部和政治党派。统治阶级要想获得支持、维持统治，就得推销其思想理念。成功的霸权显然拥有与社会其他成员共同的思考方式、现实概念，以及有关常识的各种见解。这些都会反映在语言、习俗和道德中。他们会让被统治者相信，这个社会能够且应该被整合成一个整体，而不是被阶级冲突割裂开。

实现统治不是随随便便地把一个伟大的想法植入大众意识中。统治阶级要自然而然地动用传统、各种爱国象征、仪式惯例、语言形式，以及教会和学校的权威。精英的弱点在于和实际经验之间的联系。因此，他们在获取霸权的过程中难免会做出种种让步。即便如此也仍有问题，工人阶级期待的是一种能够反映他们自身状况的世界观。葛兰西相信工人阶级确实有这种想法，但认为它还只是处于萌芽期。它会在行动中显现，但也只是当“群体作为一个有机的整体时”会“偶然地，间歇性地”表现出来。“出于服从以及知识从属等原因”，工人阶级的意识形态可以与从统治阶级中提炼的意识形态共同存在。[17]由此，两种理论意识几乎形成了竞争局面，一种反映在实践活动中是把工人们紧紧地团结在一起，另一种来源于历史，被人们全盘接受，通过语言、教育、政治和大众媒体得到巩固和加强。因此，真正的意识被掩盖了，偏离了原来的轨道。但只要有机会，它们就会显示实力。

霸权思想无须令人信服，它只要一现身就足以引发混乱，引起麻痹。共产主义者所面临的挑战就是投身于反对霸权的事业，为工人们提供理念上的工具，让他们充分理解导致自己不满的种种原因。这需要在市民社会的相关领域展开活动。事实上，只要这一步工作没有完成，共产党就不可能真正为掌握权力做好准备。共产党必须首先推翻统治阶级，然后建立自己的霸权。葛兰西将代表某个群体的政党比作马基雅维利著作中的国王：“现代社会的国王……不可能是一个真实、具体的个人。它只能是一个组织、一个社会中的复杂部分，集体意志在这里得到加强，并在已开始的行动中得到识别和部分加强。历史的发展已提供了这一组织形式，它就是政党。”[18]政党只有一

直与渴望掌握权力的人保持紧密联系，才能发挥作用。葛兰西并不欣赏民主集中制，认为它指向的是获取独裁权力。他满怀
331 疑虑地写道，这就要求大众“对看得见或看不见的政治中心怀有一种类似军人那样的忠诚”。当采取直接行动时，这种做法或许能够在一段时期内发生作用，其手段是通过“道德说教、感情激励以及盼望黄金时代的弥赛亚神话，在这个黄金时代，一切现有的矛盾和苦难都会自动化解并转好”。[19]

为了解释自己的想法，葛兰西用军队做类比。统治阶级对市民社会的知识统治好像一大片战壕和堡垒，只能靠耐心而顽强的阵地战来摧毁和颠覆。还有一种办法是机动战——实际上就是向国家发起正面攻击——它一直以来就是革命者的梦想，而且已经在俄国取得了成功。列宁发动了一场运动，利用一个有组织的政党、一个一盘散沙的国家、一个虚弱的市民社会掌握了权力。然而，葛兰西认为这只是个“东方”特例，其条件与西方国家复杂的市民社会和结构有巨大差异。在西方国家，唯一的途径就是先在思想领域展开斗争。“政治领域的阵地战，”他强调，“就是霸权的概念。”一位权威人士称，这是“对葛兰西整个战略观点的一个浓缩概括”。[20]

葛兰西没有机会完成他的分析，将它们付诸实践更是无从谈起，但是他的观点中有一种从马克思主义核心内容中流露出的张力。他坚持认为，经济最终会驾驭政治，阶级斗争是真实的，它能塑造并形成意识，终有一天，占大多数的工人阶级会获得权力，依靠真正的霸权共识进行统治。然而，他的分析中也流露出一系列极不稳定的关系、可能性，以及相互脱节、毫无连贯性的思维方式。马克思主义者无法接受这样的理念：政治是独立于经济之外的领域，而且还拥有独立发展趋势，但是

允许这么多因素涉入政治和经济之间会使二者的联系变得模糊不清。如果思想只对自己造成的后果负责，反映的不只是生产方式的变迁和社会阶级的组成，那该如何设想思想斗争和潜在的阶级斗争之间的关联？如果我们承认，人的头脑能同时容下理论上相互矛盾的思想，那又何必阻止统治阶级的霸权主义思想和被统治阶级的反霸权主义思想之间的较量？还有那些混乱、困惑、隔绝阶级斗争的理念、谨慎顾虑所导致的无所作为、恐惧失业、追悔失败，或者不信任党的领导人，它们又该如何解释？[21]

葛兰西使用的军事类比方法本质上是德尔布吕克在比较歼 332
灭战略和消耗战略时首先采用的。1910 年考茨基用过这种方法，随后列宁在积蓄力量进行革命准备的论争过程中也使用过这种方式。葛兰西也许因为一战的原因对这个比喻做了更新，将战争早期失败的机动战和后期的战壕、防御工事和猛攻做对比，但其背后的观点其实是一样的。歼灭战略或颠覆战略——葛兰西所称——可以确保获得迅速的决定性结果，但条件是发动突袭，而且是在对手毫无准备的情况下。但考虑到国家的优势，只能做谨慎和长远的考虑。葛兰西因此认为争夺霸权的战争是一场持久战。一旦获得国家权力，社会主义就已经快取得胜利了。

作为一种解决方式，葛兰西的想法和考茨基的几乎没什么不同，只不过前者在思想领域设想得更加广泛深入，对议会路线持更加怀疑的态度。葛兰西的出发点很弱。值得注意的是，他那些有关如何打阵地战的想法似乎意在避开早期的暴力运动，将焦点放在游行示威、抵制、宣传和政治教育等方面。至于如何将民间反霸权运动的成果最终转化为政治领域的权力转移，这个问题仍然是模糊的，设想如果统治阶级仍占主导地位却不再实行霸权那也是一个问题。在这种情况下，一场机动战在所难免。葛兰西没有涉及的另一个更大的问题是，新的霸权该如何在经济和社会结构更加复杂多样的环境下发展。

如果在监狱外，那么葛兰西的战略看上去温和而有耐心，避免了列宁主义者所招致的独裁主义指控，有效地避免了革命，不可避免地与其他党派达成了协议和妥协。现实中，葛兰西在身体上是法西斯的囚徒，在知识上则是政党路线的囚徒。他在和自己进行着一场霸权较量。他承认人的思想方式影响了行为方式，思想绝不会听命于阶级的需要，然而每当此时，他的想法也等于颠覆了自己心中长期树立起来的知识和政治传统。他正在有意识或无意识地挑战这些传统。

葛兰西身处困境。他非但没有机会将自己的思想付诸实践，而且一旦尝试就必然遭到阻挠。如果他公开提出这些思想
333 理念，就会被当作激进主义分子逐出党外。当他的作品在其去世之后最终出版时，最初也只是收录了被意大利共产党认为可以安全发表的章节而已。一旦人们不再相信马克思主义是反映历史规律的科学理论，葛兰西的设想就不会实现，或者至少向一个与他最初设想毫无关系的方向发展（战后的事实的确如此，这激发了众多学术文化研究）。

共产党转向了维持霸权的阶段。它要求党员忠于现行路线，无论后者看上去多么自相矛盾、难以自圆其说，即便证据确凿，党员们也得毫不犹豫、深信不疑地向追随者做出解释。陷入这种知识扭曲的官方理论家必须拥护领导，他们自知只要表现出一丝怀疑或者独立思考的迹象就会身陷麻烦。当意识形态从街头走向政府的时候，思想纪律便扩大到了作为一个整体

的所有人身上。党的路线每天都要遭到各种日常事务的考验，还有各种分歧需要解释，因此其正式立场不得不做出一些必要的改动，困扰由此产生。一种自称能够诠释一切的意识形态必须对任何事物持有立场，有时候这些论调听上去可能有点可笑。即便在群众中拥有一批铁杆支持者，还是会产生各种各样的疑问。到后来，与其说信誉维护了霸权，倒不如说是向怀疑论者、变节者、批评者和离经叛道者所发出的惩罚性威胁在发生作用。由此看来，有关阶级意识、政治规则、神话和霸权的极端主义原命题与极权主义国家的极端主义做法是相互匹配的。

也许是基于勒庞和索列尔的思想，德国纳粹作为统治精英，凭借冷酷和理智上的毫无羞愧感控制了群众的思想，这是令人极其不安的个例。他们组织集会，控制电台广播，动用了众多现代宣传形式。虽然希特勒和他的宣传干将约瑟夫·戈培尔从不承认自己会卑鄙到编造他们所说的“大谎言”（big lie），但从他们嫁祸于敌人的种种描述来看，他们的立场观点暴露无遗。希特勒称，犹太人而非德国人应为一战的失败负责，他在解释这个问题的时候注意到“一个定律（就该定律本身而言是相当正确的）——大谎言总是具有一定的可信度；因为相比自觉意识和自由意志，一个国家的广大民众更容易在深层的情感本性上受到感染”。出于“思想上的古朴本性”，人们更容易成为大谎言的牺牲品，“因为他们的头脑中根本编造不出如此的弥天大谎，他们无法相信竟然有人会如此厚颜无耻，如此恶劣地歪曲事实”。[22]

伯纳姆 334

斯大林主义对开放社会的左派思想产生了一定影响，在美国，人们提出的问题是：西方资本主义社会难道真的会按照马克思设定的道路发展下去吗？或者它会更加持久，而并非那么具有自我毁灭性？二十世纪三十年代，追随苏联路线的共产党控制着极左派政治。被流放到墨西哥的托洛茨基在仍然笃信马克思主义的人中颇具号召力，尤其是在可怕的经济大萧条时期，以及在人们被斯大林的邪恶和狡猾惊吓到了之后。托洛茨基主义者团体是美国规模最大的共产党组织（尽管只有大约1000名成员），其中许多重要人物信奉的是一种不同于莫斯科的马克思主义，他们纷纷来到纽约。如果不考虑政治影响而单就活力而言，这是一个令人敬畏的知识分子团体。实际上，这些人最后在反斯大林主义的催动下，统统抛弃了马克思主义，许多人从此成为保守派。这些人中不乏一些美国战后最有实力的知识分子和作家。这些老牌左翼分子发起了当代新保守主义运动，他们在三十年代的诸多派系斗争中练就了好辩的才能。

这样的环境造就了一名关键人物——纽约大学教授詹姆斯·伯纳姆（James Burnham）。他曾经是托洛茨基身边最犀利的谋士，直到托洛茨基支持斯大林与希特勒签订友好条约才与之分道扬镳。他认为，托洛茨基此举完全是一种背叛。与此同时，两人在辩证唯物主义的哲学有效性方面也存在旁人难以理解的深奥纠纷。从此，反共产主义在伯纳姆的思想中占据了主导地位，他坚决地站到了右派的右翼立场上。1941年，正值伯纳姆走上右翼道路的初期，他秉持一贯的严谨、准科学、预言式风格，以生产资料为重点，探索权力究竟何在，出版了一本极具影响力的作品《管理革命》（*The Managerial Revolution*）。他发现一个新的阶层——并非无产阶级——正在渐渐占据主导地位。正如这部书的名字所写，该书的核心主题是经理人能够提供技术指导并协调生产，他们已经取代资本家或共产主义者之流，取得了掌管权。他在纳粹德国（当时认为德国会在欧洲取得胜利）和罗斯福总统的新政中都发现了这一趋势。[23]战后，古怪的左派人物、流动鞋商布鲁诺·瑞兹（Bruno Rizzi）指责伯纳姆剽窃。他的批评不无道理，即便伯纳姆没有读过瑞兹发表于1939年的那本《世界的官僚化》（*Bureaucratization of the World*）[24]，他也该对此书有所耳闻。托洛茨基意识到，伯恩斯坦识别到了一个统治着不同类型社会的国家机器的官僚阶层。他自觉有必要解决这个问题，因为伯纳姆利用了他对苏联的批 335
判，并将其发展到了一个忠实的马克思主义者无法容忍的地步。

伯纳姆在下一部作品《权谋政治家》（*The Machiavellians*）中，试图为他在《管理革命》中的经济分析提供政治视角。他借鉴了莫斯卡、索列尔、米歇尔斯和帕累托的思想。该书意图重申马基雅维利关于基本利益和本能在政治中的角色的坦率观点，即权力在其本身的实施过程中，如果有必要，是需要靠暴力和欺诈来维持的。他断定完全有可能建立一门客观的政治科学，它对任何政治目标持中立态度，不受个人喜好的支配，以“多样化、各种公开或隐蔽的形式”思考为社会权力而斗争。这依靠的不是所谓的表面价值；人们所做所言的每一件事都要放在更宽泛的社会框架中去理解其意义。该书用大量篇幅介绍了与新马基雅维利主义相关的各种理论，重点强调了统治者和被统治者之间的核心分歧。他的总结是帕累托和索列尔二者思想的混合产物。他从帕累托的思想中吸取的观点是，政治和社会变革中符合逻辑的、理性的行为只能发挥次要作用。“所谓人们通过有意识地采取措施来实现明确的既定目标，这在很大程度上不过是错觉而已。”而更常见的是那些“环境变化、本能、冲动、利益所激发”的非逻辑行为。索列尔的主张是，精英们依赖一种政治模式来维护自己的势力和特权，“它通常与人们普遍接受的宗教、意识形态或神话”相关联。

伯纳姆发现，这些新兴的精英“有能力掌控当代的大规模产业、大规模劳动力以及超国家的政治组织形式”。他设想，这种控制会通过一种强制性的政治模式来实现。因此，对于精英而言，明智的做法是让大众接受各种非科学的神话。如果他们无法通过这些神话来维系信仰，社会结构就会垮塌，他们会被推翻。简而言之，领导者——如果他们自己还算讲点科学——必须撒谎。[25]

这就是伯纳姆分析的问题核心。在纳粹德国和斯大林统治下的苏联，人们炮制出一个个神话并维护它们，将其作为一种社会控制手段。这两个案例中，潜在的意识形态根植于领导层的头脑中，但同时也能通过强制性手段来维持。持异议者必然遭到惩罚。某些思想在西方社会发挥着重要作用，若要分析其作用，伯纳姆的方法还远不够精细和微妙，因为思想的市场远不止于此。批评家们反对伯纳姆对待美国民主的那种冷嘲热讽的态度，认为其思想堪比极权主义，他们对他有关权力以及权力所在的诸多混乱分析也同样持反对意见。[26]伯纳姆认为，精英
336 们建立了一种政治模式，然后将其传承给大众，这种主张未免过于简单。掌控思想要比控制自然条件困难得多。即便接受者有意愿，也并非所有的原始信息都能够原封不动地被人理解。

专家与宣传

当纳粹将宣传的艺术推到了一个全新的、令人困扰的层次

上时，美国也在宣传理论和实践上突飞猛进。因为有了极权主义经验，人们在阅读先前有关宣传效用的种种言论时很难摆脱一种无所适从的痛苦感觉。既然影响人们思考自身状况的方式很重要，而且直至二十一世纪情况依然如此，那就很有必要深思一下西方有关公众舆论的诸多理论的早期发展状况。

罗伯特·帕克（Robert Park）在此问题上提供了一个切入点。他曾经师从杜威，并接替斯莫尔成为芝加哥大学社会学系主任。1904 年他用德语完成了博士论文《乌合之众与公众》（The Crowd and the Public），[27]对比了勒庞和加布里埃尔·塔尔德（Gabriel Tarde）这两个法国人的观点，前者生动地描绘了个体在加入群体之后会丧失个性获取一种集体意识，而后者则认为勒庞的思想是过时的。塔尔德关注的是，当人们被其他人模仿时，其权力是如何流入他人手中的。除了强制性力量之外，这种模仿行为也能带来社会一致性。不断发展的印刷媒体使人们得以抛开地理上的限制，进行同时段的、内容相似的交流，因而具有特殊的重要意义。由此，观点可以像商品一样被打包输送到成千上万人的手里，塔尔德认为这种能力是一种强大的武器。

塔尔德在回顾十九世纪九十年代的德雷福斯事件（1894 年法国陆军参谋部的犹太籍上尉军官德雷福斯被诬陷犯有叛国罪，被革职并处终身流放，法国右翼势力乘机掀起反犹浪潮）时发现，有一种集体观点可以在没有个人聚集的情况下形成。他由此形成了自己的舆论观点，即“精神集体意识，它指物理上相互隔离的人们完全在精神上形成了凝聚力”。[28]因此，他不同意“顽固的勒庞博士所写的，这是个‘乌合之众的时代’”。他认为，这是个“群众或者公众的时代——他们与乌合之众完全是两码事”。[29]一个人只能加入一帮乌合之众，却可能同时是多个公众群的一分子。乌合之众易受刺激，但公众却要冷静得多，其观点也更平和一些。

帕克进一步发展了乌合之众与可敬的公众之间的二分法概
337 念，前者同质、简单、冲动，一有风吹草动便会做出情绪性反应，后者的成分各不相同，他们善于发表评论、陈述事实，能够沉着应对复杂情况。要想建立一个有秩序的进步社会，依靠的正是公众，“因为它由持不同意见的个体构成——并且在谨慎和理性反应的引导下行事”。[30]一旦公众不再发表评论意见，那么也就和一帮乌合之众没什么差别了，所有的情绪都会朝着同一个方向发展。

乌合之众和公众，二者到底谁会成为主导力量，这一切取决于媒体的作用。那些人们所谓的“扒粪记者”把报纸当作启蒙和民主的代言人。十九世纪八十年代曾经有人写道：“宣传就是最伟大的道德消毒。”[31]但如果媒体丧失了自身的重要作用，只是一味地迎合大众，那么大众的品位就会被拉低。人群很容易受到某种暗示，这种特性可能会被媒体放大而不是受阻，这一点在第一次世界大战中表现得尤为显著。1917 年美国参战并成立了公共信息委员会（CPI），它举重若轻地运用各种方式让每个人了解德国军国主义的危险性，以及奋起反抗的必要性，给当时的人们留下了深刻印象。该委员会由自由派记者乔治·克里尔掌管，他的名言是“人们并非只靠面包为生：大多数时候他们靠妙语口号活着”，因此 CPI 动用了从市政厅会议到电影等媒体形式，传达核心信息。

沃尔特·李普曼（Walter Lippmann）是促成建立 CPI 的众多参与者之一，他介入该委员会的诸多活动并对其表现留下了深刻印象。[32]作为一个拥有非凡才华、高尚、善于表达、有影响力的记者，李普曼对当时的社会思潮非常敏感。他在战前和长辈威廉·詹姆斯结下友谊，并且迷上了精神分析运动在探讨意识的发展以及非理性的根源问题上的洞察力。李普曼发现，通俗报刊总是在揭发阴谋，挖掘各种哗众取宠的内幕，他对此深感不安。他认为这是在煽动骚乱，使人们无法展开理性的讨论。1922 年，他发表了那本具有里程碑意义的著作《公众舆论》（*Public Opinion*）。李普曼认为，人们对世界的认识，来自楔入于他们与真实世界之间的“拟态环境”（pseudo environments）在“他们头脑中的图像”。了解这些图像的形成、保持和破坏方式非常重要，因为它能影响人的行为。他认为，“恰恰因为那是一种表现，那么产生后果——如果是行动——的地方，就不是激发了那种表现的拟态环境，而是行动得以发生的真实环境”。或者，正如芝加哥社会学家威廉·托马斯（William Thomas）几年之后在以其名字命名的“托马斯公理”中所说的，“如果人们把情境界定为真实的，那么它们在结果上也就是真实的”。[33]

李普曼还指出，个人在一定程度上执着于他们的“系统刻板印象”，因为它提供了一个“有序的、或多或少有连续性的世界，面对这一景象，我们的习惯、偏爱、能力、安逸和希望都会进行自我调节”。因此 338

> 任何对成见的袭扰看来都像是对世界基本原理的攻击。那是对我们的世界基本原理的攻击，如果那里大事不妙，我们不会迅速承认我们的世界与整个世界的区别。一个世界如果成为我们崇敬的人一钱不值、我们鄙视的人却

> 高高在上的世界，那就是一个令人心烦的世界。如果我们先入为主的秩序并不是唯一可能的秩序，那就会出现混乱。[34]

除了常见的对有害成见的认知问题之外，大多数人既没有时间，也没有意愿去以更严谨的态度探索真理。如果他们依赖报纸，那么得到的只能是选择性的、被简化了的信息。

某些形式的画面是无法避免的，但李普曼是个标准的进步主义者，他担心媒体出于本能的自私，在一些暧昧广告的资助下，这些图像难免被局部利益所拉拢。所有这些都意味着“公众舆论”并不可信。“共同意志”（common will）是人们自发形成的概念，与之相反，实践中的公共舆论是一种人为制造出来的建设性的民主共识。一个政府的好坏不在于公众的参与程度，而在于其输出质量。杜威相信民众是其自身利益的最佳评判者，参与性民主是创造共享社区意识的最佳途径，然而李普曼却是代表性民主的坚定支持者。他和杜威一样，对包含社会科学在内的科学持乐观态度，认为它是进步的动力。

让李普曼遗憾的是，工程师们一直在推动社会进步，而社会科学家并没有发挥出这种作用。他将这归咎于缺乏信心。社会科学家无法“在展示给大众之前先证明其理论”，况且“一旦他的建议被采纳而他又是错的，后果便无法估量了。他所负的责任更大，所面对的结果更加变幻莫测”。因此，社会科学家总是在解释已经做出的决定，而不是去影响那些尚未付诸实施的决策。“正确的顺序，”李普曼认为，“应该是由不偏不倚的专家首先为实干家发现和阐述事实，然后尽其所能，在他所了解的决策和他所组织的事实之间进行比较。”他们能给政府

带来另一个层面的意见，代表那些“并不明显的选民的功能”，他描述的是些“看不见的事件、沉默的人、未来的人、 339
人与事之间的关系”。虽然，后来李普曼提出了让专家们掌权的建议，但他的办法也只是鼓励他们辅助政府做出些英明的决策而已。而且李普曼也并不认为专家比普通民众要高一等。他们并非要充当大众的对立面，而是要抵消一般的进步阻力——城市政党机器、大托拉斯，以及抛开使命受广告收入驱动的新闻媒体。[35]

李普曼发现，有一种专门技术正在崭露头角，那就是“说服”，它“已经变成一种自觉的艺术和世俗政府的一个常规功能”。他接着又有所保留地说道：“我们当中还没有人开始理解这一变化的后果，但是，如果熟知如何制造同意，那就可以改变每一项政治算计，修正每一个政治前提，这话并不是轻率的预言。”和当时有关这一话题的其他许多文章一样，他打算将其称作“宣传”（propaganda），其中并非含有恶意。这个词最早指的是天主教用来说服那些尚未改变信仰者的方法。在当时的一般定义中，宣传只是“传播某一种教义或实践”的方法而已。

第一次世界大战中，人们制造谎言来鼓舞士气、迷惑或诽谤敌人，这种行为遭人诟病，宣传这个词也因此披上了一层邪恶的外衣。哈罗德·拉斯韦尔（Harold Lasswell）是美国政治学领域的杰出人物，因其宣传理论而一举成名。在他的定义中，宣传是“通过操纵有效符号来控制集体的态度”，既然普通民众和精英之间存在无法避免的差距，那么从社交层面来看，宣传就是“不可或缺的”。他不赞成赋予宣传这个词任何负面内涵，认为它就像一个“水泵手柄”，谈不上什么道德或不道德。宣传有其存在的必要性，因为个体的人在判断自身利益方面能力欠缺，因此就必须在官方认可的沟通方式的帮助下再做判断。有了专业人士来动员公众舆论，以往“依靠暴力和恐吓办到的事情，现在就必须转而依靠辩论和说服了”。[36]宣传所面临的策略挑战是“强化对达到目的有利的态度，转变敌对态度，拉拢中立的人群，或者至少要防止后者倒向敌对方”。

这种理性与感性的斗争在个体身上显露无遗，但现在却上升成为整个社会的一大特点，并且越来越多地受到弗洛伊德理论的影响。弗洛伊德对个人和集体之间的心理差别提出质疑。
340 一战后，他的研究从意识和无意识的辩证法转向了一个更为复杂的构造。[37]他发现了“本我”（Id），反映的是人性中那些无意识的、本能的、肉欲的、非道德性的、混乱的方方面面，它追求快乐，宛如“一口充满着刺激的大锅”，而这一切都是有条理的、有意识的、有见识的“自我”寻求与现实接轨并予以掌控的。自我代表了理性和常识，它对于本我就像“一个骑马的人，在控制约束马匹的强大力量”。而这个任务又因“超我”而复杂化，它运用良心和道德上的考量——父亲般的长者留下的传统，或者外部的、诸如老师的影响——采取适当的社会行为去阻止本我及时行乐。

弗洛伊德的影响力可从英国外科医生威廉·特罗特（William Trotter）身上窥见一斑，他是弗洛伊德的一个早期追随者。1916 年，特罗特在分别于 1908 年和 1909 年撰写的两篇文章的基础上，再加上自己在战争中的经历，写成并出版了一本关于“群体心理”的著作。特罗特认为，人类生来喜欢群居，独处时会有不安全和恐惧感。这就产生了第四种本能——除了保存本能、营养本能和性本能——它与其他本能的区别在于，其运用的是“一种来自外部的对个人的控制力”，因此它能迫使人们去做自己本不想做的事情。特罗特认为，它是个人与社会之间、常识与普遍规范之间紧张关系的源头，也是人产生罪恶感的根源。“群体心理”以及迷恋大众心理并不是什么新鲜事，但之前就此著书立说的人往往将其视为一种负面力量、暴民行为的源头，而特罗特则提出了一种更为正面的观点。尽管弗洛伊德认为特罗特的群体心理几乎没有考虑领袖人物的作用以及群体成员对领袖“关爱”的需求，但他很尊重特罗特的看法。[38]

爱德华·伯尼斯（Edward Bernays）是当时最出色的宣传者，他展示了各种思想的实践可能性。他是西格蒙德·弗洛伊德的侄子，每当他要解释自己对于情感和非理性的认识时，都会动用这层亲戚关系。他先为 CPI 工作了一段时间，之后于 1919 年开始成为一名公共关系咨询师（他是首个使用这种职业描述的人）。他做事的手段方法虽系自创，但其思想在很大程度上受到了李普曼和弗洛伊德的影响。政治上，他是一个进步主义者和乐观的人，相信技术可以使社会变得更好，虽然当他发现戈培尔藏书中有他的书时，这种乐观主义情绪倍受打击。1923 年，李普曼的《公众舆论》问世一年之后，伯尼斯出版了第一本著作《公众舆论的形成》，书中大量引用了李普曼作品中的内容。他意在证明，自己从事的是扎根于社会科学和精神病学的一种受人尊敬的职业，具有严谨的职业素质。在 341
纷繁复杂的社会中，政府、企业、政党、慈善组织以及其他众多团体时时想要千方百计地获取好感和优势。即便它们对公众舆论不屑一顾，公众也对它们到底在干什么很感兴趣。他发现，大型企业和工会被当成了“半公共服务”，受益于教育和民主制度，民众希望这些机构能为自己的行动发声。这就需要专家建议如何才能有效地达到这个目的。[39]

这些只是伯尼斯作品主题思想中的一般平常内容。真正引人瞩目的是他描述公共关系专业人士能提供什么，以及在预想成功时所表现出来的直言不讳。他在《公众舆论的形成》一书中解释了为什么“个人人性中生来就有的灵活性”使政府得以“对思想实行管制，就像军队管制人的身体一样”。1928年，他写了《宣传》一书并在其中断言：“对民众有组织的习惯和观点进行有意识地思想操控是民主社会的重要因素。”那些操控这种隐秘社会机制的人构成了“一种影子政府，他们才是我们国家真正的统治力量”。因此，“我们受到了控制，我们的意志、品位和思想在很大程度上是由一些素昧平生的人塑造的”。他赞成为公共关系行业树立严格的道德标准，社会作为一个整体，其需求是第一位的。他坚信大众不可能被迫去做那些伤害自己核心利益的事情，政治领导人仍是推动创造“确立观点”的最重要因素。然而，他的构想却加深了对民主的冒犯。李普曼似乎也说过，如果民意是自上而下形成的，那就侵蚀了民主的观念，即权力应该是自下而上产生的。伯尼斯从中得出的结论是，理解了“群体意识的机制和目的”就有可能“根据我们的意志，在大众并不知晓的情况下对他们实行控制并严密管制”。他认为这至少在“一定程度上和一定范围内”是可以做到的。[40]

伯尼斯作为政府、慈善组织和公司企业的顾问，堪称天生的战略家。他把自己和广告人区分开来，把后者描述为一心想让人们接受某一种商品的特殊辩论者。相比之下，他的做事方式要更具整体性（针对客户与其环境的整体关系提出建议）

且更加间接（寻求让人们用完全不同的方式来观察世界）。伯尼斯后来写了一篇标题颇具刺激性的文章——《操控共识》（The Engineering of Consent），[41]明确讨论了公共关系战略。他还在其中用了军事隐喻。除了他一直强调的要在可用的预算、 342
明确的目标、了解当前的思潮等方面进行细致准备外，还必须注意各种重大主题，他认为，和小说情节相比，这些主题“永远存在却不可捉摸”，无论在意识和潜意识中都对大众有吸引力。然后是运动：“要应对这种情况可能需要一场闪电战或持久战，或者二者合而为一，抑或什么别的战略。”选举可能难以解决问题，需要采取一些快速行动。要想让人们在健康议题上转变想法则需要更长时间。至于策略，伯尼斯强调其目的并不是简单地在报纸上发表一篇文章或上一个广播节目，而是要“制造新闻”，意思是“突破常规模式”的内容。这样新闻事件就可以传达给“除实际参与者之外更多的人，而对那些没有亲眼看到事件的人来说，这样的事件让观点变得更加生动而戏剧化”。伯尼斯的丰功伟绩还包括：让知名医生出面说明吃一顿“丰盛”早餐的必要性，鼓励人们将“熏肉和鸡蛋”作为早餐；让卡尔文·柯立芝总统与当红艺人见面来提升形象；其中最耀眼的当属他为美国烟草公司策划的极富想象力的噱头。1929年，他说服10名刚刚踏入社交界的女孩子在复活节游行期间点燃手中的香烟，以女权主义的名义出击，挑战妇女不能在公共场所吸烟的禁忌。香烟由此成了“自由的火炬”。[42]

伯尼斯的做法招致严厉批评，人们指责他越俎代庖、擅自塑造人的思想，篡夺了民主的角色，引发的是大规模效应而非个体责任，他依靠的是陈词滥调和煽情而并非在才智层面提出了什么新的挑战。而伯尼斯则认为，在一个大众媒体时代，宣传无所不在，人们不可避免地会运用各种技巧。个人和群体有权推广他们的观点，为此展开的竞争对民主和资本主义是有好处的。另外，伯尼斯对于公关行业的夸张表述，以及他急于树立公关业者权威的做法也激起了一片过激反应。[43]第二次世界大战后，这个行业几乎还不为人们所接受，而关于如何建立并影响政治意识的问题则早已有了定论。伯尼斯的贡献在于他向人们展示了，冲动需求不仅影响到有关潜在政治意识形态的思考，而且还将为更加具体的问题构建框架。在二十世纪五六十年代围绕种族和战争展开的种种政治斗争中，战略越来越多地聚焦在如何建立正确印象的问题上。

共产主义和纳粹主义等极权主义意识形态希望用行动来展现的是，广大群众很容易受到特权精英炮制出来的政治规则的
343 影响。他们回避产生于生活体验的显而易见的异常、矛盾和落差，刻意寻求在所有人的意识中植入一致的世界观来执行自己的命令。况且，他们的成功在很大程度上是源于人们心中的恐惧，因为只要对党的路线表现出一丝异见、怀疑或背离，就会遭到可怕的后果。而这种强制性的法术一旦被打破，被压制的潜在思想就会想方设法地生存下来。其实，信仰系统要比精英理论家们所设想的更为复杂和多变，民意也不如他们想象的那么温顺。伯尼斯所指向的是一些更加难以捉摸的东西，它们处在大的意识形态冲突层面之下，涉及的态度和看法更为具体，行为后果也没那么苛刻。思想家期盼用言语控制行为，但实际上二者之间是一种紧密的关系，功成名就的政治家和竞选家都认识到，即便取得的只是短暂的胜利也必须理解这一点，更不用说持久的变革了。

二十三　非暴力的力量

当坏人在处心积虑地谋划时，好人必须制订计划去抵 344
抗他们。

——马丁·路德·金

当人们对如何影响民意有了更进一步的认识之后，政治战略便迎来了新的机遇。那些出于道德顾虑或因为谨慎而不愿意诉诸武力的人，就可以考虑采取一些别的战略，在创建令人信服的印象基础上，不采用强制手段就能推动民意朝着自己的方向发展。这种战略的力量有多大，要看他们发动精英和民众的程度有多深。即便民众会发生改变，那么这些战略影响政府决策的机制又是什么？这难道只是为了吸引眼球而重新包装好主意？为了获得预期的回应，是否还需要进一步施以压力？

妇女参政运动解答了其中的许多问题。西方资本主义国家在民主方面取得了进步，提供宪法手段供人们申告不满，这一方面削弱了劳工运动的革命热情，同时也加剧了得不到民主权利的人所感受到的不公平感。大英帝国将自由意识形态当作命脉，然而周围却环绕着制度化的镇压。面对人们在政治平等方面的要求，英帝国受到了极大的震动。包括反殖民主义运动和爱尔兰自治运动在内，最坚决并最终取得成功的是妇女要求选
举权的运动。这场运动的独特之处在于，它不仅对政治体系构 345

成了威胁，而且还对传统的性别观念和最基本的人际关系提出了质疑。妇女参政运动采用的策略产生了深远影响，即便面对自认为高人一等的男性，她们也能靠手段获得关注，而且它还直接挑战了人们对柔弱女子的刻板印象，比如人们原本料想女人根本没有能力发动或维持一场政治辩论。但事实是，女人不仅应该享有平等权利，而且还将为公众生活带来特殊的品质。

英国的这场运动一开始提议将妇女参政权纳入 1867 年改革法案，后来竟促成了 1928 年的《平权法案》。其间，随着女性进入慈善和民政事务领域，妇女政治权利逐渐得到扩张。虽然拒绝赋予女性同等权利的力量十分顽固，但在第一次世界大战的重压之下，这股势力最终还是瓦解了。妇女参政运动有众多意见分支。有些人打算和现有的政党展开合作，然而另一些人却认为这是徒劳；有些人主张把参政问题限制在政治权利的框架内，而另一些人则寻求解决经济问题，并挑战传统上男性对女性角色的各种预期。从战略角度来说，则分成了宪法派（采用请愿、游说和游行等方式）和激进派［令人敬畏的埃米琳·潘克赫斯特（Emmeline Pankhurst）和克丽斯特贝尔·潘克赫斯特（Christabel Pankhurst）母女领导的妇女社会和政治联盟（WSPU）］。至于哪个派别最有成效，以及它们相互之间到底是彼此拆台还是相互支援，人们至今众说纷纭。激进派因其破坏画像、纵火、砸窗户、将自己捆绑在铁轨上，以及监狱绝食抗议等硬碰硬的举动而至今被人铭记。然而，这场运动在形式和关注度上千变万化，激进派的表现只是其中之一。

这场运动的战斗性来自一次又一次的幻灭，首先是自由党并不赞同妇女参政的理念，其次是劳工运动也没有赋予女性任何优先权，再者人们逐渐深信在立法道路上已经无路可走。这场运动的核心主题源自经典的自由理念：反对各种形式的强权，是它们导致个人只有义务没有权利。这样的口号可以追溯到法国大革命以及后来的宪章派身上，只不过这一次性别取代了阶级。克丽斯特贝尔·潘克赫斯特曾说，激进派之所以采取这样的策略，是因为“那些被排斥在宪法之外的人无法拥有正常而可靠的申告途经，因此他们必须尝试采用特殊的方式”。这些技巧使 WSPU 获得了关注，而对他们最为有利的关键因素可能是被捕后法庭审判案件，一场刑事指控辩护演变成了一场政治辩论，这就带来了机会。例如，1912 年陪审团审 346
判期间，埃米琳·潘克赫斯特以及她所代表的组织留给人的印象是聪明机灵、口才流利、精明能干、组织有序，完全不是情绪化的、歇斯底里的。特别值得一提的是，她和其他妇女参政运动参与者给自己的行为找到了一个引人瞩目的政治理由，这最终使得陪审团要求对埃米琳的案子进行宽大处理。

此后，人们更是在语言上下足了功夫。克丽斯特贝尔·潘克赫斯特甚至引发了恐怖主义。她强调，“无论男性还是女性，那些被剥夺了政治权利的人被迫对暴君用于禁锢他们的武力发起反抗”。消极抵抗被当作一种屈从行为而遭到摒弃，人们认为积极反抗“更全面、更纯粹”。虽然没有出现攻击人的行为，但针对财产的破坏行动却日渐增多。人们对这场运动的关注点因而转向了别处，战斗性取代了参政权而成为焦点问题。由于支持者们渐渐疏离，WSPU 的行动变得更加隐秘。最后，战争为体面地结束这场战斗提供了一个有用的借口。实际上，当参政运动中的非暴力派投入反战时，潘克赫斯特母女积极地参与了战争事务，她们发表了刺耳的反德国、反非战主义者，以及后来的反布尔什维克言论，名噪一时。[1]

1920 年美国的妇女参政运动取得成功，相比之下其战斗性要弱得多。它与进步运动建立起紧密联系，后者将工业化压力推到了前台，比如因为工资微薄，贫困妇女被迫一边照顾孩子一边工作等。虽然在一战爆发前的那几年里，美国妇女运动组织在应对主要团体的僵化实践，以及和英国妇女运动的交流中，确实变得日益激进，但美国人首选的方式还是通过工会纠察队、集会和游行来展示其可观的力量。贵格会教义对这场运动产生了特殊的影响，它一直允许女性参与各项事务——甚至可以成为牧师。贵格会为早期美国妇女运动输送了一大批领导者，并且坚持非暴力的斗争理念。美国妇女运动最终取得了成功，从中可以看出，他们掌握了一定的政治组织动员基础技能，各种集会、巡回演讲和全职活动家始终让运动备受关注。[2]其结果之一是，和平主义有机会成为一种成功的政治策略基础，而不仅仅是针对某一种特定道德的主张。

十九世纪出现了“和平主义者”一词，专门指那些自愿放弃所有形式暴力斗争的人。他们普遍面临一些挑战：当遭遇对手咄咄逼人的进攻时，如何进行防御，以及如何在不使用暴力的情况下采取行动实现变革。和平主义者的最大难点在于，他们将主要精力放在强调和平方面，而非控诉不公正，因此就会受到现状的束缚。和平主义者出于被压迫者的利益考虑，排除了暴力手段，于是他们就得被迫接受现有的权利架构，要么
347 收敛起不满情绪，要么提出一些诸如呼唤和平、号召理性等不太现实的情感诉求。和平主义者的筹码是，当争端演变为暴力活动时，劣势方必然损失惨重，一旦使用了暴力，即便出发点是好的，也不太可能从斗争中获得什么真正的好处，因此还不如施加一些有效的非暴力压力。

甘地的影响

第一次世界大战后，和平主义盛极一时。这在很大程度上是因为一战中西线的血腥屠杀使人们普遍认识到，战争就是徒劳和浪费。而另一大原因是，和平主义者莫罕达斯·甘地颇有成效地在印度领导了一场反对英国统治的激进变革运动。

甘地的思想源自他在南非和印度的种种经历。对其产生影响的人物之一是美国人亨利·戴维·梭罗（Henry David Thoreau）。梭罗是马萨诸塞州康科德人，他反对奴隶制度，拒绝“向一个买卖男人、妇女和儿童的国家纳税，拒绝承认这样的国家权威”。僵持6年之后，梭罗因“逃税”被捕并在监狱蹲了一夜，这激发他在1849年做了一场名为“个人与政府之关系”的演讲。虽然梭罗提出的战略不过是让每个人都照着他的样子做，奴隶制就会走向穷途末路，而且他当时在人们眼里还是个孤僻、古怪的人，但他的演讲稿（出版后更名为《论公民的不服从》）却成了拒绝接受不公正法律的道德案例的经典言论。[3] 甘地早年参加激进运动的时候就读过梭罗的作品，后来有报道称，梭罗在一定程度上影响了甘地的思想，并成为他和志趣相投的美国人之间的一个交流点。[4]

甘地和托尔斯泰之间的联系更为紧密。甘地在自传中写道，自己完全被托尔斯泰的《天国在你心中》（*The Kingdom of God is Within You*）一书“征服”了。1908年甘地翻译并四处分发了《给一个印度人的信》（*A Letter to a Hindu*），这是托尔斯泰给印度一名杂志编辑的一封回信。信中包含了一个被甘地认为不容置疑的观点。托尔斯泰写道，令人震惊的是“身体强壮、头脑聪明的两亿人，竟然被一小撮和自己的想法南辕北辙、在宗教道德上远远不如自己的人玩弄于股掌之间”。由此，托尔斯泰得出的结论是“显然不是英国人奴役了印度人，而是印度人自己奴役了自己”。托尔斯泰反对暴力抵抗，他号
348 召人们不要参与“当局的暴力行为，无论是当律师、收税还是从军”，爱是“将人们从疾病中拯救出来的唯一办法，也是让人摆脱奴役的唯一办法”。[5]

甘地和托尔斯泰之间显然有许多共同点。他们都寻求过上一种建立在自然净化基础上、充满爱心、摒除暴力的生活。两人虽然出身特权阶层，却一心贴近贫穷的劳苦大众。他们引人瞩目地过着一种苦行僧似的生活，并由此成了道德权威，获得了一批国际信众。甘地笃信自我完善思想，和托尔斯泰不同的是，他认为自我完善并非政治活动的一个选项，而是其核心。他有一个精明的想法，认为个人的精神生活不仅能使自己免受大众生活的诱惑，还能为政治主张添彩。他的天才之处在于，把指导自己个人生活的教义当作了一场群众运动的基础。

他自创的非暴力不合作（satyagraha）哲学，融真理、爱心和坚定于一体。信奉这一思想的人内心无比强大，有足够的勇气和意志去忍耐并推翻那些仰仗暴力手段的人。他认为目的和手段不可分割：暴力手段不可能带来一个和平的社会。[6]人们可以虔诚面对牢狱，微笑面对攻击，平静面对死亡。甘地不是个煽动型政治家，他平心静气地说了这番话，并以一种近乎专业的态度将它们落实到了行动上。所有这一切都包含着一种精明的政治敏感。甘地很有才能，他不仅占领了道德高地，而且还找到了让英国人感到特别尴尬的问题，让对手只有招架之力。

1930 年 3 月，甘地发起了一场全程 388 公里的长途跋涉，

抗议英国殖民统治者在食盐生产和税收领域制定不公正的食盐专营法。这场抗议活动一开始并未受到重视，但后来活动渐渐升级，甘地被捕入狱直到第二年才获得释放。虽然这场运动并没有立竿见影地达到目的，但甘地的抗议方式引起了关注，政府当局记录下了参与抗议的人数。结果，抗议活动的范围之广，公众不满情绪之深令英国殖民当局大吃一惊。面对甘地戏剧化的抗议风格和道德优势，英国人不知如何回应。1931 年，英国的印度事务大臣威廉·威基伍德·贝恩（William Wedgwood Benn）在比较爱尔兰、南非反对英国统治的斗争和妇女参政论者运动的相同点时评论说："他们的目标是一样的，集合公众的同情并拉拢其成为盟友。他们想方设法让政府当局明白，对方面临着两种选择，要么让步，要么充当压迫者的角色……他们先会故意制造事情的严重性，然后再去向一名 349
全世界诉苦。"刚开始的时候，贝恩认为对付这种状况的最好办法是拒绝在让步和压迫之间做任何选择，但拒绝显然是不可行的。"他们绝不会放过我们。"为此，他宁可"和持左轮手枪的人直接开战，那样的话事情做起来就会简单得多，这活儿也要好干得多"。[7]

甘地发起的运动并没有将英国人赶出印度。但他的所作所为连同第二次世界大战的成果一起证实了，一个遥远的式微小国根本无法有效掌控如此大的印度次大陆。印度舆论中的民族主义在膨胀，这种状况不可能无限期地持续下去。虽然甘地的种种努力都没能终结英国的殖民统治，但他领导的国大党却由此成了政府统治的一个可信赖选项。

当全世界都充斥着暴力和动乱的时候，甘地凭借简朴的穿着饮食和精神教义，成了尊严和善良的化身。与此同时，他还想方设法打造了一场真正的、成功的群众运动。甘地采用的是受压迫者的常用战术——游行、罢工和抵制——并且将它们当作一种更高尚叙述的一部分。他主张深入了解对手的美德，相信一定能够达成和解，这就为让步留出了余地。这到底是一种可以广泛应用的战略公式，还是一种只适合于印度特殊环境的策略？它仰仗的是一种基于永恒而普遍的价值观的道德权威，但是其成功与特殊的环境条件有关系吗？

如果说非暴力方式终究见效，那是在逃避道德问题，因为它忽视了其中的艰难选择。这种方式确切地说依靠的是权威和尊严，因为它还有一种可能的结局是受尽折磨却在政治上一无所获。如果拿不出理性的成功许诺，那么坚持非暴力就等于容忍更大的邪恶，将追随者置于危险的境地，使他们毫无防备地坠入险境。即便采用暴力真的毫无益处，非暴力也不见得就等于无害，甚至还有可能招来更大的伤害。随着希特勒的崛起和二战的打响，这个问题变得尖锐起来。非暴力方式或许在对付英国人的时候很管用，因为英国人不愿意面对暴力斗争，并对群众性的抵抗运动感到束手无策，然而甘地却深信他的这种方式可以用来反抗纳粹，这就有些不可信了。而且印度独立后，
350 他也没有处理好自己阵营里的内讧。虽然甘地尽了最大的努力，但他没能在印度教徒和穆斯林的教派意识分歧之间架起沟通的桥梁，最终在 1948 年惨死于一场暗杀。

非暴力的潜在能量

甘地的影响力波及了美国南部为黑人争取公民权的运动，那里的种族隔离和歧视现象非常严重。虽然二十世纪二三十年代曾经有人提及采用非暴力战术，但直到第二次世界大战后这

种方式才被真正采纳，并使这场运动获得了巨大成功。

美国的群众运动显然和印度有着截然不同的背景。甘地唤醒所有印度人奋起反抗遥远的帝国主义势力，美国黑人则是以少数人应对无情的大多数本地人，后者所处的困境使非暴力策略成了一种潜在的两难抉择。美国内战后，南方各州的立法机关通过了所谓的《吉姆·克劳法》（Jim Crow laws，因一部说唱剧中的一个黑人角色而得名），并且往往以残酷的暴力作为支持。这些立法使得黑人难以参与选举；他们在使用饮食、交通、丧葬、医疗和教育设施时都会遭到隔离；法律还禁止黑人和白人同居生活或者结婚。从种族隔离主义分子身上寻找美德无疑是场徒劳，然而发起反抗就等于自杀。

黑人在经济上和政治上受到重重限制，使他们无法施展能力。1895 年布克·华盛顿（Booker T. Washington）发表了名为“亚特兰大种族和解声明”（Atlanta Compromise）的演说，动摇了横亘在黑人面前的阻碍。他认为，“黑人中的有识之士明白，挑起社会平等方面的争端是极其愚蠢的”。相反，黑人应当勤勤恳恳工作，做个模范雇工，渐渐地以平等身份进入美国社会。（因为“能为世界市场提供必需商品的民族是不可能被长期排斥在外的”。）随后，黑人必将得到公民权。果不其然，布克·华盛顿的妥协演讲受到了黑人和白人温和派的热烈欢迎。获得政治力量的前提是具备一定的经济实力，这句话有一定的道理。实际上，布克·华盛顿的演讲没有带来任何经济或政治上的进步，人们渐渐把它看成一种实行长期奴役的说辞。W. E. B. 杜波依斯提出了更为激进也更具分析优势的论点，他是第一个在哈佛大学获得博士学位的非洲裔美国人。他曾经在德国师从韦伯，两人一直保持着联系。韦伯认为他是美

国最具才能的社会学家之一，是挑战种族偏见的一个反例。他
351 对“黑人问题”展开了大量研究，其中论证的不是原始的种族差别，而是政治选择的影响。他发起了争取公民权的运动，并在简·亚当斯和约翰·杜威等白人改革者的支持下成立了美国全国有色人种协进会（National Association for the Advancement of Colored People，NAACP）。

1924 年杜波依斯在全国有色人种协进会的官方杂志《危机》上发表了一篇由黑人社会学家（芝加哥人）富兰克林·弗雷泽（Franklin Frazier）撰写的有关非暴力的批判文章。弗雷泽讽刺了那些一味容忍暴力的思想。当时，一项取缔私刑的法律刚刚在参议院遭到阻挠未获得通过，显示出南方的白人势力将宽恕种族杀人犯当成了一种恐吓黑人的手段。作为对弗雷泽的回应，贵格会白人会员艾伦·温莎（Ellen Winsor）提出，美国是不是也能出现一个甘地似的人物，“带领人们摆脱苦难和无知，他不应该走悲伤和错误的暴力革命的老路，而是应该采用建立在能够直接通向自由的、经济公平基础上的教育新方法”。对此，弗雷泽反驳道：

> 不妨设想一下，在甘地的领导下，黑人们如果胸无仇恨，怎能在南方的劳役偿债制度下举行罢工；怎能做到拒绝向一个愚弄他们的国家纳税；他们怎能忽视不公正的权利和《吉姆·克劳法》。我担心，黑人们会遭遇一场突如其来、打着法律和秩序旗号的大屠杀，而且美国的基督徒们几乎不太可能站出来阻止这场血腥屠杀。

几年后，杜波依斯收到甘地应邀发来的一篇文章，他在旁

边加注了自己的观点："鼓动民众、非暴力、拒绝和压迫者合作已经成为甘地的口号，甘地靠着它们带领印度奔向了自由。此时此刻，他向西方的深肤色伙伴们伸出了援手。"[8] 然而，杜波依斯最关注的是甘地的行动意愿和不妥协的态度，而不是这些行动背后的深层思想。他一直对此持怀疑态度。当其他美国黑人活动家开始谈论甘地的非暴力不合作运动时，杜波依斯指出，绝食、公众祈祷和自我牺牲对美国人来说是不可思议的，但"在印度，这些观念却已经深入骨髓地存在了三千多年"。[9]

甘地从未踏上美国，但深知这个国家对于他的事业的重要意义——美国从英国人手里争取到了独立——以及美国的社会分歧与其思想之间的潜在联系。[10]美国人与甘地接触并非特别 352
因为黑人的解放事业。其实，它反映的是传统的和平主义者对战争的关注，以及对劳资纠纷的兴趣。二十世纪二十年代初，理查·葛瑞格（Richard Gregg）是一名处理劳资争议的律师，他渐渐对工会产生同情，对雇主压迫工人的种种暴力手段感到非常震惊。他担心，工人们如果以暴制暴就会陷入险境，于是开始钻研消极抵抗的方式。此后，他到印度定居，并和甘地建立了频繁的往来。回到美国后，葛瑞格写了一系列书，鼓励人们在处理国内冲突时，从充当道德选择的传统和平主义——在被战争问题困扰时，人类对生活尊严的一种内心确认表达——转向更具战略考量的非暴力力量。他寻求将和平主义从"充斥着情感形容词和模糊神秘主义的无益气氛中解救出来，从徒劳的抗议和夹杂着混乱思维的情调中分离出来"。他没有强调非暴力与传统军事战略的不同，而是敦促读者将非暴力当作另一种武器，一种可以避免杀戮的斗争新方式。[11]

葛瑞格特别感兴趣的是，人们是否可以运用自己所遭受的苦难来获得社会对问题的关注度。这不是个人信仰问题，而是利用行动让对手蒙羞，并获得旁观者的同情。他提到，面对暴力攻击的时候，非暴力抵抗就好比“一种道德柔术”，能让进攻者“失去道德平衡”。这依靠的是心灵的转变，而心灵转变反过来又取决于神经系统所引发的对他人遭遇的无意识同情反应。当代社会，由于大众媒体的参与，这种同情反应的范围程度和影响力都比过去广泛得多。手无寸铁的男男女女遭遇恶毒攻击的独特经历，既可以成为引人入胜的“故事”，也可以当作“绝佳的新闻”。它们可能产生的负面宣传作用会对攻击者形成一种威胁。葛瑞格意识到这种方式可能与黑人权利斗争存在某种联系，因此一直和他的哈佛校友杜波依斯保持着联系。葛瑞格将黑人描绘成一个“温和的种族，对痛苦有非凡的忍耐力”，因此非常适合展开非暴力运动。而杜波依斯对此到底做何感想，外界并不清楚。

正当葛瑞格苦心钻研能否将非暴力当作一种战略时，一名新教牧师莱茵霍尔德·尼布尔（Reinhold Niebuhr）却断定：这不可能。他和葛瑞格有相似的经历，曾经在底特律当牧师，处理过福特汽车厂工人的劳资关系问题。他渐渐发现，非暴力的结果是维持现状。他不反对非暴力原则，但同时对它在一个不完美世界里将引起的负面效应发出了警告。他并不对人的善
353 良本质持乐观态度。对于那些从不平等和不公正行为中渔利的人来说，根本不可能期待他们对平等和公正的理性要求做出什么正面反应。他认为，不应对权势者持有一种完美且莫名其妙的爱，而是应该起来反抗。他在颇具影响力的著作《道德的人与不道德的社会》（*Moral Man And Immoral Society*）中表达了这一观点。[12]

尼布尔因对权力的专注而成为一名著名的现实主义思想家，他独一无二地将这些问题置于神学的语境框架内。本书研究的是战略，因此我们不必过于深入地探讨神学问题。尼布尔认为，面对茫茫大千世界，权力的冲动能够让人赋予自身重要性。这种内在的自我认可，会因为人类意识的本质而得到加强。因为人类很清楚，如何在排除直接可能性的情况下实现自己的愿望，这种自我扩张的冲动一旦摆脱束缚，任何妥协让步就都会落空，取而代之的就是战斗的意愿。虽然理性能够指导合作和非暴力，但不幸的是“不可能产生一种奇迹使人达到一种高度发展的理性——这种理性能够使人像清楚地了解自己的利益一样了解普遍的利益”。群体会让事情变得更糟，因为他们几乎没什么理性可言。因此，爱的道德或许会在个体身上发挥作用，但用它去跟群体打交道就会完全失败。

尼布尔知道，他的这种对人性、对人类事务中权力和利益作用的悲观看法会导致遭受不公正和不平等的人们产生失败主义观点。但是他判断，从现实主义出发要胜过那种高估他人的善良和诚信、天真而多愁善感的理想主义。拒绝直面现实冲突、解决权力问题的人，他们的方式在实践中往往是胆怯的、无效的。对于包括武力在内的各种强迫形式的种种不适应，使他们根本不具备获取正义的能力。他用一种韦伯式的话语提到：“希望通过这样的直接毁灭来实现终极的善，这种牺牲是否值得，是需要经过多方面考量才能回答的问题。”尼布尔并不认为有哪些手段是绝对不合理的，相反，他认为目的和结果就是行动的理由。这里，因为有那么多的利益需要考量，社会道德又一次和个人道德出现了分歧。个人追求终极权力或许是徒劳无功的。而当社会为达到专制而孤注一掷时，“它却是在拿千百万人的福祉冒险”。因此，最好还是劝说人们放弃追求社会完美，接受妥协。

尼布尔的另一个观点是，暴力和非暴力强制之间并不存在
354 什么严格的区别。“只要这种消极抵抗形式进入社会和物质关系的领域，并用物质手段来限制他人的欲望和行动，那么它就是一种物质性的强制形式。”即便彻头彻尾的非暴力行动也会导致对他人的伤害。例如，甘地发起抵制英国纺织品，这一行动伤害了英国的纺织工人。相比非暴力实践本身，更让尼布尔恼火的是非暴力行动实践者的伪善。他认可非暴力的优点在于防止“行动者产生愤怒情绪，而暴力冲突总会产生这种情绪，以致引起双方的冲突”。另外，它还能展现人们对于和平解决问题的兴趣。有意思的是，尼布尔注意到，当“被压迫群体绝望地处于少数地位，并且不可能去发展足够的力量反对压迫者时”，非暴力是有潜在战略价值的。他补充道，因此这种战略适用于“美国黑人的解放”。

美国的甘地？

1942 年 5 月，芝加哥的杰克·斯普赖特（Jack Spratt）咖啡馆里走进 28 个人。他们三三两两地坐下，每个小群体里都至少有一名黑人。“美国历史上第一次有组织的民权静坐抗议”就这样拉开了帷幕。咖啡馆的服务生不知如何是好，他们尽量不去理会这些黑人，或者即便招待了他们也是偷偷摸摸的，但这种做法并没有得到其他顾客的赞同，甚至闻风赶来的警察也不认可这种做法。[13]这次行动是成功的。那时候，芝加哥的种族关系尚未恶化，和此后南方各州面临的问题相比，这次咖啡馆行动还算不上什么严峻考验。但它却展示了，立场坚

决且彬彬有礼的行动有可能迷惑住种族主义者，并且暴露出种族歧视现象。

这次行动的中心人物是来自得克萨斯州的非洲裔青年詹姆斯·法默（James Farmer, Jr.）。法默学习神学出身，当时担任唯爱社（the Fellowship of Reconciliation，FOR）的种族关系部长。该组织总部设在纽约，是一个坚定的和平主义者团体，由简·亚当斯、A. J. 马斯特（A. J. Muste）等一批著名的反战人物于1915年发起成立。马斯特是个牧师，他在1940年至1953年担任唯爱社执行理事，后来成了一名活跃的工团主义者和社会主义者。[14]其间，和平主义者又一次在群众运动中失手。这次，对手的险恶不仅在于夸大其词的宣传，而且让整个国家遭到了一次突然袭击。

法默一直呼吁建立一个单独的、旨在促进种族平等的组织。在他的想法得到进一步采纳之前，他获准在芝加哥考察此 355
举是否具有可行性。芝加哥当时已经有唯爱社，其领导人乔治·豪泽（George Houser）也一直在思考类似的问题。两人合作成立了争取种族平等大会（CORE）。后来，这个组织的重要性远远超过了唯爱会。由于战争原因，唯爱社的一些年轻激进分子主张采用煽动性的战术来挑起紧张气氛，抛开爱和理性，直接诉诸强制手段。法默第一次在唯爱社公布他的“兄弟会动员计划”（Brotherhood Mobilization Plan）时就遭到了反对。反对者的理由是，这么做不但会分散反战斗争的力量和焦点，而且抗议和打仗相差无几，即便没有公开使用暴力，也足以打破和平与宁静，无法让种族主义者的心灵走上正义的道路。法默认为，这种托尔斯泰式的论调分明是在支持不抵抗。如果不采取行动，日复一日的种族歧视暴力将永远存在下去。

他信奉非暴力的信条，但他的判断标准是效用，而非动机纯洁与否。因此，法默并不希望争取种族平等大会是一个只对真正的和平主义者开放的团体。[15]马斯特对于建立一个全国性的、不纯粹的和平主义者新团体感到非常矛盾。法默告诉失望的马斯特：“众多的黑人不会成为和平主义者。对他们来说，不用当什么和平主义者，做个黑人就已经够难的了。而白人大众也不可能成为和平主义者。”[16]

指引法默在杰克·斯普赖特咖啡馆采取行动的人是一名始终追随甘地的印度记者克里希纳拉尔·奚里哈兰尼（Krishnalal Shridharani）。他写的《没有暴力的战争》（*War Without Violence*）是一本务实的操作手册，提醒实践者要专注于罪恶而非做恶事的人，确保采取的行动与特定的罪恶是直接相关的。他所讲述的非暴力斗争胜利故事大多来自葛瑞格，他强调出其不意的战术会引起心理上的困扰。1943 年 6 月克里希纳拉尔·奚里哈兰尼作为演讲嘉宾出席了争取种族平等大会的成立仪式。据法默记述，当他见到奚里哈兰尼的时候简直惊呆了：此人根本不是一个像甘地那样骨瘦如柴的禁欲主义者，而是个穿着讲究、满面红光的婆罗门，他手上戴着好几个戒指而且烟不离手。也许正因如此，奚里哈兰尼并不十分看重甘地主义的道德方面，而是强调现代化媒体所带来的战略性机遇，后者能利用极端行为来传播政治信息。他怀疑美国的和平主义者夸大了这场印度运动的精神层面，而实际上它多半是世俗行为。所谓非暴力不合作的宗教层面其实是“出于宣传和公开的需要，当然也是为了满足像甘地和他的信众那样谨小慎微者的自身需求”。当初人们采用非暴力手段是为了“世俗的、切实的集体目标”，因此“一旦它不起作用了，就可以被抛弃掉”。[17]他认

识到，拒绝同希特勒开战对和平主义的可靠性产生了一定影 356
响，他自己也对唯爱社及其领导层产生了怀疑。

在黑人如何运用非暴力手段的问题上，认识最清楚的人是贝亚·鲁斯汀（Bayard Rustin）。鲁斯汀 1912 年出生于宾夕法尼亚州的一个贵格教家庭。他生来头脑聪明，在运动和音乐方面颇有天赋。他优雅而有教养，操一口英国上流社会口音，但同时他又是个意志坚定的活动家，为反战和争取种族平等四处奔走，并且做好了为此坐牢的准备。二十世纪三十年代末，鲁斯汀受当时纽约激进热情的知识氛围感染，加入了美国青年共产主义同盟（Young Communist League），直到后来才发现这个组织其实与种族平等并无什么特别关系。1941 年，他和菲利普·伦道夫（Philip Randolph）建立了密切联系，后者是参与劳工运动的美国著名黑人运动领袖。伦道夫注意到，战争初期的动员令提升了黑人劳动者在经济中的重要地位。他计划组织一场 1 万人的游行，要求美国政府取消军队中的种族隔离制度，停止战争工业领域里的种族歧视政策。[18]

此时，罗斯福总统签署了公平雇佣法案(Fair Employment Act)，法案禁止在战争相关的工业领域实行任何宗族歧视规定。虽然法案并没有涉及军队中的种族歧视问题，但伦道夫计划好的游行取消了。鲁斯汀认为，伦道夫应该坚持到底，争取让政府做出更大让步，于是他转而投奔马斯特。实际上，伦道夫是个明智的政治元老，他才是鲁斯汀矢志不渝的支持者。20 年后，当鲁斯汀最终成立了自己的组织时，它的名称就叫菲利普·伦道夫基金会。伦道夫十分钦佩鲁斯汀的政治和管理技能，他的支持至关重要。由于鲁斯汀是个同性恋者，因而在道德上和政治上都遭到了马斯特的非难。当时，同性恋被认为是一种堕落的性取向，属于犯罪行为。1953 年鲁斯汀因同性恋行为在加利福尼亚州被捕，再加上过去曾经参与共产党组织，他被迫处处低调行事。也正因如此，鲁斯汀始终没有成为民权运动领袖之一。人们将他描绘成“一个活跃在幕后的智慧工程师——也许是几乎所有活跃在前台的黑人领袖和组织的最娴熟的战术助手”。[19]

回顾历史，我们很难理解《吉姆·克劳法》为何能存在那么久。到了媒体时代，全球反殖民主义情绪高涨，各国纷纷效仿美国展开争取独立的斗争，而《吉姆·克劳法》与美国宣称的价值观格格不入，显得很不和谐。然而，要推翻旧联盟中根深蒂固的权力架构并非易事，虽然北方的政治家们连连谴责种族隔离政策，但为此付出的种种努力却得不到任何政治上的回报。1954 年，美国最高法院做出了具有里程碑意义的裁
357 决（布朗诉教育委员会案），宣布公立学校实行种族隔离、拒绝黑人入学是违反宪法的。这项裁决一方面振奋了黑人的士气，另一方面也使南方白人在反对种族和解方面变得愈发强硬，破坏了之前的温和气氛。由此产生了新的挑战，种族隔离分子态度很坚决。

美国全国有色人种协进会是当时主要的黑人组织，它以北方为落脚点，缺少群众组织，因其颠覆性立场而在南方各州遭到禁止。1955 年 11 月在亚拉巴马州的蒙哥马利市，NAACP 当地机构的一名女秘书罗莎·帕克斯（Rosa Parks）因为在公交车上拒绝给白人让座而被捕。这起事件成为地方积极分子期盼已久的导火线：很快，蒙哥马利市的所有公交车都遭到了抵制。这不是什么“晴天霹雳”，而是一次酝酿已久的爆发。[20]这场危机直捣公共汽车公司，其 3/4 的客运量依赖黑人。这样的

事情早有先例。路易斯安那州的巴吞鲁日市也曾发生过类似的事情，结果黑人虽然没有得到完全的平等待遇，仍然只能坐在公共汽车的后排，但也获取了一定的让步。但是在蒙哥马利，白人势力拒绝改变态度。当黑人们想出办法让工人不再依靠公共汽车上班时，他们的要求也升级了，开始挑战种族隔离原则。1956 年年底，美国最高法院裁定公共汽车上的黑白隔离法则违反宪法，这场抵制运动宣告结束。

对那些希望从直接交锋中获取经验的人而言，这次运动有三个明显的要点。第一，经济效应和政治效应能够发挥同样举足轻重的作用。因此，任何行动都具有强制性。第二，随着抵制活动的持续，政治效应会不断升级，国内和国际媒体会越来越关注这场斗争。第三，总的来说，运动激起的反应越强烈，能从中得到的好处就越多。随后，佛罗里达州的塔拉哈西市也发生了抵制公交车事件，但当地的警察局长非常老练，绝不想因此成就殉道者，当地政府当局也表现出了一定的灵活性。虽然最高法院确认在亚拉巴马州违法的公交车种族隔离在佛罗里达州同样有效，但当地的局面使抗议势头不再继续高涨，运动内部出现了分歧。

蒙哥马利运动的领导者后来成为初露锋芒的民权运动领袖，他们把这些经验运用到了此后 10 年的斗争中。马丁·路德·金（Dr. Martin Luther King，Jr.）是一名年轻的浸信会牧师，他半推半就地成为蒙哥马利进步会（MIA）负责人，并成为该组织最为人熟知、最具有说服力的面孔。虽然妇女组织为抵制运动提供了动力，但真正领导并组织这场运动的却是教会。教会是唯一完全独立于白人社会的地方机构，完全由黑人出资运作。他们的集会规模渐渐壮大，开始从农村向城市蔓 358

延。教会为抵制运动提供了体面的尊严和宗教色彩。

事实证明，金是个天生的领导者、天才的演说家，他的听众已经远远不止于参与当地集会的人。他深谙组织和战术，对待学习孜孜不倦。他听说过甘地和梭罗，但还没有弄清楚当作一种战略的非暴力。[21]作为一个接受神学教育的人，他一直在纠结道德和政治问题，在了解尼布尔的基督教现实主义后，一直不相信可以用爱的力量去改变人的心灵。他在大学期间的一篇随笔中写道，“和平主义者没有认识到人类的罪过”，要采取一定程度的“强制手段让他不去伤害别人”。后来他说，那一次自己开始相信“解决种族隔离问题的唯一途径就是武装反抗”。[22]

蒙哥马利抵制运动开始后，金和其他 MIA 成员在策略方面都没什么想法。他们采取了非暴力方式，但并不是有意为之。暴力是种族分离分子的武器。如果双方真的打起仗来，黑人一方肯定会落败。抵制开始一周后，运动组织者的压力越来越大。尤其是 1956 年 1 月金的房子被炸以后，他们感到必须考虑采取一些自卫方式，其中包括使用武器。后来，金的身边有了几位深受甘地主义影响的顾问，使得这场运动在战术和理念上发生了转变。第一个走到金身边的是鲁斯汀。鲁斯汀不仅具备卓越的实践经验（他的可信度来源于他在印度和监狱里的经历），而且对自己的观点十分自信，他聪明且具有很强的说服力。由于鲁斯汀以往的经历颇具争议，因此他几乎刚到蒙哥马利就被迫离开了。但此后，他一直在为金出谋划策，两人从此紧密地站在了一起。许多论述都认为，鲁斯汀在这场运动中发挥了重要作用。[23]鲁斯汀离开后，另一名唯爱社、争取种族平等大会的活动家格伦·斯迈利（Glenn Smiley）取而代之。

在他的引导下，金开始关注理查·葛瑞格的作品。1956 年下半年时金提到，葛瑞格的《非暴力的力量》（*The Power of Non-Violence*）和梭罗、甘地对他产生了特殊影响。[24]除了鲁斯汀和斯迈利，以及后来的葛瑞格，另一个对金产生影响的人物是哈里斯·沃福德（Harris Wofford）。沃福德也曾赴印度研究非暴力运动，后来为肯尼迪总统工作。而斯坦利·利维森（Stanley Levison）则是一名富有的律师，曾经加入共产党组织，经由鲁斯汀介绍认识了金，最终成为金身边最亲密的知己之一。

这些顾问的到来发挥了立竿见影的作用，非暴力从此不再是一种谨慎战术，而是成了黑人民权运动的指导原则。鲁斯汀认为，非暴力必须是无条件的，即使在自卫的情况下也不能使用枪支，更不用说武装保镖了。他提出这种做法能转化为战术 359
优势，为了证明这一点，他劝说被大陪审团宣判违反了亚拉巴马州禁止抵制法规的 MIA 领导人穿得漂亮些，笑容灿烂些，向警察局自首，这样反倒让逮捕行为丧失了威胁和恐吓的作用。到蒙哥马利运动接近尾声的时候，金已经投入甘地哲学中。之后的两年里，他赶赴印度接触了众多甘地的追随者。“游行队伍中群众所蕴藏的力量，”他认为，“超过了握着枪的几个绝望的人。我们的敌人宁愿去对付一小撮有武器的人，也不愿意面对大量手无寸铁但意志坚定的群众。”他从历史中获取了信心，学到了“就像滔天的海浪能把悬崖上的岩石击得粉碎一样，意志坚定的群众运动反复要求获得自己的权利，往往就能瓦解旧的秩序”。[25]绕不开的是，金的非暴力主张除了来自甘地之外，还有一大部分取材于“登山宝训”。作为一个牧师，他必须讲究精神和尊严。而至于黑人民意怎么看待这些，那就另当别论了。他们明白暴力手段所获有限，但同时也认为，那种以种族公平的名义采取高尚行为可能触动种族隔离分子的心灵的说法十分牵强。而且于个人而言，尤其是对那些需要养家糊口的人来说，在监牢里虚度光阴风险太大。

金认为，非暴力战略意义非凡。而他的许多支持者认为非暴力是有条件的，不过接下来甘地也遭遇了同样的问题。金的理论大多是他人观点的衍生物。事实上，金的传记作者在回顾他的博士论文时失望地发现，金有剽窃的爱好。一开始，他只是欣然接受别人递过来的草稿，在上面署上自己的名字。金第一篇发表在《自由》杂志上的政论便是由鲁斯汀捉刀。[26]这篇文章描述“新黑人”“以自尊取代了自暴自弃，以尊严赶走了自我否定”。抵制公交车运动动摇了许多人对黑人缺乏勇气和耐力的刻板印象，其中也包括黑人对自身的看法。这场抵制运动“打破了魔咒”。文中列举了这场斗争的经验：社区群众能够紧密团结在一起，他们的领导者不必强人所难；他们完全没有必要被威胁和暴力所吓倒；教会也具有战斗性；任何商业损失都会让白人商人焦虑，经济的重要性不言而喻；人们发现了非暴力是“一种新的有力武器”，面对暴力但不报复反而会加强运动的威力。1956 年最高法院做出有利于黑人的裁决后，金在 12 月的演讲中或多或少使用了这些内容。[27]

360 金从未真正地下功夫去发展一套逻辑清晰的理论。如果没有鲁斯汀和利维森的参与，他的第一本著作《迈向自由》（*Stride Toward Freedom*）就不可能面世。加罗（Garrow）形容书中有关非暴力的那一章让人难堪。同样，金在其中随意借用了他人的观点。在关键篇章“朝圣非暴力”中，“部分内容条理不清，堪称金的编辑顾问们的蹩脚文章大杂烩”。[28]尽管这本书缺点不少，但无论如何金正在成为一个标志性人物。有关金对于民权运动的价值，鲁斯汀比绝大多数人都要明白得多。

将马丁·路德·金和甘地进行对比是颇有意思的事情，但有可能产生误导。那时候，金才二十五六岁，既没有意愿也没有寻求发挥任何政治作用。他会时而出现思路混乱，据后来透露，他在私生活上也比较鲁莽。然而，他虽然有这些缺点而且经验不足，但不容置疑的是他的勇气、投入以及他对南方黑人文化的把握。他具备几乎堪称诗意的特殊口才，他的演讲中不仅有人们熟悉的黑人传教士特有的节奏和韵律，还夹杂着有关美国民主和西方哲学的经典比喻。很显然，他是在冒险，面临死亡威胁、真正的暴力，还经常被关进监狱，他为自己的事业受尽折磨。他很快就成了媒体上的明星，并成为黑人运动中最频繁出现的面孔和最吸引人的声音。韦伯认为，他有“超凡的魅力”。

鲁斯汀在回忆蒙哥马利运动时提到，抵制公交政策运动带来了诸多战略上的好处。它有明确的目标，产生了经济影响力，很容易受到直接行为的影响。与争取教育平等的运动不同，抵制公交车运动的过程中不涉及“行政机构和法律操纵”的阻碍。它需要的是“日复一日地重启”斗争，提升群众的凝聚力和自豪感，让“谦卑的人挺起腰杆”，化“恐惧为勇气”。值得注意的地方在于，这一切依靠的是“黑人文化中最稳定的社会机构——教堂”。[29] 1957年年初，鲁斯汀策划成立了南方基督教领袖会议（Southern Christian Leadership Conference，SCLC）。其中的每一个词都有特别的意义。“南方”的意思是，这个组织“不是全国性”的。“基督教”反映出教堂在南方（黑人和白人）的特殊作用，并且附带反驳了所谓共产党发起这一运动的说法。“领袖会议”则控制了该组织的成员数量。这种提法的好处是，避免和全国有色人种协进会这个全国性组织起冲突，后者认为自己是黑人群体的最佳代言人。NAACP 主席罗伊·威尔金斯（Roy Wilkins）非常警惕金这个年轻的暴发户。金毫不掩饰地认为，威尔金斯扎根北方，
361 可他却日益沉浸在《吉姆·克劳法》带来的法律挑战中，几乎没有发起什么直接行动。但无论如何，金不想在民权运动引起不团结。南方基督教领袖会议的最大好处是，它为金提供了机构支持，让他成为一个能够赋予斗争意义的领袖人物，他会用追随者们能够理解的语言来描述斗争策略。沃福德后来回忆说：“鲁斯汀看上去总是有一肚子主意，有的时候金就像一个珍贵的玩偶，他的象征性行为都是由一个信奉甘地主义的最高指挥官事先策划好的。”[30]

鲁斯汀很清楚，金绝不是个玩偶，而是个具有特殊领导才能的人物。但他承认，真正的问题在于，教堂天生是个专制机构，没有严格的官方程序。各部部长在政治组织上和他们组织群众的方式是一样的。[31]这种情况让金觉得很适应，却引发了他人的抱怨。其中对金批评最猛烈的是埃拉·贝克（Ella Baker），她负责运作南方基督教领袖会议，是一名精干的组织者。让她倍感失望的是，组织内部个人崇拜愈演愈烈，这反映出人们急于找到一个救世主，却阻碍了群众运动的民主进程。[32]缺乏群众基础也就没有可靠的资金流，金不得不花费大量时间四处筹募资金。费尔克拉夫（Fairclough）认为，“放弃在全国范围内建立一个群众性组织……最终这个决定成为一个造成严重后果的障碍”。[33]

即便有了更大的组织，要举行非暴力运动也面临诸多问

题。首先是，志愿者人数非常有限，也许还不到一般人数的5%。对于需要养家糊口的人来说，把自己奉献给这场运动显然不现实。六十年代初之所以会爆发武装斗争，是因为那时大量的黑人和白人学生开始倾向于采取直接行动。在南方基督教领袖会议的帮助下，学生非暴力协调委员会（Student Nonviolent Coordinating Committee，SNCC）于1960年成立。1961年该组织效仿1942年詹姆斯·法默等人的做法，4个学生在格林斯博勒的伍尔沃斯午餐馆前发起静坐，从此一举成名。这场运动在当时看来是愤怒情绪的自然爆发，但是后来人们发现，静坐的学生其实是NAACP中的激进学生，他们吸取了两年来静坐示威的经验，精心策划了这次行动。当真相大白之后，静坐活动就像“阳光下的葡萄干一样”很快偃旗息鼓了。这场运动席卷了由教堂和学校组成的网络。[34]当年5月，第一批“自由乘车者”为废除巴士站点的种族隔离，从首都
华盛顿出发乘坐巴士前往南方各地。这种战术非常契合金和鲁 362
斯汀提出的直接行动理念，参与者顺利地将它变成了一个新的运动舞台。但这一次，白人势力的手段却更狡猾了。鲁斯汀的判断也许是正确的，即交通自然会成为斗争目标，但是最高法院做出裁决后，许多城市却没有掀起针对巴士种族隔离措施的反抗。对黑人来说，争取平等的另一个重大推动力就是选举权，它是长期以来获得真正政治权利的最佳途径，只不过这场斗争旷日持久，尤其是一些地方官员还可以通过法律解释将黑人拒之门外。

1961年12月，佐治亚州奥尔巴尼市爆发了第一场“覆盖社区的抗议活动”。以往的抗议活动都是针对某一个特定目标，比如便餐馆或公共汽车站等，这一次的斗争目标是联合打

击地方上一切形式的种族隔离，目的是掀起一场足以挑战种族隔离分子底线的危机。这次斗争并没有获得巨大成功，但参与者从中吸取了经验教训，“从尝试和犯错中不断完善，进入了整场运动最富有戏剧性的阶段”。[35]这场新运动更具有刺激性，几乎就是为了煽动暴力而设计的，从中可见，非暴力战略已经远离了原先寻求唤醒种族隔离分子良知的阶段。现在，制造影响力的是一种鲜明对比，一方是残酷的官方，另一方则是要求基本权利的尊严。鲁斯汀认为，“如果抗议活动引发统治集团采取残酷手段进行镇压，那么抗议就成了一种有效的战术”。[36]如果真是这样，那么斗争的逻辑应该是找一个最粗野的警察局长。但是精明的警方正在训练部下，要在不使用暴力手段的前提下执行逮捕，因此这一招也变得越来越困难。1963 年春天，在亚拉巴马州的伯明翰市终于出现了这样一位警察局长——绰号“公牛”的尤金·康纳（Eugene“Bull” Connor）。他的做法甚至比运动组织者原先期望的还要过分，不仅逮捕了孩子，还用警犬和高压消防水龙头对付示威群众。这一回，示威者毋庸置疑地成了受害者。[37]

与其说伯明翰运动的战略挑起了暴力，倒不如说它以暴力为象征引发了一场危机。当金身陷伯明翰监狱，当地教士们批评他“既不明智，又不合时宜”时，他明确表达了自己的理念。他坚持认为，和引发这场运动的恶劣环境相比，运动本身不该受到更严厉的谴责。非暴力直接行动的目的是谈判，但要达到这个目的就必须“制造一场危机，形成一种紧张气氛，这样才能使三番五次拒绝谈判的群体被迫直面这个问题。这场运动寻求的是将问题变得引人瞩目，使之不再遭到忽视”。[38]这是非暴力版的行动宣传。在伯明翰事件中，达到这种效果一半

靠的是城市所受到的持续经济压力，另一半则是当地警察的过激行为。二者合而为一制造出一种夸张的效果。鲁斯汀此时又 363
评论道："南方所有的商人和商会对照相机怕得要命。"[39]运动制造了旷日持久的混乱，人们希望劝说伯明翰的商界领导人取消种族隔离，雇用更多黑人劳动力作为保持经济运行的条件；更进一步的目标则是改变肯尼迪政府的政治设计，使之朝着有利于制定民权法案的方向发展。

上演这场冲突的舞台是城市中心地带，这是一个相对紧凑的空间，如果当局不采取措施，示威者可以源源不断地涌入。和亚拉巴马州运动不一样的是，伯明翰的抗议活动事先经过周密策划，并且发动了当地有影响力的组织。抗议活动始于1963年4月，距离复活节还有两周，也是各家商店一年里最忙碌的时节。黑人团体率先出来抵制购物，并且在一些便餐馆发起了示威和静坐。所有的黑人（在全市60万人口中占25万）都可以到城市商业区参加抵制活动。这些行动立刻产生效果并造成了损失。为了控制局面，警察局长康纳借鉴了亚拉巴马州的经验。他公布了一条法院禁令，禁止静坐和示威活动，违反禁令者一旦被捕必须支付高额保释金才能获得自由。但和亚拉巴马州不同的是，集会领导者这一次决定不再遵守禁令。金和他的高级副手拉尔夫·阿伯内西（Ralph Abernathy）牧师在耶稣受难日那天（复活节前的星期五）被捕。金认为这个日子具有象征意义，对自己很有利。

接下来，禁令遭到了大规模反抗。5月2日，上千名高中生加入示威人群，参与运动的人数猛增。很快就有1000人被捕。当局面临一个问题：到底是继续抓人直到监狱里人满为患，还是尝试满足示威者的要求结束这场冲突。此时，当局已经采用了暴力手段，他们用消防水龙头、棍棒和警犬来阻止示威者涌向市中心。可是这些手段并没有多少效用。伯明翰警长在一份报告中写道："监狱里挤满了叛乱分子，今年的预算早已超支；大街上执勤的警察面临无休止的压力，他们无法逮捕更多的人，到处都是示威者的嘲弄，新闻记者的照相机无所不在，除此之外还有'公牛'康纳这样情绪不稳、不断发出矛盾命令的指挥官，所有这一切让警方几近崩溃。"[40]5 月 7 日事件达到了高潮，整个伯明翰市中心挤满了示威者。他们用假装游行的方式挫败了警方的警戒线，提早发起了最大的游行活动（趁着警察吃午饭的时间），等警方控制住局势后又在别的地方掀起了新的游行示威活动。最后大约有 3000 名示威者牢牢控制了市中心，警方不得不承认局势已经失控。金回忆起有个
364 没吃午饭的商人"清了清嗓子说：'大家知道，我一直在思考这件事，我们必须想个办法。'"[41]第二天，虽然政治精英们还想将斗争持续下去，但商界却认输了。

1963 年 6 月 19 日，肯尼迪总统向国会递交了一份民权法案。接着，1963 年 8 月底，鲁斯汀组织 25 万人在华盛顿举行了一场游行，并以金发表著名的"我有一个梦想"演讲收场。至此，民权议题已经稳稳当当地占据了美国政治议程的首要位置。

到了这个时候，民权运动不可避免地面临一个事实：政治权利无法确保改善经济和社会环境。虽说经过很长一段时间之后，选举权有助于人们组织一些其他形式的政治活动来争取改善生活，但眼下选举权既不能养活孩子，也不能交房租。金组织的这场运动不但没让黑人满意，反而带来了诸多困扰，内地有些城市开始出现骚乱。当金把注意力转向贫困时，他面临的

一个难题是：当初在南方争取政治权利并且使他一举成名的那些方法，能否用来解决全国范围内更加棘手的问题。

金的这场集中运动有一套清晰的目标，他和自己熟悉的社群联手，战术是（其间不断完善）一方面通过制造经济损失，迫使地方白人势力让步，另一方面通过激怒警方采用暴力，将媒体的关注焦点引向不公正的种族隔离政策。白人发现，他们在当地的商业因抵制公交车事件备受损失，城市中心陷入了极度混乱的状态。如果他们仍然沿用过去有效的方式来压制这场运动，那就意味着疏远了北方的政治家和媒体。如果他们犹豫不决想要退缩，那就只能和黑人达成某种临时协定。而对这场运动背后的战略家们而言，只要能占到白人的便宜，他们就满足了，哪怕他们的人正在遭受不公待遇。只要群众不向压力屈服，抗议者的尊严和警方的残酷就能在对比中制造出耸人听闻的媒体新闻。

问题并不在于这项争取民权的事业是否有明确的目标。种族隔离分子的论点难以置信且根本站不住脚，完全和自由的价值观背道而驰。真正的挑战是，让黑人们懂得，如果想要获得和其他美国人一样的权利，他们就必须团结起来建立足够规模的地方组织。为了满足这些需求，教堂发挥着中心作用。除此之外，还必须采取非暴力战略。人们并不是期待种族隔离分子回心转意，而是需要靠它来使这场运动占据道德高地。许多人通过民权运动学会了政治，并且认识到直接行动的价值所在，
他们认为其他事业也可以通过这些手段来赢得关注度，但无论 365
什么事业，都不如民权事业轮廓鲜明。六十年代的激进政治运动从尊严和保守起家，但很快就点燃了怒火，城市的街巷充斥暴乱，一场非法的战争引发了强烈反应。

让 我 们 一 起 追 寻

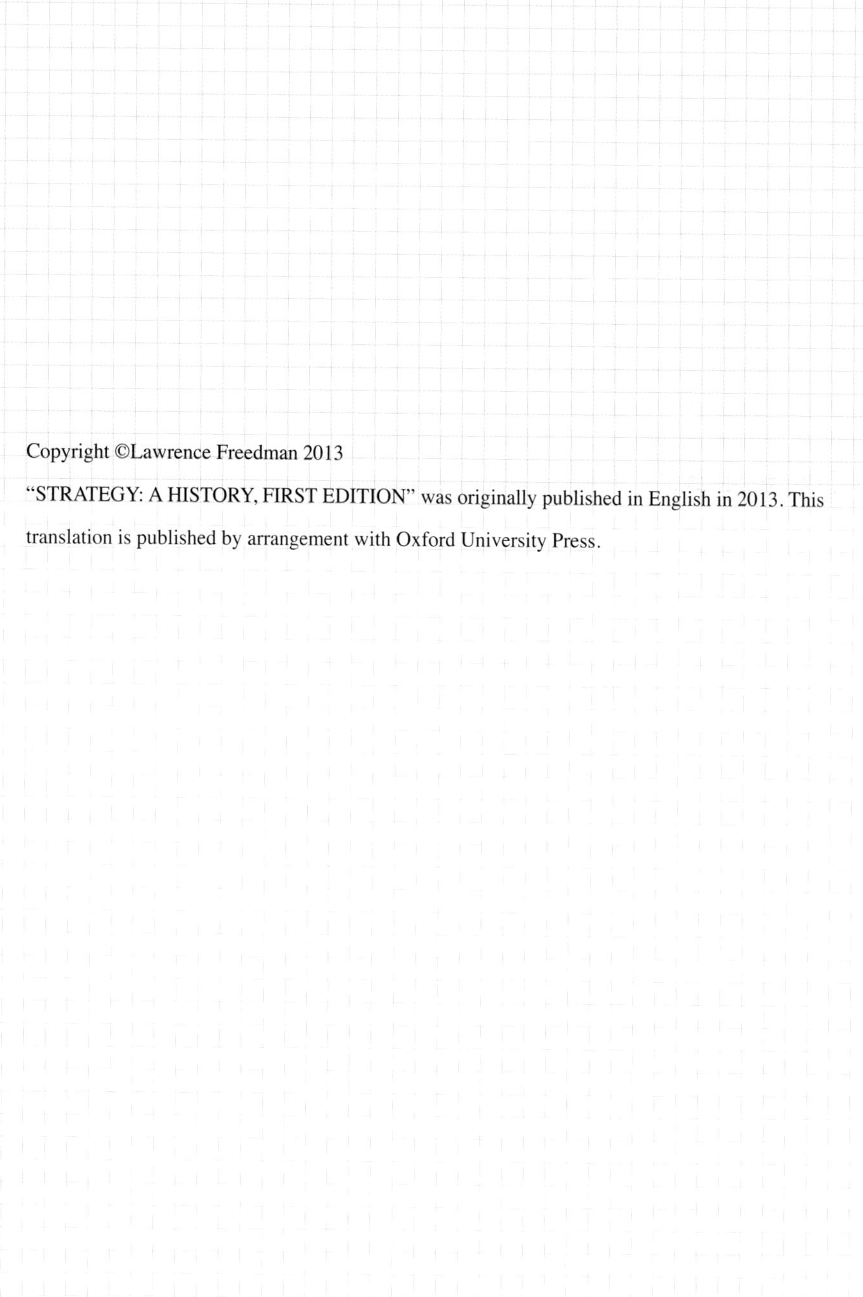

Strategy: A History 战略：一部历史［下］

［英］劳伦斯·弗里德曼（Lawrence Freedman） 著　　王 坚 马娟娟 译

社会科学文献出版社
SOCIAL SCIENCES ACADEMIC PRESS (CHINA)

目　录

第三部分　底层的战略

第四部分　上层的战略

第五部分　战略理论

二十四　存在主义战略

> 总有一天，这部机器的运转会变得如此可憎，让你们 366
> 心里如此难受，以至于你们不能再参与下去，即便是心照不宣地默许也不行。你们只能把自己的身体垒在齿轮上、车轮上、杠杆上，垒在所有的器械上，迫使它停止运行。你们还要让运行机器和拥有机器的人明白，除非你们自由了，否则就不会让机器运行。
>
> ——马里奥·萨维奥，1964 年 12 月“自由演说运动”

后来一直坚持民权运动的都是年轻人。他们在南方经受了历练并变得激进，他们批评美国社会，要求建立新的政治秩序。二十世纪六十年代初，他们被编入以黑人激进主义分子为主的学生非暴力协调委员会（尽管最初并不完全如此），以及学生争取民主社会组织（Students for a Democratic Society，SDS）等团体。后者正如名称所表明的那样，是一个设立在大学中的社团，成员以白人为主。最初让这些年轻人愤愤不平的是立国理念和现实之间的巨大落差，美国当时不仅存在种族分化，而且正在为一场核战争备战。这两个组织都在创立之初坚决承诺采用非暴力方式斗争，但到六十年代末却双双陷入了暴力和党派之争。

二者之中，学生争取民主社会组织招来的议论最多：相比 367

出身弱势群体的活跃激进政治力量，一支出自富裕的主流人群的队伍当然更加出人意料。而且渐渐地，人们开始把 SDS 当作一种超越政治范畴的、广泛的文化转变。上一代人的成长经历来自大萧条和对德国、日本的战争；而下一代人则成长于相对舒适的环境，传承下来的社会约束令他们沮丧。两代人之间由此产生了代沟，这反映在人们对音乐的喜好、对性的态度、对吸食软性毒品的看法。取自反殖民斗争的“自由”成了这十年中的关键词。任何组织都用这个词来标榜自己，包括妇女和同性恋者在内，他们感觉自己受到了社会传统和过时法律的束缚。因此，他们在日常生活中向国家权威发起了挑战，这是一种个人主义行为，并非出于什么集体灵感。

这有助于解释正统左派为什么对此颇为不适，这些人都是集体主义者，对国家的前途和工会的角色充满热情。他们一直被富裕生活边缘化，他们的豪言壮语听起来像是旧日成败的回响，其内部政治的特点仍是共产主义者、托派分子和社会民主主义者之间的混战。而年纪轻轻的激进主义者刚刚结束南方的“自由之行”，他们在那里要么坐牢，要么挨打，根本没有时间去理会那些在四处推销社会主义理论蓝图的人。虽然 SDS 最初旨在成为工业民主联盟（League for Industrial Democracy）的一个分支，但最终还是与之分道扬镳，沿着自身的轨道发展起来。而作为约翰·杜威的另一桩事业，工业民主联盟后来则成为美国社会主义团体中亲工会、反共的一派。因此，人们反抗的不仅是美国自鸣得意的自由主义及其主流社会的保守主义，而且还针对社会民主传统。这是一种群众性政党按照各方认可的程序组织起来对抗议会选举的传统，它反映的是一个或多或少具有内在连续性但此前从未真正在美国扎根的意识形态。这些新派激进分子是更加彻底的自由论者、无政府主义者、反精英传统者，他们不惜一切代价地追求本真，为此甚至不惜丧失理智，怀疑所有权威和组织纪律。他们不再听任那些超然于外、遥不可及、只顾自己利益的人来做决策，而是想方设法让普通人参与决策来决定自己的命运。

1962年SDS在密歇根州休伦港的全美汽车工人联合会（United Auto Workers）活动地点召开成立大会。其间，SDS与工业民主联盟中的社会民主派发生了一场冲突。汤姆·海登（Tom Hayden）是一名密歇根州的学生记者，他领衔撰写了SDS用来鼓舞士气的《休伦港宣言》（The Port Huron Statement）。他在描述自己的疑惑时曾写道："那些看上去不苟言笑的人居然会如此无休止地陷入相互离间、吹毛求疵的论 368
战。""作为一种成长经历，"他写道，"我们学到了一种不信任和敌意，它针对的是过去与我们关系最亲密的人、自由派的代表，以及那些也曾年轻过、激进过的劳工组织。"[1] 反过来，老派的左派分子则对年轻积极分子感到不可思议，因为他们对工人阶级和工会态度冷漠，也不热衷于谴责共产主义。这些新派激进主义者非但不会一丝不苟地分析经典著作，还对其理论持怀疑态度。政治行为必定是价值观和情感的最真实表达。信念总是高过一切算计的结果，这反映的是一种谨慎的权宜之计和拒绝为政治效果而妥协的态度。有时，深思熟虑的系统思想看上去是不可信的，只有自发意识（不管它有多么不可言喻、难以理解）才值得信任。托德·吉特林（Todd Gitlin）早期曾是一名激进分子，后来成为一名新左派分析家，他认为行动可以被用来"夸大"信念。其"判断标准是参与者的感受"，就好像药物让人的精神状态起起落落一样。如果这是一种极具价值的直接经验，那就没有什么长远考虑的余地了。[2]

这一点让新派激进分子陷入了韦伯的悖论。虽然韦伯为社会和政治的稳步官僚化而沮丧，但他认为忽视其功能的逻辑性也是一种不负责任的态度，新派激进分子的新兴政治形式秉持的是一种不负责任的伦理，其手段和目的之间是不分离的。他们的每一次让步、对核心价值的每一次拒绝都意味着失去了某些珍贵的东西，不管他们的最终目标是什么，它都在一次次地消逝。他们那些以静坐为首的战术，本能地挑战了所有规则。他们明显既缺乏理论也没有组织性，他们陶醉于激进主义却没有明确的方向。其中蕴含的理念不是社会主义，而是存在主义。

这次存在主义战略实验最后以失败告终，原因在于各种特点使其在文化上表现得如此解放，实际效果如此持久，以致在政治上触怒了各方。当明确表达出来的立场见解是以核心价值观为依据，而非随着各种可能出现的结局而摇摆时，让步妥协就很难实现，各种临时结成的联盟就会变得很脆弱。如果没有等级制度，每一次决策都会充满挑战和审视，组织会变得效率低下、行动迟缓，在实现决策的时候会表现得犹豫不决。怀疑理性、相信感觉的激进分子变得愈发愤怒。他们厌恶权宜加妥协的政治，使自己被隔绝和孤立起来，当有坚实理论支撑的组织或者先前曾反叛的纪律严密的组织发起干扰时，他们就很容易遭到破坏。

369 ## 叛逆者

马克思原来设想，资本主义社会会出现两极化的阶级斗争，但实际情况并非如此，战后资本主义社会生活水平显著提高，显然已经发展成为一个自满知足、未出现分化的大众社会。拿薪水的中产阶级正处于上升之势，他们大多属于一些大型的非人格性组织。日常生活的点点滴滴虽然并不折磨人，但似乎还是缺失了点什么。人们议论的并非日益加剧的痛苦和贫困，而是一种因心理空虚而不是物质剥夺所导致的枯燥乏味。威廉·怀特（William Whyte）在著作《有组织的人》（*The Organization Man*）中提到，美国中产阶级存在一定程度的同质化，它反映在标准化的职业发展路径、消费者品位和文化敏感性中，并伴随着一定程度的顺从。他认为，其中的责任不在于组织本身，而在于信仰，“温和地否认了个人与社会之间存在的冲突”。[3] 事实上，包括大卫·里斯曼（David Riesman）的《孤独的人群》（*The Lonely Crowd*）和赖特·米尔斯（C. Wright Mills）的《白领工人》（*White Collar Workers*）在内，有关这一群体的大多数作品都表明，中产阶级的崛起并不是一件充满愉悦的事情。

里斯曼认为，有主见的人会追随早年立下的人生目标，具有很强的价值观，一旦偏离了那些价值观就很容易因为罪恶感而遭受内心折磨。他们逐步让位于那些缺乏自主性的人，后者从周遭环境中寻找答案，从自己的同龄人甚至大众媒体中获取人生的方向。这两类人的区别在于，人们遵循的是自己内心的陀螺还是一个外部雷达。《孤独的人群》是众多社会学家的著作中最受欢迎的作品之一。早期的进步派人士将缺乏自主性当作捆绑社会、激发民主敏感性的方式，然而，相比之下《孤独的人群》一书则指出（也许超出里斯曼自己原先的预期），通过大众媒体不加鉴别地传播社会规范和政治态度是有害的。[4] 埃里希·弗罗姆（Erich Fromm）的《逃避自由》（*The Fear of*

Freedom）一书的主题也是适应社会环境的风险在于否定核心价值观。弗罗姆是一名德国犹太难民，他提醒人们，那些从因循守旧和独裁主义中寻求安全感的无根个体是很危险的。自由不仅仅意味着缺乏限制约束。自由须更加积极、有创造性、真实可信、富有表现力，是自主自发的，无须格外敬畏专家们的公认智慧或规定的常识。社会结构的作用是压制人性自然、积极的一面，而非抑制消极、强制的那一面。[5]

二十世纪热衷于文化发展的人士将这种现象看作肯定了人
370 性中积极的一面，用以对抗因循守旧的公司国度。1970 年，当西奥多·罗斯扎克（Theodore Roszak）赞许地回顾前十年时，他将众多发展成就描述为对“技术统治论”的回应。作为对韦伯的呼应，它被说成是融合了精神状态的企业权力。在这种精神状态下，

> 人类的各种需求完全让步于某种形式化分析。进行这些分析的则是掌握了某种令人费解的技能的专家。他们可以把这些分析直接转化为一种经济和社会事业、人事管理规程、商品化和机械配件的聚合体。

这些专家往往身处企业的核心部门，他们认为人类的大多数需求已经得到了满足，如果说哪里出现了问题，那也是误解造成的。[6]罗斯扎克主张，贫困、文学、社会学、政治传单以及当时的各种示威游行都是在以不同的方式挑战这个技术统治论假设。从这方面来看，这十年的政治中，不管是挑战官僚主义还是科学专业知识，无论是享乐主义的生活方式还是贬损传统行业，一切只不过是大规模反抗理性的冰山一角而已。人们不相

信客观知识。他们并不认为世界观是由知识积累形成的，所谓“知识”是用来引用和参考的，它反映的不是实际的现实，而是一种基本的世界观。

这对于战略而言有何意义？一般来说，它挑战了一种基于选择假设和选择良方可用性的战略理念，这些良方中就包括密切关注运行环境以及对事务的深谋远虑。在某些方面，自由主义经过在二十世纪的发展，已经引以为傲地为战略决策创造了最理想的环境：政治言论自由、组织能力，以及尊重科学并将其作为明智选择、深思熟虑的手段。然而现在，新左派似乎认为它是有问题的，这种思考方式限制了选择范围，使得那些受到决策影响的人无法参与解决问题，而且它对于组织而言是种压力，意味着组织的等级化。

还有一种可能是，过多地操心目的和手段完全没有意义，因为战略任务在自鸣得意的文化大多数面前完全不起作用。年轻激进分子的渴望和报复已经超过了理性规划的范畴。因此，果不其然，出现了一种绝对目的战略。它既英勇又浪漫，它注定要失败却志向宏伟，具有一种高贵的诚实。它的目的是确认存在，而非实现目标。从这方面来说，这要归功于大西洋彼岸的法国存在主义者，他们深入思考了人类状况，其中虽然充满 371
荒谬、放纵与绝望，但也强调了选择的必然性。让－保罗·萨特（Jean-Paul Sartre）也许看起来强调的是行动无用，但其实他的观点是，绝望本身并不是消极忍受的原因。事实上，选择是必然的，因为人们“注定要获得自由”。他们无法选择生存环境，但他们被迫对此做出回应。这种回应无论勇敢还是胆怯，都是他们的责任，最终会界定他们的人生。[7] 比萨特更有影响力的人物（至少在美国）是阿尔贝·加缪（Albert

Gamus）。从政治上说，加缪更接近无政府主义者，而非共产主义者。他持有强烈的反苏观点，并因此与萨特绝交。1940年，他还是个和平主义者，但在沦陷区的那段生活经历促使他投身抵抗运动，并加入了地下杂志《战斗》，从事编辑工作。他于1947年写成的寓言小说《鼠疫》，灵感便来自这段经历。小说描写阿尔及利亚城市奥兰发生大规模瘟疫，人们一开始拒绝接受现实，但接着他们并没有放弃希望，有一群人找到了打败疾病的方法。人们在反抗瘟疫的过程中重新团结在一起。小说中的医生伯纳德·李尔将其中的道理归结为："我只是说，在这地球上存在着祸害和受害者，应该尽可能地拒绝站在祸害一边。"[8]从加缪开始，人们争论的话题就变成即使面对严峻的困境，抵抗也会使生活有意义。因此，一个人只要行正直之道，就不必担心成为失败者，因为正直诚信比结果更重要。

米尔斯与权力

1962年，45岁的赖特·米尔斯死于心脏病发作。从他生活的那个年代至今，米尔斯一直饱受争议，特别是因为他那非同一般的个性，以及他随时准备把自己当作一个持不同政见者。[9]他是个典型的有自己看法的人，忠实于自己的价值观，自称是一个从不与任何政治组织合作的孤独者。他早期受到三种势力的影响，其中两种成为他形成自身思想的关键。其一是实用主义者，也是他的博士论文主题。在知识分子的公共角色方面，他和实用主义者的观点是一致的。他的观点与詹姆斯的反军国主义，以及杜威倡导的参与式民主存在紧密联系。与此同时，米尔斯又质疑杜威的准科学框架及其过于机械化的政治观点，杜威不愿意接受权力带来的问题，不愿意承认其中存在

的控制、情感和强制元素。[10]然而，米尔斯很欣赏的是，杜威
始终认为智慧也是一种权力。虽然和杜威生硬的功能性平铺直 372
叙相比，米尔斯属于猛烈抨击且具有价值取向的一类，但其实这两个人都固执己见、刚愎自用。

汉斯·格兹（Hans Gerth）是一个法兰克福学派的流亡者，他帮助米尔斯从哲学转向了社会学，并向他介绍了马克斯·韦伯的著作。米尔斯的基本解释框架，关于阶级、地位、权力和文化的相互关系，以及对大型官僚机构在生活各领域影响的警示，都是从韦伯的观点引申而来的。米尔斯直到事业走上正轨才开始阅读并认真对待马克思的作品，之后他渐渐成为马克思主义者。在他生命的最后几年，米尔斯更多地是一个激进的知识分子，他捍卫古巴革命并且与英国的新左派（由脱离了共产党且颇具学识的马克思主义者组成）建立了联系。米尔斯对于学生们的部分吸引力在于，他认为他们是潜在的变革动力，准备挑战惯性和保守主义力量。[11]

米尔斯的著作中既有精妙的分析，也有带着灼热社会批判的研究调查。二十世纪五十年代，随着他作为异见知识分子在国际上的名望逐渐升高，米尔斯的批判也变得越来越尖锐。他完全沉浸在权力的架构中：为什么在现代美国公司里，精英们无须暴力和强制，只依赖操控就能维持地位。他的目标是形成一个所谓的“多元”学派，主张即便公民的参与程度相对较低，民主也能发挥作用。由于每个人都能从这样政治进程中获益，没有理由过喜或过忧，因此它就能有效而公平地运转起来。

有关权力的辩论是一个很重要的问题，米尔斯的著作《权力精英》经常被用来作为一方的论据，通常与之针锋相对

的是罗伯特·达尔（Robert Dahl）的著作《谁统治：一个美国城市的民主和权力》（*Who Governs*：*Democracy and Power in an American City*）[12]。米尔斯和达尔的作品反映了在权力以及如何衡量权力这两个问题上的两种不同观点，而双方的观点都与正在逐步发展起来的有关激进政治的辩论相关。权力曾经且现在仍然指的是一个政治实体的属性，以军事和经济力量这些公开明显的指标作为衡量手段。但显而易见，即便军事和经济力量十分扎实，也无法确保在任何情况下都能获得对自己有利的结果。强大的一方并不总能达到目的。必须在亟待解决的问题背景下考虑各种资源。一个扑克玩家可能有高超的技巧，而且握着一手对桥牌手而言的绝妙好牌，可这些牌却不是给扑克玩家准备的。因此推定的（putative）权力和实际的（actual）权力是不一样的，功能和效果是两码事，潜力和实际作用不可同日而语。[13]达尔对权力定义强调的是发挥影响力的能力：“A 对 B 享有权力，在这个意义上，A 可以迫使 B 去做一些他本不愿
373 去做的事情。”[14]A 单具备能力还不够：只有 B 被迫服从了 A 的意愿，二者通过这种可衡量的效果形成十分特殊的关系，这才表现为真正的权力。

这种观点遭到了众多质疑，其中最具重要性且持续时间最长的挑战并非来自米尔斯，而是两位政治学者：彼得·巴卡拉克（Peter Bachrach）和摩尔顿·巴拉兹（Morton Baratz），他们在 1962 年的一篇文章中写道：

> 当 A 参与那些影响 B 的决策时，理所当然地是在运用权力。而当 A 致力于创制或加强各种社会和政治价值，以及使政治过程的范围仅仅限制在那些不损害 A 利益的

> 议题上时，同样也是在运用权力。如果 A 成功地做到这一点，无论出于何种原因，B 都无法将 A 喜好范围之外的事物搬上台面进行讨论。[15]

这便是权力的第二张面孔，它有不为人知的狡猾一面：A 通过将问题排除在议程之外，并制造一种背景共识，使 B 丧失向 A 发起挑战的机会，更无法在直接冲突中击败 A，这样 A 便能维护其在权力架构中的位置，实现对他人的权力。到五十年代末，这条批判线路已经完全被激进分子所接受，尽管和作者的初衷相比，其手法要粗糙得多，而且充满了叛逆意识。简单的马克思主义分析认为，政府是统治阶级或者受资产阶意识形态影响的大众意识的委员会，但米尔斯不这么认为。他将权力精英更多地描述为包括企业高管和军界领袖在内的一种官僚利益的融合，而不是一种有组织的阴谋，但他也一直认为制衡系统已经不起作用，这便催生了一种由特权集团垄断关键资源的观点，这样他们便可以在需要的时候得到自己想要的。[16]

米尔斯在作为学者的同时，也渐渐成为一名檄文作者，“随时准备站出来肆无忌惮地提出控诉，就好像击中敌人胸膛上的目标一样”。[17]然而，他那朗朗上口的言辞也是社会学的延伸。从米尔斯的著作《社会学的想象力》（*The Sociological Imagination*）[18]中可以看出，他对主流社会学感到难以忍受，并嘲笑了他所认为的主流社会学的两条错误途经：一种是妄自尊大的大理论，另一种是游离在当代重要问题的边缘，埋头于微观研究的抽象经验主义。他坚持认为，社会学的真正目的应该是将个人的麻烦和社会、政治架构结合起来。如果一个人失业了，那是一桩个人麻烦；如果 20% 的人口失业，那就是个结

374 构性问题，因而也就成了社会学的任务。他认为，就这一点而言，社会学应该是政治学的最重要准则。社会学的想象力能够满足政治想象力。他认为："在完成一项研究之前，无论在情境上是多么不相关，你都要把它当作理解你自身所处时代——二十世纪后半叶可怕而有重大意义的人类社会——的结构与动向、形貌与意义的持久而核心的任务。"

《休伦港宣言》

汤姆·海登擅长语言文字，他是首个用鲜活的语言来传递新思想的人物，是《休伦港宣言》的主要作者。这份宣言由60人于1962年6月讨论而成，据汤姆·海登后来说，当时大家感觉"正在表达新一代叛逆者的由衷之言"。[19]在此过程中，他们受到了许多人的影响。密歇根大学哲学教授阿诺德·考夫曼（Arnold Kaufman）向海登介绍了约翰·杜威，因为他阐释了社会机构的民主化。海登从加缪那里学到了一种思考方式，即反抗也是一种生活方式；从赖特·米尔斯那里学到了一种对主流权力分配的批判，除此之外还有一些更加个人的东西。其中之一就是，他们都不再信仰天主教。但也正是这一点使他对自己的家庭感到非常不安。海登在米尔斯的作品中看到了在克莱斯勒汽车公司当会计师的父亲的影子："他骄傲地穿着硬挺的白领衬衫，他的会计师位置处于真正的决策者之下，凌驾于工会力量之上，他白天用铅笔写数字，晚上看电视喝酒，嘟嘟囔囔没有目的地发表着各种看法。"[20]

米尔斯为海登解释了"在面对加缪所说的鼠疫时，人们之所以无心反抗、表现冷漠的诸多因素"。官僚精英们喜欢这种消极的不抵抗状态，根本不想去鼓励什么真正的民主。米尔斯还在书中提到了“快乐机器人”（cheerful robot），它是大众社会的一员，对自由抱有幻想却无力影响更庞大的权力结构。“在小老百姓的意识和我们这个时代的诸多问题之间，隔着一层冷漠的面纱。他的意志似乎是麻木的，他的精神是贫乏的。”本着这样的精神，《休伦港宣言》一开篇便认识到了学生的尴尬地位：“我们是这样一代人，在比较舒适的环境中出生，居住在大学里，不安地看着这个我们继承下来的世界。”他们并没有宣称要当大众的代言人，却自称是少数派，并注意到“我国民众的绝大多数把社会和世界的暂时性均衡当作了永恒的功能要素”，而学生们则“甚至根本不在乎冷漠”。[21] 375

为什么人们感到如此无力，屈服于冷漠，按照米尔斯的分析，其原因在于：“人们害怕事情会随时失控。他们害怕变革，因为一旦发生变革，就会打破那个目前使人们免受纷乱之苦的无形架构。”然而，其中也有对人性的乐观看法。“我们认为人是无比宝贵的，在追求理性、自由和爱的方面尚有余力。”如果能在“道德重组”的过程中重新发现核心价值，那么就有可能进行一场“政治重组”。[22]政治不是达到目的的手段。它本身就是目的，参与和介入能够弥合人与社会之间的鸿沟。宣言认为，新左派

> 必须将现代的复杂性转化成每个人都能理解的问题，并对它产生一种接近感。必须给无助感和冷漠感赋予一种形式，这样人们就可能找到个人麻烦背后的政治、社会和经济源头，进而组织起来改变社会。在一个经济繁荣、道德自满、政治操控的时代，新左派不能仅仅靠一些小问题作为社会改革的动力。[23]

学生们迫在眉睫的事业是南方各州的民权问题。这正好符合他们的激进主义愿望，为他们提供了比学习任何政治经典都更具指导意义的经历。但是，民权运动只能到此为止。运动的目标是将权力诉求延伸到所有领域，而不仅限于选举程序。因此对学生而言，呼声的出发点应在他们自己的领域——大学。他们在学校里被要求毫无抗辩地遵从并接受课堂上教授的内容，按照所有的规章制度办事，否则就有被开除的危险。然而，一种新的情绪在逐渐显现。在旧金山伯克利大学的校园里，因争取种族平等大会争取组织权而发生了一场冲突，进而演变成首次大规模学生示威游行。

迪克·弗拉克斯（Dick Flacks）是一个深度参与《休伦港宣言》起草工作的年轻学者，他发现有人将不断发展的运动当作一种生活方式，还有人将它视为一种变革手段，二者之间关系相当紧张。他将生活方式派称作“存在主义的人道主义”，它要求的只是按照核心信仰行动，努力“去接近一种道德的存在”，但他发现这有可能是一种不负责任的行为，其追求的是“一种让个人得到满足的生活方式，抛弃了帮助其他人改变生活方式的可能性；在这种方式下，人们对直接社团运
376 动寄予极大希望，渴望由此获得个人的救赎和满足——然后他们会渐渐认识到，这些可能性毕竟很有限，其结果就是幻灭”。和韦伯一样，弗拉克斯也寻求调和信念与责任。这意味着行动“要讲政治，因为没有政治和社会系统的重建，我们的价值观就不可能实现并具有持久的意义”。然而，抛开存在主义伦理，政治终将“越来越具有操控性，以权势为导向，牺牲人的生命和灵魂”，简而言之就是“变得腐败”。虽然弗拉克斯承认，人们普遍怀疑“明确而系统地专注于战略”是

一种人为约束，限制了自发性，降低了对人们真正所需的响应能力，但他仍然建议，解决问题的答案就在于“战略分析”。由于只有少数人具备这种能力，因此“依照战略行事的人就是精英”。遗憾的是，没有战略就谈不上超前意识，事物就会含糊其辞，“学生们想采取有效的社会行动，结果却只能随机行事”。[24]

这段话与其说指出了解决问题的方式，倒不如说它道出了问题所在。对于前几代激进分子而言，走出这种困境的唯一方法是到群众中去，和他们共同劳作、处理问题，而不是宣称自己能够解决所有的问题。因此，海登在纽瓦克市加入了社团计划——经济研究与行动计划（Economic Research and Action Project）。然而，隔绝精英主义是有局限性的。当地还有其他各种“解放力量”，与他们联合或许是明智之举，但海登却发现他们“极度自私”，“拥有广泛的社会联系，却没有积极和激进的成员基础”，他们的计划“对于真正改变穷人的生活几乎毫无用处”。接受“政治交换”会破坏“我们和附近社团成员之间的基本信任感。我们的地位是最低的”。[25]自由派战略则认为，“大众是冷漠的，只有简单的物质需求或者短时间内的极大热情才能将他们唤醒”，因此，“他们需要有经验的、负责任的领导人”。于是事情又回到了老路上：领导者们自认为只有他们才能维系组织。由于人们会对这样的精英主义报以“不感兴趣或者怀疑”的态度，因此领导者即便认识到了一种令人忧心的“顺从思考”趋势，但还是会将其称作大众的冷漠。

海登考虑的不是马克思主义神话中的广大群众，而是少数的下层阶级。[26]最显然的解决办法是建立联盟，或者至少与有权力的一方达成暂时性协议，但海登不愿意这么做。他之所以拒绝接受这种方式，是因为它只能提供“福利国家改革”，这些改革“是为穷苦大众打造的，却不是穷苦大众自己构想出来的”，而且它们会让中产阶级“堕入舒适的感觉中，以为一
377 切运行良好”，因此这样的改革必然会失败。他对权力的关注是如此严酷，避免表现出对权力的欲望，他的设想是，如果底层群众拥有权力，那么他们自己就能管好自己。然而，底层群众所向往的，真的就是激进主义分子认为他们应该索取的吗？如果经年累月的无力感和消费文化已经改变了他们的头脑，他们的各种要求和半途而废的努力会不会令人大失所望呢？

毫无疑问，海登四处寻找“可行的战略”，结果却仍是一个“谜”。他的目标是进行“一场彻底的民主革命”，不再迫使上层放弃权力，而是建立“自上而下的权力组织单位”，这样就有可能涌现出“新一类人”，他们不可能被操控，因为“他们对叛逆的定义就是确切地反对操控”。穷人们按照意愿行事，反对“富足而强权的社会”，并由此来改变决策。正如海登后来所接受的，这种分析的缺陷在于，认为穷人的意愿无论如何都不会等同于被他百般嘲弄的中产阶级价值观。他已经意识到，找到为了组织而放弃个人利益的领导人和理解并把自己奉献给运动斗争的普通民众有多么难。[27]

正当海登努力钻研参与式民主时，学生非暴力协调委员会却在考虑抛弃它。委员会执行秘书詹姆斯·福曼（James Forman）在 1964 年提出，赞成建立一个合适的群众组织，而不是让一盘散沙似的激进主义分子去和民权组织搞竞争。对于展开这项集权工作的人而言，他们只需要求个人将自己的问题服从于组织需要。

但这对于许多激进主义分子来说是很难的。他们担心，组织的中心会因距离遥远而对地方上的关切无动于衷，一心营造自己的统治帝国。而且，这么做也有悖于 SNCC 的创建精神。然而人们发现，参与式民主在实践中令人灰心且筋疲力尽。最常见的问题是，各地的人们虽然能够将时间和精力投入事业中，但原则上的倾向却在频繁的讨论中谁也不敢下结论，因为任何积极主动的行为都会被质疑为篡夺民主权利，从而使决策陷于瘫痪。弗兰切斯卡·博莱塔（Francesca Polletta）在她《自由是一场没完没了的会议》（*Freedom Is an Endless Meeting*）一书中写道，“让群众做决定”的要求遭遇了一种令人气愤的倾向，人们愿意温和处事而不愿意冒风险，他们追求的是社会服务，而不是革命。这让人确信，的确有必要向群众解释清楚他们的真正利益所在。受过教育的北方人有个问题，在南方本地人看来，他们都很自私，对穷人的朴实智慧表现出一种屈尊 378
低就的态度，而且他们对南方文化一无所知。虽然有人对白人担当黑人社团的组织者表示担心，但按照博莱塔的说法，这不只是种族问题，更多的还是源于阶级和教育问题。然而到 1966 年，黑人势力接管了 SNCC 的领导权，并且通过某些更严酷、更激进的东西将自己同北方的自由主义者区别了开来。[28]

英勇的组织者

说起社区组织在参与式民主中的实践经历，索尔·阿林斯基（Saul Alinsky）是个值得一提的人物。他付出超乎常人的努力，创造了将地方社团组织起来成为地方权力架构的理念。索尔·阿林斯基 1909 年生于芝加哥，1926 年进入芝加哥大学社会学系。当时主管社会学系的是罗伯特·帕克。帕克是记者出身，后来涉足社会学领域，他习惯于各种形式的城市生活，并怀着一种近乎偷窥的好奇心来研究它。1921 年他与同事埃德温·伯吉斯（Edwin Burgess）共同出版了《社会学概论》（*Introduction to the Science Sociology*）一书。这部作品成为后来 20 年里社会学领域的核心书籍。帕克认为，“社会研究是解决各种社会痼疾的方法”，但他更多的是从民主而不是从精英的角度来看待这个问题，并且他还认为社会研究是一种“治理社会变革”的手段。[29]

帕克和伯吉斯带着学生到芝加哥做实地考察旅行，足迹遍布舞厅、学校、教堂、居民家庭等各个地方。芝加哥城市规模庞大，呈现出多样化，还有各具特色的移民社区。禁酒令时期，有组织犯罪团伙在当地横行一时，其中最出名的是艾尔·卡彭（Al Capone）。芝加哥地理位置靠近加拿大，因此自然成为走私入境违禁私酒的大本营。围绕这种贸易的控制权，各个帮派之间展开了残酷的竞争。帕克认为，芝加哥应该成为一个研究焦点，因为它“过度地展现了人性的善与恶。这个事实也许比其他任何事物都更能证明，城市是座实验室或者医院，人性和社会发展也许是最便利、最有益的研究内容”。[30]对这一思想学派持批评态度的人则通过研究认为，社会问题的原因在于社会，而不是人。伯吉斯将帕克的观点往前推进了一步认为，研究人员的作用是“将社区组织起来进行自我调查”。各
379 个社区应该检视自身存在的问题，自学各种社会问题，继而产生一个愿意组织起来获取“社会进步”的领导集团。

伯吉斯对阿林斯基产生了重要影响，尤其是他在这个学生身上看到了一种被学业成绩所掩盖的能力。[31]阿林斯基对犯罪学很有兴趣，在伯吉斯的支持下，他在毕业的时候获得了一笔

奖学金。他决定对卡彭帮派展开研究，如果有可能的话还要打入内部。他经常出没于帮派活动的地带，听取他们的故事，最终和他们建立了联系。[32]他曾经在州立监狱担任过一段时间的犯罪学家。之后，他在 1936 年加入芝加哥区域计划（the Chicago Area Project），向人们展现了可以通过社会来解决青少年犯罪问题。犯罪的原因不在于个人的低能，而在于个人所在的整个社区出现了各种严重的贫困和失业问题。阿林斯基为社区组织者设置了一些原则。对社区而言，这个计划项目应该是一个整体，由社区民众自主策划并实施。这就需要重视培训和地方领导，加强已有的社区机构，通过各种活动来促使民众参与。[33]他认为地方组织者，尤其是曾经犯过罪的人，能够为自己身边的人指明一条道路，告诉他们如何让自己的行为更为人接受。这种做法引起了争议。他直接挑战了家长式的社会工作，被指责为默许犯罪，纵容民粹主义者煽动地方民众去反对那些一心为他们的利益着想、试图帮助他们的人。

1938 年阿林斯基被指派到芝加哥后院区（Back of The Yards）工作，该地区因厄普顿·辛克莱 1906 年出版的小说《屠场》而臭名昭著。阿林斯基生来就是个组织者。他生性聪敏，熟悉民间疾苦，而且爱出风头，他有一套获取他人信任的诀窍，否则这些人就可能感觉自己被忽略或者边缘化。然而，他的做法比计划更具政治色彩。他不仅把犯罪问题作为解决社区所有问题的突破口，还组建了一个社区组织，其代表来自当地的各个主要团体，这些人都很有势力，原因不在于他们本人，而在于他们所代表的群体。阿林斯基还将隶属于工会的工人吸引到他的运动中，介入了一场反对肉类加工业的斗争，这些都已远远超出了他原先的工作要点。到 1940 年，阿林斯基已经离开这个项目计划，开始单打独斗了。

随着时间的推移，阿林斯基对社会科学的批判越来越严厉，认为它们远离了日常生活。他借用别人的话，将芝加哥大学社会学系描绘成“这样一个机构，它投入 10 万美元搞研究，目的只是弄清楚各个妓院的位置，而实际上不用花一分钱，出租车司机就会告诉你答案”。阿林斯基还根据自己的观察补充道，“要求一个社会学家来解决问题，就好比给腹泻患
380 者开灌肠剂”。[34]在芝加哥大学，从帕克－伯吉斯时代开始，社会学的某些趋势已经出现了变化。然而，阿林斯基最初的轨迹反映了他在两次战争期间对这门学科的成见。

1941 年阿林斯基在《美国社会学期刊》（*American Journal of Sociology*）上发表文章，明确阐述了自己的工作方式。他在文中描述了后院区屠宰场和肉类加工业工人的悲惨生活。这些地方是“疾病、犯罪、堕落、肮脏、依赖的代名词”。传统的社区组织在这样的地区几乎毫无价值，因为它们认为个人问题是相互独立的，社区与一般的社会活动领域也是隔离的。而如果将每个社区置于其身处的大环境中，就会发现它们的能力非常有限，“根本无法依靠自身的努力来获得提升”。他发现“有两种基本社会力量也许可以作为任何高效的社区组织的基石”。它们是天主教会和工会：“构成一个教区的成员同时也是同一个地方工会的成员。”他联合各个地方组织共同建立了后院区社区委员会。其成员不仅参与教会和工会事务，还要参与地方商会、美国退伍军人协会，以及“主流的商界、社会、国家、互助会和运动组织”。

通过这个委员会，失业、疾病等问题都被当作摆在所有人面前的威胁，人们看清了工会和商界都得仰仗地方购买力

才能生存。不同社团组织的领导人“都学会了把别人当成同类人来相互了解，而不是一个没有人情味的团体象征。在许多情况下，这种象征往往显得带有敌意”。这一切的背后有一种“人民的哲学”，它强调的是权利，而不是好感，重点在于依赖“由人民自己建立、拥有并运行”的组织来获取权利。[35]

这显然与海登的理念不同，阿林斯基吸收了地方性组织；海登则担心这种做法会将普通人排除在外，强化了地方权力架构。当时，许多左派人士曾经对与天主教会共事提出质疑，因为后者对无神论的共产党怀有很深的敌意。阿林斯基将自己定义为一个激进分子，但正如他在自传中所说，这一点更多地反映在他的“倾向、信念、雄辩和愿望中”，而“他的行动则是一种务实的方式”。[36]他愿意和任何看上去合适的人结成联盟。他的角色不是共产主义煽动者，而是工会组织者。

这是美国劳工运动的英雄时代，领导人是来自煤矿工人联 381
合会的约翰·刘易斯（John Lewis）。该组织与死气沉沉的美国劳工联合会（American Federation of Labor）决裂后，以精英行业为主导、成立了产业工会联合会（Congress of Industrial Organizations，简称 CIO）。他一方面秉持尖锐的反共主义，另一方面信奉稳定与计划经济的中央集权。他为资产阶级劳工运动带来了强有力的领导，1937 年他在通用汽车公司密歇根州弗林特组装厂的静坐罢工中展现了坚韧而富有想象力的谈判风格。弗林特事件之后，其他行业开始小心翼翼地防范各种正面冲突。由此，刘易斯在没发出什么直接威胁的情况下，就和美国钢铁行业达成了协议。接着，他又向南方矿业中的种族歧视现象发起了挑战（人们认为，黑人只需要更低的工资就足以维持一种比较体面的生活）。CIO 在两年之内发展了 340 万名成员。1939 年 7 月，阿林斯基在以芝加哥肉类加工业工人的名义发表演讲时，结识了刘易斯。刘易斯的女儿凯瑟琳是阿林斯基的工业区基金会（Industrial Areas Foundation）领导成员。

刘易斯是阿林斯基的榜样。他做事以自我为中心，很喜欢介入冲突，作为领导很有魄力和派头。后来，阿林斯基还打算为他写一部充满仰慕的传记。他从刘易斯那里学会了如何激怒并刺激对手，使冲突升级，然后再利用谈判来解决问题，在每个阶段最有效地发挥权力优势。阿林斯基很注重行动的理论依据和修辞表达。尤其令他印象深刻的是，当刘易斯想方设法执行一个足以威胁到权势集团的方案时，他会将 CIO 和美国的公平正义理念结合起来。“同样地，阿林斯基在自己的辩论中也寻求将工业区基金会的目标和人们耳熟能详的美国政治传统牢牢地结合在一起。”[37]

1946 年，阿林斯基出版了第一本书《激进主义的起床号》（*Reveille for Radicals*），该书出人意料地成了一本畅销书。它的基本思想是，那些工会曾经在工厂里使用过的有效技巧，同样也能在城市社区发挥作用——正如他所说，那是“超越眼前工厂大门限制的集体劳资谈判”。他在书中将激进分子描绘成激进的理想主义者，他们相信“自己所说的一切”，具有“最伟大的个人价值”“真正而全面地相信人类”，把每一次斗争当作自己的事业，不会做出合理化和肤浅的解释，他们所从事的是“根本性的事业而不是眼前的示威游行”。他以乌托邦式语言描绘自己的目标——每个人的价值都能够得到认可，潜力得以实现；所有的人都将在政治上、经济上、社会上获得真正的自由；战争、恐惧、苦难和堕落将不复存在。与此形成对比的是，阿林斯基对自由主义者进行了一番讽刺，认为他们并非在理念上，而是在性格和态度上存在缺陷。他们逐渐变得软弱、迟疑、自满、缺乏战斗欲，他们有“激进的头脑却怀着一颗保守的心”，他们由于一心要搞清楚一个问题的两个方面，害怕行动和党派之争，因此一直处于瘫痪的状态。 382

二者的根本分歧在于“权力问题”。阿林斯基认为，激进主义者明白，“人们只有获取并更好地使用权力，才能改善自己的状况”。自由主义者抗议的时候，激进主义者就会造反。[38]社区组织的观念趋向于大胆冒险（“只有人性本身才能限制其行动计划”），因此作为组织者的阿林斯基行动大胆也就不足为奇了。“想象一下，阿林斯基身披超人的披风在天上飞，”他的传记作者写道，“然后飞扑进一个被人遗弃的工业社区，随时准备为争取真理、公正和美国式道路而战斗！”组织者领导的是“对抗人类面临的社会威胁的战争”。[39]

此后的几十年间，直至1972年阿林斯基突然离世之前，他的信徒们在美国各地参与了众多有组织的斗争活动。阿林斯基自己深入参与了其中两桩：一桩发生在芝加哥的伍德朗区（Woodlawn），另一桩在纽约的罗切斯特（Rochester）。与这两桩斗争活动相关的主要是黑人社区，按照其主要诉求，他们的失业状况有了改善，人们也不再歧视那些只有黑人从事的最卑微职业。在罗切斯特，阿林斯基的斗争对象是在当地颇具影响力的企业伊士曼柯达公司。虽然阿林斯基并没有要求芝加哥和纽约的雇主做什么投降让步，但他通过谈判取得了一定的成功。

阿林斯基离世前不久出版了另一部作品《反叛手册》（*Rules for Radicals*），并在其中陈述了自己的基本理念。他在书中确立了自己与六十年代其他激进社会运动之间的关系，从这个角度而言，这本书具有重要意义。笔者将在下文中探讨这部作品，目前不妨先看看他在书中提到的诸多“规则”。

阿林斯基一共立下了 11 条规则，相当一部分是被压迫者必备的基本战略。第一条是孙子兵法式规则：让对手相信，你比实际情况更强大。（“假设你的组织人数少，那就把你的人藏在暗处，大声喧哗，让对方误以为你们有很多人。”）第二和第三条规则是关于让自己的人处于游刃有余的经验之内，而让对手处于经验之外，目的是“引起混乱、恐惧和退缩”。第四条是按照敌人的规则采取行动打击他们，第五条则是嘲笑（“那是人最有力的武器”），因为它不可能遭到反攻，而且还会激怒对方。接下来是第六条，一条策略之所以好，是因为你的群众欣赏它；对于一条坏的策略而言，不但群众觉得它不好
383 玩，而且（规则第七条）还会造成拖延，难以为继。那是因为（第八条规则）好战略的实质在于，保持在对手身上所施加的压力。“策略的首要前提是，行动的发展过程必须对地方形成持续不断的压力。运动若要成功，这种持续的压力就要使敌人产生对我们有利的反应。”第九条规则是一种认识，即恐吓往往比真实情况更可怕。第十条规则提出，要有建设性的替代方案，面对类似“好吧，你说怎么办？”这样的问题，要有应对的回答。第十一条规则要求：“找出目标，锁定它。将其人格化，然后再把它推向极端。不要试图去攻击那些抽象的公司或官僚政治。要找到一个负责任的个体。不要理会那些偏离或扩大指责范围的举动。”

这些规则都是为参与运动的活动家们量身打造的，从这个方面来说，它们与战略思考形式有所不同，后者主要考虑的是

如何与地方政治架构以及指导行动的准则相联系。阿林斯基关注的是运动本身以及实现设定的具体目标。从这些规则中可以看出，阿林斯基很看重耐力、联合、应对突变的能力、关注公众想法的必要性等战略基本需求。必须让人们的社群意识和对组织的信心随着运动的发展而不断壮大，直到它足以承受各种挫折，能够从一个问题转战到另一个问题。阿林斯基的崇拜者之一查尔斯·西尔伯曼（Charles Silberman）将他的战略方式与游击战做了一番比较。他的解读是“要避免参与那些双方都有所安排的固定战斗，那样的话，新生力量的弱点会暴露无遗。与之相反，应该专注于打一枪换一个地方的战术，目的是赢得规模虽小却意义重大的胜利。因此应该把重点放在游行和集体抗租等有效行动上，营造一种团结意识和社群意识”。[40]采取这些行动的目的不仅在于向目标施加压力，而且还要建设自己的社团和组织。毫无疑问，阿林斯基很清楚采取暴力活动不是个明智的主意，但这并不牵涉道德问题。他反对的是那些几乎注定失败，于是诉诸武力的行动。

从阿林斯基最为人熟知的一些战术行动中可以看出，其中不乏恶作剧和挑衅的意味。芝加哥一家百货公司在用人制度上存在种族歧视，阿林斯基“修理”它的策略是组织上千个黑人在商场最忙碌的周六进行一场集体购物狂欢，大批黑人顾客非但不买东西，而且阻碍正常的消费者购物。阿林斯基曾经计划向芝加哥市长施加压力，手段是派人占据奥黑尔机场所有的卫生间，让到港旅客一个个愤然离开。也许是为了取悦听众，阿林斯基提到过的策略中最臭名昭著的是针对罗切斯特爱乐乐团的“放屁”战略。这个乐团由伊士曼柯达公司资助。阿林斯基的计划是，让年轻人在听音乐会之前吃大量的烘豆子来制 384

造“放屁”效果。值得注意的是，这些策略在某种程度上都依赖白人对黑人的刻板印象，而且实际上它们从来都没有真正地实施，尽管阿林斯基声称只要把话转告给目标就能产生强制性效果。他的一项策略创新是利用股票权代理来获得在股东大会上发言的权力，以此将公司置于难堪的境地，1967 年 4 月这种方式首次被用在柯达公司上，并取得了预期效果。从股东大会的相关报道来看，虽然其他股东不会因此产生什么同情心，但这确实让公司董事会感到尴尬，并陷入窘境，这种情况很容易吸引媒体的目光。

阿林斯基和六十年代中期加入社区组织的年轻激进主义者一样，他们不相信自由主义者，而倾向于把穷人浪漫化、传奇化。但他和这些年轻人之间还是存在一些巨大差异。他很看重结果。他想要的是胜利，哪怕只是小有作为，只要取得了胜利，就意味着他可以结盟，可以做交易。他很清楚，自己的阵营天然是由少数派构成的，而且随着大多数美国人跻身中产阶级，这种情况会愈发突出。因此，他很明白需要获得这些人的支持，否则就可能变成旁观者。他准备从富裕的自由主义者那里筹集资金，时刻留意着对手的外部支持者阵营（比如客户、股东或者更高一级的政府机关）是否出现了漏洞。从战术角度而言，阿林斯基的基本需求是找到一种能够持续开展运动的方法，始终处于公众的视野中（从这方面来说，他自己的名声倒是个有利因素）。而且他还知道，组织化程度必定会成为一个问题，尤其是在外来者或有经验的专业人士掌管组织的情况下。就像年轻的激进分子提防强势领导人夺取权力成为当权派，让民众重回当初的弱势状态一样，当权派为了剥夺运动的合法性，会不失时机地指出有“挑拨者”（阿林斯基自己欣然接受这样一个标签）恶意介入其中。按照年轻激进主义者的希望，阿林斯基开始设想让组织者拟定隐而不现的政治意识，不但要打造人们对不公正现象的认知，还要建立人们的赔偿意识。社区要自力更生、自我维持，靠的不仅是组织，还要依靠人们的意识，而且地方领导者要能够传达这种意识，确保它的长期可靠性。阿林斯基制定了一条规则，即对一个社区组织的支持帮扶不能超过 3 年，之后这个组织就必须自力更生，他直到快要走完生命时才对这条规则产生怀疑。[41]

然而，他毕竟是和一些一穷二白、没有自信的人战斗在一起，这些人几乎整天忙于应付各种日常生存问题。尼古拉斯·冯·霍夫曼（Nicholas von Hoffman）曾经和阿林斯基共事长达
10 年，直到 1962 年转行当了一名记者，他形容这些“流氓无 385
产者”面对的是一系列紧急状况和一连串的坏消息：“煤气断了，供电断了，房东要将他们扫地出门，一个亲戚进了监狱，刚出生的孩子病了等着送医急救，另一个孩子和社区工作者吵了起来，整个家庭快要断顿了，作为一家之主的男人回到家里就开始打老婆，威尔逊偷了买食物的钱，珍妮丝怀孕了，当母亲的因为喝醉酒错过了和职业指导顾问的会面。”因此，穷人是“不可靠的，他们不是那种能够遵守承诺、紧密团结的组织成员”。在实践中，这意味着（同时，人们在民权运动过程中也发现）可靠且有能力担任地方领导者的人选很少，激进分子基地的范围很窄。因此，阿林斯基的方法转而依赖审慎的组织安排和强有力的领导力。当这种方式与后来流行的自发性和参与式民主无法适应时，阿林斯基认为，他的方式取得的效果更好。他的实用主义同样也反映在对运动的选择上。霍夫曼回忆道，阿林斯基“无法容忍本该避免的失败，受不了虽败

犹荣的精神胜利”，他只挑选并参与那些有把握获胜的战斗，理由是并非所有的不公正都能够得到纠正。[42]

查韦斯

虽然阿林斯基年轻时一直准备当个英勇的组织者，但随着年龄增长，他对这个概念变得警惕起来。大权在握的人动机难得纯洁，除非他们真的很享受政治的艰险与跌宕。政治会让人变得狡猾、愤世嫉俗，他自己当然也是这么过来的。自知有缺陷总比口口声声自称完美要强得多。在这方面，阿林斯基最担心的是他一直在帮扶的恺撒·查韦斯（Cesar Chavez）。五十年代查韦斯受雇于弗雷德·罗斯（Fred Ross），后者当时正掌管着阿林斯基资助的加利福尼亚社区服务组织，目的是提高墨西哥裔农场工人的投票登记率和工人权益。10 年后，查韦斯离开这个组织，成立了后来的农场工人联合会（United Farm Workers Union，简称 UFW）。他是甘地的追随者，坚持采用绝食、和平游行等非暴力斗争方式。1966 年春，他带领农场工人从德拉诺一路走到了加利福尼亚州首府萨克拉门托。与此同时，他们还发起了一项全国性抵制加州葡萄的运动。虽然阿林斯基对这次行动心存疑惑，但抵制运动获得了广泛支持。它持
386 续了 5 年时间，最终取得了胜利：工人们涨了工资，而且将成立工会的权利写进了法律条文。

传统的工会组织都对移民工人心存戒备，认为他们对白人就业构成威胁。美国劳工联合会－产业工会联合会（AFL－CIO）[43]早年曾想把农场工人组织起来，但失败了，虽然他们与不停轮换的短工们一起劳动，但其领导层既不了解地方情况，也不会说西班牙语，他们所倚仗的是以往劳工运动的熟悉模

式。查韦斯发现，重要的是要将工会扎根于地方社区，因为后者能提供教育机会，让人们参与教堂活动，并增添一些战术选项——比如，抗租行动。除此之外，他还吸纳了一些民权运动的经验：

> 黑人们是怎样赢得战斗的？当每个人都以为他们会逃跑的时候……他们跪下来祈祷。当他们挨打的时候，他们将失利转化为胜利。他们动用的是他们自身所有的，他们的身体和勇气……我们农场工人也有同样的武器——我们的身体和勇气……一旦我们农场工人吸取以往的教训，展示出像黑人在亚拉巴马和密西西比一样的勇气——那么有朝一日，农场工人的苦难就熬到头了。[44]

查韦斯凭借其战略而成为运动的中心人物。1968 年，当大家厌倦了前途渺茫的长期罢工，开始质疑非暴力斗争的价值时，一个标志性时刻来临了。为了更多地在精神上而非靠强制手段来重塑自己的权威，他开始绝食，以此展示受难的力量。他用忏悔来回应工会中那些流露出暴力倾向的人。墨西哥裔天主教徒很欣赏这种象征性行为，认为查韦斯是代表他们在受难。牧师们赶来照顾查韦斯，这场绝食成为一起宗教事件，在工人中产生了激励性效应，许多人纷纷自发前往绝食地点去一探究竟。

眼看工会得到的支持越来越强，一直深信绝食是场骗局的葡萄种植者决定针对工会发布一条禁令。但这么做反而加强了工会方面的优势，为身体虚弱的查韦斯提供了一个在法庭上露面的绝佳机会，数千名支持者到现场为他祈祷。25 天（比甘地历时最长的绝食还要多一天）的绝食之后，查韦斯参加了一场全基督教祷告仪式，其间参议员罗伯特·肯尼迪（当时正准备宣布参加总统大选）对他表示支持。随后，查韦斯出庭，一名牧师替他宣读了讲话稿：

387 我深信，最真诚的勇气和最强大的英雄气概就是牺牲自己，以一种完全非暴力的斗争方式去争取公正。做人就是要为别人受苦。上帝会帮助我们长大成人。[45]

阿林斯基对这种虔诚之举非常警惕。他曾对查韦斯提到，自己觉得绝食行动“令人尴尬”。他也不赞成查韦斯明明有一大家子需要养活，却坚持拿低工资、过苦日子的做法。查韦斯坚持要求农场工人联合会工作人员领取只能维持生活的最低工资，此举最终引发了不满。[46]

马歇尔·甘兹（Marshall Ganz）是曾经与查韦斯共事的众多工作人员之一，他认为最初的动机很重要，它是战略创造力的源泉。战略不是生来就有的，而是紧跟着鼓励“专注、热情、冒险、坚持和学习”的行动承诺而来。对眼前问题的强烈兴趣会引发一种批判性思维，让人对事件的预期和来龙去脉提出质疑。[47]查韦斯为人们提供了斗争的动力，但他认为组织要依靠强有力的领导，应该由掌握领导权的人来做决定。实际上，这种思想已经远离了参与式民主，或是任何一种民主。组建一项运动和运行一个组织是两桩完全不同的事情。查韦斯在运行组织的过程中成了一个独断专行、古怪的人，最终不太体面地离开了农场工人联合会。不过，查韦斯仍是一个鼓舞人心的大人物，他的许多 UFW 旧同事在其他社会运动中继续发挥着重要作用。然而无论如何，查韦斯因为清除排挤那些不会阿谀奉承的人，最终破坏了自己创建的一切。[48]

不完美的社区

人类的自然缺陷不仅会反映在老百姓身上，领导者亦是如此。也许对阿林斯基而言，最惨痛的教训是，他没有意识到政治意义上的外部组织者和急于获取权力的社区之间并不存在什么天然的观点巧合。1945 年以后，重整旗鼓的后院社区开始齐心协力排斥黑人。冯·霍夫曼发现，这片地区一旦得以重建并焕发生机，就会成为“种族排斥的基石”，因为他们现在拥有了值得维护的东西。即便那些算不上热衷种族主义的人也相信，黑人流入他们的社区会导致“社区向贫民窟的方向发展，犯罪现象随之而来，教育质量下降，房地产价值下滑”。[49]

阿林斯基在生前最后一次接受采访时（他被描绘成“看 388
上去像个会计师，说起话来像个搬运工”），略带伤感地认识到了其中的讽刺，以及不甚浪漫的“人民群众”理念。三十年代末，他来到后院社区的时候，那里是“一片仇恨的沼泽，斯洛伐克人、德国人、黑人、墨西哥人和立陶宛人相互憎恨，所有这些人又很厌恶爱尔兰人，而爱尔兰人也露骨地仇恨他们”。他发现问题在于，是“恐惧的噩梦——惧怕变革，惧怕失去物质财富，惧怕黑人”取代了“对美好世界的梦想”。他当时正在考虑搬回该地区，即使人们普遍存在偏见，他也要组织一场新的运动来帮助他们摆脱“肮脏、贫穷和绝望”。因为“生活在绝望、歧视和困苦中的穷人”“不会自动地赋予自己善心、公正、明智、怜悯等品质或道德纯洁性”。他们只是具备所有平常弱点的普通人。

> 历史就像一场革命的接力赛：一批革命者手持理想主义的火炬建立起权力机构，随后下一代革命者夺过火炬，带着它开始新一段征程。如此循环往复，反叛者拥护的人文主义价值观和社会公正不断成型、变化，逐渐根植于所有人的头脑中，即便他们在社会现状之下迟疑退缩，屈服于颓废的物欲。

在六十年代的这种气氛下，阿林斯基成了大学校园里最受欢迎的演讲者。虽然不提倡革命，但他号召人们采取激进的改革措施，对权力进行再分配。他毫不掩饰斗争的艰难和曲折：“变革意味着运动；变革会造成摩擦；摩擦产生热；热就意味着冲突。”然而，他并没有和新左派领导人建立起亲密的关系。1964 年夏天，阿林斯基与包括汤姆·海登和托德·吉特林在内的几个学生争取民主社会组织的主要人物举行了一次会议。这次会面进行得并不顺利。阿林斯基对 SDS 成员不屑一顾。他认为离开领导和统治就什么也干不成，如果认为穷人只想要这些年轻中产阶级所摒弃的生活方式，那未免太天真了。[50]对阿林斯基来说，身为穷人根本不是一种荣誉，而是一种要克服的缺陷。

虽然阿林斯基很敬佩马丁·路德·金的成就，并且借用了
389 一些金的战术，但他仍对金心存疑虑。1966 年金到访芝加哥时，曾经试图与阿林斯基联手，但两人最终没有见面。阿林斯基存在抵触心理。他对这样一位大人物闯进自己的大本营心存戒备，特别是他早已下定决心不参与南方的运动，因为他自知在那里既不受欢迎，也不能发挥什么作用。阿林斯基绝不甘居第二，即使面对诺贝尔和平奖获得者也是如此，而且他很怀疑

一个南方传教士能在芝加哥这样的地方有所作为。阿林斯基感到欣慰的是，在采取直接行动表达关键问题方面，民权运动的基本方式与他自创的方式很类似。他认为民权运动之所以成功，关键在于南方当权派的愚蠢和国际压力。“在伯明翰，‘公牛’康纳的警犬和消防水龙头在推进民权方面的作用比民权斗士们要大得多。”[51]阿林斯基一直强调要有一定的组织性，但他们发现金的随行人员在这一点上和自己截然不同。其中有些人“相当有才，有些人则像乱叫的猫头鹰一样疯狂”，太多人都把时间花在相互斗嘴上，想方设法去和金套近乎。领导层从来也不会解雇或开除什么人，而且在花销上完全没有任何约束。[52]

贝雅德·拉斯廷（Bayard Rustin）曾经和金就芝加哥的问题进行过激烈的辩论，他提醒金，北方贫民区民风彪悍、愤世嫉俗，城市政治非常复杂，尤其是芝加哥市长迈克尔·戴利（Michael Daley）更是掌握着强大的政党组织。虽然生活过得不容易，但这里的黑人并没有被排除在政治程序之外，当地情况远没有南方上演的道德剧那么简单。他还说，金不了解芝加哥，“你会被扫地出门的”。金不想再辩论下去，于是说自己打算去做祷告，听听上帝的建议。拉斯廷一听这话就火冒三丈。他抱怨“什么金和上帝谈话，上帝和金谈话之类的把戏”，根本就不能解决严肃的战略性问题。[53]拉斯廷的担忧并非毫无根据。金在当地受到敌视，无法为他的运动争取到支持。他无法确定一个问题并就此将人们动员起来，因为没有什么事情是不可以的，任何话题都可以是问题。换句话说，这场运动缺乏焦点。其目的就是从贫民窟居民、失业学生中吸引一批潜在成员，让他们投入行动，使之升级为一场有足够能力采取有效行动的群众运动。然而资金困难、地方领导力缺失、南方事务的羁绊，以及拉斯廷所警告的复杂性都意味着，金发起的运动从来没有形成什么气势。

阿林斯基展现了社区组织的运作潜力，但与此同时，也反映出自下而上运动方式的局限性。人们可以打赢战斗，改善生活，但与发动群众集体实现目标的浪漫想法比起来，这样的结果必然是令人失望的。群众，尤其是那些生活困苦的人，有自己优先考虑的事情和应对之道。他们的想法只是偶尔会和激进
390 分子的想法重合。而且，几乎没有哪场运动具有民权运动黑白分明的道德性，这个问题从一开始就困扰着运动本身。一个自由社会不可能反对废除种族隔离原则，于是唯一可讨论的就是速度和方法的问题。相比之下，其他问题在分析性和道德性两方面都要复杂得多。除此之外，拉斯廷还强烈主张，寻求变革——不管是民权运动还是解决贫困之源——需要得到中央政府的支持。从民众的角度来看，虽然激进分子为他们的遭遇愤怒呐喊，但一味表达对制度的不满，在大多殊情况下都会是徒劳的。

二十五　黑人的权力与白人的愤怒

我们有太多的梦想， 391
心也变得野蛮僵硬；
宿怨日多，爱渐其少。

——威廉·勃特勒·叶芝，《窗边的鸟巢》

在感受不到任何进展的情况下，人们不愿意接受妥协或结成联盟，结果要么是幻灭和冷漠，要么是愤怒，并且催生了更极端的政策方向。这一点，从六十年代学生非暴力协调委员会（SNCC）的迅速发展中可见一斑。SNCC 在成立声明中主张“非暴力的哲学理念是我们实现目的的基础，是我们的信念设想，是我们的行动方式”。然而这样的主张却遭遇了压力，因为在非暴力哲学的限制下，SNCC 中的激进分子日益急躁，他们对自己付出的痛苦到底能获得怎样的回报变得不自信起来，为开放包容的政治风格受到约束而感到失望。他们被告知，即便民主党不愿意放弃种族主义政治领导人，也要稳扎稳打继续支持白人自由主义者。于是他们渐渐萌生质疑，不但针对种族隔离分子和警察，也开始怀疑马丁·路德·金的精英主义。

美国北方的黑人政治早已形成了更为激进的一面。例如，
马尔科姆·艾克斯（Malcolm X）在监狱里转而信奉“伊斯兰 392
国度”（Nation of Islam），并成为这个教派中魅力超凡的最著

名人物，他的主张与金所信奉的爱与和平的基督教理念形成了鲜明对比。马尔科姆·艾克斯主张黑人分离主义，谴责白人是恶魔，拒绝放弃暴力手段。他坚持认为，自我防护不是真正的暴力而是“智慧”。他采用完全不同于金的方式，向内城贫民区里不满和沮丧的黑人们喊话。民权运动领导人指责他煽动种族仇恨，迎合了白人对黑人的刻板印象。最终，他真的改变了心意。他仍继续奋力争取独特的黑人意识，却于 1964 年脱离了伊斯兰国度，言辞也缓和了许多。很快，他在 1965 年 2 月死于谋杀。[1]

弗朗茨·法农（Frantz Fanon）虽然身居遥远之地，却传递出一个更加清晰的理念。他的观点是在与法国殖民主义打交道的过程中形成的，并且在他作为精神病医生远赴阿尔及利亚行医期间得到了完善。法农后来在阿尔及利亚加入了民族解放阵线（National Liberation Front，简称 FLN）。1961 年罹患白血病，他在弥留之际完成了重要著作《全世界受苦的人》（*The Wretched of the Earth*）。后来有人认为，该书的英文译本和让-保罗·萨特撰写的前言在语气上比原文要尖锐得多。他对于殖民地状况的深刻见解被贬低为强调暴力，因为暴力是殖民者唯一认同的战略语言。[2] 作为一名精神病学医生，法农对暴力持有些许存在主义的态度，这也是该书的重点所在。

萨特认为，不是犹太人的品性引发了反犹太运动，而是“反犹太运动造就了犹太人”。法农吸收了萨特的这一主张，并认为是“殖民者”“造就了原住民，并延续了其存在”。[3] 暴力是摆脱这种精神和身体控制的一种方式。“在个人层面上，暴力是一种净化力量……被殖民者通过暴力找寻自由。”萨特补充道：“原住民通过向殖民者使用武力治愈了自己的殖民神经衰弱症。他在怒火沸腾时，找回了曾经失去的清白，并开始认识到是他自己创造了自己。”[4]哲学家汉娜·阿伦特（Hannah Arendt）怀疑，法农的大多数追随者可能只读过该书的第一章——“论暴力”——因为法农后来认识到“纯粹彻底的残暴”会“在短短几周之内导致运动失败”。最让汉娜·阿伦特感到震惊的是，萨特虽声称自己是马克思主义者，但他却倾向于支持涅恰耶夫和巴枯宁的观点，而且还为“狂暴的怒火”和“火山爆发式的运动”可能取得的效果感到非常兴奋。[5]

法农的怒火在年轻的黑人激进分子中产生了共鸣，后者认为试图与白人权力架构进行合作是毫无意义的。1965 年雅各布斯（Jacobs）和兰道（Landau）对新左派进行调查后发现，“生活在南方的人们已经受够了各种骚扰、逮捕、毒打和精神 393
折磨，面对美国经济和政治系统强大且不时微妙的力量，他们开始重新审视自己的目标”。[6]SNCC 的理想主义日渐式微。“将军们”受到马尔科姆·艾克斯的感召，开始盘算自己的游击战形式，他们取代了“诗人帮”。城市贫民区的黑人们经济状况十分恶劣，再加上不断升级的越南战争不成比例地将黑人拉入军队，这一切都加剧了黑人的痛苦。拳击手凯西斯·克莱（即后来的穆罕默德·阿里）拒绝服兵役，因为“越共没有管我叫黑鬼”。市中心贫民区的黑人暴力和动乱呈现燎原之势，令白人社会感到恐慌，这本身就给人带来了满足感。

斯托克利·卡迈克尔（Stokely Carmichael）是 SNCC 的开创性活动家，1965 年担任该组织主席，是黑人权力的鼓吹者。他自幼在哈莱姆长大，相比基督教教会的语言，他自然更加熟悉街头俚语。1966 年他产生了为 SNCC 制定一个新口号的想法。在密西西比州的绿林坞（Greenwood）被捕（第 27 次）

并释放后，他对民众宣称：

> 我们要求的是黑人权力（black power）！对，这就是我们的要求，黑人权力。我们不必妄自菲薄。我们一直在等待。我们恳求过总统。我们恳求过联邦政府——这就是我们一直以来在做的事情，不断地恳求、恳求。这一次我们站起来了，我们要接管权力。[7]

他宣称，任何白人，即便是参与运动的白人，“都在自己的意识中（哪怕潜意识中）对黑人有看法。这一点无法逃避，因为整个社会都在把人的潜意识往这个方向上引导”。种族主义思想根深蒂固，在这种情况下黑人谈什么联盟都毫无意义——“没有人能和我们结盟”。只有当黑人能够为自己说话办事的时候，或许才有可能在平等的前提下与白人再次合作。从今以后，SNCC 将是一个“黑人组成、黑人掌控、黑人资助”的组织。[8]

学者查尔斯·汉密尔顿（Charles Hamilton）在其参与执笔的一本书中赞同地写道，“黑人们不应妄自菲薄，应该满怀自豪，黑人相互之间应是一种兄弟般的情谊和共同责任。”美国白人之所以能够“轻声细语、轻举慎行，采用劝诱和推脱等手段”，那是因为“这个社会归他们所有”。黑人若想“采用他们的这种方式来减轻压迫”，那将会何等荒唐可笑。如果他们走上这条道路，那么忍气吞声换来的回报就是“一点点地被收编”。

问题并不在于基本前提出了差错。美国政治中不乏以种族
394 划分为基础建立的政治团体，其成员使用一个共同的身份，目

的是创造一个有利的谈判地位。“一个团体在踏入开放社会之前，必须先紧密团结起来。”只有当黑人坦率直言、追求权力而非四处寻求帮助的时候，这个系统才会有所回应。但是，卡迈克尔寻求的是一种以极端激进姿态为基础的共同的“民族意识”。黑人绝对不能采纳曾经支持并延续了对其压迫的中产阶级价值观，然而如果运动的目的是改善经济状况，那么自然而然就会造就出一批黑人中产阶级。

非暴力立场一直以来维系了政治进步，但要不要继续坚持这种理念却成了个大问题。卡迈克尔和史蒂文森认为，非暴力营造了一种不抵抗形象，妨碍了黑人运动。“从我们的观点来看，”他们认为，“必须让横冲直撞的白人暴民和蒙面夜骑者知道，他们为非作歹的日子已经结束了。黑人即将而且肯定会反击。”关于自卫，他们的看法是：“我们当中那些主张黑人权力的人心里很清楚，民权运动的‘非暴力’方式是一种黑人承受不起、放纵的白人不配承受的方式。”[9]

马丁·路德·金对事件的转折感到震惊。他不仅反对诉诸暴力，而且让他恼火的是暴力不是他所从事的民权运动中最显著的亮点，而成了一个问题。他坚持认为，权力应该是达到目的的手段——“创造一个真正的兄弟般的社会”——权力本身并不是目的。[10]在其去世后出版的一本书中，金对黑人权力提出了批评，指责它违背了黑人自己的利益，因为黑人毕竟在美国占少数。他还在书中为结盟的白人辩护，最终两个种族还是彼此需要的。他们“拴在命运织成的衣襟之中”。[11]

1967 年 SNCC 驱逐白人，放弃了非暴力的承诺。新任主席拉普·布朗（H. Rap Brown）形容暴力“像樱桃酱馅饼一样，是美国的特产”。虽然卡迈克尔后来承认，是黑人权力毁掉了 SNCC，但当时他带领着自己的黑豹党成员（Black Panther）与 SNCC 汇合。黑豹党 1966 年成立于加利福尼亚州奥克兰市，从成立伊始就使用强硬、暴力的言论。博比·西尔（Bobby Seale）在自传中讲述了黑豹党的起源，称其靠廉价贩卖毛泽东的“小红书”挣到了购买枪支弹药的钱，相比之下黑豹党拼凑宣言声明则要容易得多。[12]黑豹党种种引人注目的形象和言论，再加上它的好战倾向，使得这个从没超出过 5000 人的组织获得了远远超出其真实规模的影响力。

卡迈克尔继续鼓吹黑人分离主义。1967 年他在一次演讲中说：“最大的敌人……不是你的骨肉兄弟。最大的敌人是白
395 鬼子和种族主义制度，那才是最大的敌人。无论何时你们准备投入革命战争，要集中火力打击这些最大的敌人。我们还不够强大，无法在相互打架的同时兼顾打击这些敌人。”[13]他甚至还和黑豹党成员闹翻了，因为后者并不像他那样抵触与白人合作。他认为，接近非洲人民的唯一办法是移居到非洲去，给自己取个非洲名字夸梅·图尔（Kwame Ture）。

黑人政治中的这种倾向让贝雅德·拉斯廷感到不安。当他在 SNCC 中的旧友们纷纷转向暴力和黑人分离主义时，他的幻想破灭了。“从黑人产生愤怒、仇恨的那一刻起，”他后来评论道，“你就自然不得不让白人恐慌，因为我们永远是分子，而他们永远是分母……二者必然产生互动关系。”专注于直接行动加剧了两极分化，疏远了白人，在黑人中间“产生了失望和乏力感”。[14]他同意马丁·路德·金的看法，贫穷和失业是引发种族暴乱的重要因素，但这也引导他去探索，黑人和白人如何才能在工会的支持下团结起来做斗争。他确信最大的问题

是经济，需要联邦政府的各项计划来解决，这意味着如果政府准备投入金钱打一场“反贫困大战”，那么支持政府就非常关键。这种想法引发了另一种分歧，即黑人要不要把反对越南战争当作重点，拉斯廷的昔日同事大多对此持不同意见。他在1965年2月的一篇文章中，以一种特殊的力量和刺激促成了联盟。拉斯廷提到了“民权运动中强烈的道德压力，它提醒我们权力会造成腐败，但忽略了没有权力照样存在腐败”。自救远远不够。他坚持认为“我们需要盟友”，这就意味着要做出让步，特别是他提出要与工会和民主党共同合作。“领导人在这项任务面前退缩，那么暴露出的不是他的纯洁，而是他缺乏政治敏感。”[15]

这一次合作中涉及的让步的确是太多了，尤其是在越南战争升级的情况下。现在只有少数人还在追随拉斯廷，他和昔日的战友们渐行渐远，那些人已经不再是和平主义者，他们根本不认为拉斯廷坚守的非暴力直接行动战术与自己有什么关联。正如一名传记作者所说，拉斯廷成了“一个脱离了运动的战略家”。他被指一方面夸大了约翰逊政府的自由主义及其解决基本问题的能力，另一方面怂恿黑人放弃了本可以让他们独立发声的直接行动。[16]卡迈克尔和汉密尔顿指责拉斯廷推进了三个神话：黑人的利益与自由主义者和劳工的利益是一致的；“政治、经济上的安全可以和政治、经济上的不安全实现一种 396
可行的联盟”；“政治联盟（可以）在道德、友谊、感情的基础上，靠诉诸良心得以维持”。计划中的联盟对象是一些在“社会总体改造”中不涉及任何利益，只与外围改革相关的团体。[17]与它们的基调一致，这些团体认为自己并不反对联盟，而是反对那些家长式的联盟。在黑人独立自主之前，它们的力量还太弱，不足以完成一个可行的联盟。[18]唯一可接受的联盟是贫穷黑人和贫穷白人之间的联盟。

革命中的革命

1965 年越南战争闹得让人不得安宁，两年后它成了压倒一切的要务。对激进分子而言，他们不可能和一个陷入战争泥沼的政府打交道。被送到前线打仗的人大多是应征入伍的年轻人，其中黑人数量超过了白人士兵。1968 年反战的怒火越来越旺，改变了整个运动的方向。学生争取民主社会组织的积极分子不再耐心培养穷人社区，开始煽动反战。他们从微观的贫民窟苦难生活转向宏观的帝国主义和战争。就在几年前还具体有效的非暴力斗争方式，开始显得软弱和天真起来。针对特定问题开展斗争已经不够有效了。现在需要直捣问题的根源。

1965 年担任争取学生民主社会组织主席的是保罗·波特（Paul Potter），他是一个有思想的知识分子，曾经研读过社会学和人类学，一直致力于发展“系统”理念而不是系统中的个体，并将其作为社会的主要问题。这是一种激进的想法，如果“系统”出了问题，那么改革就会成果寥寥。他认为越南战争只是众多问题中的一个。1965 年 4 月，美国介入越南战事的程度逐步加深，华盛顿的一场有组织游行示威——活动规模远远超出了预期——使局势更加尖锐。波特利用这次游行，尖锐地批评了美国社会秩序中的压迫痼疾。“我们必须识别出这样的系统，”波特提出了要求，“我们必须给它命名、描述它、分析它、理解它、改变它。因为我们只有改变了这个系统，将它置于我们的控制之下，才有希望阻挡住今天在越南制造战争、明天在南部杀人的各种势力。”[19]

从此以后，“系统”就成了敌人。但它指代不明确，构造组成模糊不清，运转方式也不甚明了。波特的学术背景促使他 397
采用一种系统的方法，认为社会理所当然是由相互关联的各个部分组成的。在主流社会学中，这支持了一种观点，即政治和社会变革最终总是能找到自身的均衡。对波特这样的激进分子而言，这个系统非但不能中立地表明如何让一个复杂的社会为了综合利益而运转起来，还会扭曲一些已经根深蒂固并不断强化的东西。美国已经发生了系统性的功能失调，人们残害自己以及自己的善良本性。结果就是“文化灭绝”，就像进行了一场大规模的脑叶切除术，使人无法鉴别当下发生的一切，也无法想象还有什么其他备选的可能性。如果能做到这一点，便有可能重新掌控这个系统，“使其屈从于自己的意志，而不是让自己屈从于这个系统”。提到“系统”，人们很容易想到一些大而隐秘的阴谋集团，权力精英们在幕后操纵着经济、社会和政治。波特想避免资本主义、帝国主义这些老旧的称号，但最终它们仍是最便于使用的标签。波特在本质上是一名遵循詹姆斯和杜威传统的、彻底的实用主义者，他认为这场运动会变得越发暴力、更加具有对抗性，而且他在华盛顿的演讲也鼓励了这种趋势。波特之后，继任的 SDS 主席卡尔·奥格尔斯比（Carl Oglesby）对只要命名和分析这个系统就足够了的想法提出质疑，这好比“权利声明只要被写在纸上，这些话语就能带来变化”。人们可以为了支持行动而放弃语言。雄辩的语言会被人忽视，有说服力的行动却很难被人忽略。[20]

1965 年 12 月海登来到越南北方，这是他第一次出国，目的是亲眼看看美国轰炸当地行动的后果。一开始他反对这场美国参与的战争，后来他开始支持和美国人作战的越南南方民族解放阵线。面对骇人的南越政府和美国式战术，许多问题被人忽略或者显得不那么重要了，比如这是一场真正的叛乱，还是越南北部正在创建共产主义政权，或者北越正在倡导的意识形态和自由的本质。还有一种看法反对美国人对共产党人过于挑剔苛求，认为应该和他们保持开放的沟通渠道。海登意识到了危险。他在和斯托顿·林德（Staughton Lynd）合著的《另一面》（*The Other Side*）中表示，他们并没有假装越南人在所有方面都是值得赞叹的。（“我们并不认为自己是萨特，需要加缪来提醒我们世上还有奴隶劳工营。”）然而，他们给予外界的整体印象却是，这些年轻的中产阶级激进分子对吃苦耐劳的革命干部心怀敬畏，后者为自己的信仰历尽磨难，无私地把自
398 己奉献给一场旷日持久的斗争。与此类似的后果是，大量的朝圣者受到感召奔赴古巴。在这一切的背后，美国地方政治露出粗糙残忍的蛛丝马迹，然而在革命精神狂热中，它们已经变得无足轻重了。

如果说目的是建立一个反对越南战争的广泛联盟，那么上述奔赴越南的举动就没什么意义了。1968 年由于战争耗资巨大且徒劳无功，美国民意转向了反战并且愈演愈烈。但反战并不等同于和国家的敌人交好，许多人排斥这种明显缺乏爱国心的行为及其行为者的天真。然而对激进分子来说，这根本不算什么。他们对美国及其温顺国民不抱任何希望，深信它必将被第三世界人民的反帝国主义历史潮流抛在后面。他们充其量不过是第三世界人民的支持者和代言人，因为身处帝国主义内部斗争而获取了革命资历。[21]一旦古巴和越南被公认为激进思想的源头，那就必须重视马克思列宁主义了。左派的旧意识形态

很可能卷土重来。一名激进分子后来懊悔地回忆，SDS 中的毛派成了“游离在我们这些极端民主化的无政府主义者大群体之外的训练有素的一支”。[22]

新兴的各种分析将美国穷人和第三世界联系在一起，认为在由公司权力和漠视自由所构成的体系下，他们都是受害者。美国的激进分子虽然只能是少数派，但他们把自己视作全球性运动的一部分。“第三世界”这个词在二十世纪五十年代初期产生于法国，用来描述那些经济落后、政治孤立，与自由资本主义的第一世界和国家社会主义的第二世界保持距离的国家。它的灵感来自被人遗忘已久的“第三等级”平民，他们最终在 1789 年发动起义，推翻了由牧师教士和贵族构成的第一阶层和第二阶层。因此，第三世界这个词抓住了一个紧密结合的群体、一种弱势者联盟的概念，他们很可能有朝一日推翻现有秩序。第三世界中包括了许多在第二次世界大战后通过去殖民化获得独立的国家。帝国主义超越了颓废的旧欧洲列强的负面影响，成了美国新殖民主义的有害统治，它凭借残酷的反共运动得以合理化，而公司的贪婪又起到了推波助澜的作用。古巴是这场斗争的一个例子，越南也不例外。接下来还会发生更多冲突，在某种情况下，帝国主义根本无法应对这些情况。这也是美国国内运动必须尽快开展起来的原因所在。

这种思路得到了赫伯特·马尔库塞（Herbert Marcuse）的 399
确认，他成为继赖特·米尔斯之后，二十世纪六十年代末坚定的新左派时髦知识分子。他曾经加入法兰克福社会研究所，这是一个与共产党保持一定距离的马克思主义者大本营，于三十年代迁至美国纽约。在 1964 年出版著作《单向度的人》（*One-Dimensional Man*）之前，他在很大程度上是一个对弗洛伊德深感兴趣的黑格尔派哲学家。这正好解释了虽然西方国家具备所有的外在品质——政治多元化、富足、福利国家、艺术——但人们还是很自然地感到严重不满足。所有美好的事物都成了社会统治工具，它们让人无法实现自己的真实本性，获得真正的幸福。更糟糕的是，它们采纳了各种名义上的反对形式，通过马尔库塞后来所称的“强制性宽容”（repressive tolerance）制造出一种新的自由极权主义，它们似乎“调和着反对这一制度的各种势力，并击败和拒斥以摆脱劳役和统治、获得自由的历史前景为名义的所有抗议”。由于人们本身不自由，因此也就没有资格来评判自己是否缺乏自由。

马尔库塞在学生激进分子中建立起声望，为此他写了《论解放》（*An Essay on Liberation*）作为答谢，赞美他们不但是西方，而且是半个世界的变革代理人。古巴和越南革命也许无法在西方的压迫下继续生存。但“第三世界获得自由和发展的前提，必须是从发达的工业国家中产生的”。要打破制度，必须从最坚固的纽带着手。这就需要反抗政治和精神上的双重压迫。这一点，通过自主行动的小团体就能做到，无需什么官僚机构和组织。其目标是明确的乌托邦，另一种选择是通过反复试验来取得进展。“到那时，理解、相互关爱、判断恶与假的直觉意识、压迫的传统将会证明叛乱的真实性”。[23]

向“扬基帝国主义”（Yankee imperialism）发起直接挑战、鼓舞人心的标志性人物是埃内斯托·切·格瓦拉（Ernesto Che Guevara）。格瓦拉生于一个阿根廷中产阶级家庭，学医出身，后来成为菲德尔·卡斯特罗的副将，参与推翻古巴独裁者富尔亨西奥·巴蒂斯塔（Fulgencio Batista）。虽然格瓦拉年仅 30 岁就成了卡斯特罗政府中的一名部长，但他决定重返战场，开辟出一块反抗帝国主义的新阵地，并先后在刚果和玻利维亚将他的游击战理论付诸实践。但是，这两场运动进行得并不成功。1967 年他在玻利维亚被抓获并草草处决。他的海报形象——英俊、大胡子、坚毅、歪戴着那顶革命的贝雷 400
帽——从此成了一个标志。

1966 年 1 月，切·格瓦拉给在古巴召开的三大洲会议（Tricontinental），即亚非拉人民团结组织（Organization for Solidarity with the People of Asia，Africa and Latin America）成立大会写了一封信。他警告称，不能眼看着越南孤军奋战。应该在“正发生冲突的所有战线上发起持久的猛烈攻击”。帝国主义是“一种世界性制度，是资本主义的最后阶段——必须用一种世界性的对抗来打败它”。因此，很有必要创造“世界上第二、第三个越南”。美国会因不得不在各个地区作战而精疲力竭。格瓦拉称，前方的道路是艰难的，但必须通过“武装宣传”激励士气，应该将国家民族差异放在一边，随时准备在武装斗争的任何相关领域投入战斗。[24]

随后几年中，格瓦拉撰写的有关游击战的小册子和他在玻利维亚那场注定失败的运动日记陆续出版（证明了他确实没能力将农民争取到自己身边）。其中的关键性概念是“游击中心论”（foco，又称“格瓦拉主义”）。这一小群潜心革命事业的人一方面逼迫国家暴露内在的残忍，另一方面又展示出建立一个更富有同情心的政府是完全可能的，他们靠着这些手段激励人们进行武装反抗。实际上，格瓦拉的思想在欧洲和美国的“1968 年一代”中很有影响力，甚至超过了在第三世界的影响力。然而在拉丁美洲以外，革命者更愿意接受与其迥然不同的、总体上更成功的毛泽东模式。

切·格瓦拉的浪漫革命模式源自他对古巴革命的误读。卡斯特罗标榜自己是一个自由主义者，是广泛的反巴蒂斯塔联盟的领导人，而不是一个马克思列宁主义者——那是他夺取政权之后才宣布的一种传承关系。卡斯特罗称，欧内斯特·海明威有关西班牙内战的小说《丧钟为谁而鸣》对他的非常规战争概念产生了重要影响。他谨慎行事，目的是为了获得美国人民的同情。三十年代，毛泽东曾经通过埃德加·斯诺为自己打造了一个温和的、“林肯式的”、“略微带些幽默感的”形象，卡斯特罗则利用《纽约时报》记者赫伯特·马修斯（Herbert Matthews）报道了自己理想主义、模棱两可的反共一面，及其军事力量。当时，卡斯特罗身边可能只有 40 人左右，但他号称有“10～40 个团体”，并且让助手对外散布存在第二纵队的消息，他通过这些做法制造了一种数字假象。[25]这有助于卡斯特罗从外部，尤其是从心怀同情的美国人那里获得资金。卡斯特罗凭借农村根据地生存了下来，而城市地区的关键领导人物
401 则纷纷丢了性命，因此卡斯特罗的重要地位不断提升。一开始，卡斯特罗承认需要进行城市斗争和获取中产阶级中坚力量的支持，但是革命后的政治形势以及卡斯特罗自身的左倾，导致革命“经验”发生了系统性畸变。[26]卡斯特罗和切·格瓦拉重写了革命的历史，目的是突出自己的作用，贬低城市工人阶级及其领导人的重要性。

1961 年，格瓦拉提出了他的理论三要素：

> 人民力量可以战胜反动军队；
>
> 并不一定要等待一切革命条件都成熟，起义可以创造这些条件；

在不发达的美洲，武装斗争的根据地是农村。[27]

先决条件成了革命理论的核心。在非革命时代当一个革命者是一件非常困难的事情，种种风险潜伏在暗处，一旦采取行动就可能浮出水面，这些风险确实已经导致众多运动最后徒劳地收场。如果人们的不满情绪已经显露但尚未发展成熟，那么就有可能通过一些星星之火将其转变成公众的愤怒，然而职业革命家们显然不是这些星星之火的源头。相反，他们往往是事后诸葛亮。比如，毛泽东深知政治教育和获得群众支持的重要性，然而他从未表示过游击队能够自力更生担当起军队的任务。格瓦拉则认为，对一场实质为马克思主义革命的行动而言，参与者完全有可能并不了解运动的本质。这意味着淡化政治语境，就无法恰如其分地思考运动。格瓦拉为武元甲的《人民的战争，人民的军队》（*People's War*，*People's Army*）写了一篇序文，他在其中用自己的理论重新解读了越南的经验，似乎武元甲完全抛开了政治斗争，是凭借着“游击中心论”在越南发动了革命。[28]

“游击中心论”取代了党的先锋队作用，战斗者凭借他们在战场上的英勇来获得支持，他们刺激政府施暴，挑起民众对政府的敌意。格瓦拉最初承认，在赋予政权合法性方面，民主制度具有重要意义，因此实施了一定的保护。到 1963 年，民主因代表了统治阶级的独裁而遭到摒弃。这些原则在其国际化的过程中发生了进一步变化，比如《通过三大洲会议致世界人民的信》。格瓦拉在信中称，革命斗争是能够且应该不分地理界限的。格瓦拉也许是一个无畏而勇敢的指挥官，但是他缺乏政治理性，为自己的简单化理论付出了高昂的代价。他从来

402 没有结成什么有效的政治联盟，从没有想过需要一个强有力的地方领导者来面对公众。相反，他相信的是自己的传奇，好像只要像他这样的著名战斗英雄一现身，就能鼓舞士气、激励信心一样。[29]

然而，格瓦拉在西方的激进分子中很有影响力。第一，不可否认的是，他很有革命气质。第二，他提出了一种无须美国人出力，就能打败美帝国主义的理论。第三，对年轻浮躁的激进分子而言，在没有希望获得任何物资的情况下，他们根本无法面对发动群众运动所需经历的种种艰难折磨，而通过格瓦拉的理论他们发现，只要激发出群众的革命潜力，一小撮坚定的革命者便能够改天换地。当年，年轻的法国知识分子、记者雷吉斯·德布雷（Regis Debray）是格瓦拉思想最积极的传播者，他在《革命中的革命》（*Revolution in the Revolution*）一书中提出了一种错误的观点，认为古巴碰巧找到了一条实现革命思想现代化的道路。[30]显然赞助德布雷出书的人是卡斯特罗，而不是格瓦拉。直至德布雷到访玻利维亚，格瓦拉才见到了这本书。德布雷此行加速了格瓦拉的溃败，尤其是在他被玻利维亚当局抓获，并确认了格瓦拉就在该国境内之后。格瓦拉对德布雷感到不满，因为后者简化了他的理论，聚焦的是“游击中心论”的“微观层面”，最重要的是，德布雷没有充分关注他的“宏观战略”在三大洲的影响。[31]

格瓦拉退出舞台后，另一个拉美人卡洛斯·马里格赫拉（Carlos Marighella）又昙花一现。他是一名资深的共产主义政治家，50 多岁时遇害。1966 年他参加了在哈瓦那召开的三大洲会议。1968 年，他认为共产党已经陷入僵化，于是与其决裂，并宣布支持开展城市游击战。城市因素是他与格瓦拉的主要分歧所在。马里格赫·拉认为，应该在自己熟悉的地区开展游击战，他的这种想法在很大程度上源自玻利维亚斗争的失败。马里格赫·拉对城市极为熟悉。他麾下的团体曾发动多次包括绑架和占领火车站等在内的行动，直至1969年他遭到警察枪杀。值得注意的是马里格赫·拉最负盛名的著作《城市游击战迷你手册》（*Mini-manual of the Urban Guerrilla*），自他遇害后，该书开始在古巴发行。[32]虽然马里格赫·拉希望通过一场旨在"削弱、打垮、瓦解军国主义者"的运动建立起一支受人欢迎的军队，但他进行革命实质上利用的却是恐怖手段。他们"宣传暴行"引起大众媒体的注意。他认为，恐怖主义"最引人瞩目的影响"是引发"极具进攻性的暴力反击，将群众驱赶到反叛分子的怀抱中"。然而在多数情况下，效果往往适得其反。

暴力的幻影 403

1967年12月，人们在纽约的一个论坛上讨论了暴力的合法性问题。参与讨论的小组人员包括汉娜·阿伦特和诺姆·乔姆斯基（Noam Chomsky）。阿伦特对"暴力的幻影"持反对态度并警告称，这是一种无能的武器，它并不强大，是一种过犹不及的手段。参与讨论的小组成员当然能够毫不费力地举出例子来证明使用暴力是合理的和有效的，但是最有力的是来自底层的声音。汤姆·海登（根据《纽约时报》记载，他是个"一个瘦削、苍白的男人，脖子上的领带没系紧，松松垮垮地随着他认为话来回摆动"）认为，古巴的暴力"出奇地成功"，一个小团队依靠它建立了"政治基础"。他认为，给贫民区的人"几张床垫、几件衣服和一点酒过冬是一种显性的暴力"，并对民主程序的失败进行了谴责：

> 我认为，除非你能向人展示——不是用语言，也不是靠理论，而是用行动——你能够让越南战争立刻停止，在美国消灭种族主义，否则你就不能去谴责那些等不及和平到来而采用暴力的人。

阿伦特表达了反对意见："在美国，使用暴力反抗政府是绝对错误的。"[33]第二年，她进一步发展了自己的论点，坚持认为暴力只能破坏政权，而无法创立政权。[34]

美国的激进分子曾经效仿拉丁美洲游击队做过一些努力，结果损失惨重。黑豹党甚至在古巴建立了一个训练营，计划在美国的山区建立游击活动中心。当时的黑豹党领导人物埃尔德里奇·克利弗（Eldridge Cleaver）回忆道，这个计划"是要建立一些能够轻而易举在农村地区来回调动的小型机动部队，他们远离尘嚣，可以拖住成千上万的部队，让敌人整天疲于追击"。他后来说，回顾往事，这些计划看起来"极为荒唐可笑"。[35]而最认真的一次模仿游击行动是由 SDS 的分支"气象员"（Weathermen）组织的。

"气象员派"的历史可以追溯到 1968 年 4 月，当时学生们占领了纽约的哥伦比亚大学，起因是抗议校方侵犯了邻近的黑人社区，以及教授们从事武器研究。这不是一起单独事件。从全世界范围来看，校园里反对越战的运动和游行示威此起彼伏。5 月，法兰西第五共和国在巴黎的街头暴乱之下濒临垮台。令自由主义者最痛心的是，当年 4 月马丁·路德·金遭刺杀，6 月罗伯特·肯尼迪在总统竞选之时被暗杀。这两起谋杀转而排挤了主张非暴力直接行动的领导人，以及那些意图通过
404 选举政治寻求变革的人。海登——他曾经结识肯尼迪[36]——发

现，民主政治毫无希望。他以哥伦比亚大学墙上的口号“两个、三个，许多哥伦比亚人”（Two，Three，Many Columbias）为名写了一篇文章，响应了格瓦拉在三大洲会议上的号召。海登仍然固守自己原先的观点：

> 学生抗议不只是黑人抗议的衍生物——它的出发点是真正地反对中产阶级那个操弄权术、追名逐利的世界。学生们反对的是社会的基本制度。

但是现在海登的分析比之前更尖锐。他将大学和帝国主义联系在一起。海登提到了街垒、威胁以破坏建筑物的方式应对警方袭击，甚至还提到了要袭击从事核武器研究的教授的办公室。“一场危机迫在眉睫，它的规模会大到让警察无法应对。”[37]

更为极端的是哥伦比亚大学事件的领导人之一马克·鲁德（Mark Rudd）。他与海登不同，后者的激进主义是在五十年代后期经过深思熟虑之后逐步发展起来的，而鲁德的激进主义是突如其来的。他对政治的分析更加直白，政治主张也更愤懑。他后来曾坦诚描述自己为“一名切·格瓦拉的狂热信徒”，格瓦拉“为了结束战争，发动革命，已经在暴力的必要性方面发展了一种信条”。他回顾了格瓦拉在演讲中经常说的一句话——“统治阶级绝不会和平地放弃权力”——以及毛泽东的著名格言“枪杆子里出政权”。随着黑豹党在美国国内掀起一场革命战争，一种“英雄的幻想”逐渐发展起来，它幻想“最终军队会从内部瓦解，而革命的军队——当然是由我们领导的——将以这些反叛者为基础建立起来”。[38]

面对毛主义者将一种已经发展成熟的革命理论带进校园，

鲁德的团队认为他们应该用一种自己的理论与之抗衡，以将古巴革命和哥伦比亚大学相融合为基础。他们是城市游击队员，“不愿意采用其他左派的怠工方式，就像格瓦拉和卡斯特罗在古巴开始游击战之前拒绝接受古巴共产党的保守主义一样。我们的权威圣经是德布雷的《革命中的革命》”。地下气象员组织（Weather Underground，也叫气象员派地下组织）就是从这一分支发展而来的，目标是走出大学校门将年轻人组织起来进行武装斗争。他们的组织名字取自鲍伯·迪伦的歌词（“你无须从气象员那里知晓，风从哪边吹来”）。现在，老式的马克思主义派系斗争替代了早期 SDS 的实验和开放感。争当城市
405 游击队员的种种努力最后成了闹剧和悲剧，这个组织的规模从没有超出 300 人，而且关键人物很快就遭遇了各种噩运，要么被自己制造的爆炸装置炸死，要么逃亡，要么被关进了监狱。黑豹党的命运与之类似，甚至更加惨烈。鲁德后来回忆了他是如何与战友们一起“为了一个革命的城市游击战幻想，毁灭了美国最大的激进组织——它在上百个美国校园里设有分会，有很高的全国性地位，而且具备很大的发展潜力”。[39]哥伦比亚大学教授、社会学家丹尼尔·贝尔（Daniel Bell）目睹了一切。他评价说：“暴徒战术从来都不是合乎逻辑的社会运动的标志，而是由怨恨和无能滋生的浪漫主义的垂死挣扎。”他预言 SDS 将“毁在其做事风格上。它因动荡而生，却没有能力将无序的冲动转化为影响广泛社会变革所必需的、系统的、负责任的行为。”[40]

重返芝加哥

二十世纪六十年代初，新的抗议形式出现，生动展现了美

国梦和严酷的南方种族隔离现实之间的落差。参与者体现了美国式的理想主义——讲究尊严、行事克制、组织缜密。六十年代的抗议环境发生了巨大变化。人们在南方取得政治进步的同时，遭遇了城市贫民区的经济衰退，而且大家都担心会被送上前线打一场毫无意义且非法的邪恶战争。随着运动的政治核心转向一种近似列宁主义先锋队、格瓦拉的游击中心论的理念，一种更具个人主义的、自由的、宽容的文化开始生根，对美国式生活方式构成了尖锐而持久的挑战。虽然反主流文化和激进政治同处一个时代，但抛开越南战争，没有任何合乎逻辑的原因可以解释二者为何会联手行动。正是越战将它们绑在了一起。

1967 年，温和而崇尚享乐主义的“嬉皮士”——他们往往热衷于毒品——出现了，提出了“爱与和平”作为“花的力量”的一种形式。他们没有正式的领导人，只有“垮掉的一代”诗人艾伦·金斯伯格（Allen Ginsberg）作为发言人。虽然金斯伯格的父母都是共产主义者，但如果说这有什么影响的话，这使他对政治激进主义持反对态度。五十年代，他声名鹊起，最初关注的焦点并非“叛乱或社会抗议”，而是“探索意识的各种模式”。[41]1963 年他前往越南西贡，此行导致他更加关注政治，并开始强烈反对越南战争。[42]金斯伯格有幽默的一
面，有时候他的话听上去很荒谬，然而他真心诚意地相信诵念 406
诗歌和佛经能够影响意识。他的思想在概念上和实践上有时让人难以理解，它们依靠的是语言的力量。

1966 年，美国全国学生联合会大会上，金斯伯格在朗诵完一首诗之后，大声狂喊“我宣布战争结束了”。他后来解释说，当时这么做是为了“让我的语言和历史事件保持同步”，

因此宣布“战争结束”等于“建立了一个语言的力场，它是源自我意志、有意识的意志力的一份声明或一种对断言的领悟，它是如此有力而坚决，可以对抗并最终推翻国务院和约翰逊嘴里的语言力场”。他以一种几乎后现代的方式，用自己的语言和战争制造者的“黑色祷文”展开了一场较量。这是一种政治批判，双方交易的是“有关咒语的争论”。[43]这个主题被乡村歌手菲尔·奥克斯（Phil Ochs）写进歌曲中，引发了1967年的纽约大游行，3000多名年轻人在大街上奔走，大声喊着“我宣布战争结束了”。“雅皮士”的概念由此产生，它成为嬉皮士的一个政治派别。

艾比·霍夫曼（Abbie Hoffman）和杰里·鲁宾（Jerry Rubin）是雅皮士的发起人。两人从二十世纪六十年代初开始参与激进抗议。鲁宾参加了加州大学伯克利分校的“自由演讲运动”，并由此成为一个全职活动家，组织了反对战争的“宣讲会”。在人们眼里，他是一个极富想象力的战术家，但思想较为左倾。霍夫曼和鲁宾都认为，标准的抗议形式日渐式微，新形式的抗议场面需要媒体的关注，把信息传到四面八方。1966年，鲁宾极力主张激进分子要做“宣传和交流的专家”，认为反主流文化是一种挑战他所反对的系统的方法，从漫画书到街头剧场，每个领域都有可能成为斗争前线。正因如此，金斯伯格的诗句对他们产生了吸引力。在1968年针对民主党代表大会的抗议计划实施之前，他们打算采用一些超越常规的方式。他们想到了反主流文化事件，组织一场“人生的节日”把大会现场变成马戏表演场，将超现实主义的幽默和无政府主义混合在一起。雅皮士们在1月的一份宣言中畅想了这个节日：“我们在公园里做爱。我们读书、唱歌、欢笑、印报纸，开一场虚拟的大会，庆祝在我们的时代自由美国诞生了。”[44]

由于越南战争进展不顺利，林登·约翰逊决定不再竞选连任。他的副总统、钦点接班人休伯特·汉弗莱（Hubert 407
Humphrey）在肯尼迪遇刺以及反战议员尤金·麦卡锡（Eugene McCarthy）退选之后，获得了提名。然而，约翰逊的退出并不会让人们放弃抗议。运动的各个派别“飞蛾扑火”般集结到芝加哥。这里面有 SDS 的新生代硬派人物、仍然抱守非暴力直接行动的激进和平主义者，以及雅皮士。雅皮士们声称要把 LSD 迷幻药投入饮用水中、往代表大厅里投掷烟幕弹、上演各种刺激的性爱秀，以此来嘲弄政府当局。在聚集起来的人群中，人们更多谈论的是暴力而不是和平。市长迈克尔·戴利任职多年，运行着芝加哥这台美国最强大的政治机器，在用警察对付示威者这件事上，他早有经验。他下定决心，谁要是反对这场精心筹备的民主党代表大会，他就要尽其所能地让反对者过不了好日子。警察们受命，采取行动时无须任何克制。还有些行动则是秘密进行的。双方都在派人四处煽动，摩拳擦掌准备投入冲突。

汤姆·海登是筹备芝加哥行动的中心人物，四处寻求进行示威活动的许可。在和其他激进分子交流的过程中，他的言辞变得越来越狂放。对他而言，这是生死存亡的时刻。他要展现自己不是那种否认大屠杀的“善良的德国人”（good Germans）。在反对这场可怕战争的过程中，他已经做好准备——作为一个存在主义者——为此付出代价。而且，他还固执地认为，被压迫者在残暴的警察面前是受害者，这种形象很有利。这种对抗一旦升级就会加剧战争的内耗。他认为，当局在计算了成本收益之后只能选择放弃南越，即便这会吵醒“右派中沉睡的狗”。[45]鲁宾引用的理论也认为，开展这场运动需要让压迫进一步升级。他狂热地相信，压迫会“把示威游行变成一场战争。将参与行动者变成英雄。将大量个体变成一个团体”。它会把“旁观者、中立的观察者和理论家排除在外。迫使每一个人选择立场”。[46]

金斯伯格对这些言论非常警觉。他后来提到，自己从来都不是个“造反”诗人。这句话的意思是，试图“通过少说话变得更加明智，想要显得平和就得自己受气”。他的目的是改变意识。[47]在芝加哥，他没有看到自己赞成并喜爱的“自我意识的学院”和“灵性课程”，他看见的是“世界毁灭的血腥场面”。[48]他飞到芝加哥，写了一首诗（记住那无助的命令/警察武装起来去保护/那无助的自由和革命/密谋获取荣耀）。他后来解释称，自己以一名“宗教实验者”的身份去芝加哥，不但是雅皮士的代表，而且“也是为了我们的整个政治生活”。
408 面对警方关闭音乐节的坚决态度，金斯伯格提出要力求谨慎。他要用自己的镇定来影响别人，他鼓励其他示威者在面对暴力和歇斯底里的时候要口颂“Om”。“十个人祷告‘Om’可以让一百个人平静下来。一百个人祷告‘Om’可以调节一千个人的新陈代谢。一千个人同时发出‘Om’的祷告声，可以让所有芝加哥街头穿制服或不穿制服、惊慌失措的人们停止躁动。”示威期间，他一度带领人群连续 7 个小时祷告“Om”。他此举连同其他反战行为的目的不在于向人们灌输一种思想或强加一种规则，而是要倡导“一种生活状态”。

由此，我们再次发现了一种观点，让国家暴露真正的弊端，就能使民众站到对立面，在这个过程中，无须考虑一般人会不会对国家采取支持态度。鉴于自己势单力薄，激进分子谋求利用警察的残暴来扩大自己的支持者数量。世界各大媒体目睹了这一切，展现在它们眼前的是飞舞的警棍和血迹斑斑的示威者。[49]从战术上看，强硬分子赢了，运动本身却输了。从十年渐进式激进化历程可以看出，通过自我牺牲、呼唤良心、维护共同的价值观等手段来获取关注，并以此为基础建立起来的政治事业具有诸多局限性。早期那些“讲究挺胸忍受、沉默应变、穿衣体面”的高贵的非暴力思想日渐式微，取而代之的是“咆哮和威胁、蔑视、恶作剧、粗话、诘难、泼脏水，人们发泄怒火，渐渐走向了暴力”。[50]

对于发生在芝加哥的这些冲突，有一种马克思主义分析认为，它们主要是工人阶级警察和中产阶级示威者之间的矛盾。工人阶级的怒火针对的是那些享受特权的人，如今这些人却在攻击那些曾经纵容他们的制度，他们嘲笑坚持传统价值观的人，厌恶责任，挑衅他们应该引以为豪的爱国主义象征（特别是旗帜）。人们害怕无序和堕落，这种心态开始影响工人阶级的政治态度。阿林斯基担心，左派的暴力和极端主义会不可避免地导致右派崛起。为此他写下《反叛手册》提醒新的革命者们，“在人类的政治中行动，不论是什么样的结果和时机，的确有某些中心观念可以拿来操作”。他认为，需要对“体制发动确实的攻击”。他非常明智地对侮辱和忽视普通劳动人民的做法提出了危险警告。“如果我们跟他们交流不成，如果我们不鼓励他们与我们结盟，他们自己自然就会行动。”阿林斯基和鲁斯汀意识到，为了激发新一代激进分子的道德责任，他们必须表现得像那些妒忌年轻人活力的老年人，而且看起来明显在长久的贫困、不平等和暴力中一败涂地。同时他们也发现，自己为之斗争的无疑是劣势群体，这些人缺乏成为多数派 409

的能力，把他们组织起来着实任务艰巨，需要妥协当然也需要联合。他们明白，根本不可能指望那些每天忙于生存的人投身于一项更庞大、更危险，而且只能用含糊不清的口号来解释的斗争事业。

美国直到1973年才从越南撤军。随着征兵结束，美国在政治上的角色也不再像之前那么有害了。年轻的新左派活动分子继续着自己的事业，有些人变得比以前更加温和，有些人则放弃了自己的承诺。保持不变的是对日常生活的批判，它们不但反映在音乐和时尚之中，还在一定程度上表现在使用消遣性毒品的行为中，除此之外人们也不再相信精英主义、等级制度，非常警惕官僚主义。[51]人们关注个人价值，进而那些关于民族自决和解放的反殖民语言被用到同性恋者、妇女等群体身上，这些人觉得自己受到了侮辱和压迫。

妇女解放

女权主义并不是一项新兴事业，早在学生运动壮大之前就已有一些重要著作问世。在一场旨在追求掌控自己的命运、表现自我价值的运动中，“妇女解放”应运而生。争取妇女参政权时代里那些最早的社会团体早已销声匿迹。如果说还有什么途径的话，那就是人们开始寻求通过工人运动来要求各种平等权利。1961年肯尼迪总统就妇女地位问题成立了一个委员会，由埃莉诺·罗斯福（Eleanor Roosevelt）担任主席，妇女的地位因此得到了提高。1963年该委员会推出一份报告，详细论述了妇女在权利和机遇方面所受到的种种限制。接着，“性”被写进了《1964年民权法案》，最初这只是一名种族隔离分子议员的玩笑提议，后来因为女权主义者不可思议的加盟而得以通过。美国平等就业机会委员会（Equal Employment Opportunity Commission）将此事当作了一个玩笑，没有采取任何行动。面对该委员会的拒绝态度，作为回应，1966 年美国全国妇女组织（National Organization of Women，简称 NOW）成立。该组织主席是贝蒂·弗里丹（Betty Friedan），其著作《女性的奥秘》（*The Feminine Mystique*）道出了一代妇女的心声，她们无论在工作场所还是家庭成长过程中，都感到处于被边缘化的地位。[52]当时，妇女已经逐步成为美国工人力量的重要组成部分（二十世纪七十年代初占 40%），她们渐渐开始拒绝二流的工资和工作条件。弗里丹是个高效的宣传员，虽然她的组织规模相对较小，但她利用自己的地位让媒体关注自己的观点和语言。这场运动从一开始就拥有清 410
晰的领导。

除美国全国妇女组织之外，这场运动还有一个分支，成员来自数量庞大的年轻妇女，她们曾经是新左派积极分子，有过一段挫折经历。她们难免会觉察到一种强烈的对比，一方面以男性为主的领导层在谴责压迫现象，另一方面这些人又期望让女性充当部下，满足他们的性需求。斯托克利·卡迈克尔曾在 1964 年指出："女性在 SNCC 中唯一的位置就是卑躬屈膝"。玛丽·金（Mary King）和凯西·海登（Casey Hayden，汤姆·海登的第一任妻子）则在一篇具有里程碑意义的文章中提到，身处如此地位，参与运动的妇女并不"开心满意"，而且她们的天分和经验也毫无用武之地。在一篇如今看来颇具尝试性的文章中，她们认为，"客观地看，我们完全不可能发动一场反对性别等级制度的运动，因为美国人的一般思维中尚不存在这一话题"。因此，她们希望继续在战争、贫困和种族话题上做文章。尽管如此，她们还是坚持认为，“国家无力面对，更无法处理”她们提出的问题，这意味着“与女性平等地在社会中发挥作用相关的诸多问题，是人们所面临的最基本问题”。[53]

然而很快，男性活动家们对女性的不屑一顾让人忍无可忍。女性越是受到男性同事的傲慢对待，她们心里的怒气就越旺盛。1967 年，有些社团开始推动一项更加独特的女权主义议程，并在翌年年底召开了全国性大会。和美国全国妇女组织不同的是，参与这些活动的女性都有丰富的抗议示威经验和草根组织活动经历。[54] 1969 年，卡罗尔·汉尼斯克（Carol Hanisch）撰写论文反映了女性在运动中的地位，她称女性相互支持是一种“治疗”方式，可见当时的女性正在为某些问题寻求良方。关键要理解，个人私事就是政治大事。这些问题只能通过集体行动才能解决。[55]这种方式之所以能作为存在主义战略发挥作用，是因为除了寻求法律方面的变革之外，它既不依赖领导也不依靠组织，它依靠的是日复一日地伸张平等和价值的原则——通常在运动的前景问题上并没有达成共识——以及包容各种各样的生活方式选择。这些女权主义核心诉求一旦公之于众，便很容易被理解，也很难被忽略。有些人可能对激进谴责男权主义以及婚姻和孕育后代的强制性心怀畏惧，但她们完全可以抛开这些问题，集中关注与她们自身有关的诸多问题，无论是堕胎、漠视性侵犯，还是争取同工同酬。[56]

411 随着越来越多的女性涌进民权运动为她们打开的这片天地，同性恋者也行动起来了。他们提出自己是继黑人之后，美国第二大少数群体。许多人所渴望的只是获得体面，不会因为自己的性取向而遭受侮辱。当时，同性恋仍被认为是异常行为，是一种可以通过治疗得到改善的精神障碍。六十年代，曾经有人推动终结同性恋者被唾弃的状况，他们坚持认为成年男人私下里的事情，与政府和雇主没有任何关系。在反主流文化的影响下，人们要求“同性恋解放”和彻底的性自由，是否获得主流社会的尊重已经被搁到了一边。1969 年 7 月，警察突袭纽约格林尼治镇的同性恋聚集地石墙酒吧（Stonewall Inn）并遭遇愤怒抵抗，进而导致了一场骚乱。这次事件使保守的同性恋团体陷入了更大的焦虑，但也促使激进主义分子将争取同性恋权利当作一项至关重要的事业。[57]

从某些方面来看，反对越南战争的激进主义与此颇为相似。引人注目的抗议行动——烧毁征兵通知、烧毁美国国旗——可能并非符合每个人的想法，但日益壮大的反战游行需要吸引人们的注意力。SDS 成员虽然曾是反对派的先锋元老，但这并不意味着他们有权继续设置条件。由于反对派具有广泛的基础，而且得到了民意和主流评论家的支持，因此其在政治上举足轻重，不可能被政府忽视。这些运动有一种托尔斯泰色彩，从许多个人决策中产生了新的生活方式、文化形式和政治表达方式。

用来给问题造势的各种方法关系到许多人，有助于将个人问题变成政治问题，却无法靠它形成一种广泛的政治共识。最初，人们关注的是权力作为一种珍稀资源是否存在分配不均等，后来人们开始警惕在分享权力的时候是否存在不公平现象。人们设计了一种自己偏爱的组织形式，它能够限制那些公认的领导者，避免令人窒息的官僚作风。当组织成员都是受过教育、善于表达、勇于承担义务、充满活力、为了共同事业相互交流的年轻人时，这种组织尚能发挥作用，而一旦人们的热情褪去，它就蹒跚不前了。共同的事业成了例行公事；人们不得不面临各种困难抉择；新战略需要相当一段时间才能执行下去；这时候人们感到的是厌倦、疲劳和迷惘。

如果情况不是这样，当人们的愤怒不断加剧，陷入深深的焦虑时，他们的行为就会变得冲动，猛烈抨击并做出夸张的举动。SDS 和 SNCC 的命运提醒人们，缺乏深思熟虑、不信任领
412 导层会带来怎样的后果。然而，即便这样也有一种传承：人们倾向于认为，为了让组织及其决策更加透明，权力应是自下而上的，而不单单是自上而下。这种看法对政府和官僚机构产生了持久影响，因此它们需要更扁平的层级和更开放的架构。七八十年代，极左团体发动了一系列毫无结果的恐怖主义行动，相比非暴力直接行动，前者登上媒体头条的概率更大。然而从 1989 年东欧事件——至少在其初期——和 2011 年的“阿拉伯之春”来看，它们仍运用了六十年代早期民权运动的诸多技巧。吉恩·夏普（Gene Sharp）是一名持久的和平主义者，曾经与马斯特共事，参与过一些早期的静坐活动，他道出了二者之间的联系。作为当代著名的非暴力理论家，吉恩·夏普甚至得到了托马斯·谢林的支持，后者为他的三卷本著作《非暴力行动的政治学》（*The Politics of Nonviolent Action*）写了序言。[58]书中着重探讨了甘地的创新作用并借用了葛瑞格的柔术概念，然而其中最著名的是一种关于权力的观点，即政府应该依靠“人们的善念、决定和支持”。如果真是如此，人们就会自愿服从，不会产生抗拒。他列举了许多可以达到这一目的的方法，从游行示威、请愿，直至抵制、罢工，甚至叛乱兵

变。[59]伊朗、委内瑞拉这些二十一世纪的专制政体国家认为，夏普是个危险的煽动者，他的思想是阿拉伯国家街头骚乱的推手。[60]这些都着重反映了非暴力运动的能量和局限性。一个政权如不能容忍不顺从的行为，准备使用不妥协的暴力手段，那么它同样也很有可能迫使对手使用暴力。

二十世纪六十年代运动中的灵感和想象力，为运动本身提供了原始动力。对热衷于短期效果的人来说，他们也许不会寄希望于运动早期的抵制、静坐和游行示威等手段。这些行为的分量与他们的目的不符。促使人们全力以赴甚至迎难而上的是激发运动和价值观的事业目标。这些运动与其说是社会变革，倒不如说是政治运动，它们一旦动员起来就会在压力之下变得更具组织性、更深谋远虑、更顾及后果。汤姆·海登在 SDS 的早期战友托德·吉特林后来成为一名理论社会学家、六十年代民权运动回忆录的作者。他意识到了事与愿违的暴力讨论所带来的影响，以及它们在赖特的议程中发挥了怎样的作用，这最终使新左派被描绘成了具有盲目破坏性，而不是充满理想主义的群体。这是可悲的 SDS 回忆录中最为普遍的题材。在近乎索尔·阿林斯基写作《反叛手册》的年纪时，吉特林写下了《给一名年轻活动家的信》（*Letters to a Young Activist*），他 413
在书中提出建议，教人如何避免重蹈他那一代人的覆辙。他从马克斯·韦伯开始说起，后来又回到自己身上，承认自己年轻时曾认为《以政治为业》令人烦躁、毫无启发。针对韦伯的责任伦理主张，吉特林写道，当年他可能会反驳称“激进行为也许只能改变环境，让毫无可能的事情稍微有点希望”。而现在，他承认“后果：它们并不遥远。当理想和激情能够同重大失误和谐共存时，那是多么令人不安啊！”对于那些正在考虑发起民众反抗运动以解决当代弊病的活动家，他力劝他们“要放远眼光，讲究策略”。不要期待能通过这样的运动“随心所欲地彻底改造世界”或者“表达自己”。“它必须在历史的范畴内讨论并实施，而非在门外敲打”，要抓住机会调动“大众（即便是潜在的）的信念和情绪”。[61]

二十六　框架、范式、话语和叙事

我不是先知。我的工作是破墙开窗。 414

——引自米歇尔·福柯

反主流文化思想通过接受良好教育的中产阶级而被发扬光大，不但对社会选择，而且对政治、商业行为以及知识界产生了深远影响。这些理念虽然没有激起美国政治的左倾——而且远非如此，我们将在下一章中了解到——但它们确实对人们探讨大思路的方法产生了重要影响。人们领悟出一种毫无新意的重要见解，即鉴于人需要通过精神构建来了解世界，因此我们对现实的特殊感知只能有一种。人们还争论起另一个老话题，即能够塑造他人观念的人，也能影响他人的心态和行为。这是李普曼有关公众舆论的全部要点，也是爱德华·伯尼斯研究“操控共识”的方法。李普曼和伯尼斯认为，如果由开明人士借良好的公共政策来执行，那么这应该是温和而有利的事情。然而，纳粹和极权主义操控媒体的种种后果显示，宣传竟可以如此阴险狡猾，破坏了人们在此问题上的任何乐观之见。

针对极权主义，自由主义者的回应是，无论人类认知的自然极限如何，最好的办法是放开思维的各种可能性，分享各种经验和实验案例。人类的最大希望在于多样性和多元化，存在

415 于思想的自由市场之中，而不是将单一的观念强加于人，无论出发点有多好，观点有多么透彻。自由民主制度可以通过一个自由的、多样的、热爱辩论的媒体，以及追求真理的最高标准来获得保证。这就给媒体——乃至学界——施加了一种责任，即在报告和分析中尽可能的客观。卡尔·波普尔（Karl Popper）是宽容开放社会中的典型哲学家，他出生于奥地利，为躲避纳粹而辗转到了英国。他主张在所有的科学研究中遵循严格的经验主义，用可伪证性来判断每一个命题，从人类知识的大量积累和测试中获得安慰，从中找到存在缺陷的个人建构。[1]

新左派提出的质疑是，他们认为西方自由民主制度的多样性和多元化是一种假象。应该质疑的命题被视作理所当然，而其他观点和主张却被边缘化了。这是马克思主义的标准方法，也是安东尼奥·葛兰西霸权概念的核心所在，于二十世纪五十年代日益受到关注。有关左派的诸多辩论还受到了赫伯特·马尔库塞等法兰克福学派继承人的影响。流亡理论家们聚集在纽约社会研究新学院，讲解知识是如何通过社会的相互作用发展和维护的，他们引入了“现实的社会建构”这个概念。[2]法国理论家的地位日渐重要起来，这次不是存在主义哲学家，而是后结构主义者和后现代主义者。

主流社会科学的实地调研和实验观察方式也许可以避免触及欧洲理论的更高层次，但它们会不时受限于认知水平，由此凸显诠释建构的重要性。诠释建构是否有可能受到外界的蓄意操控，这是个政治问题。调研显示，这种现象经常发生，它不一定是一些有组织的精英密谋的，但方式如同各种问题在政治议程中移上移下一样，而且从调研中还可以看出，这些问题是如何被摆到了第一位，为随后的辩论设置了条件。

威廉·詹姆斯早在1869年就提过这个问题。詹姆斯并没有怀疑我们所知道的是否真实，他提出的问题是“我们会在什么情况下认为事物是真实的?”社会学家尔文·戈夫曼（Erving Goffman）在詹姆斯的基础上解释道：“我们将现实纳入框架，是为了经营它、管理它、理解它，然后选择合适的认知储备并采取行动。”戈夫曼思考的是，个人如何努力理解他们周围的世界以及各自的经历，他们需要用各种诠释模式或主体框架对这些知识进行分类。[3] 纳入框架的意思是，当人拥有 416
许多可能的方式来看问题时，其中有一种特定方式看上去是最符合自然规律的。可以通过突出一种情况的某些特性，强调可能的原因和影响，表明其中的价值观和规范来达到这一目的。

整个世界都在看

媒体注定要在制造和维护背景共识上发挥重大作用，尤其是如今电视已经取代报纸和广播成为政治事务信息的主要来源。二十世纪四十年代，罗伯特·莫顿（Robert Merton）曾提及媒体有可能扮演一种不良角色，这与三十年代出现的知识的社会影响问题是一脉相承的。虽然莫顿对拉斯韦尔有关宣传效果的主张心存疑虑，为“宣传受众”（Propagandee）的不为人知而焦虑，但当纳粹发展壮大之后，他作为一个犹太人也感到了恐慌。1941年他来到哥伦比亚大学与保罗·拉扎斯菲尔德（Paul Lazarsfeld）展开深度合作。后者学过一些心理学，掌管着哥伦比亚大学应用社会学研究中心。莫顿强烈认为，经验主义研究必须和理论相结合，并把这种想法带进了他们的合作关系中。[4]

他们在最初的研究中发现，与朋友关系和家庭关系相比，大众传播的影响是有限的。它们更易于强化人的想法，而不是改变人的想法。莫顿和拉扎斯菲尔德在 1948 年联合发表的一篇论文中提出了媒体如何影响“社会行为”，这里的社会行为指的是改善种族关系、同情工会等进步事业。他们注意到，有高尚的评论家担心，当改革者竭尽全力将人们从工资的奴隶和繁重的工作中解放出来后，大众会把闲暇时间花在轻浮和浅薄的媒体产品上。

他们从执行社会规范的角度，总结了媒体的政治影响力。比如，媒体可以揭露私人生活中有悖于这些规范的行为；充当麻醉剂的角色，怂恿公众的冷漠；只让公众接触二手的政治现实；鼓励公众因循守旧。由于它们“无法为批评性评价提供基本准则，因而商业运作的大众媒体间接而有效地抑制了真正的批评性产品的发展”。任何一点点有进步意味的表征，只要有悖于媒体所有者的经济利益，就会从电视或广播节目中撤
417 下。“一般情况就是谁出钱，谁做主。”那么是否存在某些环境条件，使媒体可以朝着更加进步的方向塑造公众态度？这种情况当然存在，但要求媒体本身没有出现分化，而且能够把先前存在的观点引向偏爱的方向（并非试图改变基本的价值观）。然而即便这样，任何运动都需要辅之以面对面的接触。[5]

到七十年代初期，人们已经证实，受众赋予议题的重要性与议程设置过程存在一种关系。这里的议程设置过程指的是，为什么有些问题能够获得关注，而有些却几乎不被人注意。原因是这些议题的报道篇幅，以及它们在媒体上的位置——是单独一页，还是放在新闻简报中。[6] 其中的道理众所周知，如果

媒体丝毫没有提及一个“话题或事件，那么在大多数情况下，它不会存在于我们的个人议程或生活空间之中”。[7] 有些话题反映了媒体产品的议程设置；在许多情况下，政府是设置议程的最佳人选。

因此，媒体能够鼓励人们思考某些问题、忽略其他问题，那么它能否告诉人们应该思考些什么呢？托德·吉特林在由激进主义转向专业社会学的过程中，仔细思考了他心目中 SDS 的特征和道路，以及它被描述的方式。正如我们所了解的，人们一般认为，为事业争取同情的方式之一是，一边被警察毒打，一边为继续这项事业示威。在芝加哥，当激进分子被警察穷追猛打时，嘴里重复喊着“整个世界都在看”，似乎这样的口号能警告攻击者，他们会遭到全世界的谴责。然而，与七十年代初的民权运动不同，这些做法在政治上充其量也只能达到模棱两可的效果。在众多媒体报道中，受到谴责的并不是警察，而是游行示威者。

吉特林试图证明，媒体在塑造人们所认为的现实时，并没有如实反映真实情况。他后来回忆道，“我仍然是一个傲慢的理性主义者，沉浸在后六十年代的偏见中”，“一开始我厌恶各种坏主意，后来发展成一种怀旧的乐观，认为如果理念和形象与众不同，有思想的民众就会被发动起来参加运动而不会对此不理不睬。由此这场运动就能为今后几年，甚至几十年制造出一种更加健康的政治气候”。[8] 他在《全世界都在看》（*The Whole World Is Watching*）一书中认可了报道示威游行运动时媒体的重要作用，如果没有媒体报道，那么这场运动就如同没有发生过一样，但这又引发了媒体如何诠释运动的问题。

吉特林想到了葛兰西派对霸权的分析，霸权通过将上层的 418

说服和下层的认可结合在一起，让大众接受既定的秩序。他回顾了运动的历史以及媒体报道的方式，结合现代大众媒体更新了葛兰西的理论。他引用戈夫曼的框架概念来解释媒体选择报道什么内容以及如何报道。“媒体框架是一个持续不变的认知、解释和陈述框式，也是选择、强调和遗落的稳定不变范式。”它们是一种组织话语的方式，方式总是存在的。要报道现实存在的世界，那是完全不可能的。

许多事物都是客观存在的。世界每时每刻都充斥着各种各样的事物。即便在某一特定事物中，也存在着无限可察的具体细节。框架就是选择、强调和表达的原则，由很多对存在、发生和发展的事物加以解释的细微理论构成。[9]

吉特林关注的是，媒体如何通过一次次的忽视、轻视、边缘化以及贬低毁谤搞垮了 SDS，除此之外媒体的手段还包括突出 SDS 成员之间的分歧，关注 SDS 的破坏性行为，却从不提及其中反映的问题。由此，吉特林开始反复思考激进分子到底在什么样的环境下才有可能挑战霸权。当精英们对形势感到不确定的时候，他们就无法对其下一个符合自己利益的定义。其中的关键因素也许不是激进分子是否统一，而在于权势集团是否团结一致。与之相关的还有普通民众的反应，他们觉得抗议者挑战了自己的价值观和准则。因此，这个问题已经超出了现有的观点和媒体方法论。

托马斯·库恩

有一种想法认为，宽松的思想体系虽然缺乏经验基础，却具有政治影响力。这种思想被约翰·肯尼斯·加尔布雷斯（John Kenneth Galbraith）纳入了其“传统智慧”概念。传统智慧这个说法早已存在，用来指普通的想法，但 1958 年加尔布雷斯用它来指代“具有可接受性，而且在任何时候都受到尊重的观念”。他提出，人们所认为的真理通常反映的是便利性、自尊心和密切的相关性。简单说来，在美国商会，商人在多数情况下会被算作一种经济力量，这便是传统智慧。然而，即便在“社会科学学识的最高水平上”也存在这样的传统智 419
慧。他注意到，小的异端可能得到珍视，但围绕它们的对于次要问题的辩论，“便有可能把对于框架本身的任何挑战斥之为无关紧要，并且看起来不至于是不科学的或偏狭的”。加尔布雷斯赞成传统智慧的价值在于充当一种检验工具，以免新奇的知识潮流有可能破坏稳定性和持续性。危险在于逃避“适应环境，直到变化突然降临而措手不及”。在加尔布雷斯看来，传统智慧的敌人是过时，不是“观念而是事件的进展”。[10]

加尔布雷斯赋予传统智慧一种消极的内涵。另一个更加中性、内涵更丰富的术语是“范式”（paradigm）。托马斯·库恩描述了可能由精英的不确定性和事态发展共同造就的动力，同时在二十世纪六十年代最具影响力的一本著作中强调权力结构依赖于根植其中的思想架构。人们通常认为，《科学革命的结构》（*The Structure of Scientific Revolution*）一书所涉及的领域独立于政治之外，是在实验方法和积累证据的推动下向前发展的。库恩认为，科学发现并不代表客观现实的进步启示，它实际上是一系列的范式转变。“范式”是一套想法，它如此深刻地根植于科学共同体内部，想要将它驱逐无异于一场政治兼实证的挑战。当科学共同体在流行范式内运作时，这就是“常规科学”（normal science）。人们会将其核心规则传授给学生，鼓励、赞美遵从这一框架并验证了其结论的研究。最后，当观测数据中反复出现无法解释的异常时，挑战就产生了。这些异常最终会形成压倒性的累积效应。库恩称之为“科学革命”，当科学家们自认为了解的一切需要再评估，之前所有的假设和信息要重新评价，保守派就会发起激烈反抗。最终，新的范式将取代旧的范式。这方面的经典案例是哥白尼革命，他推翻了先前行星围绕地球运转的假设，说明了行星实际上是在围绕太阳的轨道上运转的。

库恩的启示在于，即便在一个完全致力于理性和实验的领域，信念也会受到根本性的非理性因素的影响。这是一桩激烈的政治事件，它是激进派与旧秩序维护者之间的一场冲突，因为旧秩序无法继续容身于现有的治理机制内。就像革命时代不再满足于获得之前受到认可的政治战略一样，之前公认的科学
420 方法和推理不再适用于新的时代。在关键时刻制造这种变化的并非什么与科学方法相关的因素，而是人格力量以及科学界的革命暴徒和强制压力。一个新的范式将获得一种形式的集体认可，产生一轮相应的精英循环，常规科学将延续下去直到运行过程中又重新积累起异常。[11]随着革命不断向前发展，相比马克思原理，这个过程更符合帕累托法则。

库恩强调其观点背后潜藏着保守主义，因为在二十世纪六十年代的学生叛乱中，他惊恐地发现，自己居然因为发现了作为知识压迫工具的范式而被标榜成一名革命者。“谢谢你告诉我们范式，”学生说，“现在我们知道了它们是什么，没有它们我们照样可以过。”此时，库恩觉得自己遭到了“严重误解”，他对“大多数人从这本书里所得到的收获”感到厌恶。[12]

他没有说范式总是有害的，具有误导性的。它们让一些原本看上去不成熟且混乱的材料变得有意义。如果没有“一套相互关联的理论与方法论的信念，以进行选择、评价与批评”，[13]那么就不可能进行科学探索。他也不认为，只有科学政策才能使一种范式变得根深蒂固或者被取代。常规科学的危机之所以会产生，是因为人们在不断探索新的发现，同时对重申已有结论的研究又感到不耐烦。然而，库恩还是坚持认为，“拒绝一种范式总是伴随着接受另一种范式，这种决策来自范式与自然界的比较以及范式之间的比较”。[14]

库恩遭到了诸多批评，尤其是他在历史方面表现得过于简单化。虽然他所描述的过程显然一直存在，但在“常规科学”阶段理论发生了显著变化，甚至旧范式的追随者也会为新突破感到欢欣鼓舞。也有人认为，库恩过于关注科学界内部，对科学家展开研究活动的更广阔的社会背景，以及专业化和官僚化的不断影响没有予以足够的重视。该书出版以后，尤其是在1970年的修订版中，库恩对他的思想做了进一步改进和发展。此后，他将知识能量更多地放在科学哲学中更为深奥的方面，激进主义在其主要思想中渐渐淡化。

至此，不管库恩希望赋予他的思想什么意义，他的术语已经开始被从事其他学科的人员借鉴。1987年，有报道称，库恩的作品成为1976年至1983年艺术和人文领域被引用频率最 421
高的二十世纪著作。[15]“范式转换”已经远离成熟的科学革命，成了一种陈词滥调。他的模型，至少某个简化的版本，成了对相对论者的一种捐赠。它表明，包括社会哲学在内，对于任何条理清晰的观点而言，重要的不是它们与可辨现实之间的关系，而是其背后的政治力量。一个颇具影响力的例子就是谢尔登·沃林使用库恩的观点向政治科学中“行为主义”倾向的客观性发出了挑战，后者声称其遵循的是与物理科学同样的方法路径。“在某种程度上，”沃林认为，“重要的不是哪个范式更加真实，而是哪个会得到执行。”[16]

范式以一种方式说明，明确、正式的科学理论可能会被反证瓦解。由此范式开始纳入隐晦的、非正式的、令人困惑的、自相矛盾的并不断变化的偏见和成见，似乎它们就根植于其内部，受到严格控制，并在关键方面对事实无动于衷。人们倾向于把信仰系统归为强大的范式，并让个人和团体来适应它们。然而这些做法通常没有充分考虑到，一些个人和团体有可能在某些方面偏离范式，从特定的文化角度来解释范式、按照他们所处的政治环境修改范式，或者就如何采取行动从这些范式中得出完全不同的推论。如果真理既可能是科学发现的结果，也可以是政治操纵的结果，那么很多话题就有可能被政治化。

例如，不妨思考一下智慧设计这个古怪的案例。1996 年，设在美国加利福尼亚州的科学与文化复兴中心（Center for the Renewal of Science and Culture）确立了一个目标，即“用一种积极的科学选择”替代“唯物主义及其在文化方面的破坏性影响”。1999 年，一种战略应运而生，其便是所谓的“楔入策略”（Wedge Project）[17]。它把科学唯物主义看作一棵“巨树”，一旦在其最虚弱的地方插入一个小小的楔子，就能将整个树干劈开。而所谓“薄薄的楔入口”便是从 1991 年开始以菲利普·约翰逊（Phillip Johnson）的《审判达尔文主义》（*Darwinism On Trial*）为代表的一系列质疑进化论的书籍。用来替代进化论的，便是智慧设计。它对达尔文主义提出了挑战，虽然没有说明圣经中的上帝就是智慧的设计者，但它认为不能用进化的

随机性来解释这个世界，而是必须有一种明确的设计。智慧设
计论的支持者们运用库恩的理论认为，生物进化论不过是一种
被科学精英们掌控的主导性范式，后者对相反的观点不屑一 422
顾，并拒绝将它们发表在供同行评阅的刊物上。爱钻研的年轻
科学家们迫于社会压力，无法探索颠覆性的观点。[18]

楔入策略将智慧设计提升为“一种与基督教和有神论信念相一致的科学”，并由此得到了拓展。下一个阶段便是“宣传和意见塑造”。这项工作要广泛地传达到学校和媒体，尤其要强调动员基督教观念。第三阶段“文化冲突与复兴”是个巨大的挑战，学术会议上的直接质疑，以及包括进军校园——如果得到法律的支持。接下来，它还会挑战社会科学和人文科学。其长远目标不仅是让智慧设计成为“在科学上占主导地位的观点”，还要延伸到“人文科学的伦理学、政治学、神学和哲学领域，见证其在美术方面的影响力”。

智慧设计论的支持者意识到了框架的重要性。约翰逊敦促说：“要把圣经和《创世记》从这场争论中脱离出来，我们不想制造圣经－科学二分法。”智慧设计论需要的是，让世俗学院和统一的宗教反对者听到它的声音。之所以避免牵涉创世论的一个实际原因是，法庭裁决禁止将它当作科学。于是，学校的教科书便成了战斗的竞技场，约翰逊及其支持者们的关键需求是，让智慧设计成为一门学科。智慧设计运动的一大困难是，无法使其观点适合教科书，并为人接受。因此，他们不得不降低原先的要求，将智慧设计作为一种存在争议的理论，纳入学校的进化论学科中。它并不具备理所应当的正确性，尤其是还有其他诸多引人瞩目的理论可供选择。最终，2005 年 12 月，奇兹米勒等人状告多佛地区教育委员会案（Kitzmiller

v. Dover Area School District）的裁决结果是，多佛学区代表违反宪法，并禁止多佛学区在公立学校的科学课程中教授智慧设计，理由是创世论还没有独特到足以在科学课程中占据一席之地。[19]

这个案例展示了“范式”之范式的难点所在。无论是进化论还是智慧设计，都无法与世界观达到完全一致。进化论生物学家之间存在着大量分歧，但不存在危机感：大家都承认进化论是一种强大的理论，不断指引研究者向卓有成效的方向发展。从库恩的角度来看，即便在占优矩阵中也会有一些典型范式遭到质疑。更何况智慧设计是将其案例建立在异常的实验性证据的基础之上。其自身的范式经不起科学的检视。作为一种设计，这个世界并不总是智慧的，它还存在许多明显的瑕疵和未解之谜。甚至连一个神创论的理论都没有。它在很大程度上
423 依靠的是，如何从字面遵循经典著作的内容。例如，圣经中提到了“地的四角”，于是极端的教条主义者便会认为地球真的是平的，其他人则一直就太阳是太阳系的中心这个问题和伽利略争论不休。更常见的是“地球年轻创造论”（Young Earth Creationism），它充分遵循圣经，认定地球只有 6000 至 10000 年的历史，是神在 6 天之内创造出来的，而后来的死亡和腐朽则是亚当和夏娃的原罪恶果，诺亚的大洪水则是世界上诸多地质学问题的关键所在。与之相反，“地球年老创造论”（Old Earth Creation）认为上帝创造了地球，也承认地球真是非常古老。其他版本的创世论则认为，只要人们能够接受每个圣经“日”指代相当长的一段时期，那么圣经中的创造秩序就真的存在。还有其他人表示，他们认可有关化石的记载，但同时他们又认为新生物体的出现不是进化的偶然结果，而是上帝蓄意

所为。[20]这些创世论者有基督徒，也有穆斯林，其中许多人对进化论并不存在质疑。物质世界既可以是上帝创造的，也可以用 DNA 来解释，形成了一个自然的进化过程，由此便可以用宗教来解决与精神世界和人类灵魂相关的问题。

因此，即便在一个自成一派的自觉范式内部，也会存在一些明显矛盾的观点。虽然进化生物学家们可以用科学的方式来管理甚至解决各种争议，但他们中间也照样存在分歧。正如库恩所说，虽然科学界存在看门人和教条主义者，但这个领域也是多元的，进化论一直在进化（因为没有更恰当的说法了）。由于智慧设计刻意避开了“自然”科学的方法论，因此也就不存在什么范式转换的基础。它唯一的希望是，发展出一群足够强大的支持者，将其范式推广到课堂上，如果有可能的话就取代进化论。然而，这根本不是库恩设想的那种斗争，这是两种完全不同的群体之间的分歧，而不是一个群体的内部分歧。

米歇尔·福柯

二十世纪六十年代，法国社会哲学家米歇尔·福柯是另一个发展出自身观点的思想家，他由此形成了解决意识形态和权力问题的方式。作为一个思想家，福柯的个性与哲学之间产生了强烈的相互影响，从他长期的精神病治疗史和性经历来看，
他的确很难处理好自己的同性恋和抑郁问题。他早年一度加入 424
了法国共产党，后来又远离马克思主义，成了“68 年精神”（spirit of’68）的热心支持者。接下来，他又短暂地热衷于毛泽东的“文化大革命”和阿亚图拉·霍梅尼发动的伊朗革命，但很快就对二者不再抱有任何幻想。1984 年福柯死于艾滋病相关疾病，年仅 57 岁，他原计划撰写的 6 卷本《性史》完成

一半后戛然而止。正如许多重要的思想家一样，福柯在其一生中也出现过几次重大转换，虽然他通常被认为是个顶尖的后现代主义者，但他拒绝接受任何标签。按照福柯自己的说法，他从来就没有“真正有过什么想法”，因而解读他的真正意图会把人带入一种特殊的悖论中。除了那些相关的历史记录，他抽象的著作深奥难懂，让人难以读下去，因此但凡想把他的思想用一种简单的形式（或者任何形式）表达出来都是一种挑战。然而，福柯的方法的确决定了众多当代社会思想的方向，其中就包括战略思想，从某些方面来看也包括战略实践。

当然，福柯和库恩之间存在明显的对比。二者都宣称真理要视条件而定，而且依赖于权力架构，并且由此引人瞩目。库恩提出了“范式”，福柯发明了“认识型”（episteme）。福柯将此称作“机器”（apparatus），使得人们得以“区分哪些可以被称作科学，哪些不可以，而不是分辨真伪”。[21]至少在他的早期思想中，认识型在任何时候都是独特的，具有主导性和排他性，不可能和其他同类共存。“总是存在着一种对所有知识的可能性条件加以限定的认识型。”[22]库恩一直设想在社会科学和更广泛的文化中存在更大的多元化，各具特色的学派在其中相互挑战各自的理论基础。和自然科学不同的是，这些领域中各个学派解决问题的方法各不相同。除此之外，对科学研究来说，他提出的范式是一种有意识且深思熟虑的框架。而福柯的认识型则通常是无意识的，以一种当事人毫无觉察的方式为思想和行动设置条件。库恩承认经验观测的重要性，承认或多或少存在着可以对相互矛盾的范式进行评判的客观测验，福柯则认为没有这种可能。人们会为真理展开持续的斗争，但并不是为了发现什么绝对真理，而是树立行动的界限。

这是因为所有形式的思想都与诸多权力问题密不可分。他梳理出一套权力系统的历史脉络。在封建社会中，权力几乎就是君权，有一套统治的一般机制却几乎不关注细节。接下来，随着资本主义社会的到来，一个大发明出现了，即一套通过监狱、学校、精神病院或工厂控制个人行为的各种监视和监禁手段，来实现“纪律控制”（disciplinary domination）的机制。 425
法国大革命孕育出大规模的群众力量，福柯感兴趣的是人们到底采取了什么做法，从而将许许多多的个体打造成了称职的部队。由此，福柯表示，将群体概念化即反映了新的权力形式。

> 到十八世纪后期，士兵变成了可以创造出来的事物。用一堆不成形的泥、一个不合格的人体，就可以造出这种需要的机器。体态可以逐渐矫正。一种精心计算的强制力慢慢通过人体的各个部位，控制着人体，使之变得柔韧敏捷。这种强制不知不觉地变成习惯性动作。总之，人们“改造了农民”，使之具有“军人气派”。

这就是纪律力量的基础所在，它已经融入了公民社会。而在公民社会中，存在着各种类似形式的控制力。

这种控制无须动用暴力，因为它教给人各种行为方式，由这些行为方式构成了一种自律。[23]从这个方面来说，权力和知识成了一回事，福柯将它们合而为一，称为“知识/权力”（knowledge/power）。这种力量并不为人所有或掌握，却理论上包括最个人和最私密的领域在内，是生活各个方面的一个本质特征。它四散分布而非集中一处，它既散漫又具有强制性，它动荡不定而不是固定不变。因为不存在什么真正的“真理”，所以它既不可能受到压制，也不会受到排挤。所谓对真理的思考实际上是关于权力的思考，即谁凭借什么得到服务，以及各种形式的控制支配和由此引发的抵抗。

因此，关于权力手段，福柯在物理约束方面没有过多论述，但对表象同意的持久性提出了质疑。要通过话语来塑造别人的思想，这样各种行动才能遵循一种特定的世界观。“真理体制”确立了对与错的标准，以及人们识别对错的程序。它渐渐植入日常话语，确保某些事物成为理所当然，同时凸显其他事物的重要性。由此，人们对现实的看法得以固定下来，在不知不觉中强化了权力架构，无须动用强制力便接纳并适应了其所接受的各种行为方式。福柯认为，战略与权力之间的关系纠缠不清，难分难解。当他在主流意义上讨论战略，意指公开斗争中“成功的选择”时，他的概念则要宽广得多。战略就是“为有效行使权力或者维护权力而付诸实施的各种方法的总和”。

426 福柯对人文学科影响深远，其价值至今仍是一个极具争议的话题。他对战略思维的影响也很深刻。首先，他的权力无处不在的观点潜在地将所有的社会关系转化成了斗争，既涉及宏观层面的国家，也触及微观层面的社会存在。其次，他传达了一种斗争永无止境的持续感。冲突、明显的胜利、稳定期都是存在的，但接下来所有的一切又都会重演。因此，永远存在反抗和逆转的可能性。一场胜利也许能让“稳定的机制”去“替代肆虐的对抗性反应”，但要等后者沦为无效时，机制才算真正确立下来。接着便是“统治”，这是一种“或多或少理所当然，并且经过敌对双方长期对抗得以巩固下来的战略形势”。然而，即便是明显的稳定时期——靠特殊话语的控制——也会随着话语的不断开放而转向斗争。

> 事实上，在权力关系和斗争策略之间，还存在着相互吸引。说不清的束缚和永久的倒转。在每一刻里，权力关系能成为而且在某些点上已成为对手之间的对抗。在每一刻里，社会中的敌对关系也使权力的各种机制得以实施。[24]

福柯翻转了克劳塞维茨的话，将后者的“战争是政治的延续”说成“政治是战争的延续”。[25]战争是一种“永恒的社会关系，是所有关系和权力制度根深蒂固的基础”。因此，社会关系即战斗指令，战斗中“不存在中立的主体”，在其中“我们都不可避免地成为某人的对手”。从属于某一阵营意味着“有可能辨读真理，揭露幻觉和错误，正是通过幻觉和错误，人们（你的对手）使你相信我们的世界已经恢复了和平和秩序”。因此，权力的话语在社会中传播得有多广，包括逃避、破坏、争论在内的各种形式的反抗程度就会有多深。从这个方面来看，在有关真理的斗争中，对知识的主张即是武器。他提到了“知识”（复数）之间的战斗，因为它们“为相互敌对之人所有，因为它们拥有内在的权力效应”。[26]

通过探讨什么是显然确定的、没有争议的来分析话语，能够揭示出它们自身的偶然性及其与权力结构之间的关系。这种做法能够产生释放效应，为被征服者提供一条出路。这并不是一种特别的新思维，而是新左派中流行的知识潮流主题之一。
社会中弥漫着一种同样的、未说破的冲突，它们虽然尚未显 427
露，然而一旦受害者明白了自己的处境，也许就会立刻爆发。

福柯的与众不同之处在于，他关注的不是被他认为已经过时的阶级斗争和革命政治，而是“妇女、囚犯、应征士兵、住院的病人和同性恋者”针对“特殊权力的具体斗争”。[27]1976 年“68 年精神”方兴未艾，福柯在演讲过程中对西方社会在之前十年中“分散而断断续续的攻势”印象深刻。“当代政治斗争形式越来越独立、分散，并具有无政府主义特性”，正好与他的方式相契合。福柯这里所指的是“反精神病学运动”（anti-psychiatry movements），它曾经“为社会和政治批判打开庇护空间发挥过作用”。当时，福柯正投身一项为囚犯代言的运动中。他的计划与“被剥夺了权利的人及其知识的去屈从化和解放”有关。福柯的持久影响之一在于他认识到，处于社会边缘的个体往往出于自身的安全和社会安全而被安置在一定的体系中，他们的困境是权力关系的一部分，这种权力关系无法也不应经得住任何挑战。

福柯的理论使人们无须发动物理挑战，便可以破坏已经建立起来的权力架构，他的方法是分析“权力机制的特征……定位各种连接和延伸……一点一点地建立起一种战略知识”。[28]可能有人认为，至少就福柯学派的论据而言，用来分析话语的语言既可以让人糊涂也可以给人启发，对于被迫屈从的人来说几乎没有什么实际的帮助。[29]而且，作为理解权力关系的一种方法，它绕开了机构和结构、个体意图、武力的作用等问题，反而给自身增添了困难。福柯的权力概念，确切地说是战略概念，承载如此之丰，以至于很有可能失去其精确含义。如果任何事物（不管是书面交流还是一种行为方式）都可以被当作战略，那么这个术语就失去了意义，也就不值得思量了。对于被迫屈从的人来说，贬低强权也许是种明智的做法。寻找一种释放性的话语应该更保险。但最终，武力仍是斗争的仲裁者。

叙事

用来描述思想斗争基本工具的词语不是话语而是叙事。二
十世纪九十年代，这成了针对任何政治课题的一项要求：解释 428
政治运动或政党为何应该受到重视并传达其核心信息。这一切的基础是另一套思想体系，它可以追溯到二十世纪六十年代末的法国激进思想运动，其间，叙事由精心设计的书面语言转化成基本概念，成为所有社会互动的中心。它因明显反映了人类行为的诸多方面，更深刻地理解了大脑的运行而获得关注。

直至六十年代末，叙事在很大程度上仍只是出现在文学理论中，专指由一个角色讲述一个事件的作品（而不是意识流或者几个人物之间的互动）。[30]在法国后结构主义的影响下，它进入了更广泛的理论领域。后结构主义者反对将文字含义当成作者意图的反映，他们坚持认为文字可以表达多种意思，其表达的意思取决于阅读环境。每一次阅读都可能生成一种新的含义。这个群体的核心人物是文学理论家罗兰·巴特（Roland Barthes），他和福柯保持一定关系。他把叙事理念推向极致，使其远离纯粹的文学文本，进入所有的交流形式领域。他在1968年写道，“叙事有数不清的各种形式”，包括“口头或书面的有声语言、固定或活动的图像、手势以及所有这一切井然有序的混合体来表现；它存在于神话、传说、寓言、故事、小说、史诗、历史、悲剧、正剧、喜剧、哑剧、图画、玻璃窗彩绘、电影、连环漫画、社会新闻、交谈之中”。它存在于“一切时代、一切地方、一切社会”。“没有叙事的民族在任何地

方都不存在，也从来不曾存在过；所有阶级、所有人类集团，都有自己的叙事作品，而且这些叙事作品经常为具有不同的乃至对立的文化素养的人共同享受。所以，叙事作品不分高尚和低劣，它超越国度、超越历史、超越文化，犹如生命那样永存着。”

不仅“叙事的数量难以计数”，而且人们思考叙事作品的优势出发点也是众多的，包括历史、心理学、社会学、人种学以及美学等。巴特认为，可以通过演绎理论来确认其共同结构。[31]翌年，这一群体中的另一位人物茨维坦·托多罗夫（Tzvetan Todorov）提出了“叙事学”（narratology），即辨别一篇叙事中的各种组成部分，并确定它们之间的相互关系。叙事的对象是故事，一系列人物及事件，它们被一条情节线索捏在一起，有了架构、解释了其中的因果关系——事件为何会在该发生的时候发生。话语描述了故事的表达，是什么决定了它给观众的最后呈现。

429 七十年代末，社会理论界出现了有关“叙事转向”（Narrative turn）的讨论。一份有关1979年芝加哥大学讨论会的回忆录提到，会上弥漫着一种“学术兴趣和发现氛围，人们普遍感觉到，和其他有关人类重大发明的研究一样，叙事研究迎来了现代的一次重大飞跃”。它“已经不再是那些从心理学和语言学中借鉴术语的文学专家或民俗研究者的领域，而是成了一切人文和自然科学分支的深刻见解的真正来源”。[32]此后有报道称，八十年代有一种看法认为，分析人们叙述的故事可以获得有关他们如何生活的重要见解，受这一信念的鼓舞，社会科学被卷入一场“为叙事建立理论的潮流”中。[33]

叙事通常被描述为可以和故事互换，而故事则有可能极为简单。有论点认为，一切事物都可以被当作一个故事，这反映出叙事在人类基本交往中的重要性。马克·特纳（Mark Turner）认为，简单的故事可以把信息碎片转化为一个连贯的模式，如果没有故事，生活将成为一片混沌。即便是婴儿也能在一个故事中将容器、液体流动、嘴巴和味道联系起来，最终这个故事的名字就叫“喝”。只需掌握部分信息，这些简单的故事就能帮助人们想象出事物的下一步发展或者之前曾经发生过什么。特纳认为，叙事想象是我们的解释能力和预测能力的基础。[34]威廉·卡尔文（William Calvin）提出，我们的计划能力和自身的叙事结构之间存在紧密联系。“从某种程度上说，我们会通过默默地自言自语来进行这项工作，叙述接下来会发生什么事情，然后运用类似语法的融合规则来判断一种事态是不可能、可能或者很可能。”[35]

这种概念可以解释人们如何让生活和关系富有意义，以及他们是怎样理解世界的。它符合认知理论和文化解释。因此，叙事转向并抓住了人们对什么是确切已知的不确定性，对同一事件的多种解释的兴趣，以及在建构认同时的选择意识。它突出了人们在质疑有关外部现实的完备知识时，人类想象力和共鸣的重要性。

人们对叙事的学术兴趣很快就进入了公共领域。心理学家把叙事当作一种治疗方法，律师们努力运用叙事来感动陪审团，原告在寻求赔偿时也需要叙事帮忙。随着时间推移，所有类型的政治活动参与者都自觉地采用了叙事手段。最初对此表现出兴趣的是寻求弥补物质资源短板的激进团体等。这是另一种让弱者变强的方式：少亮肌肉，多讲故事。与真正的战斗相 430
比，人们更愿意进行叙事性的唇枪舌剑。最终，无论从哪一方面看，一切政治规划都需要自身的叙事。

叙事具备许多功能：动员和指挥支持力量、维护团结、管束持异议者、制定和传播战略。叙事的作用并不一定是刻意为之，却可以从那些为妇女、同性恋者及其他边缘化群体争取权利的运动中体现。叙事者利用受害者的遭遇、耻辱的经历和抵抗故事让处于类似环境中的人成为更广泛运动的一部分，并从中获得力量，将他们的个人遭遇和某项公共事业结合在一起。由此，叙事的作用价值得到了福柯式分析的认可。

他们会向牢牢植根于文化的各种故事发起挑战，对其准确性和公正性提出质疑。例如，早在五十年代，印第安人就开始反对经典西部片，这些影片的定位都是勇敢的牛仔对抗野蛮的印第安人。意大利裔美国人则抱怨他们的形象完全被黑帮暴力电影所垄断。民权运动依靠的是向人们展示舒适的美国梦和黑人的遭遇，并将二者进行对比。黑人歌唱家保罗·罗伯逊（Paul Robeson）特意将《老人河》（Ol’Man River）的歌词由原来的“我们这样的痛苦、疲倦，既害怕死亡，又厌倦生活”改成了“我们要乐观地继续战斗下去，直到死为止”。[36]原先的歌词中有一种明确的压抑感，而摆在人们面前的问题是，我们是不是可以做点什么。相比之下，六十年代末的许多运动在刚开始的时候，对于是否可以将人的沮丧情绪转化为政治行动，就更加不明确了。在这种情况下，自传故事能发挥一定作用，不同个体可以通过共同的经历找到共同目标。1972 年女权运动刊物 *Ms.* 杂志在第一期上刊登了简·奥莱利（Jane O’Reilly）撰写的文章，讲述了一群女性对其他人的故事感同身受的经历。这便是“顿悟”（click），即豁然认可，“其本质就是，只需轻轻一点拨就能解决存在于女性头脑中的现实难题——它让我们眼前霎时一亮，意味着革命开始了”。“顿悟”这个词很快就成了“女权主义术语”，指对显然平凡的见解达成了共同的、更加深刻的理解。[37]

有些叙事是从那些曾经被鄙视或者被边缘化的人物的角度来刻画社会状况，它们进入了更成熟的文学形式领域，比如小说、电影，甚至情景喜剧。黑人和同性恋者角色有了积极意义，女性角色更加坚定和自信，而男性身上的魄力和麻木则常常成为嘲笑的对象。然而在电视上，讲故事是一种受到控制的 431
行为，进步主题的作品会遭到清除和净化，以便让新角色显得比较安全且不具威胁性。从来没有哪个“获得解放”的女性或者在“直男”中游走的同性恋男人角色会通过检验、得到认可。当角色受害人成为美德的缩影时，他们才更容易去对抗白人的偏见，比如影片《猜猜谁来吃晚餐》（*Guess Who's Coming to Dinner*）中西德尼·波蒂埃（Sidney Poitier）饰演的便是一位理想主义医生。经过很长一段时间之后，影视作品才得以刻画黑人遭遇的全部复杂性及其与白人社会的冲突。虽然政治领导人常常不得不就这些作品的影响发表见解，但事实上这些变化几乎不存在什么政治导向和控制。因此，这个过程其实很简单，就好像从一种范式转换到另一种范式，从一种叙事变成了另一种叙事。作品的多样性及其累积效应改变了辩论的表达方式，但这并不是任何深思熟虑的战略所造成的结果。

戴维·伦菲尔德和约翰·阿奎拉一直处于研究信息时代新型政治形式的最前沿，他们认为故事能够表达“一种认同感和归属感”，并且传达“事业感、目的感和使命感”。它有助于将一个离散的群体凝聚在一起，指引他们制定战略。他们了解人们对行动的预期和所要传达的信息。[38]在运动中，讲述鼓舞人心的故事能够让参与者充满热情，典范故事可以强化既定的规范，警示性故事可以警告人们不要采取危险鲁莽的行动或偏离一致的路线。在培养支持力量的过程中，可以通过讲故事来阐明自己的核心信息，破坏对手的主张。这也意味着，有关战略的内部讨论可以不通过叙事，而是采取辩论的形式。那些担心出现战略背离的人还可以通过各种回忆录发出警示，讲述人们过去如何开展运动，以及自己的运动开展得多么出色。

最大的难点在于如何去影响那些本意上并不支持你的人。随着叙事的概念逐渐进入政治主流之中，人们开始谈论设置基本条件的“宏大叙事”（grand narrative），政治团体希望自己的目标、价值观，以及它们与当前重要问题的关系能够在这种宏大叙事中获得认同。这种叙事一旦确立下来，像“公关专家”这样精通媒体的专业传播者就会让个体片段“运转”起来，他们的任务就是影响日常的新闻议程和事件框架。[39]当最新数据表明经济情况不妙时，他们会让公众相信经济形势一片大好，或者他们还能让即将身居要职的候选人与以往的不堪经历一刀两断，这一切都需要他们熟知媒体的运作方式和时间安排，包括如何安排发布新闻公告的时间，如何向重要记者透露
432 消息，等等。这样的叙事不一定采用什么分析法，当没有证据或经验作为基础时，还可以依靠情感、怀疑隐喻和半真半假的历史类比等手段。一次成功的叙事既要联系某些事件又要撇开其他干扰，要从坏消息中辨别好消息，还要解释谁是赢家谁是输家。

无论是框架、范例还是话语（或者是宣传、意识、霸权、信仰系统、形象、构图以及对待事物的心态），所有这些概念

都证明，从根本上说，权力斗争是一场关于塑造广泛的世界观的斗争。过去，人们对世界的认识大体相似，因而社会学家们可以借助手册和演讲做一些长线的政治教育。现在是媒体时代，塑造、传播意见和展现事实的机会纷繁芜杂。伯尼斯凭直觉掌握了框架的重要性，他所倡导的技术预示着这些概念和思想还将产生更大的影响。形象和理念纷争并没有在激进派和抵抗派之间形成气候，而是成为主流政治活动家之间的斗争，最终，首要的受益者并不是左派，而是右派。

二十七　种族、宗教和选举制

433　难道你不明白打官腔纯粹是为了缩小思想的范围吗？

——乔治·奥威尔，《1984》

2004 年 11 月，美国总统小布什战胜民主党参议员约翰·克里（John Kerry）获得连任。对于这场选举，民主党人之前一直自信能够获胜并且应该获胜，事后该党在初期总结中强调，败选原因之一是克里的叙事缺乏吸引力。克里的民意测验专家斯坦利·格林伯格（Stanley Greenberg）注意到，共和党人有“一种可以激发选民积极性的叙事方法”。克里团队的另一名成员罗伯特·施勒姆（Robert Shrum）遗憾地说：“我们有叙事，但最终，我认为它没能成功。”民主党高级顾问詹姆斯·卡维尔（James Carville）说得更加不客气：“他们说的是，‘我要保护你们，免得遭受德黑兰恐怖分子的袭击，让你们离好莱坞的同性恋者远远的’。而我们说的是，‘我的目标是洁净空气、更好的学校、更多的医保’。共和党人用的是一个叙事、一个故事；而民主党的，那叫冗长而枯燥的陈述。”专栏作家威廉·萨菲尔（William Safire）对政治语言转换具有敏锐的观察力，他在报道中提到了某叙事研究期刊编辑吉姆·费伦（Jim Phelan）的观点，后者认为，所有这些听起来好像是，民主党的叙事出现了新的发展迹象。“也就是说，他们从竞选活动中挑选出事件，做了摘要概括，为的是对克里的失败提供一种清晰的叙事。他们的叙事结论是，克里没有清晰的叙事。”他暗示，如果这次赢的是克里，那么他现在应该正在庆祝自己叙事的成功。[1]

共和党人就是这么做的，他们一直专注于如何使用语言， 434
让政治信息传达得更为清晰敏锐。这其中的关键性事件要数1994年共和党众议员纽特·金里奇（Newt Gingrich）和顾问弗兰克·卢茨（Frank Lutz）联手，在中期选举中获得大胜。[①] 这次竞选的核心理念是“美利坚契约”（Contract with America）。据卢茨讲述，之所以选择“契约”这个词，是因为共和党的计划听起来约束力还不够，许下的承诺会无法兑现，所做的保证亦无法实现，党纲宣言过于政治化，宣誓太具法律色彩，而条款二字又过于严谨。他们不再使用“共和党的”这个形容词，以便鼓励独立人士保持一种开放的心态。[2] 实际文件中，有大量篇幅探讨个人责任、家庭的稳固和减免赋税（“加固美国梦”）。1995年，两人联名发布了一份为新共和党国会议员们准备的备忘录，题目就是“语言：一种重要的管控机制”。他们在备忘录中提醒这些议员，在谈论自己的时候要使用“机遇、真相、道德、鼓励、改革、繁荣”这类词语，而在描述对手的时候要用“危机的、破坏性的、厌恶的、可怜的、谎言、自由主义的、背叛”等字眼。[3]

2004年总统选举之前，民主党内焦虑的语言专家们，特别是语言学家乔治·莱考夫（George Lakoff）也一直在敦促党内要特别关注共和党人建构议题的聪明方式，以免民主党陷入

① 夺回了被民主党控制了40年之久的众议院。

被动。[比如，把“遗产继承税”（inheritance tax）说成“遗产税”（death tax）]。一旦敌人的语言致使冲突爆发，那么被迫做出让步的地方就太多了。对莱考夫而言，一个重大的挑战是扭转这些框架，让美国人从新的视角来看待这些议题。“重新架构等于让社会发生变化。”[4] 选举结束后，他依然坚持自己的观点，坚定地认为宏大的哲学讨论就是关于隐喻的种种争论，事实的影响力取决于人们用于理解它们的框架。[5] 德鲁·维斯顿（Drew Westen）是一名临床心理学家、活跃的民主党人士，他写了一本书来表达自己的困惑，并在书中敦促他所在的党，要学习如何吸引投票人的情感。比尔·克林顿对此大加赞赏，看得出来，民主党人在 2008 年大选之前曾经仔细读过维斯顿的书并且咨询过他的意见。

维斯顿提出，民主党的问题在于，他们认为大选就是讨论各种问题，认为自己能够唤起选民的理性和人性中善良的一面。遗憾的是，人类算不上什么理性的生物。相反，他们回应的是那些与他们的情感相关联的信息，他们更容易感知世界、看世界。“大多数时候，这场争夺思想控制权的战斗发生于意识之外，我们只能充当心理剧中盲目的观众，人们头脑中的在
435 逃犯人。”共和党人明白这一点，他们营造了一套能够让自己站在爱国主义和上帝那一边的叙事手法。而民主党人却软弱而糊涂，他们不重视犯罪，面对国家的敌人时表现软弱，无法摆脱各种浮夸的豪言壮语，好像这个国家仍然面临着二十世纪三十年代的挑战似的。共和党在说服争取选民时，不会因为消极问题而内疚不安；而民主党则一直表现得好像他们可以不受任何攻击行为的影响，无视各种消极因素，令选民兴趣大减。

为了补救这一情况，民主党人必须学会建构议题，获取优

势，继续战斗，让选民相信其候选人的利益和价值观与他们是一致的，以一种能够在情感上吸引选民的方式来阐释政党及其原则。这就需要建立一个宏大清晰、明确运用政治定位来阐明原则的叙事。这样的叙事简单、连贯并易于理解，不必依赖太多跳跃的推理或想象。它能够被人理解、讲述和复述。“它应该是有寓意的、生动的、令人难忘的、让人感动的。它的核心要素应该很容易想象，能够使其回味指数和情感影响力达到最大化。”而在观点完全形成之前，一旦有机会通过承认较小的劣势向对手“灌输”消极因素，那么最好先采取行动。维斯顿的基本主张是，选举“胜负主要不在于议题，而在于选民的价值观和情感，包括选民对候选人和政党的直觉”。[6]

从维斯顿和莱考夫的建议可以看出，他们对词语和形象的力量非常有信心，这就激励人们相信，只要将足够的情商和专业的媒体技巧结合起来，即便是最自由的讲台也会得到大多数选民的拥护。它以自己的方式反映出一种对民意的悲观，民意是可塑的，是可以操纵的，它会随着竞争对手的叙事优劣而摇摆。但心理学家史蒂芬·平克（Stephen Pinker）提醒道，这种方式夸大了隐喻的重要性，人们在使用隐喻的时候往往不会考虑其出处或暗含的意思，也不会过多考虑框架的作用。有些观点认为，巧妙的隐喻和框架能够深入选民的大脑，但这么做的风险在于可能会使理性发生倒退，讽刺对立的信仰，低估对手的能量。[7]虽然卢茨在自己的语言使用指南中承认了构建议题的重要性，但他更多强调的是交流的基本规则。他致力于朴素和简洁，短语和短句，关注相容性、形象、声音和质地，雄心壮志且不乏新奇的语言。直到最后，他才提出需要“提供语境并解释其中的相关性”。他认为，可信度像人生观一样重 436

要。他明确地针对莱考夫提出，“光凭语言不可能出现奇迹。实际的策略至少和建构方式一样重要”。[8]

对大众传媒影响力的研究表明，改变民意让其违背本意朝着另一个方向发展并不是一件容易的事情。党内成员也许会很投入，但大多数目标受众都是漫不经心、三心二意的，因此关键信息并不能被传达到许多人。人们可能对自己不感兴趣的事情持冷漠的态度，抵触那些与自己立场相悖的观点。或者，他们会故意回避这些观点，即便真的遭遇这些观点，他们也会将其看作不堪一击、漏洞百出的东西。一项相关研究的核心成果显示，个人的影响力要比大众传媒重要得多：“政治说服取决于环境。当竞选的反对声越小、阻力越来越弱、可靠的消息源提供简洁确凿的线索，以及历史介入专注的公民之时，说服的力量就会增强。”[9]

新政治

政治性地使用语言的问题产生于二十世纪六十年代的“新政治”。相对于左派而言，1968 年的事件对美国的右翼更加有利。这其中有一部分原因是，这些发生在校园和市中心的造反活动产生了一股强烈的副作用力。事后，这股力量被共和党人利用了起来，而且 40 年后他们仍然打算这样做。那一年诺曼·梅勒（Norman Mailer）正在等待一名迟到了 40 分钟的公民权利领袖来出席新闻发布会，他发现那位嘉宾“心情非常不愉快：‘他已经厌倦了黑人和他们的权利。’”[10]这使得他开始反思，如果他感觉到了“一丁点儿暗示，那么整个美国将会释放出何种不可估量的愤怒浪潮？”“强烈的反对”已经暗暗涌动，它不仅针对黑人，还针对那些不爱国的激进分子、嗑药的嬉皮士，以及正在抗议的学生。这次的受益者是理查德·尼克松，他为共和党人夺回了白宫。如果一种新的政治主张准备现身，那么它会更多地依赖专业的政治形式的培养，以此达到选民数量最大化，相比之下，他们会更少地依靠反对职业政治家，因为那会阻碍公众表达真实想法。新左翼对于选举政治的绝望给新右翼留下了一片开放的领域。

成功的政客离不开竞选管理人员。总的来说，这些人与候 437
选人的关系密切，他们能够感知大众情绪，通常冷酷无情，当他们抹黑对手的名誉时，心里不会有一丝内疚。二十世纪六十年代末，这样的角色变得更加专业起来。投票技术、广告手段和战术分析方面的一系列进步同时出现。除了报纸和广播之外，电视的出现使得大众传媒发展到了新的水平，提供了塑造民意的可能性。人们不仅具备了将信息传递给特定的潜在投票人的能力，而且还能根据特定选民的利益和观点来加工信息。在二十世纪三十年代乔治·盖洛普（George Gallup）首创的人口取样方法的基础上，投票具备了各种复杂形式，使得监控民意发展趋势和识别突出问题成为可能。

1933 年，正在参加竞选的社会主义记者厄普顿·辛克莱，《屠场》的作者，写了一本薄薄的书《我，加利福尼亚州州长和如何终结贫困》（*I, Governor of California and How I Ended Poverty*）。这是一本畅销书，一部关于未来的历史。辛克莱称它是一次独特的尝试，通过一名历史学家“使他的历史成为现实”。当时的加利福尼亚州是共和党州，但也有着 29% 的失业率。辛克莱决定作为民主党人参加竞选，并承诺通过合作社性质的工厂与农场，以及收取高额的赋税来消除贫困。他的确获得了竞选州长的提名，并掀起了全国性狂热。但不幸的是，他呈现在书中的行动计划警醒了加州的共和党人。“加利福尼亚反辛克莱主义联盟”的两名宣传干将克莱姆·惠特克（Clem Whitaker）和利昂·巴克斯特（Leone Baxter）决定采用一种简单的方法来铲除这个威胁。他们仔细阅读辛克莱所写的一切，发现了一连串致命的叙述——例如，辛克莱曾经质疑婚姻的神圣不可侵犯性——他们根本不考虑上下文，也不管这些话是不是出自他小说里的人物之口。这两个人经常出现在《洛杉矶时报》上。在非小说的真实世界中，辛克莱的结局成了“我是怎样被打败的”。

惠特克和巴克斯特开了一家竞选活动股份有限公司，这是首家提供高价服务的政治咨询公司。他们利用进步人士发起的改革，破除了地方党魁对当地政治的把持。这就阻止了各党派为候选人背书的可能性，候选人必须与选民进行更加直接的接触。惠特克和巴克斯特声称，头二十年中，他们在参与的75场竞选活动中赢取了70场。他们只为共和党人服务，第一代政治顾问一般走的都是这条道路。他们也从事反对医疗改革的活动，最初在加州，然后扩展到全国，致力于丑化公费医疗制
438 度。他们率先采纳的那些影响民意的技巧，直到现在仍在使用：将新闻稿包装成现成的社论和特写发送给乡村小报，关注人身攻击而非议题本身，经常性攻击（“你不可能凭借一场防御性宣战而赢得胜利”），认真看待对手等待他们出招，保持竞选主题的简洁。微妙不可取，重复才是王道。巴克斯特认为，“话语附于头脑不是件好事，它们必须能够在人的头脑里砸出个坑来”。[11]虽然他们的要价并不便宜，但客户都是大财团、共和党大佬以及商业党派。俄亥俄州共和党议员马克·汉纳（Mark Hanna）是一位颇有建树的竞选经理，他早在二十

世纪初就已觉察到“美国政治中最重要的三件事情是钱，钱，另一件我就记不得了”。随着时间的流逝，募集资金变得如此重要，它已经成了咨询公司的另一项要务。[12]

1968 年后，在美国大多数州，提名程序中的初选越来越重要，这就必然会削弱党魁们的势力。美国有一套复杂的政治体系，政府各个级别的无数职位都有规定的选举时间表，这为那些能够提供可信选举记录的咨询公司提供了大笔的生意。2001 年的一份评估显示，在美国，如果将所有通过选举产生的职位计算在内（包括一些职务层次很低的职位），那么每四年就要举行 100 万次选举，选出超过 50 万名官员。[13]正因如此，2000 年詹姆斯·瑟伯（James Thurber）说，竞选顾问身处“美国和其他许多国家的选举进程的核心位置”。[14]早在 1970 年，就有人说，这与其说是竞选候选人之间的较量，倒不如说它是“代表候选人利益的那些竞选业巨头之间的比拼。”[15]

因此，当 1968 年记者詹姆斯·佩里（James Perry）写下《新政治》（*The New Politics*）一书时，书中谈论的并不是抗议、游行、非暴力反抗、社区组织如何撼动了旧的精英阶层，而是投票和营销如何正在变得越来越复杂。他甚至还关注到了计算机的潜在应用。[16]然而，和新左派的诸多努力一样，这些技术并不能保证获得成功。佩里在书中用大量篇幅描述了性格温和的乔治·罗姆尼（George Romney）如何在 1968 年共和党总统提名中运用了这些技巧。但等到这本书出版的时候，罗姆尼已经败选，因为他无法和选民进行沟通——而且随着罗姆尼灾难性宣称他过去支持越南战争是因为受了五角大楼“洗脑”，这个问题变得越发严重。

电视的重要性在此前的两次选举中已经以不同的方式得到

439 了凸显。1960年约翰·肯尼迪在那次著名的电视辩论中战胜了尼克松，接着，1964年民主党人战胜了鹰派人物巴里·戈德华特（Barry Goldwater），至此人们开始重视负面广告宣传的作用。在电视竞选广告片中，一个小女孩一边摘着雏菊的花瓣，一边数数。这时一个模仿导弹发射倒计时的男声出现在广告中，随即出现了核弹爆炸的镜头。与此同时林登·约翰逊呼吁和平的声音响了起来。这支广告被认为是一个技术转折点。它拿巴里·戈德华特不顾一切的形象特点大做文章。广告的吸引力在于它是有感情的。其中没有包含任何事实，也没有提到戈德华特的名字。[17]

由于1960年的那场经历，尼克松对电视一直抱有深深的疑虑，但电视制片人罗杰·艾尔斯（Roger Ailes）说服了他，让他相信电视能够发挥对他有利的作用。艾尔斯的朋友、记者乔·麦金尼斯（Joe McGinnis）记录了尼克松在这方面的种种努力。这本书的名字叫《推销总统》（*Selling of the President*），其中心思想是——即便是一个如此不受欢迎的人，也变成一个能够重新上市的政治产品。与后来人们关注负面宣传不同的是，这本书的出发点是积极的。其目的是建立一个独立于尼克松语言之外的尼克松形象。正如麦金尼斯所说的。

> 尼克松会反复说一些陈旧的、无趣的事情，但谁也没有必要去听。这些话成了助兴的音乐。它们是一些令人愉快、让人平静的背景音。那些闪烁的图片是经过精心挑选的，用来制造一种印象，即尼克松代表了能力、对传统的尊重、平静和相信美国人比任何其他地方的人都要优秀，相信在这个拥有世界最高楼、实力最强的军队、最大的工

> 厂、最可爱的孩子和最迷人的黄昏的美国，任何问题都变得不再重要。更妙的是，通过与这些图片建立联系，理查德·尼克松真的就能成为这样的人。[18]

对于这本书所传递的信息，艾尔斯可能要比尼克松更开心。

媒体攻势的目标在于展现尼克松是一个比人们想象中更可爱的人，是身处政治中心地带的一个靠得住的人物。从这个方面来说，这种手法和真正实践中的“旧政治”竞选颇为一致。这是共和党最后一次通过党组织遴选大多数提名代表，而非通过初选产生的，因此尼克松走的是党内交易这条传统路线，而不是展现广泛的吸引力。作为一个核心支持者并不占优势的候选人，尼克松的基本战略是对的：他向中间立场倾斜，力图弱化自己的右翼形象。他小心翼翼地规划并阐述自己的立场，以便得到最大程度的支持，即使这些内容并不让人有多兴奋。尼克松之前的演讲稿作者描述他的“中间路线”是基于“将选民一分为二的务实差异分割”，目的是找到“最不容易受攻击
的中间地带”。他的兴趣不在于“宏大的主题”，而在于“小 440
调整，给自己找一条可能的退路”。[19]然而，尽管尼克松接受了专业的推销，他对待竞选活动的谨慎态度意味着最初的领先势头已经遭到了削弱，最终他凭借极其微弱的优势当选总统。

新保守多数派

一名1968年时曾为尼克松工作的评论员认为，候选人的失败是由于没有意识到六十年代的骚乱所带来的真正机会。对人种学颇感兴趣的年轻律师凯文·菲利普斯（Kevin Philips）在1967年写了一本书——《新兴的共和党多数派》（*The*

Emerging Republican Majority）。由于出版商担心它影响 1968 年的总统选举，这本书直到 1969 年才出版。虽然书中内容较多，以分析为主，有 143 个图表和 47 张地图，但基本信息是明确的。这个国家一直被自由派权威所主导，现在他们已经过时了，悄无声息了，他们是“一群享有特权的精英，对这个国家里大多数人的需求与利益视而不见”，当然这也是新左派采取的立场。精英阶层制造了“一条语言和行为之间的鸿沟，将年轻的少数族裔推向了公开的对抗”。

菲利普斯从种族政治的发展中看到了共和党人的机会，正如民主党人吸引新的黑人投票者一样，共和党人可以发动白人来投票。菲利普斯反对新左翼的理想主义和旧改革论者的希望，认为种族差异是无法超越的，他们的身份感极强，而且具有持久性。也许犹太人和黑人会与民主党人为伍，但那些更具天主教背景的少数族裔——波兰人、德国人、意大利人——会一致反对自由主义者。虽然移民社区一度将民主党人当作防范北方新教共和党的一道屏障，但现在他们的孩子却把民主党视为敌人。在纽约，菲利普斯跟踪记录了天主教工人阶级对抗右翼的运动，在地图上分区标明并提出，共和党在反对租金补贴、机会平等和社区行动等城市自由主义议程上是安全的。他认为，这项议程正在将白人从城市推向郊区，它是从衰败的北方蔓延到南部“阳光地带”和西方的一场更广泛的运动的一部分。菲利普斯并非认为新的布局在所难免。它需要共和党人
441 抓住机会。他认为理查德·尼克松在 1968 年所获得的多数支持力量太弱，因为共和党的理念没有追随他的想法，他们只是在努力制造一种假象，即这名候选人比实际情况要更加温和一些。

有人对菲利普斯的论点提出了反对意见，针对的是他提出的“美国选民无可救药的卑鄙”中的“无情满足”，以及他对不同意其观点的那些“多愁善感者”的“公开轻蔑”。[20]事实上，对许多人来说，利用人的差异来搞政治是一种诅咒。但反过来也可以认为，菲利普斯只是明确了长久以来美国政治的一个特征。罗斯福的新政联盟确实发挥了作用，原因是他发现了一种让种族主义者和黑人，反劳工的和亲劳工的组织，激进的改革者和堕落的政党机器在同一党派内部共处的方法。大萧条使得种族身份被纳入共同的经济利益，但从事城市政治工作的人几乎都相信，种族身份不可能消失。[21]

第二种反对意见认为，这是一种蹩脚的政治学，因为它需要让共和党的政治活动去遵循一条许多共和党人都会抵制的路径。[22]1968 年尼克松能践行的南方战略是有局限的。亚拉巴马州州长乔治·华莱士（George Wallace）以第三党候选人的身份在种族隔离主义平台上参与竞选，最终拿下了南方的 5 个州。在新的政治配置的方向上，尼克松的主要意见是，在考虑副总统人选时，一定不能纳入共和党内的自由派。纽约州州长纳尔逊·洛克菲勒（Nelson Rockefeller）在选战中表现不佳，尼克松觉得他不可能成为自己的竞选伙伴，取而代之的是相对不知名的马里兰州州长斯皮罗·阿格纽（Spiro Agnew），此人曾经是个温和派，但正在渐渐右倾。他在担任副总统期间，凭借几段攻击自由派精英的绕口令（“懦弱的观望者”“否定一切的牢骚大王”）而一举成名。

1970 年，两名温和的民主党民意测验专家理查德·斯开蒙（Richard Scammon）和本·瓦滕贝格（Ben Wattenberg）以一种更为谨慎的形式复述了菲利普斯的意思。当时，共和党的大多数还没有找到适合的位置，但他们警告，如果民主党人不承认他们的天然选民在犯罪与许可问题上存在焦虑，那么共和党人就要下手了。[23]但是，民主党人此时转向了左倾，年轻的积极分子开始推动那些能够警示中间派投票者的议题，使该党之前的机构走向了边缘化。1972 年民主党提名候选人、自由主义反战者乔治·麦戈文（George McGovern）败在尼克松手下。就在此时，丑闻给共和党政府带来重重一击。一开始，阿格纽因为贪污被迫辞职，接着尼克松因为在 1972 年总统竞选中的卑鄙手段以及企图掩盖事实的行为而遭到弹劾。由此，杰拉尔德·福特（Gerald Ford）和他的副总统纳尔逊·洛克菲勒
442 意外入主白宫，而此前二人都没有出现在 1972 年的总统选票上，1976 年他们败选。由此，罗纳德·里根（Ronald Reagan）重拾保守主义大旗，反攻回来。

罗纳德·里根

罗纳德·里根结束了他的好莱坞生涯之后，便开始“为右翼发声”，在政界崭露头角。1954 年，他受聘担任通用电气公司的官方新闻发言人——这也意味着他将在全国通用企业中发表讲话，赞美自由企业的种种好处，提醒人们警惕大政府和共产主义的危险性。里根很上镜，他能够展现出一种轻松、平易近人的风格，这使他得以与那些可能被他的政治立场吓跑的人建立联系。他还有一种游走于虚构世界和他自身所在的非虚构世界之间的能力，这使得他的说法变得可信，即便它们是白日梦。里根的传记作者曾经写道，他的头脑里充满了“各种故事，一个想象中的世界，在那里英雄事迹能够改天换地”。虚拟与真实世界同时存在于他的脑海中。他总是发出真诚的呐

喊，因为他相信这些，即便它们并不符合事实。在“感觉”和“事实”的无数次较量中，“感觉”赢了。“坦白地说，他相信故事的力量。”[24]

1966年里根竞选加州州长时，走的是一条传统的、尽量贴近中间的路线，以确保选民不会因为他在娱乐界的名声而对他产生反感。他避开了那些攻击他是右翼和缺乏经验的言论，在演讲中缓和了预期，把包括很多知名温和派在内的各种支持委员会联合在了一起。他的一个竞选经纪人后来曾说起，有人指称里根没有经验，对此他们的办法是承认“里根的确不是一个专业的政治家。但他是个平民政治家。这样，我们就有了一套自动防御系统。他不需要有经验。平民政治家不一定要知道所有问题的答案”。这甚至将他的对手——长期任职州长的专业政治家帕特·布朗（Pat Brown）推向了防守位置。此后，这成为众多美国选举中的一个议题。里根团队通过提问和回答环节来强调，他不是一个只知道死记硬背演讲稿、发表精彩讲话的演员。而他的竞选经纪人则根本不想纠缠伯克利校园骚乱事件，他们发现这样做反而对自己是有利的。[25]

里根当选州长后，人们发现他是一个有潜力的保守派总统候选人。1968年他尝试性地加入了竞选，但直到1974年完成第二任州长任期之后，他才真正开始准备竞选美国总统。他利 443
用一个全国性的联合专栏和广播节目让自己始终处于公众的视野中，同时也把这两个平台作为完善信息的途径，从中识别出那些受众反馈最佳的话语和主题。当时，自认为是保守派的美国人所占的比例（38%）比自认为是自由派的人所占比例（15%）超出两倍多。但大多数（43%）美国人仍然认为自己是中间派。[26]1976年，里根在争取共和党总统候选人提名中败给了福特，但这次经历为他在1980年竞选成功做好了铺垫。吉米·卡特（Jimmy Carter）上任后，一直在奋力应对经济问题和二十世纪七十年代末的国际性危机，从这方面来看，这反倒帮了里根的忙。里根提出，民主党的社会保守主义和反对政府赤字开支与大政府的共和党经济保守主义之间存在分歧。他坚持认为，“一度清晰划分这两种保守主义的那条线正在逐渐消失”。他设想，“我们并不是要把美国保守派的两个分支简单地组成一个临时的不稳定联盟，而是要建立一个全新的、持久的多数派”。[27]他接下来的第二步便是主张这两种传统不仅能够联合在一起，而且能创造出一个丰富多彩的未来。于是，他许下了一个传统政客的承诺，即一切会更好，美国会更强大、更富有，这种乐观态度和卡特的忧郁悲观形成了鲜明对比。当与共和党总统候选人卡特进行辩论时，里根力求展现自己是符合主流的。他向卡特提出了一个尖锐的问题，即4年来美国人的经济状况是不是得到了改善，以此来压住卡特的势头。

里根从两个方面证明了让人理解信息的重要性，以此来巩固各个群体对自己的支持，这些群体对新兴的共和党多数派来说至关重要。一方面是他对南方选民的吸引力，为了支持里根他们就不得不放弃吉米·卡特（他也是南方人）。里根小心翼翼地避开了公开的种族主义，从密西西比州的费城开始了竞选活动，这是一个臭名昭著的城市，六十年代3名民权运动成员曾经在此遭到谋杀。里根站在一个臭名昭著的种族隔离分子身边，强调自己对于“国家的权利”的信念，认为它是扫清黑人进步障碍的一个秘籍。另一个方面，里根明确呼吁，要尊重特定选区的宗教权利。

里根并不是一个中规中矩的宗教信徒，1980年他在做总统候选人提名演讲时中途停了下来，这个插曲看上去像临场发挥，实际上却是经过仔细准备的。他说，自己一直在想，要不要在现有的演讲稿中补充一些内容。然后他说道："毋庸置疑，这是一块天佑之地，一片自由之地，这是一个为世界各地渴望自由呼吸的人提供庇护的地方。"他巧妙地将总统竞选变 444
成了宗教改革运动。他要求听众们默默地祷告一小会儿，最终道出了后来成为他口头禅的那句话——"上帝保佑美国"。一种新的宗教政治诞生了。其中一部分原因是，里根的策略引起2/3 的美国人的积极响应。更重要的是，他在获得成功之前就已经预料到，如果他传达了正确的信息，就能获得日益强大的福音派联盟的支持。

虽然卡特笃信宗教并且经常谈到信仰，然而他并没有在总统任期内将宗教作为一项特别议程。1973 年 1 月 22 日是个具有里程碑意义的日子，美国联邦最高法院对"罗伊诉韦德案"（Roe vs. Wade）的裁定促使美国堕胎合法化，此举极大程度地刺激了福音派和天主教人士。激进分子主张，个人的就是政治的。这一表态受到了保守派的拥护，他们希望政治能够扭转眼下毒品、犯罪和性放纵猖獗的道德滑坡现象。南方浸信会教友杰瑞·法威尔（Jerry Falwell）拥有自己的电视节目，他于1979 年发表了一篇名为《美国能够得救》（America Can Be Saved）的布道。其中的主要意思是，世俗和神圣不可分割。因此，上帝的子民要接受训练"成为大企业中的领导者，他们可以成为律师、商人，成为未来美国的大人物。如果我们要挽救这个国家，那就必须朝着正确的方向把上帝的子民们发动起来，而且必须迅速行动起来"。杰瑞·法威尔的目的是建立一个反对堕胎、支持在学校祷告、支持传统的性和性别观念的道德多数派。“如果所有信奉正统派基督教的人都知道应该把票投给谁，并且把这些选票集中起来，那么我们就可以让任何人当选”。他组建了美国的道德多数派，如果里根能提供一个他们支持并受鼓舞的平台，那么他们就可以帮他拿到300万~400万张选票。道德多数派的另一名领导人保罗·韦里奇（Paul Weyrich）把该组织描述为“致力于推翻国家现有权力架构的激进派”。[28]里根的演讲及其旨在“保护未出生的孩子”的宪法修正案建议发挥了作用。最后，他得到了选票。

李·阿特沃特

人们认为，新保守多数派之所以能维持到二十世纪八十年代，还要归功于李·阿特沃特（Lee Atwater）。七十年代，他最早是作为南部的共和党政治活动家成名，1984年他成为里根竞选团队里的重要人物，之后又在1988年帮助副总统布什
445 （指老布什）成功当选总统。而后，他又被推选为共和党全国委员会主席，直到1991年他40岁时突然死于脑瘤。

阿特沃特这个人是个谜。他很迷人，具有超凡的魅力，但不管是理论上的自己人还是明显的对手，都认为他是个狡猾且善于操纵的人。他信奉存在主义，再加上随性的生活方式，使他看起来和同时代的学生激进分子并没什么两样。从音乐方面来看，他与黑人文化有一种亲密的关联。叛逆和反对正统造就了他的共和主义。“年轻的民主党人都是些穿着三件套，抽着雪茄烟，梳着中分头的人，”他此后观察道，“于是我说：‘见鬼，我是个共和党人。’”他接着又补充说，这是对“七十年代初所发生的一切的回应。我憎恶左派的做法，他们自称用这种方式控制了美国年轻人的心灵和思想。他们当然控制不了

我。”南方共和党人的身份使他成了一个叛乱者。胜利不可能建立在问题的基础上，而是取决于人的性格。他说：“你必须让另一个候选人成为一个坏人。”阿特沃特这样推销自己：“一个马基雅维利式的政治战士，擅于从个人的偏好出发运用战略和手段，擅长人身攻击、卑鄙的伎俩，强调消极的一面。”[29]

从另一个方面来说，阿特沃特把握住了时机，他跨入政坛时正值美国向专业战略家提供了许多机会。在美国的政治结构下，数不清的选举和经常性的竞选为那些具备竞选天赋，懂得把选举机制和现代通信手段结合在一起的人提供了诸多机会。1988年他对民主党提名候选人迈克尔·杜卡基斯（Michael Dukakis）使出了各种狠招，并由此巩固了自己的地位。作为一个局外人，阿特沃特心里很清楚，自己从事的是一个一着不慎、满盘皆输的职业，但他很享受众人瞩目的感觉，喜欢不停地讲述自己和委托人的故事。他知道媒体想要什么，并且很善于利用它们。作为一个生活在电视时代的人，他很清楚，一个精心策划的噱头、一则颇具分量的广告能够成为一个持续多天的话题，甚至改变选民对候选人看法。

阿特沃特非常热衷学习战略，他会经常阅读马基雅维利的文章，喜欢在手边放一本克劳塞维茨的《战争论》。他最喜欢《孙子兵法》。他声称把这本书读了至少20遍。人们甚至还在他的追悼会上引用了《孙子兵法》里的话。他在1988年提出，“成功有一整套的诀窍”，“其中包括专注的精神、灵活的战术、战略和战术的差异，以及专注指挥的理念”。[30]他认为林登·约翰逊是个政治艺术高手，把罗伯特·卡罗（Robert 446
Caro）为他撰写的传记视为一部圣经，其中讲述了约翰逊从一个得克萨斯州政客开始的成长道路。[31]他研究了美国内战中的诸多战役，认为北方联盟中的谢尔曼将军对战争的残酷逻辑理解得最为透彻。

阿特沃特唯一感兴趣的运动是摔跤。这是两个强悍的人之间的角斗，虽然这并不是一场真正的搏斗，但他们会在打斗的过程中使用欺骗和战术技巧来谋求取胜。这有助于解释为什么《孙子兵法》对他那么有吸引力。在他的工作环境中，诡计能够换来回报，尤其是当对手缺乏想象力的时候。阿特沃特坚持要深入研究对手（“知彼”），这样他就可以命中对方的弱点。同样，出于防御目的，掌握己方候选人的弱点也很重要。在帮助布什获取共和党竞选提名时，他利用参议员罗伯特·多尔（Robert Dole）众所周知的坏脾气，让他钻进了自己设下的圈套（“怒而挠之”）。接着，他又抓住马萨诸塞州的环境问题来攻击杜卡基斯。马萨诸塞州是杜卡基斯的家乡，环境问题又是他最热衷的问题。这就迫使杜卡基斯不得不将资源投入原本让他最有安全感的这一领域（“攻其无备，出其不意”）。[32]

随着传统意识形态要素以及党纪在美国竞选中的逐步弱化，竞选成功与否更多取决于候选人本身的素质。竞选战略好比就此一搏的决战战略。选举是一种零和博弈，一方获胜，另一方就必然失败。这让竞争紧张激烈。鉴于选民的规模非常庞大，根本不可能和他们进行个别接触，因此竞选必须要借助大众传媒的力量。候选人比拼的不仅是个体人格魅力，还有他们的政策主张。阿特沃特被公认为是个精通导向性解释的大师，他能为任何一种情况找出其自身逻辑，如此一来，发生的每件事情就都可以用更宽泛的概念来解释了。通过这种导向性解释，无辜的候选人会被贴上屈辱的标签，有过失的党派却能相安无事；假象和真相被混淆了；意外事件可以成为蓄意谋划，而计划中的事情则成了偶发事件。尽管阿特沃特直到临终前还在念圣经，并且向他的一部分受害者送去了道歉信，但是人们心中仍然存在一个疑问：他这么做到底是出于真心，还是他最后挽回自己形象的一种方式。根据他的门生玛丽·马特林（Mary Matalin）所述，阿特沃特想对那些曾经被自己恶意对待的人道歉，却没有在“临终前撤回”他的政治运作方式。[33]

阿特沃特在媒体身上下足了功夫，他能帮记者满足愿望做出独家报道。早年他自己也参加过竞选，他从中积累并发展了一些技巧，例如亲手把新闻稿交到记者手里——从来不用邮寄的方式——以此提高“这篇新闻稿在记者心目中的重要性， 447
让他们感到自己很受重视，很受信任”。稿件必须在最后截稿时间的前一个小时送达，这样，记者就会把这条“新闻”放进一天的待发新闻稿中，但不见得会有时间审稿。一篇稿件最多不超过一页，标题不超过 25 个单词，这样读者就能一目了然。“一般的记者和我们一样，都很懒，”他认为，“他们被截稿时间折磨得筋疲力尽，他就想找一篇不需要大改的稿件上版面。”[34] “到了那个时候，他们只顾得上”媒体节奏。马特林把阿特沃特的这种天赋称为“把准了新闻的脉搏”。[35]

这一切的背后，体现出阿特沃特对美国政治和社会精明透彻的分析。二十世纪八十年代早期，阿特沃特无意中发现了 1947 年 11 月克拉克·克利福德（Clark Clifford）递交哈里·杜鲁门的一本备忘录。这本名为《1948 年的政治》（*The Politcs of 1948*）的册子不仅精准预测了第二年的大选提名，还料定杜鲁门会赢。克拉克·克利福德研究了总统选举团，他发现，杜鲁门只要拿下“稳固的南方”以及从 1944 年开始被民主党把持的西部各州，那么即便输掉那几个所谓的“关键性”东部选票大州，也能当选。阿特沃特在1983年3月撰写的一篇名为“1984年的南方”的备忘录中加入了这一点，他在其中提出，里根也能以同样的方式获得连任。他观察后认为，“南方人的直觉还是把选票投给民主党”，他们“在感觉只能这么做的时候，才会投票给共和党”，他注意到，里根曾经在1980年设法说服南方人投票反对他们的自己人吉米·卡特。他从中发现，那些摇摆不定的选民是关键，他称其为“民粹主义者”。这些选民既能与共和党“乡村俱乐部会员”为伍，也能和黑人民主党相处。[36]第二年，他在另一份备忘录中强调，南方各州是取得成功的关键，并敦促挑起“自由派（全国性的）民主党和传统的南方民主党之间的不和”。

与保守主义不同，民粹主义吸引他的地方在于，与其说它是一种意识形态，倒不如说它主要是一整套消极态度。“他们反对大政府、反对大财团、反对大工会。他们敌视媒体、富人和穷人。”这些消极性意味着，这些人很难被动员起来。“就算他们真的被动员起来，他们也是既可能支持一个自由派，或者民主党人，也可能成就一个保守派，或共和党的事业。”[37]他把自由主义者也算成民粹主义者，认为这一群体跟自由派或保守派一样重要。他将这种人生观与婴儿潮（出生于1946～1964年）联系在了一起，而后者代表了60%的选民。他们出生在电视时代，喜欢“自我实现”和“内在引导”，对价值观
448 和生活方式抱有兴趣。因此，他们反对政府干预个人生活及经济事务。阿特沃特当时正在钻研所有这些现象中的一种流行态度，他认为它比个人的观点、情感和知识更加根深蒂固。由此造就了一个相比以前更灵活的政治环境，竞选也因为涉及选民

的态度而更具挑战性。这其中包含的逻辑是“要找到具体的例子、令人发指的行为，让听众不用思考，只需要感觉（通常是反感）就能轻易理解”。

1988 年布什赢得总统大选，本来赢家应该是杜卡基斯而不是布什。布什之所以处于劣势，是因为他的特权背景，而且里根在任期间的那些艰难日子多少与他脱不了干系。最初的民意调查对布什很不利。这时，他的“救星”威利·霍顿（Willie Horton）出现了。霍顿是在马萨诸塞岛监狱服役的一名犯人，在州长杜卡基斯推动的“周末暂时离监计划”（State inmate furlough program）之下，他和两名同犯趁机实施了武装抢劫和强奸。在争夺民主党内提名时，阿尔·戈尔（Al Gore）曾提到杜卡基斯发放了“罪犯周末通行证”。这件事情本来并没有产生多大的后果，但是被阿特沃特的团队注意到了，并展开了研究，看看它到底能对杜卡基斯产生多大的负面影响。阿特沃特惊喜地发现：“威利·霍顿很有明星气质，威利还会在政治领域引发恐慌。这是自由主义和一个高大的黑人强奸犯的完美配合。”[38]其实罗纳德·里根在加州也搞了一个类似的计划，而马萨诸塞州的计划是杜卡基斯的共和党前任制订的。杜卡基斯不想放弃这一政策，而且同意在涉及一级杀人犯时收紧这一计划。然而，故事的版本发生了翻转，杜卡基斯摇身一变成了一个软弱的自由主义者，其养成的习惯就是放纵强奸犯和杀人犯去干坏事。本来，介绍霍顿问题并不是布什官方竞选活动广告中的一部分，但共和党人却冷酷地将它抓住不放（伊利诺伊州的共和党人声称：“马萨诸塞州所有的杀人犯、强奸犯、毒贩和猥亵儿童犯都会投票给迈克尔·杜卡基斯。”马里兰共和党人将杜卡基斯和凶神恶煞的霍顿印在同一张宣传单上，并标上："这是你为 1988 选举而组建的家庭团队吗？"）。霍顿被拿来在犯罪和种族问题上说事，但其实在这起事件中，种族问题是微不足道、难以觉察的。在总统竞选辩论中，当杜卡基斯被问道如果妻子遭到强奸或谋杀，他会做何反应时，他重申自己反对死刑。这样一来，他无视犯罪的形象就更加突出了。虽然这则广告问世的时候，布什的支持率已经领先，但杜卡基斯认为，没有回应好那个问题是"我政治生涯中最大的错误"。[39]

布什团队还充分利用了宗教这张牌。南部福音派不断向共和党靠近。他们可能支持卡特但不会支持蒙代尔（Mondale）——1984 年时里根的对手，或者杜卡基斯。布什并不是一个福音派教
449 徒，但他在合适的时间说对了话。当在总统竞选问答中被问及哪个思想家对他的影响最深时，他的回答是："基督，因为他改变了我的心。"福音传道者比利·格雷厄姆（Billy Graham）形容这是一个"精彩的回答"。而后，布什习惯性地说起了他和上帝的亲密关系——他在谈论这类话题时总是一副不苟言笑的样子——就这样，他得到了他所需要的支持。[40]然而，1988 年杜卡基斯并不是仅仅出于这些原因才败选的。他在竞选中表现平平，他的败落有其自身的原因。1992 年克林顿在竞选中注意到了这个问题，无法应对负面人身攻击后果会很严重，保持沉默并不见得能挽回尊严。

永久的竞选

民主党为政治战略的发展做出了贡献。更重要的一点是，早在阿特沃特之前，他们就认识到选举只是一系列政治活动中的一个瞬间而已。密集的竞选活动会在选举的过程中产生高潮，但这并不意味着候选人能够当好管理者，从表面上看竞选

的目的就是为了获得职位。吉米·卡特的竞选活动持续时间尤其长，他的竞选经纪人汉密尔顿·约旦（Hamilton Jordan）建议他尽早出手扩大其名字的认知度，这需要提早筹资，这样他就可以参与早期的州初选。记者阿瑟·哈德利（Arthur Hadley）称其为“无形的初选”，即从上一轮选举的竞选活动结束到下一次正式州初选开始的这段时间。其间，未来的候选人需要做好准备，特别是在筹集资金方面。正因如此，这段时间也被称为“金钱预选”。

无形的选举自然就导致了“永久的竞选”，这一概念由帕特·卡德尔（Pat Caddell，卡特的民意测验专家）于 1976 年 12 月在一份内部文件中提出。他认为，“有太多的优秀人才败在了”这段过渡时期，“因为他们试图用风格代替物质；他们忘了，要想让公众理解正在发生什么，就得向他们发出看得见的信号”。卡德尔认为“要通过持续的政治竞选活动，来获得对公众支持的管理权”。一个名叫西德尼·布卢门撒尔（Sidney Blumenthal）的记者进一步发展了这个概念，此人后来成了比尔·克林顿的一名顾问。[41]永久的竞选有其幕后规则，那就是在每天的滚动新闻中保持一定的密集度，一旦出现负面新闻就要付出一定的成本来应对。日常叙事的意义至少不亚于甚至超过了政策形成和政府行为，这种想法将短期主义推向了 450
极致。

1992 年，克林顿在竞选中吸取了威利·霍顿系列事件的教训，并且总结了民主党提名候选人沃尔特·蒙代尔和迈克尔·杜卡基斯会在前两次选举中被轻易挤到一边的原因，他得出的结论是，必须对竞选对手抛出的任何负面手段立刻予以直接而咄咄逼人的还击。初选阶段，有关克林顿没有信仰的各种段子一出现，他的竞选团队就立刻行动起来，转移公众的注意力。竞选经纪人詹姆斯·卡维尔告诉希拉里·克林顿，竞选需要一个“聚焦点……就像部队打仗一样。我需要一些地图、一些信号，以及任何能让人产生紧迫感的表达。我甚至希望我们能有一些大的彩色电子地图”。克林顿对此的反应是，那就是“一个作战室”。选举与战争有诸多相似之处，它们都是两个对立阵营间的斗争，只能有一个赢家。卡维尔承认，虽然他努力“通过分析、计算的方法来看问题，不让自己的个人情感掺杂其中”，但实际上，“这根本没用，我还是很讨厌对手，我恨媒体，我恨每一个不给我的候选人投票的人。如果你没有参与竞选，没有天天和它打交道，没有每天为其工作 18 个小时，那你就不是其中的一部分”。在同样的基础上，他补充道：“百分之百，我每次都会爱上我的候选人。”如果拿打仗来比喻，那么最好是让自己处于进攻的位置。从“精神回报”的角度来看，“痛击对手比匆忙拼凑另一轮感情泛滥、热热闹闹的自我推销广告”[42]收获更大。2012 年，卡维尔就如何理解古罗马的竞选活动做了一番热情洋溢的评论，并建议尽早采用负面手段（“抓住每一个机会，用这些人犯下的罪、性丑闻和腐败去诽谤他们）。[43]

卡维尔和另一名经历过 1992 年竞选的人共同写了一本书，卡维尔在书中借由媒体的需求，解释了自己的观点。他在开篇采用了罗杰·艾尔斯的观点。如果一个政治家正站在台上向媒体宣布已经治愈了癌症时，突然不慎跌进了乐池，那么媒体的新闻标题就是“政客掉进了乐池”。因为媒体只对丑闻、失态、民意调查、攻击行为感兴趣，控制议程的唯一希望就是继续攻击。[44]攻击之前可以做长线准备，等到了合适的时机再发动猛攻，但把握时间也很重要，它既关系到滚动新闻越来越紧张的节奏（就算播完最后一条也想再播一条），也涉及广播能为故事辟出的有限时间段。1968 年，每个候选人可以不间断 451
地在新闻节目中连续出现 42.3 秒；到 2000 年，这个长度被缩短到 7.8 秒。

这就凸显了速度的重要性，而速度反过来又对报道的准确性、敏捷性和灵活性提出了要求。没有时间去做“过度分析”，也没有“第二次机会去塑造第一印象”。媒体最初的看法会一直保持到最后，因此在滚动新闻中占据第一位至关重要，不能跟在别人后面。一旦做出决定就必须马上付诸行动，没有第二方案；犹豫不决将是致命的。为了掌控辩论，核心信息必须简单，并且要不顾一切地不断重复。报道中要有让人难忘的故事：“要讲述事实，但真正的卖点还是故事情节。”卡维尔的团队一直在运作媒体，确保辩论之后受众接收到的是正确的信息，而且不会错过任何关于布什的负面报道。他们吸取杜卡基斯的教训，组建了一个快速反应小组专门应对候选人遇到的各种挑战。即便在 1992 年布什发表接受提名演讲时，民主党也在发送点对点的反驳意见。等到候选人辩论的时候，民主党凭借对布什的立场和政绩的了解展开了“预先辩驳”，赶在布什还没有真正宣布自己的主张之前就开始进行反对。[45]不知道卡维尔是不是认识博伊德，但他确实是在遵照博伊德的 OODA 循环理论，寻求迷惑对手。在“作战室”的最后一次会议上，卡维尔 T 恤上印着一条标语“迅速击败……布什”。

在美国各个政治层面中，否定式竞选渐渐占据了主流，这反映出候选人和竞选战略家的决心产生了作用，特别是当选战非常激烈而且钱不是主要制约因素的时候。[46]这一招之所以起作用，是因为人们往往会更留意负面信息而不是正面信息，还有部分原因是负面信息提出了风险问题（这个人能保证我的安全并满足我的生活标准吗?）。颂扬候选人美德的正面信息不太可能引起强烈的反响。但如果消息太刺耳，而且是粗鲁的“恶意诽谤”，或者出现和当前人们关注的问题不相关的议题时，那么负面信息也是起不了什么作用的。年少轻狂时做过的事情或者过往的不忠行为很可能会被视为无关紧要，除非候选人当时出现了不称职或不正当的行为。[47]因此，反驳的重要性不仅在于否认指责，还可以证明候选人不会带来任何风险。此外，在如此庞杂的信息之下，受众的态度也各有不同。全国性选举中一个经常出现的问题就是，鼓舞基层的主张能浇灭温和派的意见。

这是 1992 年竞选的重要教训之一。由于意识到危险，克
452 林顿的策略是抗衡布什发出的攻击。他将关注点集中在严峻的经济形势和需要改革（通过经常性地提及里根和布什加起来，共和党已经掌权 12 年）这两方面。作为一个南方人，他还可以扮演阿特沃特所定义的民粹主义者角色，几个宗教主题信手拈来，满嘴“新契约”和“上帝庇佑下的国家”，让宗教向自由主义的方向发生扭曲。在这一点上，是布什让他相信，他可以在不惊动更多世俗关注点的情况下继续行使宗教权利。[48]

布什在 1988 年的竞选中非常有效地利用了宗教这张牌，但这次却不灵了。部分原因是道德多数派的持续推动导致共和党在一些原本属于社会问题而非政治问题的领域成了少数派。加入了天主教的福音派把自己和当年的废奴主义者相提并论，

认为堕胎和奴隶制一样罪恶。他们不仅反对同性婚姻，也谴责同性恋。保罗·韦里奇称，“如果你支持同性恋权利，那么你就违反了圣经里的相关具体教义”。[49]最高法院成了他们的目标，因为它之前禁止学校祈祷，允许合法堕胎，而且还接受了同性恋。他们寻求制定宪法修正案，并在这些问题上质疑司法官员的提名，迫使共和党远离了平等权利修正案。在1992年的共和党全国代表大会上，基督教联盟主办了一场主题为“上帝和国家”的集会，大厅中为杰里·法威尔设置了一个最显耀的位置，共和党的讲台（和其他众多大会演讲共用）上写满了宗教语言。布什在他的提名演讲中批评民主党已经背离了写在他讲台上的三个字母：“G－O－D”（上帝）。

然而，此举适得其反。民意测验显示，布什的支持率并没有在全国代表大会之后“反弹”。民意调查专家提出，反对布什的人都是没有宗教信仰的，而他的那些基督教支持者的立场又过于极端。这些意见造成了焦虑和分歧。帕特·罗伯逊（Pat Robertson）指出，“女权主义议程并不代表争取妇女的平等权利。它是一场社会主义的反家庭政治运动，鼓励妇女离开丈夫、杀死孩子、玩弄巫术、破坏资本主义，变成女同性恋者”。[50]这些团体毁掉了布什；他把自己置于主流社会价值观之外，并且回避了主要问题——经济问题。

共和党可能正在错过美国社会的重大变迁。布什在两次竞选中的搭档丹·奎尔（Dan Quayle）曾试图用传统的价值观去定位共和党。他在1988年指出，“我们和对手之间有一道文化的鸿沟”。他想在1992年的共和党全国代表大会上展现家庭的重要性。为此，他挑选了由坎迪斯·卑尔根（Candace Bergen）在电视系列喜剧中塑造的一个虚构角色墨菲·布朗

453 （Murphy Brown）。最新的情节主线让她决定要成为一个单身母亲。奎尔抱怨称，这种“单独养育一个孩子”的情节设置忽视了“父亲的重要性”。这说明随着离婚的增加、性开放、犯罪以及普遍的道德滑坡，美国家庭正面临挑战。很快，事实就证明，这是条混乱的攻击线索。如果女主角选择流产，她就能比现在更好吗？攻击单身母亲、劳动妇女和离婚女性的做法很不明智，她们在美国选民中占据了相当比例。到 1990 年，只有约 1/4 的美国家庭勉强称得上核心家庭。1955 年，家有未满 18 周岁孩子的母亲在总劳动人口中所占的比例为 27%；到 1992 年，这一数字上升到 76.2%。女性也不能接受共和党的反堕胎立场，因而她们很快就倒向了克林顿阵营。[51]

鉴于克林顿在二十世纪九十年代的成功，人们很难想象，他的妻子希拉里竟然会在 2008 年激烈的民主党总统候选人提名选战中输给巴拉克·奥巴马——一个因为混血身份和自由主义立场而有着明显劣势的圈外人。他们两个人无论谁当选都会创造美国历史上的“第一个”，要么是首位女总统，要么是第一位黑人总统。从其他方面来看，竞争的激烈程度反映出两位候选人实力相当。两者都是记者出身的参议员。相比之下，希拉里资历更深，经验更丰富，而且这位前第一夫人还来自党内机构。奥巴马则是反对派，从一开始就一直反对伊拉克战争，直到近期才具备全国性知名度。除此之外，两人的政策差异并不是很大。奥巴马是一个天才演说家，人们很容易把他的成功归功于他的说话方式。他还象征着美国梦，因为他攻克了许多困难才获得了这个美国最高职位。

奥巴马不仅赢在演说上（他在多次辩论中的表现都比克林顿突出），而且得到了基层组织的支持。2007 年 6 月他尚未在民意调查中取得多大进展的时候，就已经做好了清晰的战略部署。这将是一场“经典的反对派的竞选”，靠的是“竞选初期在各州获得的胜利势头”。从捐款者的数量和筹款金额来看，他已经在筹款竞赛中取得了胜利。他的首席战略智囊大卫·阿克塞尔罗德（David Axelrod）解释说，他们没有去经营一场全国性竞选，而是全力扑在最早打响选战的那几个州，目的是取得“连续性”胜利。有人指出，这种手段并不新鲜。改革派候选人总是想把草根力量与媒体力量结合起来，然而他们通常都会失败。[52]

奥巴马的竞选经理大卫·普劳夫（David Plouffe）在回顾这场胜利时提出，奥巴马与希拉里的差别之处在于，他既传达
了明确的信息——那是一个“观点、议题和个人经历”的混 454
合体，又找到了一条“赢得选票最有效的路径”。战略之一就是不改变战略。不改变战略就不会出现紧张和预测。他们坚持一个核心口号，并通过参考众多党团会议和预选的情况，来严格地进行时间和资源的分配。普劳夫援引奥巴马的话说，他不会去“想方设法获取政治认同”，乔治·W. 布什的一名顾问则说，他“宁可选择一条有缺陷的战略也不愿意去采纳七条各不相同的战略”。这其中一个关键的因素就是利用科技，特别是利用已经占主导地位的互联网。早在 2007 年奥巴马就已经为竞选准备了一万个电子邮箱地址，到 2008 年 6 月奥巴马的竞选班子已经拥有超过五百万个邮箱地址。当然，其中的 40% 或许是自愿提供的，也有可能是被动提供。他们想要吸引的选民集中在社交网络和互联网上，他们更容易参与到竞选投票中。这些人也不是完全依赖于数字通信，他们也会使用传统媒体、直接邮寄和面对面的方式沟通。

> 背后的原则相当简单：我们生活在一个忙碌而支离破碎的世界中，人们遭到各种信息轰炸，被要求获得关注。在这种情况下，你必须付出额外的努力去接触他们。你必须无处不在。并且你要确保，那些通过众多不同的媒介多次传达的信息是一致的。[53]

奥巴马的竞选活动也得益于大范围的人口结构变化。美国社会正在种族、文化等方面变得更加多元化，曾经占主导地位而现在处于守势的共和党则被视为白人男性中产阶级精英。美国各党派的幕后联盟也在发生变化。从二十世纪六十年代出现征兆开始，30 年来共和党在文化变革中受益颇多；然而现在的这些变化却开始让他们感到风水轮流转了。

不凑巧的是，一本出版于 2002 年的书预测，民主党正在逐渐成为多数派，根据是最有可能投票给民主党的人群正在扩大，这些人包括：上流社会专业人士、职业女性、黑人、亚裔美国人和拉美裔美国人。[54]问题不在于这些趋势，而是能否顺应这个大趋势。从 2001 年 9 月开始，乔治·W. 布什的议题成了国家安全，他努力利用统帅身份打造一个能够获胜的联盟。到 2006 年，这个联盟因为受到伊拉克局势的牵连而日渐式微。到 2008 年，面对不断发酵的经济危机，这个联盟已经无力再为共和党候选人发挥作用了。到选战最后阶段，危机日渐深
455 重，共和党为此备受指责。

因此，美国不会自动出现新的政治调整。进行这样的调整需要具备一种能力，那就是将不断变化的人口和社会经济潮流，与一些既吸引人又具备可信度的信息结合起来。从这方面来说，如果共和党继续将目标集中在白人选民，尤其是那些住

在郊区、没有受过太多教育的白人身上，那么就确实存在问题。新一代选民对那些二十世纪七八十年代叱咤风云的话题并不感兴趣，但与此同时，共和党激进分子，尤其是那些与茶党运动有关的人却仍然对这些议题摩拳擦掌，跃跃欲试，其主要动机是捍卫一种生活方式，以及他们那被认为受到了威胁的价值观。

从 2008 年争夺民主党提名的这两名候选人身上可以看出，自 1960 年以来，人们对大选的态度已经发生了变化。这两个人都与芝加哥有关联。芝加哥是希拉里的家乡，也是奥巴马曾经居住、学习从政的地方。除此之外，芝加哥还有另一条纽带：索尔·阿林斯基。[55]希拉里曾是个激进学生，1969 年她在韦尔斯利学院上学时的四年级论文就是关于阿林斯基的。她在其中提到阿林斯基是个“稀有物种，一个成功的激进分子”。[56]阿林斯基还给了她一份工作。二十世纪八十年代中期，奥巴马曾经在芝加哥参加过阿林斯基组织的社团。大选中奥巴马还因为和前气象人员派组织成员比尔·艾耶斯（Bill Ayers）有过交情而受到了谴责。2008 年奥巴马确认得到提名后，还有一些共和党对手试图利用他与阿林斯基之间的关系来抹黑他，把他描绘成了喜欢对民主政策采取直接行动的翻版马克思主义叛乱煽动者。奥巴马的崛起证实了拉斯廷的信念，即黑人政治是可以通过运作来取得进步的。希拉里和奥巴马都代表超越了最终目的的责任伦理的胜利。

韦伯意在通过责任伦理去阻止人们为了追求乌托邦目标而冒险。如果他还活着，他会发现要为攻击极权主义辩护是件相当有难度的事情。无论左派还是右派，这是乌托邦革命者的胜利，他们组建先锋党夺取了政权。少数的成功者（列宁、毛泽东和卡斯特罗）被崇拜为英雄主义战略家。他们的成功得益于其先见之明、对理论的把握、解决问题的能力、发现并抓住凡人错失的机会后所表现出来的奉献精神，以及被淡化了的环境因素和因为敌人的失误而给他们带来的好处。
456 西方的自由民主国家拒绝了这一模式。他们承诺践行法律、排斥个人崇拜，由此通过反对极权主义来认清自我。

可以推想，限制强权会使得政治策略的效用受到限制。宪法必须得到尊重，官员的任期必须有效，媒体必须抵制用虚假理由来消灭对手的行为和言论封锁。这样不但能降低一党统治的可能性——由一群占主导地位的人来统治另一群人，而且也是解决争端的最终方案。其结果就是，虽然政治斗争不断，但它们是不确定的、克制的。虽然施展范围有限，但战略是必须存在的。一次选举还没结束，下一次选举就已经在紧锣密鼓地准备了。立法程序必然会遭受影响、质疑，甚至还有可能被废除。社会运动和反动运动都会在其内部出现分歧。无论是业余还是专业，无数战略家为这一切忙前忙后，但都无法取得绝对的胜利。只有在一种情况下，即当政治努力与广泛的社会和经济变革相结合的时候，才会产生新的思维方式，实施转型政策，或是颁布新宪法（此时那些曾有争议的内容会逐渐被遗忘）。民权运动和福利国家就是这么运作的。正常的政治经验一般都比较温和且时常失败。并不是所有的选战都能取得胜利，资源会限制成果，最扣人心弦的故事往往只是暂时的，联盟是脆弱的，承诺过多最终只能听天由命。最美好的事业有可能遭到误解，最好的立法可能会受到干涉，最出色的候选人也可能犯愚蠢的错误。当事情在进展的过程中遇到挫折，人们总是先去关注负面的个人品性，而不是关注问题本身。这也许不是倡导进步的实用主义者心里所想的，因为他们希望找到一种超越社会分裂的手段。相反，政治生活中经常会出现不负责任的，甚至是离谱的行为。然而，从另一种意义上看，这又是一种避开伦理最终目的的逻辑。这种乱糟糟的、激怒人的、无止境的政治活动反映了责任伦理逻辑的局限性。

第四部分

※

上层的战略

二十八　经理阶层的崛起

想象一下如今已经汹涌而来的全面官僚化和合理化趋 459
势的后果吧。眼下，在每一家从事大规模生产的私营企业以及其他所有在现代化生产线上运行的经济组织中……合理的计算方法已经充斥各个生产阶段。靠着这个，每一名工人的表现都被精确地加以衡量，每个人都变成了机器上的一个小齿轮，而且在意识到这一点之后，他们首先想要做的，就是让自己变成一个更大的齿轮。

——马克斯·韦伯，1909 年

上一部分谈的是来自下层的战略，也就是说，那些无权无势的人如何设法为他们自称所代表的人民获取权力。本部分要谈的是那些已经掌握权力的人，他们身居要位，可以做出权威的决定，但必须想清楚如何用好自己的权力。关注重点主要是商业领域，但很多讨论涉及的都是包括公共机构在内的各种大型组织的高层领导。我们称这个群体为经理阶层，他们得到的战略性建议比军事将领们乃至其他任何群体都要多。向组织高层提出建议后，再由其层层下达，这就是战略思想无所不在的原因。

战略是必需的，因为各种关系错综复杂。例如，一家大公 460
司的高管必须同时和方方面面，尤其是公司老板、部门负责人、供应商、竞争对手、政府和顾客打交道。每一种关系都可能同时掺杂着合作与冲突。这种矛盾往往不容易从合作双方的官方辞令中窥破，大家表面上融洽共事，背地里却残酷竞争。在组织内部等级体系中从纵向与横向处理同竞争对手和监管机构的关系，二者在要求上有天壤之别，由此也催生了不同类型的战略理论。由于这一理论框架下的建议主要是一般性建议，往往不绑定任何特定情形，所以从宽泛的角度讲，它所讨论的关系更多涉及如何随时适应内部和外部操作环境，而不是如何采取具体行动。它更多涉及如何应付行政实践或可用技术发生变化的影响，而不是如何应付其他人的权力。关系、活动和结构的多样性，意味着较之军事和政治战略，管理战略需要解决更多理论难题。它和社会科学之间的关系既紧张又不尽如人意。管理战略与经济学之间主要通过博弈论相互作用，与社会学之间主要通过组织理论相互作用，这使得社会科学的潜在价值和局限性同时显现出来。

因此，在本部分内容中，我们将延续上一部分对范式和叙事概念的思考，继续提出当代社会理论问题。就在代表官僚化和理性主义逻辑的经理阶层崛起之时，社会科学也异军突起。它们被用来反思和研究现代工业社会的所有剧变和矛盾，然后针对它们所描述的问题给出解决之策。然而，学科专业化的过程把它们变成了某种专家分析和表述，使它们和那些原指望发现自己工作最大价值的人渐行渐远。理论和行动很难产生相互联系。

经理阶层

动词“管理”源自十三世纪晚期出现的意大利语词

maneggiare。这个词又脱胎于拉丁语中代表“手”的 *manus*，
意指驾驭马匹的能力。这个词义在十六世纪时被广泛使用，最
后发展到泛指处理任何事务，从战争到婚姻，从小说构思到个
人理财。它的内涵大于行政管理，但小于全面控制，既需要强 461
制力，也需要说服力或操控力，要求具备一种能够从个人、组
织或所处形势中挖掘出比预估更多的潜力的天赋。“小于全面
控制”的感觉很重要，所谓管理，就是处理和应付那些永远
不可能被完全控制的事态。

经理人指的是受聘运用自身管理和监督才能处理复杂事务的人员，比如那些地产或商业领域的高管。由于这个原因，人们可能认为经理人发挥不了什么战略作用。最终控制权，也就是战略，是在老板手里的。这仍然是一种标准的商业治理模式。经理对股东任命的董事会负责，后者则负责批准预算案和制定重大决策。但是管理的机构越复杂，经理的作用就越重要，所以不管组织结构如何，实权都会慢慢落入那些了解实际情况的人手中。全职经理可以很快想清楚应该如何框定一个议题，以便董事会毫无悬念地做出让自己满意的决定。

随着商业企业发展成为大型公司，经理们中意的人选进入了名义上监督他们工作的董事会，经理们因此看上去有了更多的实权。不过，管理权仍然比不上控制权。经理作为雇员，完全可能且常常因为办砸了差事而被炒鱿鱼。他们的成功取决于能否在等级体系中最有效地用好下属，但和军事指挥链（两者之间有着自然的对比）不同的是，公司企业中需要协调的职能更为广泛，而且下属对上司不像在军队里那样总是无条件地服从。

管理是一种日益重要的新兴职业，对现代企业经营至关重

要，这些理念随着商业学院的建立而得到了公认。第一所商业学院是1881年在宾夕法尼亚州建立的沃顿商学院（Wharton School）。然而，当时的管理问题很突出，不守规矩的员工和复杂的业务流程同样让人头疼。“劳工问题”成了需要解决的头等大事。约瑟夫·沃顿（Joseph Wharton）希望学院不仅能让学生了解“罢工的性质和预防”，而且能让他们明白“发展现代企业的必要性，它应该能够在单一领导人或雇主的统管之下组织好巨额资金和大批工人，并在工人中维持劳动纪律”。[1]近30年后，哈佛商学院（Harvard Business School）于1908年建立。一开始，它准备用捐款创立一门“应用科学”学科，初定为工程学。最终，这所大学选择了商学，但随即引发了学生和校方之间的紧张关系，许多学生本想入校接受职业培训，
462 但校方的真正目的是发展纯正的学问。作为首任院长，埃德温·盖伊（Edwin Gay）想要找到一条化解纷争的途径，这时他接触到了弗雷德里克·温斯洛·泰勒（Frederick Winslow Taylor）的思想。其实说起来，泰勒本人对大学教育的价值是持怀疑态度的。因此他拒绝加入哈佛商学院，但会定期在这所新建大学举办讲座，更重要的是，他的学说影响了早期的整个课程设置。

泰罗制①

泰勒曾在钢铁企业担任工程师，在那里，他开始研究如何能够更有效使用劳动力的问题。他自称发现了一种管理模式，“一门依赖于明确法则的真正的科学”。泰勒受人关注的地方

① 业界普遍提法，意为泰勒创立的管理制度。“泰罗”即“泰勒”的旧译。

在于，他提供了一种方法，将注重实效、反对卖弄学问的商业文化与鄙视纯技术论的学术文化结合在了一起。达特茅斯商学院（Dartmouth Business School）创建于 1900 年，院长哈洛·珀森（Harlow Person）形容“泰罗制”是“有条理、有逻辑、因而适合教学的唯一一种管理制度”。1911 年，珀森组办了首次国际科学管理大会。[2] 对于新的经理人们来说，这是一个重要发展：他们的专业技能和专业精神终于可以获得资质认可、拥有学术上的地位了。

泰勒管理方法的出发点是，认为应该通过认真分析和测算，为完成组织内的每一项基本任务找到“一种最佳方法”。那些进行此类分析和测算并依照其结果行事的人，将会成为一种新型的专业人士。泰勒主张把计划职能与执行职能截然区分开来。前者需要非常聪明的人来完成；而至于后者，人再笨也无所谓。他指出，执行者将无法“理解这门科学的原则”，因为他们“不是缺乏教育就是心智不足”，所以必须随时在受过教育的人的指导下工作。[3] 这套方法要求人们更有效率地工作，但不需要他们是聪明人。

工人越是被当作不会思考的机器越好，因为没有复杂的独立思考，才有可能计算出如何获得工人最佳的表现。科学的一个要求，就是在完成确定任务的过程中，通过量化和数学运算建立起最有效的使用给定工具工作的方法。工作任务会被分解成若干组成部分，然后以普通工人能够理解的方式对各部分加以标准化。“时间与动作”研究用秒表测出每项作业所花的时 463
间，由此设定完成各项作业的速率。一旦能够拿出作业的科学依据，也就不会再有关于作业该如何进行的争论了。因此，这也代表在解决“劳工问题”上取得了进展。在泰勒笔下，工人天生会“磨洋工”，不愿尽全力工作。他们的管理者听任他们偷懒，是因为不知道有什么更好的办法。这些管理者依靠经验法则评估工人的表现，指望工人表现出“主动精神”，这在泰勒看来，仅仅表示他们死守着传统、低效的工作方法。而且，没有更高的效率，管理者就不得不用工资之外的手段来奖励工人，而泰勒显然认为工资是最好的激励。

泰勒关于他在钢铁企业中实现了工作提效的说法不免夸张。那些给他带来赞誉的成就往往另有出处。在他死后很久，在他的开创性工作已经为几代管理学本科生熟知以后，人们才认识到他的实际成就的局限性。他的基本故事是伯利恒钢铁公司（Bethlehem Steel，约瑟夫·沃顿拥有该公司 1/4 的股份）的一个名叫施密特（Schmidt）的工人。施密特以一个模范工人的形象示人，他不是很聪明，但愿意为了多些收入更努力地工作。结果，在泰勒的实验中，他实现了预期目标，一天内搬运的生铁量达到了之前的 4 倍。查尔斯·里奇（Charles Wrege）和阿马代奥·佩罗尼（Amadeo Perroni）发现了泰勒实验的重大缺陷，后悔没有在这个长着“泥足”的偶像被“摆上神坛”之前对他做一番详查。[4] 而吉尔·霍夫（Jill Hough）和玛格丽特·怀特（Margaret White）则为泰勒辩护，称他的目的在于论证一种新的方法，他本人的讲述和实际情况之间并没有那么大的差异，而且其他人也成功复制了他的做法。最初的故事肯定经过了美化润色，但仍不失为一个阐释他工业效率理论的令人信服的方式。这样的故事部分构成了泰勒的战略：沟通行为强过研究报告。因此，审视泰勒其人，应该“以一种艺术眼光欣赏他讲故事的风格”，同时要认识到，他的理论已经成为后世理论家解决如何挑选和培训标准化操作工人等问题的一个可资借鉴的基础。其中的基本教义至今仍然有效："哪怕最基本的工序也能加以切实改进，从而使雇主和雇员双双受益。"[5]

泰勒无疑以一种系统、全面的方式整合了他的思想。借此，他使自己成了有史以来第一位管理"大师"，为企业领袖们开办讲习会，还出版了一部有影响的畅销书《科学管理原理》（*The Principles of Scientific Management*）。他于1915年去世，在墓碑上，他被尊奉为"科学管理之父"。他的追随者 464
们，如亨利·甘特（Henry Gantt）、弗兰克和莉莲·吉尔布雷斯夫妇（Frank and Lillian Gilbreth）等，继续发展和传播着他的思想。[6]他们提倡一种"积极的理性"，主张扫除陈规陋习和迷信思想，用科学为所有人谋利益。[7]用泰勒的话说，这需要工人和管理者一起来场"精神革命"。他们应该共同努力增加利润、实现双赢，而不是争论如何分配眼下有限的利润。泰勒的号召力还表现在另一方面，他打造的新兴"效率工程师"阶层使管理者与劳动者达成重大妥协成为可能。30年后重拾泰勒未竟事业的彼得·德鲁克（Peter Drucker）认为，科学管理

> 很可能是美国自《联邦党人文集》之后对西方思想界所做的最有影响也最持久的贡献。只要工业社会继续存在，我们就绝不能再次失去洞察力，要明白人类的工作是可以被系统性研究、可以被分析、可以通过优化它的各个构成要件加以改进的。[8]①

① 本注释有误。此段文字应出自德鲁克的另一本书《人与绩效》（*People and Performance*），而非《公司的概念》。

这一哲学思想符合时代精神。泰勒的著作一开篇，即大力主张将提高效率作为一个伟大的国家目标，而不仅仅是企业的追求。他希望科学管理的原则能够应用于所有社会活动，从家庭管理到教会、大学和政府各部门的管理。

将此视为“科学”从而提升了泰勒学说地位的观点，来自进步律师、后来成为美国最高法院大法官的路易斯·布兰代斯（Louis Brandeis）。在1910年的一场庭审中，布兰代斯对铁路运费上涨提出质疑，试图证明铁路可以通过采用新的技术方法（被描述为“科学管理”）而不是通过多收钱来节约开支。布兰代斯的主张远远超出了法庭审案的范畴。他把科学管理和一个更广泛的“普遍做好准备”的社会目标联系在了一起。超前的规划、清晰的指令和持续的监督会带来巨大回报：“错误在纠正之前就被有效预防。拖延和事故造成的可怕浪费得以避免。计算代替了估计，论证代替了意见。”[9] 布兰代斯并不是进步运动中唯一一个把泰勒看作理性主义梦想实现者的人物。调查记者艾达·塔贝尔（Ida Tarbell）称赞泰勒是那个时代的创造性天才之一，促进了“真正的合作和更公平的人际关系”。[10]科学提供了一种规避可能撕裂工业化社会的激烈冲突的方法，和一条从局部利益纷争乱局中寻求共同利益的途径。

465 进步人士之所以如此关注泰勒，是因为他们面对着日益膨胀的公司企业束手无策，这些庞然大物对于促进经济增长不可或缺，但同时也对自由经济理论和民主理论构成挑战。在此之前，他们曾寻求以法律手段缩减大公司的规模。而现在，科学管理理论提供了一种可能的行政解决方案。“效率”符合进步人士的信条，即只有科学而不是直觉能够提供一个中立而客观的依据，用以评估各项政策，以及重组社会，使其服务于大多数人的需求而非少数人的私利。布兰代斯极力劝说工会组织接受科学管理理论，利用这个机会积极参与运营他们所在的企业。令进步人士沮丧甚至困惑的是，工会强烈抵制泰罗制。他们不愿模糊劳资界线，并且认定科学管理在本质上并不想促成什么伙伴合作，而是要在森严的等级制度下对工人实行集中控制。让管理者对核心任务有了深刻理解，会削弱工人对其工作场所的支配地位，使他们受到傲慢和没人性的对待。他们认为，泰勒的管理方法会帮助资本家从工人身上榨取更多血汗，却不给工人相应的报酬。

工人运动中对泰罗制的抵制，使得苏联采纳泰罗制的意义尤显重大。革命前，列宁曾经研究过泰勒，并宣称他的管理方法是以剥削为目的的，至少在资本主义社会使用时是这样。生产率提高三倍不会带来相应的工资增长。然而，他一直没有丢掉对这种方法的兴趣，所以夺取政权后，面对令人绝望的经济形势，他强力敦促国内仔细研究泰勒的思想。1918 年 5 月，他建议将这一“资本主义最新的进步的东西”与社会主义目标结合起来，认为“应该在俄国组织对泰罗制的研究和传授，有系统地试行这种制度并使之适用”。他很清楚，这将意味着允许资产阶级专家服务于一个工会强烈反对的制度体系。但列宁坚称，苏联的情况完全不同，因为现在“工人的人民委员”可以监督管理者的“每一步”。[11]当时，所谓的“左派共产主义者”认为这种做法将成为导致新政权背离真正社会主义的又一个例子。而担任军事人民委员的托洛茨基反对这种论调，以极大的热情响应了列宁的倡议。

列宁和托洛茨基毫不费力地打造了一个由开明的精英和

听话的追随者组成的体系。在托洛茨基看来，这相当于“对参与生产的人力资源的明智使用”。泰勒及其信徒的著作被纷纷出版和付诸实施，一批理论家被请到苏联当顾问。由于当时苏联国内基础设施满目疮痍、内战如火如荼，恢复生产
466 的要求极为迫切。而纪律和生产力对于生产的恢复必不可少。出于同样的考虑，布尔什维克也欢迎掌握重要实用知识的前沙俄政府工作人员、工程师和军官回国效力。作为这个一揽子计划的一部分，他们对工人实行计件工资制，并向专家发放奖金。工会被废止，反正它们在社会主义社会也没必要继续存在。

从短期看，这些努力帮助提高了生产力，使基础设施恢复正常。从更长的时期看，它们帮助建立了苏维埃工业组织制度的框架，在这种依靠集中规划和对工人下达详细指令的制度中，工人除了服从别无选择，而且他们选择服从主要是因为害怕受罚，对报酬不敢有太多奢望。这套制度在二十世纪二十年代逐步发展演变，其间采取的措施包括废除工会以及对工业实行军事化管理，因此一度被形容为“长牙齿的泰罗制”。[12]这不是要让泰罗制为发生在苏联的每件事负责。在当时的环境下，促使列宁和托洛茨基以及后来的斯大林对苏联劳动力严加管理的原因有很多。这符合他们的意识形态倾向和独裁式领导风格。他们也不是作为泰勒的追随者采用泰罗制的，后者的言论中往往没有那么多故作姿态的夸夸其谈。但是，出现在苏联的荒诞版科学管理割裂了计划职能和执行职能，完全依靠中央对守纪律的劳动大军下达指令，固执坚持以“一种最佳方式”搞建设，最终，这种方法不可避免地走向它的逻辑结局，其局限性也随之暴露无遗。

玛丽·帕克·芙丽特

从某些方面看，在苏联推行泰罗制比在美国要容易得多，因为苏联镇压了一切反抗，而美国工人的抗争始终活跃，工潮高涨。这就促使人们寻求一种商业战略，不仅能让劳动力释放出更高效能，而且能解决更广泛的“劳工问题”。当时的管理理论界需要一种借助更有效的管理来实现社会和谐的方法。

玛丽·帕克·芙丽特（Mary Parker Follett）既是一位哲学家，也是一位社会学家，在社会工作和教育方面有着比在商业方面更深厚的背景。她遵循的是和简·亚当斯同样的“社会女权主义”原则。它以传统女性角色为基础，但对其有所延伸，包括了“城市管家”的职能。照亚当斯所说，女性在这方面更在行，但因为人们长期以来没能认真听取她们的意见，致使这一职能受损。芙丽特追随亚当斯的脚步，热心社区工作和进步政治。和亚当斯一样，她质疑当时普遍存在的非此即彼
的观点，这种观点认为，无论是精英/群众，还是资方/劳方， 467
都会导致社会分化，而不是创建一个融洽的社会。在她看来，认为某些人优于其他人的肤浅的精英主义观点是造成不和谐与纷争的根源。她尤其反对使用 *masses*（群众）这个词，并对勒庞“视人民为乌合之众”、认为他们易受“由联想和模仿传播的相似性”影响的腐朽观点提出质疑。

她的目标是找到将社区聚合成为一个统一整体的方法。[13] 芙丽特反对把权力（“让事情发生的能力”）视为一种专横跋扈的“统治权力”的观念。以这种方式行使权力会让处于强势的人对自己强势地位的改变心生愤恨和不满，一有机会就会重新确立这种地位。最好有一种“共享的权力”，因为这样才

会调动所有力量——不只是精英的力量——沿着一个方向去实现共同的目标。这种对人性的信仰引导她用发展的观点，即从集体中的个体的角度来看待民主。任何集体之中都充满着变化，各种思想相互交织、适应和补充，然后以新的形式重新呈现，并聚焦于共同关注的问题。赤裸裸的利益主张会失去市场，各种成见和偏见会受到挑战。结果将表现为融合统一，这也是她的主要目标。既不会有个体也不会有社会，"只会有集体和集体单位——社会个体"。由此，意见的统一应该出于各人本心而非出于勉强，应该是众人共同参与决策的结果，体现的是一种分担权利和义务的责任感。她不追求曾经敌对的实体之间的合作，比如管理者和工会通过谈判达成的协议，因为这些从本质上讲不具有创造性。她所追求的融合结果要比这有价值得多。循着这个思路去做（也是沿行杜威的思想），民主实际上是一个依据个体干预行为的相互作用而实现的过程。权威并非来自特定的个体，而是来自"形势法则"（law of the situation），需要所有人接受并解决所框定的问题。如果说有什么区别的话，她的方法是反战略的，重在营造任何个体都难以操控的形势。

虽然她的思想是在解决更大的民主理论问题过程中发展起来的，但是她对团体相互影响过程的重要性的强调，以及她将冲突转化为一个创造性而非破坏性因素的决心，使她自然而然地投入了对组织的研究。从 1926 年起，她开始对商业团体展开研究，认为它们应该在更广泛的社会背景下审视自己的企业。她主张采用更多自下而上的管理方法，进行更多的创新，呼吁商业团体重新评估自身角色并善加利用团体内部形成的社会联系。[14]芙丽特支持采用扁平化管理结构和参与式方法，现在看来，她对企业微观管理方式（“喜欢发号施令”）的批评明显超前于她的时代。她论证了让商业组织展现更多非正式面 468 貌的重要性，强调社会互动有利于改善企业的整体表现。与此同时，她并没有直截了当地质疑泰罗制，也承认管理发挥着更重要的作用，承认让那些有技术和知识的人掌握权力有好处。这种权力虽然未脱离等级桎梏，但至少不以社会地位以基础，也不会被肆意滥用。关于这个问题的意见是一致的，这也反映在她对管理的定义中，即管理是“借助众人把事情做好的艺术”。[15]

虽然芙丽特在波士顿积累了处理劳资关系和发展人事政策的实际经验，但在当时，她作为社会哲学家比作为管理理论家更具影响力。她的使命从她 1918 年发表的著作《新国家：作为大众政府解决方案的集体组织》（*The New State：Group Organization — The Solution of Popular Government*）的标题中可见一斑。她在书中提到，“我们的政治生活死气沉沉，劳资双方几乎陷入战争状态，欧洲各国争吵不休，因为我们还没有学会如何相处”。[16]但是，她的解决之策只有在万事俱备、各方都有合作应对共同问题的意愿时才能发挥作用。除此之外，她能做的不过是告诫人们搁置分歧、换个角度思考权力关系而已。这个方法要求人们只为集体利益而非他们自身的利益进行战略性思考。当然，这并不意味着融合的结果是明智的或适当的，很久以后，当人们彼此强化对方的错误想法时，她才关注起“集体思维”这个问题。[17]再有，当不同集体的代表在一个更高层次的集体中相遇时，它们会不会为了追求更高层次的融合而漠视低层次集体的想法呢？如果每个集体都只去适应自己的“形势法则”，一旦集体间的情势关系发生变动，人们仍要通过艰难的谈判和激烈的斗争来化解冲突。芙丽特对集体动态的敏锐观察说明了明智的利己主义能够产生组织效益，但她还是没有给出解决冲突问题的答案，而这一点恰恰最需要战略。

人际关系学派

芙丽特与另外一批管理理论家，即所谓的人际关系学派
469 （human relations school）颇有相通之处。她和他们常有往来，深受其影响。这些另类理论家虽然也强调社会网络对于保证组织正常运转的重要性，但有着更为鲜明的哲学思想，而且显然都出自精英院校。其中的关键人物就是埃尔顿·梅奥[1]。这个澳大利亚人1926年设法让自己进入了哈佛商学院，此后，他的名字逐渐和芝加哥附近西方电气公司（Western Electric）霍桑工厂的首次工业实践社会学研究联系在了一起。在弄清他如何进入哈佛以及如何参与霍桑研究（Hawthorne studies）之前，有必要先留意一下他的基本观点。

梅奥不像是个西方文化、个人主义或民主的狂热爱好者。在他看来，民主利用选民的情感和非理性态度，剥夺了理性空间，鼓励了阶级斗争，并且助长了“集体碌碌无为”而不是让“最高技能”统领一切。芙丽特所推崇的“工作场所民主”思想令梅奥深恶痛绝，因为这会让控制权落入那些并不真正通晓业务的人手中。他的心理学知识让他坚信，经济学无法把握人的因素，因为它忽略了情感和非理性态度对动机的影响程度。他的学说还提到了在不解决所谓根本性问题的情况下应对

---

① 全名为乔治·埃尔顿·梅奥（George Elton Mayo）。

冲突的方法。激进运动和工潮无法消除真正的不满，更多是一种“精神失控的隐秘之火”的表现。如果鼓动者本来就神经过敏，“容易陷入阴谋论妄想，脑子里充满愤怒和野蛮的破坏欲”，那么民主化进程也帮不上什么忙。实际上，民主制度这时候反而会让事情变得更糟，不仅会使社会分裂成两个敌对阵营，而且会诱导对自身不满的真正根源一无所知的工人们“用尽他们先天不足的理智和意志，去追求镜花水月般的幻想”。梅奥的应对之策不是改善工人阶级的物质条件，而是探讨民主政治的精神病理学趋向，这些趋向反映在迷失方向的生活、分裂的人格和无序的价值观之中。[18]

梅奥的观点在哈佛商学院院长华莱士·多纳姆（Wallace Donham）邀请他入校执教时变得广为人知。多纳姆是位在哈佛法学院（Harvard Law School）受过教育的银行家。自从1919 年被任命为哈佛商学院院长后，他在这个职位上一直干到了二十世纪四十年代早期。他认为自己的任务是提高本学院的学术水平，同时加强教学与商业实践的联系。虽然这些事务对于学院的筹款至关重要，但除此之外，多纳姆还必须努力扭转哈佛大学庇护激进分子和社会主义者的名声。对梅奥研究工作的资助最终直接来自企业，而不是大学。梅奥的魅力在于他与多纳姆相同的基本观点，以及他在心理学方面的专长。他在1927 年写给哈佛大学校长的一封信中阐明了需要填补的教学空白：“除非对包括心理学在内的企业生理学展开科学研究，否则我看不到缓解企业劳工问题的真正有希望的前景。”正如 470
奥康纳①所说，“梅奥的研究直指管理问题的核心：围绕着如

① 全名为埃伦·S. 奥康纳（Ellen S. O’Connor）。

何平复工人们非理性、易受鼓动的情绪，以及如何开发一门教会经理和管理人员做这件事情的课程而展开”。1933 年，梅奥进一步强化了这个观点。问题不在于缺乏“能干的管理精英”，而在于精英们缺乏对“社会组织和社会控制所涉及的生物和社会事实”的了解。多纳姆认为商学院的基本任务就是培训这类精英。[19]

泰勒对普通工人实行的是有效的身体管理，作为补充，梅奥提供了一种能让精神重新振作起来的方法。和泰勒一样，梅奥也有个让他认识到自己的方法行得通的故事。这次，故事是基于一个灵感，当时他正在西方电气公司的霍桑工厂和一小群工人进行相关实验，并且认真思考着实验的意义。这项研究在梅奥参与之前就已开始，旨在弄清物质条件的改变，比如照明条件的改善，是否能显著提高生产力。实验最重要的阶段是选定 6 名在电器装配线上工作的女工为实验对象，实验目的是确定休息时间和工作时间对生产力的影响。最终，实验人员决定将她们作为一个集体而非单独的个体来看待，结果产量有所增加，人人都得到了奖金。研究人员发现，生产力在两年半的时间里提高了 30%，同时提高的还有工人的工作满意度。

如梅奥在报告中所说，这一切得以发生的确切原因众说纷纭，直到他做出了“伟大阐释”，并认识到使生产结果产生差异的是研究人员对它们有真正的兴趣。他的主要结论是，心理因素比物质条件更重要，工人有他们自己的集体行动规律和非正式社交网络。工作积极性的提高不仅源于对个人利益的追求，也出于获得认同感和安全感的需要。根据梅奥的建议，管理人员应寻求与他们的员工建立起良好的工作关系，而快乐的员工会干劲更足。和泰勒一样，梅奥也对自己的原始故事做了先入为主的润色和解说。简单的解释再次让一组复杂的事实元素有了意义。回想起来，最好的解释应该是，金钱奖励（在一个没有工会的工厂中以及经济萧条的背景下）和每名工人的工作态度加在一起，共同提高了生产力。研究人员用两名抱着光荣心态参与实验的女工换掉两名没有这种心态的女工，成为实验过程中的转折点。[20]梅奥的结论本身并不荒谬。它在鼓励管理人员更全面、更宽容、更人性地看待他们的员工这点上，同芙丽特的理论是一致的，被普遍认为促进了管理实践向 471
更有效方式的转变。

就这样，所谓的人际关系学派建立起来，其关注的是组织的非正式方面和工作场所的社会条件。梅奥在工业社会学发展史上的地位得以确定，虽然这主要拜霍桑实验所赐，如果没有这个实验，他现在恐怕已经被人遗忘了。他一度夸大自己的专业资历，包括他在精神病学方面受过的培训，同事们都认为他势利、懒惰、无心教学、著述寥寥。正如我们已经看到的，梅奥的基本学说极度保守，认为冲突其实是一种“社会病”，需要通过假想中有分歧的各方开展健康合作来医治。[21]由此类推，工人们为了他们自身目的所进行的内部合作是不健康的。因为他相信政治会让问题更严重，而且他一般不愿思考权力问题，认为解决问题是管理精英的责任，所以必须对他们进行培训，使他们具备与自身技术能力相称的社交能力。

在霍桑研究中，所谓的积极反馈结果其实并没有真正让经理人有所领悟，反倒是有意无意地启发了研究人员。二十世纪三十年代中期，梅奥结识了新泽西贝尔电话公司总裁切斯特·巴纳德（Chester Barnard），巴纳德勤于思考、行事理智、酷爱读书，在企业和实务管理岗位上都有着艰辛的奋斗经历。

1938 年之前，他一直在哈佛大学办讲座。这些讲座的内容经过部分修改后，变成了在今天被视为影响深远的管理思想教科书《经理人员的职能》（*The Functions of the Executive*）。巴纳德与哈佛大学的一位领军人物、梅奥的同事、生理学家劳伦斯·亨德森（Lawrence Henderson）建立起了非同寻常的联系。这是因为他们都对意大利社会学家、重量级精英人物维弗雷多·帕累托感兴趣。

亨德森在二十世纪二十年代中期就了解到帕累托其人，到了三十年代多多少少成了他的狂热鼓吹者，在哈佛大学建立起了所谓的“帕累托圈子”（Pareto Circle）。以亨德森的科学头脑来看，帕累托的社会均衡理念和他颇有共鸣，而且也和他原本就有的保守主义倾向不谋而合。他通过举办研讨会维持着这个圈子，虽然他们的研讨据说“像打桩一样机械无力”，但该群体还是包括了像塔尔科特·帕森斯（Talcott Parsons）和乔治·霍曼斯（George Homans）这样在他们那一代社会学家中最有影响的人物。[22]对于那些探索非马克思主义道路，向往一个相互依存、在很大程度上能够自我校正的社会的保守学者来说，它还是他们的庇护所。亨德森对巴纳德印象深刻，在他眼里，巴纳德不仅读过帕累托的法文原著，而且始终寻求将其思想运用到现实世界中。

472 从巴纳德身上能够明白无误地看到帕累托对他的影响。证据就是，他强调人类决策和行动中的非逻辑因素，强调情境逻辑对选择的影响，强调精英循环理论。帕累托坚持认为，组织是类似于人的身体的社会系统，二者都寻求实现某种均衡。为实现均衡，组织需要同时实现效力和效率，而且他强调，很多组织就是因为既无效力又无效率而走向衰落的。他用效率来表示满足构成组织的个人的能力，效力则涉及实现目标的能力。经理人员必须规划出组织目标并决定如何实现它们，但这必须以全体员工共同参与的方式进行，尤其要通过直接和融洽沟通的方式进行。他强调尊重和协作的重要性，像梅奥一样认为前者比物质激励更重要，而后者会因为意识形态和政治行为方式的分歧而受到威胁。这两方面都容易诱发工人对自身利益的错误认识，也都需要经理人员发挥特殊的领导作用。[23]

除了具备技术和社交技能外，经理人员还应致力于构建一个基于适当价值观之上的合作型组织，否则组织就会失灵。[24]所以，重要的是对人们进行“教育和宣传”，向他们“反复灌输”适当的动机和观念。经理人员不仅应该遵守道德准则，而且要为其他人创立道德准则，使之转化为旺盛的干劲。为了这个目的，必须反复教育人们“对组织或协作体系、对客观存在的权威体系，要有正确的看法、基本态度和忠诚之心”，以便“让个人利益和微不足道的个人行为准则服从于整个协作体系的利益”。[25]

巴纳德也有一个故事来证明自己的观点。在一次脍炙人口的演讲中，他提到了1935年自己在新泽西紧急救济署署长任上所经历的一场骚乱。他声称，他那次正是靠着对示威者人格的尊重才化解了危局。[26]据巴纳德描述，当时他正在办公室与特伦顿市（新泽西州首府）的失业者代表谈判，突然，约2000名失业的示威者在纽约激进分子的鼓动下，在他办公室外的大街上与警察发生冲突。这场骚乱最终导致多人被捕，一些人还挨了打，正在进行的谈判也不得不中止。巴纳德认为，类似的公开行动只会增加纳税人对救济计划的憎恶，从而伤及失业者的利益。这也是在失业者代表重回谈判桌、巴纳德第一

次认真倾听了他们冗长的申诉后，他向对方提出的一点重要意见，谈判气氛因此得到了一定程度的缓和。巴纳德所讲的故事
473 引起了他在哈佛大学的朋友们的极大兴趣。照他所说，使问题得到解决的是人际关系理论，而不是经济学。对于失业者来说，人格甚至比他们或他们的家人赖以生存的食物还要重要。

巴纳德的敏感和机智很可能起到了作用，但只要将他的说法与当时有关这起事件的报告做番对照，就会发现这明显只是整个故事的一部分。[27]这其实是一个特点鲜明的经济问题：失业者要求切实增加对他们的食品补贴，巴纳德则承诺将提供帮助。不过，巴纳德认为继续采取暴力行动会危及整个救济计划的观点的确是个严肃的政治话题。这体现了早先芙丽特对集体动态所做的观察。集体内还有不同的集体。在这个案例中，巴纳德的策略是与失业者携手合作，共同对抗那些一遇到经济吃紧就反对帮助穷人的公司，支持救济计划的实施。大谈集体而非阶级、党派或国家，并不能消除冲突问题。除非社会可以被改造成一个松散无形的超大集体，否则每个人都会归附于某些集体、排斥其他集体，而这些集体的各自利益会彼此发生冲突。集体之间的调和越是不可或缺，集体内部的和谐就越有可能面临压力。

经理人最初的职能是管理工人。至于管理的要求是什么，他们的理解受到了当时各种相关社会学说的影响，其中很多理论都不加掩饰地把普通大众看作本质上头脑简单、易受他人影响和摆布的人。最好的情况是，他们在更高工资的激励下成为机器上一个有用的齿轮，为了不被解雇而变得老实听话。最坏的情况是，他们受到某些善于利用大众心理的鼓动者挑唆，变得不再安分。在整个二十世纪的发展进程中，随着工会力量的

日益壮大以及诸多工作的要求和专业性日益提高，想让工人继续服从管理越来越不可能了。此外，人际关系学派初创时的灵感或许有助于让工人远离社会主义和工会，但同时，它也促使经理人认识到他们的组织有着复杂的社会结构，绝不是简单的等级体系；如果能把他们手下的工人当成健全的人来看待，就可能获得他们的正面回应。人际关系学派冒险以家长式统治取代专制统治，就是为了弄清这些处在发展之中的组织生活观对于权力结构究竟意味着什么。越要弄清这些权力结构，就越要把它们与正在发生的更广泛的社会和经济变革联系起来，经理人也就越需要一种战略。

二十九　企业的天职

474 企业的天职是经营。

——阿尔弗雷德·斯隆

在我们思考新一代管理理论家如何找到经营战略之前，应该首先探讨一下企业在这个时期需要解决的权力问题。第二次世界大战后商业战略理论建设的重要发展，反映了在当时劳资纠纷依然存在但已有所减少的背景下，美国大型工业企业所采取的经营方式。要知道，这些企业大都初创于美国工业发展的严重动荡时期，那个时期工潮不断，人们对大公司权力的过度膨胀充满争议。

与马克思的预期相反的是，资本主义在历史从十九世纪走向二十世纪的当口实现了自我转变。资本家们发现了应对经济总在增长和衰退之间发生周期性波动的新方法。最重要的应对机制之一似乎就是扩大企业规模。只有超大型公司才能在经济环境突变时幸存下来。而在这个过程中，它们越来越倚重各级经理人的支持。差不多就在引起这一系列变革的进程开始的同时，马克思还在和巴枯宁争论该如何进行革命准备，以及如何看待巴黎公社。

475 约翰·戴维森·洛克菲勒

约翰·戴维森·洛克菲勒和标准石油公司（Standard Oil）

的故事广为人知。[1] 1865 年，在俄亥俄州的克利夫兰，洛克菲勒这个雄心勃勃的 26 岁青年一举买下了合伙人在他们开办的当地最大炼油厂的全部股份。利用美国内战后经济大发展的良机，他不断增开炼油厂，利润滚滚而来。不幸的是，其他同行也有着同样的想法，致使煤油和其他石油产品很快就陷入供过于求的局面。为了生存，洛克菲勒决心要成为最有实力的生产商。于是，他一边提高产品质量，一边降低成本。更有想象力的是，他通过整合各项业务，同时控制了供应和销售渠道。此外，他始终确保手头握有足够的现金，以防市场突然波动时出现资金缺口。之后，他又通过操控铁路运输这种引起争议的手段强化自己的地位，作为满足铁路公司每天运油车皮数的条件，他获得了运费上的折扣。

洛克菲勒从不认为滥用市场力量有什么不妥。他深知开家炼油厂非常容易，但这会造成产能过剩，引发市场的混乱和长期不稳定。洛克菲勒决定控制市场，而不是依靠反复无常的市场准则委屈求存。“石油业一片混乱，一天比一天糟糕。”每家炼油厂“都在竭尽全力把全部业务拿到手……这样做只会给自己和同行业中的竞争对手带来灾难”。[2] 供应和需求也许永远都无法实现平衡。洛克菲勒采取的是一种在其他情况下看起来十分合情合理的战略：他明智地寻求与对手合作，来代替有损无益和两败俱伤的竞争。

考虑到石油行业的状况，洛克菲勒的假设很可能是正确的。[3] 尽管如此，有关自由市场的主流观念仍面临挑战。就洛克菲勒而言，他的做法加剧了挑战。他通常会向潜在的合作伙伴提供合理的条件，并会不时帮助以前的竞争对手摆脱窘境。但是，那些不愿意被兼并的企业往往会被标准石油公司的降价攻势逼得走投无路，最终俯首称臣。当标准石油公司 1870 年成立时，它已经掌控了美国 10% 的炼油能力；到十九世纪七十年代末，这一比例更是暴升到了 90%。

当那些独立的公司最终做出建设长途输油管线这一大胆之举时，甚至连标准石油公司都吓了一跳，但这并没有对该公司的地位构成真正的威胁。它有足够的时间和财政实力来应对。标准石油建造了自己的输油管线，并且很快控制了连接宾夕法
476 尼亚州产油区和美国其他地区的整个输油网络。只有原有管线不在这个网络之内，即便如此，标准石油也收购了它们的少数股份。在剩下的独立炼油企业要求用法律手段阻止标准石油的兼并做法后，法院在庭审中揭露了该公司为达到垄断目的所用的伎俩。1882 年，洛克菲勒运用法律手段，找到了一种能重新为其企业蒙上面纱的办法。使用这类手段的一般是那些无力打理自己财产的人。通过达成秘密协定，洛克菲勒持有股份的各家公司集合到了一起。股东们以“托管”的方式将所持股份转让给 9 个受托人，其中包括约翰和他的弟弟威廉。这意味着从严格意义上来说，无论表面看起来如何，标准石油旗下并无其他公司。它只是一个由公司股东们共同拥有、可以任命董事和经理以及在各州设立行政办事处的托拉斯。

标准石油公司保持着实质性的垄断地位，美中不足的是实际产油量有限。这是个潜在的巨大危险，特别是在无油可用的时候。不过到了十九世纪八十年代末，美国各地陆续发现了新的油田，该国石油生产不再依赖宾夕法尼亚州的油田。洛克菲勒看到了进一步兼并扩张、减少对供应商的依赖的机会。气势如虹的收购行动开始了。不久，标准石油公司就控制了美国原油产量的 1/3，以及全部石油产品销售量的 84%。既是生产者

又是消费者的标准石油有了定价权。它并没有挤垮所有竞争对手就有效控制了美国的石油工业，同时在海外也获得巨额收益。市场需求方面的变化也给洛克菲勒带来福音：虽然电力取代了煤油成为主要照明源，但是汽车和汽油发动机的出现又一次改变了市场。汽油一下子从炼油厂的次要产品变成了主要产品。

到了十九世纪末二十世纪初，标准石油公司的影响力达到巅峰。此时国际石油市场上已经有了一些不可小觑的竞争者，市场规模今非昔比，这意味着标准石油的相对地位势必会下降。但是，这个过程因为这个托拉斯在政治上的大量欠账而加快了。洛克菲勒被指责使用可疑手法攫取巨额财富。那些在洛克菲勒强势崛起过程中被吞并、被搞垮、被排斥的独立小生产商心怀怨恨。他们被认为代表了美国的价值观，在公众面前树立起同集权、腐败和荣华富贵抗争的善良正直的小百姓形象。洛克菲勒绝不是唯一一个“强盗资本家”——安德鲁·卡内基（Andrew Carnegie）、科尼利尔斯·范德比尔特（Cornelius Vanderbilt）和约翰·皮尔庞特·摩根（J. P. Morgan）也受到类似的指责。标准石油公司也不是唯一一个利用托拉斯形式操 477
控市场、阻碍竞争的实体，但它却是最大和最臭名昭著的一个。虽然洛克菲勒认为合并是保证效率和稳定的更好办法，但实践却趋向垄断。1890 年的《谢尔曼反托拉斯法》（Sherman Antitrust Act）赋予了联邦政府调查和追究托拉斯责任的权力。洛克菲勒找了最好的律师，他们精心制订出旨在战胜法律的种种计划。他用捐款换取政治支持，还在报纸上安排刊登对自己有利的新闻报道。新的公司纷纷成立，公开宣布各自地位独立，尽管它们实际上都由托拉斯控制。与此同时，标准石油公司以其对细节的惊人关注，在全球范围内利用自己出色的情报和通信网络实时跟踪市场和竞争对手动态，从而保持了价格优势并牢牢掌控了市场。它自始至终“把政府当成了一个爱管闲事的下三烂权力机构”。[4]

最终，洛克菲勒的克星被证明是一位名叫艾达·塔贝尔的记者兼作家，她曾在之前的章节里作为弗雷德里克·泰勒的拥护者出现过。巧的是，她的父亲曾经在早期的石油行业中与标准石油公司做过斗争，结果反受其害。这使她的报道更加尖锐。她能有这样的机会，是因为她供职于《麦克卢尔杂志》(*McClure's Magazine*)，这家进步的“扒粪”刊物早就决定把托拉斯当作主要抨击目标。[5] 塔贝尔通过结识洛克菲勒的一名助理取得了突破，后者成了她的关键消息来源。从 1902 年起的两年时间内，塔贝尔以每月一期的连载报道，令人信服地详细讲述了标准石油公司的故事，揭露出的卑劣商业伎俩引起全社会的极大愤慨。塔贝尔坚称，她反对的不是该公司的庞大和富有，而是它的做事方法。“他们从未和对手公平竞争，而这毁了他们在我心目中的伟大形象。”[6]

对标准石油公司的揭批很及时。当时，反托拉斯运动已由进步总统西奥多·罗斯福接手，他认为必须对企业的权力加以控制，在权力滥用达到最严重的程度时应动用法律手段。在他的主持下，联邦政府启动了对标准石油公司的深入调查，并于 1906 年根据《谢尔曼反托拉斯法》提起诉讼，指控该公司限制正常贸易活动。标准石油进行了强有力的法律辩护，无奈证据确凿，回天乏力。在 1909 年法庭做出初步判决、下令解散托拉斯后，最高法院于 1911 年确认了这一判决结果。最高法院大法官在最终判决书中说：“商业发展和组织方面的杰作很快就产生排斥他人的意图和目的。”[7] 标准石油公司被拆分成了

34 个新的实体，包括后来的埃克森（Exxon）石油公司。

那个时候，标准石油看似失败了，但其实罗斯福帮了洛克菲勒一个忙。对于单独一家公司来说，掌控一个不断发展的庞大而复杂的市场越来越力所难及。更小的单位应对新形势时也 478
更灵活，这种能力最终将有助于让整个行业变得更强大、更赚钱。此时已经退休的洛克菲勒就手握着这些新兴的、很大程度上取得了成功的公司的股票。他活了将近 100 岁。一家以他名字命名的伟大的慈善信托基金会，潜移默化地影响了美国对经济学和管理学的研究方法。他的后代们继续在商界和政界发挥着重要作用。所以，这个故事很难算作一个悲剧。

洛克菲勒无疑是一位战略大师。他能够全盘审视整个体系，并对各个部分的状况做出评估。耶金①形容洛克菲勒“既是战略家又是最高统帅，指挥他的部下身怀专门技艺、秘密而又神速地前进”。洛克菲勒并不反对用军事行动来比喻他的做法，比如为了证明自己秘密手法的正当性，他会反问：“难道盟军的将军会事先派遣一个军乐队衔命去通知敌人，在哪一天他将发动进攻?”[8] 切尔诺②形容他遇到问题后总是深思熟虑，“用很长时间静静地等待计划成熟。然而，一旦做出了决定，他就不再为疑虑所困扰，而是以一种始终不渝的信念按自己的想法做下去”。[9] 但是因为他用令人厌憎的方法获得了战略成功，而且追求的是反常规的目标，所以他恐怕很难被视为一个有志商人的楷模。

---

① 丹尼尔·耶金（Daniel Yergin），美国世界石油问题和国际政治专家，还是一位擅长纪实小说创作的作家。

② 罗恩·切尔诺（Ron Chernow），传记作家。

亨利·福特

相比之下，亨利·福特（Henry Ford）至少在一段时间内被当成了一位可仿效的、有远见的商人。福特发展汽车工业的远见，早在他小时候在父亲位于密歇根的农场里胡乱摆弄机械时就已萌芽。他梦想着制造一种“不用马的马车”，看看它们能否替人干些最苦最累的农活。蒸汽机太大、太重，也太危险。也许汽油动力内燃机将会是未来的发展方向。十九世纪八十年代中期，他得到了一个操作这类发动机的机会，于是借此了解了它的工作原理，试制出了自己的内燃机。

在当时，汽车还没有一个大众消费市场。它们被视为赛车手的昂贵玩具，人们更重视它们的速度而不是可靠性。由于靠着把车高价卖给私人订购者就可以发大财，商家根本没有批量生产汽车的动力。福特的天才之处在于，他同时预见到了公众对汽车的需求和一种当时还不存在的汽车生产手段，抢先开始思考如何开发出一种能作为大众消费品的廉价汽车。但是，独
479 立投资者和银行都不支持他的计划。因为这个，他一生都瞧不起那些还没干活就先想拿钱、害怕竞争、对消费者不闻不问的人。他力图让自己摆脱对债权人和股东的依赖。虽然他在建立福特汽车公司之初并无公司控股权，但到了1906年，他已拥有了一半以上的股份。

他还不得不对付卡特尔的垄断行为。特许汽车制造商协会（ALAM）凭借一项令人怀疑的专利权，控制着新汽车制造商的行业准入门槛。1903年，他们拒绝了福特的加入。在当时反托拉斯运动的背景下，福特认识到，ALAM随时可能因为它的贪婪和借不实理由排挤正当竞争而受到严惩。他和洛克菲勒

的立场截然相反，他站在对抗托拉斯的广大民众一边，代表着弱势群体，是"一个独自对抗强大的、垄断的歌利亚的工业界大卫"。他称自己充满了"美国人那种让我们反抗压迫或不公平竞争的自由天性"，反对被"胁迫、欺骗或威逼"。[10]1909年，经过长时间的较量，福特终于打赢了官司，博得一片喝彩之声。

在公司的第一支广告中，他表示自己希望"建造和销售一款特别为耐磨损而设计的汽车"，一种以"紧凑、简单、安全、全方位便利和极其合理的价格"受到赞誉的机器。为了降低价格，他需要一个有足够规模的大众消费市场，而这又需要采用新型生产线。当时的流行生产模式是自行车制造，即为消费者提供一系列车型，并且每年推出一款新车。在福特看来，这种理念是错误的，其依据的是"和女性对她们服装鞋帽所抱的同样的想法"。他想要打造的是持久耐用的汽车，就像当初激发他对机械兴趣的手表一样。他认为价格是关键，这意味着车型宜少不宜多，应在简单性和可靠性上多下功夫。

由此，用料上乘、操作简便的"全球通用车"概念应运而生。他选定了后来著名的"T型车"设计，然后集中力量对这款汽车进行了大批量生产。当他的销售人员担心单一车型难以吸引口味不同的客户时，他却说："任何顾客都可以把一辆车漆成任何他想要的颜色，只要它是黑色。"这种车不应该是少数人的奢侈品，而应该是"大众"的产品。1913年首次推出的汽车流水装配线，使工具和工人依次就位于每个部件的全套加工流程之中，直到整车装配完成。这套流程"把工人的无谓思考和……他们的动作减到了最少"。1914年，由于工人
普遍对单调乏味的流水线劳动心生厌倦，福特开始努力维持队 480

伍的稳定，宣布向工人支付每天 5 美元的工资。他将此举形容为“我们做出的最漂亮的削减成本措施”之一。

如果把普通大众都视为消费者会怎么样？又该如何满足他们的愿望？对于这些问题，福特比同时代的其他汽车制造商认识得都要深透。他不断开发更好的材料和技术，一门心思地实现着他的梦想。在这个阶段，由于其他制造商未能及时领悟福特所代表的产业未来发展趋势，福特还占了没有真正竞争对手的便宜。这是一个新兴的、无限制地快速扩展的市场。一旦福特偶然发现了能让他成功的生产模式，他便成功了。

福特宣称他不仅实现了汽车生产领域的突破，还取得了工业社会发展方面的突破，从而为人们提供了介于社会主义和原始资本主义之间的另一条道路。他决定性地催生出两大至关重要且相互关联的新事物：大规模生产技术，及其培育出的大众消费欲望。5 美元日薪换来了员工队伍的稳定，并且把工人变成了消费者。福特试图表明，正是他本人的平凡无奇和单纯品味，他愿意弥合贫富差距的内心，再加上他在自己工厂周边实行的一系列公民行动计划，让他贴近了普通大众。做出如此姿态部分是出于营销目的，部分是出于真情实感。它很快就被平民主义论调所包装，把福特说成一种特殊类型的商人。他不仅没有忘本，而且认识到关心别人是件好买卖，是忠诚、生产力和客户的源泉。

这解决了一个更宽泛的政治议题。福特的亲密合伙人、和他共同为企业确立基本原则的詹姆斯·卡曾斯（James Couzens）说得很清楚：“社会主义的愚蠢和无政府主义的恐怖，都将在一个保证给予每个富人或穷人平等机会和公正待遇的工业体系中渐渐消失。”[11]随着工人为改善收入和生活条件不断斗争，应对这种损害工业化进程的持续动乱的方法已经找到。“5 美元日薪”措施吓坏了其他无力满足自己工人要求的企业主们，但受到很多左翼人士的欢迎。在进步主义者眼中，这个有钱人认识到了自己对工人所承担的义务。一些社会主义者也认为，研究福特的实践比研究马克思的理论更有意义。人们兴起了对福特的个人崇拜，认为他言而有信、服务周到，不但是汽车大王，而且是机械天才和民主英雄。

但没过多久，“福特制”就表现出较之前劳资双方对立需
求的总和更为复杂的政治内涵。他的做法带有强硬的家长式作 481
风。工厂实行系统化管理，采取一切可能的手段减少个人主动性的发挥空间，就好像一名通用工人可以成为一台生产通用汽车的通用机器上的一个通用部件一样。在这样一个互联系统中，纪律约束是必需的，没有个人自由行动的空间，因为如果某些人动作慢了，整条流水线就会跟着慢下来。福特强调，“我们要求工人只做他们该做的事”。他想当然地认为“人的精神禀赋参差不齐”，这就意味着很多人满足于从事单调乏味的工作。他在他的主要工厂里设立了“社会问题研究部”，以确保刚刚富起来的工人不会丧失他们的本分和勤勉作风。为此，厂方对他们私生活的监控和管理达到了惊人的程度。

在处理企业事务之外，他还积极投入反战运动。他玩弄政治，1916 年时还被人吹捧为“当总统的材料”，但最终他选择了支持伍德罗·威尔逊（Woodrow Wilson）。1918 年，他参与了密歇根州参议员的竞选。尽管他拒绝拉票活动，但仍战绩不俗，仅以微弱差距惜败于对手。他的失败很大程度上缘于他过去所持的和平主义和反军国主义思想，而此时的美国恰恰处于战争状态。归根结底，他的政治态度显得离经叛道，至于他恶

毒的反犹主义立场，更是危险透顶。

福特的独断专行助长了阿谀奉承之风，致使他在运营公司业务时无法把握社会和政治环境的重大变化。当企业发展顺风顺水时，他利用自己的无上权威严防任何人对公司决策的干预，无论意见来自合伙人、股东还是具有独立见解的经理们。他寻求对公司实行个人控制和监管，虽然公司已经变成一个巨无霸，拥有数十万名雇员和数百万辆车的销售量，可在他眼里“仍旧像是一家夫妻店”。[12]

公司的业绩在 1923 年达到巅峰，当年生产了 200 万辆小汽车以及大量拖拉机和卡车。但此时，来自通用和克莱斯勒两家公司的竞争也日趋严峻。当福特还在坚守 T 型车的时候，其他厂商已经抢先推出了大量新的车型。到 1926 年时，福特车的产量仅勉强达到 150 万辆。竞争对手们还提供了新的支付方式，允许客户通过贷款和分期付款买车。出于对借债的极度厌恶，福特不愿给予客户类似的条件。他坚信价格决定一切，为此强迫他的工人提高生产率，同时向经销商施压，要他们自己承担卖不掉汽车的风险。他的“开明的人民之子”形象开始变得暗淡起来。他甚至没有察觉到，他曾经极力迎合的消费者已经变得对产品多么挑剔，多么喜新厌旧，多么追求时尚，
482 又是多么舍得花钱。他总是认为，低廉的价格会让顾客远离竞争对手们搞出新鲜玩意的诱惑。在他的儿子埃德塞尔（Edsel）极力主张实现产品和生产手段现代化时，父子俩甚至吵翻。亨利觉得埃德塞尔生性懦弱，遇事容易手忙脚乱。只有当销量明显下滑到不容忽视的地步时，他才同意开发 T 型车的替代产品。到 1927 年正式停产时，T 型车已经卖出了约 1500 万辆，价格从 1908 年时的 825 美元降到了 290 美元。

到了大萧条最严重的1933年，福特公司只卖出了32.5万辆汽车，少于克莱斯勒的40万辆，是通用65万辆销量的一半。这时的福特已经上了年纪，显得力不从心了。而且，随着罗斯福政府的上台和“新政”的实施，政府对大公司的宽松和仁慈态度一去不返。施政重点转向了改革和监管，包括支持工会活动。福特强烈反对新政，认为它提倡集体所有制，扼杀了经济的活力和进取精神，一心想着重新分配财富而不是支持财富的创造。

长期以来，福特一直反对工会及其煽动的阶级对立观念。他认为，工会的目的是为自己从大工业生产中谋取利益，而不是让利于消费者。他们和金融投资家一样，都是寄生虫。福特在二十世纪二十年代早期一度给工人开出高薪，但是随着公司在三十年代的经营陷入困境，他对工人的要求也变得苛刻起来。1925年时，160名工人生产3000辆汽车；到了1931年，同样数量的工人却被要求生产出7697辆汽车。为了在日益恶劣的条件下保持产量，公司居然动用常常被比作黑手党打手的内部保安力量充当监工。工人只要犯了一点小错，就有可能被开除。

福特准备用自己的力量阻止工会进入公司。这种对立在1932年3月走向公开化，当时有大约2500名失业工人在共产主义活动家的号召下与警察发生了冲突。冲突中，示威者向警察投掷了石块，警察则以催泪瓦斯和高压水龙——后来还用了枪——予以镇压。冲突以4人死亡告终。由于工会内部出现分化，恐吓措施暂时起了作用。到1937年5月，工会主义终于在富兰克林·罗斯福总统的“新政”下得到了政治上的推进，因为根据新政于1935年出台的《瓦格纳法》

(Wagner Act)①，法律做出了有利于工会的规定。在经历了一波静坐罢工潮后，通用和克莱斯勒双双投降，同意美国汽车工人联合会为两家公司工人的唯一代表。当工会领导人想用同样的方法逼迫福特公司就范时，他们遭到了公司保安人员的攻击和殴打，此事给公司造成了更可怕的负面影响。虽然福特仍继
483 续对抗，但他的处境日渐孤立。州政府下令对工人进行一次意向调查，结果70%的工人支持组成工会。福特的下属打算接受这个结果。福特本来准备抗拒到底，但因为他妻子害怕发生流血事件，他才听从劝告服了软。

福特是个伟大的革新家，但更是一个可怕的战略家。他对自己的想法有着十足把握，在运营公司的过程中不在乎任何挑战。如果别人赞同他的想法，当然一好百好，不过他要求所有事情都按他的主张办理，无论是他自己的高管、工人还是政府，甚至消费者提出反对意见，他都充耳不闻。他认为没必要听从别人的建议。“当你不得不解决一个还没人思考过的问题时，你怎么可能从书本里找到办法呢?”[13]在他的回忆录《我的生活与工作》(*My Life and Work*)中，他看不起所谓的“专家”，认为他们都抱着一种同样的心态，即每一个问题都已经有了答案，所以不可能有什么新的解决方法。“如果我想用卑劣手段毁掉一个对手的话，我会送给他一些专家。”福特和泰勒有着明显的相通之处，提到前者，人们往往会想到后者。福特本人的思想中充满了和泰勒同样的要旨，希望实现用工制度的合理化，并且认为工人有自己的想法是件危险的事情。福特不可能读过泰勒的著作。他靠自己的经验得出结论，他提高产

① 即《国家劳工关系法》。

量的法宝主要是对技术和材料的革新。不过，福特身边的很多人非常了解泰勒的管理方法，认为他们的工作套路和泰勒异曲同工。福特的成功无疑会被看作对这种方法的进一步验证。无论“泰罗制”还是“福特制”，都已经成了先进生产方法的代名词。

福特早期的家长式作风体现了他化解劳资矛盾的决心，或许会被人际关系学派所接受。但是他对工人的态度越来越苛刻和多疑，结果导致工潮迭起，直到他不得不向工会让步才得以平息。对于那些认为工会代表了过时的阶级斗争思想的人，罗斯福政府是不会给予支持的。到了二十世纪三十年代，福特已经在同业竞争和工会运动中身心俱疲，对于有抱负的商业战略家来说，他也是个坏榜样。

阿尔弗雷德·普里查德·斯隆

能称得上成功商业战略家的人是阿尔弗雷德·普里查德·斯隆（Alfred P. Sloan）。这位领导奇才为通用汽车公司服务了差不多 36 年，最初负责运营，之后担任总裁兼首席执行官， 484
最后当上董事会主席，直到他 1956 年退休。这家公司由威廉·杜兰特（William C. Durant）创建于 1908 年，总部也在密歇根州。当福特一心打造他的全球通用车时，通用汽车却通过收购一系列小公司不断成长壮大。然而，这最终使它债务缠身，由一个银行家信托集团接管，杜兰特也失去了对公司的掌控权。1920 年，毕业于麻省理工学院电子工程专业、之后在一家通用下属公司任总裁的斯隆，开始负责通用汽车的运营。1923 年他成为公司总裁时，汽车行业正面临衰退。从一开始，他就着手改造公司的组织和产品结构，这种做法在美国企业界被广泛仿效。

斯隆的地位在三个关键方面有别于福特。首先也是最明显的是，福特是业界的领头羊。其次，斯隆有一系列由通用汽车旗下各加盟公司生产的车型可供销售，而非只有一款“全球通用车”。最后，斯隆必须重视他的主要股东杜邦家族（DuPonts）。正是杜邦家族对公司粗放冒险的经营方式发出警告，导致杜兰特的下课。开始时，斯隆事事都要向公司董事会主席兼首席执行官皮埃尔·杜邦（Pierre DuPont）汇报。这意味着斯隆不像福特，不仅要有对付外部竞争的战略，还必须有一套内部战略。他必须和同事们一起讨论公司政策，并兼顾形形色色，甚至可能彼此冲突的各方面利益。例如，杜邦曾支持实施一项大胆计划，即通过研发一种新型的铜冷却发动机来挑战福特车的市场优势。如果该计划像斯隆预测的那样失败了，后果将是灾难性的。斯隆采取了谨慎态度，没有直接反对这个计划：他只是确信一旦计划失败（也确实失败了），公司还有更可靠的水冷发动机作为退路。

在 1920 年至 1921 年之间，斯隆提出了重塑现代企业和汽车行业的两套相互关联的理念。首先就是建议，在继续保持总部统一领导的同时，让通用汽车公司复杂的组织结构发挥出最大效能。他的计划反映在他 1920 年完成的一份被称为《组织研究》（Organization Study）的文件中，这份文件后来被形容为具有“典型的高质量”的“管理理论和实践的试金石”。[14]斯隆表示，这项研究是他作为一个“以务实的方式进行经营判断”的人，采用科学方法获得的结果。可供他借鉴的只有他自己的从商经历。他从没有在军队干过，也不是一个爱读书的人。即使他是，他提到，“在当时的条件下也不可能从书中找到现成的答案”。他的计划满足了董事会的要求并得到采纳，因为他们“需要一种高度理性而客观的运营模式”。该计划以两条明显互相矛盾的原则为基础。第一条原则是，公司应被分成若干事业部，每个事业部都应有各自的首席执行官来负责运营，首席执行官的职责“绝不应受到限制”。第二条原则是， 485
为了保证整个公司的合理发展和适度控制，“绝对需要将一些职能集中起来行使”。斯隆将这两条相互矛盾的原则视为“当代管理的关键问题”。[15]前者涉及各分部在不受总部持续干预的条件下处理业务的能力；后者则涉及在明确的财政和政策指导方针之下开展业务。其知识性突破在于认识到了集权和分权之间存在一种紧张关系，而这对管理构成了核心挑战。它引入了斯隆传记作者所形容的“一种新的企业大合唱、一首结合了集中控制和分散经营的交响曲，其中的表演者会得到奖赏，乐队指挥会受到尊敬”。[16]

战略上的关键问题是如何对付福特，福特汽车的销量到二十世纪二十年代初已经占到了全美汽车总销量的 60%。针对传奇般的 T 型车，通用汽车公司的各个分部生产出了 10 款汽车，其中一部分是高端车型，其他则是更普通的车型。产品范围基本上迎合了市场上各类消费者的喜好，但在实践中，通用公司的车型在某些领域也出现了自我竞争的情况。不过事实证明，自负而顽固的福特真的是个理想的对手。可即便斯隆觉察到了这一点，他也不可能指望福特在应对他打算发起的挑战中败下阵来。他为通用汽车设计的策略不敢臆断福特一方都是十足的蠢货。但是，斯隆可以假定他有时间找到对策。到 1921 年时，T 型车已经给福特带来了可观的回报，所以他并不急于放弃这款畅销车。而且，由于福特有充足的财力降低 T 型车价格以赶走任何直接竞争，所以他对通用的挑战可能做出的反应也不难预测。

在 1921 年的整个夏天，斯隆一直领导着一个特别小组负责解答这道谜题。据斯隆所说：

> 我们首先指出，公司应该在各个价格区间推出车型，构成产品线，最低价格可以低至市场最低价格，但是最高价格的车型必须要满足能够大规模生产的条件，我们不会以较小的产量进入高价位市场。其次，一方面，应该保证足够大的价格差，从而使得产品线中的车型能够保持合理的数量，这样才能保证公司能够从大规模生产中获益；另一方面，价格差又不应太大，否则会在产品线中留下价格空白。再次，公司的价格区间不应存在重叠现象。[17]

上述构想的本质在于，这些产品类别并不反映现有市场的实际情况，而是代表了一种分析市场动向、判断顾客会对汽车价格
486 和质量的变化做何反应的新方法。如果斯隆的想法是对的，那么随着通用汽车公司在“只有想不到，没有买不到”(for every purse and purpose）的口号下合理规划和销售其各类车型，市场将会做出积极反馈。他没有过多寻求与外部环境保持协调；他是在彻底改造它。

对新方法的测试将会从低端市场上的雪佛兰汽车入手，当时它的市场份额只有 4%，改进后的雪佛兰有望对强有力的 T 型车发起挑战。斯隆认为这场竞争将在 450 ~ 600 美元的价格区间内展开。福特向来以 T 型车垄断了这个价格区间内的最低端市场为傲。斯隆断定直接和福特展开竞争无异于“自

杀”。他后来解释说：“我们所推出的战略只是分解出一个价位区间，以致力于对它细分市场的高端逐渐蚕食，并通过这种方式在保证盈利的基础上逐渐使得雪佛兰的销量初具规模。”[18]这意味着通用将让自己产品的定价接近每个价格区间的上限，并且保证它的质量能够吸引这一价格区间的目标顾客，使得他们愿意多付一点钱来享受通用汽车优秀的品质；同样，它也可以临近更高价格区间的低端客户，使得他们愿意在质量差不多的情况下少花一些钱购买通用汽车的产品。而福特八成会继续坚持现行战略、藐视任何挑战，所以注定会守在低端车市场的狭小空间里。一旦雪佛兰赚了钱，它就拥有了一个牢靠的基础，可以接着通过更有杀伤力的攻势逐步瓜分福特的蛋糕。

福特该怎么办？本来他应该努力防止雪佛兰具备盈利能力。但是在短时间内，他也只能靠进一步降低 T 型车的价格来加以应对。也许他相信，在始于 1920 年的汽车销量下滑势头持续一段时间后，他就能以一款直接挑战雪佛兰优越设计特点的新车型发起反击。但由于福特一直依赖单一车型，开发新型汽车需要很长周期（尽管他可能已经收购了另一家制造商来提供一种现成的产品）。同时，新车型还有可能挤占 T 型车的份额。这时，市场出现反弹，福特车的销量猛增，于是他又不急于应付雪佛兰的威胁了。但是福特没有比现有车型更低价位的产品来吸引新顾客，而雪佛兰却可以提高自己的价位，以吸引更高端的顾客乃至福特的顾客。随着销量的上升，雪佛兰已经没有必要在乎福特的降价策略了。正如斯隆所观察到的，“这个汽车行业的老将未能把握住新的变化”。福特从来都无法了解“那个他所习惯的、曾经令他功成名就的市场发生了怎样的转变”。[19]在 6 年时间里，通用汽车主导了市场，1927 年卖出了 180 万辆汽车。

有一点，斯隆的想法是和福特一致的。他强烈反对罗斯福
487 政府插手工商业，不遗余力地和总统唱对台戏。其中包括发起成立恶毒反对新政的“美国自由联盟”，以及在 1936 年总统大选中支持罗斯福的竞选对手。最终，由于罗斯福面临的反对压力及随后而来的战争，双方达成妥协。短时间内，这给通用汽车公司带来了额外的挑战，其中最严重的挑战是公司和工会的关系。与福特不同，斯隆从未说过自己能够应对工业化社会的所有问题，而且很少关心工人的工作环境。依他的态度，工会是代表工人争取更有利的薪酬、规则和工作条件的另一种权力来源，没有它们公司会运营得更好。工会不是要努力做出更大、更有利可图的蛋糕，只想切走现有的蛋糕，不管这会给公司盈利能力带来什么损害。

为防止工人加入工会，公司雇用密探暗中监视一切可能的破坏活动。任何试图在车间闹事的工人都会被解雇，对此表现出兴趣的人则会遭到警告。密探的活动还在工人中间造成恐慌和猜疑，使他们更难以组织起来。尽管法律规定不得骚扰工会活动的组织者，但这种做法一直在继续。截至 1936 年夏天，该公司 4.2 万名工人中只有大约 1500 人加入美国汽车工人联合会。随着 1936 年罗斯福的再次当选，加之密歇根州州长的支持，形势发生了突然和戏剧性的变化。在矿工领袖约翰·刘易斯的领导下，新成立的“产业工会联合会”（CIO，简称产联）决定把斗争矛头对准汽车行业。当地的激进分子也觉得这是对通用汽车公司发起攻击的合适时机。随着公司努力摆脱衰退状况，工人纷纷抱怨老板要求他们干着更累的活却拿着更少的钱。工作岗位被削减了，生产目标却保持不变。经理们利

用工人害怕失业的心理维持着生产秩序，并不断降低工人的工资。所有这一切终于在 1936 年 11 月演变成了二十世纪三十年代最严重的罢工之一，对美国工会运动的未来发展方向，同时也对汽车行业产生了决定性影响。

到了当年 12 月，静坐罢工已经蔓延到多家工厂，包括设在弗林特（Flint）的极其重要的费雪（Fisher）车身工厂。对于斯隆来说，这代表了一个直接挑战。他告诉他的工人们，"真正的问题在于，是由一个劳工组织来管理通用汽车公司的工厂，还是由职业经理人继续管理它们"。[20]所有这些都证明他对"新政"充满恐惧，生怕良好的经济秩序沦为误入歧途的集体主义观念的牺牲品。当时，工人们已开始非法占领公司建筑，必须予以驱离。但该如何驱离他们？法律虽然允许使用武 488
力，但如果遇到反抗怎么办？公司会支持严重暴力行为吗？而且很明显，州政府和联邦政府都在向公司施压，要求通过谈判化解僵局。虽然罗斯福不会宽恕工人的行动，但他私底下无疑对工人持同情态度，而斯隆又完全没打算去讨好总统。

对于工会而言，重要的是保住他们的地位。只要他们让工厂彻底停产，通用汽车就会疼到肉里。这不仅需要用武力击退任何想要赶走他们的人，而且得确保他们能够取暖和吃饭。事实上，占领工厂的往往只是很少一些人，因为工会最初并没有多少可以动员的会员，而且他们还必须保证供给。在一家有大约 7000 名工人的重要工厂，有时占领者只有 90 人，还不都是通用汽车的员工。到了次年 1 月，当公司第一次试图关闭供暖设备并阻止食物进厂时，厂内的"静坐者"们发起攻势，力求控制工厂大门，以确保继续得到外部供给。随着这些人用石块和消防水龙回击警察的催泪弹，危机开始升级。警察随后开枪打伤多人，但无人死亡。工会以雪佛兰汽车的生产为筹码加大了施压力度。他们还在一家附属工厂搞了一场假静坐示威，以转移公司保安的视线，为他们占领一家重要得多的发动机工厂创造条件。[21]

公司发布禁令确认了占领行动的违法性，但示威者仍拒绝离开。公司试着通过谈判解决问题，但不愿轻易接受美国汽车工人联合会提出的由其拥有唯一集体谈判权的要求。斯隆声称，只有在静坐罢工结束后，他才可能考虑这一要求。刘易斯既不想失去自己的影响力，也不想做出让步。在罢工发生前，通用汽车每月生产大约 5 万辆汽车；但到了 1937 年 2 月，产量已剧减到区区 125 辆。斯隆在政治上日渐孤立，罗斯福政府指责他违背诺言，舆论则把他描述为一个与时代脱节的人。

是否动用武力驱逐示威者由密歇根州州长理查德·墨菲（Richard Murphy）定夺。他负责牵头调解这场纠纷。他很清楚他必须捍卫法律，但又害怕发生暴力事件和造成重大伤亡，果真如此的话，他将会带着“血腥墨菲”的名声被载入史册。如果他需要加大对工会的施压，他更有可能在雪佛兰汽车发动
489 机厂被占领时收紧已经形成的警戒圈，而不是命令国民警卫队进入被占建筑实施清场。这种策略需要耐心，对他来说这不难，但是已经蒙受惨重经济损失的通用汽车公司却等不起了。即便是该公司，也不愿有任何暴力事件发生。如果本来可以通过工会能够接受的安抚行动息事宁人，却仍旧动用武力，那么他们必将背上草菅人命的骂名。

在对峙快要结束的时候，墨菲正式警告刘易斯，将对示威者强制执法。刘易斯随后的表现多少有些哗众取宠。他告诉这位州长，他将进入工厂，准备和其他人一同挨枪子。毫无疑

问，当时政府方面的执法力量占有绝对优势，但他们是否会动手却值得怀疑。刘易斯用一种深得恩格斯思想精髓（这样的对峙一向为恩格斯所乐见）的语言，对墨菲进行了一番嘲弄。他称，不达成解决方案，他绝不会让示威者撤离。“你想怎么样？”

> 你只有一种办法可以赶走他们，那就是用刺刀。反正你有刺刀。你喜欢用哪种——宽面双刃刺刀还是法式四棱刺刀？我相信四棱刺刀捅出的窟窿更大，你可以用它在一个人的身体里搅上一搅。州长先生，你准备用哪种刺刀捅我们这些小伙子呢？

其实到这个时候，双方已经接近达成妥协。斯隆的一位赞成与刘易斯直接对话的助理参与了谈判，他以总统要求双方解决冲突的表态为台阶，放弃了公司之前的强硬立场。1937 年 2 月 11 日，通用汽车签署一份协议，结束了静坐罢工。美国汽车工人联合会得到了唯一集体谈判权，其会员人数到同年 10 月猛增到 40 万。

但政府和通用的官司还未了结。1938 年，美国司法部对通用汽车以及福特和克莱斯勒提起反托拉斯刑事诉讼，指控这些车商强迫经销商只使用与它们相关联的金融公司，非法限制正常贸易活动。但这一指控最终被驳回。与克莱斯勒和福特不一样的是，斯隆决定抗争，这不仅因为他将此看作政府对商业事务的无端干涉，还因为他感受到了更大的隐忧——通用汽车的市场占有率已经逼近 50%。他在 1938 年晚期提到，“我们的小汽车在每个价位上的市场份额都达到了 45%……我们不想让份额再高了”。这意味着，与所有企业的本能反应相反的是，他必须让自己产品的市场份额降下来。

与斯隆矛盾不断的新政人物之一就是阿道夫·伯利（Adolf Berle），他曾是哥伦比亚大学法学院教授，还是1932
490 年大选前罗斯福智囊团的关键成员以及后来的总统正式顾问。1932年，他和加德纳·米恩斯（Gardiner Means）共同发表了一部具有重大影响力的著作《现代公司与私有财产》（*The Modern Corporation and Private Property*），论证了大公司所有权和控制权之间的利益分歧，其结果就是经理人自作主张，股东却对此不闻不问。他们还指出，美国的全部生产手段已日益集中到约200家大公司手中，而通用汽车正是其中一个突出的例子。经济权力正在被控制这些巨型公司的极少数人所把持。这是一种极为强大的力量，“可以使许多人受到伤害或得到好处，可以影响到整个地区，可以改变贸易的流向，可以使某一社区衰落而使另一社区繁荣”。这种经济力量已经具备了远远超出“私人企业”内涵的社会影响，可以完全凭借自身条件与国家的政治权力相抗衡。于是，一种新的斗争形式出现了：“国家寻求在某些方面规范公司行为，而实力越来越强的公司则尽一切努力避免受到监管。”[22]

第二次世界大战爆发前夕，斯隆在与福特竞争时和在实行公司内部结构改革时的稳健自信，在同政府和工会的角力中失去了作用。在一些关键方面，这些是大公司在二十世纪三十年代都会碰到的战略性难题，而且没有理由认为它们会在未来消失。然而，正是那些斯隆曾经取得成功而非遭遇失败的领域，让他和他的公司为新一代管理理论家贡献了重要的第一手材料。

三十　管理战略

多数我们称之为管理的东西，只会让人难以完成工作。 491

——彼得·德鲁克

面对着苏联极权主义造成的痛苦和工业化社会的新发展，愤愤不平的马克思主义者修正了他们的阶级斗争思想，使自己成为管理理论的一个重要来源。我在之前的章节中曾提到伯纳姆的《管理革命》，这本书经常因为它的书名而非内容被人引述，用于最简洁地描述新兴权力结构如何既搞乱了共产主义者的思想，又让自由市场论者无所适从。包括赫伯特·索罗（Herbert Solow）和约翰·麦克唐纳（John McDonald）在内的一大批曾经的托洛茨基主义者，都加入了以商业为导向的《财富》杂志（*Fortune Magazine*）。麦克唐纳仍旧着迷于冲突和战略问题。我们已经知道，他在博弈论方面有过重要著述。[1]《财富》编辑团队的另一个成员威廉·怀特，即《有组织的人》的作者，则代表了这本杂志在那个时候笔锋犀利的一面。还有一位就是自由派经济学家约翰·肯尼斯·加尔布雷斯（John Kenneth Galbraith），据他观察，这本杂志的右翼老板亨利·卢斯（Henry Luce）已经发现，“除了极少数特例，优秀的商业书作者不是自由主义者就是社会主义者”。[2]

492 加尔布雷斯还渐渐接受了这样一个命题，即社会权力已经由经理阶层所掌握。这给新古典经济学派（认为市场处于高度竞争状态）带来的冲击丝毫不亚于其对社会主义者构成的挑战。在最重要的领域，一些大公司已经取代那些市场份额小、影响力有限的私人企业，占据了统治地位。经理人们不再为公司老板与客户之间的利益纷争所扰，已经有能力重构两者的关系，以便让企业主和客户的利益适合管理利益。同时，他们找到了各种办法，不仅能防止潜在竞争对手发起有效挑战，还能让本企业在基本对等的条件下与政府讨价还价。经营的成败不再主要由市场环境说了算，而是更多取决于大公司的组织能力。阿尔弗雷德·钱德勒（Alfred Chandler）[①] 对此描述得更是言简意赅。在其书中，他将管理的作用视为“看得见的手”，同亚当·斯密的“看不见的手”形成对照。[3] 也许还有另一种自柏拉图之后一直存在的想法：让头脑灵活、受过教育的人管事是天经地义的。

直到加尔布雷斯的著作《新工业国》（*The New Industrial State*）于 1967 年问世，上述观点才最终得到系统阐释，在差不多最后一刻具备了说服力。加尔布雷斯曾深受伯利和米恩斯的影响，在《新工业国》后来的版本中，他还承认自己对伯纳姆的思想也有所借鉴。在书中，加尔布雷斯论述了公司股东们影响力的下降，以及开发、生产和管理领域的专家，也就是他所谓的“技术阶层”影响力的上升。权力不再属于“隐名股东或是很大程度上已经听命于公司高管的董事会”，而是属于“由具备各种技术知识、经验或者现代工业技术和规划所

---

① 此处原文误为 Arthur Chandler。

需其他才能的人组成的集团。它从现代工业企业的最高领导层向下一直延伸到仅高于工人的下级管理层，包含了大批人员和各类专才”。不过，这个新兴阶层中只有一小部分人能在组织的最高层实际掌权。这样的人可以代表广泛的利益和主张，但他们的基本责任仍是维护他们自我求存所依赖的组织利益。关于这一点，书中主要内容并不总是讲得很清楚。加尔布雷斯所谓的“技术阶层”包含了很多人。伯纳姆似乎是专指首席执行官，但由于经理人已基本被定义为掌权者，所以他的分析结论有同义反复之嫌。

在这样的系统中，计划发挥着决定性作用。它是克服供求矛盾的手段。虽然“计划”因为和苏联经济体系扯上关系而饱受诟病，但是预测即将出现的问题和机遇并做好准备的必要
性仍为西方国家的政府和公司所认可。只有通过计划，才能设 493
定优先目标并确保各项工作协调开展。企业的规模和计划已经成为确保持续取得技术进步的关键要素。“所有计划的一个共同特征就是，它和市场不一样，本身并没有让需求适应供给和让供给适应需求的内部机制。这必须靠人力谨慎地完成。”[4] 当时，经历过二十世纪三十年代大萧条痛苦的人们一方面对不受约束的市场力量心有余悸，另一方面又对理性化管理人类事务的前景感到乐观。

第一位研究现代企业管理的学者是彼得·德鲁克。其个人背景颇具世界性。他出生于奥地利，1937 年为逃避纳粹统治经由英国到了美国。德鲁克发表于 1942 年的深具管理主义色彩的著作《工业人的未来》（*The Future of Industrial Man*）受到通用汽车公司的关注，他也受邀对该公司展开了一场所谓的“政治审核”。他获准接触公司里的所有人，包括阿尔弗雷

德·斯隆。在18个月的时间里，他参加会议，采访员工，分析了公司所有的内部工作原理。他认为这家公司有着一种以前根本想象不到的独特权力结构，首席执行官俨然像一支庞大军队中的将军那样发号施令。至少对德鲁克而言，《公司的概念》（*Concept of the Corporation*）是第一本把企业看作组织、把“管理部门”视为“一个具有特定功能和特定职责的特定机构”的著作。[5] 他自己后来也为此书感到骄傲，因为它“把管理开创为一门学科和一个研究领域”，更重要的是“把组织确立为一个独立的实体，把对组织的研究确立为一门学科”。[6]

在1954年出版的《管理的实践》（*The Practice of Management*）一书中，他指出了管理人员是如何变成“工业社会中的一个独特的领导群体”，取代资方和工人打交道的。尽管如此，管理机构仍是“我们的基本机构中最不为人知晓和了解的一个”。当时，他明确地把管理和工商企业联系在一起（后来他扩大了关联范围），这意味着管理水平需由企业绩效，即经济产出，而非专业能力来评判。他对科学管理方法持怀疑态度，认为凭借直觉和预感可以取得更好的结果。而且，虽然德鲁克承认泰勒的贡献，但批评他割裂了计划和执行两种职能。这反映了“一个独掌内部机密并借其蒙哄无知农民的精英人物的模糊而危险的哲学概念”。这种精英主义哲学让德鲁克把泰勒归入了“索雷尔、列宁和帕累托”一类。在行动前制订计划是明智之举，但这并不意味着要让不同的人参与进
494 来，好像由某些人下命令、其他人照办就行了。[7] 在战略层面上，他意识到了管理人员的局限性，认为他们不能“掌握”环境，“总是处于可能性的禁锢之中”。管理人员的特定工作是“使得所需要的东西首先成为可能，然后成为现实”。他的

哲学思想主旨，就是寻求通过“有意识、有目的的行动”来改变环境。管理一家企业意味着“通过目标进行管理”。在这方面他深知，无论计划多么长远，到了执行的时候都必须被转化为直接而可靠的目标。[8] 所以说，德鲁克的思想是理性的——设定目标，找到实现手段，但它又充分考虑了组织结构和商业环境的复杂性。他从一开始就看到了企业不能充分重视员工的危险。此后，他越来越喜欢使用“分权”的提法，虽然他一直承认管理工作需要由某个人来做决定和负责任，而这必须是自上而下的。

这两部著作（此后还有更多著作）将德鲁克树立为首位当代管理理论家。他成了福特和通用电气等大公司的顾问，但是通用汽车公司对《公司的概念》乃至德鲁克本人的态度却并不那么友好。在某些方面，这让人感到意外：他承认大公司的优点和小公司的低效，并且将通用汽车公司采用的分权结构追捧为其他企业应该效仿的楷模。德鲁克总结认为，该公司之所以对他的书做出如此反应，是因为其高级管理人员听不进哪怕是建设性的批评意见（比如针对他们看重短期效益、忽视长期投资的倾向的批评）。他们固守着一套成功而持久的核心原则，并把这些适合他们口味的原则提升到了已无法对周围环境做出有利反应的地位。“虽然通用汽车的高管们把自己视为实干家，但其实脑子里满是空想和教条，而且他们看我就像理论家蔑视没有原则的机会主义分子一样。”这些人表现出的不同态度，还同两项影响了二十世纪上半叶一般性管理思路的重大且有争议的议题——反托拉斯和“劳工问题”有关。

正是因为反托拉斯问题，通用汽车公司才对德鲁克提出的大公司“受公众利益影响”的观点感到不安。德鲁克还被卷进了一个直接涉及反托拉斯的关键性战略难题之中。为免遭更多反垄断诉讼，斯隆决定将通用汽车的市场份额保持在50%以下。而德鲁克和某些公司高管一样，认为此举剥夺了公司的发展动力和主动精神。一种意见是仿效标准石油的例
495 子，对公司进行拆分。新公司可以围绕最大也更容易自我生存的雪佛兰分部来创建。然而，这个主意遭到高级管理层的强烈反对。

再说劳工问题。德鲁克注意到，1937 年静坐罢工事件留下的可怕后遗症，包括年复一年的“诽谤和中伤”，已经让管理层和工会双方无法以一种相互理解和同情的精神携起手来，找到共同的解决方案。很多经理人几乎把工人当成了劣等种族，而工人则视经理人为朋友。[9] 德鲁克并非同情工会，但他确实觉得，公司无法团结工人是因为它不想给工人更高的地位和更多的机会。占主导地位的流水线生产法并没有充分激发出工人的创造力。而公司转向战时生产之后的情形，却让人看到了工人们是如何勇于担责、勤于学习，又是如何改进生产方法和提高产品质量的。所以，德鲁克极力主张将他们看成“资源而不是成本”，鼓励由具备“管理才能”的“负责员工”来管理“自治工厂社区”。查尔斯·威尔逊（Charles Wilson）当上通用汽车的首席执行官后，对这个想法颇感兴趣，但作为主要工会组织的美国汽车工人联合会表示反对，理由还是老一套：不能模糊劳资之间必要的界线。

据德鲁克说，《公司的概念》让通用汽车恼火的一个后果就是，阿尔弗雷德·斯隆决定亲自写本书“澄清真相”。[10] 斯隆的著作《我在通用汽车的岁月》（*My Years with General Motors*）在《公司的概念》出版近 20 年问世，但其本源实际上与德鲁

克所说的大相径庭。这很自然地触怒了斯隆的联合作者约翰·麦克唐纳，以至于他决定纠正这种误传，并让人们知道这本书能够出版是多么不易。[11]作为一个为《财富》杂志撰稿的前托洛茨基主义者和早期的博弈论宣讲家，麦克唐纳擅长研究“一般古典经济和决策理论没有注意到的，彼此独立并具有合作性和非合作性思维模式的各类个体、机构和群体所处的战略环境”。在二十世纪五十年代初他与斯隆就这些与通用汽车有关的问题合作撰写一篇文章时，两人意识到材料充足得够写一本书了。[12]在五十年代剩下的几年里，他们一起忙着这件事，但成稿后准备出版时，却遭到通用汽车公司律师们的阻止。[13]他们担心美国政府会把书中引用的内容当作发起反垄断调查的依据。整整过了 5 年，而且多亏麦克唐纳打赢了一起民事官司，《我在通用汽车的岁月》才终于在 1964 年 1 月出版，获得如潮好评。

他们的研究助手是小阿尔弗雷德·杜邦·钱德勒（Alfred D. Chandler, Jr.）。这位年轻的历史学家出身名门，与有财有势的杜邦家族大有渊源（他的中间名即源于此）。他还是标准 496
普尔公司（Standard & Poor's）创始人亨利·普尔（Henry Poor）的曾孙，普尔的文章著作不仅帮助他拿到了博士学位，而且激发了他对商业组织的研究兴趣。钱德勒的思想深受德鲁克影响。和德鲁克一样，他觉得应该对企业如何实现自我组织管理给予适当关注。对管理者的描述，应超越令人反感的“强盗大亨”或“工业政治家”的刻板形象，向人展示其更为丰满、细微的一面。1962 年，在斯隆的出书计划仍然受阻时，钱德勒在他的著作《战略与结构》（*Strategy and Structure*）中讲述了通用汽车公司的企业发展史。德鲁克没有用过“战略”

这个词，最多在《管理的实践》中提到过一次战略决策和战术决策的区别。《我在通用汽车的岁月》里也没有出现过这个词，尽管麦克唐纳是个超级战略迷。

说到对“战略”一词的使用，钱德勒可以和伊迪丝·彭罗斯（Edith Penrose）相比，后者也在同一个时期沿着非常相似的轨迹思考着企业的组织问题。现在人们通常认为，“基于资源的”商业战略理论是彭罗斯在她 1959 年的著作《企业成长理论》（*The Theory of the Growth of the Firm*）中创立的。[14]然而，除了在一个更传统的意义上提到“积极灵活地运用战略与其他生意人讨价还价并成功超越他们”的“成功扩张商业帝国的企业家”以外，她并没有使用“战略”一词。所以说，是钱德勒让战略的概念在商业环境中得到了凸显。不过，他强调的是一种特别的战略。五十年代早期，他在罗得岛上的美国海军军事学院讲授“国家战略基础”时，不经意地用到了这个概念。[15]他从计划及其实施的角度，将战略定义为“企业长期目标的决定，以及为实现这些目标所必须采纳的一系列行动和资源分配”。[16]

这样，战略从一开始就被确立为一种面向长期的、与计划紧密相连的目标导向型活动。钱德勒特别重视企业内部对市场机遇做出的组织性反应，从中可以很自然地发现以上思路，而且这种思路持续地影响着人们理解早期商业战略的方式。它和那些可能出现各种结果的解决问题或是竞争情形无关。“钱氏模型”表达的重点是战略决定结构，即“用于管理企业的组织设计”。钱德勒的创新在于，他是从企业管理如何解决多样化和分权化问题的角度来看待战略的。其大主题是采用多分部结构，这也是备受德鲁克赞赏的一种企业组织结构，而且斯隆在这方面做得相当令人称道。[17]管理顾问们——包括聘用钱德勒为高参的麦肯锡公司——都鼓励其他公司照搬这种模式。 497

在钱德勒看来，多分部结构，也就是所谓 M 型结构（M-form）的优势在于分清了战略计划和战术计划。它“把对整个企业命运负有责任的高管们从日常经营活动中解放出来，从而让他们有了进行长期规划和评估的时间、信息甚至心理承诺”。[18]通过避免次级议题的干扰，公司总部可以制定政策、评估绩效和分配投资，同时消除各分部负责人因偏处一隅而曲解公司总体战略的现象。

但这还不是故事的全部。弗里兰（罗伯特·弗里兰，Robert F. Freeland）指出，斯隆充分意识到了让通用汽车各级单位对总部战略保持一致的重要性。原始的层级体系有其危险性。如果不让中层管理人员参与制定目标，他们就不会那么努力地去实现目标。这样的话，计划就会脱离于执行。作为公司最大股东，杜邦家族总想深度参与关键决策，而且不愿向各分部负责人让渡任何权力。所以，必须在公司分权和杜邦家族的态度之间取得一种平衡。斯隆找到了让各分部负责人间接参与长期战略制定和资源分配的办法，从而化解了矛盾。这种组织结构在大萧条降临之前一直运转良好。大萧条时期，除了廉价的雪佛兰，其他分部都在尽全力保持不亏损。公司决定将各个分部合为一体，从而取消地方自主权，同时又不致对公司绩效造成明显损害。通过这番经历可以得出两个结论。第一，结构和战略之间的关系要比钱德勒描述的更复杂。第二，一家公司的内部秩序会反映出复杂的“社会和政治进程，包括交涉和谈判”。[19]

钱德勒对引起争议的反托拉斯和劳工问题都不太关注。通用汽车公司很清楚反托拉斯法的厉害（有充分理由），这就是为什么它不想激怒当局，以免招来司法部的介入。从1950年出台的《塞勒－凯弗维尔法》（Celler-Kefauver Act）中可以看出，政府反对单个公司通过扩大销量来垄断特定产品领域的态度鼓励了跨行业兼并，使这些公司转而将业务扩展到了本公司产品以外的新产品领域。这也是“综合性企业集团”数量激增的原因。[20]虽然钱德勒有权查阅通用汽车公司的档案资料，但他不能“在他自己的学术成果中引用这些证据，因为公司高管们对反托拉斯行动的畏惧压倒一切”。[21]钱德勒通常将商业
498 行为孤立于更宽泛的政治发展背景加以审视，这也是他同样不重视劳工问题的原因。他是一个“工业宇宙，劳工地位在其中完全是个因变量”。[22]路易斯·高拉姆博什（Louis Galambos）① 钦佩钱德勒在企业发展史研究方面做出的开创性贡献，但也抱怨他缩小了研究范围，“过于轻巧地绕过了权力问题”，想当然地认为“企业可以在没有社会摩擦或代理问题的情况下实现自我转型”。[23]

当时尚处在商业战略研究全面兴起前夕，所以对这个领域的关注不免眼界狭窄，没能直面企业内部以及企业与其外部环境之间的权力分配问题。相反，战略家们的目光都集中到了企业高管们所面临的许多其他问题上：塑造组织结构、决定生产和投资重点、控制成本以及对付外部供应商等。受到关注的都是大公司，它们地位稳固，有着军队和政府等所有大型组织中司空见惯的等级体系。斯隆模式同时体现出了强势领导人的影响力。以成功的通用电气公司总裁而闻名的杰克·韦尔奇

① 约翰·霍普金斯大学历史学教授、商业史学家。

(Jack Welch) 后来批评这套做法把经理们变成了懒鬼，使企业受到官僚而非顾客的驱使。他形容那些奉行斯隆主义的公司“脸朝着 CEO，却把屁股对着顾客”。[24]

规划者

1964 年，德鲁克将一部聚焦于行政决策的新著书稿交给出版商，当时他给这本书起名为《商业战略》(*Business Strategies*)。出版商发现，这个书名对于他的潜在企业读者没什么吸引力。“战略”这个词和军事有关，也可能和政治有关，但和商业无关。于是这本书改名为《成果管理》(*Managing for Results*)。[25]马修·斯图尔特（Matthew Stewart）说，“几乎只过了一天，战略就成了经理人圈子里最热的词”。[26]据他解释，人们对战略突然兴趣高涨缘于两件事——伊戈尔·安索夫（Igor Ansoff）的著作《公司战略》（*Corporate Strategy*）的出版，以及提供专业商业战略咨询的波士顿咨询公司（Boston Consulting Group）的成立。

按照沃尔特·基希勒三世（Walter Kiechel III）① 的说法，“企业战略革命”从更早的 1960 年就已开始，之后他又认为在 1960 年之前从来没有过商业战略。这个词几乎没人用过，而且那时候也没有一套系统的思想能够串起各种决定企业命运的关键要素，特别是他所说的“3C”：成本（Costs）、客户（Customers）和竞争对手（Competitors）。各公司也有计划，但往往只是一些根据已发生事情做出的推测，公司高层常有的一 499
种本能想法就是：“他们想要怎么赚钱。”基希勒的说法和

① 哈佛商业评论出版社前总编，现为《财富》杂志执行主编。

“在 1800 年开始出现军事战略这个词之前没有军事战略”的说法差不多。在二十世纪后几十年里，商业战略的发展在具体形式上不乏新鲜之处，但如果从更传统的意义看待战略一词，像洛克菲勒和斯隆这样的人物从来就不缺少它。考虑到“企业长官”们大都偏爱军事比喻，如果他们在准备大干一场的时候不考虑军事战略，那么真的会让人感到奇怪。而且，基希勒也承认，即使正在发展的是新型战略，它们也要以发生过的事情为基础。他使用了“更伟大的泰罗制”这个提法，只不过新的战略关注点不再是每名工人的生产绩效，而是企业的整体业务功能和流程。[27]其潜在的主题，就是不断尝试在理性的基础上组织商务活动。

要认识和理解所发生的变化，可以从研究哈佛大学的重要人物、曾在二十世纪五六十年代开设“商务政策”课程的肯尼斯·安德鲁斯（Kenneth Andrews）入手。他毕业于英语专业，曾撰写过有关马克·吐温的博士论文。他自己的作品可能平凡无奇，但他对战略却有着明确的见解。和钱德勒一样，他关心的是“企业的长期发展”。[28]这是领导者选择的产物，因此它是由企业在商业环境和更广泛的社会中必须面对的、包括价值取向和组织结构在内的所有问题共同决定的。鉴于需要考虑的变量太多，不计代价地全力追求一个目标是不可能的，至少是不明智的。所以，企业的首席执行官必须是个多面手，而且认识到每种情况都是独特和多维的。在这方面，没有什么现成可靠的模板、规范和框架可资借用。最接近此类框架的是，安德鲁斯和他哈佛大学的同事们开发的简单（但仍被广泛使用）的 SWOT 分析模型（组织的竞争优势和劣势要根据外部环境中的机会和威胁来综合考量）。他的分析方法很契合哈佛所倡导的案例研究教学法，该教学法要求学生考查企业成功和失败的每起个例。这使人们更加相信，战略必须视具体情况来具体制定，在特定环境下服务于特定企业，并非从普遍性理论中衍生出来的东西。

同时，它还以其内在的一致性、在现有资源条件下的可行性以及与环境的协调性，契合了人们一贯秉持的理性行为思想。它主张三思而后行，以便一旦形成战略即可付诸实施（或者像钱德勒说的“建构”）。因为它所涉及的是单一、独有产品的生产，亨利·明茨伯格（Henry Mintzberg）[①] 给它贴上了“设计学派”（Design School）的标签，将其看作后来很多其他管理学派的思想基础。他批评这个分析模型为了将既定战略 500
明白无误地对下传达，采取了一种命令和控制思维模式。战略的实施完全是个独立的过程，从而减少了学习和反馈的机会。[29]

由于企业经营环境变得越来越复杂，要想保持决策的理性，就要让决策过程吸收所有内外信息，并将其转化成行动指南。这就是伊戈尔·安索夫在他的《公司战略》一书中想要做的事情。这部正式出版于1965年的著作为他赢得了“战略规划之父”的美名。[30]安索夫生于俄罗斯，后来移民美国，学习工程学，在兰德公司干了一段时间后，他进入了防务制造企业洛克希德公司（Lockheed），在那里获得了实际管理经验。他认为公司应该实行业务的多元化，提出了产品和市场相匹配的概念。在洛克希德公司的经历，使他相信“在一个商业企业内存在制定决策的实用方法”。在六十年代早期入职卡内基梅隆大学（Carnegie Mellon University）之前，他主要致力于为洛克希德物色要收购的公司，以实现这家军火巨

① 加拿大管理学家，经理角色学派的代表人物。

头的产业多元化。因此，他的管理战略思想产生于大公司的内部，其关注的重点就是开发出适合市场的产品系列。在一个熟悉的主题中，他寻求通过——尽可能以最系统、最全面的方法——整合所有可能相关的因素，将管理战略由一种直觉艺术变成一门科学。

为达到这个目的，他提出一种非常特别的战略观。安索夫注意到战略的定义中有一个"不幸的巧合"。他试图区分"战略性决策"和"战略"这两个概念，认为前者中的"战略性"涉及"企业与它所处环境的匹配"，后者中的"战略"表示"部分无知状态下的决策原则"。[31]没有什么决策能够在全知全晓的情况下做出，尽管安索夫的计划模型显示有这个可能，而且认为所有重要决策都会影响到与环境的关系。不过，开展具体活动与分析现实挑战和未来可能性肯定是不一样的：前者要求必须针对紧迫问题采取行动，所以会带有些许战斗气息，带有紧迫感和危机感；而后者是对环境的一个总体判定，着眼于那些可能要过很久才会发生的事情。这个模型或许永远不能用来应付危机；用它是为了避免危机，通过关注总体环境维持有利地位，确保资源得到最有效利用。

这种关注每个细节、重视系统化进程的整体分析法，反映了安索夫的工程学专业背景。在以各种列表、方格、图解、矩阵、图表和时间轴为标志的分析模型中，环境通常由一团"不规则的斑点"表示，而组织单位通常是一些方格，概念是圆圈或者椭圆。[32]其结果就像基希勒说的，"被精细地雕琢成了
501 一个过分讲究的错误"，最后的一页图表上竟会出现 57 个包含了各种对象和元素的方格，还有一堆箭头，用来确保看它们的人不会弄错顺序。[33]整个分析过程是如此高标准、严要求，

以至于战略必须交给专业机构来制定，不再是首席执行官能做的事情了。正是计划的这种高要求，让加尔布雷斯看到了权力向技术阶层的转移。

计划的重要性，以及人们感知到苏联比它的资本主义对手更精于此道，加深了各界对管理术的崇拜。将这种管理术服务于国家方面的典型人物，就是罗伯特·麦克纳马拉。在职业生涯早期，他就阐明了经商技巧可以用于处理军事事务，而且可以再被用回到商业领域的观点。第二次世界大战爆发时，麦克纳马拉正在哈佛商学院教授会计学。他和几位大学同事一起被召进美国陆军航空队（Army Air Corps），加入了由外号为“特克斯”的查尔斯·贝茨·桑顿（Charles Bates “Tex” Thornton）领导的国家统计控制办公室（Office of Statistical Control）。这个小组通过死抠真实数据，同时辅以高度精确的量化分析，一举理顺了航空队混乱的会计系统。这样一来，人员数目清楚了，机库中的配件也都准确地和飞机对上了号。他们还运用运筹学，证明资源可以得到更有效的利用（例如将炸弹投放量与燃油消耗量和飞机容量联系在一起）。他们的分析不仅为国家省了钱，而且对军事部署产生了积极影响。[34]

战后，桑顿带领他的团队为福特汽车公司提供服务。二者的配合堪称完美。亨利·福特在儿子——其指定接班人——埃德塞尔 1943 年因胃癌病故后，重新回到了公司的领导岗位上，但他此时已经年老体衰，情绪也不稳定。不久，他又把位子让给了孙子——还不满 30 岁的亨利·福特二世。凭着充沛的精力和十足的干劲，小亨利开始着手对公司进行现代化改造。当时公司的主要问题之一就是完全没有财政纪律，为此，他采纳了桑顿的建议。这个小组对公司的集体影响是巨大的。他们探索系统运作和会计方法，提出了数不清的问题，以至于后来被称为“神通小子”（Quiz Kids，当时一档由一群绝顶聪明的孩子担纲的深受欢迎的电台节目）。随着该小组方法的日渐奏效，他们的绰号又变成了“精明小子”（Whiz Kids）。他们代表着理性主义，坚决反对靠直觉和传统行事，而且对自己缺少企业工作经验不以为然。对他们来说，和公司有关的是组织结构图和现金流量，而不是工业生产流程。最终，他们这种方法暴露出了明显的局限性：它过于依赖数据的质量；容易忽略像顾客忠诚度这样无法简单测量的因素；而且对不能马上见效的
502 投资的长远收益缺乏足够的认识。但在短期内，这种方法的效果是明显的。福特是战后第一家推出新车型的公司，而正是“精明小子”帮助公司走上了复苏之路。

麦克纳马拉后来成为这个小组的领导人，进而在 1960 年 11 月 9 日约翰 · F. 肯尼迪赢得总统大选的同一天当上了福特汽车公司总裁。但两个月后，他便辞职就任肯尼迪政府的国防部长。我们已经领教了麦克纳马拉实行的基于分析法的集权式管理给五角大楼带来的影响。现在我们看到，这种做法契合了管理理论的发展潮流。麦克纳马拉的前任、艾森豪威尔总统的国防部长查尔斯 · 威尔逊也来自同一个行业。威尔逊曾接替斯隆担任通用汽车公司总裁，而且曾采用 M 型结构的组织方式管理五角大楼，即把各个部门视为各自独立的事业分部，并将负责各个部门的助理部长当作他在公司时的副总裁。由于艾森豪威尔下决心要缩减国防开支，威尔逊整个任期内都在竭力遏制激烈的部门间争斗。各个部门互不统属，各自为战，在国会和商界都有朋友撑腰，彼此间剑拔弩张，疏于协作。[35]麦克纳

马拉的管理方法则大异其趣，更多表现出安索夫的风格，而非钱德勒和德鲁克的作风。他的目标是掌控整个办事流程，为此，他强化自己的领导权，让系统分析办公室里那些主要由他从兰德公司带来的“精明小子”面对面地质询各部门的预算和项目情况。这种穷追不舍、注重分析的方法对美国军事项目和作战行动的管理，特别是越南战争的实践，产生了重大影响。起初，麦克纳马拉被誉为运用最先进管理方法的楷模，但是到1968年他离开五角大楼时，他的方法却因过分重视可测数据、忽视真正需要理解的东西而遭到非议——麦克纳马拉在晚年时接受了这些批评。

企业就像政府，整个部门都被用来制订计划，一丝不苟地设计出每一个要采取步骤的细节和它们的适当顺序。周而复始的计划主宰着企业生活，每个人都在等待正式文件来告诉他们该做什么，文件上列有预算和项目，并警示了偏离计划的危险。其结果是政治上加强了中央的权力，但代价是疏远了那些执行计划的人，使他们很容易用嘲讽的态度对待各种毫无意义的目标。一名管理人员曾沮丧地大叫，“他们用模型选择战略，他们也能用模型实现它”。[36]他们所依赖的长期 503
预测根本不可靠，组织信息往往陈旧过时，被随意归入不恰当的类别中，而且很少考虑文化因素。连安索夫也开始担心，这种由他最先倡导的组织结构会瘫痪决策机制，牺牲掉应有的灵活性。

经济学家弗里德里希·哈耶克（Friedrich Hayek）[①] 最著

---

① 奥地利裔英国经济学家、新自由主义代表人物、1974年诺贝尔经济学奖得主。

名的一篇文章，认为规划合理经济秩序的核心问题是“我们必须利用有关我们处境的知识，但这样的知识从来也不会以集中或整体的形式存在，而是人们各自持有的不完整且常常相互矛盾的知识碎片”。由知识引出的问题并不是单个头脑能够解决的资源配置问题，而是“如何确保社会的每个成员所知道的资源得到最优使用，将其用于相对重要性仅仅为个人所知的目的。简单来说，社会经济问题是任何个人都不可能从整体上占有的知识的利用问题”。[37] 25 年后，阿伦·威尔达夫斯基（Aaron Wildavsky）① 同时从国家和公司的层面，对流行一时的计划风潮做出评论。持强烈怀疑态度的威尔达夫斯基提出，没有足够证据显示计划过程有什么价值。在某种程度上，所有决策都是计划，为的是改善未来的状况。计划的成功取决于“控制目前行动的未来后果的能力”。在一个大公司里，更不要说在整个国家里，这意味着“为了确保取得预先设定的结果，对很多有着不同利益和目的的人们的决策实行控制”。某些因果理论应该把计划好的行动与想得到的未来结果，乃至按照该理论行事的能力挂钩。涉及的人和行动类型越多，就越是要求这些理论解释清楚如何让所有人以不同方式采取行动。[38]

到了二十世纪八十年代，战略计划渐渐失去它的光彩。计划部门已经变得越来越臃肿和费钱，计划一个接着一个层出不穷，计划出来的结果也变得空前复杂。过去的困难和失败并没有被当作系统缺陷的表现，而是被看成计划执行过程中存在过多独立想法的结果，而这需要出台更多的指令和规定、制定更

---

① 美国公共行政学、政策科学和政治学领域的大师级学者。

明确的预算和目标。当素以拥有精密的计划体系著称于世并引
以为傲的通用电气公司决定彻底废止这套体系时，旧的格局被
打破了。人们抱怨独断专行的官僚机器依靠模棱两可的数据而
非市场本能反应行事，因为缺少转向的灵活性而固守错误的预
测结果。高级管理人员任由计划流程摆布，无法拿出替代宏大
计划的其他可行方案。同时，就像通用电气新任首席执行官杰
克·韦尔奇所观察到的："规划报告越来越厚，内容越来越 504
多，排版越来越复杂，插图也越来越精美。"[39]据说，《财富》
杂志 1981 年写给韦尔奇的一封信使他深受触动，信中批评
"经理们无休止地追求能够自动给他们答案的毫无创意的做
法"。他拿克劳塞维茨和冯·毛奇的作战思想做比，提出"战
略不是一份冗长的行动计划，而是随着不断变化的环境而产生
的一种中心思想的持续演变……任何机械刻板的方法在独立意
志或真实世界中不断发展的形势面前都无能为力"。韦尔奇在
通用电气实践了这种思想，他引用冯·毛奇的观点——作战计
划在第一次遭遇敌人时就无效了——解释了为什么公司需要的
不是一份严格僵硬的计划，而是一种能够适应环境变化的中心
思想。[40]

1984 年，《商业周刊》（*Business Week*）以通用电气为例，宣布了乏善可陈、令人失望的"战略规划者统治"的终结。对它的致命一击来自亨利·明茨伯格 1994 年的著作《战略规划的兴衰》（*The Rise and Fall of Strategic Planning*）。[41]1991 年，作为对明茨伯格早先发表的一篇文章的回应，安索夫抱怨他似乎要把所有规范正统的学派都扔进"历史的垃圾堆"。他不无悲哀地表示，如果自己接受了明茨伯格的评判，那就是"白花了 40 年时间苦寻对战略管理实践毫无用处的对策"。[42]

商场如战场，一旦人们对建立在集中控制、量化和理性分析基础上的计划模式丧失信心，新的战略方法就会应运而生。这些集权模式在理论上没什么瑕疵，但在实践中却漏洞百出。它们为首席执行官设计了理想的行为范式，但这却是以大胆猜测如何做出和执行最优决策为依据的。特别是，这种模型只能服务于强有力的实体，比如一个超级大国，至少也得是一个超大企业。随着外部环境越来越难以管控，这种模型所要求的烦琐程序也变得越来越失灵和迟钝。

要找到新的方法，就必须更好地理解如何应付组织内部和组织之间的冲突。总的来说，经济学可以从横向上帮助解答有关如何制定竞争战略的问题，而社会学则可以从纵向上帮助解答如何发挥一个组织最大效能的问题。在我们探讨这些因计划模型暴露出缺陷而发展出来的方法前，我们应该首先思考另外一类方法，尤其要注意它和军事思维之间更紧密的联系。

三十一　商场如战场

经理们总是幻想自己属于军官阶层。而把他们和中士区别开来的是战略。

——约翰·米可斯维特和阿德里安·伍尔德里奇

就像发生在军事领域中的情形一样，对二十世纪五六十年代商业计划模型的抗拒，开始让人们试着去重新发现战略在实践中的本质。越南战争的经历和对苏联实力上升的认识，促使美国防务改革者们重拾古典军事思想，坚决要求应对严酷的战争现实。同样，日益严峻的竞争环境也促使商界开始更多地思考成功与失败，以及将打仗所需的意志力和激情注入其商业战略的必要性。首席执行官们可以把自己想象成将军，恰当地运用自己的智谋、魅力和心计，率领他们的部队投入战斗。比较激烈的商业竞争和战争之间的相似之处成了管理类书籍的固定主题，对战役、进攻和迂回这些军事语言的使用似乎是件很自然的事情。

这种趋势发展到最后，一般会启发人们习惯性地想到，企业的董事们或许可以从亚历山大大帝（Alexander the Great）[1]或拿破仑这类人物的战场功绩中获得某些借鉴。军事人物，甚至某些充满争议的军事人物，一下子变身成为商业楷模，人人

[1] 古马其顿王之子，历史上第一位征服欧亚大陆的著名帝王。

506 都指望能从他们身上学到相关的领导秘诀。除了明显的人选（亚历山大、恺撒、拿破仑）之外，阿尔伯特·马丹斯基（Albert Madansky）① 还发现了一些书籍，其中分别汲取了匈奴王阿提拉（Attila the Hun）②、坐牛（Sitting Bull）③、罗伯特·E. 李④、尤里西斯·S. 格兰特⑤以及乔治·巴顿（George Patton）的战略智慧。[1] 例如，韦斯·罗伯茨（Wess Roberts）撰写的畅销书《匈奴王阿提拉的领导秘诀》（*Leadership Secrets of Attila the Hun*），虽然没有将阿提拉塑造成一个行为榜样，但称赞他为模范领导人，因为他“完成了艰巨任务，并以具有挑战性的壮举克服了‘看似’不可克服的障碍”。这等于赋予了阿提拉和他的匈人“在别处可能看不到的稍稍正面一点的形象”。伟大的首领会努力适应环境而非轻易妥协，会坦然应对厄运，会从错误中学习，不会问他不想知道答案的问题，只打他能赢的战争，更喜欢胜利而不愿僵持，而且他即使失败也会拼尽全力，等等。书中只在提到忠诚的重要性以及如何强迫人们尽忠的时候，有过一点对阴险邪恶的模糊暗示。总的来说，阿提拉是位开明和有感召力的领导人，认真负责地为匈人创造福祉，并向他们解释自己正在做什么以及为何这么做。[2]

只要精心挑选一些例子，仔细地对它们去粗取精，历史事件和人物是可以用来论证各种商业理论的。在这类书籍中，战略成了各类警句和比喻的大集合，内容往往相互矛盾、陈腐老

① 美国芝加哥大学商学院教授。

② 曾率匈人军队横扫欧洲，使西罗马帝国名存实亡。

③ 北美印第安人部落首领，曾领导印第安人反抗白人入侵。

④ 美国南北战争中南方联盟国军总司令。

⑤ 美国军事家、陆军上将、第 18 任美国总统。

套，最多把以前的最好做法再精练地重复一遍——这些恰恰是采用谨慎研究方法的社会学家们想要避免的。这些书不可能让它们的读者过多地改变行为，也不可能影响到企业的生产和计划。比如，有一本书的后面就列出了一堆格言和语录。试问，企业经理应该如何理解“战争很残酷而且你无法改变它”（W. T. 谢尔曼将军），或“给他们的肚子来上一枪，掏出他们的五脏六腑”（乔治·巴顿将军），抑或“战争在定义上，就是指暂时把规则、法律和文明行为扔到一边”（罗伯特·E. 李将军）？这位作者根本不考虑“带着笑脸的、双赢的、‘爱你的敌人’式的商业思维”。他坚持认为，商业“就像战争，基本上是一场带有最高等级经济和专业风险的零和对抗游戏”。[3] 同样，道格拉斯·拉姆齐（Douglas Ramsey）形容现代商业是“野蛮的战场”，一样以“胜利”为目的。他想要说明的是，某些关键的战争原则，比如明确目标、统一指挥、节省兵力和集中力量，对企业老总就像对军事将领一样有意义。他注意到，就战略决策而言，很少有企业领导人会从战争中借鉴经验。但可以肯定的是，如果他们能这么做，工作效果会更好。[4]

很多这类书籍影响有限，人们更多是读个新鲜，而不是把
它们当成常备参考手册。有些时候，商业对抗会变成你死我活 507
的战斗，但竞争多半会继续下去，参与者众多，力量此消彼长。取得决定性胜利的时刻少之又少，久历不遇。事实上，军事经历的要素更多体现在“摩擦”的概念或严重无能的例子中，从而警示了作战计划会有多么差劲。在一个衰退或不景气的市场，胜利往往属于坚持到最后的公司，这就可能促使各个商家竞相运用无情手段死拼到底。但是在一个成长中的市场，竞争或许没有那么激烈。而在那些充满复杂变数的市场，各方既有可能

展开合作，甚至串通一气，也有可能发生冲突。如果过于认真地把商场比作战场，将会引发不恰当和不道德的行为。对争斗的热情以及对失败出于面子的恐惧，可能促使各方不计代价地追求“价格战”或“收购战”，进而遭受重大损失。和所有借鉴对象一样，战争可以给商界带来启发，只要后者别太当真。[5]

不过，有些标准的军事战略比喻看起来还是贴切的。早在二十世纪六十年代，波士顿咨询公司[6]的创建者布鲁斯·亨德森（Bruce Henderson）就对战略有过更具概念化的思考。他明确吸收了李德·哈特的思想，强调应集中力量攻击竞争对手的软肋。他意识到，竞争充满戏剧色彩，当它表现为“某种无感情的、客观的、无趣的事务”时便会荡然无存。为此，他论述了用计谋牵制竞争对手的可能性。战略应该是对不同管理风格的分歧，以及诸如“间接费用分配率、分销渠道、市场形象或者灵活度”这些因素的挖掘利用。他注意到，在市场体系需要稳定的时候，竞争对手是可能成为朋友的。基本的战略规则就是：“说服你的竞争对手不要在你自己想要大力投资的产品、市场和服务领域投资。”[7]

在1981年发表的一篇影响后世的论文中，科特勒①和辛格②认为，企业对“制定以竞争对手为中心的战略赢取市场份额”的需求，将使经理们越来越把注意力转向军事科学话题。[8] 阿尔·里斯（Al Ries）③和杰克·特劳特（Jack Trout）④于

① 菲利普·科特勒（Philip Kotler），被誉为“现代营销学之父”，美国西北大学凯洛格管理学院终身教授。

② 拉维·辛格（Ravi Singh），印度裔美国企业家、作家。

③ 定位理论创始人、世界最著名的营销战略家之一。

④ 定位理论创始人，被誉为“定位之父”。

1986 年出版的《营销战》（*Marketing Warfare*）一书，[9] 从克劳塞维茨的思想中汲取了灵感。营销战略和军事战略不同，因为它关注的重点是消费者心理而不是市场大小（尽管军事战略也大都不怀疑心理因素的重要性）。就像最强大的军队一样，最强大的公司应该运用它们的实力保持住自身优势。一家主宰市场的公司有更多的资源来压低价格和开发产品。因此，小公司要想赢得机会，就必须像弱势军队那样多用计谋而不是武力。有更好的人员、产品甚至更高的生产率还不够。根基稳固 508
的防御阵地只可能被一支更强大的军队攻陷。同样，按照克劳塞维茨的观点，突然袭击也不可能弥补兵力上的不足。

里斯和特劳特提供了四种营销战战略——防御、进攻、侧击和游击。采用哪种战略由市场份额决定。那些占有最多份额的企业都想支配市场，而那些份额最少的企业只能全力维持生存。面对严峻挑战，实力最强的企业必须做出应对：如果不这么做，它们就会慢慢失去市场份额，最终使自己的支配地位受到威胁。市场中的老二可能发起攻势，夺走老大的一些市场份额，但最好从狭窄的阵地上正面攻击市场领导者的致命弱点。弱点必须仔细挑定。举例说，如果只是简单的价格过高，一个拥有充足资源的公司可以通过降价来应对。如果正面进攻太危险，可以使用明显不同的产品发起侧翼攻击。这方面的风险涉及不熟悉相关市场，以及无法向竞争对手发出充分的信号。小公司最好在它们所有细分市场采用游击战略，避免同大公司展开激烈竞争，保持灵活机敏，随时准备在环境变化时进军或撤离某个地区。以李德·哈特的方式间接逼近敌人并以克劳塞维茨的方式全力攻击敌人最薄弱的环节，是从军事理论中借鉴到的关键原则。核心建议是，不要正面攻击一个地位稳固的对手。

二十世纪八十年代，商界的目光转向了中国的孙子。[10]孙子的影响力通过流行文化作品中对他的两次引用得到了印证。在电影《华尔街》（*Wall Street*）中，邪恶的戈登·盖科（Gordon Gekko）劝告巴德·福克斯（Bud Fox）：“我可不会朝木板上乱扔飞镖，我只赌会赢的事。读读《孙子兵法》吧。仗在没打之前就已经分出胜负。”福克斯后来运用孙子兵法战胜了盖科：“强而避之，怒而挠之，势均而战之，势弱则避而观之。”《华尔街》是一部道德故事，讲的是初级股票经纪人巴德·福克斯夹在他的蓝领阶级父亲和冷酷无情、玩世不恭的戈登·盖科中间左右为难。他的父亲是个工人领班，也是工会会员，代表了劳动者勤劳而诚实的美德；而盖科是个“企业狙击手”[①]，他的座右铭就是“贪婪是好东西”。巴德用从盖科那里学到的方法变得富有起来，直到他意识到盖科计划收购他父亲工作的航空公司完全是为了低买高卖。影片上映于华尔街股市暴跌的1987年，它似乎摸透了金融界的心态，这种心态既引发了股灾，又导致了道德的沦丧。

另一个恶棍是《黑道家族》（*The Sopranos*）中的黑道大佬托尼·索普拉诺（Tony Soprano），他的心理医生马尔菲（Malfi）多少带点挖苦地告诉他：“你要想成为一个更棒的黑
509 帮老大，就读读《孙子兵法》。”[11]后来，索普拉诺向她汇报说：“我在读那东西——你告诉我的那本书，你知道的，就是《孙子兵法》。我的意思是，这玩意儿是一位中国将军在2400年前写的，大部分内容在今天仍然管用！避开敌人的实力，迫使他

---

① 专门靠大量购买某公司股票而达到控制该公司目的的人或机构，也有人译为“公司掠夺者”。

暴露自己。”索普拉诺清楚地感觉到，自己因为读孙子而获得了竞争优势，“大多数我认识的家伙读的都是马基雅维利”。索普拉诺称自己在一本学习指南中读过马基雅维利，发现他最多也就是“还行”，但是孙子“在战略方面要强得多”。[12]因为有托尼·索普拉诺的捧场，《孙子兵法》在新泽西州成了亚马逊畅销书。

商业战略家对孙子的研究，催生了一整套介绍大师深邃思想的书籍。马克·麦克内利（Mark McNeilly）在《孙子与商业艺术》（*Sun Tzu and the Art of Business*）中就解释了“如何在不激起竞争对手报复的条件下抢走市场份额，如何攻击一个对手的弱点，以及如何最大限度地利用市场信息的力量取得竞争优势”。[13]据信，孙子兵法的价值还体现在更多领域。有一本书认为，仔细研究《孙子兵法》有助于“坚守结婚誓言，让婚姻需要帮助的你和你的伴侣获得美满的婚姻”。[14]对《孙子兵法》的信奉提高了战略家的素养。新的战略思想不再鼓励企业经理人成为“小拿破仑”，而是劝说他们运用自己的头脑智胜对手。它还大大减少了对克劳塞维茨式“商业即战争”比喻的依赖。

孙子和李德·哈特吸引商业战略家的原因和吸引军事战略家的原因一样。他们认为理解力、想象力和控制力是战略家的必需素质。比一个弱小对手花更多的钱不算本事，除非为了避免受到反竞争监管。真正的本事在于创造新产品和开发新服务——哪怕是在被最有可能的竞争对手忽略掉的新市场。《孙子兵法》中还包括了一定程度的道德复杂性，比如，电影中虚构的无赖交易员利用内部消息致富就被认为是受了它的启发，靠敲诈勒索和威胁恐吓大肆敛财的地痞流氓也是如此。和古希腊罗马时代的阴谋家们一样，他们的狡诈让人佩服，但也让人深深担忧：这种狡诈会被怎样用来对付那些过着更高尚生活的人们？欺骗和智胜一个外部敌人的能力或许值得称道，但如果使用这些手段在自己家门口获得不公平优势，就不是什么好事了。

人们着迷于孙子的另外一个原因，在于它可能提供了探知亚洲思维的一个线索。日本，这个在太平洋战争中遭受决定性失败的国家，在战后采用了美国人可能曾经知道但似乎已经遗
510 忘的商业方法，从而获得了不可动摇的竞争优势。《孙子兵法》提出一种独特的哲学观，那就是依靠耐心和智慧，凭借对事态发展的出色把握以及隐藏自身实力和意图、洞穿敌方实力和意图的能力，获得优势。相比之下，美国的经理人们已经变得目光短浅，总是盯着财务收支和短期目标，而他们的对手则从长远考虑，集中精力关注产品。十七世纪的剑术家宫本武藏（Miyamoto Musashi）是日本的一个重要人物。将死之际，他把自己的哲学思想写进《五轮书》（*The Book of Five Rings*）留给弟子。虽然他身经百战，但他的主要本领是决斗，自从 13 岁初次决斗战胜对手后，就对这门技艺勤练不辍。宫本的决斗方法中包含有一定的诡诈成分（比如，故意迟到以使他的对手失去镇定，或者故意早到令对手措手不及），但他的力量和技巧是不容置疑的。他可以双手使剑，同时还能掷出他的短剑。他一生据说进行过至少 60 次决斗，没有一次失手。虽然宫本宣称他的理论适用于所有形式的战斗，但决斗却提供了一个独特的视角，尤其是在它直奔目标、只想简单砍倒对手的时候。

从整体方法上看，宫本的理念与《孙子兵法》有很多共

同之处，几乎可以肯定他读过这本书。[15]宫本将战略形容为“武士的技艺”，由首领来展现。他强调“当今世界没有真正理解‘战略之道’的武士”，以此来说明其见解之重要。他鼓励通过刻苦研究每一件可能相关的事物（“了解最微不足道的事、最举足轻重的事、最肤浅的事和最深奥的事”）开发直觉智慧，强调要在任何情况下保持镇静，主张灵活应对和变换策略（因为明显的行为模式会让敌人发现你的弱点），并且警告应避免正面交锋。在不能看清敌人的情况下发起攻击，他力主站到高地上，确定敌人在左边还是右边，并尽力把他逼入不利的地形中。时机很重要，这意味着调整步法和保持警惕。他更喜欢先发制人，但强调必须注意敌人力量的强弱变化。

但是一些人提出，是否可以从所有这些思想中引证出成功的日本商业战略，还不是很清楚。《五轮书》不是给普通读者看的，而是给那些按特定武术套路接受训练并契合其独特精神基础的人看的。有一部权威著作形容它“简洁到令人费解的
地步”，暗示它的“晦涩难懂”使“其中的文字像罗夏克墨迹 511
测验①中的墨迹一样，现代读者（也许是商人）可以从中发现很多可能的意义”。[16]从宫本武藏在日本的受重视程度来看，他不太可能被作为一个战略思想的源泉来对待，更可能被当成了一种行为榜样，一个以谦逊、内心的平静、勇气、力量和冷酷著称的武士英雄。

二十世纪七十年代晚期被波士顿咨询公司派到日本工作的乔治·斯托克（George Stalk），对日本战略中强硬、坚韧的一

① 瑞士精神病学家罗夏克于1921年创立的心理测验方法，即把墨水洒在白纸上，对折形成对称的墨迹图，然后把这些无意义的图形呈现给被测评者，让他们根据图形自由想象并做出自己的解释。

面比对它温和的一面更感兴趣。他在 1988 年发表于《哈佛商业评论》（*Harvard Business Review*）上的一篇文章以及随后出版的一本书中发展了自己的想法，[17]其中强调了时间作为竞争优势之源的重要性。他注意到，他强调要快于对手制定和执行决策的观点，与约翰·博伊德鼓励深入理解决策周期的 OODA 循环理论很相似。[18]这就通向了美国所有曾热衷讨论军事改革的人都很熟悉的论证（和表述）方式。他指出，在一个竞争环境中，战略选择只有三个选项：一是寻求与竞争对手和平共处，但这不可能带来稳定；二是退避三舍，这意味着退出市场，或通过业务整合和集中尽量避免与对手接触；三是发起攻击，这也是确保企业成长的不二选择。但是，通过降低价格和扩大产能来直接挑战对手的风险很高，所以最好的选择是“间接攻击”，包括使用奇袭战术，让对手来不及反应或根本无力反应。据他讲述，日本人能做到这点靠的就是加快“计划循环”，绷紧从新产品开发到服务于顾客的每一根弦。这不仅省了钱，而且让竞争对手很难赶上。[19]

隐藏在“商业即战争”这类书籍背后的一个严肃问题是，这两种行为是否有足够的相似之处，可以使军事战略有效应用于商业活动。在各家公司激烈争夺市场份额、努力躲避贪婪的掠夺者、清理卑鄙的内鬼，或是继续攻击有弱点的同业企业的某些领域，商业和战争的相似性会表现得很明显。一般说来，这类书籍中的案例研究涉及的都是面对面竞争的公司（可口可乐和百事可乐之间的竞争是个典型案例）。一旦公司们成了彼此交战的军队，它们就要服从同样的准则。从二十世纪七八十年代起，美国的军事战略家们开始探讨孙子和李德·哈特思想的实用性，并对比机动战与缺乏创意且代价高昂的消耗战的

优劣。在约翰·博伊德的鼓舞下，他们开始思考如何掌握敌人
的决策周期，以使其迷失方向、陷入混乱。一段时间之后，商 512
业战略家们也捡起这些话题。其中有些人无疑很了解博伊德的
工作。

军事战略只是偶尔在一次性遭遇战中得到检验，这种一次性接触始终不可能像希望的那样取得决定性战果，但有助于改变未来与敌遭遇时的战术。商业战略每天都要接受检验，但其中却包含着对一家公司来说可能独有的机遇，一旦抓住，就可能会产生持久的优势。军事战略并非只涉及固定不变的国家。虽然很少见，但国家有可能因为被占领而不复存在，或者因为分裂而生出新的国家。但对于商界来说，发生这种事情太正常了，而且这可能是它最重要的一个特点。公司可能倒闭、易主，或是简单地汰旧换新。这使得内部组织与外部环境的互动更趋复杂。然而令人惊讶的是，战略文献中很少注意到这种互动。可以说，社会学中的学科划分无助于解决这个问题。从各方面来看，经济学可以解答企业和市场的关系问题。它最终涉足组织结构研究，产生了一定影响，但结果往往是灾难性的。要了解企业组织，社会学要管用得多，但它没有什么可以用来分析企业与其运营环境关系的工具（也没有专门的学科）。文献资料的划类，意味着我们必须先从经济学所主导的理论部分讲起，然后才能回过头来论述社会学所主导的领域。

三十二　经济学的兴起

513　　经济学家和政治哲学家的思想，无论是对还是错，实际上都要比一般人想象的更为有力。这个世界确实是由少数精英统治的。那些相信自己在智力上不受影响的实干家往往是那些已经过世的经济学家的奴隶。

——约翰·梅纳德·凯恩斯

经济学逐渐在战略管理领域取得了几乎是支配性的地位。这不是因为只有它适合这个知识性的论题，而是因为像兰德公司和福特基金会这样的机构经过深思熟虑之后，决定将它作为一门新的决策科学的基础，并且积极地推广这门新兴科学。两家机构都鼓励商学院纳入经济学课程。和柏拉图的哲学一样，一个旨在提供永恒真理的新学科，部分程度上是通过贬低和讽刺因不够严谨而已消失的学说，被创建起来的。

这个话题最好从兰德公司开始说起，我们在上一章节中曾认定它是博弈论和发展正式决策科学主张的大本营。兰德公司的努力之所以得到认可，是因为核武器带来了一系列非常特殊的问题。这些努力不仅改变了战略思维，也改变了经济思维，因为它展现了凭借强大计算能力为所有形式人类活动
514 建立模型的可能性。菲利普·米罗斯基曾在他的书里写到与计算机技术相伴发展、体现人与机器新奇互动的“半机器人

技术”。这些技术打破了在模式上开始趋同的自然和社会，以及“现实”和拟像之间的差别。例如，在战争期间，蒙特卡洛模拟法（Monte Carlo simulations）就采用原子弹项目以解决数据的不确定性，从而开启了一系列可能的实验，探讨复杂系统的逻辑，从不确定中找到方法，从混乱中发现秩序。[1]兰德公司的分析师们认为，它们代替而不是补充了传统思维模式。随着探讨各组成部分之间持续相互作用的动态系统的特征成为可能，简单的因果关系模式已经落后。各种系统模型，无论是更有序稳定还是更无序失衡，都在战争具有新的意义之前开始成为时髦的分析工具。甚至在不需要进行大规模计算的领域，自然和社会科学界也对使用正式而抽象的分析模型越来越适应，这些模型并不只是基于对可触及现实的一个狭小部分的直接观察，还基于对更广阔的可触及现实和其他不可触及现实的探索。对它们，可以用人脑无法驾驭的方法加以分析。正如最早的运筹学教科书中所言，这项工作需要“对新课题的客观好奇心”、对“无根据观点”的摒弃，以及“对在量化依据的基础上进行决策的渴望，哪怕这些依据只是粗略估计”。

邓肯·卢斯（Duncan Luce）和霍华德·雷法（Howard Raiffa）于1957年合作出版的划时代著作给这个领域注入了全新的活力。他们在书中过早地注意到，“天真地认为博弈论解决了无数社会学和经济学问题或至少把解决这些问题当成了多年工作中的一个实际任务的感觉”正在减退。[2]他们呼吁社会学家们认清博弈论不是描述性方法。相反，它“很规范（有条件的）。从绝对意义上讲，它既没有说明人们会如何表现，也没有规定人们应该如何表现，而只是阐明了人们如果希望达到特定目的应该怎么做”。[3] 他们的告诫没有受到重视，博弈论被更多地作为一种描述性工具而非规范性工具被采用。

造成这种情况的一个原因，就是以数学家约翰·纳什（John Nash，他和精神病做斗争的经历成为一部小说和一部电影的主题）命名的“纳什均衡”（Nash equilibrium）理论的发展。[4] 这是一种非零和博弈方法。其想法是要找到一个均衡点，类似于物理现象中力量平衡的状态。在这种情况下，每个参与者都想用最优方法来达到他们的目的。如果所有参与者的策略构成了一套策略组合，且在该组合中，只要其他
515 人都不改变策略，就没有任何人会改变自己的策略，则该策略组合就是一个纳什均衡。[5] 纳什的贡献后来被经济学界誉为“二十世纪最为卓越的思维进步之一”。[6] 但它对于战略的价值是有限的。一方面，缺少均衡点会引发混乱；另一方面，均衡点过多又会导致不确定情况的出现。作为对照，托马斯·谢林论证了使用抽象式推理阐明国家、组织和个人面临的实际问题的可能性。他鼓励人们把战略想象成讨价还价的一个辅助手段，同时他以惊人的洞察力探究了核时代种种可怕的悖论。但是，他明确回避了数学方法，并借鉴了一系列学科，从而放弃了发展一种纯粹、通用理论的所有努力。米罗斯基不仅看到了纳什的非合作理性主义的欠缺之处，而且认为谢林缺乏严谨性而偏于戏谑的分析风格让人恼火。谢林回避了纳什形式严格的博弈论和艰深难懂的数学方法，以便提出“没有交流的交流”和“没有理性的理性”这样的矛盾观点。[7] 米罗斯基低估了谢林将理论概念化的重要性，也低估了他对正式理论在模拟行为和期望时表现出的局限性的认识。

谢林指出，“在一个非零和博弈策略中，如果没有实验性证据，一个人无论在可证明的范围之外能感知到什么，都无法通过纯形式化的演绎方法推导出某个笑话一定很有趣的结论”。[8] 不过，谢林的崇拜者远远多于效仿者。在经济学领域，纳什的学说仍是主流。

在兰德公司预算支出和计算机技术进步的超常推动下，社会科学找到了新的立足点。经济学受到的影响尤其引人注目。正统经济学在二十世纪三十年代的大萧条中遭遇危机。这促使学界依托改进过的统计分析工具加强了实证的严谨性。很多关键人物在战时运筹学研究中学会了分析技术。虽然各派，例如芝加哥经济学派与考利斯委员会（Cowles Commission，成立于1932年，旨在提高经济数据的收集和统计分析水平）之间，在研究重点和方法上存在重大差异，但它们仍有很多共同点。值得一提的是，它们都植根于可追溯到瓦尔拉斯和帕累托的新古典主义传统，而且都认为个人理性是最可靠的东西。正如芝加哥经济学派中最杰出的经济学家米尔顿·弗里德曼（Milton Friedman）① 所说：“我们将假定，个人在进行这些决策时似乎是在追求一个单一的目的或者试图将其最优化。”[9] 弗里德曼认为，争论人们是否会真的按照复杂的统计规则理性行事是毫无意义的。它是一个对理论有好处的粗略估计，可以让各种命 516
题得到验证。

弗里德曼和他的同事们在研究方法上是注重实效的，尽管他们固执地确信，没有政府干预的市场才是运转最有效的市

① 美国当代经济学家、芝加哥大学教授、货币学派的代表人物、1976年诺贝尔经济学奖得主。

场。在这个问题上，他们受到了弗里德里希·哈耶克的影响。这个奥地利人于 1938 年获得了英国国籍，曾执教于伦敦政治经济学院（London School of Economics），后于 1950 年转往芝加哥大学，但没能在经济系取得教职。他出版于战争期间的最知名著作《通往奴役之路》（*The Road to Serfdom*），对在社会主义和战争双重影响下不断加强的中央计划倾向发出警告。与此同时，深受约翰·冯·诺伊曼影响并得到兰德公司赞助的考利斯委员会，在新的方法论挑战面前更倾向于相信健全的分析模型有助于制定开明的政策。这两种将想法和做法与博弈论联系起来的方式，成为发展新型社会科学的一个更广泛项目的组成部分。

经济学进入商业

如何才能让管理成为大国政府和大型企业提升效率和实现发展的重要手段？福特基金会率先对这个问题展开了探讨。二十世纪四十年代后期，该基金会的工作从解决福特公司自身在底特律周边的业务需要，转向推进更广泛的议程。亨利·福特和埃德塞尔·福特父子双双去世后，大量资金被投入了福特基金会。当时的兰德公司董事长、后来成为福特基金会总裁的罗恩·盖瑟（Rowan Gaither）被小福特选中，受聘领导一个研究委员会，为基金会的未来发展制定目标。他相信，社会科学可以也应该被用来服务国家，而这需要了解这门科学并且能看到其应用前景的管理人才。1958 年，他在斯坦福大学商学院发表演讲，主旨就是“苏联的挑战要求我们挖掘并利用美国最优秀的管理智慧，进而使管理成为一个具有空前重要性的国家责任”。[10]

1959 年提交给基金会的一份报告悲哀地发现，商学院的满意度标准“低得令人难堪”，很多学校实际上连这样的标准也没有达到。这一点从某所南方学校设了很多关于“烘焙原理”的研究选项就可见一斑。与此同时，有些人乐观地认为，这种局面可以通过向学生教授作为决策方法的“管理学”得到改观。学生们不必再学着依靠判断（这曾是哈佛 517
大学全部课程的基础）做结论，而是可以全身心投入计量方法和决策理论的学习，增强自己的分析能力。在盖瑟的影响下，福特基金会投入大笔资金，帮助各顶尖商学院创建卓越中心，提高下一代经理人和他们老师的知识水平和专业素养。在 20 年时间里，美国商学院的数量增加了两倍，培养出的工商管理硕士（MBA）人数也相应不断上升。到 1980 年，共有 5.7 万名 MBA 从 600 个项目毕业，占获得硕士学位总人数的 20%。与此同时，学术商业期刊的数量也有了同等的增加，从 50 年代末的大约 20 种增长到了 20 年后的 200 种。[11]

哈佛商学院成了主要受益者，霍桑研究也被奉为认真钻研必有回报的范例。不过，最先运用社会科学并将其当作头脑活力之源的，却是新成立的卡内基技术学院产业组织研究所（Carnegie Institute of Technology's Graduate School of Industrial Organization）。领导卡内基社会科学研究工作的李·巴赫（Lee Bach）坚信，最好的决策必定出自最好的推理过程。他预计将发生一场变革，它将澄清并摆明各种变量和逻辑模型，我们的头脑必须用在决策和持续改良这些模型的逻辑，[12]他招聘的团队成员之一、政治科学家兼经济学家赫伯特·西蒙（Herbert Simon）重抖精神，决心把商业教育从“职业教育的荒漠”改造为“基于科学的专业化教育”。到1965年时，福特基金会的报告显示“定量分析和建立模型的方法得到了更多应用”，经济学、心理学和统计学方面的学科期刊发行量也在上升。

最初的设想是把哈佛商学院教授的案例研究方法融入经济学，这样既能强化案例研究的效果，又能使经济学适应现实需要。其目的是让教学向重研究轻描述、重理论轻实践的方向偏移，但实际变化微乎其微。福特基金会日后承认自己犯了一个“策略性错误”，它在商学院中积极打造学术高地的工作渐渐被那些既没兴趣借鉴其他学科，也不过分担心学术成果现实应用的经济学家所把持。但是在六十年代早期，他们看起来似乎让人耳目一新。重实践轻理论的决定，导致各种理论全面缺失，让人仅靠常识和判断
518 力行事。要弥补这个缺陷，经济学明显比其他软科学更有优势。它鼓励采用简化模型，通过聚焦核心原则和假定理性行为者（这只表示经理人们可能会如何想象自己），将复杂的管理问题简单化。设想的明确性将会由假说的清晰性和可测试性反映出来。管理者的挑战在于实现他们组织的最有效运转。研究一种将此假定为所有个人和组织的共同目标的理论是很有意义的。

变化体现在哈佛的教学上。原有的商业政策课程不是将企业战略“视为一套公式化理论，而是按照当时上流社会的传统，把它看作能够反映管理者价值观念的企业使命和独特竞争力”，同时，这门课程也不是特别受欢迎。因此，它被一门所谓“竞争和战略”的课程所代替，新课程教材中删除了有关总经理和社会价值的内容。[13]

竞争

让人们对经济决策理论产生兴趣的，不仅仅是市场供给的增加，还有商业环境带来的需求变化。强调计划过程，应该符合极少数超大型公司的利益，它们拥有巨大的经济和政治影响力，在经济稳定增长的条件下提供着范围广泛的产品线。正是因为它们的规模、实力以及反垄断法律的约束，这些巨无霸需要处理的主要是内部组织问题，外部竞争对它们来说并不那么重要。这个词甚至都没有出现在钱德勒的《战略与结构》或德鲁克的《管理的实践》的索引里。

至于新老市场中那些结构简单得多的小公司，面临的挑战大不一样，而且一些新出现的挑战甚至也威胁到大公司的生存。无论大公司还是小公司，都遭受着日益凶猛的外来竞争，特别是来自异军突起的日本企业的竞争，它们时刻掌握着新的消费者技术，生产成本也更低。商业领域发生着基本的结构性变化：产业重心由制造业向服务业转移，新技术催生出新型企业和新型产品，常人越来越难以理解的金融工具不断被开发出来。之后又出现了一些引起严重后果的暂时性因素，比如1974 年的油价暴涨以及随之而来的经济滞胀。

最初迎接挑战的不是商学院，而是企业顾问，他们不得不
应付商业环境变化带来的种种压力。布鲁斯·亨德森于 1964 519
年创建的波士顿咨询公司，认为战略就是将自己和竞争对手进行直接比较，尤其是在成本结构方面。当商学院还在鼓励学生分析具体而独特的事态时，亨德森已经在寻求有说服力的理论，来指导他的顾问们应对新客户带来的新情况。他的方法演绎多于归纳，目的是发现一家公司与其特定市场之间的“有

意义的量化关系”。[14]

和许多涉足商业战略的人物一样，亨德森出身工程学。因此，他对系统趋向平衡的理念很感兴趣，立志找到一种首先打破平衡，然后在一个更有利的基础上重建平衡的战略，并将其运用于一个包括竞争对手在内的系统中。其挑战在于发展出可以“在复杂组织内以协调方式加以贯彻”的明确的、必要的理念。

与安索夫的复杂方法完全相反，亨德森是要运用微观经济方法发展出他所谓的“强大的高度简化模型”。波士顿咨询公司后来将其卖给了多家公司。[15]为亨德森树立起声望的高度简化模型就是“经验曲线”（Experience Curve）。其核心思想以早期对飞机制造行业的研究为基础，认为生产的产品越多，生产成本越低、利润越高。将其绘制在曲线上，可以显示竞争关系的状态。可以假设，对于生产相同产品的各家公司而言，生产成本的变化很大程度上与市场份额相关。所以，市场份额增加所产生的效果是可计算的。商家有理由相信，它们在生产经验上的优势可以换来生产成本系统的、可预见的下降。但是，这种方法鼓励各公司只盯着它们的总成本、一味追求规模经济，也可能是一种严重的误导。因为在一个成熟的行业中，经验曲线会拉平。这种方法还可能鼓励“向下竞争”，商家会为了追求可能无法实现的更高销量而争相降价，进而失去投资的余地。福特的 T 型车实践已经证明，即便是一种占有统治地位的产品，如果把价格降到不能再低的地步，也会被另一种更好的产品淘汰出局。

波士顿咨询公司的第二个强大的高度简化模型是“增长率－占有率矩阵”（通称“波士顿矩阵”，Growth-Share Matrix）。

矩阵图上以纵轴表示企业销售增长率，横轴表示企业市场占有率。各企业可以在图上定位它们的各种产品。最好的情况是产品的销售增长率高、市场占有率也高（明星），最差的情况是产品的销售增长率不变或下滑、市场占有率也很低（瘦狗）。其他两类分别是“金牛”① 和“问号”②。这些图标很形象，
逻辑上也可以接受。对“金牛”必须呵护，对“明星”必须 520
支持，而对“瘦狗”则可以考虑撤资。一旦如此分类，只有“问号”需要认真对待。这样，图形又会起误导作用。评论家约翰·西格（John Seeger）就着重提到，“瘦狗可能是友好的，金牛现在可能需要一头公牛帮助维持生产力，而明星可能已经筋疲力尽”。西格警告，用管理模型“代替分析和常识”是危险的。这恰恰因为优雅而简洁的理论并不“一定好用”。[16]

直到 1980 年，商业战略研究才在一所商学院有了重大突破。迈克尔·波特（Michael Porter）③ 有着必不可少的工程学背景，热衷竞技体育。他最初入读哈佛商学院 MBA 项目，整体性、多维度地学习了有关“商业政策”的哲学原理。不同寻常的是，之后他报名攻读商业经济学博士学位，主修课程之一是产业组织。这是最有助于催生商业战略的经济学领域，因为它研究的是不完全竞争的情形。完全竞争在很大程度上是经济理论得以发展的必要条件。在完全竞争状态下，买方和卖方的可用选择使价格在一个特定水平上实现平衡成为可能。显然，处于完全竞争市场的单个单位不会有特殊和成功的战略。

---

① 销售增长率低、市场占有率高的产品。

② 销售增长率高、市场占有率低的产品。

③ 哈佛商学院历史上第四位获得“大学教授”殊荣的教授、商业管理界公认的“竞争战略之父”。

最极端的不完全竞争市场作为由单一供应商操纵价格的完全垄断市场，同样没有什么运用战略的余地。市场供应垄断者的任何选择都不完全受制于市场，但会受其竞争对手行动的影响。市场供应垄断者必须深谋远虑，因为它必须预见到这些行动。没有管控这种情况的法则，所以西蒙断言，寡头垄断是“经济理论无法根除的永久耻辱”。[17]

摆在经济学家们面前的问题是，某些市场为什么会偏离标准的完全竞争模型。正常的利润足以驱动企业发展，但某些行业的获利过于丰厚。这是因为缺少竞争压力，因为存在“进入壁垒”，即企业试图建立自己的市场地位时所面临的障碍。产业组织应用经济学方法的主要目标，就是找到减少这些壁垒的途径，使市场变得更具竞争性。凭借自己的商学院背景，波特看到了改写现有理论的机会。作为一位战略学者，他很自然地把着眼点落在行业内的公司，而不是整个行业身上。他想弄清的不是如何使系统变得更具竞争性，而是系统内的单位如何
521 能够利用甚至强化非竞争性元素，获得战略优势。

波特遵循了安索夫的方法，即按照“将一个公司与其环境建立联系”的原则定义战略。他设计了一个模型，来帮助企业评估它们的竞争地位。重点仍是为大企业完成这一评估过程提供指导，但他的方法比安德鲁斯更雄心勃勃，比安索夫更有的放矢，而且没有亨德森那么刻板老套。[18]波特确定了两个关键问题。一个是卖方集中（最大的四家公司所控制的市场份额），另一个是进入壁垒。从中又引出了用于分析一个产业的“五力框架”。这五种作用力分别是公司间的竞争、供方的议价能力、买方的议价能力、潜在进入者的威胁、替代品的威胁。许多因素相互关联。该框架系统而严谨，就企业如何维持

和改善自身的竞争地位提供了基本原则和一些具体策略。有评论认为波特的分析缺少变化，对此他回应称，恰恰因为五种作用力会发生变化，所以才需要对它们进行全盘观察。

对于波特而言，战略就是定位问题。可供使用的战略并不多，对它的选择应取决于竞争环境的性质，目的是找到可以应对现有竞争者和那些试图进入市场的潜在竞争者威胁的自身定位。波特提供了三种基本战略：通过不断降低成本保持市场领先地位；拥有一种完全不同、不会受到其他竞争者挑战的产品（差异化）；选定一个少有竞争者的细分市场（市场专一化）。他认为重要的是从这些战略中挑出一个并坚持贯彻落实，永远不要“夹在中间”，因为那样几乎“注定导致低利润”。既然最佳定位能带来最大利润，那么就要有充足的资源来改善自身定位。关键是要发现和利用市场的缺陷。根据 SWOT 模型，竞争优势和劣势应根据外部环境存在的机会和威胁，而不是自身的强弱来考量。没人会对内部组织和一种战略的实际执行感兴趣。

波特的方法可能会因为其演绎性而受到批评。他掌握着企业在寻求产品差异化或加筑市场壁垒过程中运用策略的大量实例，但这些实例都是对他理论中引申出的论点的说明。他的某些关于基本战略以及重视市场地位而非经营效率能够创造更大价值的核心主张，似乎并不符合实际情况。和所有结构理论家一样，他倾向于认为产业结构“强烈影响着竞争规则的确立以及潜在的可供公司选择的战略”。[19]现实中的系 522
统不像理论假设的那样严密和确定，而且更容易被真正有想象力的战略所改变。

波特方法的一个突出特点在于它的政治内涵。他并没有明确论及此事，但正如明茨伯格提到的，“如果利润真的来自市场力量，那么创造它的明显不只是经济手段”。[20]波特注意到，政府“能够限制甚至封锁对某产业的进入，例如通过许可证的要求和限制获取原材料的方法加以控制”。这是他在企业竞争地位和政府辅助作用之间建立的最紧密联系。关键的竞争场所是受反托拉斯法影响的领域。波特清楚地意识到了这个问题。他指出，受到反垄断约束的公司可能不敢对想要分走少量市场份额的竞争者公开做出反应，换句话说，大公司可能使用秘密提起反托拉斯诉讼的手段不断骚扰小公司。[21]他在他的第二本书《竞争优势》（*Competitivc Advantage*）中进一步谈到这个主题，指出这些诉讼可以给对手施加经济压力。他还详细论述了如何通过与分销商达成排他性协议逼走竞争者、与供应商合伙，甚至与其他公司结盟等办法，将进入壁垒抬得比自然形成的壁垒更高。[22]他强调，许多行为是反托拉斯法所不允许的，一旦被告上法庭就很容易败诉。波特坚称，他支持反托拉斯法，[23]但就其适用效力往往取决于经济环境这点来看，该法存在一定的不确定性也是事实。这种不确定性对于战略家来说是个大问题，因为看似在这个时刻能够接受的行为，可能在下个时刻会变得不能接受。

二十世纪八十年代中期，波特曾为美国全国橄榄球联盟（NFL）就它和美国橄榄球联盟（USFL）之间的纠纷出过主意。他把这场纠纷形容为“游击战”，建议 NFL 采取激进策略，比如：劝说广播公司终止与 USFL 的转播合同；挖走 USFL 最好的球员，同时鼓励 NFL 最差的球员转投 USFL；收编 USFL 最能干的球队老板，并把最弱的 USFL 球队搞破产。在 USFL 要求 NFL 为其违反竞争原则的伎俩做出赔偿时，上述做法全都成了呈堂证据。最终，法庭裁定 NFL 的行为违反了法律，尽管判赔的数目少得可怜。波特的助手承认，波特在提供建议时未曾考虑到法律问题，而 NFL 在辩词中则称它忽视了波特建议的这个缺陷。[24]

同样的问题也出现在巴里·纳莱巴夫（Barry Nalebuff）[1] 523
和亚当·布兰登伯格（Adam Brandenburger）[2] 合写的《竞合策略》（*Co-Opetition*）一书中，该书试图帮助广大读者领悟到博弈论的思想精髓。书名中的“竞合”轻巧简明地把博弈论要解决的合作与竞争两个问题糅合在了一起，[25]尽管这个新词实际上并不算新。[26]他们的想法是，一个企业在和其他同行瓜分商业蛋糕的同时，完全可以和同行合作把蛋糕做大。他们着重提到了各种复杂的关系，不仅有企业与客户、供应商、竞争对手的关系，还有企业之间业务互补的关系，也就是说，一家企业与其他企业存在着天然的合作和相互依存关系（比如计算机行业中的硬件制造商和软件制造商）。他们讨论了通过改变博弈规则或者运用策略转变对某种博弈态势的理解，可能获得怎样的优势。博弈论的影响是显而易见的，但这其实不能算是一种理论。和这个领域的其他实用方法一样，它先选取一些基本因素，再把它们放到各种不同的情况下加以修改，然后提供给读者一些或许能帮助他们用来解决类似问题的观点。

态度更鲜明地认同在任何其他战略领域中看似自然的合作样式，常常会有破坏正当竞争和违犯反托拉斯法的嫌疑。纳莱巴夫和布兰登伯格就是这样。他们大力鼓吹任天堂公司

---

① 耶鲁大学管理学教授。

② 哈佛大学企业管理学教授。

（Nintendo）在电脑游戏市场成功获得了竞争优势，这种优势使得它能从客户身上赚到更多的钱（最终也让它不得不面对美国联邦贸易委员会提起的诉讼）。这种分析方式导致两位作者很自然地帮着企业算计消费者。斯图尔特尖锐地批评他们“不断地为公司挤压市场以及欺骗消费者的行为大唱赞歌”，完全不知道反托拉斯法的厉害。他指责他们用错误的方法制定战略，按照他们的理解，战略就是“如何筹备一个卡特尔组织，而无须进入一个烟雾环绕的密室；如何构成垄断，而又不受贿赂政府官员的麻烦，总的来说，就是如何赚得非同寻常的利润，而又不必制造非同寻常的产品”。正像斯图尔特所指出的，就在他们吹捧通用汽车公司为用卡人提供折扣的信用卡战略时，从不为信用卡费心的丰田公司却在打造更好的轿车，并且开始蚕食通用汽车的市场份额。[27]

约翰·洛克菲勒没有出现在波特的《竞争战略》中。他可能会对这本书中的语言和观念感到很陌生，但作为一个想用书中的各种技巧来为标准石油公司定位的人，他应该能够很好
524 地理解该书的主题思想。二十世纪末的管理理论家们做学问的环境，明显受到了十九世纪的大托拉斯以及试图对付它们的进步运动的影响。任何想要驯服市场的努力，都至少会让部分参与竞争者陷入困境。然而，第一批管理战略家忽视了这个问题，因为他们一直忙着研究地位稳固或者接近其合法成长极限的企业。但第二批管理战略家完全不是这样，就拿波特来说，他并不那么热衷竞争，而是想方设法抑制和回避它。第三批管理战略家则满怀热情地接受了竞争逻辑。

三十三　红皇后与蓝海洋

现在，你看，你已经尽了全力奔跑，却仍然停在一个 525
地方。如果你想去别的地方，必须跑得比现在快一倍。

——《爱丽丝镜中奇遇记》，红皇后

在激烈的竞争压力下，管理者的角色越来越突出。虽然他们从大公司高层处获得的酬劳不断上涨，但与此同时被炒鱿鱼的风险也在增大。公司评判他们的标准日益苛刻，然而能够打动投资者的却是短期效益，它日益成为最重要的目标。与变卖弱势资产、大手笔改造效率低下的部门相比较，长线投资的吸引力相形见绌。

源自交易成本经济学的代理理论对管理者的角色提出了挑战。它直接解决了存在利益差别的各个合作方的问题。其特别之处在于，它所关注的是一方（委托人）将工作委托给另一方（代理人）的情况。委托人会因为无法确切了解其代理人在干什么，以及二者对风险的看法是否真正一致，而陷入左右为难的境地。这个问题的根本还在于业主与管理者之间的关
系。管理主义的兴起反映了一种观点，即代理人是关键性人 526
物。在商业和政治中，和固定的专业精英相比，名义上的主体——股东、董事会成员和选民、政治家——都是过渡性的、不专业的。二十世纪三十年代，阿道夫·伯利和加德纳·米恩

斯就提到了所有权与控制权的渐次分离。现在的问题是，主体们是否并且如何才能重新获得对代理人的控制权。[1] 如果代理人不愿意接受控制，他们就得积极主动地向股东或其他人展示他们的价值，通过让自己兼具管理者和所有者的双重角色而找到摆脱这些束缚的办法。

代理理论

1970 年，《纽约时报》上的一篇文章引起了来自芝加哥的罗切斯特大学经济学家迈克尔·詹森（Michael C. Jensen）的注意。文章的作者是米尔顿·弗里德曼，他在文中自诩为坦率直言的自由市场经济倡导者。弗里德曼针对的是激进主义分子拉尔夫·内德（Ralph Nader）发起的运动，后者要求在通用汽车公司董事会中增加三名“公众利益”代表。弗里德曼反驳称，只要企业从事的是“没有欺骗和欺诈的开放而自由的竞争”，那么其唯一的责任就是获取利润。他的言论直接挑战了之前二十年来的管理主义：大公司的领导层不应充当国家的代理人，国家也不应该保护他们免受竞争。詹森和他的同事威廉·麦克林（William Meckling）受此启发，决定尝试将弗里德曼的这番直言转化为经济理论。然而，他们发现这些理论很难产生影响。于是，他们决定迈出一大步，将金融领域中富有争议的假设——就提供更完善的价值指导而言，市场比个人（尤其是基金经理）更有效——运用到管理中去。由此，贾斯汀·福克斯（Justin Fox）评价称，“理性的市场理念”已经从“理论经济学”转移到了“以实践经验为根据的金融细分领域”。这个理念在其中“损失了一些细节，却在强度上有所增加”。它正寻求运用

“股票市场的集体判断解决长期以来让学者、高管和股东们烦恼的各种利益冲突”。[2] 詹森和麦克林设想，在完善的劳动力市场中，员工的成本不会超出其对于公司的价值，如果有必要，即便员工换工作也不会产生成本，他们通过分析得出的结论是，股东们承受的风险是最重要的。[3]

到 1983 年时，在经济学家们愈发浓厚的兴趣鼓舞下，詹森感觉到可以宣布，未来几十年人们“在对组织的认识上”“将会发生一场革命”。虽然组织科学尚处于蹒跚起步阶段， 527
但它已经具备一个强有力的理论基础。它不同于经济学家们的观点，即在“所有契约都得到了完美执行，并且达到了成本最小化的条件下”，公司只是“追求价值或利益最大化的黑箱”。相反，詹森认为可以从面向绩效评估、奖励和决策权分配的系统角度来理解公司，可以将组织内部的各种关系（包括供应商和客户间的）理解为各种契约。它们在总体上构成了一个由多元目标的最多代理人组成的复杂系统，这个系统能够达到一种自平衡。“从这个意义上来说，组织行为与市场的平衡行为很相像。”他认为，所有类型的组织都与此密切相关。因此，合作行为是“利益各不相同的自利个体之间的一个契约问题”。[4]

这种分析方法的言下之意是，业主有充足的理由担心管理者对自己三心二意。要通过监管和激励手段让业主和管理者的利益回归一致，这就向管理主义的主张发出了质疑。人们赞同解除对市场的管制，因为这样一来，那些不能给股东带来价值的管理者就会岌岌可危。恶意收购中隐藏着轻蔑的内涵，但詹森和麦克林却相反地认为它能提高市场效率。这样管理者就不敢被自由散漫和时髦的所谓多方“利益相关者”搞得不务正业，而是必须始终将注意力集中在“股东们”的利益最大化需求上。虽然管理者可能会对收购怨声载道，但它们确实是一种提升价值、重新部署资产、保护公司免受管理不善之苦的方法。“有科学证据表明，公司控制权市场（Market for Corporate Control）基本上既能提高效率，又能增加股东们的财富。”[5] 人们认为，公司是根据市场的需要形成并不断改进的资产。市场无所不知，而管理者却往往目光短浅、缺乏远见。由此，1993年时《财富》杂志宣称：“CEO 帝国曾经辉煌一时——如今股东万岁。”[6]

采纳这一观点意味着降低了战略和管理的必要性。一旦采纳了自由市场决定论，就可能“把管理当成”与任何其他因素一样的东西。它只是成了另一种“可替换的”商品，或者更糟糕的是，“一个需要用市场来约束的”投机取巧者。[7] 管理者的职责不是向内关注公司内部，而仅仅是向外关注股东们，
528 尽管事实上从短期来看股东这个群体可能是暂时的、不连贯的，而且如果要采取市场需要的行动就必须建立并培育起高效的组织。管理者的地位和职业中蕴含着深远的意义。代理理论认为，组织的历史和文化并不重要，其内部员工很可能相互之间是形同陌路的关系。用这种理论培训出来的管理者没有什么忠诚度可言，反过来也得不到什么回报。他们的任务是解读市场，并做出反应。他们几乎没有做出判断和行使责任的余地。

管理：一项危险的职业

二十世纪八十年代初，有人首先就商业运行中代理逻辑的潜在后果发出了警告。1980 年，哈佛大学商学院教授罗伯特·海耶斯（Robert Hayes）和威廉·阿伯内西（William

Abernathy）指出了其中的弊病。他们抱怨称，美国的管理者“放弃了他们的战略责任”。这些人越来越多地从市场、金融和法律中寻求短期收益，而不是从生产中寻求长效创新。他们在顶尖的商学院杂志上特别指出，其问题在于一种对某些原则日益强烈的管理依赖，他们“崇尚的是超脱的分析和优雅的方法论，而不是建立在经验基础上，深入战略决策的微妙性和复杂性的洞察力”。在企业界和学术界，滋生出一种“虚假而肤浅的职业经理人概念”。这些“伪专家”在任何特定行业和技术方面都毫无一技之长，可是人们却相信他们有能力“凭借严格运用财务控制、组合概念和市场驱动战略，成功地驾驭一个自己并不熟悉的公司”。这已经成为一种公司精神，其核心原则是“无论行业经验还是实践技术专长，二者都没什么重要价值”。它使那些缺乏上述专业素质，却仍在做技术性决策、充当“财务或市场决策助理”的人可以心安理得，而其本身则表现为各种简单、量化的形式。[8]

八十年代末时，对此心怀不满的富兰克林·费希尔（Franklin Fisher）注意到，“年轻聪明的理论家们爱用博弈论术语来思考所有问题，而其中有些问题用其他方式思考会更加容易”。[9]费希尔认为，即便是看起来最适用博弈论的寡头垄断论，从根本上说也是一样。用不用博弈论其实都一样，“许多结论是可以预料到的。将理论置于何种环境非常重要，结论取决于市场供应垄断者采用何种变量，以及他们相互之间如何揣 529
测对方”。他认为，衡量市场架构对行为和绩效的影响时，必须纳入环境因素。博弈论确实能够模仿这些环境，但这么做并不省事。对此，卡尔·夏皮罗（Carl Shapiro）提出了不同意见，他认为博弈论的成就不止于此。然而他所提供的设想和谢林十分接近，与其说博弈论是个统一的理论，倒不如说它是一个识别各种环境、在特定情况下为寻找答案出谋划策的工具，而且为了制定最佳战略，它仍需依赖具体信息。他猜测，“随着博弈论的运用效果日益递减，一些简单的企业战略管理模型会应运而生”。[10]现实中的决策者难得会去复制模型中那些微妙而复杂的推理过程，他们所表现出来的“分析和综合分析能力远远不及这些模型的设想”。[11]加斯·塞隆纳（Garth Saloner）认识到了其中的难点，尤其是当人们为寻找解决问题的办法而照搬这些模型来映射现实管理情况时。他认为，“为一般的战略管理建立微观经济风格模型，以及特殊情况下的博弈论建模，它们的作用都不是刻板的，而是以隐喻的方式存在的”。[12]而一般人往往难以认识到其中的不同之处。它们都是制作精良的解决方案，但对于解决问题而言，如果实践者不认可它们，并且无法理解其表达形式，更谈不上运用它们，那么这些方案就没有价值。

虽然有些学术理论适合特定目的的组织设计，或者它们至少能够解释为什么一个明显理性的设计会造成负面结果，但无论商界还是政界，似乎根本没人注意到这一点。分歧不断扩大，但研究框架却很难发生改变。学术期刊重视的是现有的理论和方法。作为理性行为者，经济学家们提倡的量化工作明显难度更大，它们占据着优势地位。因为现代软件实现了大规模数据的反复处理，而且还有了大数据库。从事研究的学生们得到的建议是，避开量化研究。[13]其影响不但体现在研究领域，还表现在标准模型提供的行为规范中。2005 年舒曼特拉·高沙尔（Sumantra Ghoshal）评论称：

> 将代理理理论和交易成本经济学相结合，再加上标准版

> 本的博弈论和谈判分析，这就是目前实践中人们非常熟悉
> 的管理者形象：他们冷酷强硬、管理非常严密、专注于指
> 挥控制、沉迷于股东价值，是不惜成本、志在必得的企业 530
> 领导者。[14]

九十年代，围绕这种新型管理者发展出一批理论，它们断言，成功可以用利润空间、市场份额和股票价格来衡量。它们进一步质疑，管理者是安全而稳定的，但本质上却沉闷而官僚，他们很清楚自己在公司里的位置，公司也对他们在更大经济范围中的地位一清二楚。这些理论提供了“一个管理概念，它本身就是公正的、果断的、有地位的”。[15]正如当时推动新泰勒主义的核心人物詹姆斯·钱皮（James Champy）所言，“管理已经成为危险职业”。[16]这种危机感导致人们对管理者的要求越来越多，后者担心的不仅有绝对意义上的失败，还有相对意义上的失利。在詹森所说的世界里，股东们要求的是更快、更多的回报，掠夺者则睁大眼睛寻找着收购机会。要生存并获得成功不仅要关注客户和生产，还要时刻准备下狠手，至少要牢牢把住最有成效的那些业务，同时还要排除并推翻竞争者，游说政府改变政策——特别是撤销某些管制规定——以便打开新的市场。

人们对金融的态度发生了变化。二十世纪七十年代的石油危机和通货膨胀延长了股票收益的低谷期，而且传统上人们往往不愿意背负过多的债务。七十年代末，人们终于找到了全新的、极富想象力的方式来积累资本。公司可以通过发行债券来实现野心勃勃的快速增长。愿意承担更大风险的投资人获得的预期收益会更高。许多公司掌握了充足的资金，便通过兼并和

收购来发展事业，而不是通过开发新产品和新流程。人们变得越来越好斗，一门心思地要从他人忽略或者所有者无暇顾及的公司资产中攫取价值。合乎情理的下一步便是，公司高管发现自己的成绩让别人获得了最大的好处，于是他们向所有权形式发起了挑战。管理层收购把他们从董事会里解放出来，为他们提供了更大的主动空间，并附带了大量资金。交易价格上涨了，投资回报却令人失望，这一波收购最终寿终正寝。债务终究是要偿还的，如果欠债过多，那么紧随而来的便是破产。

现在，判断企业的标准是其市场价值。它应该反映企业的内在质量及其商品和服务的更长期前景，但要为包括管理者在
531 内的股票持有者评估市场价值、讲明其当前价值，并不是一件容易的事情。与企业的长期发展相比，这样的评估让成功看起来是有形的、可衡量的，而不像前者那样可能需要耐心等待并经历低收益之后，才能获得明显回报。但和彻头彻尾的欺诈行为一样，情绪和炒作也很容易对评估市场价值产生影响。曾经的能源巨头安然（Enron）公司就是欺诈造成危害的有力证据。不管是因为复杂的金融工具，还是新技术的潜在能力，风险在人们难以掌控的领域表现得最为险恶。在公司里，如果无法从别的地方获取价值，那么任何有可能压低价格的行为都会成为其针对的目标。因此，公司鼓励毫不留情地削减成本。

业务流程重组

我们可以将二战后日本的崛起看作一种文化的胜利。这是一种专注的、耐心的、连贯的、交感的文化，也是一种专心致志的运作效率，或者说是二者的结合。无论如何，其领跑者就是汽车制造商丰田。丰田汽车公司在整个二战期间制造军用汽

车，战后，公司想方设法回归商业市场。由于缺少资金和技术能力，再加上频繁的罢工和激进工人力量，如果没有朝鲜战争以及美国由此送来的大额军车订单，丰田恐怕早就破产了。在此基础上，公司开始组建后来广为人知的丰田制造系统。丰田首先解决的是劳资纠纷，它做了一笔独特的交易，以终身聘用换取员工的忠诚和敬业。由此，公司与员工共同建立了一个减少浪费的系统。丰田还建立了“质量圈”（quality circles），来激发并探索能够提高生产力的各种想法。当时的日本，各种资源仍旧十分贫乏。1950 年赴美参观密歇根的福特汽车制造厂之后，日本人对美国大手大脚的生产方式留下了深刻印象。于是丰田公司决定削减存货，避免闲置设备和劳动力。产品积压既是浪费之源，又标志着系统中其他方面的浪费，由此丰田公司又发明了准时生产制（just in time），将加工好的原材料及时运送到下一步生产流程中。后来，日本企业竞相模仿丰田的方式，并将其发扬光大。摩托车、造船、钢铁、照相机、电器产品，西方企业发现自己接二连三地在各个行业的市场份额上输给了日本。推动日本工业发展的，除了国家政策，还有战后一切从头开始的需求，以及廉价的货币。

与日本的超级管理者们相比，美国企业的管理者简直是一 532
群弱者。七十年代，在日本人的大举攻势之下，美国公司自愧不如，其管理文件中充满了反思的内容。美国公司不仅在聪明的对手面前失去了市场，而且在日本公司更具创新能力的企业文化面前相形见绌。虽然在多年的狂妄自大和繁荣发展之后，八十年代末日本的增长动力戛然而止，但西方公司还是下定决心要模仿日本企业采用激进的手法提高自身的运作效能。首先出台的是全面品质管理（Total Quality Management，简称

TQM），接着是业务流程重组（Business Process Reengineering，简称 BPR）。从影响和意义两方面来看，BPR 更为重要。BPR 背后的基本理念是，总结出一整套既能降低成本，又能提高生产力的技巧，让企业更具竞争力。最大的挑战是要从根本上重新思考组织如何开展业务，而不是下决心让现有的系统运转得更加高效。信息技术可以通过推动结构扁平化和网络开发来实现这一目标。仔细推敲企业想要实现什么目标，人们就会发出疑问：这些目标是否合适，以及凭借现有的组织架构能否实现这些目标。这种想法非常具有吸引力，以至于艾尔·戈尔在担任副总统期间也寻求对政府进行重组。

> 重组就是从一张白纸重新开始。就是拒绝传统观念和已经为人接受的种种过去的假设。重组就是发明新的方法，发明几乎或完全不同于以往时代的新方法来处理结构性问题。[17]

因此，在重组的过程中可以抛弃组织的历史，以崭新的文化来取代旧的企业文化。企业员工对这个过程有可能表现出冷漠、顺从，也可能表现出极大的热衷。[18]

533 从某种程度上说，BPR 更具战略性，因为它需要对企业做出一个根本性的重新评价。但是其主要驱动力并非评估竞争风险、机遇乃至内部发展障碍，而是新技术对效率的潜在影响。从这个方面来看，同时代发生的“新军事革命”与其颇有相似之处。二者同样宣称，这是一个新的历史时期的开端；二者同样期盼，可以用有效的方法，而不是通过竞争挑战来塑造各种事物；二者同样设想，将技术作为动力，然后其他各项事务都能紧随而动；二者都倾向于接受根本性战略，而且认为对手/竞争者也会接受同样的方式，而不是从头开始制定流程所需要的战略。

迈克尔·哈默（Michael Hammer）是与 BPR 关系最密切的人物之一，他在《哈佛经济评论》上解释 BPR 时提到了转型："我们不应再做将过时的流程编入芯片和软件之类的事，我们应该抛弃它们，开始新的转折。我们应该……利用现代信息技术的力量，彻底重新设计我们的企业流程，在业绩上取得重大进步。"[19]哈默与 CSC 指数公司总裁詹姆斯·钱皮合作，于 1993 年出版了《企业再造》(*Reengineering the Corporation*) 一书，该书售出将近 200 万册。CSC 是一家专门致力于实施项目重组的咨询公司。[20]重组这一概念以令人震惊之势迅速兴起。1992 年之前，商业媒体上几乎没有提到过"重组"一词，而之后，它已经无所不在。[21]1994 年的一项调查发现，财富 500 强公司以及更广泛的 2200 个美国公司样本中，分别有 78% 和 60% 的企业在进行某种形式的重组，平均每个企业都有数个项目牵涉其中。[22]初步报告对重组的成功率也持积极正面的意见。到 1995 年，与重组相关的咨询收入约达 25 亿美元。1988 年 CSC 指数公司的收入为 3000 万美元，1993 年这个数已增至 1.5 亿美元，正当钱皮赚得钵满盆满的时候，哈默的会议出场费和演讲费也水涨船高。《财富》杂志称哈默是"重组领域的施洗约翰、一个慷慨激昂的布道者，虽然他自己并不创造奇迹，但他通过演讲和写作，为创造奇迹的咨询顾问和企业扫清了障碍"。[23]

重组这个概念之所以大获成功，有实践和理论两方面的原因。在产业处于动荡和不确定的时代，钱皮和哈默利用人们害怕落后的心理，在《企业再造》的封面上加上了彼得·德鲁克的一句代言——“再造是全新的事物，而且必须去做。”哈默特地把这句话往前推进了一层意思，无论重组再造有多么艰难和残酷，如果不这么做，情况会更糟——“选择就是生存：
534 要么裁员50%，要么大家都失业。”高级管理人员必须控制自己的情绪：“一些公司大张旗鼓地投入了战斗，既不撤销原有的职位，也不更改薪酬政策，更不向员工灌输新的态度和价值观，这样的公司会迷失在沼泽中。”这样的话催生了企业的焦虑情绪，哈默趁势步步紧逼：“你们必须利用两种基本情绪：恐惧和贪婪。你们要展示现有业务流程的种种严重缺陷来吓住他们，要说清楚，这些存在瑕疵的流程会对组织造成极大伤害。”[24]

一开始，BPR是一套方法和技巧。它很快就升级成为转型的基础。因此，当哈默宣称“就像工业革命把农民拉进城市工厂，创造了工人和管理者这些新的社会阶级一样，重组革命（Reengineering Revolution）也会在很大程度上重塑人们对自己的设想，重新安排他们的工作及其在社会中的位置。”[25]钱皮将这一革命性主题又往前推进了一步，他认为：“我们身处第二次管理革命，它和第一次迥然不同。第一次管理革命转移权力，第二次革命将赋予我们自由。慢慢地，也可能突然之间，全世界的管理人员会发现，现在的自由企业是真的自由了。”[26]钱皮在提到“彻底改变”的种种好处时告诉管理者们，学会去做“本行业内其他管理者认为不可能的事情”能带来“内心深处的满足感”。巨变不但能“繁荣”产业，还能“真正地重新界定这个行业”。[27]

托马斯·达文波特（Thomas Davenport）是CSC指数公司

的前身、波士顿指数公司的研究主管，也是该公司发展过程中的核心人物之一。他后来提到，当“一个小小的想法”创造出“再造工业园区”的概念时，它就成了“一个巨兽”。这是一个“强大的利益集团铁三角：大公司的高层管理者、一流的管理顾问，以及一流的信息技术开发商”。他们使得 BPR 不但具备了重大的理论意义，而且还在实践中获得了成功。其结果就是某些特定的项目被“重新包装成了再造工程的成功案例”。管理者们发现，如果使用了 BPR 这个标签，他们的项目就能获得认可通过，而顾问们则抛弃了先前的一整套流行词汇，把自己包装成了 BPR 专家。

> 持续改进、系统分析、产业重组、缩短周期时间——
> 所有这些都成了各种版本的再造工程。一场狂热就这么开
> 始了。规模大的咨询公司每个月能从客户那里收取 100 万 535
> 美元费用，其下的战略家、运营专家和系统开发人员则一
> 年到头忙个不停。

一些公司甚至把裁员也标榜为“再造”。不论二者之间真正是什么关系，裁员“使得再造行动具备了战略重要性和财务上的正当性”。与此同时，计算机产业也和 BPR 利益攸关，它刺激了硬件、软件和通信产品的消费。

然而，没过多久，再造的泡沫就破裂了。人们提了太多要求，花了太多的钱，遭到的抵制也越来越多——多数是因为由此引发的裁员——用达文波特的话来说，它始终伴随着太多骗局。“再造革命”是具有潜在价值的创新和实验，但附带了夸张承诺和高度预期，这导致它“风行一时之后以失败告终”。

“只有对结果有了十拿九稳的把握，才能吹响改变计划的行动号角。”更严重的是，在这股再造风尚中，人们被当作“成堆的比特和字节，是再造过程中可以相互交换的零部件”。“捡起受伤的人，打死掉队的人”之类的格言不会刺激人的积极性，而拿着过高的薪水，收取高额费用的年轻顾问们却百般鄙视资深员工。不管这是不是一个历史性的转变时刻，雇员们自然会想到保住自己的位置，而不会对一个即将令他们失业的公司的未来广阔前景抱有什么激情。

1994年，CSC指数公司的“企业再造状况报告”显示，参与再造的企业中有一半陷入了恐慌和焦虑，这其实并不出人意料，因为其中3/4的企业平均撤掉了1/5的工作岗位。而在完成再造计划的企业中，“有67%的企业被认为成绩平平，只能勉强获利，有的甚至经营惨淡”。就像管理类畅销书籍中所列举的那样，曾经被捧为BPR楷模的公司最终要么身陷困境，要么抛弃了BPR理念。CSC指数公司本身的处境也岌岌可危。《商业周刊》刊登的一篇文章使公司的信誉度大大受损，文章揭露公司制订了周密的计划，企图让旗下两名顾问迈克尔·特里西（Michael Treacy）和弗雷德·维尔斯马（Fred Wiersema）的新书《市场领导学》（*The Discipline of Market Leaders*）成为该领域的畅销书。文章指责CSC指数公司（虽然公司方面予以否认）雇员花费至少25万美元购买了超过1万本书，而且其中的大部分是由公司出资购买的。公司之所以肯花这么多钱
536 投资这本书，是因为书本畅销后，能通过“接下来的大买卖”将钱返还给公司和顾问们。特里西一年发表大约8次演说，他的出场费从2.5万美元涨到了3万美元。《商业周刊》的记者还进一步揭露，为了达到效益最大化，这本书其实是代笔写成

的。这些指责让 CSC 指数公司得不偿失。《纽约时报》重新调整了畅销书排行榜，并且取消了与 CSC 指数公司的合同。第二年钱皮离开了公司，因为《商业周刊》在文章中提到，他的《再造管理》（*Re - Engineering Management*）一书也和丑闻有牵连。1999 年，这家曾经拥有 600 名咨询顾问的公司清算破产。从中可以看出，一个依靠领先时尚的产业是如何兴起和衰落的。[28]

逃避竞争

是不是模仿成功者的做事方式，就能获得成功？然而事实是，由于人们已经熟知成功者的技巧，紧跟其后反而可能落得收益递减的结果。就像军队关注的作战艺术一样，置身于有缺陷的战略中，它就会变得无所作为。正因如此，迈克尔·波特才会质疑，日本公司究竟有没有战略——至少从他的理解来看，战略是获得独特竞争地位的一种手段。他认为，日本在二十世纪七八十年代获得发展，其原因并不是优势战略，而是优势操作的功劳。日本人成功地将低成本和高质量结合在一起，并且相互模仿。但波特指出，这种方法必然会导致边际收益递减，因为从现有的工厂中挤压出更大的生产力势必越来越难，而竞争者则会通过提高操作效率迎头赶上。削减成本和改进产品的手段都可以被轻易模仿，因此只剩下相对竞争地位是不变的。事实上，“超级竞争”让每个人（也许除了消费者之外）的境况愈来愈糟糕。对波特而言，企业要获得一个可持续的地位，就需要将其本身与竞争环境结合在一起考量。获得优势的关键在于保持差异。[29]

当所有人都试图依照同样的标准获得进步时，希望保持竞争优势的企业就会遭遇问题，这种情况被称作“红皇后效应”。正如本章开头所引用的话语，这个名称来自《爱丽丝镜中奇遇记》一书。它原本是进化生物学家使用的一种假设名称，用来描述捕食者和猎物之间的军备竞赛，它是种群之间一
537 种没有赢家的零和游戏。[30]在商业环境中，它往往被用来指相似实体之间的竞争。因此，企业可以通过节约执行标准流程的时间来获得早期的惊人收益，但是很快，在其他企业的追赶之下，该企业的收益会变得越来越少。这就好比是在打一场消耗战。各方只注重作战效能，结果可能就是相互摧毁，直至通过整合与兼并结束这场竞争为止。[31]

如果主战场上身心疲惫、脸色苍白的战士越来越多，折损了伤病员之后，遍地都是倒闭的公司，而此时大家还在千方百计地打击着同样身处困境的竞争对手，那么这时候企业就应该找一个不那么拥挤、竞争没那么激烈、更加有利可图的安身之处。毕竟，商业的历史就是整个行业以及其中各家企业的沉浮史。这是一块充斥着动荡的竞技场。例如，1957 年的标准普尔 500 强公司到 30 年后只剩下 74 家仍留在榜单上。许多管理战略作品都是写给现有公司看的，而实际上，大多数创新都是新兴公司在新产品成长过程中产生的。正如金伟灿（W. Chan Kim）和勒妮·莫博涅（Renée Mauborgne）所说的，“没有永远卓越的公司，也没有永远繁荣的行业”。因此他们认为，最没前途的是那些不去“无竞争”的蓝海里“创造新的市场空间”，而身陷“红海”无休无止竞争中的企业。无法投身蓝海的公司最终会重蹈前辈的覆辙，要么消失，要么被其他公司吞并。二人虽然没有暗示只有新兴企业才能找到蓝海，但认为采取“战略行动”的应是分析单位，而不是企业。

金伟灿和莫博涅将商业战略和军事战略进行了对比。军事战略关注的必然是战斗中“一块有限且既定的阵地”，而产业中“市场的宇宙”从来都不是恒定的。因此他们认为，接受了红海就等于“接受了战争中的限制”，即“有限的阵地以及必须击败敌人才能获取胜利的概念”，他们忽略了商业世界的独特力量——“避开竞争，创造新的市场空间”。[32]如果他们的理论真的依靠了只关乎战斗的军事战略，那的确是个糟糕的开头。我们之前已经提到，如果不占据优势，人们就会千方百计避免打仗，许多军事战略都是由此推动而形成的。产业管理战略的形成动机与之类似，人们相信，缺乏想象力的劳动者会始终抱定最简单的形式，这就为大胆而富有想象力的人提供了获得优势的机会。虽然金伟灿和莫博涅承认，有的时候难免遭遇 538
红海，甚至蓝海最终也有可能变成红海，但他们明确表示，红海战略从根本上就是不吸引人的。在这一点上，他们的想法与军事战略中寻求逃离残酷战斗、运用高级情报来实现政治目标、避免杀戮的传统是一致的。管理战略和军事战略都迷恋二分法，似乎总是面临非此即彼的选择——直接/间接、歼灭/消耗、消耗/机动、红海/蓝海。

人们几乎都不否认，时常遵循正统路线是必要的，但通常这也明确意味着，真正有创意的人并不能从中得到满足。虽然有这么多关于军事战略的著作，最好的还是那些由改变了自身、改造了产业的企业所诠释的方式，它们凭借周密的计划、自主的员工、横向思维、大胆重组，或者创新设计而取得了成功。而失败的企业通常固守正统、骄傲自满，或者不受管控地接连遭遇危机。

金伟灿和莫博涅在该书附录中道出了对红海和蓝海的一个

更具分析性的区分标准，即现在所谓的结构主义和重建主义战略。结构主义方法源自产业组织理论，其最著名的支持者是波特。它是“环境决定论者”的观点，将市场结构作为已知前提，针对已知的客户基础提出了竞争性的战略挑战。由此，成功就意味着要解决供应方问题。也就是说，要凭借差异化或者低成本，去做竞争对手所做的任何一件事情，而且要做得更好。充沛的资源可能带来一种形式上的胜利，但竞争在本质上是一种重新分配，有人获得，就有人会失去，结果就是消耗力量。这种理论假定外源是受限的。相比之下，重建主义战略源自内生增长理论，认为个人行为者的思想和行动能改变经济和产业格局。这种战略适合那些有创新意愿，又很担心错失未来机遇的组织。这种战略寻求通过使用创新技术来创造新的市场，从而解决需求方的问题。遵循重建主义战略的企业不会被现有市场束缚。而市场的界限“只存在于主管们的想象当中”，因此只要让想象力飞跃起来，就可能找到新的市场。人们可以努力去创造新的市场。这样创造出来的财富也是全新的，无须从竞争者手里去抢夺财富。[33]

539 其后，金伟灿和莫博涅在一篇文章中进一步论述了红海和蓝海之间的区别，不仅强调了吸引买家的价值主张的重要性，而且突出了用于挣钱的利润主张，以及人的主张，即动员组织内部人员为企业出力或与企业共同努力。由此，他们将战略定义为“发展与调整这三个主张，开发或重建企业身处的产业和经济环境”。如果这些主张发生了错位——价值主张很宏大，却没有盈利方式，或者无法发动员工——那么结果就是失败。只有组织上层的高级主管具备了整体视野，这三个主张才能获得发展。在此基础上，他们认为“战略可以塑造结构”。

从中可以看出战略构想已经从钱德勒所关注的组织内部战略效用，转向了运用战略改变外部环境的新需求。[34]

这让我们回想起了安索夫对两种战略的区分，其一是战略作为与环境的关系，其二是战略作为在信息不完全条件下进行的决策。广义的商业策略可归入前者。第二种更具活动形式的战略常见于军事文献中，处于略显从属的地位，实施起来有一定的难度。波特认为，环境塑造并限制了商业中的战略选择；金伟灿和莫博涅认为，最好还是在不存在竞争的领域开发产品，但这就需要开发出一个业务方案，并且有执行方案的员工。

这种面向环境的大方向战略观，为评估组织内部的其他事业提供了一个框架。这类战略必须是长期的，具备计划的种种要素，以及符合终极目标的一系列事件预期。相比那些制定了轻重缓急的数个目标、掌握了资源、选定了方式的战略而言，这种战略保持了相当的灵活性，以便应对环境变化。这两种方式执行得怎样，都依赖于环境。稳定的环境中，机动的自由度相对较小，除了内部调整之外，任何战略空间都会变小。即便重建战略也会受到心怀艳羡的潜在竞争者，或者能够影响新产品需求的其他行为者的影响。

然而，这些理论仍然缺少一种规划，不像克劳塞维茨所描 540
述的政治、暴力和机会三者之间的互动关系那样令人叹服。尽管商界管理层很可能经历过特有的“战争迷雾”，但这些理论中甚至没有一个概念能与克劳塞维茨的摩擦概念相提并论。在这些日益充斥着战略灵丹妙药，并将其当成作者独门绝技的作品中，没有人会想到去思考这些问题。它们承诺，随机应变地潜心解读这些灵丹妙药，并且下定决心坚持到底，就能获得成功。因此，人们往往对那些可能扰乱完美计划的不可预见性因素一笔带过，它们有可能是产品设计中的一个计算错误、一则判断失误的广告、汇率的突然波动，或者是一次可怕的事故。和政界一样，商界也有可能出现在你死我活的生存斗争中，被迫暂时搁置长期目标的情形，比如可靠的市场突然蒸发殆尽、发展进程难以为继，或者债务缠身等。在这种时刻，就需要明确优先项，寻找任何可能存在优先项的地方，以及组织的特殊要求。而其他类型的事件可能只需要进行中期修正，或者对整个战略中的某一个要素进行重新评估。掌握未来事件——比如向投资者做汇报、产品发布，或者与消费者见面——会让人意识到一直以来被忽略的问题，或者发现此前被遗漏的环境变化因素。

古典经济学商业战略中的均衡模型影响深远，非线性、无秩序以及复杂适应系统等其他概念，虽然被军事战略家所引用，但在实证方面的影响力却要弱得多。埃里克·拜因霍克（Eric Beinhocker）的一篇文章所针对的就是这种情况。相比趋向均衡的封闭系统，开放系统是变化不定的，被众多独立的作用力不断塑造和再塑，它和公司的关系比前者更加密切。例如，复杂适应系统的特点之一是“间断平衡”（punctuated equilibrium），意指相对平静和稳定的状态遭遇暴风骤雨般的重建期。此时，那些奉行适合于稳定期的战略和技巧的人，就会面临突然落伍的风险。而那些从暴风雨中幸存下来的人，则有可能随时准备做出调整，即便他们自己也不清楚到底需要什么样的调整。因此，战略不可能建立在“集中的进攻战线——明确何时、何地以及如何竞争”的基础上，而是要随时准备成功应对各种各样的未来环境。部门相对较少的小型组织不太可能像部门较多且配备更大型反应系统的组织一样，能

够很好地适应新形势，但是过了某个节点之后，随着留给它们
的反应时间缩短，其适应能力也会逐渐降低。这时就需要在完 541
全抗拒变革和对环境变化过于敏感之间，以及在停滞和混乱之
间达成一种新的平衡。[35]

在人们眼里，战略从来都不是什么固定的东西，也不是一种服务于所有决策的固定参考，它是一种包含了重大决策时刻的持续的活动。这种时刻不可能一劳永逸地解决问题，但它为继续朝着目标努力，进行下一次决策提供了基础。从这方面来说，战略是改变事务状态，有望达到更佳状态的基础。我们或许可以用经济模型来描绘这种动态，但当人们需要了解如何应对事务时，经济模型就帮不上多大忙了。

三十四　社会的挑战

542 我学了很多有关军事历史和儒家隐喻的知识。但我们得到的唯一实用的建议就是，每个公司每年都应该把来自各个学科背景的人成队地送到乡下旅馆去思考未来。

——约翰·米可斯维特和阿德里安·伍尔德里奇

引自参加商业战略大师课程的学员的话

我们现在要关注的是管理学的第二条线索，它更多地源自社会学而非经济学，从一开始就将人类当作社会行为者，将组织看作社会关系的集成。虽然它是个独立的学科，但在挑战管理主义和追随时尚的过程中与经济链存在诸多重叠。它从两方面受到二十世纪六十年代反主流文化的影响。其一是对官僚僵化和层级制度的厌恶。它质疑流程的合理化和官僚化，认为需要发明一种新的、更丰富的组织形式。其二是受到后现代主义的影响，它不仅对现代主义形式的理性主义官僚机构提出批评，而且提出了一种思考人类事务的全新方式。

543 二十世纪五十年代的批判性反经理主义文学代表了一种单一、均匀的反乌托邦愿景，距离乔治·奥威尔的《1984》仅一步之遥。大公司的精英们被刻画成白领员工大军的首领，勾勒出一种温和（顺从）的形象。然而到了六七十年代，人口趋势和生活方式的选择妨碍了整体性。建立在信息和通信技术基础之上的新型商业往往重视轻松的工作实践和自由思考，而不是严格的层级制度。此外，人们对组织、个体单元内部或相互之间的复杂社会形态，以及个人为满足自身以及他们所服务组织的需要而展开实践的动机，都有了更加深刻的人类学解读。

人际关系学派为此提供了依据，但到了战后，这一学派改换了方向，转向了丰富的组织研究领域。一旦人们将组织当作独立的社会系统而不是达成管理目标的手段，那么问题就出现了：如何将这种洞察力转化为更高的效率——这一直是埃尔顿·梅奥和切斯特·巴纳德关心的问题，以及如何安排组织才能让劳动者过上更加充实的生活。这与依据个人所处的社会环境来解释个体反常现象的倾向是一致的。由此，那些有利于促进和谐、加强团结、鼓励支持的架构也能提升人们的总体幸福感。著名英国社会心理学家詹姆斯·布朗（James Brown）的著作就是一个例证。布朗从自己在军界和商界的经历中得出结论，精神疾病在很大程度上是出于社会问题，而不是生物学问题。他认为，评判一个组织的标准应是其社会效益和技术经济效益。[1]

道格拉斯·麦格雷戈（Douglas McGregor）在其著作《企业中人的方面》（*The Human Side of Enterprise*）中开门见山地提出了这个问题："你们设想（暗示或明示）管理人的最有效方法是什么？"[2]他提出了两种非此即彼的理论。X 理论随工厂车间发展而来，它假设人天生好逸恶劳，他们更愿意听从指挥，而不愿意主动，所以不得不用奖赏、惩罚等手段驱使他们工作。Y 理论认为，人都愿意完成任务、履行责任，如果有机会，他们会更加投入地把自己奉献给组织。他在麻省理工学院任教时发展了这些理念，后来在安第奥克学院任院长期间有机会将它们付诸实践。当他为自己的理论找到根据时，回想以往那些难以对付的学生和教师，他终于认识到发挥积极的领导作用有多么必要。他后来回忆，自己曾经认为“一个领导者应该在其组织面前成功地充当一种类似顾问的角色。我认为自己可以避免以‘老板’的身份出现……我希望避开那些令人不
544 快的艰难决策……最后，我渐渐发现，面对组织遭遇的种种，领导者必须行使权威，就像他无法逃避责任一样”。[3]尽管如此，麦格雷戈并没有抛弃自己更为人性化的管理方式，也没有就此信奉极权主义。评论家们或许担心 X 理论和 Y 理论之间的二分反差过于强烈，实际应用起来会因环境不同而情况各异，然而麦格雷戈却始终站在反对强权的前沿，拥护民主反对极权，提倡主动反对被动。

在赫伯特·西蒙的有限理性思想刺激下，人们开始对管理者的实际工作展开了现实评估。[4]另一名组织心理学家卡尔·维克（Karl Weick）则在他的作品《组织社会心理学》（*The Social Psychology of Organizing*）中挑战了标准模型，展示并证明了明显不协调的混沌系统在遭遇突袭时也会具有适应性——其能力甚至比适应线性假设时还要强。维克吸收利用了大量不同的学科知识，引进创造了“松散耦合”（loose-coupling，组织的个体部分之间的距离和缺乏响应，会产生某种形式的适应）、“设定”（enactment，个人行为如何催生结构和事件）、“获取意义”（sensemaking，个人给经历赋予意义的过程）等概念。获取意义很有必要，因为个人必须在本质上不确定且不可预测的环境（equivocality）下展开活动。个人有许多种途径来弄明白事情的意义，他可以从组织内部获取不同的交流形

式，特别是在面对外部冲击的时候。然而，维克的理论很复杂，让人不容易读懂。例如，他对组织的定义是：“在一个定制的环境中，通过有条件的相关流程中的连锁行为来解决不确定性。”[5]

商业革命

管理可以专注于组织生活中更加软性的一面，这个理论出自麦肯锡咨询公司的两名分析师汤姆·彼得斯（Tom Peters）和罗伯特·沃特曼（Robert Waterman），并且得到了进一步推广。事情的起因是，二十世纪七十年代末麦肯锡公司提出要正面反击亨德森的波士顿咨询集团，因此感到压力重重。彼得斯那时候刚从斯坦福大学拿到组织理论方面的博士学位，被分派到旧金山公司，去做一个意在解决“组织有效性”和“实施问题”的项目。当时，麦肯锡公司所使用的仍大多是钱德勒 545
的战略结构概念。而彼得斯在斯坦福大学深受西蒙和维克的作品影响，二者都对理性战略形式和决策的简单模型提出了质疑。彼得斯的观点得到了沃特曼的支持，后者同样深受维克的影响（用彼得斯的话来说，他是“被迷住了”），想要重新塑造麦肯锡公司看待组织的方式。两人和哈佛商学院的托尼·阿索斯（Tony Athos），以及麦肯锡另一名专门研究日本公司成功经验的顾问理查德·帕斯卡莱（Richard Pascale）联手，用一个周末的时间开发出了后来人们所说的“7 - S 架构”（7 - S Framework）。阿索斯坚持认为——后来证明他是正确的——任何一种模型都必须念起来朗朗上口，而且这个模型还需要一种让人不容易忘却的形式。就“7 - S 架构”而言，它与战略驱动结构的理念不同的是，对于在特定时刻，7 个要素中哪个会发挥作用，是无法进行先验假设的。这 7 个“S”分别是结构、战略、制度、风格、技能、员工，以及多少有点尴尬的“共同价值观”。

1980 年“7 - S 架构”首先出现在一篇文章里。作者提出，“这种模型在最强势、最复杂的情况下，能够迫使我们去关注互动与配合。当模型中所有变量达到均衡时，重新定位机构的真正能量就形成了”。[6]

阿索斯和帕斯卡莱特地将这个模型应用于日本公司。他们认为，日本公司领先同行的优势就在于经营管理的软性方面。他们在公司内部培养了一种共同目标和文化，而美国式管理就算曾经对此有过一知半解，也早已将它抛到了脑后。[7] 麦肯锡公司东京分部负责人大前研一（Ohmae Kenichi）翻译了一本 1975 年出版的书，书中解答了为何日本公司的战略并非出自什么庞大、理性、循规蹈矩的分析部门，而是一些凭直觉获得的，相对前者而言比较模棱两可的东西。它们仰仗的是一个掌握市场的关键人物，掌握了企业组织的文化就能理解他提出的理念。[8]

关于“7 - S 架构”，最重要的一部著作是彼得斯和沃特曼合著的《追求卓越》（*In Search of Excellence*）。[9] 他们在书中解答了一个问题：到底是什么造就了一家优秀企业？他们用看上去非常复杂的方法，确认了一些或许可以被认定为优秀企业的公司。从六项绩效标准来看，有 62 家公司可以被评估为相当成功。若连续 20 年间，企业在 6 项绩效衡量指标中，至少有 4 项居其产业的前 50%，那么有 43 家企业算得上真正成功。接着，他们通过与公司领导核心访谈，对上述结果做了更加详细的研究。他们从中提炼出了优秀公司的八大卓越特质：采取

行动、接近顾客、自主和创业精神、以人为本、奉行价值驱动
的执行总裁、坚持本业（做你熟悉的事业）、组织单纯且人事 546
精简，以及宽严并济（兼具中央集权和最大限度的个体自治）。[10]

彼得斯在该书出版20年后承认，虽然他至今仍然认为其结论有说服力，但书中采用的研究方法却是没有系统性的。[11]他说，这本书“是一个转折点——是一个标点符号，它标志了一个时代的结束和另一个时代的开端”。其针对的目标与其说是日本式管理，倒不如说是美国式管理模式。彼得斯在提到当时写作该书的动机时称，那是因为自己“真正地、深深地、实实在在地气愤!”他所指的对象中包括彼得·德鲁克，因为后者鼓励采取“等级制度和命令控制型方式、自上而下的经营管理方式”，他支持组织中的每一个人都有的放矢、知道自己的位置。另外，罗伯特·麦克纳马拉也是彼得斯要针对的人，因为前者受到五角大楼系统的蛊惑，将人的因素逐出了经营管理的综合体。彼得斯的第三个目标是他曾经担任顾问的施乐公司，他认为这家公司犯了现代企业可能犯下的所有错误——“官僚制，从未得到执行的伟大战略，盲目地关注数字而不是关注人，以及对MBA的莫名敬畏”。因此，彼得斯将这本书看作对“管理学101”的挑战，后者建立在泰罗制的基础上，德鲁克对其加以强化，麦克纳马拉将其付诸实施。彼得斯尤其反对一心扑在数字和资金上的算计心态。“把看重数字的理性主义方式运用在管理上会酿成危险的错误，很可能已经将我们引入歧途。”[12]

沃特曼则提供了一种虽然并不完全对立，却略有不同的解释。他在1999年发表了一篇与人合写的文章，其中提到，就

组织研究中的关键主题而言，《追求卓越》是通俗版的维克理论。[13]它探讨了是否在实现简化理论的同时避免过分简单化的问题。即便形势要求采取复杂理论，管理者们也不会对它们产生兴趣，因此，即便是好的理论也不会影响实践。文章毫不谦虚地称，《追求卓越》的成功之处在于，它“引用专家的说法”，提到“并且正确回答了关于组织行为的方方面面”。书中提到了一些重要理论家的学习型组织、有限理性、叙述、议程设置等理念。而对这些关键信息的描述，在展示学术成果的同时也提出了一套价值观，例如，“大家有情绪也很正常”，“不要太把自己当回事”，如果世道不太平“那不是你的错”，以及“支持采用理性决策模式的人想让你为世上的问题负责，
547 但是片刻都不要让他们的愚蠢想法侥幸得逞”等。

不管《追求卓越》这本书是不是真的将学术理论转化成了实践指南，从这本书的出炉过程中确实可以看出，出版方确实在确保该书的吸引力方面下了功夫。该书问世之前，面向管理层受众举行了大约 200 次发布会。“在此过程中，人们逐渐发现，如果以讲故事的形式来举例，受众就会不由自主地关注，并加深记忆。”受众厌恶“数字、表格和图表”，也不喜欢“中等抽象”的事物。从反馈情况来看，原先提出的 22 条特质似乎在数量上有点多，于是他们把它削减成了八大卓越特质。原先的 22 条“过于让人困惑，更何况它还有悖于一个基本前提，即如果一切以人为本，那么事情就没有你想象的那么复杂！”

该书传递了积极的信息（美国确实有优秀的企业）以及令人振奋的成功之道（要与员工和顾客密切配合，不要因为各种委员会和报告陷入困境），结果二者大获全胜。《追求卓

越》是美国第一本全国性的商业类畅销书，最终销量超过600万册。然而，彼得斯和沃特曼都没在麦肯锡公司待多长时间。彼得斯看不惯纽约总部对无所作为的旧金山分部采取屈尊俯就的态度，书还没出版他就离开麦肯锡，很快成了一名炙手可热、颇有感召力，而且要价颇高的演说家。无论是演讲还是写作，他的风格都是那么激动人心、放纵怪诞。他所传递的信息，以及那种热情洋溢的交流方式，显得比方法更为重要。不管消息来源是什么，《追求卓越》仰仗的是奇闻逸事和二手材料，而不是潜心研究。[14]它无法为可持续发展或生存提供可信赖的依据。优秀的公司十有八九也在挣扎：这本书问世没多久，就有1/3的公司陷入了财务困境。[15]

彼得斯和沃特曼不赞成数字、官僚制、控制和量化指标，它们提倡的是人员、顾客和关系，后者虽然比前者要软性得多，却能够解释事情到底是怎样办成的，以及收获了什么。商业应该关乎心灵、美好和艺术——它不是什么“空洞的，没有灵魂的实体”，而是“对理想的无私追求”。就大多数革命者而言，创造永远与破坏紧密相连。彼得斯在他这本从标题上看就反主流文化的《解放管理》（*Liberation Management*）中写道：“要撕裂、扯碎、切断、破坏那个等级制度。”[16]2003年，他断言：“从定义上看，一个很酷的想法就是对如今拥有神圣权力的老板们发起正面进攻。”[17]彼得斯显然是Y理论派。在他的作品中，一个永恒的主题便是强调工作的积极方面，他认为，重视并鼓励这一点的公司在业绩方面往往比那些限制员工创造力的公司更出色。后者将员工圈进等级制度的困境中，拿 548
没有灵魂的标准来评估他们的表现。除此之外，彼得斯并没有太坚持一贯的看法。1987年他在写作《乱中取胜》（*Thriving*

on Chaos）时曾表示，“根本就没有什么优秀的公司”。

彼得斯并不是唯一一个提出采取扁平架构，提倡让单位拥有更多自主权，专注质量、服务和革新的人——这不仅是出于成本考虑。他也从没有为自己谋求过什么影响力。他在2003年的一本著作中自称“太疯狂”。他已经“为破产商业行为呐喊了25年或30年……但大多无济于事”。尤其是该书开篇就提出，军队（美军当时正准备开赴伊拉克，尚未遭遇真正的困难）是一个创新型组织。彼得斯早就对约翰·博伊斯表现出兴趣，如今更是欣然接受了军事事务革命及其“更大的战场灵活性和情报密集度”、非集权化和网络化，以及在战略上追求间接性。他没有特别提及需要一个特定的作战操作环境让军队发挥自己的长处，而不是让敌人按照自己的玩法发挥出令人恼火的“非对称”优势。

彼得斯说出了受困于小部门范围内的职务困惑，因为他自己就是二级区域办事处里一名被人遗忘的智者，这些人距离管理食物链是那么遥远，根本没有能力发挥什么影响力，去矫正那些明显出错的问题。正如《经济学人》杂志所言，彼得斯的成功多半来自他在无数演讲和研讨会“像十九世纪止咳糖浆推销员”“以传道士一般的热情”发表评论，阐述建立更加人性化、更“酷”企业的必要性。[18]还有一些人之所以对彼得斯充满敬畏，是因为他将管理理论变成了一种“个性化的、精神层面的、不那么现实的”东西。[19]正是因为有这么一层宗教色彩，彼得斯和其他顶尖的管理学思想家后来被称作“古鲁”（gurus，该词出自梵文，意指能够在黑暗中给人带来光明的导师）。德鲁克后来被人们称作管理思想界的第一人，但他不喜欢“古鲁”这个称呼，并且轻蔑地认为，人们之所以

“没用‘江湖骗子’(Charlatan)这个词来形容自己，是因为后者单词太长，不适合放在标题里罢了”。[20]

加里·哈默尔（Gary Hamel）和彼得斯的目标相似，在出场费昂贵的研讨会上有着和后者相似的无敌号召力。他供职于多所商学院，也是一名战略顾问，即便算不上最优秀的，也常常被称作最顶尖的古鲁之一。他所关注的战略更加系统而直白，至少在初期是这样的。他的出发点是，由于解除了管理规定、减轻了保护主义压力，以及信息技术的影响，商业环境发生了改变。在这种情况下，市场打开了，出现了新的流动性， 549
这就要求公司不仅要十分清楚自己擅长什么，还要敏捷地洞察出新型市场中的种种机会和各不相同的商业关系。死守旧模式的企业必然会失败，接受新模式的企业才会迎来机会。

哈默尔最早获得关注是因为他与密歇根大学教授普拉哈拉德（C. K. Prahalad）合写的一系列文章。哈默尔曾经在密歇根大学攻读博士学位。他和普拉哈拉德对已往的战略架构展开攻势，嘲讽各路顾问和商学院勾画出来的各种品质，他们认为美国公司正企图凭借一些可以看到的表面现象来应对日本公司，而看不到其背后的理念。竞争对手正是用这些理念夺取了美国公司的“决心、活力和创造力”。在此，他们借用了孙子的一句话：“人皆知我所以胜之形，而莫知吾所以制胜之形。”一旦觉察出对方的战略意图，就能从中推导出其方向、发现和命运。[21]他们提出了“核心竞争力”（core competence）的概念，它被描述成企业组织中的“集合性知识”（collective learning），是一种更加直截了当的因素。它注重的不是将一件事情做好，而是整合不同的技能，集各种技术流之大成。[22]他们二人在1994年发表的一篇文章中指出，如今商业实践的不连贯性如此严重，以至于过去二三十年间人们（比如波特）探索出的各种战略概念早已不再成立。这些概念设想了稳定的工业架构，关注的是企业单位，倚靠的是经济分析，将战略分析与实施分离开，认为后者是一桩组织方面的事情。而哈默尔和普拉哈拉德认为，当时的工业架构正在发生重大的转变，他们认识到经济、政治和公共政策会相互影响，被认为是在原创设计中使用了战略。[23]

两年后，哈默尔发生了明确的革命性转变。虽然其媒介是《哈佛商业评论》，但哈默尔却让人想起了马丁·路德·金、纳尔逊·曼德拉、甘地，甚至索尔·阿林斯基。他认为，全世界的公司正在达到渐进主义的极限。所有东西都已经到了极限的边缘，也许只能挤出一点点额外的市场份额，压缩一丁点儿成本，稍微早一点儿回应客户，提高一点儿质量。[24]哈默尔认为，他的听众们不会满足于还算过得去的业绩。他们虽然不大可能成为规则制定者，或者创立并保护工业正统的大公司，但他们也绝不甘于做个尾随其后、艰难生存的规则接纳者。最好是成为打破常规者，“不满现状者、激进分子、工业革命家”。他们有能力颠覆工业秩序，因为他们“既没有受到习俗惯例
550 的束缚，也不惮于开创先例”。在“全球化”框架下，各种各样的趋势放开了国际经济，这也意味着革命的时机到了。他认为，那些固守现状的管理者终究会被革命的潮流甩到后面。因此，战略的唯一作用就是发动革命。“战略就是革命。其他任何东西都只是战术。”

要想做成革命性的事业，就必须对事业进行重新思考。就此而言，哈默尔与明茨伯格产生了共鸣，后者对战略计划有一番苛刻的评价，认为它理所当然地承认了边界的存在，而不去

崭新的、尚不存在竞争的领域中寻找机会。当精英主义阻碍了人们的探索能力，“便只能开发组织中极小一部分的创造潜力”。当变革“成了让人头疼的事情，或者自上而下、让人恐惧的事情”，而高级管理层又不愿意参与到组织的下游中去，就会催生出一股反作用力。因此，制定战略必须民主。哈默尔在此引用了阿林斯基的话，后者曾经谴责精英计划是反民主的：“永远证明了对大众的能力和智慧缺乏信心，认为他们没有能力为成功解决问题找到出路。”[25]

哈默尔一贯坚持的核心主题是，旧的战略模式与其扶持的商业模式一样早已过时。他于 2002 年出版的《领导革命》(*Leading the Revolution*)[26]进一步拓展了一些早已为人熟知的主题，以其积极、鼓舞人心的风格期盼产生一名商界“古鲁”，并表示人们取得成就的唯一局限就在于他们的想象力。哈默尔坚持认为，《领导革命》不是一本教人“表现更出色”或是“帮人修修补补”的书。它是在“慷慨激昂地恳请人们对我们所知的管理进行彻底改造——重新思考我们对资本主义、组织生活和工作意义的基本假设”。

然而不幸的是，哈默尔选中了安然公司。二十世纪九十年代，安然公司从一家管道公司变成了能源买卖商，凭借其专业背景和实力，从事合同买卖。哈默尔盛赞安然“实现了创新能力的制度化”，是一个“让上千人自觉有潜力的革命者的组织”。他当上了安然公司咨询委员会主席。安然的管理层中流传着一种民粹主义豪言壮语（“把权力交给人民”），声称要把权力下放给员工，把员工描述成革命伙伴。[27]公司采纳了一些哈默尔式主题，比如把要求自由市场比作六十年代的民权运动，质疑那些有关如何运作企业的传统假设等。人们称赞安然

公司凭借着各种形式的整合，以及别人力不能及的敏捷，找到
551 了一条获得巨额利润的道路。但是，2001 年安然公司轰然倒闭，同时也拖垮了亚瑟·安达信（Arthur Andersen）会计师事务所。安然公司被曝其主要利润来源是虚假的，在极其复杂的交易掩盖下，没人真正明白公司到底在干什么。安然公司在政治上推动了能源市场的解除管制，对其主张表示出质疑的外部分析人员都会遭到安然公司以意识形态对立为名的谴责。哈默尔在其著作的第二版中删掉了有关安然公司的内容。他完全可以认为，为了掩盖债务和不断恶化的贸易形式所暴露出来的种种弱点，安然公司高级管理层煞费苦心，被蒙在鼓里的远不止他一个人。[28]

哈默尔在 2003 年的一本书中抱怨，一个世纪前“理论家和实践者”发明了“现代”管理规则，令许多公司受其驱使。一些当代管理者仍然受到弗雷德里克·泰勒和马克斯·韦伯（哈默尔显然不了解他对官僚主义的矛盾态度）等人的思想束缚。在这个需要灵活性和创造力的世界中，旧的管理模式已经出现了功能性障碍。他认为不该专注于“单调乏味”的“控制、精确、稳定、纪律、可靠性等”官僚主义价值观，[29]他追求的是革新、适应性、热情和思想意识。哈默尔认识到，要以浪漫行动反对理性主义，他敦促组织要像社区一样，“依靠规范标准、价值、同行间的适度压力刺激”加以管理，提供的是情感，而不是物质奖酬。[30]哈默尔仿照马丁·路德·金的著名演讲提出了自己的梦想，“变革不会带来痛苦的转型创伤……创新的电流传递到组织的各项活动中……叛逆者终究会胜过极端保守者”。哈默尔的谨慎之处在于，他没有预测管理学的未来。他坚持认为，自己的目标是“帮人发明管理学”。

他在后来一本直接讨论规范标准和商业价值观等问题的书中，涉及了一些潜在的抱怨："利润、优势和效率这些功利主义价值观没有什么不对的地方，但它们缺少高贵的地位。"组织需要一种令人振奋的目标感，个人需要向"宏伟庄严"的、比自己更崇高的事业效忠。[31]虽然哈默尔开始撰写战略著作，但当时他已经转向了广阔的社会理论领域。他的分析几乎就是对X理论和Y理论的简单模仿，将二分法推向了极致，以社区对抗官僚，以叛逆对抗极端保守，以创新和变革对抗未定和秩序，以情感报酬对抗物质奖酬。

基础命题可以用经典的激进思想来重新措辞，要求颠覆过时的等级制度，卸除枷锁，释放生产能力和想象力，使每个人都能充分发挥才干。但这场革命终究有点奇怪，相比之下当然 552
更具资产阶级色彩，而不是无产阶级革命。正因为它不是一场真正的革命，因此它缺少制度表达。它反映的是反主流文化对理性主义和官僚主义的反抗，它渴望激情，渴望展示想象力，鼓励人们相信感觉和经验，认为最好的事情会自然而然地发生。但是，正如反主流文化一样，这是一种误判。它夸大了一个商业组织的民主可能性。还有一种相同的推测则认为，参与性民主不会造就保守和短视的政策，只会催生最先进的政策，而睿智的战略顾问也许就会这么建议。

工作能让人乐在其中，它可以充满挑战和创新，让人与情投意合、相互激励、互相支持的同事和谐相处；它也可能充斥着重要而无聊的任务、紧迫的最后期限和紧巴巴的预算、愤怒的客户和马虎草率的供应商、令人恼火的同事和目光短浅的老板。人们一方面认识到了劳动力的价值，懊悔没有更多地开发；但要知道，事情还有另一方面，受到激励的下属在具备了动力和想象力之后，有能力颠覆权力架构、重新打造文化、重塑制度系统。常识认为，要尽早地将员工纳入决策，在彻底变革之前，利用好核心工作人员的专长。然而，只有身居公司上层才可能纵览公司业务的方方面面，制定权威决策，配置资源，承担责任。

正因如此，人们总爱嘲笑那些声称设定了更高目标的公司。偶尔的转型变革也许令人兴奋，但改革过于频繁会让人疲惫不堪。保持些许的平静和稳定也许是桩好事。创新需要改变架构、纪律和管理责任，然后就得维持它们。许多员工都认为，高级管理层应该制定战略，而不是缠着他们去提一些随后不会被采纳的新主意。人们需要解药来对付满嘴豪言壮语的古鲁和夸大其词的顾问们，这一点从斯科特·亚当斯（Scott Adams）的颠覆性连环漫画“呆伯特”（Dilbert）中饱受迫害的工程师、满脑子幻想的销售员、愚蠢的老板和贪婪的咨询师身上可见一斑。在亚当斯看来，咨询师“最后总会建议你去做现在没做的事情。把一切分散的事务集中起来。把垂直的弄成扁平的。把集中的变成多元化的，剥离一切非‘核心’业务”。在呆伯特的世界里，企业需要战略，“因为这样员工就可以知道，他们不需要做什么”。呆伯特解释了战略是如何拼
553 凑起来的：“我搜集来各种乐观的数据，把它们放在糟糕的类比环境中，给它配上一些过火的偏见……再加点羊群心理，添点偏见。”而当他的公司宣布，要为“孤注一掷的合并战略、拆分计划、徒劳的伙伴合作、随心所欲的重组战略”或者“付钱赶走优秀员工的计划”而放弃一项制造好产品的战略时，股指反而会上涨三个点。[32]

三十五　计划型战略或应变型战略

如果为了医治一种疾病而推荐了很多药方，那就几乎 554
可以肯定这是一种不治之症。

——安东·契诃夫，《樱桃园》

在商业管理中，高级管理能否真正起到战略指导作用是该领域内较有影响力的一个二分法问题，即高级管理到底是属于计划型战略还是应变型战略。一直以来，亨利·明茨伯格以发难于所谓的战略设计模型而著称，针对不断变化的环境，他建议采取一种连续性的智能学习方式。在与詹姆斯·沃特斯（James Waters）合著的一篇极具开创性的文章中，他力促将战略理解为"一连串决策后形成的决策模式"，而非只是交由他者实施的某个单独的产品。根据此设定，他们对"有意图的"和"实现了的"战略进行了区分。如果某个实现了的战略是意图所得，我们称之为"计划型战略"；若无论是否对战略抱有某种目的都能得以实现，那么这种模式则为"应变型战略。"

计划型战略有赖于组织内部意图明确，因此对需要实现何种目标以及该目标的可实现性必须是确凿无疑的。同时，此种战略也不能受到类似市场、政治或技术等任何外部因素的干扰。但是要获得这样一种绝对良性的环境，或者各种问题在这

种环境中至少可以预期及可控，却是一项“无法完成的任务”。与之相比，在缺乏战略意图的情况下，纯粹的应变型战
555 略则会体现出行为的连贯性。尽管丝毫没有战略意图的战略有点难以想象，但是应变型战略的观点认为，环境会对决策模式产生强制性影响，正如概念意义上的决策者在面临结构性约束以及必要的需求时，他们其实也是无能为力的。反而是无数个很小的决定经过综合作用可能会产生意想不到的结果，可能会使高级管理层喜出望外，也有可能让他们惊慌失措。实际上，以上两种战略的根本不同之处在于，前者会有一个初始计划且在实施过程受到中央管控，尽管明茨伯格认为这种模式极为不明智；后者则是一种逐渐学习以及适应的模式。[1]

有观点认为组织在战略实施过程中遇到不确定性时，仍然能够坚持初始计划，这种看法非常值得推敲。其实在某些方面，所有的战略一定都是应变型的。在组织管理中，如果达成了某个特定的目标，该组织就必须在某个时间重新审视既往史（塑造了战略的原型），以及已经形成并且似乎正在发挥作用的战略，以调整后续战略。因此明茨伯格认为，一个组织及其领导层有必要一直保持学习状态。这就好像是古希腊神话中有预言能力并且代表智慧与沉思的女神墨提斯，当外部环境“由于过于动荡复杂而难以理解或是难以抗拒时”，为了应对这种变化，学习能力、变通能力以及反应能力就显得尤其重要。为此，就有必要通过某种程度的尝试来培养以上能力，或是在实际操作过程中向那些最贴近实际情况且掌握制定务实策略信息的人们让渡部分权力。但这并不是要否定管理层的重要性，有时他们在战略实施过程中仍然要强行施加自己的意图，并且提供某种高屋建瓴的指导。

因此，明茨伯格在深思熟虑之后总结道，“战略的形成基于两个要素，即计划和应变”。但是显然，他的内心更加倾向于后者，原因可能在于应变型战略对于整个组织有更高的要求，而且更能对组织架构的优劣起到检验作用。相较于一个整体运转完全依赖于高级管理的组织，一个受益于全体员工的智慧与实践的组织状态会更好。2008 年金融危机之后，明茨伯格对“社区化企业的衰退感到惋惜，这种社区为人们提供了某种归属感，而且社区中的人们除了关心自己的工作，还会关心同事，关心他们在世界中所处的位置等更宏大的问题”。他认为，人类是群居动物，“如果没有一个更广阔的社会系统，人们就无法施展自己的才能”。社区“就像一种社会黏合剂，把我们凝聚在一起，共同追求更大的利益”。我们看到一些令人钦佩的企业都深深地打上了社区的烙印，为此明茨伯格还引用了皮克斯（一个动画电影工作室）总裁的一篇文章《皮克斯的“创作总动员”》，他在文中将工作室的成功归功于公司“充满活力的社区，在这里，大家相互信任、彼此忠诚、精诚合作，每个人都觉得自己在参与一种非凡的工作。他们的工作热情和巨大成就令这个社区成为一块磁石，深深地吸引着那些即 556
将出校门的学子和其他公司的优秀人才”。[2] 为此，光靠经典的英雄式个人中心主义的领导是不够的，我们还需开发出另外一种模式，即“人人参与组织建设，发挥每个个体的主动性与积极性”。因而有必要摆脱“个人主义行为及诸多短期计划与措施，提倡互信、参与和同步合作以保障战略的可持续性”。[3]

学习型组织

明茨伯格对“学习型组织”的推崇绝非独有。他对此类组织的推崇理由之一是组织效率，即尊重知识、革新机制且对外开放的组织会更加高效；理由之二是组织生活，即学习型组织的组织生活应该是一种令人振奋的社会和集体体验，在这里“人们通力合作，集体强化达其所愿之能力”。[4] 关于个人学习问题，凡是致力于成为学习型组织的企业“都必须培训其员工的学习能力，并且实施奖励措施”。[5] 以上目标反映了人际关系学派的重要关切。因此，如果工作能够成为一种积极的体验以及自我价值实现的源泉，那么组织及个人便都可从中受益，既体现了人文主义关怀又实现了官僚性组织所需的效率。此观点在彼得斯和哈默尔两位管理学大师华丽的辞藻中可见一斑。英国管理咨询师查尔斯·汉迪（Charles Handy）也是该方法的狂热粉丝，他将学习型组织描绘成一种关于“好奇、宽容、信任及团结”的存在。[6]

《没有设计的战略》（*Strategy without Design*）一书将以上观点发展到了极致。该书认为，那些致力于实现特定目标且经过理性计划的战略决策都过于幼稚，他们既不清楚如何去反映“无形的历史和文化力量”，更意识不到他们根本不可能把握全局，或是想要如棋子（大战略家最钟爱的形象）般去操纵各个实体的行为是多么愚蠢。在实践中，“对于这样一个从未出现过的智能化全景图，存在着太多的偶然性因素、限制性因素以及系统性影响，而且追求这样的目标过于耗费精力，只会导致组织过于衰弱”。[7] 相比之下，贾和霍尔特（Chia and Holt）与李德·哈特的观点一致，他们道出了“间接行为的神奇效果”：“相较于直接的且专注于战略目标的行为，间接的或是跟特定目标关联不是很密切的行为，往往能够产生更加神奇且
557 持久的效果。”[8] 这种替代战略不仅令人费解，而且不涉及权

力、交易、威压或同盟构建。但是这种战略的结果却是属于托尔斯泰式的后现代变体，即以不带有任何意图的且几乎无人觉察到的日常行为来推动组织的运转，而且最终进展也很顺利。组织管理的成功并不是因为之前“存在一个计划好了的战略”，而是“多数个体采取了诸多应对行为，并且经过综合作用后产生的累积性间接结果，尽管起初他们的目的只是为了积极应对自己所处的窘境”。明智的战略家都会对权力控制敬而远之，顺其自然，服从大家的意见。贾和霍尔特称其为“战略的温柔”，但是会陷入“持久的空想，这种空想并不寻求支配地位，不过也没有反对意见；它只存在于无数尚未实现的可能性中”。其目的是“规避一度炽热的野心和严格履行的承诺，是要培养好奇心，无论处于迷恋、和悦或漠然的状态，都要保持同样程度的好奇”。[9] 由于战略是“可意会的”，因此它给人留下了无限遐想。当然，对大多数人而言，在大多数时候他们平凡的组织生活与此是有些差别的。

管理为王

缺乏权力理论的战略理论往往会误导读者。强烈支持学习型及互助型社区化企业的人往往不太愿意谈及权力问题。但凡涉及权力，他们就会谴责政治斗争对组织的破坏性影响。个人因自身事业需求或是项目好恶而进行权力斗争会让人很反感，这不仅会影响整体效率，还会打击员工士气。权力本身可以成为一种终极目的，使人获得权势地位，也可以成为支配他人的工具。但是如果没有权力，组织目标又难以实现，取得的价值也微乎其微。换言之，权力的使用利弊相生，如果能够正确理解和把握权力，那么对于不够明智的决策就会更加谨慎，反之，则可能错失或无法坚持贯彻那些潜在的比较明智的决定。组织内部的权力结构受到个性与文化、社会联系与人事合同、个别单位的声誉，以及预算整合与支出监管等因素的影响，与之相比，国家内部的权力结构更是如此。尽管处理权力问题本身并不能算是战略问题，却是战略不可或缺的一部分，关系到决策形成及实施的最佳方式。

558 杰弗里·普费弗（Jeffrey Pfeffer）是少数几个重点研究组织权力的学者之一，他主要从权力的来源及使用两个角度提出相关建议。例如，他强调要着重了解决策层的主要成员，获取关键委员会的席位，参与预算及人员晋升的相关决策，争取同盟及支持者，并且学习如何最有效地设计议题等。[10]最近出版的一本书也提供了如何在组织中利用权力获得成功的相关指导，其中的一条建议就是警惕那些所谓的关于领导力的作品，这些作品总是提倡领导者要“遵从本心、抱诚守真、流露真情、谦虚谨慎，切忌简单粗暴”，但这只是表达了人们对世界的美好愿望，并不代表世界本身就是如此。[11]

批判者们认为，以上那些乐观的管理态度在看待权力方面表现得过于简单天真。海伦·阿姆斯特朗（Helen Armstrong）认为“学习型组织”就是一种“马基雅维利诡计”，其实就是在鼓励员工们进行自我剥削。“不稳定的就业市场、合同制、兼职、外包和裁员等问题盛行，这种情况下很难让大多数员工产生主人公感受。”[12]即使确实存在一些共享价值和理念，那也基本上是高层管理人员视角的反映。如果从另外一个角度来看，那些可能被视为良性的组织文化其实就是一种霸权。组织管理中避不开权力和意识形态问题。[13]

以上观点其实属于批判理论的一种。由于企业战略本身是一个非常现代主义的问题，因此受到后现代主义影响的批判理论将其视为一种天然的目标，它们认为可以通过理性地把控因果关系来达到预定的效果。在此基础上，为了维持现有的权力结构，战略就成为一种思维模式，人们往往选择韬光养晦而非锋芒毕露。要理解每个个体及其言行举止就必须考察其所在的社会环境，反之亦然。大卫·奈特（David Knights）和格伦·摩根（Glenn Morgan）合著的一篇反映英国管理学派的后现代主义反叛精神的批判性文章受到福柯的启发，他们在文中对战略的理性定义不以为然，该观点认为战略是在变幻莫测的环境中针对复杂的经营管理问题而做出的一系列理性反应，但是两位作者更加推崇这样一种定义，即“企业战略由一系列的话语和实践组成，通过战略设计、评估及实施，能够将相似的管理人员及员工改造成拥有目标意识和现实意识的主体”。[14]

从这个意义上来讲，战略并不是一种一般的管理方法，而是一种特殊的企业意识形态。由此，奈特和摩根发问：“如果战略真的如此重要，那么在人们还未‘有意识地’运用战略概念之前，企业为何能够存活如此之久?”有些奇怪的是，鉴于福柯对战略问题做了大量的文献综述，两位作者据此批判早 559
期的学者们如钱德勒等，“竟然认为战略意图缘于商界，好像管理人员们是在有了战略意图之后才学会遵循战略规则的”。显然，罪魁祸首在于学者们总是充当话语主导者，告诉人们他们行为的真正含义是什么，他们以一种不同于行为体的方式，对其行为做出了“不得要领的”解释。这就意味着学者们可能会忽略一些有意思的问题，例如人们在讨论战略，或是任何用来描述被视作战略行为的符号时，他们实际表达的是什么。奈特和摩根认为，只有当企业必须对内和对外来解释其行为以及原因时，战略才会显示出重要性。战略既关乎高级管理层的合法性，又决定着后续的行动步骤。因此，“企业的战略话语”就构成了“一个知识领域和一种权力，后者决定了哪些才是组织内部‘真正的问题’，以及其‘真正的解决方法’的特征”。这是一种“权术”，它既能授予人们权力也能使人无能为力，同时也是那些“待解决问题的来源”。就其本身而言，战略话语权可能还受到了其他话语体系的挑战，例如反映更加本能以及较低层级人员思想的话语体系，抑或体现自上而下倡导的无差别对待以及犬儒主义的话语体系。战略管理话语在企业管理中已经根深蒂固，并且取得了巨大的“胜利”，既维持且强化了管理特权，赋予安全感，又使权力的使用合法化，可以找出那些能够强化话语权的人，并且使成败的结果合理化。

英国管理理论学派中持批判立场的有斯图尔特·克莱格（Stewart Clegg）、克里斯·卡特（Chris Carter）和马丁·科恩伯格（Martin Kornberger），他们对这个问题进行了更加深入的研究。在三位学者看来，这种类型的战略尤其是企业战略计划，就好比笛卡儿术语中聪明的头脑或是尼采的“权力意志”，前者试图指挥一具没有说话能力但顺从的身体，后者则试图控制、预言甚至掌控未来。[15]然而，这些艰难的挣扎注定是徒劳无功的。战略计划一般都是幻想，在未来无法预测的情况下设定一些超越自身能力的目标。由于战略计划与实施、方式与结果、管理与组织、有序与无序之间存在无法逾越的鸿沟，以上努力必定会遭遇挫败。况且，战略计划并不会弥补或消除这些差距，反而会主动创造甚至维持这种差距。战略计划在实践过程中创造了“一种分工体系，不断地破坏甚至颠覆其倡导的秩序”。战略计划创造了“一种有序且舒适的假象，好似组织内部尽在掌控之中，但是外部环境多少有些混乱，而且会一直威胁到组织存亡。战略计划由于忽视了‘解体’的 560
复杂性和潜力而强化和深化了这种差距”。

以上批判针对的是某种类似稻草人的东西。可能在几十年前，高级管理人员真的相信这种内部有序且可控的假象，而且受到这种舒适且雄心勃勃的意识形态的蛊惑，更加坚持该信念，他们试图制订详细计划对其加以证明，以极端理性主义的假设为基础，层层布置计划，并且几乎完全按照泰罗制来规定企业行为。其实在实际的经营管理中试着采用经济理论也不是完全没有道理的，例如形式温和的“综合记分卡”。但是，真正的管理实践存在着很大的不安全感和不确定性。在这种情况下，管理战略就变身为一个巨大的保护伞，提供一系列可参考的应对方法。一些管理人员可能就会试着去应用这些方法，但是另外一些则会让普通员工参与到企业决策中，而且对于目标固定的详细计划所产生的扭曲效果有着清醒的认识。

狂热与时尚

明茨伯格等人的经典丛书之一《战略历程》（*Strategy Safari*）提出了应对战略挑战的十种不同的方法。另外，关于战略的定义也存在较大的分歧且难以解决，“学者们甚至找不到一个合乎逻辑的清晰的定义”。[16]还有的学者将战略视为处于“前范式的状态”。[17]但是也有学者指出，关于战略的这种困惑，其根源在于战略的多样性，战略并不是一个单一范式。“战略”这个词每次都会被赋予新的含义：

> 现在战略已经变成了一个包罗万象的词，可以表达任何人们想表达的意思。当前的商业杂志都会有一个战略版块，主要用来探讨特色企业如何处理各类不同的问题，例如客服、合资、品牌化或电商。相应地，高管们会探讨他们的“服务战略”“合资战略”“品牌化战略”或是任何一个随时出现在脑子里的战略。[18]

约翰·凯伊（John Kay）非常怀疑地总结说：“也许在今天，战略这个词最普遍的意义就是作为昂贵的同义词。”[19]

561 战略的扩散兼具纵向和横向两个方面，纵向是指具体的辅助性活动，横向是指与外部环境相关的程序性和实质性惯例。二十世纪八九十年代，各种伟大的观点层出不穷，出现了像彼得斯和哈默尔这样的管理大师，业务流程重组（BPR）战略经历了跌宕起伏的变化。最后，随着管理战略这股狂热的扩散，出现了一个新的研究领域。该领域研究的密集度和多样性、大肆宣传及其较短的半衰期催生了人们某种程度的疑惑，即到底为什么对它如此重视。[20]但是那些采取管理战略的组织并没有遇到某种主导性范式，而是遭遇了诸多刺耳的杂音和矛盾，它们获得的提示是，通过购买管理类书籍、参加研讨会或雇用管理顾问也可以取得成功。诸如此类的观点蜂拥而入，乏味之中也伴随着一些难以置信的反直觉的诚恳见解，尽管这些见解总是让人半信半疑。

关于以上现象有多种解释。管理大师们使管理人员意识到管理中存在的不确定性，而前者又为后者提供了某种程度的预测，以及外部授权以使其行为合法化。即使对管理战略的有效性持怀疑态度的管理人员也担心他们会错失什么机会，或是漏掉哪些重要的内容。对管理战略的持续狂热可能有些讽刺甚至有些随机，但确实有实际进展的可能，好像某种更加高级的管理唾手可得一样。如果果真如此，那些尽职尽责的管理人员至少会关注一下管理战略的发展。[21]没有任何事物是一无是处的。[22]自德鲁克首次引入目标管理起，人们使用了相当数量的管理技巧，它们曾经被视为只会流行一时，但现在证明它们确实对管理是很有帮助的，例如 SWOT 分析模型、波士顿矩阵以及质量圈。即使像业务流程重组这样过于激进，一次性要求太多，而且在效用上夸大其词的管理思想，也被证明多少是有用处的。二十世纪八十年代以后，很多企业开始追求卓越，提高质量，并且鼓励本地创新。遗产之一就是，高级经理人对战略管理不懈的坚持与追求。

就创新而言，能够得到持久发展的是，那些有助于高级管理人员发挥对组织的影响力的理念。以“综合记分卡”为例，1992 年罗伯特·卡普兰（Robert Kaplan）和戴维·诺顿（David Norton）在《哈佛商业评论》上发文，首次提出这种管理思想。他们认为，用经济回报来衡量一个组织是否运行良好是不够的，必须采取一种涵盖范围更广且更加现实的衡量指标。他们将战略视为“一系列因果假设”，并且认为通过测量关键效果就可以证明一项战略是否得到了合理实施。因此，应 562
该设定战略目标，并且开发一套合适的测量指标，其中要涵盖财务、客户观点、内部组织能力以及创新能力。但是上述要求的前提是，“人们会采取一切有助于达成此战略目标的行为和措施”。综合记分卡的优势是易于理解，企业员工可以实现有效参与，而且能够改善管理信息。然而，关键的绩效指标（KPIs）只能反映可以测量的维度，而非重要的维度，从而这些指标自身倒成了测量的目的，而不是实现目的的手段。而且，即使对组织没有明显的益处，员工们还是会去达成那些测量的目标。如果管理人员仅靠观察这些指标，那么只能被那些难以解读的数据所淹没，无法理解不同测量指标之间的复杂关系，漏掉那些会暗示组织失调的内容。[23]斯蒂芬·邦吉（Stephen Bungay）指出，人们在不了解需要做什么以及为什么的情况下，“肯定会盲目迷信量化指标”。尽管综合记分卡是一种交流意图的方式，但在根本上仍是一种控制系统。[24]

一项对过去50年内16种流行的管理思想的研究表明，随着时间的推移，这些管理思想尽管已经成为企业管理中“更加广泛的思想基础，但是使用寿命都变短了，而且对于高层管理而言实施起来更加困难”。[25]某种特殊的管理技巧对于组织绩效影响非常有限。然而，它们确实会影响企业声誉甚至高管薪酬。该研究强调了“此前的一些论点，即企业不一定会选择那些技术最好或是效果最好的技巧，而是会通过采取广为接受和认可的方法以寻求外部合法性”。[26]其他研究也指出，那些看似流行的新理念一般都被认为恰好契合“时代思潮或‘时代精神’”。[27]一项专注“战略”概念演变的研究收集了1962~2008年关于战略的91种定义。通过观察定义中名词的使用，作者发现“计划”（planning）一词的使用频率出现较大幅度的下降，“环境”（environment）一词上升后稳步降低，“竞争”（competition）呈稳定上升趋势。动词“达成”（achieve）是个常量，但是随着时间的推移，“规划”（formulate）一词让位于“叙述”（relate）。[28]

如上所述，流行的管理思想在企业中的作用是学者们的研究兴趣所在，这表明他们意识到，战略不能被视为一种产品，某种可能用来指导组织管理的投入品或是某种与外部环境建立联系的输出品，而是应该被视作一种持续性的实践，组织内许多员工（不仅仅限于高层）的日常工作。战略并非组织财产， 563
而是人们的所作所为。这就产生了这样一种观点，即“战略实践”。这是如维克这样的组织社会学家和心理学家的工作的自然延续，他们的研究兴趣在于因就业需求而聚集到一起的个人之间那些不同的经历和抱负，以及提出某种多少具有创造性或破坏性的社会形式。但无论是对于他们自身还是更宽泛的目标，人们都应该为组织效力。通过这种方式，可以在观察研究中将宏观机制和微观个人有效结合起来，并且提出指导建议。[29]

重视“战略即实践”这一观点的一个消极结果是，提高了“制定战略”（strategizing）这个动词的使用频率。这同时也强化了一种理念，即战略是一种无处不在的行为，“是伴随战略结果、指导、生存和企业竞争优势而产生的结果”。因此，制定战略要在多个层面融入多重行为体。[30]包括管理人员和顾问在内的战略“实施者”要采取针对组织的战略“实践措施”，并且在他们与其他企业的互动中产生“战略”时，将其转化成为某种特殊的战略“实践”，这种战略反过来又会重塑该组织的实践活动。[31]如此，战略作为一种由高层计划好的自上而下实施过程，这一观点就受到了质疑。只要存在战略实施这一环节，微观层面就会影响宏观绩效。这也是战略计划模型的批判观点的核心。但如果组织是以自下而上的模式运转的话，效果就不一样了。因为无论好坏，高级管理人员的决策多少会受到其对组织实践特点的看法的影响，但是一般来讲，由于其权力以及所能调动的资源不同，他们的决策要比较低层级人员的决策重要得多。虽然“战略实践”对于理解组织决策很重要，但“战略权力”亦是如此。

回归叙事

除了战略实践和战略权力，“战略意会”又会起到什么作用呢？如果有一个永久的主题，那必然是因为其中有一个精彩的故事在一直吸引人的注意力，帮助传达重要的信息。这一点在几个故事中体现得很明显，例如泰勒讲述的关于施密特努力工作的故事，梅奥讲述的关于霍桑实验的故事，以及巴纳德在新泽西州失业的故事。我们之所以倚重案例研究方法，那是因为理解管理挑战的最好方法就是围绕一个特殊的主题讲述一个故事。

564 在方法论上与理性行为体理论形成鲜明对比的是，在大多数关于组织的文献中，故事都被提升到了能够促进组织沟通和提升效率的重要位置。[32]心理学研究肯定了叙事在解释过去并且劝导人们在未来采取行动时的重要作用。由于商业管理不再是军事化作风，雇员也更加期待被说服而非被命令，因此鼓励管理人员通过叙事的方式来促进决策实施。1998 年杰伊·康格（Jay Conger）提到，“以往命令式的管制措施一去不复返了”，因为“现在的企业经营者大多是同辈之间组成的跨功能团队，而且由婴儿潮时代出生的人以及他们的后代 Y 时代的人构成，他们不会忍受那些至上权威”。[33]专栏作家露西·凯勒韦（Lucy Kellaway）指出，“故事是冲击企业沟通产业的最新思潮”，“现在各地的专家都意识到了一个小孩子都懂的道理，即相较于枯燥的事实和倡议，故事更容易被倾听也更容易被记住”。[34]

故事能够避免抽象，减少复杂性，间接点明重要观点，而且强调要对偶然出现的机遇、不满的员工以及可能会破坏整体行动的微小地方保持警惕。故事是维克提出的“战略意会”的前提，能够在“一个较小的区域实现有序化，然后逐渐扩展，甚至强制相邻的无序区域实现有序”。[35]汤姆·彼得斯和罗伯特·沃特曼在一系列概述之后，欣慰地看到，他们的理念如果以故事而非表格或图表的形式来讲述，会更容易让听众理解。他们将其优秀的公司描述为“无耻的收藏家和讲故事的人……以及满载奇闻逸事、神话以及童话故事的挂毯”。其实本质上很多战略管理类书籍都不过是故事汇，但是每一个故事都试图强调某种一般性观点。

故事的形态及篇幅不一：有内容无知、毫无章法的，也有精心设计、目的性强的；有技术说明的，也可能是某个高管的古怪想法；有详细说明的，也有的只是奇闻逸事；有的是需要反复讲述的，而有的只是一次性听完就可以忘了的；有的是针对拥有特权的少数人群，所以就会犀利且点到要害，但是如果知道对象是一大群普通听众，那么内容观点就有可能模糊不清。叙事随处可见，例如几分钟的会议、给客户做的展示、商业计划，甚至是公式化的分析：例如在 SWOT 分析中，“机会”代表“号召”（call），而“威胁”就是“对手”。“如果利用优势，转化劣势，那么主角就成了英雄。”

学者们最后发现，由于受到“叙事转向”的影响，故事及讲故事不仅在制定和实施战略时对实现有效的领导力非常有
效，而且也是组织内部所有沟通交流的核心，例如从低层级员 565
工喋喋不休的抱怨，到中层领导人鼓舞士气的谈话，再到高管的高瞻远瞩，叙事都发挥着重要作用。故事内容一般包括，高

管们的决策是如何合理或是如何脱离现实，或是通过讲述过去的大事件来显示该组织曾如何辉煌以及有着怎样源远流长的文化，或是洞悉可能开发出令人兴奋的新产品的机会或可能导致大衰败的误算。通过研究这些故事，既能够开发并强化组织文化，而且能够挖掘支撑这种文化的信念及假定。当员工根据自己的经验讲述个人故事时，这些故事有可能符合，也可能违背高层管理的要求，但是高层管理人员会挑选出那些有助于重新评估关键假设的线索。在这种情况下，通过组织内部持续不断的交流与沟通，组织文化就有可能得到改变，甚至被颠覆。[36]

目前叙事领域已经成为各个企业竞争的重要战场。在上一部分我们探讨了政治实践的问题，各方都会尽量抬高自身贬低对手，其实在商业领域亦是如此。例如，在一个专门收集并揭露名人丑闻的记者曝光了洛克菲勒基金会令人起疑的索赔权问题之后，洛克菲勒对标准石油公司的控制就出现了裂痕。然而一点儿也不奇怪的是，“正如那些巧妙构建、精心编辑的传奇角色一般”，近些年来最会讲故事的企业之一沃尔特·迪斯尼非常擅长用语言塑造自己的历史。迪斯尼因塑造了一系列卡通角色，例如米老鼠，以及动画技术而受到欢迎。但迪斯尼的成功涉及否定其他竞争者的应有成就。迪斯尼的创造力日渐提高，但是其独裁权力却在缩小。他的工作室的组织风格是泰罗制家长式作风，完全没有独特性，但是每一位雇员都被视为这个大家庭的一部分，然而这种强压下被迫形成的团结形象在二十世纪四十年代爆发了冲突。[37]这个故事揭开了叙事中存在的悖论：这些故事可能有着强大的解释力，而且是最自然的沟通方式，但是代价在于，要巩固那些最适合控制沟通方式的解释，从而使其无可挑剔。即使最好的且最自由的故事也可能文不对题，或者由于过于模棱两可而遗漏需要传达的信息。一个优秀的叙事者可能从平凡之中得到灵感，但是如果最后发现现实太沉闷无聊，那么这种灵感也会逐渐消失。

更加学术的商业管理战略家倾向于将故事作为例证，他们选择的案例能够清晰地表达自己的观点，不会出现歧义，例如是否存在结果可能大为不同的可比较的案例，或是在稍微不同的环境中，相同行为体采用被核准的战略行为是否会得到相同的结果。有时候不仅选择案例要非常认真仔细，讲述的方式也 566
需要谨慎设计，例如泰勒、梅奥和巴纳德的故事总是精心修饰的。维克最喜欢的一个故事是关于瑞士军演期间的一次意外事件，当时寒风凛冽，一个小分队走失了，而且很有可能已经牺牲，但最后奇迹般地归来。当负责小分队的中尉被问到他们是如何找到归程之时，他说当时所有人都觉得必死无疑，但最后却在一名士兵用来装轴承的口袋里找到了一张地图，靠着那张地图找到了回来的路。然而，在查看这个地图的时候竟然发现它是比利牛斯山的地图，而非阿尔卑斯山的。[38]这其中关于战略的重点是，由于有了这张地图，小分队平静下来，并且采取行动，因而“地图在手，迷路不愁”。[39]当然，这里也需要一些运气，幸亏阿尔卑斯山区的路不多，比较好找。但遗憾的是，这个故事的真假我们无从得知。维克是从一位捷克诗人米洛斯拉夫·霍拉勃（Miroslav Holub）那里听来的，而后者则是从二战期间的一则奇闻逸事中得知。[40]

现在让我们再来看看明茨伯格最爱的另外一个故事，讲述者是理查德·帕斯卡莱，我们上次见到这个人还是在麦肯锡研究日本工业奇迹的时候。从 1958 年至 1974 年，美国摩托车市场规模翻了一番，其间英国产品在美国的市场份额从 11% 缩水至 1%。但日本产品却抢占了 87% 的市场，其中光是本田就占到 43%。帕斯卡莱对关于 1959 年本田成功进入美国市场的固有解释不以为然，该观点强调价格和数量因素。但是，他们忽视了更加有趣的一点，即“误算、意外发现以及组织型学习”。当本田向美国派遣营销团队时，他们起初的目的是竞争中型摩托车市场，但是在与经销商接触过程中，却因技术问题陷入了深深的苦恼当中。这时，有人来咨询本田营销团队自己使用的 50cc 排气量的小型摩托车本田小狼。于是他们干脆卖起了本田小狼，而非中型摩托车。帕斯卡莱认为这个故事的寓意在于，如果执着于过度理性的解释，并且假设所有发生的事情都在意料之中，那么就会漏掉一些实现成功的最重要要素。相较于一种决断的长期视角，他更加看重企业从经验中汲取教训，并在遇到偶然出现的机会时保持灵活性的能力。[41] 每当明茨伯格强调应对型战略的重要性时，他总是会兴致盎然地提到这个故事。他用这个例子告诉人们管理人员在这个案例中犯下的每一个错误，只有市场对其错误做出反应时他们才能学到教训。[42] 他将帕斯卡莱的这篇文章列为管理文献中最有影响力的一篇。其他学者进一步发展这个“道理”，并且转化成了地位
567 卑贱的员工如何扭转企业战略的故事。根据这个案例，他发展出了一系列关于学习型组织的一般命题。

上述内容并不是本田故事的唯一启示。本田的成功史只是众多日本成功故事之一。本田于 1948 年成立，到 1964 年时已经成长为世界上最大的摩托车制造商和优秀的汽车制造商。本田的成功让很多管理战略家们着迷，并且鼓励美国公司向其学习。但是安德鲁·梅尔（Andrew Mair）提醒，一叶何以知秋，只关注一个片段不足以了解整个故事，而由此得出一般性结论

更是危险。例如，本田本来一直计划开拓美国的小狼摩托车市场，而且在本田向美国派遣营销团队之时，小狼占到其销售任务的四分之一。但是，本田公司认为他们应该先证明一下他们在稍大型号摩托车市场中的价值（这也是本田重视赛车的原因）。但是问题在于，本田当时没有意识到，其实美国市场正在与日本市场趋同。不管怎么样，六十年代后期小狼在美国市场的销售额出现了较大幅度的下滑，此后本田不得不将重心转移到稍大型的摩托车市场，即本田之前一直期待用来打开美国市场大门的钥匙。在实践中，本田遵循的是已经在日本取得成功的经验，因此日本在美国的成功并不是盲目的飞跃，而是有迹可循的。[43]

在这一点上本田的经验教训显示出了冷血管理与稳健管理的重要性。由于战后公共交通无法满足交通需求，而且石油供应受限，因此战后日本的摩托车市场是巨大的。同其他工业领域不同的是，摩托车市场几乎很少受到限制，因此产生了达尔文式优胜劣汰的竞争模式。在五十年代有两百多家公司竞争摩托车市场，名曰“摩托车之战”。在这个时期，“做生意是一种狂热但有风险的追求，充满各种有利可图的机会，但是也有下流肮脏的惊喜”。[44]摩托车大战结束之后，只剩下四个优胜者，分别是雅马哈、铃木、川崎和本田。四者中，本田是最负盛名的。本田的成功可以归功于很多因素。首先，本田宗一郎（Soichiro Honda）本身是一个工程学天才，他的商业经理藤泽多吉（Takio Fujisawa）又有强大的金融头脑。其次，他们拥有战争期间进行大规模生产技巧的经验，而且了解丰田的生产模式和供应链的重要性。最后，本田内部组织周密，财政控制仔细，尤其重要的是，他们在经销商网络的建设上投入了巨大的精力。

二十世纪五十年代后期，本田取代之前的国内巨头东发（此后不久便破产了）坐上了日本制造业的头把交椅。由于后来本田将产业重心转移到汽车生产上，雅马哈以为本田无暇顾及摩托车生产，便开始迅速抢占市场份额，并且决定建立一个
568 新的品牌工厂，立志成为市场领导者。但是，本田对雅马哈的做法进行了强烈反击，从而导致了二者于 1981 年爆发的著名的“H-Y”战争。本田对雅马哈的回击是简单粗暴的。将日本竞争力作为研究中心的斯托克称，这次战争是以一个战争口号拉开序幕的，“Yamaha wotsubusu!”——可以简单翻译成：“我们要碾压、击碎、宰杀、屠戮雅马哈！”本田开始降低产品价格，大幅度增加广告投入，介绍新产品，从而使最新、最现代的摩托车成为当时的时尚必需品。而雅马哈的摩托车则看起来“又老、又过时，而且没有吸引力”，这几招几乎要把雅马哈给榨干了，经销商的仓库里堆满旧货。最后，雅马哈不得不举手投降。本田的胜利是有代价的，但是也确实对包括雅马哈在内的其他竞争者起到了威慑作用。斯托克印象最为深刻的是本田通过加速生产周期来击退竞争者的方式，这也是他认为美国企业应该学习的地方。毫无疑问，本田的战略让人印象深刻，但是只关注这一点就低估了本田战略的惨重代价，其代价不仅仅体现在降价及促销领域。

哈默尔和普拉哈拉德在 1994 年也将本田作为一个典型案例，用来探讨本田如何开发核心竞争力，其成就如何嘲弄了经验曲线。由于从掌握内燃机技术而获得了最大利益（由此本田成功打入一系列相关生产线，例如割草机、拖拉机以及船用引擎），该案例显示出本田巨大的野心与创造力，而且

借助新开发的 NSX（阿库拉），本田开始在高端跑车市场与法拉利和保时捷形成竞争之势。他们了解客户需求，因此无须盲目地迎合客户。但是安德鲁·梅尔也指出，NSX 是一个代价高昂的失败案例。原因不仅仅在于货币升值削弱了竞争力，而且这也是市场选择的结果。本田之所以对跑车市场感兴趣，更多的是企业文化使然，而非核心竞争力在此，这也意味着本田错失了九十年代美国正在崛起的休闲轿车及小型货车的良机。在其他领域，本田之所以下定决心在技术上取得突破，那是因为他们缺乏企业必需的第二代产品。一般来说，发动机技术造就了本田的多样性，但是这只体现在摩托车和轿车领域。其他产品在其整体战略组合中只占到很小的一部分。事实上，从八十年代中期到九十年代中期，本田的战略都显示出了“狭隘的自我定位以及技术上的顽固不化”，缺乏对客户的反馈机制。

梅尔针对以上故事提出了方法论上的质疑。这些研究基本都是零碎不完整的研究，而且只关注于某一个时期。尽管总体上认为本田取得了巨大的成功，但是如果纵观本田整个历史，
会发现它其实犯过很多重大错误，甚至遇到过财务危机。当 569
然，失败的案例一般都不是研究者们的兴趣所在。但是想要从中总结经验的商业理论家们会质疑，为什么本田始终没有颠覆丰田在日本汽车领域的主导地位，为何那些遵循与本田相似策略的企业并没有取得类似的成功。正如军事战略家们会忽视后勤问题一样，研究者们很少注意到本田策略中那些不是很闪光却极为重要的方面，例如管理操作方式以及经销商管理。人们总是对星光闪耀的天才感兴趣，但对于冗长烦闷的管理无动于衷。梅尔批判那些分析人员，“只看到自己想看的”，以及

“总是急性地进行片面的简化”。[45]他也注意到了极端化的倾向，例如一个企业采取的是计划型战略还是应对型战略，是竞争的结果还是能力使然，好像二者只能选其一。研究人员们所拿到的数据跟他们的理论是相符的，但是也忽视了或捏造了那些不合时宜的材料。

返璞归真

人们曾经认为，如果军事战略的一些基本原则使用得当，即使无法保证完全成功，也至少可以提高成功的概率。但是他们后来逐渐发现，军事战略的应用远比拿破仑取得胜利时约米尼设想的还要复杂和令人沮丧，尤其是当人们发现难以逃脱决定性战斗的惯例后。二十世纪中期，人们对于商业战略抱有相似的乐观态度，对于设计一项既有利于国家又有利于包括美国企业集团在内的大企业的长期战略普遍抱有信心。但是当计划模型的有限性逐渐显现时，商业战略也遭遇了困境。而且同军事战略不同的是，商业管理人员并没有一个进行协调的统一框架。因此，商业战略迷失了方向，面对多种选择眼花缭乱，最后成为一时狂热的牺牲品。甚至还出现了夸大商业战略的趋势。在一项预警分析中，菲尔·罗森维（Phil Rosenzweig）批驳了那些大肆宣扬商业成功故事而误导读者的人，认为他们打造这些成功的神话，使人们相信好像存在一些可靠的成功法则，一旦发现并且掌握这些法则就能成功。他提供了一些类似的简单想法的例子，总体上会涉及以下情况，例如模糊了相关性和因果关系，倾向于挖掘成功的因素但是不考虑相同的因素也可能会导致失败，以及不太注重竞争等。他将这种混乱状态界定为“光环效应”，即一个运行良好的企业会显示出诸如文

化、领导力、价值以及责任等特质，人们会认为这就是一个企 570
业运行良好所必须具备的要素。[46]

由于已经见证了太多管理思想的兴衰起伏，怀疑论者强烈建议研究要回归本真。约翰·凯伊提醒，战略并不具备一般属性，而是要视各个企业不同的能力而定。因此，企业的目的不应该是提出某种遥不可及的宏伟设计。一般的企业缺乏制订计划的相关知识，以及实施战略的权力。他认为应该放弃“试图进行企业控制的错误观念”，以及认为仅靠高层的愿景和意愿就可以实现成功的信念，他提倡艾迪斯·潘罗斯（Edith Penrose）在五十年代提出的以资源为基础的方法。这种方法的目的就是找出企业内部能力和外部环境之间的最佳契合点，因此首要任务就是要了解企业在市场中的实际和潜在定位，挖掘企业已经具备的非凡能力，而非它可能会具备的能力。[47]

企业的战略定位计划可能会列出五年之后的理想目标，但是出发点必须基于现状。尽管有时候可能会想采取一些打败对手的战略，但是在战略制定过程中首先要考虑的必须是企业目前需要解决的问题。斯蒂芬·邦吉强烈抗议那种不断要求获取额外信息，并且遏制个人倡议的病态的中央控制倾向。因此他的建议是，制定战略时要专注于关键问题，不要“试图去计划能力范围之外的”，要目的明确，传达的信息简单明了，并且鼓励人们根据环境的变化调整自己的行为。[48]宝洁掌门人艾伦·拉菲（Alan Laffley）在与其首席顾问罗杰·马丁（Roger Martin）合著的关于成功经历的一本书中指出，战略就是“为了获胜而做出的一个特殊的选择”。他们认为，一个制胜的战略需要包含获胜的强烈愿望、战略实施的方位、获胜的方法，以及战略实施必需的能力和管理体系。这本书不仅解释了宝洁是如何制定战略的，而且也提出了防止陷入“战略陷阱”的必要性。战略陷阱产生的基本原因在于没有设定真正的优先选项，而是“包办一切”，或是“一切为了大家好”，或是陷入滑铁卢陷阱（在多条战线树立多个敌人）。其他原因还包括堂吉诃德陷阱，即首先攻击最强的竞争对手；还有“追风”，即总是追求最新的管理思想；以及“白日做梦”。[49]

同样地，理查德·鲁梅尔特（Richard Rumelt）认为，制定战略的首要任务是给企业把好脉，了解企业面临的挑战的本
571 质，确定现状中最关键的方面，从而毫不客气地进行简化。根据以上原则，企业可以制定一项应对各种挑战的指导性政策及与政策实施相配套的措施。在鲁梅尔特看来，无论是在企业的程序性工作中还是涉及官僚利益时，制定战略都涉及内外两个方面。有时候最好的方法不是试图去摘那些遥不可及的星星，而是设定一个几乎触手可及的目标。

> 许多战略学者似乎都建议，现实情况越是动态发展，领导者越要看得长远。但这是不合逻辑的。其实情况越动态，就越难预测。因此，情况越不稳定越动态，越要设定一个容易达成的目标。[50]

鲁梅尔特也提醒企业要警惕那些蹩脚战略的危害性，尤其是没有价值的战略，或是关于战略概念和内容的胡言乱语——无法确定需要解决的问题，弄错战略目标，提出无法实现的愿望，以及设定了战略目标但没有考虑可操作性。[51]他反对高级管理层设定一些不可能的目标，而且还信誓旦旦地声称只要有足够的动力和意志，任何事情都可以实现（尽管在实践中他们往

往只能同时应对少数几个问题），或是试图在不可兼容的愿景之间找到共识，而不是做出明确的选择，企图用一些流行词汇（“charisma in a can”）而非自然的、人性化的语言来激励员工。鲁梅尔特注意到，“现在蹩脚的战略遍地开花，它们缺乏分析、逻辑及选项，但是人们却总是大肆吹捧，以为只要有了这些战略就可以逃避所有讨人厌的琐事，克服掌握战略的困难”。[52]

但是同军事和革命战略一样，管理战略也有可能陷入英雄式迷思当中。制定战略要具备一种不切实际的高尚地位，并以此为要素来区分战略的成败。熟悉战略的大战略家总是被人推崇和模仿：“工业巨头”能够保障企业稳定，并且沿着稳定的轨道发展；金融魔法师采取进攻性策略对抗所有低效，攫取股东们身上的最后一分钱；强势的竞争者总是能够找到市场中最有利的定位；温和的革命家们能够认识到忠诚的劳动大军身上的创造性潜力；有创新性的设计者们仅凭一个真正特别的产品就可以扭转整个市场。管理理论家们和大师们总是会推崇他们
偏爱的英雄。总是会有一些管理人员至少符合其中一种，但是 572
符合这种的不一定就符合另外一种。经常发生的情况是，无论是个人还是企业，他们在某一时刻飞黄腾达，但是下一个时刻可能就会遭受重创。对那些常胜的战略宠儿的大肆吹捧往往夸大了开明管理者的重要性，而贬低了机遇和环境的作用，但它们对企业的成败也至关重要。

第五部分

※

战略理论

三十六　理性选择的极限

理论上，理论和实践没有区别。实践上，也如此。 575

——约吉·贝拉（同样出自艾尔伯特·爱因斯坦）

这一部分的内容是以当代社会科学的视角为基础，探讨战略理论的可能性。我们已经看到，超脱的知识活动明显是更宽泛的社会力量的产物，无论是兰德公司为发展新的决策科学所做的努力，鼓励商学院采纳的基金会补助——许多社会型组织理论家极力抵制这一点——还是六十年代激进思想对话语和权力关系方面的影响。

一个特别有影响力的理论是，把所有的选择都看成理性的，并且强调这种做法有许多好处。该理论的追随者相信，他们（几乎是绝无仅有地）能够提供一种完全称得上“社会科学”的理论，其中所有命题既能够从强势理论中推理出来，也能得到经验的确认。尽管理性选择理论一直以来在实用性上远远低于人们的期望，并且在认知心理学的根本性挑战下，其潜在假设变得不堪一击，但它以一种高度的战略姿态得到了持续的有效提升。这一理论的支持者在相当短的一段时间内，进
入了政治科学的各个领域。虽然人们普遍忧虑，这个理论所仰 576
仗的一种站不住脚的人类理性观点，但他们却并没有因此止步。他们所坚持的主张不过是，理性的前提有助于产生好的理论。

罗切斯特学派

正如库恩所说，学术界很少有新的思想学派是单独依靠理性而发展起来的。成功推广一种理论还需要依靠分配资金、编辑学术期刊或任命追随者就任教职岗位等手段来获取学术权力资源。经济学之所以在第二次世界大战之后获得了长足发展，就是因为大量投资使其抓住了计算机带来的机会，后者为复杂的量化方法打开了新局面。随着信心和魄力的提升，经济学占据了社会科学主要学科的位置。经济学的帝国没有明确的边界。加里·贝克尔（Gary Becker）认为，“经济学路径为各种类型的决策和各行各业的人提供了一个适用于所有人类行为的框架”。[1]

二十世纪五十年代末期，福特基金会在投资商学院以前，已经在所谓的行为科学领域进行了大量投资。行为科学并不是这些投资创造出来的，这门学科可以追溯到二十年代查尔斯·梅里亚姆（Charles Merriam）和哈罗德·拉斯韦尔在芝加哥大学从事的研究工作。当时，人们对例如人口普查、选举结果、民意调查数据等大数据集分析越来越感兴趣。福特基金会率先另辟蹊径，通过提供巨额捐赠支持大学建立行为研究中心——捐款通常是不请自来（因此一些大学并不确定捐款人期待的是什么）——从 1951 年到 1957 年，这笔投资高达 2400 万美元。兰德公司的影响力也很突出，当时罗恩·盖瑟掌管着基金会，汉斯·施佩尔（Hans Speier）作为兰德社会科学部主任负责提供建议。他们的目的就是跳出早期的社会学和政治学理论框架，鼓励人们去研究那些可供测量的现象。这种新路径被称为“行为主义”，强调研究的实证、经验和价值中立。针对当

时的反共时代背景，人们同时也担心，“社会科学”会和“社 577
会主义的科学”或社会改革扯上关系。[2] 这条研究路径背后的个人主义假设很自然地契合了市场和民主理论，挑战了马克思主义的阶级斗争概念。这就支持了一个观点，即自由个人主义是理性的，集体主义是无理性的。[3] 这个理论的核心魅力不在于它的思想性，而在于其优雅、简约和真正的创新。一些被该理论吸引的人甚至还力求证明其并非和马克思主义不相容。但遗憾的是，它常被教条地维护起来，并且被当作了野心勃勃的建模项目。

这个理论到底是描述性的还是规范性的，这一点并不是很明确。它能否解释行为者如何实施行为，或者行为者应该如何实施行为呢？如果这个理论是规范性的，那么行为者就应该听从建议谨慎行事。这是一桩理性的事情。“确定一个理性选择就是，主体在某种意义上，在一定的条件下，努力把事情办好。如果主体实际上没有做好，那就是主体而不是理论出现了问题。”[4] 因此，如果行为者没有接受理性建议，那么他做出的就是非理性行为。如果这种情况普遍存在，那么理论在描述上就会受到限制，更不用说预测和能力了。另外，如果理论具有可靠的描述性，那么其规范性显然就是无关紧要的。当解决方案已经摆在眼前的时候，行为者为什么还要去费心钻研战略呢？[5]

这个理论的出发点是个人为追求效益最大化而做出选择，这是可以主观定义的，尽管当时人们倾向于认为可以用经济回报和权力收获来衡量这些基本选择。下个阶段是由带有偏好的行为者来做一个结构性博弈，假定行为者对自己和另一名博弈者的处境都有一定了解。接下来，最关键的一步是确认平衡点。如果假定所有博弈者都遵循个人效益最大化的策略，那么个体行为者就不会在这个平衡点上发生偏离。原则上，它会展现出战略博弈中最合乎逻辑的结果，并为以后的实证研究提供条件。

兰德公司在理性选择理论发展方面的关键人物是肯尼斯·阿罗（Kenneth Arrow），他创立了“不可能定理”，解释了为什么民主制度产生的结果不总是符合大多数人的意愿。他的学生安东尼·唐斯（Anthony Downs），在其《民主的经济理论》（*Economic Theory of Democracy*）一书中用个人实现个体利益最大化的观点对公共利益的概念提出了挑战。而将理性选择理论完全转变为政治科学模式的人是威廉·赖克（William Riker）。赖克自四十年代末从哈佛毕业后一直遵循相对主流的研究路径，但他一直在寻求以一种新的方式将政治科学提升到一个新的层次。他在博弈论中找到了这种方式。

578 五十年代中期，赖克在首次了解博弈论的时候，就被其非道德理性的假设所吸引。他反对当时占主导地位的规范性政治理论范式，这些范式被写成一整套的祈使句，内容都是关于如何搞政治，而不是如何分析政治。然而，对于权力现实，赖克也想超越马基雅维利式的关注。他渴望有一些真正科学的东西，能为指导实证研究提供可测试的模型。因此，赖克对博弈论这种“不打折扣的理性主义”感到非常兴奋。明智的人为实现直接目标会做出什么样的选择，这个问题符合传统的政治科学。赖克判断，二十世纪的前五十年里，在生物学、心理学和形而上学理论的影响之下，这一传统已经消失。博弈论中，“没有本能，没有轻率的习惯，没有无意识的自暴自弃，也没有形而上学的和外源性的愿望”。

博弈论对赖克的第二个吸引力是自由选择。这里赖克针对的是与马克思主义有关的历史决定论。博弈论推定，人们会考虑自己的偏好，以及当对手有同样的考虑时，他们会如何通过替代战略来满足自己的愿望。因此，事情的结果取决于自由人的选择，而不是“什么外生计划”或“人类内在的非理性”。赖克承认，这其中存在一种明显的紧张关系。作为一种规范性理论，它是好的，完全是为了帮助人们做出更好的选择。但作为一种描述性理论，选择中的变化会导致各种各样的问题。有关理性选择的种种确定性假定的价值在于，它有助于识别行为的规律性，以便进行一般化概括。然而真正的自由选择允许离奇和随意的行为，这就有违一般化。[6] 赖克认为，博弈论将一般化和自由选择结合在一起，提供了一条走出两难困境的道路。它假定持有同一目标的人在相同环境下会理性地选择相同的替代战略，这其中存在着一种规律性。然而，即便如此，也仍需要做选择，特别是在形势不确定的情况下。最后，最让赖克着迷的是各种选择，这意味着当他去世时，他会进入科学基本上起不了什么作用的领域。但当时，赖克已经催生了一个学派，该学派志在证明政治是一门科学，而且是一门完全不存在什么利害关系的艺术。

1959 年，赖克申请加入帕罗奥多（Palo Alto）的行为科学高等研究中心，目标是在一个被他称为“正式的、正面的政治理论”领域从事研究。“正式的”是指“用代数而不是语
言符号来表达理论”，“正面的”是指“采用描述性表达而不 579
是规范性命题”。他寻求的是，“这种与经济中的新古典价值理论颇为相似的理论能够在政治科学方面取得进展”。他特别提到了“数学博弈论”对于“建构政治理论”的潜在作用。[7]

赖克在研究中心的成果是其阐述观点的作品《政治联盟理论》（*The Theory of Political Coalitions*）。然而，从其思想的传播来看，真正的转变是他被任命去主持罗切斯特大学的政治科学系。罗切斯特大学获得了很多捐赠，而且已经开始致力于在严格的量化分析基础上进行各种形式的社会科学研究。在这里，他坚持要求学生和手下的工作人员必须具备统计分析能力。在他领导之下，罗切斯特大学的排名急剧上升，其毕业生在进入其他领域后，将理性行为者理论进行了广泛传播。赖克的两名追随者曾经写道："学生们认识到，这是一场改变政治科学的独特运动，他们即将成为其中的一部分，他们为此进行了反复、透彻的准备，学生之间保持着紧密的团队情谊，他们都具有很强的学术生产力。"这些学生"不屈不挠地努力研究和推进理性选择的理论范式"，并且决心用它来"替代其他形式的政治科学"。

1982 年，赖克成为美国政治学学会主席。此时，"理性选择范式"已经占据了主导地位。它的成功"排斥了其他学科"。[8] 赖克反对将理论进行诸如"正面的"或"形式上的"的修改，由于它符合科学的标准，因此它是唯一称得上"政治理论"的理论。[9] 到九十年代，数学成为政治科学项目的必要属性，有关理性选择的论文占据了《美国政治科学评论》40%的篇幅。有抱怨称，这一范式的影响力之所以不断增长，是因为强硬的心态和清晰的思维。这些批评根本谈不上应该认真对待，由于批评者缺乏培训，无法掌握各种方法，他们其实看不懂理论内容，因此这些批评难以成立。由于这些学者会支持自己领域的同行，因此人们提出，从事理性选择研究的学者宁可选用一名自己学会中的二流成员，也不会挑选其他任何人。[10]

他们的理论不是将一个经济学模型简单地强加于人。作为
一门学科，经济学的发展是基于一种狭义的利己主义假设，因
此，每一次，当个人面对同样的制约、在持同样偏好的情况
下，会做出同样的选择。目标和获取目标所需的资源可以用货 580
币形式来表达，在日常经济生活存在无数的类似交易：样本数
量越大，异常行为就越不重要，观察方式和相互联系就会越突
出。赖克对芝加哥学派强劲的市场经济学印象深刻，这可以从
其最初在罗切斯特的课程中窥见一斑。但是他早在主流经济学
家之前就已经投身博弈论之中，并且小心翼翼地辨别出，经济
学——它将一种教条的理性归因于行为者——中的理性是蓄意
而为的，经常与其他行为者针锋相对。这是博弈论的基础，在
这方面，赖克所在的学派是跟随者，而不是领导者。

随着理论家们雄心越来越大，他们从拥有大量样本但少有变量的、被认为最有价值的领域，进入了拥有少量样本和许多变量的领域。这其中就包括国际关系。当可用选项非自然地受到限制时，研究方法就会陷入纠结，因为明确的兴趣和最优战略都很难被确认识别。即便在一些对公布结果具有高度自信的领域——例如，选举研究——潜在环境下的一些相当微妙的变化也可能使研究成果变得不可靠。环境越稳定，其中的行为就表现得越有规律。环境越不确定，行为者就越难看清楚前方的理性道路。赖克在与彼得·奥德舒克（Peter Ordeshook）合著的一本教科书提到，“当替代选择的范围无限大时，当选择每一种替代方案的结果都不确定时，那么大多数选择都可能是错误的”。[11]

就算能找到某种解决方案，那也只能解决某一类问题。最易受到影响的可能是那些包含因素极少的、最狭隘的问题。如

果任何尝试都要进行实验验证，那就需要诸多以可测量形式出现的、充分的可比较实例组成数据集。当研究成果证实了来自模型的推导，即便抛开数学方面的陷阱，人们也很少会将它作为一种证据。因果关系可能与某些因素有关，这些因素或者无法轻易地与模型契合，或者无法随时测量。即使目标达成了，也不可能确定这到底是我们选择的行为所造成的结果，还是机会、巧合或外来因素强行介入带来的结果。

在自然科学中，法则是既定的。因为粒子没有自由意志，原因与结果是可以预期的。而对于自主的行为体，这就是不可能的。威胁和诱惑在通常情况下所产生的反应，到了偶然情况
581 下会变成迥然不同的结果。当你的目标是影响无数个细小的可比交易时，这或许不是什么问题，经济学中经常出现这种情况。由于坚持政治研究必须符合苛刻的形式标准和数学式的精确，因此无论是问题的质量还是答案的价值，都不可能获得优先权。一位评论家说："苛刻是一条保守的规则，在数学层面上越苛刻，在其他层面（或许是更重要的层面）就会越松懈。"[12]鉴于博弈论者提出的这些限制，他们要么抛开理论的严格限制，要么将其复杂性提高到一个只有同行才能玩味或理解的水平。

在对政治科学中的理性行为者理论的诸多质疑中，最重大的一次是唐纳德·格林（Donald Green）和伊恩·夏皮罗（Ian Shapiro）提出的。他们认为，抛开所有的努力，人们对政治学的了解"非常少"。[13]对于理性选择理论，他们提出了理性选择理论的一个标准问题，它显示任何投票行为都是非理性的，因为人们投入的时间与他们对最终结果的微小影响是不平衡的。然而，还是会有大量的人去投票。如何才能在不对该理论

的核心规则发出质疑的情况下，使得二者的结果达成一致呢？有人解释说，这是“心理满足感”，它可能是一种兴趣。二人对这种解释很不以为然。那么为什么对这件事情感兴趣，而不是对别的产生兴趣呢？这种满足感的根源是什么？人们到底是出于相信一项事业，还是认为民主要通过投票来实现，或者是因为候选人的素质？理论没有给出满意的答案。当获得一个有意思的研究成果时，必须在理论之外找到几种解释。斯蒂芬·沃尔特（Stephen Walt）在调查了理性行为者模式在国际关系理论中的应用后表示，“日渐增长的技术复杂性”与“对应的洞察力的提高”是不匹配的。复杂性葬送了一些关键性假设，并且使得理论难以评估。[14]

对此，库恩的回答是，“一种理论不可能因为与事实不符而遭到拒绝”，它“只能被一个更高级的理论所取代”。[15]但是，这种理论的地位被夸大了，它只不过是从猜想模型中得出的推测性假说。这些理论虽然能以数学的方法来讨论，但并不意味着它们和自然科学处于同一水平上。

形成联盟

《政治联盟理论》一书宣称，赖克的研究新方法是关于联盟的形成。不管是在博弈过程中，还是在博弈的限制范围之外， 582
博弈者之间沟通的本质是博弈论中最具挑战性的问题之一。如果理性的个人在没有社会和文化作为参照的情况下做出了一个最初的自主性假设，那就意味着这个假设不含有任何同情，合作将只能依靠形势的逻辑而不是任何自然倾向。无须太多的表述，冯·诺依曼和摩根斯坦已经就博弈者数量超过一个时如何形成联盟提出了忠告。当博弈者超过三个或更多时（n 个人的博弈），进行简单化假设就会变得越来越难。利益的冲突不再那么直接。如果有三个人博弈，那么行为一致的两个人就会获胜。要形成这样的联盟，计算方式就像两人博弈中的极小极大方案一样简单。其中的难点在于，计算出弱势博弈方的理性思考过程，他们到底是会弱弱联手来对抗强者（达到平衡），还是弱者与强者联盟（搭便车）。由于许多替代联盟都可能是稳定的，于是就有必要对所有潜在的联盟进行系统考虑，得出一个最佳的战略。

就在赖克出版这本书之前，威廉·盖姆森（William Gamson）也一直在寻求建立一种正式的联盟理论。他同意，必须将这个问题简化为一个两人博弈。他把联盟定义为“持有不同目标的个人或集体间的临时的、手段指向的联合”。他们很可能为了单纯的权力追求而走到一起，盖姆森所谓的权力是指掌控未来决策权的能力。这样，他们将有能力去实现目标，因为他们联手之后，其掌握的资源将大于其他单个的团体或联盟。各个组成部门的目标可能存在不一致，但他们可以专注于自己独特的目标。但是，当预测谁和谁会联手时，就需要了解哪些资源和现有决策是最接近的、它们的贡献，以及替代联盟所能提供的收益。盖姆森发现，博弈论提供了太多的解决方案。他的一般性假设是，参与者期望根据他们所贡献的资源，从联盟中获得一定比例的回报。他认为，这依靠的是互惠和一步一步的配对过程，直到抵达一个决策点。[16]

赖克进一步发展了这种想法，提出了一个强有力的命题，它以研究立法联盟的形成为基础，认为完成和赢得联盟是“最低限度的”，因为这种联盟已经大到足够获胜且不可能存在更大的联盟，参与者的信息越不完美，越不完整，赢得联盟

的可能性就越大。他发现，尽管其中特意排除了意识形态和传
统，但这种“稀疏模式”非常有效。[17]然而，他也认为，到六 583
十年代末期，“更多精力被消耗在精心阐述联盟理论方面，而不是对其进行验证”。[18]当潜在投入过多，可能产生的结果也很多时，博弈论又一次清晰地暴露出它的局限性。

赖克在他那本关于联盟的书中宣称，“理性的政治人所想要的，我想，是获得胜利，这是一个比权力欲望更具体、更可举例的动机”。这就将问题置于零和的角度，对大多数政治人物而言，它也许只在狭义上是正确的，而且暗示对结盟的态度很勉强。因此，赖克在定义理性的时候并没有指向权力，他书中的理性政治人物有明确的个性：“他想获得胜利，想让人们去做一些本不会去做的事情。他想利用每一种情况发挥优势。他想在既定的情况下获得成功。”[19]从中可见，赖克的个人兴趣并不是普通选民的偶然政治行为（他对民主的思考意义有限），而是政治精英中的关键博弈者。正如研究寡头垄断时，博弈论在经济学中表现最佳；可以设想，当博弈者数量很少，比如在研究寡头政治的时候，这种政治学也会非常有效。

曼瑟·奥尔森（Mancur Olson）为推广这一理论做出了重要的尝试。他对合作过程中的利己主义理性逻辑非常感兴趣。马克思寻求借助阶级意识，将共同利益转化为政治力量。对此，奥尔森指出，将一个庞大而分散的团体作为一个政治力量是非常困难的。这是因为每个人都会估计，自己为公共产品做出贡献之后的边际利益（是一种共同分享而不是少数人持有）一般都会低于边际成本，而且他们的贡献也未必会起到什么作用。因此和其他人合作去实现集体目标（即使在大规模的群体中）是不理性的：“除非采取强迫或其他特殊的方式让个人

行为服从共同利益。理性、个人利己主义都不能使他们实现共同利益或集体利益。”当个人从其他人的努力中获得好处时，他的个人利己主义理性就会消失。[20]

“搭便车”的问题很常见，比如在一些军事同盟中，有人虽然投入资源很少却获得了保护。奥尔森在六十年代为兰德公司做顾问时，很有说服力地提到了这一点。他指出，北约的小
584 成员国“很少或根本没有意愿为集体利益提供更多资源”，因此各国的负担是不成比例的。[21]虽然有共同利益，但如果无论你是否行动、是否付出代价都有可能获得这些利益，那么按利益行事也是毫无意义的。相比之下，如果一桩个体行动真的能发挥作用，且收益超过了成本，那么采取行动确保共同利益就是理性的。因此，从某些方面来说，奥尔森提供了一个精英理论的形式，因为他解释了一个小而集中、拥有资源的团体是如何保持影响力的。多数人可能拥有和其他人对立的利益，但只要这利益是弥漫的、分散的，其影响就会缓和得多。

关于此，部分解释在于对社会成本和效益的考虑。个人不屑于投票或加入某个团体可能不会引起别人的注意，然而在一个从事积极活动的小集体中情况就不是这样了。在此基础上，奥尔森可以举例解释，如为什么汽车生产商能够游说政府考虑采取措施提高汽车价格，而大量的消费者却无法采取同样的行动迫使汽车降价。集体性产品影响每个人，但它们更是为那些为其游说的人的利益服务的。

一旦社会压力得到承认，利益之所在的问题就更加成为问题了。名誉和荣誉必须得到社会的验证。离开社会环境它们就毫无意义，但这也意味着它们可以随着环境的变化而变化。如果一种理论几乎无法以金钱或权力的形式被人构想和追求，以

金钱和权力的形式，它虽然能保持优雅和简洁，却不一定很现实。各种类型的利益就其本身而言并不会破坏理论，理论只需要受人追随，但它会使得理论少了些许优雅和简洁。

合作的发展

博弈论并非除了最自我本位的行为以外，就无法处理其他行为方面的问题。在一篇流传甚广的将博弈论作为战略工具的文章中，作者将第一版（1991 年）博弈论和第二版（2008 年）博弈论进行比较后发现，后者与前者的不同之处是“充分认识到了合作在战略环境中所发挥的重要作用”。[22]为社会行为发展提供博弈论思维的方式之一是重复博弈，由罗伯特·阿克塞尔罗德（Robert Axelrod）在《合作的进化》（*The Evolution of Cooperation*）一书中提出。这本书的起源耐人寻味，它可以追溯到阿纳托尔·拉普伯特（Anatol Rapoport）身 585
上，后者将他对博弈论的强烈兴趣和反军国主义热情结合在了一起。当时，拉普伯特正在和冯·诺依曼讨论数理生物学的依据，他发现冯·诺依曼支持对苏联发动先发制人的战争，此事成了他人生的转折点。1964 年，他发表了一篇论文挑起论战，认为博弈论遭到了一些战略家的误用，比如谢林。他在密歇根大学时（为反对越南战争赶赴多伦多之前），积极地促进了将博弈实验作为一种方式来探求理性选择理论的理论“解决方案”。在密歇根大学继续从事这项工作的团队中就有罗伯特·阿克塞尔罗德，他也有反战活动家的背景。

阿克塞尔罗德发现，可以通过一场竞赛，用计算机来验证博弈论。他邀请专家为博弈论中的囚徒困境博弈设计程序，这个实验可以重复两百次，目的是看能否从中发现或得到暗示来促成一种合作的结果。毫无疑问，这场竞赛的赢家是拉普伯特提交的简单程序。整个过程就是“一报还一报”，一方重复另一方在上一轮中的动作。第一个命令是“合作”，接下来自然就会生成持续的合作结果。这传递出来的信息是，合作行为会“在良好、可测、宽容的规则下呈蓬勃之势”。[24]即使在冷战的紧张局势下也存在合作的可能性，就合作本身的优势而言，它并不需要依靠所谓的人类良心来战胜不道德的理性。与一些关键的起始假设不同的是，这个过程是依靠计算机而不是靠人操作的。相比于该理论自我本位的假设，阿克塞尔罗德证明合作可以是理性的。

那么这些实验对于战略家们有什么价值吗？我们的假设在于，合作是一个好东西，除非它明显有害（比如卡特尔联合企业）。就利他主义和互惠的好处而言，《合作的进化》这本书就是一首赞美诗。阿克塞尔罗德提出了建立合作的四条法则。第一，不要羡慕。要满足于绝对收益而非相对收益，因此如果你做得很好，就不要担心有人做得更好。第二，不要首先背叛，因为你要建立合作的逻辑。第三，如果其他人背叛了，一定要回应，通过报复来为你们之间的关系建立信任。第四，不要表现得太聪明，因为这样别人就无法确定你想要做什么。阿克塞尔罗德同样指出了从长计议的重要性。如果你处于一种
586 长期关系中，即便其间出现偶然摇摆，持续合作也很有意义，但在短期相处中，人们的合作意愿就会低得多。在这种情况下即使有人背叛，也不会造成多大损失。

阿克塞尔罗德的分析并非与战略重点关注的冲突没有关联，特别是在一些存在敌对或竞争的重大合作领域。但是即便在近似囚徒困境的情况下，“一报还一报”的特殊方式也是难

以复制的。因为双方处于对称位置的情况极少见，无论合作还是背叛，这些行为对双方的影响是一样的。合作可能基于不同类型的收益交换，就像事物的等量价值。正因如此，促成合作有很多方式，例如通过物物交换的方式，而不是囚徒困境中的重复博弈。阿克塞尔罗德的竞赛强化了一个要点。战略需要时间来检验，要通过一系列的参与而非一次单独的邂逅。这就是为什么，人表现得过于聪明是不明智的。用“复杂方法推测其他行为者”的做法通常是错误的。不对自己的行为影响做出解释，却要去解读其他行为者的做法，这么做势必困难重重。另外，随机出现的信息也可能被认为是复杂信号。

丹尼斯·琼（Dennis Chong）运用重复博弈（虽然确认不是囚徒困境）方式仔细研究了民权运动，想要以此解决奥尔森提出的理性参与，即他所谓的“热心公益的集体行为”的问题。他发现，一开始人们都不情愿投身于徒劳无益的活动，到后来当其他人倾情投入抗议时，这些人又会因为个人风险而感到紧张。这种形式的集体行为无法提供有形的奖励，却能带来“社会和心理上的”好处。它成为“在集体努力中合作的一种长远利益，如果不合作就会对一个人声誉造成损害，遭到社区的排斥和拒绝”。

琼发现，一次性运用的战略适合博弈论，但研究起来却比较困难。一个人需要“和社区中的其他人进行反复的思想交流和碰撞”，才能具备长远思考的能力。集体运动所面临的困难在于如何启动。琼的模型无法解释那些领导者来自哪里。他们“独立自主地”采取行动，不知道事业会不会取得成功，会不会有追随者。一旦事业启动并且有了第一批追随者，虽然尚且看不到任何有形的结果，但作为某种形式的社会传染，这

587 项事业就会发展起来。从中可以得出的结论是（更加直接的历史观察方法可能早就得出了这个结论），“强势的组织和有力的领导”一定会让当局做出“象征性的和实质性的让步”。此外，要谨慎看待并善于发现任何“社会客观因素的结合，这会带来一连串的事件，并导致一次集体运动”。[25]

问题不在于理性选择中使用的方法无法产生有趣而重要的见解，而在于有这么多真正有趣的问题却被规避掉了。除非把它归因于偏好（例如利益或权力最大化），因为大多数情况下，它们确实在大多数行为者身上得到了证实，若论行为者自己的选择和他人的反应，只有行为者自己才能解释他们想努力获取什么，他们的期望是什么。这意味着，必须在理论发挥作用之前获得大量的信息。正如罗伯特·杰维斯（Robert Jervis）所称，“行为者的价值、偏好、信念和自我定义对模型来说都是外源性的，必须在开始分析之前先获得这些信息”。[26]找一个现成的应用函数并不重要，重要的是理解它来自哪里，在不同环境下会怎样改变。“我们不仅要了解人们如何推断替代选择，”赫伯特·西蒙（Herbert Simon）说，“还要首先了解这些替代品来自何处。一直以来，这些替代品的产生过程也是研究对象，而它们在一定程度上受到了忽视。”[27]

威廉·赖克的思想轨迹正好说明了这一点。其研究方式中常见的一个重要特点就是，他从不认为，个人是受金钱、声望等简单的利益鼓动，而是会更多地考虑情感或道德等方面。效用可能是主观的，这支持了博弈中关于偏好是事先确定的观点。[28]他也强调博弈的结构会造成巨大差异。如果议题被分别以不同的方式建构，那么即便博弈者保持不变，替代选择的可能性也仍是开放的。

1983年在作为美国政治学学会主席的离职演讲中，赖克确定了三个分析步骤。第一步是确定“制度、文化、意识形态和先验事件”所造成的限制，这是背景。理性选择模式出现在第二步，那就是确认“限制环境中效益最大化下的局部均衡”。第三步是“阐述参与者为了改善机遇而做出的创造性调整行为”。遗憾的是，他注意到，人们尚未在第三步上投入很多精力。这个领域被他戏称为“操控游说（heresthetics），即政治战略的艺术”。Heresthetics这个词来自希腊语词根，意 588
思是选择或选举。作为人们相对不了解的领域，他列举了“政治冲突中备选方案的调整方式”和“作为竞选活动主要特点的修辞内容”。[29]这些方法都很重要，因为这是政治家为了让他人响应自己的议程而建构环境的方式。他们会以一种不可阻挡的逻辑来营造一种局面，从而获得人气。通过这些手段，他们能够说服其他人与自己联合或结成同盟。这使赖克偏离了自己原来的观念领地。西蒙对此的评论是：“我真希望他没有发明‘heresthetics’这个词，他用这个词掩盖了他所传播的异端。”[30]

操控游说是建构观察世界的方式，从而创造政治优势。赖克确认了许多操控游说的策略：设置议程、战略性投票（支持一个不那么受欢迎的结果以避免更坏的结果）、投票交易、改变表决顺序、重新界定环境。他最初认为，这些操控形式与花言巧语的修饰毫无关系，尽管很多战略如果脱离了说服技巧就会毫无用处。赖克在其一部未完成的作品（出版于他去世之后）中，将关注重点更多地放在了修辞上。他的学生们说他正在将学科回归到“游说和竞选背后的科学上”，[31]但他承认进入了令人纠结的科学领域。这一点从该书的标题——《操控的艺术》（*The Art of Manipulation*）——就能看出来。赖克心里很清楚，这“不是科学。没有一套科学法则能够或多或少机械地用来制造成功的战略”。[32]他在遗作中表达了这样的忧虑，“我们在修辞和游说方面的知识本身是微不足道的”。[33]赖克当然并未放弃他的信念，他认为统计分析会让他的命题轮廓更加鲜明，他断然回避了能够直接解决议程设置、建构、说服等他感兴趣的问题的大量工作，因为它太过“纯文学”（belle-letters），而且不够严谨。然而，他最终还是和众多战略学者一样，被一个问题深深吸引：为什么在政治博弈中，一些博弈者会比他们的对手更加聪明、更加雄辩？

三十七　超越理性选择

理性是且只应当是激情的奴隶，并且除了服从激情和 589
为激情服务之外，不能扮演其他角色。

——大卫·休谟，《论人性》，1740 年

理性假设是正式理论形成过程中最具争议的特性。这个假设就是，如果人们按照这个方法去做，哪怕他们的目标看起来遥不可及，也是有可能实现的，那么他们就是理性的。这是十八世纪哲学家大卫·休谟（David Hume）提出的观点。他一直深信理性的重要性，认为它不能为自身提供动机。这可能来自广泛的人类欲望——“野心、贪婪、自怜、自负、友谊、慷慨、公德心”，它们可能会被“不同程度地混合在一起，散布到全社会”。[1] 正如唐斯所说，一个理性的人“会尽最大可能利用自己的知识，在每个单位的价值输出上尽可能少地投入稀缺资源，并以此方式向目标迈进”。这就需要重点关注一个人的某一个方面，而非其“全部的个性”。这个理论“没有考虑到其行为和动机的复杂性及其人生的每个阶段与情感需要密切关联的方式，它们会导致结果的多样性”。[2] 赖克写道，他并没有断言所有行为都是理性的，他只是说有些行为是理性的，
“并且少部分很有可能对构建和运作经济与政治制度至关重 590
要”。[3] 另外，行为者的行为所在环境（无论是议会选举，还是

立法委员会或革命委员会选举）也被认为是个预先设定的前提，除非研究的议题是关于建立新的制度。那么，其难点就在于要表明，可以通过人们“在一系列可能的结果中排出他们的偏好，将风险和不确定因素纳入考虑，并实现收益最大化”来解释共同的政治结果。这种说法很容易陷入冗赘，因为可以识别偏爱和优先项的唯一方法是检验人们所做的实际选择。

有假设认为，趋向自我本位选择是理解人类行为的最佳根据。对此，人们的主要质疑是，与现实保持一致向来都很难。举个很显然的例子，研究者会尽量复制罪犯在第一次描述犯罪情况时所处的两难境地。[4] 在涉及被告以提供对其他同案被告不利的信息和证词换得减刑机会的案子里，原告会因此获得更多的筹码吗？证据显示，有没有共同被告对于辩护、定案以及下狱的比率是没有什么影响的。对此的推测原因是，被告相互之间存在法外制裁。在协商期间，同案被告可能是被分开关押的，但是他们还有可能再次会面。[5] 对于理性选择理论的支持者而言，这些看法是不能接受的。这不是说理性选择是在复制事实，实际上作为一种设想，它对理论的发展形成是卓有成效的。

到二十世纪九十年代，随着正反双方在所有可能想到的争论中都耗得精疲力竭，这场关于理性的争论貌似进入了一个僵局。然而，新的研究开始重新改造这场争论，把心理学和神经科学领域中的见解带到了经济学中。对于理性选择理论的典型批评意见是，人们假设这项理论的方式本身就是非理性的。相反，他们是一些心理扭曲、愚昧无知、麻木不仁、内心矛盾、办事无能、判断失误、想象过于丰富或带有偏见的人。对于这样的批评，有一种回应是，理性根本不需要什么荒谬严苛的所谓标准。如果假设人们普遍都是通情达理、头脑明智、关注信息、思想开明、顾及后果的人，那么这个理论就会顺畅地发挥作用了。[6]

然而，作为一项正式理论，评估理性的依据是其定义功效、排列偏好、一致性，以及有关具体行为和预期结果之间的统计概率等。在抽象模型的世界中，这种超越式理性是必要 591
的。模型制造者知道，人类在如此极端的形式中是不可能理性的，但是他们的模型需要简化各种假设。他们抛开了归纳法，采用了演绎方法，相比观察到的行为方式，他们更热衷于去发展一些会受到实证检验的假说。如果观察到的结果偏离了先前的预测，那么研究任务就成了要么建构一个更复杂的模型，要么做出具体的解释：为何特定案例中会出现意料之外的结果。预测的结果可能是违反直觉的，但最后它们会比靠直觉想象得出的结果更加精确。

真正的理性行为到底需要哪些要素？1986 年乔恩·埃尔斯特（Jon Elster）的论述是最清晰的观点之一。他认为，首先，理性的行为应该是最理想的，也就是说，有了信念，它就是满足愿望的最好方式。有了佐证，信念本身就是人能形成的最好的东西；而既然有最初的愿望，那么收集到的大量证据就会是理想的。其次是行为的一贯性，这样信念和愿望之间就不会发生内部冲突。按照代理人自己的想法，或许应该采取行动，但如果行动的愿望在重要性上敌不过不行动的愿望，那么代理人就绝不能按照自己的意愿行事。最后，就是测试因果关系。行动不仅必须靠愿望和信念来实现理性化，而且行动也必然是由愿望和信念所催生的。而信念和证据的关系也的确就是这样的。[7]

除非在最简单的情境下，否则要使理性行为满足如此苛刻的标准，就需要掌握各种统计方法和只有通过专门研究才能具备的解读能力。在实践中，当面临复杂的数据集时，大多数人都容易犯一些低级错误。[8] 即便是那些能够遵照这种方式的逻辑要求的人，也无法充分应对它所涉及的庞大投入。有些决策根本不值得花费时间和精力去完全纠正。在有些情况下，甚至可能就没有时间。为收集所有相关信息和进行仔细评估所消耗的资源，会超过从正确答案中得到的潜在收益。

如果理性选择需要个人去理解和评估所有可获得的信息，并以精确的数学方式来分析各种可能性，那么理性选择永远不可能捕获真正的人类行为。正如我们所看到的，只有当行为者挑选出他们的偏好与核心信念之后，人们才会真正地要求以科学般的严谨来推动理性选择理论。参与者直截了当地指出他们的计算可以转化成方程和矩阵，这就像用内在的价值和信念来塑造个体的人一样。然后，他们就准备把这出精心策划的戏唱
592 完。正式的理论家们对此一直无动于衷，他们称对方应该寻求对人类行为更精确的描述，例如吸收和利用在理解人类大脑方面的成果。一位经济学家则耐心地解释说，这和他的课题毫无关系。这个方法不可能用来“驳斥经济模式”，因为这些模式并“没有对大脑的生理机能做什么假设和结论”。理性不是一种假设，而是一个方法论立场，反映了一种将个体的人看作代理单位的决策。[9]

如果理性选择理论本身受到质疑，那么就得用其他的方法论立场来证明，它不仅能让人更好地感知现实，还能催生更好的理论学说。这方面的质疑最早是赫伯特·西蒙在二十世纪五十年代提出的。他有政治学背景，并且了解制度是如何运作

的。他通过考利斯委员会进入经济学领域，在某种程度上成为兰德公司里攻击传统观念的一分子。他开始迷恋人工智能，钻研计算机到底能在多大程度上取代并超越人类的能力。这引导他开始思考人类意识的本质。他得出的结论是，一种可靠的行为理论必须承认非理性要素的存在，并且不只是把它们看成棘手的异常现象的根源。在卡内基工业管理研究所时，西蒙抱怨说，他的经济学家同事们“在评估经济学家们通过纸上谈兵式的反省所偶然得来的经验时，想方设法避免对个体人类进行直接、系统的观察，而且还很理直气壮”。他在卡内基学院和新古典主义经济学家展开了一场论战，但输了。学院里经济学家的数量和权力都日益壮大，他们对西蒙的“理性有限”思想根本没有兴趣。[10]于是他放弃了经济学，转向心理学和计算机科学。然而，“理性有限”思想渐渐得到了认可，因为它令人信服地讲述了人们在没有充足的信息、不具备强大的计算能力的情况下到底是怎样决策的。它接受人类会犯错，但同时认为人类并没有丧失那一点点的理性所造就的预测能力。西蒙表明，人们可能会因为需要为最理想结果付出额外努力而退而求其次。他们不会为了得到一个最佳解决办法而殚精竭虑，他们会止步于一个满意的结果，西蒙把这个过程叫作“满足①”[11]人们会通过接纳社会规范（即便有时候并不适宜），来避免不想面对的矛盾冲突。经验主义研究展现了行为方式的牢固和一致性，而“理性有限”思想则反映了人们对本位主义目标的理性追求。但是非非此即彼，这些行为方式都反映了强大的从众习惯的影响。

---

① satisficing，追求最低要求的满意结果。

阿莫斯·特沃斯基（Amos Tversky）和丹尼尔·卡尼曼（Daniel Kahneman）在西蒙研究成果的基础上，将更多的心理
593 学见解引入了经济学。为了具备可信度，他们充分利用数学运算来证明其方法论的严肃性，由此他们创造了一个全新的领域——行为经济学。他们展示了人们会依靠“足够好”的过程，肤浅地用“经验法则”来解读信息，通过走捷径来应对复杂情况。正如卡尼曼所说，“人们依靠的是有限的启发式原则，后者降低了评估概率和预测价值这两项工作的复杂性，使它们成了简单的判断题。一般来说，这样的试探法很有用，但有时候会导致严重的系统性错误。”[12]《经济学人》总结了行为研究对实际决策的启发：

> （人们）害怕失败，很容易形成认知失调，他们通常会坚持一种与证据明显不一致的信念，只因这个信念已经被持有和珍藏了很久。人们喜欢把信念固定下来，这样他们就能声称获得了外在的支持，他们可能更愿意去冒险维护现状，而不是去寻找一条更好的出路。他们把问题分成了各自独立的几个部分，由此在为一件事情做决策的时候，就几乎不会考虑它对其他事物的影响。人们以数据来看待各种方式，而其实这些数据根本不存在；他们把事情当作熟悉的类型来呈现，而不是承认其具有与众不同的特征；他们放大的是新鲜的事实而不是图片。他们一再重复地算错概率，于是……人们……假设原本很可能发生的结果就变得没那么可能了，原本很不可能的结果倒更加有可能了，而那些极不可能但客观上仍存在可能性的结果则根本没有机会发生。他们还倾向于认为决策之间是孤立的，

而不是作为事物主干的一部分。[13]

“框架效应”也特别重要。人们早先提及它的时候，认为这个概念是尔文·戈夫曼确认的，用来解释媒体如何促成公共舆论。框架有助于解释，人们为什么会改变某些特征的相对重要性，以不同的方式看待选择。个人会通过随意选择一个方面来比较各种选择性方案，而不是将所有的关键方面纳入框架内。[14]另外一个重要发现则与规避损失有关。当个人把一件商品看成很可能要失去或放弃的东西时，那么对他而言，商品的价值比它作为潜在收益时看起来更高。理查德·泰勒是最早将行为经济学中的见解吸收到主流经济学中的人，他将其描述为“禀赋效应”（endowment effect），由此消费品的销售价格就要比它们的买入价格高很多。[15]

实验 594

对理性选择模型的另一个质疑来自于博弈论中测试命题的实验。这些实验不同于自然科学实验，后者不需要依赖上下语境。人们需要证明，一些有关人类认知和行为的普遍真理是受到了其他事物的启发。但其结果可能只在西方教育程度高的、工业化的、富裕和民主的社会（WEIRD）中才会被真正地认为有效，大量的实验正是在这些社会中进行的。然而，对于世界人口而言，虽然这样的社会也是非常重要的一部分，却被公认为不具有代表性。[16]

最后通牒博弈（ultimatum game）是最著名的实验之一。二十世纪六十年代初，它最先被用在实验中研究议价行为。从实验开始一直到参与实验者陷入焦虑，整个博弈过程显示出人们明显是在做次优选择。一个人（提议者）得到了一笔钱，然后由他来选择另外一个人（响应者）应该拿走多大比例。响应者可以收下，也可以拒绝这笔钱。如果提议被拒绝，那么两者什么也得不到。如果依据建立在理性利己主义基础上的纳什均衡点，提议者就应该给少一点，即便那样响应者也会接受。但实际上，这其中还有公平概念在起作用。通常，只要提议者提供的钱少于总数的1/3，就会遭到响应者的拒绝，而大多数提议者都会倾向于提供将近一半的钱，希望能让对方感到公平。[17]面对这种出乎意料的结果，研究者首先想到的是，实验是否出了问题，比如是不是用来做选择的思考时间不够等。但无论增加思考时间，还是增加钱的总量，虽然博弈的形势变得更严峻了，但结果没什么差别。在被称为独裁博弈（dictator game）的另一种博弈中，响应者必须接受提议者提出的任何条件。正如人们所预料的那样，提议者分给对方的钱变少了——可能只有最后通牒博弈中平均金额的一半。[18]然而，即便这样这笔钱也约占总额的20%，也不是个小数目。

人们开始明白，关键因素不是计算错误，而是社会互动的性质。在最后通牒博弈中，如果响应者被告知分配数额是由计算机或转轮盘决定的，他们会愿意接受更少的份额。如果人与人之间的互动不是那么直接，而是完全匿名的，那么提议者会给得更少。[19]更进一步的发现是，种族划分不同，实验结果也各不相同。分配金额反映了人们在文化上接受的公平概念。在一些文化中，提议者会特别强调要提供一半以上的钱；在其他文化中，响应者不愿意接受任何东西。如果这场交易是发生在
595 一个家庭内部，尤其是独裁者博弈中，结果或许也会有不同。和孩子们玩这些博弈游戏也证明了，利他主义是一种需要在儿

童时期学习的知识。[20]随着儿童逐渐长大成人，大多数人会渐渐告别古典经济理论中预期的利己主义，转而变得更加关心他人。只有那些患有孤独症之类的神经系统疾病的人是例外。如安吉拉·斯坦顿（Angela Stanton）曾经讥讽地提到，理性决策的标准模型以这种方式，把儿童和有情绪障碍者的决策能力拿来和普通人的决策能力相提并论了。[21]

研究证明了名誉在社会互动中的重要性。[22]当一个人需要得到信任时，他会明显关注如何影响别人对自己的看法，例如当有经常性的交流活动时。尽管看起来似乎是本能的、冲动的，但这种公平感和对名誉的关注并非不理性。对个人来说，拥有一个好的社会名声对巩固他的社交网络至关重要，而用于维持群体和谐的社会规范是应该得到支持的。进一步的实验证据表明，当提议者不够无私时，响应者为了确保让贪婪的提议者受到惩罚，宁可放弃自己的报酬。[23]

还有一个实验是关于一群投资者的。当一个人进行投资时，团队里的其他每个人都能获利。尽管投资人会有一点点损失，但这些损失无关紧要，因为它们可以被其他投资人带来的收益抵消。这时，一些人在狭隘利己主义的驱动下会想搭便车。他们为避免损失，自己不做个人投资，与此同时却从别人的投资中获利。然后，他们会以整个团队为代价来获利。这样的行为很快就会导致合作关系破裂。要避免这种情况就需要团队中的其他成员来执行处罚，尽管这么做会给他们个人带来损失。当选择加入哪个团队时，人们常常会先避开惩罚搭便车行为的团体，但最后他们又会回到那个团体，因为他们已深深体会到了确保合作关系的重要性。

最后通牒博弈中的搭便车者或不公平提议者，最后也会受到指责。在另一个实验中，被认定为按规则办事的人会在博弈开始时就被告知，其他成员中谁是搭便车者。一旦这些搭便车者被描述成不值得信任的人，他们一般就会被视为不讨人喜欢，没有吸引力。在博弈过程中，这些预先提供的信息会影响人们的行为。即便搭便车者表现得和其他人没什么两样，人们也不愿意冒险与他们共事。博弈期间，几乎不用费什么功夫就能发现，名声对他们的实际行为产生了不利影响。当实验中既
596 有搭便车者又有受损的合作者时，人们给予搭便车者的同情要远远少于他们对合作者的同情。[24]

对于这些实验，那些笃信理性行为者模型的人的反应之一是，这很有意思却无关紧要。参与实验的人数不多，而且往往是研究生。他们完全有可能已经比较了解这几种情况类型，其行为会像理论中所理解的那样变得更加理性。事实上，有证据表明，当博弈的对象是经济学或商科的教授或学生时，博弈者会表现得更为自私，他们更愿意搭便车，为公共利益做贡献的可能性只有一半，他们会在最后通牒博弈中为自己保留更多的资源，他们更有可能在囚徒困境博弈中背叛。这正好符合其他研究的结果，即经济学家更容易腐败堕落，更不太可能给慈善机构捐款。[25]一位研究人员认为，“学习微观经济学真的改变了学生对自私行为的看法，而且不仅仅在于对自私本身的定义”。[26]在对金融市场交易员的研究中，人们发现，虽然新手可能会受到泰勒的“禀赋效应”的影响，但有经验的人不受此影响。[27]这并不是奉承经济学家，但它的确表明，自私自利的行为也是可以自发产生的。这方面的争论可以追溯到一些正式的理论家。可以肯定的是，它显示出自私自利和深谋远虑行为的可能性，但仍需要一定程度的社会化。如果不能证明它是自

然发生，或者必须通过学习才能掌握，那就凸显出社交网络作为一种行为指导资源具有重要意义。

当个人作为消费者在市场上或其他能够促使他们表现得自私自利的情形中时，他们的行为就会接近模型的假设结果。从探索实际理性程度的实验中可以看出，有些选择是享有抢先优势的，这种类型的选择“有明确界定的概率和结果，比如货币赌博”。[28]基本上是出于偶然，当研究者试图通过实验来证明理性参与者模型时，他们渐渐认识到了社会压力与合作价值的重要性。在错综复杂的日常社交网络中，从基本观念的角度出发，真正自私自利的行为才是非理性的。

人们试图通过重塑正式理论来反映掩盖在行为经济学背后
的行为心理学的深刻见解。新的研究结果中最重要的观点是，
研究个体时不应该将其假设的比旧模型更复杂、更全面，更重 597
要的是将其置于社会语境中来研究。

只有一种关于理性的特殊观点认为合作是非理性的，而且无法理解人为什么要为了坚守规则、保持合作而牺牲自己的利益，来惩罚不合作者和搭便车者。如果步步紧逼地怀疑和推理他人的行为动机，那么许多社会和经济事务都将落空。信任的本质是了解并愿意接受一定程度的缺陷，意识到被信任者可能打算伤害自己，但又发现，如果假设他们不会这么做，那会更有益处。有证据表明，大多数人更愿意选择信任他人。承诺一旦做出，便会受到强大的规范压力的褒奖，而靠不住的名声则显然是个障碍。一个人如果信任别人而且也被他人信任，生活就变得更加轻松，省去了复杂合同和执行问题。信任他人并不需要假定善意。这个演算很容易得到平衡。有时候可能除了信任他人别无选择，即便有事物在暗示你怀疑，你也不愿意不相

信，因为选择不信任可能会导致一个坏结果。在其他情况下，由于各种各样的信息缺失，接受别人的信任意味着提升了自己的信誉度。这就是为什么欺骗会遭到谴责。欺骗意味着利用别人的信任，诚信的面具背后隐藏的是恶意。信任意味着接受他人意图的外在证据，而欺骗涉及的是伪造证据。[29]

因此，信任是如此重要，即便有被人欺骗的确凿证据，人们也仍然会在相当长的时间内予以否认。一个自信的骗子可能经不起严密的调查，因此他会依靠这些容易相信他的故事的人：比如向往爱情的女人，或者谋求一夜暴富的贪婪者。研究表明，人们往往“很难发现欺骗行为，但是对自己识别欺骗行为的能力显得过于自信。[30]“认知上的懒惰”容易导致误解他人、误判形势，无法深入语境，忽略了矛盾，固执地坚持较早之前对他人的信任判断。[31]

心理化

根据人们的性格区分人的不同特征，这种能力对所有的社
598 会互动都至关重要。在特定的环境下预测人的反应或许比较难，但在某种程度上，有些特定的人的反应是可以预测的，其行为不但可以被预测而且还有可能被操纵。

就他人的思维如何运转而发展出一套理论，这个过程被称为“心理化”（mentalization）。人们不再设想别人的思想和自己差不多，通过观察他人的行为可以发现，别人的精神和情绪状态显然大不相同。共情（empathy）来自德语“Einfuhlung”，是指把自己内心的感受投射到一件艺术品或另一个人身上的过程。共情有可能是同情心的前兆，但它又不等同于同情。一个人有了共情可以感觉到别人的痛苦；而有同情心的人还会对他

人的痛苦感到惋惜。它只不过是以一种错位的方式分享他人的情感状态，但其中也有一些更谨慎、可估价的东西，是一种角色扮演。

心理化涉及三组不同的活动，它们结合在一起共同发挥作用。第一组不是最先激发认知和情感的刺激物，而是个体自身的精神状态，以及认知和感觉意义上的他人的精神状态。它们是对世界状态的信念，而不是真正的世界状态。人在刺激他人的精神状态时，自身也会受到过去的行为和与当下有关联的广阔世界的影响。第二组活动采用的是观察到的行为信息。当它与能够回忆起来的往事结合在一起时，就可以推断精神状态并预测下一阶段的行为。第三组活动由语言和叙叙事激活。乌塔·弗里斯（Uta Frith）和克里斯多夫·弗里斯（Christopher D. Frith）认为，它吸取过去的经验，“为当前正在处理的材料建立了一条更广泛的语义情感脉络”。[32]

这个更广泛的语境可以使用“剧本”来进行解读。这个概念来自罗伯特·艾贝尔森（Robert Abelson）①，他从五十年代开始对塑造态度和行为的各种因素产生了兴趣。1958 年兰德公司团队和赫伯特·西蒙进行的计算机模拟人类认知研究进一步推动了他的研究工作。“冷”认知和“热”认知两个不同的概念由此出现。在“冷”认知下，新信息被毫无障碍地吸纳进入一般问题的解决过程，而“热”认知则对既有的信念构成了挑战。艾贝尔森对理性思考认知带来的挑战感到困惑，他在 1972 年写下了关于“理论性失望”的文章，因为他“严重质疑信息是否真的会影响态度，以及态度是否会影响行

① 美国心理学家，专注于统计学和逻辑学。

599 为”。正是在这个时候，他突然想到了“剧本”。他的第一个想法是，这些“剧本”可以与心理学理论中的“角色”（role）和计算机编程中的“计划”（plan）相比较，“只不过，它们在执行过程中比角色或计划更具偶然性、更加灵活、更加冲动，在情感形成和‘意识形态’影响方面更加容易暴露信息”。[33]由此，他与和罗杰·尚克（Roger Schank）展开了合作。他们共同建立了剧本理念，作为人工智能遇到的一个问题，它指的是涉及强烈刻板行为的、频繁出现的社会状况。当这种状况出现时，人们会求助于这些剧本所支撑的计划。[34]因此，个人无论是作为一个参与者还是观察者，都会在这些情境下做理性的预期，剧本所涉及的就是这些预期事件的连贯性。[35]

在剧本中，特定的目标和活动都是在特定情形和特定时间下发生的。以去餐馆为例，剧本设计了可能发生的事件顺序，先是仔细看菜单，接着点菜，然后品酒，等等。当我们必须了解他人的行为意义时，恰当的剧本会预期下一步行动可能是什么，即提供一个解读的框架。由于几乎没有一个剧本被十分准确地遵循，其他心理化的过程就会改编剧本来适应新情况的不同特点。我们将在下一章中探讨剧本在战略中的潜在角色。

个体的心理化能力各不相同。合作精神比较强的人情商更高，往往能在一个更大的社交网络成为一个比较优秀的思想者。人们也许认为，这也是马基雅维利式狡猾性格的一种属性，这种人往往会欺骗别人，操控别人。这可能源自一种了解他人思想和弱点的能力。尽管这些人缺乏共情或热认知，但他们具有能够洞察他人所思所想的冷认知。然而通过研究这些“马基雅维利式”人物——在心理学中指，在报酬和惩罚的影响下有点无情和自私的性格——可以发现，他们的冷、热认知都是有限的。由此引出的命题是，这些个体在心理化方面的局限性意味着，由于很少感到内疚和自责，他们发现操纵和利用他人更加容易。[36]因此，有些人之所以会很自然地去操控别人，是因为他们显然不会用别的方式和别人相处。

这些发现可能为一种观点提供了更多支持，即在经济学理论中受到好评的理性行为者更容易出现精神错乱和社交障碍。
正如米罗斯基在一段尴尬的独白中所说的，居然有那么多坚持 600
自我本位理性、为人类理性的精髓建立学说的理论家——纳什就是其中一个例子——生来不会善解人意，他们生活在精神的边缘，经常陷入绝望甚至想自杀。[37]

但是，这个问题与另外两个原因有关。第一，它强调表面特征与战略的区别。欺骗或者马基雅维利主义这样的表面特征会影响人的本能行为，战略中的欺骗是经过审慎的推理过程得出来的。第二，它会令人想起以前应对机巧狡猾之徒的态度，将其用在自己身上固然遗憾，但若用在敌人身上就会得到赞美。这针对的是另一种不同的挑战，因为心理化在群体内部应是相对直接且合理可靠的，群体内会有经常性的互动，其中的人拥有同一种文化和背景。至于圈外人，人们对他了解不多且心怀疑虑，心理化就会困难得多。人们对疏远的、没有吸引力，以及品行不端的人，是很难产生共情的。因此，掌握群体内部成员的可能想法比较容易，而且有助于促进合作。只要发现困难，他们就会直接沟通解决问题。然而，最需要彻底了解和看透的——尤其是在冲突中——是圈外人的想法。其挑战不仅在于要克服各种成见和偏见，勾画一幅完整的图景，还在于几乎没有机会去和对方沟通，澄清存在分歧的领域。

系统1和系统2

由此产生了一幅复杂的决策图景。它始终受到社会层面的影响，强调亲密关系的重要性；需要付出努力去理解那些遥远和险恶的事物；要根据过去的经验构建当下的问题（往往是相当狭隘的、短期的视角）；通过捷径去了解（试探）即将发生的事情。所有这些都不太符合选择的系统价值，后者所描述的是愿意通过计算流程得到正确答案，采用最好的证据和分析，在头脑中清晰地保留长远目标。然而与此同时，尽管我们
601 经常嘲笑根据直觉和预感做决策，但直觉性决策往往更可靠，有时甚至比深思熟虑得出的结论还要好。[38]有时这甚至与人们选择的理论相关。正如斯蒂芬·沃尔特所说，有些理论要求掌握复杂的数学知识，把时间用在学数学上，就没有时间用来“学习外语，掌握有关外交政策问题的细节，潜心研究一种新的理论文献，或者准确编制历史数据”。[39]

神经影像学和博弈相结合确认了被不同形式认知和决策所激活的大脑区域，由此可以发现自下而上的直觉过程与自上而下的思考过程之间的紧张关系的根源。人脑的各个部分与进化的初期阶段相关，比如脑干和脑部的杏仁核（amygdale）就与那些依靠感觉、本能和精神捷径所做的选择有关。多巴胺神经元会自动检测到来自环境的模式刺激，然后根据储存在大脑里的经验和学识进行配对。它们通过眼窝前额皮质（OFC）与意识性思维联系在一起。正是额皮质在进化中的扩张，才使人类在智力上获得了比较优势。这可以从明确目标（比如保持良好的声誉或赚钱）的影响力中窥见一斑。当我们试图理解他人以及他们可能会做什么时，内侧前额叶皮层和前旁扣带回皮

质就会被激活。而在玩电脑游戏的时候它们是不会被激活的，因为我们并不需要揣摩电脑的意图。然而假设与更原始的大脑相比，脑额叶前部皮层在计算能力上是有限的，基本上无法同时处理 7 件事情。

乔纳·雷尔（Jonah Lehrer）总结了研究的意义：

> 关于决策的传统观念已经十分落后。最适合大脑的是最简单的问题——日常生活中的数学问题。这些简单的决策不会压垮前额叶皮层。事实上，它们是如此简单以至于常常导致情绪出错，后者不知道如何比较价格，也不会计算出牌的概率。（在这些情境下，当人们依赖感觉时，他们会犯下一些原本可以避免的错误，比如那些因为规避损失和计算失误而导致的错误。）另一方面，复杂的问题需要动用情感大脑的处理能力，后者是思维中的超级计算
> 机。这并不意味着你一眨眼就知道该怎么做——即便是无 602
> 意识行为，也需要花一点时间来处理信息——而是说，还可以用更好的方法来做不一样的决策。[40]

因此当考虑真正的决策过程时，就与决策的正式模型没什么关系了。情绪不再被看作和理性无关、容易将理性引入歧途的东西，因此只有哲学王柏拉图那些冷静的知识学科才能够确保理性控制。否则，情绪就会和所有思维过程紧密相关。[41]大脑神经影像会在结论到达人的意识之前，确认评估形势和选择所需的特别活动。其中的启示在于：人类在真正意识到自己正在进行严肃思考之前，会进行多少计算和分析。在这里，潜意识中存在着行为经济学家探测到的各种试探和偏见，或者是弗洛伊

德和其他精神分析学家为之着迷的被压抑的情感。决策正是形成于此，人和各种命题在这里获得了正面或者负面的暗示。

人们做的是自己感觉对的事情，但这并不意味着他们的行为是无知的或者不理性的。只有在不寻常的环境下，人们才会考虑并犹豫下一步做什么。然后思维过程就变得更有意识、更加慎重。结论可能会因此而更加理性，或者他们自己会变得更加理性。如果相信本能感觉，自然的过程就是寻找证据来解释它们为什么是正确的，而不是对它们进行真正严格的审查。这两种不同的过程就这样被识别出来，它们都能处理信息也能制定决策。其结合效应就是一个“推理的双重过程模型”。他们被标上了系统 1 和系统 2 的标签。[42]两者取长补短，相互补充，需要互动，因此它们之间的差别或许被描述得过于明显了。我们这么做的价值在于判断两个不同形式的战略推理，这至少在认知心理学中具有一定基础。

直观的系统 1 处理在很大程度上是无意识和隐形的。当有需要时，它们会迅速自动运行，要在达到意识之前管理非常复杂的认知任务，评估形势和各种选项。这里指的不是一个而是多个过程，从简单形式的信息检索到复杂的心理表征，它们或许具有不同的进化根源。[43]它们全都涉及大脑的非凡计算和储
603 存能力，借鉴以往的学习和经验，从环境中了解线索和信号并进行解释，提出恰当有效的行为建议，帮助个体应对环境。从中我们可以掌握社会是如何运作的，个人是如何操作的，社会和各种不同的情况吸收同化了什么，将它们通过更明确、更谨慎的方式，更快、更集中地结合在一起。结果就是感觉——包括强烈的喜欢和不喜欢，信号和模式——行动剧本可能很难说清楚，但通常无须考虑其出处便会被遵照执行。系统 1 的产物

不会违背理性，其所涉及的计算和评估远远超过了系统 2 中所涉及的繁杂且有限的过程。在某些方面，与博弈论有关的模型同时吸收了系统 2 思维中的潜力和限制。如果没有涉及个人如何思考的系统 1，即便没有系统 1 的提示，他们也可能会发现真的很难得出什么结论。

直觉的系统 1 思维仍时常需要辅之以系统 2 的过程。它们是有意识的、明确的、分析的、审慎的、更明智的、内在相续的——正是战略推理所应具备的。遗憾的是，系统 2 的进程更缓慢，纠缠于过度的复杂之中。同时它们的要求更加严苛，因为发挥自我控制是“一种令人不愉快的消耗”，让人丧失动力。[44]系统 2 的特征涉及的是人类特有的属性。虽然可能从黑猩猩开始就已经有了这个过程，但人们还是认为它反映的是最近的进化成果，并且与语言和解决假设情况的能力有关，无需即时语境，超越了即时经验。离开系统 1 并不意味着感觉就不再发挥作用了。比如，当需要在最后通牒博弈中决定合作还是投降时，博弈者在对待选择上的积极或消极情绪会影响他们的决定。当一名博弈者认为另一名博弈者的行为有失公允时，可能会产生强烈的情绪、引发重大反应。[45]

系统 1 做出的决定是否有益，取决于内化信息的质量和相关性。正如在其他领域，直觉往往可以作为可靠的指南，但过于信任它有时也会损害最佳利益。本能选择的一些特征会潜在地限制其有效性。第一，使用捷径，把新情况转化为自己熟悉
的情况，以便吸取明显相关的经验或知识。虽然这种做法风险 604
很高，但事实就是这样。[46]第二，虽然人们会在高风险决策中投入更多精力，但其实那可能是在为从一开始就本能认为是正确的选择寻找依据。[47]第三，思维往往是短期的，是由即时挑

战所塑造的。卡尼曼认为，“专一而长期的关注也许是枯燥无味的，因为它并不是生活”。在冲突的过程中，人们会对“损失造成的痛苦和错误导致的悔恨”产生各种反应。[48]在这方面，第一次接触到的必然更加重要，因为它们会试探最初框架的精度，并展现未来该如何建构这些问题。下一章将提到的一个要点是从现状出发，并将它作为起点来考虑战略，而不是将战略视为一个遥远的目标，这非常重要。

学习与训练很有作用，这在激烈的比赛、紧张的战役或其他任何没有时间审慎思考的压力环境下尤其明显，参与者必须解决怎么办的问题。因此，以有限的先验知识、狭窄的框架，并且在很短的时间以内，本能决策会反映出强烈的偏见。但进一步的思考也不一定能提高解决问题的质量，特别是当额外的考量可能都被用来对本能结论进行理性化处理时。但深思熟虑确实能够纠正偏见，进行更加抽象的概念化，重构框架，设定时间的区间。有证据表明，当环境比较特殊，信息缺乏，不一致和异常超出预期，或者意识到了偏见的风险时，越是有意识的推理就越有效。缺乏共情（精神变态）的人是不太愿意合作的，更容易在涉及信任的博弈中背叛。当要求他们违反常规时，共情者背叛了，精神变态者变得合作了，他们的前额叶皮层因为需要施加控制而出现了额外的活动迹象。[49]谨慎思考的系统 2 与通常不起作用的潜在控制源——直觉思维的系统 1——形成了一种相互作用的关系。

当证据对既有的信念构成强烈质疑时，显然会导致紧张。在某个特定的命题中倾注了大量资源的专家会投入巨大的智力劳动来破坏证据，质疑那些支持替代命题的人。二十世纪八十年代菲利普·泰特洛克（Philip Tetlock）的一项研究显示，他

们的预测并不比随机选择的结果好多少，而且最有名的和最尊
敬的往往是最糟糕的。由于他们自认为是独一无二的专家，为
了维护形象，他们会传达更多的确定性而不是常常需要证据来
证明的信息。他写道，权威的专家应该是那些准备检测他们预 605
言走势的人，而不是立刻去破坏那些与其不一致的发现。[50]

这两个过程为围绕战略形成的核心斗争提供了有说服力的比喻。简言之，正如人们一般所见，战略是卓越的系统 2 思维，能够掌控由系统 1 思维衍生出来的不合逻辑的推理形式——常常被描述为情绪化。然而，实际情况其实更复杂、更有趣，因为在许多方面系统 1 比系统 2 更强大，甚至盖过了系统 2，除非竭尽全力地去抵消其影响。当一种战略被转化为意识，并显示出这么做是正确的时，它就会进入系统 1，指导有意识的行为发现这么做的原因——这就是战略的理性化。因此，当系统 2 的过程与系统 1 思维缠斗在一起时，思考战略的方法之一就是纠正感觉、偏见和刻板印象，意识到哪些是环境的独特性和非常规性，寻求设计出一种理性而有效的下一步方法。

实验中的一个重要发现是，人并非天生具有战略性。当他们得知自己正身处于一项竞争性的战略博弈中，并被告知了规则、规范和获胜的奖励之后，他们的行为会开始讲究战略。例如，他们会发现，一种之前有用的行为模式在将来就未必有用，因为固守既定的行为模式会让聪明的对手预测出下一步动作。同时他们也意识到，对手未来的表现可能会和之前观察到的有所不同。这就是战略推理的本质：根据对手可能做出的选择来选择，并认识到，反过来对手也会通过预测自己的选择而做出选择。[51]

然而，当战略需求尚且存疑或不明确时，人们通常会错失线索和时机。而且当得知自己正在参与战略性博弈时，人们也并不总是兴奋或渴求胜利的。战略经常是前后矛盾的、不得当的或不精确的；这反映了人的喜好是无常的、不确定的；响应了错误的刺激；专注于错误的因素，误解了同伴和对手。博弈者常常被迫去努力影响对手的思维。因此，我们在下一章中要讨论的是，很多司空见惯的事情不应该被称作“战略性的”。

606 戴维·萨利（David Sally）将实验性博弈中的所得和博弈理论可能预测到的结论进行了比较。他在2003年写道，“过去20年里实验工作激增”，这显示出“尽管人类在推理、理性和思维等领域有优势，但他们仍可能是最让人摸不着头脑和最不能坚持到底的博弈选手”。在不同时期，他们“会像博弈结构或社会环境中的小元素一样逐渐发生改变，变得有合作精神、无私、有竞争意识、自私、慷慨、公正、心怀恶意、健谈、冷漠、相似、有心灵感应或茫然无知”。[52]对于事件的大量反映是出于直觉，没有经过努力思考和分析其他选项，做出判断虽快却似是而非。人不是天生的战略家。战略需要人有意识地做出努力。

三十八　故事和剧本

一切事物都没有结局。如果你认为有，那么你就是被 607
它们的本质欺骗了。

它们全都是开始。这便是其中之一。

——希拉里·曼特尔

通过对灵长类动物和原始人类社会的讨论，第一章界定了战略行为的一些基本特征。这种行为从社会结构中产生，能够引发冲突，识别潜在对手或盟友的特性，表现出足够的执着以设法影响他们的行为，而且能够通过欺骗、结盟乃至武力获得胜利。当我们在理论和实践中考虑战略问题时，这些特点常常会引人注目地显现出来。我们还看到了一些关于战略的定义，其中很多相当有用，但没有一个定义能涵盖所有这些要素。有些定义非常具体地针对特定领域，特别是涉及交战行动、地图和部署的军事领域。其他定义则更通用，涉及目的、方法和手段的互动，长期目标和行动方针的结合，权宜之计和统治形式的分类，反对意见和相互依存决策的辩证，与环境的关系，解决问题的好办法和处理不确定事件的手段之间的关系。我在前言中将战略简短地定义为“打造力量的艺术”。其优势在于，
通过力量对比占优条件下的预期结果与运用战略后的实际结果 608
之间的差别，来衡量战略的影响。它有助于解释为什么弱者觉

得战略最具挑战性。但是，它不能为实践者提供指导。为此，本章将从主角的视角，探讨将战略视为一个有关权力的未来故事的价值。

那些想要确保他们的战略得到完美实施的人，可以从专业手册、自助书籍、咨询专家乃至学术期刊中获得多种建议。有些诀窍是告诫性的，有些则是分析性的；有些竭力摆脱陈词滥调，有些充斥专业术语，让缺乏高等数学知识或者无法参透后现代主义秘籍的外行读者一头雾水；有些坚持范式转换，有些则建议培养有灵感的个性或主张密切关注细节。面对如此多样且常常自相矛盾的建议，往往会得出这样一个结论：虽然拥有战略是件好事，但正确运用战略却是件很难的事。战略的世界充满了失望和无奈，以及不奏效的方法和达不到的目标。

本书所考察的每个故事全都始于一种自信，那就是在常规基础上，只要措施得当，要求再高的目标也是可以实现的。拿破仑现象引导约米尼和克劳塞维茨向有抱负的将军们解释，他们如何才能赢得决战从而决定国家的命运。对法国大革命的回忆以及积聚的社会和政治动乱，激励第一代职业革命家发动同样的决定性起义，建立起崭新的社会秩序。一个多世纪以后，美国大公司——坚不可摧且享受着有利的市场条件——在钱德勒、德鲁克和斯隆的鼓励下，把战略当成了维持这种喜人状态的组织结构和长期计划的指南。

在所有三大案例中，这种自信的基础全都被经验破坏。战役的胜利不一定能带来战争的胜利。统治阶级设法满足了民众对政治和经济权利的要求，转移了革命的压力。美国制造商的优越地位受到国际竞争，特别是来自日本的竞争的冲击。然而，这些挫折并没有使最初的战略框架被抛弃。军事战略家仍然渴望找到一条通往决定性胜利的道路，即使他们被难以承受的消耗战或人民抵抗斗争和游击队伏击弄得焦头烂额。革命者继续想方设法动员广大群众推翻政府，即使西方民主制度提供了表达不满的合法渠道和改革路径，而且这些举措有利于完全 609
不同以及总体上更有成效的政治战略的形成。只有在商业领域，早期战略模型的缺陷才如此明显，以至于很快被丢到脑后，人们开始疯狂寻求包含彼此对立、自相矛盾和混乱不清的论点的替代模型。

战略中存在的这些问题是启蒙运动的自然产物。渐进理性主义后来被韦伯认定为官僚政治兴起过程中一个不可阻挡的长期趋势。人们希望它能排除情感和浪漫成分，从而消除误差和不确定因素的侵入源。它应该是形成于已积累知识的基础上的人类事务之一。但是相关的知识很难积累，也无法被足够精确地用来指导实践者，他们面临着一系列相互矛盾的需求和不确定性，往往没有什么选择，只能“蒙混过关”。[1] 理性主义假设不仅影响到对理论的阐述，还影响着人们会如何接受并运用它，而最终这种假设被证明是不充分的。

战略既不是设计出来的，也不是在可控环境中实施的。计划好的行动序列越长，以特定方式行事的代理人数量就越多，计划者的胃口就越大，行动就越有可能出问题。如果既定步骤中的第一步不能取得预期效果，那么事情可能很快就会出错。情况会变得愈加复杂，参与者也会越来越多并且相互对立。因果关系链条会越拉越长，然后整个断掉。就算不像托尔斯泰那样把战略贬低为自以为是和幼稚天真的东西，也能明白这样一个显而易见的道理：成功的取得，要靠对一系列往往很难受到影响的机构、流程、个性和观念努力施加影响。

戈登·伍德（Gordon Wood）① 反对“历史充满教训”的说法，认为教训只有一个：“没有任何问题是按照决策者希望或预期的方式解决的。”历史教会我们“怀疑人类蓄意操纵和控制自己命运的能力”。[2] 战略并非掌控形势的手段，而是应对无人能完全掌控的形势的方法。

战略的局限

如此说来，战略是否还有价值呢？艾森豪威尔总统借助自
610 己的军事经验认识到，“计划毫无价值，但计划的执行却是一切”。[3] 同样的说法也可以用在战略上。如果没有事先的深思熟虑，要想应付不可预知的事情、从不断变化的局势中捕捉线索、质疑预定的假设或考虑异常行为的影响，恐怕都会难上加难。如果战略是一个设置了通往最终目标的可靠路径的固定计划，那么它可能不仅会令人失望，而且还会帮倒忙，把优势拱手让给更有灵活性和想象力的其他人。反之，有了灵活性和想象力，就更有机会紧跟形势发展，时常重新评估风险和机遇。

要找到通向战略的有效方法，就需要认识到它的局限性。这不仅适用于战略带来的好处，也适用于它的影响范围。界限是必需的。由于战略已经变得无处不在，以至于每一个前瞻性的决定都可能配得上这个词，它现在已经没有任何真正的特色，几乎到了毫无意义的程度。一个明显的界限就是，它与一些只涉及无生命物体或简单任务的情形无关。只有当冲突的元素真实可见时，它才真正开始发挥作用。仅存在潜伏性冲突的情形，则不在真正的战略性思维框架之列。与其给自己找麻

---

① 当代美国著名历史学家。

烦，人们更愿意相信那些反过来也可能相信自己的人。在一个熟悉的环境里与“内部群体”共事，如果不能获得相匹配的收益，战略行为会引起不满和抵制。因为人们一直以惯有的方式思考自己的生活环境，抑或因为人们习惯上总是不愿挑战既有的等级制度和传统，所以他们可能会不知不觉地形成错误的权力关系。能够改变这种状况、让战略发挥作用的，就是对冲突的认识。某些事件的发生，或是社会态度和行为模式的转变，使先前被人们认为理所当然的东西受到挑战。以往司空见惯的情形可能会被以新的视角重新审视，那些曾经属于“内部群体”的人也会被怀疑为转投“外部群体”的叛徒。

如果新出现的冲突形势让人想起了战略，那么淡化冲突的愿望也会让人忘掉战略。甚至那些以战略为标题、展示长远思考能力的官方文件也是如此。在这些文件中，战略被包装成一种反映了政府或公司既定想法的权威展望。休·斯特罗恩曾抱怨，这套做法使战略被滥用，无法使其发挥联系目的与手段的本来作用。战略被拓展到所有政府工作中，从而使这个词“丧失”了它的本义，只留下了“平庸”。[4] 不可否认，很多
“战略”文件刻意回避主旨，缺乏重点，涵盖了太多不同的或 611
仅松散联系在一起的问题和主题，无法满足多元化受众的需求，反映出微妙的官僚式折中态度。它们涉及的通常是必须解决的问题，而不是处理具体问题的方法。所以，它们的作用期往往不长。就战略内涵而言，这种文件充其量是一个对大环境的宽泛介绍，众所周知，这在商业战略中被称为“定位”。也许在一个目标比较容易实现的大体稳定和理想的环境中，更清晰、更大胆的东西根本派不上什么用场。只有当环境不再稳定的时候，当潜在冲突变成现实冲突的时候，当必须做出真正选

择的时候，类似真正战略的东西才会成为必需。

所以说，把不那么像战略的东西转化成战略的，是一种对实际或即将发生的动乱的感觉，一种诱发冲突的动荡形势。因此，战略是从现有状态入手发挥作用，且只能通过认清这种状态会变好还是变坏来获得意义。这种观点和那些认为战略应该用来实现优先目标的观点大不一样。它可能更多涉及如何应付某些可怕危机，或在本已紧张的形势下防止事态进一步恶化。所以，首要的需求恐怕是生存。这就是为什么对于作为实用工具的战略，最好适度地把它理解为通向“下一阶段”而不是最终和永久结果的路径。下一阶段是从当前阶段可以切实到达的地方。那个地方未必更好，但相对于用较差的战略或根本不用战略就可以到达的地方，它仍是一个进步。它还将成为一个足够稳定的基地，以便由此通往再下一个阶段。这并不意味着上述任务能在不考虑理想的最终状态下轻松完成。如果不知道路该朝哪走，将很难对意外后果进行预估。就像一位象棋大师，天才的战略家能看到未来行动中固有的种种可能，并考虑清楚后续阶段的行动步骤。可见，未雨绸缪是一个战略家的宝贵素质，但起点依然是眼下的挑战而不是未来的希望。每次从一个状态到另一个状态的行动过后，目的和手段会一并被重新评估。某些手段会被丢弃，新的手段会被发现；同时，某些目标将变得遥不可及，哪怕有意想不到的机会突然出现。即便所谓的最终目标已经实现，战略仍不会止步。对于像战役、叛乱、选举、体育决赛或者商业收购这样的高潮事件来说，一次
612 胜利意味着向新的、更理想的状态迈进了一步，但不代表斗争的结束。已经发生的冲突会为下一轮冲突创造条件。赢得胜利所必需的努力可能已将资源耗尽。粉碎叛乱可能会加剧被压迫

者的不满；殊死相拼的选战可能会阻碍政治联盟的形成；恶意收购则会使两家公司的合并更加困难。

预测多个阶段的形势可能会如何发展之所以这么难，一个原因就是需要处理诸多关系。战略常被认为只涉及对手和敌人。但首先，同事和下属必须就战略及其应当如何实施达成一致意见。由于部门林立造成的弱点，取得内部共识往往需要高超的战略技巧，而且必须成为优先考虑事项，但协调不同的利益和观点的最终结果可能只是妥协，即和能干的对手打交道时的次优选择。需要的合作圈子（包括可能成为盟友的第三方）越大，达成协议就越难。虽然所谓的朋友之间可能存在紧张关系，但他们也可能拥有为谈判提供基础的共同利益。也许各敌对国家更愿意避免全面战争，各政治党派更愿意保持礼貌，各企业更愿意避免将价格降到无利可图的水平。这种合作与冲突之间的互动是所有战略的核心所在。这是有一个范围的，其中一端是完全一致（没有任何争议），另一端是完全控制（争议在一方独霸的状态下受到压制）。这两个极端状态都很罕见，而且几乎肯定会随着环境改变以及新利益的产生而失去稳定。在实践中，选择很可能会视协调或胁迫的程度而做出。由于对付优势力量的办法往往是缔结联盟或瓦解敌对联盟，战略很容易涉及妥协和谈判。蒂莫西·克劳福德（Timothy Crawford）曾说："在对相对权力的追求上，减少和分化对手权力与增加和提升自身权力同样重要。"这可能需要进行艰难的协调，以使一方保持中立并远离敌方阵营。[5] 所有这些都解释了为什么战略是一门艺术，而不是一门科学。当形势变得不确定、不稳定并且难以预测时，它就会开始发挥作用。

系统 1 战略与系统 2 战略

认知心理学的发展意味着，关于人类如何应对不确定事
613 态，我们现在知道的比以前要多得多。它催生出一种观点，认为战略思想在闯入有意识的思想之前，能够而且常常呈现在人的潜意识里。它可以源于明显的直觉判断，反映那些现在被归入系统 1 思想的东西。系统 1 战略是研判形势，看到非战略性智能看不到的各种可能性。这种战略推理自古典时期以来一直备受推崇。它表现为“智慧”（mētis），代表人物是奥德修斯，他足智多谋，善于处理模糊不定的东西，用巧妙的语言领导“内部群体”并迷惑“外部群体”。拿破仑曾谈到“慧眼”（coup d'oeil），称其为“能从地形上一眼看出各种可能性的天赋”。这是克劳塞维茨的军事天才思想的核心，他相信，“高度成熟的心理素质”能够帮助伟大的将军选定发起进攻的正确时机和地点。Jon Sumida① 形容克劳塞维茨的天才概念是“构成直觉的理性智能以及近乎理性的智慧和感性机能的组合”。它是在“面对诸如信息不充分、复杂性高、意外事件高发以及失败造成严重负面后果的困难条件”时进行决策的唯一基础。[6] 拿破仑形容这是一种天生的才华，但克劳塞维茨认为它也可以由经验和教育培养而成。

哲学家以赛亚·伯林在他最后发表的一篇文章中，支持直觉和天赋之说，对于良好政治判断力可能涉及科学并基于“确定无疑的知识”这一观点提出质疑。[7] 伯林的结论是：“在政治行动领域，很少有什么法则，技能就是一切。”关键的技

① 日裔美国学者。

能就是把握能使形势独特化的因素的能力。伟大的政治人物能够“理解特殊行动、特殊个体、独特状态、独特环境，以及经济、政治、个人因素的某些特殊组合的本质”。这种对于人类与非人力量的相互作用、对独特性的感知能力高于对一般性以及预测重要行动“震颤”结果的能力的把握，涉及一种特殊的判断。他断言这是“半直觉”。他描述了一种很像智慧(mētis)、抓住了系统1思想精髓的政治智力：

> ……一种将不断变化、多姿多彩、容易消散、不断重
> 叠交叉的数据整合成一个巨大混合物的能力，这些数据太
> 多、太迅捷、太过混杂，以至于像好多只蝴蝶一样，难以
> 捕获、固定和标记。从这个意义上说，整合就是根据数据
> （那些被科学知识和直接感知所确认的）的含义把它们看
> 作单一模式中的元素，就是把它们看作过去和未来各种可 614
> 能性的征兆，就是务实地看待它们——也就是你或其他人
> 能够或将会对它们做什么，以及它们能够或将会对其他人
> 或你做什么。

如果只看重形式化的方法，决心要挤掉直觉、强调分析，这种能力就可能丧失。战后美国安全政策的制定者之一布鲁斯·库克里克（Bruce Kuklick）[①] 说：“我研究过的很多战略家基本上都不关心政治，在这点上，他们缺乏我大力提倡的素质，用更恰当的术语说，就是基本政治意识（elementary political sense）。就好像他们想在研讨室里，或者单凭思考能

---

① 美国历史学家，现供职于宾夕法尼亚大学。

力学到只有靠直觉、经验和悟性才能获得的东西。”[8]

这种常常随着政治判断力而产生的素质，是说服别人遵循特定方针行事的能力。的确，对于那些不是拿破仑、没法指望命令被无条件执行的人来说，精明的判断力是没有多大价值的，除非在下达命令的同时能向那些必须服从命令的人解释清楚它的意义。正是在这个时候，战略从直觉转向深思熟虑，从明白一个特定方针的正确性到寻找论据来解释为什么必须如此。所以，对于那些系统 1 思想认为过于复杂和独特的情形而言，系统 2 思想就成为必需。在这种情况下，需要对可选论点论据进行比照性的掂量和权衡，以确定一个可靠的行动方针。因此，在很大程度上，战略应属于系统 2 的范畴，但这可能仅仅是把本来属于系统 1 的判断转化为有说服力的论证。

本书之所以如此频繁地回到语言和交流问题，是因为如果缺了它们，战略就没有意义。战略不仅要用语言表达出来以使别人能够理解，而且要通过影响别人的行为发挥作用。因此，战略始终与劝说有关，无论是说服别人与你合作，还是向对手讲明不合作的后果。伯里克利因为他在民主环境下理性辩论的能力而获得权威；马基雅维利力劝君主们进行令人信服的说教；丘吉尔的演说给了战争中的英国人民以目标感。武力或经济刺激措施可能各有作用，但是如果不明白应该如何躲避惩罚或得到回报，它们就可能失去效果。汉娜·阿伦特观察发现，“只有在言行未分裂、言谈不空洞、行动不粗暴的地方，在言辞不是用来掩盖意图而是用于揭露现实，行动不是用来凌辱和破坏，而是用于建立关系和创造新的现实的地方，权力才能实现”。[9]

615 最伟大的权力是那种在不声不响中达到效果的权力。这种情况发生于现有结构已经确立，并成为自然且良善秩序的一部分，甚至那些可能会处于不利地位的人也认为如此的时候。[10] 精英人物有能力把局部利益粉饰为整体利益，从而使自己理所当然地获得称道并且远离挑战，这种能力一直给激进分子带来强烈的失败感。群众有限的革命热情已经被各种史诗巨篇多次阐明。这些以做事规则、神话、意识形态教条、范式乃至叙事面目出现的故事认为，既然人们无法把握客观现实，就应该依靠解释性构念，而那些最有条件影响这些构念的人则可以获得巨大的权势。激进分子试图发展能促成其他更健康意识的战略，反对一切认为人们应当无条件承认现有事物格局是自然、持久而非人造、随机的观点。有关如何最有效地影响他人态度的问题，已经渐渐被认为涉及战略的方方面面，而不只是针对颠覆现有秩序的努力。党派政客一直竭力设定议程和制造话题，提供诋毁对手的猛料，同时展现本党候选人最完美的一面。这种"叙事转向"在军事和商业领域中同样明显，既体现在反叛乱行动对"人心和思想"的关注中，也体现在挑战监管限制的企业说客或是试图让员工相信他们将从剧烈的组织变革中受益的经理们身上。故事不仅是战略的工具，而且赋予战略以形式。借助于认知理论、解释性构念以及设计态度和行为的剧本，叙事的功能得以强化，已经在当代军事、政治和商业战略文献中占据显著地位。为了跟上思考战略的最新潮流，我们需要学会讲故事。

故事的麻烦

查尔斯·蒂利（Charles Tilly）① 在他的文章《故事的麻

① 美国社会学家、政治学家。

烦》中认为，人类有一种根深蒂固的倾向，那就是寻求用故事来解答问题，故事可以涉及个人以及像教会和国家这样的集团，甚至阶级或宗教等抽象的东西。这些故事会讲述为达到明确目的而有意采取且常常成功的行动。它们很容易满足听众，包括社会学家。所需要的一切似乎只是一定程度的能言善辩、
616 对时间和环境限制的认识，以及与文化期待的匹配。但蒂利警告，故事的解释力有限。最重要的因果关系往往是“间接的、渐进的、互动的、无意的、总体的，或由非人环境而不是由个人行动的直接、有意的后果来调节的”。对故事的需求，使得其中的出场演员都能在明确的备选方案中做出审慎的选择，而实际决策可能远没有那么深思熟虑，更多是临时发挥，而且常常摇摆不定。社会学家有责任寻找某种更好的叙事方法。对此，蒂利并不乐观。他指出，人类大脑会以标准故事的形式“存储、检索和操控有关社会进程的信息”，由此鼓励了从“自我激励对象的相互作用”的角度叙述复杂事件的做法。果真如此的话，蒂莉至少希望能有更好的故事，对起作用的客观集体力量和人类力量一视同仁，并将它们作用范围之外的时间、地点、人物和活动适当地联系起来。最好能讲出故事的故事，交代故事背景，让人弄清它们之所以出现的来龙去脉。[11]

商业史学家们已经警告人们不要相信只有表面价值的叙事，比如斯隆的《我在通用汽车的岁月》，书中暗示具有挑战性的决定完全是理性的选择。这样的叙事总是对不同决策导致不同结果的可能性轻描淡写，无论它们是否夸大了高级管理人员的作用，都会给人留下不可或缺的印象。[12]丹尼尔·拉夫（Daniel Raff）①

① 美国沃顿商学院管理学教授。

主张重建过去的选择，视历史事件为“有待应对的一系列挑战，而不是已经发生的主动活动”。这意味着要弄清过去的各种可选方案以及各参与方对它们的理解。[13]卡尼曼也曾指出，虽然好的故事“对人们的行动和意图进行了简单而连贯的讲述”，但这很容易让人“把行为解释成一般倾向和个性特征的表现，也就是用结果来匹配原因”。他引用了各种企业成功秘籍作为例子。这些“一贯夸大领导风格和管理实践的影响”的故事在浩如烟海的管理学书籍中俯拾皆是。他认为运气是个重要因素，可遇而不可求。上述这些偏见的结果就是，“当解释过去和预测未来的时候，我们总是看重技能的作用，而忽略运气的作用。因此我们很容易产生一种控制错觉”。他还提到一个悖论，即“当人们所知甚少、无法破解谜题的时候，反而更容易编造出一个连贯的故事”。这强化了人们忽视未知因素的秉性，从而助长了他们的过度自信。[14]

这些关于过去的有缺陷的故事影响了我们对未来的预测。617
在这方面，卡尼曼把人们的注意力引向纳西姆·塔勒布(Nassim Taleb)① 的研究。塔勒布强调意外和随机事件（他称之为“黑天鹅”）的重要性，由于它们和以往经历过的事件大不一样，所以总是让人猝不及防。但塔勒布也承认他的方法存在矛盾之处，因为尽管指出了叙事的缺陷，但他同样要用故事来“证明我们容易轻信故事，而且我们更喜欢对故事进行危险的压缩”。这是因为隐喻和故事“比观点要有力得多（可叹）；而且它们更容易让人记住，读起来也更有趣”。所以，

---

① 黎巴嫩裔美国统计学家和风险分析师，擅长分析随机事件、概率和不确定性等问题。

“你需要用一个故事来取代另一个故事”。[15]

我们在本书中已经看到，那些内容带劲的经典故事只要仔细读一下就会原形毕露，要么纯属胡编滥造，要么就是怎么说怎么有理。大卫和歌利亚的较量现在被理解成了一个关于弱者也能取胜的故事，但它原本想说的却是信仰上帝的重要性。奥德修斯最初因精明和狡猾的智慧为人所知，但当他演变为古罗马的尤利西斯时，却成了背叛和欺骗的象征。柏拉图通过把前辈们说成爱金钱多于爱真理之徒主张保持哲学的纯洁性，从而胜过了与他辩论的其他智者。弥尔顿为了让人明白《创世记》的意义而设计了一个马基雅维利式的撒旦，结果很多人发现这个角色比可敬的上帝更有魅力。克劳塞维茨将拿破仑命运多舛的俄国战役看作错误运用战略的结果；托尔斯泰则将其视为战略这种东西可能并不存在的证据。李德·哈特收集各种战斗故事，然后把自己的歪曲理解加于它们之上，以验证其间接路线的正确性。约翰·博伊德和他的助手们无视闪电战（象征着德国 1940 年在欧洲的胜利）在东线遭遇的失败，剔除了它的具体运用背景，把它变成了一种未来战争模式。马克思总是抱怨法国大革命的影响根深蒂固，但是他自己也不能完全摆脱这一影响。由于他对资本主义发展的预言是有缺陷的，他的追随者们只能修正自己的认识，以证明这仍然是科学史观，而且终将会被证明是正确的。传统的商业战略教学依靠的是被称为历史记录的故事。从弗雷德里克·泰勒到汤姆·彼得斯，管理学大师们都知道他们可以用一个阐明其思想精髓的动听故事来表达自己的观点。抓住某些具体事件来表达一个普遍性观点（对本田公司轶闻趣事的引用已经证明了这一点）的手法充满人情味，极具诱惑力，必然导致得出连故事讲述者都很难认可的夸大性结论。

“研究表明，讲故事的能力与故事好坏关系不大，更多在于知道如何讲述以及如何讲好它们：需要省去什么，需要补充 618
什么，何时修正，何时质疑，以及应该讲给谁听或不应该讲给谁听。”[16]在人类日常交往方面，通过讲故事说服别人是一项重要技能，尤其是在和那些具有相似背景和兴趣的人打交道的时候。当试图以自己的观点去吸引那些生性多疑的人时，它们可能就不那么有价值了。而且，为了取得某种理想效果而故意编造的故事，可能会显得牵强做作。它们会遇到所有曾和宣传密切相连的问题，宣传之所以失去公信力，恰恰是因为它明目张胆地企图影响他人的思考和行为方式。

事实上，人们目前对“战略叙事手法”的热情可能会随着对其宣传本质的深入认识而消退。“宣传”这个词在和极权主义扯上关系之前，曾大张旗鼓和不加掩饰地存在于人们的话语中。这些叙事手法必须在先前描述的限制条件下发挥作用。只要足够模糊，同样的战略故事就有可能把一群人团结在一起，或推进一项政治计划。不过，一旦要求表述清晰，或是必须接受实证检验，再或出现了相互矛盾的信息，故事会即刻土崩瓦解。说到“叙事之战”，重要的不只是它们的内在质量，还有背后的资源，这体现在一个组织宣扬一己之见以及修正或驳斥相反说法的能力上。叙事的目的“既不是要从根本上颠覆，也不是要支配一切”。它们可以被当权者及其敌人有效地讲述和无效地讲述。它们不是精准的战略工具，因为它们传递出的大量信息并非都能被人理解，而且像隐喻和讽刺这样的叙事手法还会给人造成困惑。故事的含义可能是模棱两可的，某些解释可能会让故事讲述者自降身价。受众可能会把注意力集中在细枝末节上，或者把他们自己的经历强加进故事中。有着中心思想的老故事，可能会被追求相反目标的组织恶意曲解。[17]我们可以回顾一下古典学家弗朗西斯·康福德（Francis Cornford）对于宣传的定义："作为撒谎艺术的一个分支，它几乎骗不了敌人，只能欺骗朋友。"[18]

剧本

叙事手法的这些模糊面貌，解释了它们作为战略工具的局限性。有没有什么能让它们更有价值的思考方法呢？我们可以假定，在受众很少并且在修养和话题方面已经培养起很多共同点的情况下，把控故事的意义和解释要容易得多。上一章谈到
619 了作为新情况定位源头的内化剧本的概念。这个概念已经影响了心理学和人工智能领域，但是对战略的影响不大。严格说来，这个概念涉及的是对适当行为设定期望值的常规情况。例如，剧本可以很弱，只决定某人符合某种性格类型；也可以很强，能预测整个事件的发生经过。在最初的概念里，剧本利用的是已有知识，引起的是几乎自动的、可能完全不恰当的响应。但是，剧本可以被作为故意行为的起点，甚至被各个群体在共同分析一个变化的形势时加以发展和内化。因此，剧本研究已经考虑到个人如何响应组织惯例（比如评估），或者他们以前从不可能经历过的事件（比如公共场所的火灾）。这项工作证明了剧本可以有什么样的线索和头绪，以及说服那些已经沉浸于某一特定剧本中的人们放弃它会有什么样的困难。剧本可能是应对新形势的一种自然方式，但它也可能造成严重的误导。因此，如果人们需要表现得异常，他们应该知道他们本身就处在一个异常的状态中。[19]

对于我们的目的来说，剧本具有双重优点。首先，其概念提供了一种方法，用于解决有关个人如何进入新情况、赋予它们意义以及决定如何行动的问题。其次，它与表演和叙事有着天然的联系。事实上，艾贝尔森已经就剧本的内容结构做过论述，认为它是由相互关联的小片段构成的一系列场景组成的，而这些小片段可能和经验一样，源于包括小说在内的书本知识。[20]

在更广泛背景下运用这种观点，来自阿夫纳·奥弗(Avner Offer)① 对第一次世界大战起源的记述。其中，他描述了“荣誉”作为一种诱因的重要性，并思考了为什么它比生存更重要。这并不说明德国最高统帅对胜利充满信心。他们深知自己计划的进攻有点类似于赌博，尽管他们可能也想不出别的办法来发动战争。在柏林 1914 年的战争规划中，一个共同的看法是德国不能退缩。它曾在上一次危机时这样做过，如果再这样做就会名誉扫地。唯一的前景将是可耻的衰落。后果无法确定，但是一个绝妙想法自会证明它的合理性。奥弗断言，德国的开战决定及其挑动对手做出同样好战的决定，都是一种“富于表现力而非有帮助的行为”。就此而言，战争是一系列冒犯行为，或者说没人能忽视的“一连串荣誉反应”的产物。奥弗解释了在决定开战以及随后依照战争剧本对全社会进行军事动员时，为什么要强调荣誉。荣誉剧本不是“公开的”，但鼓励了一种“鲁莽的态度”，并且营造了“一种抛开审慎考 620
量、要求绝对顺从的强大社会压力”，因而是有影响的。他认为，这种剧本是一种更含蓄的、有情节的决斗剧本的衍生物。

① 牛津大学经济历史学教授。

当荣誉在某些情节片段中受到挑战或质疑时，可以用武力解决问题，“就民族国家而言，动武前可以先搞些礼貌的演习，使用些外交辞令”。如果对方拒绝“令人满意的方法”，将会“失去名声、地位和荣誉”，从而蒙受“屈辱和羞耻”。这个剧本被证明是强大的，它“提供了一个表现决策可以有效传达的故事，一个能让所有人理解和接受的正当合法的牺牲理由”。所以，一种始于极少数上层人物的情绪可以通过文化来传递。这种剧本是如此有力，以至于那些被它牢牢控制的人对另外一些“关于其他形式的勇气和冒险，关于适时妥协、安抚、合作和信任”的剧本视而不见。[21]

就此而言，系统 1 意义上的战略剧本可以被当作一个在很大程度上内化了的基础，用于尝试赋予情境意义并给出相应对策。这些剧本可能是含蓄的或仅仅被认为是理所当然的，正如假定战争的逻辑是迫使敌人投降的歼灭战，海权应该是对海洋的控制，镇压叛乱的最好方式是控制人心和思想，绥靖政策总是给人懦弱的印象，或者军备竞赛终将升级为战争。这些都是陈旧老套的想法，常常被用来替代那些创造性思维或者对情况特殊性的考量。虽然它们可能在被参照的时候得到验证，但最终会被证明是错误的。在一个较低层次上，剧本可能涉及军事行动的正确实施顺序、民众运动中国家暴力的影响、公益组织的组建、总统候选人提名的获得、对组织变革的管理、对新产品发布的最佳时间和地点的确定，或是在敌意收购中踏出的第一步。

这些剧本的要点在于，如果没人质疑的话，它们可能会引发可预测的行为，并且在需要做出最初反应的环境中错失变化。正如我早前说过的那样，只有在出现不一样或者不常见的情况时，战略才真正开始起作用。系统 1 剧本可能是一个自然的起点，但它们可能会从系统 2 的评估中获益，这种评估考虑的是为什么正常的剧本这次不起作用。就此而言，接下来这些已经被确定的剧本都有遭受战略失败的危险。

系统 2 剧本应该更配得上“战略性的”这个形容词。对于剧作家来说，令人信服的故事应该是某种值得研究和改进的 621
东西，而不仅仅是一种为普通人不成熟的喃喃自语增光添彩的方式。这些剧本可以被视为有意识的交流活动，而不是一套潜意识下的内化剧本。它们不需要采用电影剧本的形式，让每一个演员轮流说话，但它们应该具有一种能够显示主要演员之间预期互动的从容特性。它们可以取材于历史或著名事件，但是它们必须立足于现实来推动情节发展。这些战略是关于未来的故事，从充满想象力的小说起笔，但最终必须写成非虚构文学。

杰罗姆·布鲁纳（Jerome Bruner）① 关于叙事的论述也揭示了战略剧本的可能性和局限性。他提出了以下几点要求。第一，虽然它们可能无法准确地展现现实，但它们必须达到逼真的标准，也就是说表面看起来要真实。第二，它们应该让受众易于接受对事件的特定解释以及对即将发生的事件的预测。它们不涉及实证检验或逻辑顺序中的步骤，但它们会创建自己的规则。“叙事必要性”和“逻辑必要性”是一回事。它们可以使用诸如悬念、伏笔和倒叙这样的手法，也可以表现出更多的模糊性和不确定性，而不是形式化分析。第三，虽然它们不能成为对任何普遍性理论的形式化证明，但它们可以用来证明一

① 美国心理学家。

个原理、支持一个准则，或为将来提供指导。但是，这些必须从叙事中自然产生，而且不一定要在结论中明确说明。在到达目的地之前，人们往往不可能知道一个好故事会通向何处，必须用“叙事规则”把观众带到需要到达的地点。按照布鲁纳的说法，一个“有创新精神的故事讲述者会跳出显而易见的讲故事套路”。为了引起受众的注意，故事必须打破由“固有的规范剧本”所创建的预期，纳入不同寻常和意想不到的元素。[22]

这样一个战略故事的目的不仅仅是预测事件，还要说服别人照此方法行事，以便让故事顺着既定的路线发展。如果没能说服别人，那么固有的预测肯定是错误的。和其他故事一样，这些故事必须涉及受众的修养、经历、信仰和追求。为求联系紧密，它们必须听起来真实可靠并且在内部连贯性和一致性（“叙事可能性”）上经得起检验。它们还必须与目标受众的历史和文化理解产生共鸣（“叙事忠实性”）。[23]战略叙事的主要挑战在于它们可能与现实残酷遭遇，这需要及早做出调整，应对多元观众的需求，而这又可能让故事变得语无伦次。[24]通过修
622 辞技巧协调各种明显矛盾的需求，或者把各种乐观的设想一个一个地组合在一起，都是有可能的，但这种伎俩很快就会露馅。这方面需要的是坦诚，不是虚伪。

蒂利和卡尼曼批评我们对故事的依赖导致夸大了人力的重要性，让我们想当然地认为结果产生于故事里中心人物（常常是我们自己）的故意行为，而不是巨大的非人力量、偶然事件、时机问题或者绝不会成为故事开头的意外巧合。对这些批评该如何理解呢？答案就是，忽略这些因素对历史来说肯定是糟糕的，但对战略来说却不一定是坏事。当我们试图理解现

状的时候，臆断事情之所以如此只因强势的演员希望它们如此，是不明智的；但当我们展望未来的时候，我们别无选择，只能认准一条依赖人力、可能通向美好结果的道路走下去。最好还能避免控制错觉，但到末了我们能做的，不过是表现得好像我们能影响事件一样，否则就是屈服于宿命论。

另外，如果从一开始就做好准备，偶然和突发事件是可以被控制的。一个通过若干只要认真有序执行就能产生理想结果的步骤，把可用手段和既定目标联系起来的战略计划，会让人联想到一个因果已经提前揭晓的可预测的世界。本书的一个主要结论就是，这类计划一旦遭遇尴尬的现实就会抓瞎。一个剧本可以和一个计划共用一个事件预期过程，但随着该过程从系统 1 转移到系统 2，从一种下意识的假设发展成一件精心打造的作品，它可能会加进一些偶然事件的发生的可能性，并预测众多表演者在一段较长时间内的互动。这需要故事保持一种未完成的状态。剧本必须为即兴创作留出大量空间。只有一个行动是比较有把握预测到的，那就是已经掌握战略设计的主要演员的第一步动作。情节是否会按预想展开不仅取决于最初假设的敏锐度，而且取决于其他演员是按剧本入戏还是明显地偏离剧本。

剧本：战略性与戏剧性

一旦战略被认为是叙事，它与戏剧的密切关系就变得很明显了。戴维·巴里（David Barry）和迈克尔·埃尔姆斯（Michael Elmes）认为，战略是“在组织中讲述的最突出、最有影响力和最昂贵的故事之一”。它集“舞台剧、历史小说、未来幻想作品和自传”的元素于一身，并伴有为不同人物指 623

定的“角色”。“它一直以来对预测的强调，使得它与那些具有未来和前瞻视角的幻想小说不谋而合。”[25]如果是这种情况，那么战略家可以学一学剧作家设计情节和撰写剧本的方法。

不妨从罗伯特·麦基（Robert McKee）① 对电影叙事艺术的指导开始说起。[26]写剧本与制定战略的出发点完全一致。像战略一样，故事伴随着冲突向前发展。他警告说，当故事呈现出“过多无意义且不合理的暴力冲突，或是缺少有意义且诚实表达的冲突”时，剧本就完了。这意味着承认即使在一个明显和谐的组织里，也总是存在某些冲突的。抛开某些由不和谐人格和自我碰撞造成的冲突（成功的组织政客也需要理解这点），永远没有足够的空间、时间或资源可供很多人分配。冲突并不一定引发暴力和破坏。冲突可能产生于主要人物的内心，这反映在战略家的选择上。正如麦基所说的，有趣且富有挑战性的选择并不是那些介于善恶之间的选择，而是那些介于不可调和的两种善或两种恶之间的选择。然而，选择的难点在于弄清可以做些什么来取得更好的结果，以便专心瞄准一个目标。这就是剧情的作用，所以当“面对一堆可能性”时，正确的路径已经选定。情节包含其自身内在的或然律。主角面临的选择应该自然地出现在故事所描述的世界中。情节代表了剧作家“对事件的选择和他们的时间设计”。战略家还必须紧扣麦基所说的“首要情节”，其中，“积极行动导致的结果反过来又成为其他结果的动因，从而将各段情节连锁反应中不同程度的冲突串接起来，将故事推向高潮，展示现实的互联性”。

在戏剧中，情节提供了把故事连在一起并且使特定事件具

① 美国资深作家、导演、剧作家以及写作导师。

有意义的结构。亚里士多德在他的著作《诗学》（*Poetics*）中，将情节描述为一种应该具有内在统一性的“事件安排”。故事不应包含任何不相干的内容，而且必须自始至终保持可信性。这需要主要演员真正入戏。亚里士多德坚持认为，原因和结果在故事范围之内应该能够自圆其说，而不应是某种人为或外部干预的产物。“诗人的职责”不在于描述已发生的事，而在于描述可能发生的事，即“按照或然率或必然率”可能发生的事。[27]

因此，好的情节在戏剧和战略中有着相同的特点：冲突、 624
有说服力的角色和可信的互动，对偶发事件影响的敏感性，以及没有任何计划能预测或提前适应的一整套因素。两者中都可以模糊掉虚构故事和非虚构故事的界线。一个剧作家可能会尝试重新建构真实事件，告诉人们可能发生过什么；而一个战略家则从眼下的真实事件着手，但必须设想它会如何变化。无论在哪种情况下，一个精彩和令人信服的故事如果讲述得平淡乏味、无法吸引目标受众，都是没有价值的。故事如果过于巧妙、过于难懂、过于带有实验色彩或者过于耸人听闻，要么会让人想不通，要么会让人产生可怕的逆反应，要么会向人传达一系列错误消息。在战略中就像在戏剧中一样，蹩脚的情节可能源于不可信的人物、过多不相干的活动、过多不和谐的观点、发展太快或太慢的事件、混乱的联系，或是明显的脱漏。

但是，剧作家和战略家之间也存在着重要差异，这些差异可以用例子来说明。1921 年，美国内政部长阿尔伯特·福尔（Albert Fall）在收受石油公司高管的贿赂后，把怀俄明州蒂波特山（Teapot Dom，亦作“茶壶顶”）岩层下石油的钻探合同给了他们。由于石油行业内部那些被剥夺了投标开采这块石油保留地机会的公司怨声载道，新闻界报道了这件事情，尽管有家报纸曾利用手中证据欲行敲诈而不是揭露真相。福尔拒绝回答任何问题，而且政府试图阻止进一步的调查。最终，一个国会小组得出结论认为，合同“是在明显存在欺诈和贪腐的情况下执行的”。这个结论是依靠对制度流程的深刻理解，通过冗长的调查确定的。[28]其中一位反腐斗士是蒙大拿州参议员伯顿·惠勒（Burton Wheeler），他是一名律师，因替工人争取权利和打击腐败而出名，而且曾在司法部担任另一宗国会反腐败调查的检察官。曾有人指控他收取委托人的好处费以确保其获得政府的石油开采特许权，企图借此诋毁他，但是没能成功。[29]

惠勒被说成是杰斐逊·史密斯（Jefferson Smith）式的模范人物。这个人是弗兰克·卡普拉（Frank Capra）执导的电影《史密斯先生到华盛顿》（*Mr. Smith Goes to Washington*）里的男主人公。影片中，史密斯是他所在州“少年游骑兵”（Boy Rangers）① 的头儿，天真且充满理想主义。当地政界大佬（詹姆斯·泰勒，James Taylor）推荐他到华盛顿补一位新近患病参议员的缺位，错误地认为他很容易摆布。该州的另一位参议员约瑟夫·潘恩（Joseph Paine）曾是史密斯父亲的好友，而且也是一个理想主义者，但早已被权力所腐蚀。史密斯提出了一项在家乡创建一个少年营的议案，但是选择的地址恰
625 巧是泰勒为一个腐败的大坝建设项目物色好的地址。因此，泰勒逼迫并不情愿的潘恩控告史密斯，说史密斯计划以他口口声声要维护的孩子们为代价从该法案中牟利。这个阴谋差点就得

① 美国的一个面向 8~12 岁男孩的童子军项目。

逞了。情绪低落的史密斯几乎准备放弃，直到以前对他有所怀疑的助手克拉丽莎·桑德斯（Clarissa Saunders）劝他表明立场。正当潘恩打算要求参议院就驱逐史密斯投票表决的时候，史密斯开始发表旨在阻挠表决的演说，希望能让全州的人都知道这起贪腐丑闻。虽然史密斯一直站在那里演说，但泰勒仍可运用强势手段严防消息泄露。潘恩准备把数百封要求驱逐史密斯的信件和电报带到参议院，给史密斯最后一击。直到耗尽最后一丝力气昏倒之前，史密斯始终坚称他将继续战斗，“哪怕房间里充满了这样的谎言，哪怕泰勒和他所有的党羽攻占了这个地方，总有人会听我说的”。潘恩被震住了。他开枪自杀未遂，之后终于大声说出他才是那个应该被驱逐的人。他坦白了一切。史密斯成了英雄，并且保住了自己的参议员资格。

影片用对比手法展现了通过操控政党机器和消极媒体以让自己远离民主责任的幕后商业托拉斯，以及普通民众的良好愿望。它表达了对马基雅维利式政治方法、奸诈和诡计、伪装和欺骗的厌恶，同时赞扬了那些正直、有原则和勇敢的人。它证明了一个好人能够战胜潜伏在政治体制内的恶魔。虽然卡普拉是共和党人，但剧本却出自左派人士西德尼·布克曼（Sidney Buchman）之手。卡普拉意识到有必要淡化布克曼的作用，他似乎很高兴这部电影能被看作一个惩恶扬善的简单道德故事。布克曼则认为他的剧本是对独裁统治的挑战，强调“如果一个人相信民主政治，拒绝在哪怕小事上妥协，他就有必要保持警惕”。[30]

作为美国“电影制作法典委员会”（PCA）[31]的负责人，约瑟夫·布林（Joseph Breen）最初对该片把参议院描写成“就算不是故意不诚实……也是被代表特殊利益的政治说客完全控制了”的形象持敌视态度。在意识到自己有必要避免给人留下政治审查者的印象后，布林同意将该片作为一个“大话类故事”（grand yarn）来对待，只要大多数参议员被塑造成“优秀的、正直的，为了国家最高利益而长期辛勤工作的公民”。[32]尽管如此，在影片首映的时候，参议员们（包括惠勒）和记者们还是被激怒了。国务院官员担心美国政治机构会让人觉得荒唐可笑。美国国内外民众都被卡普拉讲故事的才华所折服，并且接受了他的宣传理念，即这部电影理想化地表现了美国民主政治。[33]罗纳德·里根几乎努力模仿杰斐逊·史密斯的
626 一言一行，甚至以总统身份引用了他“为注定要失败的事业而战”的台词。[34]

卡普拉的目的是让史密斯表现得富有理想主义和缺乏战略头脑。史密斯得到的战略性建议来自起先对他恶意中伤但后来充满爱意的桑德斯。在一个关键场景中，她发现史密斯独自在林肯纪念堂，为“刻在石头上的华丽辞藻”和他所面对的谎言之间的差异而悲叹。她力劝他不要放弃。所有“世上的善”都源自“痴心不改”。在最初的电影剧本中，她是要让史密斯知道，“一个名叫大卫的小伙子只带着一个弹弓走了——但是真理在他这一边”。[35]在最终版本中，她有了一个战略：“这是需要潜到四十英尺的水下工作，但是我想你可以做到的。”对于一个必须在强大对手争取速战速决的情况下求生存的弱者来说，这个战略起了作用。精通游戏规则的政坛老手潘恩对史密斯的冗长演说感到惊讶。史密斯很清楚不能让参议院进入议事程序，所以对潘恩让他停止演说的要求无动于衷。桑德斯计划的第二部分失败了。当史密斯鼓励他所在州的人民“把泰勒的机器踢到天国去”时，泰勒却称：“他不会得手的！我会在

五个小时内调动起公众舆论，我干这事已经干了一辈子了！”他甚至能阻止少年游骑兵勇敢地分发他们自己的报纸。真正起作用的还是联盟的相对脆弱性，由于潘恩失落已久的理想主义精神被重新唤起，这位参议员和泰勒的联盟破裂了。而史密斯得到了一位好心的副议长的帮助，是他让史密斯开始了自己的冗长演说，并且在史密斯疲惫不堪的时候给了他友善的微笑。[36]战略的特点由此表露无遗，即使不总是明确清晰的。它们必须赋予情节某种可信性，并且在一定程度上展示出史密斯能够打造自己的成功。戏剧要做的就是浓缩事件、减少枯燥的过程（比如对蒂波特山丑闻的费力调查），以及设计一个依赖最后时刻某人突然改变态度从而给事情带来转机的令人满意的结局。

剧作家通过操纵所有角色的行为以及引入运气和巧合元素来控制剧情，从而推动故事向预设结果发展。她划定故事的界限，以减少离题的内容和零碎的资料。所有主要角色都在她的控制之下。她可以决定他们如何见面以及互动，还可以通过关键时刻出现的误会使它们复杂化，然后再让它们因为意外事故或人物偶遇发生质变。她知道什么时候会有一处出人预料的转折、一宗呈现人物全新形象的意外、一起干扰了完美计划的事故，或者一个让主人公及时摆脱厄运的非凡机会。她可以让那些确信自己以后再也不会被注意的小人物们发表观点。她可以 627
暗示什么事情即将发生，知道细心的读者会关注各种线索或能明白它们之间的相关性。通过把悬念维持到最后时刻，她可以确保故事有一个惊心动魄的结局。受众期待一个能拢起不同故事线、解答谜题、终止悬念的恰当结局。整个故事可能会是一堂讲述善恶有报的道德课，也可能会刻意制造道德模糊，加重人们的失望感和不公正感。

战略家们面临着完全不同的挑战，最重要的是风险真实存在。剧作家可以让“坏人”得逞，以此作为对人世的阐释，但战略家却知道这将会造成真实甚至可怕的后果。剧作家可以保证剧情按照预期的样子展开，但战略家却必须应对其他人的选择，同时又猜不透这些选择会是什么。剧作家可以利用这些选择来揭示关键角色的真实性格，但战略家却必须在顶着巨大压力预想应该如何选择时，对人物性格进行一个初步的臆测。战略家必须避免文学作品中影响人们预期的标准情节线。不可能所有事情都在某个突如其来、激动人心的高潮时刻同时发生。在戏剧中，最理想的敌人都是以真正可怕、邪恶和自私自利的形象出现的。人们或许很想用这些词藻来抨击一个实际的对手，但是太过当真也是危险的。一场本来能够化解的冲突可能会变成一场光明与黑暗势力之间的对抗。对敌人的讽刺性描述连同对朋友热情洋溢的刻画，会增加被实际行为搞得措手不及的风险。要知道，战略就是赌博，有赖于其他人一反常态、超出自身能力或违背原有兴趣和爱好地行事。他们会编写自己的剧本，而不是把分配给他们的那些会让他们受到阻挠、受到牵制、受到伏击或受到打压的角色演到底。事实上，战略的本质，也就是战略家面临的挑战，是强迫或说服那些怀有敌意或不肯合作的人采取与他们现有意图不同的行动。风险总是有的，那就是结果会比预想的更棘手、更不理想，甚至连得到一个正常结果的可能性都没有。剧情会渐渐接近尾声，最初的故事会无果而终并被一个不同的故事代替。

无论剧作家还是战略家都必须考虑他们的受众，但是对于战略家来说，受众的多元化问题更具挑战性。如果那些需要随

着情节入戏的人犯了迷糊，他们就无法演好自己的角色。与此
同时，可能有其他一些人会按着错误的路线和被刻意模糊的信 628
号走下去，对这些人最好一直让他们蒙在鼓里。剧作家可以酌情减少她的受众，没必要通过努力和关注漫长历史时期内发生的点点滴滴来勉强挤出一个结果。她还可以设计出一个激动人心的高潮，让故事发展到此处变得不容置疑且不可逆转，彻底画上句号。战略家可能面临类似的诱惑：他们同样渴望让事情迅速有个结果，同样没有耐心考虑有朝一日拖垮敌人或让潜在盟友参与旷日持久的谈判。寻求一个快速和决定性结果的决心是失败的常见原因。不同于剧作家，战略家无法随便设计最后一刻逃离厄运的剧情，其中，单靠运气、敏锐的观察力、突然得到的启示或是异常冷静的头脑就能解决所有问题。挑战在于确定那些需要其他演员按照形势发展逻辑之外的剧本入戏的步骤。谈判中的叫价、战场上的佯装以及在危机时刻发表的好战声明，可能都会引起另一方做出某种可能反应。如果没有现成的计划，最好早点开始应急准备。

战略家必须认识到，即使已经出现明显的高潮（一场战役或一场选举），故事仍然不会有确定的结果（麦基称之为“袖珍剧情”），后面还有一系列问题有待解决。即使到达了期望的终点，它仍然不是真正的终点。可能敌人投降了，选举获胜了，目标公司被接管了，革命机会抓住了，但这仅仅意味着现在有一个被占领国家需要管理，一个新政府需要组成，一套全新的革命秩序需要建立，或者各不相同的企业活动需要融合。对此，剧作家可以将下一阶段的事情留给读者去想象，或者经过一定时间后重新编个故事，甚至可能加进许多新角色。战略家们却不能这么随心所欲。故事的过渡是很直接的，而且

很可能取决于最初的终点如何到达。这让我们回到了之前的观察结果，即大部分战略涉及的都是如何到达下一个阶段而不是最终目的地。与其把战略想象成一出三幕剧，还不如把它看作一部演员不断变换、故事随一系列主要情节展开的肥皂剧。这些情节中的每一个都能独立成篇，并且引出下一段情节。和有明确结尾的戏剧不同的是，肥皂剧永远不必有最终的结局，哪怕核心角色和他们所处的环境一直在变。

剧作家可以用巧合来推动剧情发展，以确保主人公能在合适的时间面临艰难的选择。而战略家知道，有些事件永远不会进入预设情节，同时会扰乱既有逻辑，让人无法确定它们会在
629 何时、何地以及如何出现。故事的界线很难保持不变，而且明显不相干的问题会不时侵入，让事情趋于复杂。因此，情节应有一定的回旋余地。明确的选择做出得越早，特定的行动方向就越有保证，而且，当其他人的行动或偶然事件使主人公偏离了这个方向时，重新调整方向也就越难。古典戏剧依靠“机器解围之神”（dues ex machine）运用非凡手段，在剧情发展到绝境的最后时刻一举解决所有难题。但是，战略家无法依靠神助。麦基承认，作家可以用一个巧合改变结局，但这是“作家最大的罪恶”，因为它否定了情节的价值，并任由中心人物逃避应该为自己的行为承担的责任。亚里士多德也对经常求助于这种手段的做法表示谴责。

在古希腊，情节上最重要的区别即为喜剧和悲剧之分。这不是快乐与悲伤或可笑与可悲的区别，而是化解冲突的可选方法之间的区别。[37] 冲突可能并不存在于对立人物之间，而是存在于个人与社会之间。喜剧以问题圆满解决、主要人物们对未来充满积极期待而结束；悲剧则以负面前景（尤其是对咎由

自取的主要人物而言）结束，即使社会作为一个整体已经恢复到了某种平衡状态。如果社会和主要人物之间形成了一种新的积极的关系，就是喜剧；如果主角改变现状的努力失败，就是悲剧。剧作家从一开始就知道她在写喜剧还是写悲剧；而战略家想写的是喜剧，最终却有写成悲剧的风险。

致　谢

本书的出版合同签订于1994年。最初的委托人是蒂姆·巴顿（Tim Barton）。由于我忙于其他研究项目，而且开始时写作思路总是不顺，所以我很感激他的耐心。等到我开始动笔，他又为我介绍了素来非常热心助人的优秀编辑大卫·麦克布莱德（David McBride）。多亏了卡米·里凯利（Cammy Richelli）和牛津大学出版社的其他成员，这本书才渐渐成形。

但是，如果没有詹姆斯·高（James Gow）的鼓励以及帮助我构思的多次研讨机会，这个项目恐怕连重新启动都很困难。在詹姆斯和布拉德·罗宾逊（Brad Robinson）的推动下，我通过他们的“全球不确定性”（Global Uncertainties）项目联系上了英国研究理事会总会（RCUK），从而使我对各种意见和建议成功地进行了汇总。该机构下属的经济与社会科学研究理事会（ESRC）和艺术与人文科学研究理事会（AHRC）的双重会员资格，为我的研究和写作提供了别处不可能有的便利。特别幸运的是，我从我的同事那里获得了不少思想借鉴。杰夫·迈克尔斯（Jeff Michaels）本人对战略思想的研究以及他对我的观点的尖锐批评，都让我受益匪浅。另外，虽然我对本·威尔金森（Ben Wilkinson）的论文进行过所谓的指导，但实际上是他在指导我，尤其是在古典文化研究方面。

在过去30多年里，伦敦大学国王学院（KCL）的战争研究系一直是个激励我不断探索的地方。和校内师生员工们的交谈为本书很多章节提供了素材。对于布赖恩·霍尔登·里德（Brian Holden Reid）、克里斯托弗·丹德克（Christopher Dandeker）和默文·弗罗斯特（Mervyn Frost）这几任系主任提供的支持，我始终心存感激。其他同事也对我的书稿提出了有益建议，特别是西奥·法雷尔（Theo Farrell）、扬·威廉·赫尼格（Jan Willem Honig）和约翰·斯通（John Stone），我经常引用他们文章中的有趣语句。利默尔·西姆霍尼（Limor Simhony）为我检查核对了书中的参考文献，莎拉·查克乌德比（Sarah Chukwudebe）则做了很多更正。

系外同事的意见也让我获益良多。特别应该提及的是两位杰出的战略学者——贝阿特丽策·霍伊泽尔（Beatrice Heuser）和鲍勃·杰维斯（Bob Jervis），他们在职责以外为我提供了严谨详细的注释。还要感谢罗布·艾森（Rob Ayson）、迪克·贝茨（Dick Betts）、斯图尔特·克罗夫特（Stuart Croft）、皮特·菲弗（Pete Feaver）、阿扎·加特（Azar Gat）、卡尔·利维（Carl Levy）、阿尔伯特·威尔（Albert Weale）和尼克·惠勒（Nick Wheeler）等人给予我的大量有价值的意见。最后要说的是，我的儿子山姆（Sam）就本书的结构和标题提出了很好的建议，而且我还和儿媳琳达（Linda）围绕反主流文化问题进行过讨论。我还可以举出许多和我讨论过本书内容的人，他们中不少人还在书中出现过，但有两位特别值得一提。第一位是我的老师兼导师迈克尔·霍华德爵士，是他说服我走上这条道路并且仍在激励我继续走下去。第二位是科林·格雷。我们从事着类似的职业，有着很多共同的话题。虽然我们的观点常常发生分歧，但这种思想的碰撞始终是有益的。

在我所有的著作中，我都会感谢妻子朱迪丝（Judith）的宽容。她不得不一次又一次地应付我的“书痴病”，因为犯“病”的时候，除了手头的书稿，我对身边的一切都明显感到茫然恍惚。随着我们红宝石婚（结婚40周年）纪念日的临近，我终于意识到，是时候把其中的一本书献给她了。

注　释

前　言

1. Matthew Parris, "What if the Turkeys Don't Vote for Christmas?", *The Times*, May 12, 2012.
2. 涉及"采用方法手段来达到目的"的战略概念相对较新，它虽然没有抓住这些要素之间的动态关系，却已经在军事界被广泛接受。Arthur F. Lykke, Jr., "Toward an Understanding of Military Strategy," *Military Strategy: Theory and Application* (Carlisle, PA: US Army War College, 1989), 3-8.
3. Ecclesiastes 9: 11.
4. 可以用谷歌的 Ngram 服务进行追踪：http://books.google.com/ngrams/。
5. Raymond Aron, "The Evolution of Modern Strategic Thought," in Alastair Buchan, ed., *Problems of Modern Strategy* (London: Chatto & Windus, 1970), 25.
6. George Orwell, "Perfide Albion" (review, Liddell Hart's British Way of Warfare), *New Statesman and Nation*, November 21, 1942, 342-343.

一　起源 1：演变

1. Frans B. M. de Waal, "A Century of Getting to Know the Chimpanzee," *Nature 437*, September 1, 2005, 56-59.
2. De Waal, *Chimpanzee Politics* (Baltimore: Johns Hopkins Press, 1998). 第一版于 1982 年问世。
3. De Waal, "Putting the Altruism Back into Altruism: The Evolution of Empathy," *Annual Review Psychology 59* (2008): 279-300. 还可参见

Dario Maestripieri, *Macachiavellian Intelligence: How Rhesus Macaques and Humans Have Conquered the World* (Chicago: University of Chicago Press, 2007).

4. Richard Byrne and Nadia Corp, "Neocortex Size Predicts Deception Rate in Primates," *Proceedings of the Royal Society of London 271*, no. 1549 (August 2004): 1693 - 1699.
5. Richard Byrne and A. Whiten, eds., *Machiavellian Intelligence: Social Expertise and the Evolution of Intellect in Monkeys, Apes and Humans* (Oxford: Clarendon Press, 1988); *Machiavellian Intelligence II: Extensions and Evaluations* (Cambridge: Cambridge University Press, 1997). 这种观点通常被追溯至 Nicholas Humphrey, "The Social Function of Intellect," in P. P. G. Bateson and R. A. Hinde, eds. *Growing Points in Ethology*, 303 - 317 (Cambridge: Cambridge University Press, 1976).
6. Bert Höllbroder and Edward O. Wilson, *Journey to the Ants: A Story of Scientific Exploration* (Cambridge, MA: Harvard University Press, 1994), 59. 转引自 Bradley Thayer, *Darwin and International Relations: On the Evolutionary Origins of War and Ethnic Conflict* (Lexington: University Press of Kentucky, 2004), 163.
7. Jane Goodall, *The Chimpanzees of Gombe: Patterns of Behavior* (Cambridge, MA: Harvard University Press, 1986).
8. Richard Wrangham, "Evolution of Coalitionary Killing," *Yearbook of Physical Anthropology 42*, 1999, 12, 14, 2, 3.
9. Goodall, *The Chimpanzees of Gombe*, p. 176, fn 101.
10. Robert Bigelow, *Dawn Warriors* (New York: Little Brown, 1969).
11. Lawerence H. Keeley, *War Before Civilization: The Myth of the Peaceful Savage* (New York: Oxford University Press, 1996), 48.
12. Azar Gat, *War in Human Civilization* (Oxford: Oxford University Press, 2006), 115 - 117.
13. 要考虑到，这些社会都相对简单，与更为复杂的人类社会相比，其社会行为（包括欺诈在内）也没那么高明。Kim Sterelny, "Social Intelligence, Human Intelligence and Niche Construction," *Philosophical Transactions of The Royal Society 362*, no. 1480 (2007): 719 - 730.

二 起源 2：圣经

1. Steven Brams, *Biblical Games: Game Theory and the Hebrew Bible* (Cambridge, MA: The MIT Press, 2003).
2. 同上，12.
3. *Genesis* 2：22，23. 所有圣经资料使用的都是 King James Version.
4. *Genesis* 2：16，17；3：16，17.
5. Diana Lipton, *Longing for Egypt and Other Unexpected Biblical Tales, Hebrew Bible Monographs 15* (Sheffield: Sheffield Phoenix Press, 2008).
6. *Exodus* 9：13 - 17.
7. *Exodus* 7：3 - 5.
8. *Exodus* 10：1 - 2.
9. Chaim Herzog and Mordechai Gichon, *Battles of the Bible*, revised ed., (London: Greenhill Books, 1997), 45.
10. *Joshua* 9：1 - 26.
11. *Judges* 6 - 8.
12. 1 Samuel 17.
13. Susan Niditch, *War in the Hebrew Bible: A Study in the Ethics of Violence* (New York: Oxford University Press, 1993), 110 - 111.

三 起源 3：希腊人

1. Homer, *The Odyssey*, 由 M. Hammond 翻译 (London: Duckworth, 2000), Book 9.19 - 20, Book 13.297 - 9。
2. Virgil, *The Aeneid* (London: Penguin Classics, 2003).
3. Homer, *The Iliad*, 由 Stephen Mitchell 翻译 (London: Weidenfeld & Nicolson, 2011), Chapter IX.310 - 311, Chapter IX.346 - 352, Chapter XVIII.243 - 314, Chapter XXII.226 - 240.
4. Jenny Strauss Clay, *The Wrath of Athena: Gods and Men in the Odyssey* (New York: Rowman & Littlefield, 1983), 96.
5. “ou” 和 “me” 可以互换，在语言上相当于 mētis。
6. *The Odyssey*, Book 9.405 - 14.

7. http：//en. wikisource. org/wiki/Philoctetes. txt.
8. W. B. Stanford，*The Ulysses Theme：A Study in the Adaptability of the Traditional Hero*（Oxford：Basil Blackwell，1954），24.
9. Jeffrey Barnouw，*Odysseus，Hero of Practical Intelligence：Deliberation and Signs in Homer's Odyssey*（New York：University Press of America，2004），2－3，33.
10. Marcel Detienne and Jean-Pierre Vernant，*Cunning Intelligence in Greek Culture and Society*，translated from French by Janet Lloyd（Sussex：The Harvester Press，1978），13－14，44－45.
11. Barbara Tuchman，*The March of Folly：From Troy to Vietnam*（London：Michael Joseph，1984），46－49.
12. The word stratēgos was a compound of stratos，for an encamped army spread out over ground，and agein（to lead）.
13. Thucydides，*The History of the Peloponnesian War*，由 Rex Warner 翻译（London：Penguin Classics，1972），5. 26.
14. 有关当代现实主义理论讨论是否将修昔底德纳入其中，参见 Jonathan Monten，"Thucydides and Modern Realism，" *International Studies Quarterly*（2006）50，3－25，以及 David Welch，"Why International Relations Theorists Should Stop Reading Thucydides，" *Review of International Studies* 29（2003），301－319.
15. Thucydides，1. 75－76.
16. 同上，5. 89。
17. 同上，1. 23. 5－6。
18. Arthur M. Eckstein，"Thucydides，the Outbreak of the Peloponnesian War，and the Foundation of International Systems Theory，" *The International History Review* 25（December 4，2003），757－774.
19. Thucydides，I. 139－45；80－6.
20. Donald Kagan，*Thucydides：The Reinvention of History*（New York：Viking，2009），56－57.
21. Thucydides，1. 71.
22. 同上，1. 39。
23. 同上，1. 40。
24. Richard Ned Lebow，"Play It Again Pericles：Agents，Structures and the

Peloponnesian War," *European Journal of International Relations* 2 (1996), 242.

25. Thucydides, 1.33.
26. Donald Kagan, *Pericles of Athens and the Birth of Democracy* (New York: Free Press, 1991).
27. Sam Leith, *You Talkin' To Me? Rhetoric from Aristotle to Obama* (London: Profile Books, 2011), 18.
28. Michael Gagarin and Paul Woodruff, "The Sophists," in Patricia Curd and Daniel W. Graham, eds., *The Oxford Handbook of Presocratic Philosophy* (Oxford: Oxford University Press, 2008), 365 – 382; W. K. C. Guthrie, *The Sophists* (Cambridge, UK: Cambridge University Press, 1971); G. B. Kerferd, *The Sophistic Movement* (Cambridge, UK: Cambridge University Press, 1981); Thomas J. Johnson, "The Idea of Power Politics: The Sophistic Foundations of Realism," *Security Studies* 5: 2, 1995, 194 – 247.
29. Adam Milman Parry, *Logos and Ergon in Thucydides* (Salem: New Hampshire: The Ayer Company, 1981), 121 – 122, 182 – 183.
30. Thucydides, 3.43.
31. Gerald Mara, "Thucydides and Political Thought," *The Cambridge Companion to Ancient Greek Political Thought*, 由 Stephen Salkever 编辑 (Cambridge, UK: Cambridge University Press, 2009), 116 – 118. Thucydides, 3.35 – 50。
32. Thucydides, 3.82.
33. Michael Gagarin, "Did the Sophists Aim to Persuade?" *Rhetorica* 19 (2001), 289.
34. Andrea Wilson Nightingale, *Genres in Dialogue: Plato and the Construct of Philosophy* (Cambridge: Cambridge University Press, 1995), 14. 还可参见 Hakan Tell, *Plato's Counterfeit Sophists* (Harvard University: Center for Hellenic Studies, 2011); Nathan Crick, "The Sophistical Attitude and the Invention of Rhetoric," *Quarterly Journal of Speech* 96: 1 (2010), 25 – 45; Robert Wallace, "Plato's Sophists, Intellectual History after 450, and Sokrates," in *The Cambridge Companion to the Age of*

Pericles，由 Loren J. Samons II 编辑（Cambridge，UK：Cambridge University Press，2007），215 – 237.

35. Karl Popper，*The Open Society and Its Enemies*：*The Spell of Plato*，vol. 1（London，1945）.

36. Book 3 of *The Republic*，141b – c. Malcolm Schofield，“The Noble Lie，” in *The Cambridge Companion to Plato's Republic*，由 G. R. Ferrari 编辑（Cambridge，UK：Cambridge University Press，2007），138 – 164。

四　孙子和马基雅维利

1. 转引自 Everett L. Wheeler，*Stratagem and the Vocabulary of Military Trickery*. Mnemoseyne supplement 108（New York：Brill，1988），24。

2. 同上，14 – 15。

3. http://penelope.uchicago.edu/Thayer/E/Roman/Texts/Frontinus/Strategemata/home.html.

4. Lisa Raphals，*Knowing Words*：*Wisdom and Cunning in the Classical Tradition of China and Greece*（Ithaca，NY：Cornell University Press，1992），20.

5. 《孙子兵法》的首个英译本是 1910 年 Lionel Giles 的版本，它一直被奉为一部权威作品。1963 年的 Samuel Griffiths 译本联系了当代亚洲人对战争的态度，提高了该书的知名度（New York：Oxford University Press，1963）。二十世纪七十年代，新材料的加入使得《孙子兵法》有了更完整的版本。Giles 的版本可参见 http：//www.gutenberg.org/etext/132。《孙子兵法》的更新译本以及相关讨论，可参见 http：//www.sonshi.com。

6. Jan Willem Honig，Sun Tzu，*The Art of War* 的序言，由 Frank Giles 翻译和评注（New York：Barnes & Noble，2012），xxi。

7. François Jullien，*Detour and Access*：*Strategies of Meaning in China and Greece*，由 Sophie Hawkes 翻译（New York：Zone Books，2004），35，49 – 50.

8. Victor Davis Hanson，*The Western Way of War*：*Infantry Battle in Classical Greece*（New York：Alfred Knopf，1989）.

9. Jeremy Black 将这些批评集中在一起，引用 John Lynn 的话表示赞成：

"那些认为西方战争模式完好地延续了2500年的论调，说出的是幻想而非事实。" J. A. Lynn, *Battle* (Boulder, CO: Westview Press, 2003), 25, 转引自 Jeremy Black, "Determinisms and Other Issues," *The Journal of Military History* 68, no. 1 (October 2004): 217 - 232。

10. Beatrice Heuser, *The Evolution of Strategy* (Cambridge, UK: Cambridge University Press, 2010), 89 - 90.
11. Michael D. Reeve, ed., *Epitoma rei militaris*, *Oxford Medieval Texts* (Oxford: Oxford University Press, 2004). 更早的版本参见 *Roots of Strategy: The Five Greatest Military Classics of All Time* (Harrisburg, PA: Stackpole Books, 1985).
12. Clifford J. Rogers, "The Vegetian 'Science of Warfare' in the Middle Ages," *Journal of Medieval Military History* 1 (2003): 1 - 19; Stephen Morillo, "Battle Seeking: The Contexts and Limits of Vegetian Strategy," *Journal of Medieval Military History* 1 (2003): 21 - 41; John Gillingham, "Up with Orthodoxy: In Defense of Vegetian Warfare," *Journal of Medieval Military History* 2 (2004): 149 - 158.
13. Heuser, *Evolution of Srategy*, 90.
14. Anne Curry, "The Hundred Years War, 1337 - 1453," in John Andreas Olsen and Colin Gray, eds., *The Practice of Strategy: From Alexander the Great to the Present* (Oxford: Oxford University Press, 2011), 100.
15. Jan Willem Honig, "Reappraising Late Medieval Strategy: The Example of the 1415 Agincourt Campaign," *War in History* 19, no. 2 (2012): 123 - 151.
16. James Q. Whitman, *The Verdict of Battle: The Law of Victory and the Making of Modern War* (Cambridge, MA: Harvard University Press, 2012).
17. William Shakespeare, *Henry VI*, Part 3, 3. 2.
18. Victoria Kahn, *Machiavellian Rhetoric: From the Counterreformation to Milton* (Princeton, NJ: Princeton University Press, 1994), 40.
19. Niccolo Machiavelli, *Art of War*, 由 Christopher Lynch 编辑 (Chicago: University of Chicago Press, 2003), 97 - 98。也可参见 Lynch's interpretative essay in this volume and Felix Gilbert, "Machiavelli: The Renaissance of the Art of War," in Peter Paret, ed., *Makers of Modern*

Strategy（Princeton，NJ：Princeton University Press，1986）。

20. Niccolo Machiavelli，*The Prince*，由 George Bull 翻译并撰写序言（London：Penguin Books，1961），96。
21. 同上，99 - 101。
22. 同上，66。

五　撒旦的战略

1. Dennis Danielson，"Milton's Arminianism and Paradise Lost，" in J. Martin Evans，ed.，*John Milton：Twentieth-Century Perspectives*（London：Routledge，2002），127.
2. John Milton，*Paradise Lost*，由 Gordon Tesket 编辑（New York：W. W. Norton & Company，2005），III，98 - 99。
3. *Job* 1：7.
4. John Carey，"Milton's Satan，" in Dennis Danielson，ed.，*The Cambridge Companion to Milton*（Cambridge，UK：Cambridge University Press，1999），160 - 174.
5. *Revelation* 12：7 - 9.
6. William Blake，*The Marriage of Heaven and Hell*（1790 - 1793）.
7. Milton，*Paradise Lost*，I，645 - 647.
8. Gary D. Hamilton，"Milton's Defensive God：A Reappraisal，" *Studies in Philosophy* 69，no. 1（January 1972）：87 - 100.
9. Victoria Ann Kahn，*Machiavellian Rhetoric：From Counter Reformation to Milton*（Princeton，NJ：Princeton University Press，1994），209.
10. Milton，*Paradise Lost*，V，787 - 788，794 - 802.
11. Amy Boesky，"Milton's Heaven and the Model of the English Utopia，" *Studies in English Literature，1500 - 1900* 36，no. 1（Winter 1996）：91 - 110.
12. Milton，*Paradise Lost*，VI，701 - 703，741，787，813.
13. 同上，I，124，258 - 259，263，159 - 160。
14. Antony Jay，*Management and Machiavelli*（London：Penguin Books，1967），27.
15. Milton，*Paradise Lost*，II，60 - 62，129 - 130，190 - 91，208 - 211，

239 - 244, 269 - 273, 296 - 298, 284 - 286, 379 - 380, 345 - 348, 354 - 358.

16. 同上, IX, 465 - 475, 375 - 378, 1149 - 1152。
17. 同上, XII, 537 - 551, 569 - 570。
18. Barbara Kiefer Lewalski, "Paradise Lost and Milton's Politics," in Evans, ed. , *John Milton*, 150.
19. Barbara Riebling, "Milton on Machiavelli: Representations of the State in Paradise Lost," *Renaissance Quarterly* 49, no. 3 (Autumn, 1996): 573 - 597.
20. Carey, "Milton's Satan," 165.
21. Hobbes, *Leviathan*, I. xiii.
22. Charles Edelman, *Shakespeare's Military Language: A Dictionary* (London: Athlone Press, 2000), 343.
23. *A Dictionary of the English Language: A Digital Edition of the 1755 Classic* by Samuel Johnson, 由 Brandi Besalke 编辑, http://johnsonsdictionaryonline.com/.

六　新战略科学

1. Martin van Creveld, *Command in War* (Harvard, MA: Harvard University Press, 1985), 18.
2. R. R. Palmer, "Frederick the Great, Guibert, Bulow: From Dynastic to National War," in Peter Paret, Gordon A. Craig, and Felix Gilbert, eds. , *Makers of Modern Strategy: From Machiavelli to the Nuclear Age* (Princeton, NJ: Princeton University Press, 1986), 91.
3. Edward Luttwak, *Strategy* (Harvard: Harvard University Press, 1987), 239 - 240.
4. Beatrice Heuser, *The Strategy Makers: Thoughts on War and Society from Machiavelli to Clausewitz* (Santa Barbara, CA: Praeger, 2009), 1 - 2; Beatrice Heuser, *The Evolution of Strategy* (Cambridge, UK: Cambridge University Press, 2010), 4 - 5.
5. Azar Gat, *The Origins of Military Thought: From the Enlightenment to Clausewitz* (Oxford: Oxford University Press, 1989), Chapter 2. 参见

R. R. Palmer, "Frederick the Great, Guibert, Bülow: From Dynastic to National War," in Paret et al. , *Makers of Modern Strategy*.

6. Palmer, "Frederick the Great," 107.
7. Heuser, *The Strategy Makers*, 3; Hew Strachan, "The Lost Meaning of Strategy," Survival 47, no. 3 (August 2005): 35; J – P. Charnay in André Corvisier, ed. , *A Dictionary of Military History and the Art of War*, 英文版由 John Childs 编辑（Oxford: Blackwell, 1994), 769。
8. 所有定义均来源于《牛津英语词典》。
9. 出自"The History of the Late War in Germany"(1766), 引用于 Michael Howard, *Studies in War & Peace* (London: Temple Smith, 1970), 21.
10. Peter Paret, *Clausewitz and the State: The Man, His Theories and His Times* (Princeton, NJ: Princeton University Press, 1983), 91.
11. Whitman, The Verdict of Battle, 155. "The Instruction of Fredrick the Great for His Generals, 1747," 参见 *Roots of Strategy: The Five Greatest Military Classics of All Time* (Harrisburg, PA: Stackpole Books, 1985)。
12. *Napoleon's Military Maxims*, 由 William E. Cairnes 编辑并加注（New York: Dover Publications, 2004)。
13. Major-General Petr Chuikevich, 转引自 Dominic Lieven, *Russia Against Napoleon: The Battle for Europe 1807 – 1814* (London: Allen Lane, 2009), 131。
14. Lieven, *Russia Against Napoleon*, 198.
15. Alexander Mikaberidze, *The Battle of Borodino: Napoleon Against Kutuzov* (London: Pen & Sword, 2007), 161, 162.

七 克劳塞维茨

1. Carl von Clausewitz, *The Campaign of* 1812 *in Russia* (London: Greenhill Books, 1992), 184.
2. Carl von Clausewitz, *On War*, 由 Michael Howard 和 Peter Paret 编辑和翻译（Princeton, NJ: Princeton University Press, 1976), Book IV, Chapter 12, p. 267.

3. Gat, *The Origins of Military Thought*（参见 chap. 6, n. 5）.
4. John Shy, "Jomini," in Paret et al., *Makers of Modern Strategy*, 143 – 185（参见 chap. 6, n. 2）.
5. Antoine Henri de Jomini, *The Art of War*（London: Greenhill Books, 1992）.
6. "Jomini and the Classical Tradition in Military Thought," in Howard, *Studies in War & Peace*（参见 chap. 6, n. 9）, 31.
7. Jomini, *The Art of War*, 69.
8. Shy, "Jomini," 152, 157, 160, 146.
9. Gat, *The Origins of Military Thought*, 114, 122.
10. 有关二人间相互关系的探讨，可参见 Christopher Bassford, "Jomini and Clausewitz: Their Interaction," February 1993, http://www.clausewitz.com/readings/Bassford/Jomini/JOMINIX.htm.
11. Clausewitz, *On War*, 136.
12. Hew Strachan, "Strategy and Contingency," *International Affairs* 87, no. 6（2011）: 1289.
13. Martin Kitchen, "The Political History of Clausewitz," *Journal of Strategic Studies* 11, vol. 1（March 1988）: 27 – 30.
14. B. H. Liddell Hart, *Strategy: The Indirect Approach*（London: Faber and Faber, 1968）; Martin Van Creveld, *The Transformation of War*（New York: The Free Press, 1991）; John Keegan, *A History of Warfare*（London: Hutchinson, 1993）.
15. Jan Willem Honig, "Clausewitz's On War: Problems of Text and Translation," in Hew Strachan and Andrews Herberg-Rothe, eds., *Clausewitz in the Twenty-First Century*（Oxford: Oxford University Press, 2007）, 57 – 73. 有关生平简介参见 Paret, *Clausewitz and the State*（参见 chap. 6, n. 10）; Michael Howard, *Clausewitz*（Oxford: Oxford University Press, 1983）; Hew Strachan, *Clausewitz's On War: A Biography*（New York: Grove/Atlantic Press, 2008）。有关历史背景参见 Azar Gat, *A History of Military Thought*（参见 chap. 6, n. 5）。有关影响参见 Beatrice Heuser, *Reading Clausewitz*（London: Pimlico, 2002）。
16. Christopher Bassford, "The Primacy of Policy and the 'Trinity' in

Clausewitz's Mature Thought," in Hew Strachan and Andreas Herberg-Rothe, eds., *Clausewitz in the Twenty-First Century* (Oxford: Oxford University Press, 2007), 74-90; Christopher Bassford, "The Strange Persistence of Trinitarian Warfare," in Ralph Rotte and Christoph Schwarz, eds., *War and Strategy* (New York: Nova Science, 2011), 45-54.

17. Clausewitz, *On War*, Book 1, Chapter 1, 89.

18. Antulio Echevarria, *Clausewitz and Contemporary War* (Oxford: Oxford University Press, 2007), 96.

19. *On War*, Book 1, Chapter 7, 119-120.

20. 同上，Book 3，Chapter 7，177。

21. Terence Holmes 以此处克劳塞维茨对计划的强调，向那些认为后者只关注混乱和不可预知事物的观点提出了质疑。问题在于，混乱和不可预知性为将军们设下了挑战。因此，克劳塞维茨主张采用审慎的战略。福尔摩斯关注的是哪些原因会导致计划出错，其中最重要的莫过于无法准确预期敌人的行动，而当原先的计划不起作用时，就需要有新的计划陆续跟进。这就等于反击了所谓克劳塞维茨反对所有计划的说法，因为很显然，当时大部队的后勤和指挥问题确实需要通过计划来执行。最好把战略挑战当作是计划的拟订，既要考虑到可能出现的摩擦和不可预测的敌人，又不一定要解决这些问题。Terence Holmes, "Planning versus Chaos in Clausewitz's On War," *The Journal of Strategic Studies* 30, no. 1 (2007): 129-151.

22. *On War*, Book 2, Chapter 1, 128, Book 3, Chapter 1, 177.

23. 同上，Book 1，Chapter 6，117-118。

24. Paret, "Clausewitz," in *Makers of Modern Strategy*, 203.

25. *On War*, Book 1, Chapter 7, 120.

26. 同上，Book 5，Chapter 3，282；Book 3，Chapter 8，195；Chapter 10，202-203；Book 7，Chapter 22，566，572。

27. 同上，Book 6，Chapter 1，357；Chapter 2，360；Chapter 5，370。

28. Clausewitz, *On War*, 596, 485. Antulio J. Echevarria II, "Clausewitz's Center of Gravity: It's Not What We Thought," *Naval War College Review* LVI, no. 1 (Winter 2003): 108-123.

29. Clausewitz, *On War*, Book 8, Chapter 6, 603. 参见 Hugh Smith,

"The Womb of War"。

30. Clausewitz, *On War*, Book 8, Chapter 8, 617 – 637.
31. Strachan, *Clausewitz's On War*, 163.
32. "Clausewitz, unfinished note, presumably written in 1830," 参见 *On War*, 31. 请注意，目前日期已经改为 1827 年。也可参见 Clifford J. Rogers, "Clausewitz, Genius, and the Rules," *The Journal of Military History* 66 (October 2002): 1167 – 1176。
33. Clausewitz, *On War*, Book 1, Chapter 1, 87.
34. 同上, Book 1, Chapter 1, 81。
35. Strachan, *Clausewitz's On War*, 179.
36. Brian Bond, *The Pursuit of Victory: From Napoleon to Saddam Hussein* (Oxford: Oxford University Press, 1996), 47.

八　伪科学

1. Michael Howard, *War and the Liberal Conscience* (London: Maurice Temple Smith, 1978), 37 – 42.
2. 同上, 48 – 49。
3. Clausewitz, *On War*, Book 1, Chapter 2, 90. 参见 Thomas Waldman, *War, Clausewitz and the Trinity* (London: Ashgate, 2012), Chapter 6。
4. Leo Tolstoy, *War and Peace*, 由 Louise 和 Aylmer Maude 翻译 (Oxford: Oxford University Press, 1983), 829。
5. Isaiah Berlin, *The Hedgehog and the Fox* (Chicago: Ivan Dee, 1978). 该书标题源自古希腊诗人阿齐罗库斯（Archilocus）的名言："狐狸观天下之事，刺猬以一事观天下。"（The fox knows many things, but the hedgehog knows one big thing.）
6. W. Gallie, *Philosophers of Peace and War: Kant, Clausewitz, Marx, Engels and Tolstoy* (Cambridge, UK: Cambridge University Press, 1978), 114.
7. Tolstoy, *War and Peace*, 1285.
8. 同上, 688。
9. Lieven, *Russia Against Napoleon*, 527.
10. Berlin, *The Hedgehog and the Fox*, 20.

11. Gary Saul Morson, "War and Peace," in Donna Tussing Orwin, ed., *The Cambridge Companion to Tolstoy* (Cambridge, UK: Cambridge University Press, 2002), 65–79.
12. Michael D. Krause, "Moltke and the Origins of the Operational Level of War," in Michael D. Krause and R. Cody Phillip, eds., *Historical Perspectives of the Operational Art* (Center of Military History, United States Army, Washington, DC, 2005), 118, 130.
13. Gunther E. Rothenberg, "Moltke, Schlieffen, and the Doctrine of Strategic Envelopment," in Paret, ed., *Makers of Modern Strategy*, 298 (参见 chap. 6, n. 2).
14. 参见 Helmuth von Moltke, "Doctrines of War," in Lawrence Freedman, ed., *War* (Oxford: Oxford University Press, 1994), 220–221.
15. Echevarria, *Clausewitz and Contemporary War*, 142 (参见 chap. 7, n. 18)。
16. Hajo Holborn, "The Prusso-German School: Moltke and the Rise of the General Staff," in Paret, ed., *Makers of Modern Strategy*, 288.
17. Rothenberg, "Moltke, Schlieffen, and the Doctrine of Strategic Envelopment," 305.
18. John Stone, *Military Strategy: The Politics and Technique of War* (London: Continuum, 2011), 43–47.
19. Krause, "Moltke and the Origins of the Operational Level of War," 142.
20. Walter Goerlitz, *The German General Staff* (New York: Praeger, 1953), 92. 引用于 Justin Kelly and Mike Brennan, *Alien: How Operational Art Devoured Strategy* (Carlisle, PA: US Army War College, 2009), 24。

九　歼灭战或消耗战

1. Gordon Craig, "Delbrück: The Military Historian," in Paret, ed., *Makers of Modern Strategy*, 326–353 (参见 chap. 6, n. 2)。
2. Azar Gat, *The Development of Military Thought: The Nineteenth Century* (Oxford: Clarendon Press, 1992), 106–107.
3. 引用自 Mahan in Russell F. Weigley, "American Strategy from Its

Beginnings through the First World War," in Paret, ed., *Makers of Modern Strategy*, 415.

4. Donald Stoker, The Grand Design: Strategy and the US Civil War (New York: Oxford University Press, 2010), 78-79.
5. David Herbert Donald, *Lincoln* (New York: Simon and Schuster, 1995), 389, 499; Stoker, *The Grand Design*, 229-230.
6. Stoker, *The Grand Design*, 405.
7. Weigley, "American Strategy," 432-433.
8. Stoker, *The Grand Design*, 232.
9. Azar Gat, *The Development of Military Thought*, 144-145.
10. Ardant du Picq, "Battle Studies," in Curtis Brown, ed., *Roots of Strategy*, Book 2 (Harrisburg, PA: Stackpole Books, 1987), 153; Robert A. Nye, *The Origins of Crowd Psychology: Gustave Le Bon and the Crisis of Mass Democracy in the Third Republic* (London: Sage, 1974).
11. Craig, "Delbrück: The Military Historian," 312.
12. 争论主要在 *War in History* 杂志上展开。Terence Zuber 孤军奋战发起了一场运动，虽然其他历史学家对他的观点深表怀疑，但他坚称从来就没有什么“施利芬计划”。Terence Zuber, "The Schlieffen Plan Reconsidered," *War in History* VI (1999): 262-305. 他在 *Inventing the Schlieffen Plan* (Oxford: Oxford University Press, 2003) 一书中对此问题展开了充分讨论。有关回应参见 Terence Holmes, "The Reluctant March on Paris: A Reply to Terence Zuber's 'The Schlieffen Plan Reconsidered,'" *War in History* VIII (2001): 208-232. A. Mombauer, "Of War Plan and War Guilt: The Debate Surrounding the Schlieffen Plan," *Journal of Strategic Studies* XXVIII (2005): 857-858; R. T. Foley, "The Real Schlieffen Plan," *War in History* XIII (2006): 91-115; Gerhard P. Groß, "There Was a Schlieffen Plan: New Sources on the History of German Military Planning," *War in History* XV (2008): 389-431.
13. 引用于 Foley, "The Real Schlieffen Plan," 109。
14. Hew Strachan, "Strategy and Contingency," *International Affairs 87*, no. 6 (2011): 1290.

15. 他直到 50 岁才开始正式发表作品，之后他出版了近 20 本书，发表了无数文章。其中最重要的几部作品分别是：*The Influence of Sea Power Upon History, 1660 – 1783* (Boston: Little, Brown, and Company, 1890) and *The Influence of Sea Power Upon the French Revolution and Empire, 1793 – 1812* (Boston: Little, Brown, and Company, 1892).
16. Mahan, *The Influence of Sea Power Upon the French Revolution and Empire*, 400 – 402.
17. Jon Tetsuro Sumida, *Inventing Grand Strategy and Teaching Command: The Classic Works of Alfred Thayer Mahan Reconsidered* (Washington, DC: Woodrow Wilson Center Press, 1999).
18. Robert Seager, *Alfred Thayer Mahan: The Man and His Letters* (Annapolis: U. S. Naval Institute Press, 1977). 还可参见 Dirk Böker, *Militarism in a Global Age: Naval Ambitions in Germany and the United States Before World War I* (Ithaca, NY: Cornell University Press, 2012), 103 – 104.
19. Alfred Mahan, *Naval Strategy Compared and Contrasted with the Principles and Practice of Military Operations on Land: Lectures Delivered at U. S. Naval War College, Newport, R. I., Between the Years 1887 and 1911* (Boston: Little, Brown, and Company, 1911), 6 – 8.
20. Mahan, *The Influence of Sea Power Upon the French Revolution*, v – vi.
21. Seager, Alfred Thayer Mahan, 546. 这里所指的是 *Naval Strategy Compared and Contrasted*。
22. Böker, *Militarism in a Global Age*, 104 – 107.
23. 转引自 Liam Cleaver, "The Pen Behind the Fleet: The Influence of Sir Julian Stafford Corbett on British Naval Development, 1898 – 1918," *Comparative Strategy* 14 (January 1995), 52 – 53.
24. Barry M. Gough, "Maritime Strategy: The Legacies of Mahan and Corbett as Philosophers of Sea Power," *The RUSI Journal* 133, no. 4 (December 1988): 55 – 62.
25. Donald M. Schurman, *Julian S. Corbett, 1854 – 1922* (London: Royal Historical Society, 1981), 54. 也可参见 Eric Grove, "Introduction," in *Julian Corbett, Some Principles of Maritime Strategy* (Annapolis:

U. S. Naval Institute Press，1988）。该书于1911年首次出版。1988年出版的注释本中还收录了1909年的“The Green Pamphlet”。也可参见 Azar Gat，*The Development of Military Thought*：*The Nineteenth Century*.

26. 有关科贝特与克劳塞维茨的关系，可参见 Michael Handel，*Masters of War*：*Classical Strategic Thought*（London：Frank Cass，2001）的第18章。

27. Corbett，*Some Principles*，62－63.

28. 同上，16，91，25，152，160。

29. H. J. Mackinder，“The Geographical Pivot of History，”*The Geographical Journal* 23（1904）：421－444.

30. H. J. Mackinder，“Manpower as a Measure of National and Imperial Strength，”*National and English Review* 45（1905）：136－143，转引自 Lucian Ashworth，“Realism and the Spirit of 1919：Halford Mackinder，Geopolitics and the Reality of the League of Nations，”*European Journal of International Relations* 17，no. 2（June 2011）：279－301。关于 Mackinder，还可参见 B. W. Blouet，*Halford Mackinder*：*A Biography*（College Station：Texas A&M University Press，1987）。

31. H. J. Mackinder，*Democratic Ideals and Reality*：*A Study in the Politics of Reconstruction*（Suffolk：Penguin Books，1919），86；Geoffrey Sloan，“Sir Halford J. Mackinder：The Heartland Theory Then and Now，”*Journal of Strategic Studies* 22，2－3（1999）：15－38.

32. 同上，194。

33. Mackinder，“The Geographical Pivot，”437.

34. Ola Tunander，“Swedish-German Geopolitics for a New Century—Rudolf Kjellén's ‘The State as a Living Organism，’”*Review of International Studies* 27，3（2001）：451－463.

35. 一种曾经激励人们思考物质环境的战略意义的方法因为染上了污点而受到质疑，许多人对此感到遗憾，其中包括 Colin Gray，*The Geopolitics of Super Power*（Lexington：University Press of Kentucky，1988）。也可参见 Colin Gray，“In Defence of the Heartland：Sir Halford Mackinder and His Critics a Hundred Years On，”*Comparative Strategy* 23，no. 1（2004）：9－25。

十　头脑与肌肉

1. Isabel Hull 认为这样的行为是殖民战争中发展起来的鲁莽、迟钝的军队文化造成的结果。Isabel V. Hull, *Absolute Destruction: Military Culture and the Practices of War in Imperial Germany* (Ithaca, NY: Cornell University Press, 2005).
2. Craig, "Delbrück: The Military Historian," 348（参见 chap. 9, n. 1）。
3. 参见 Mark Clodfelter, *Beneficial Bombing: The Progressive Foundations of American Air Power 1917 – 1945* (Lincoln: University of Nebraska Press, 2010).
4. 奇怪的是，虽然他日后成了大规模轰炸的热心支持者，但他最初却极力谴责那些攻击毫不设防城市的做法，认为应该建立一项国际公约禁止这种行为。参见 Thomas Hippler, "Democracy and War in the Strategic Thought of Guilio Douhet," in Hew Strachan and Sibylle Scheipers, eds., *The Changing Character of War* (Oxford: Oxford University Press, 2011), 170。
5. Giulio Douhet, The Command of the Air, 由 Dino Ferrari 翻译 (Washington, DC: Office of Air Force History, 1983)。此为 1942 年版本的重印版。由意大利战争部出版发行。虽然他在战争期间是个麻烦制造者，但现在他却被认为多少是个预言家，曾经短暂地担任过法西斯统治下的航空专员。有关米切尔的主要论述，可参见 William Mitchell, *Winged Defense: The Development and Possibilities of Modern Air Power-Economic and Military* (New York: G. P. Putnam's Sons, 1925)。卡普罗尼观点可参见记者 Nino Salvaneschi 写于 1917 年的一本鼓吹打击制造能力的小册子 *Let Us Kill the War, Let Us Aim at the Heart of the Enemy*。David MacIsaac, "Voices from the Central Blue: The Airpower Theorists," in Peter Paret, ed., *Makers of Modern Strategy*, 624 – 647（参见 chap. 6, n. 2）。
6. Azar Gat, *Fascist and Liberal Visions of War: Fuller, Liddell Hart, Douhet, and Other Modernists* (Oxford: Clarendon Press, 1998).
7. Sir Charles Webster and Noble Frankland, *The Strategic Air Offensive Against Germany*, 4 vols. (London: Her Majesty's Stationery Office,

1961), vol. 4, 2, 74.

8. Sir Hugh Dowding, "Employment of the Fighter Command in Home Defence," Naval War College Review 45 (Spring 1992): 36. Reprint of 1937 lecture to the RAF Staff College.
9. David S. Fadok, "John Boyd and John Warden: Airpower's Quest for Strategic Paralysis," in Col. Phillip S. Meilinger, ed., *Paths of Heaven* (Maxwell Air Force Base, AL: Air University Press, 1997), 382.
10. Douhet, *Command of the Air*.
11. Phillip S. Meilinger, "Giulio Douhet and the Origins of Airpower Theory," in Phillip S. Meilinger, ed., *Paths of Heaven*, 27; Bernard Brodie, "The Heritage of Douhet," *Air University Quarterly Review* 6 (Summer 1963): 120 - 126.
12. 在威尔斯刻画的情节中，德国人赶在美国人充分利用莱特兄弟的新发明之前，便先发制人地用飞艇向美国发起了进攻。
13. Brian Holden Reid, *J. F. C. Fuller: Military Thinker* (London: Macmillan, 1987), 55, 51, 73.
14. 同上；Anthony Trythell, '*Boney*' *Fuller: The Intellectual General* (London: Cassell, 1977); Gat, *Fascist and Liberal Visions of War*。
15. Gat, *Fascist and Liberal Visions of War*, 40 - 41.
16. J. F. C. Fuller, *The Foundations of the Science of War* (London: Hutchinson, 1925), 47.
17. 同上，35。
18. 同上，141。

十一　间接路线

1. 有关索姆河战役对李德·哈特的影响，可参见 Hew Strachan, "'The Real War': Liddell Hart, Crutwell, and Falls," in Brian Bond, ed., *The First World War and British Military History* (Oxford: Clarendon Press, 1991)。
2. John Mearsheimer, *Liddell Hart and the Weight of History* (London: Brassey's, 1988). Gat 虽然并不否认李德·哈特的自负和自我扩张，但他对 Mearsheimer 的指责提出了质疑。Azar Gat, "Liddell Hart's

Theory of Armoured Warfare: Revising the Revisionists," *Journal of Strategic Studies* 19 (1996): 1 – 30.

3. Gat, *Fascist and Liberal Visions of War*, 146 – 160 (参见 chap. 7, n. 5).
4. Basil Liddell Hart, *The Ghost of Napoleon* (London: Faber and Faber, 1933), 125 – 126.
5. Christopher Bassford, *Clausewitz in English: The Reception of Clausewitz in Britain and America, 1815 – 1945* (New York: Oxford University Press, 1994), Chapter 15.
6. Griffiths, *Sun Tzu*, vii (参见 chap. 4, n. 5)。
7. Alex Danchev, *Alchemist of War: The Life of Basil Liddell Hart* (London: Weidenfeld & Nicolson, 1998).
8. Reid, *J. F. C. Fuller*, 159 (参见 chap. 10, n. 13)。
9. Basil Liddell Hart, *Strategy: The Indirect Approach* (London: Faber and Faber, 1954), 335, 339, 341, 344.
10. Brian Bond, *Liddell Hart: A Study of his Military Thought* (London: Cassell, 1977), 56.
11. Basil Liddell Hart, *Paris, or the Future of War* (London: Kegan Paul, 1925), 12. 和富勒一样，李德·哈特对一战中德国轰炸英国印象极深："那些在我们尚未组织起防御工事之前就见证了早期空袭的人，绝不会低估一支超级空中部队的集中打击所带来的恐慌和混乱。在大工业城市以及像赫尔（Hull）那样的航运城镇，对于亲眼看到空袭的人说，谁会忘记人们听到第一声空袭警报后在夜幕下蜂拥而出的场景？女人、孩子、怀抱中的婴儿，一夜夜地蜷缩在潮湿的野地里，在严冬的旷野里发抖。" Basil Liddell Hart, *Paris, or the Future of War* (New York: Dutton, 1925), 39.
12. Richard K. Betts, "Is Strategy an Illusion?" *International Security* 25, 2 (Autumn 2000): 11.
13. Ian Kershaw, *Fateful Choices: Ten Decisions That Changed the World: 1940 – 1941* (New York: Penguin Press, 2007), 47.
14. 丘吉尔在战后写成的战争回忆录中否认了曾经就要不要继续打仗的事情进行过思考。抵抗"是理所当然的事情"。协商解决"这些虚幻的学术问题"是浪费时间。Winston S. Churchill, *The Second World War, Their Finest Hour*, vol. 2 (London: Penguin, 1949),

157. Reynolds 解释了丘吉尔之所以掩盖真实情况，是为了保护哈利法克斯。这部书写于 1948 年，当时哈利法克斯仍是保守党的高级同僚，况且后来在丘吉尔的好战热情影响下，他其实已经成了一个名义上的劝和派。根据文献记录，丘吉尔意识到在某种情况下同德国进行谈判可能是必要的。他知道下一阶段形势可能会变得非常糟糕，英国为了保全独立可能不得不做出让步，但他的任务是尽可能地给德国人的侵略行动制造麻烦。就此而言，他那生动的语言和钢铁般的风度（“我们要在海滩上战斗……我们永远不会投降”）也是至关重要的武器。1940 年他曾经说过英国必胜，1948 年当他有机会重写这段历史的时候没有想到要为此进行更正。David Reynolds, *In Command of History: Churchill Fighting and Writing the Second World War* (New York: Random House, 2005), 172 - 173.

15. Eliot Cohen, “Churchill and Coalition Strategy,” in Paul Kennedy, ed., *Grand Strategies in War and Peace* (New Haven, CT: Yale University Press, 1991), 66.
16. Max Hastings, *Finest Years: Churchill as Warlord 1940 - 45* (London: Harper - Collins, 2010), Chapter 1.
17. 遭到清洗的 3.5 万人中，军人占了一半。将军级别的将领中有 90% 遭清洗，上校中有 80%。
18. Winston Churchill, *The Second World War, The Grand Alliance*, vol. 3 (London: Penguin, 1949), 607 - 608.

十二　核竞争

1. Walter Lippmann, *The Cold War* (Boston: Little Brown, 1947).
2. Ronald Steel, *Walter Lippmann and the American Century* (London: Bodley Head, 1980), 445. 后来，另一名记者 Herbert Swope 在为大金融家 Bernard Baruch 撰写的一篇演讲稿中声称自己才是最早提出冷战概念的人。同时，他还声称自己曾经在三十年代末被问起，美国会不会卷入这场“欧洲热战”。这个用词很新鲜，让他感到心头一震：“这就像在谈论一场死亡谋杀——累赘、冗长和多余。”他认为，“热战”的反义词是“冷战”，于是开始使用这个词语。William Safire, *Safire's New Political Dictionary* (New York: Oxford University Press,

2008), 134 - 135.

3. 李普曼的分析是为了回应在莫斯科的美国外交官乔治·凯南在《外交》杂志上，以“X”为假名发表的一篇文章，后者在文中警告，野心勃勃的苏联正在加紧出台遏制新规则。X, “The Sources of Soviet Conduct,” *Foreign Affairs* 7 (1947): 566 - 582.
4. George Orwell, “You and the Atomic Bomb,” *Tribune*, October 19, 1945. 转载于 Sonia Orwell and Ian Angus, eds., *The Collected Essays; Journalism and Letters of George Orwell*, vol. 4 (New York: Harcourt Brace Jovanovich, 1968), 8 - 10.
5. Barry Scott Zellen, *State of Doom: Bernard Brodie, the Bomb and the Birth of the Bipolar World* (New York: Continuum, 2012), 27.
6. Bernard Brodie, ed., *The Absolute Weapon* (New York: Harcourt, 1946), 52.
7. Bernard Brodie, “Strategy as a Science,” *World Politics* 1, no. 4 (July 1949): 476.
8. Patrick Blackett, *Studies of War, Nuclear and Conventional* (New York: Hill & Wang, 1962), 177.
9. Paul Kennedy, *Engineers of Victory: The Problem Solvers Who Turned the Tide in the Second World War* (London: Allen Lane, 2013).
10. Sharon Ghamari-Tabrizi, “Simulating the Unthinkable: Gaming Future War in the 1950s and 1960s,” *Social Studies of Science* 30, no. 2 (April 2000): 169, 170.
11. Philip Mirowski, *Machine Dreams: Economics Becomes Cyborg Science* (Cambridge: Cambridge University Press, 2002), 12 - 17.
12. Hedley Bull, *The Control of the Arms Race* (London: Weidenfeld & Nicolson, 1961), 48.
13. Hedley Bull, “Strategic Studies and Its Critics,” *World Politics* 20, no. 4 (July 1968): 593 - 605.
14. Charles Hitch and Roland N. McKean, *The Economics of Defense in the Nuclear Age* (Cambridge, MA: Harvard University Press, 1960).
15. Deborah Shapley, *Promise and Power: The Life and Times of Robert McNamara* (Boston: Little, Brown & Co., 1993), 102 - 103.
16. Thomas D. White, “Strategy and the Defense Intellectuals,” *The Saturday*

Evening Post, May 4, 1963, 引用于 Alain Enthoven and Wayne Smith, *How Much Is Enough?* (New York; London: Harper & Row, 1971), 78. 有关对分析系统作用的相关评论，可参见 Stephen Rosen, "Systems Analysis and the Quest for Rational Defense," *The Public Interest* 76 (Summer 1984): 121 - 159。

17. Bernard Brodie, *War and Politics* (London: Cassell, 1974), 474 - 475.

18. 转引自 William Poundstone, *Prisoner's Dilemma* (New York: Doubleday, 1992), 6.

19. Oskar Morgenstern, "The Collaboration between Oskar Morgenstern and John von Neumann," *Journal of Economic Literature* 14, no. 3 (September 1976): 805 - 816. E. Roy Weintraub, *Toward a History of Game Theory* (London: Duke University Press, 1992); R. Duncan Luce and Howard Raiffa, *Games and Decisions; Introduction and Critical Survey* (New York: John Wiley & Sons, 1957).

20. Poundstone, *Prisoner's Dilemma*, 8.

21. Philip Mirowski, "Mid-Century Cyborg Agonistes: Economics Meets Operations Research," *Social Studies of Science* 29 (1999): 694.

22. John McDonald, *Strategy in Poker, Business & War* (New York: W. W. Norton, 1950), 14, 69, 126.

23. Jessie Bernard, "The Theory of Games of Strategy as a Modern Sociology of Conflict," *American Journal of Sociology* 59 (1954): 411 -424.

十三　非理性的理性

1. 相关讨论参见 Lawrence Freedman, The Evolution of Nuclear Strategy, 3rd ed. (London: Palgrave, 2005)。

2. Colin Gray, *Strategic Studies: A Critical Assessment* (New York: The Greenwood Press, 1982).

3. R. J. Overy, "Air Power and the Origins of Deterrence Theory Before 1939," *Journal of Strategic Studies* 15, no. 1 (March 1992): 73 - 101. 也可参见 George Quester, *Deterrence Before Hiroshima* (New York: Wiley, 1966)。

4. Stanley Hoffmann, "The Acceptability of Military Force," in Francois Duchene, ed., *Force in Modern Societies: Its Place in International Politics* (London: International Institute for Strategic Studies, 1973), 6.
5. Glenn Snyder, *Deterrence and Defense: Toward a Theory of National Security* (Princeton, NJ: Princeton University Press, 1961).
6. Herman Kahn, *On Thermonuclear War* (Princeton, NJ: Princeton University Press, 1961), 126 ff. and 282 ff. 其最早为人所知的题目是"Three Lectures on Thermonuclear War"。
7. Barry Bruce-Briggs, *Supergenius: The Megaworlds of Herman Kahn* (North American Policy Press, 2000), 97.
8. 同上，98。Bruce-Briggs 注意到了这种可怕的风格，他认为"这种率直笨拙的手法传达出真实性；如果作者是个骗子，他肯定特别善于逢迎施计"。
9. Jonathan Stevenson, *Thinking Beyond the Unthinkable* (New York: Viking, 2008), 76.
10. http://www.nobelprize.org/nobel_ prizes/economics/laureates/2005/#.
11. 谢林的主要作品是：*The Strategy of Conflict* (Cambridge, MA: Harvard University Press, 1960); *Arms and Influence* (New York: Yale University Press, 1966); *Choice and Consequence* (Cambridge, MA: Harvard University Press, 1984)；以及与 Morton Halperin 合著的 *Strategy and Arms Control* (New York: Twentieth Century Fund, 1961)。
12. Robin Rider, "Operations Research and Game Theory," in Roy Weintraub, ed., *Toward a History of Game Theory* (参见 chap. 12, n. 19)。
13. Schelling, *The Strategy of Conflict*, 10.
14. Jean-Paul Carvalho, "An Interview with Thomas Schelling," *Oxonomics* 2 (2007): 1-8.
15. Brodie, "Strategy as a Science," 479 (参见 chap. 12, n. 7)。一个原因可能是布罗迪的导师、芝加哥大学经济学教授 Jacob Viner 的怀疑态度。Viner 在 1946 年发表了一篇有关核武器影响的文章，该文是威慑理论的基础文献之一，明显对布罗迪产生了影响。
16. Bernard Brodie, "The American Scientific Strategists," *The Defense Technical Information Center* (October 1964): 294.

17. Oskar Morgenstern, *The Question of National Defense* (New York: Random House, 1959).
18. Bruce-Briggs, *Supergenius*, 120 – 122; Irving Louis Horowitz, *The War Game: Studies of the New Civilian Militarists* (New York: Ballantine Books, 1963).
19. 转引自 Bruce-Biggs, *Supergenius*, 120.
20. Schelling, 见于 *Journal of Conflict Resolution*, 由 Kenneth Boulding 于 1957 年编辑。
21. Carvalho, "An Interview with Thomas Schelling."
22. Robert Ayson, *Thomas Schelling and the Nuclear Age: Strategy as a Social Science* (London: Frank Cass, 2004); Phil Williams, "Thomas Schelling," in J. Baylis and J. Garnett, eds., *Makers of Nuclear Strategy* (London: Pinter, 1991), 120-135; A. Dixit, "Thomas Schelling's Contributions to Game Theory," *Scandinavian Journal of Economics* 108, no. 2 (2006): 213 – 229; Esther-Mirjam Sent, "Some Like It Cold: Thomas Schelling as a Cold Warrior," *Journal of Economic Methodology* 14, no. 4 (2007): 455 – 471.
23. Schelling, *The Strategy of Conflict*, 15.
24. Schelling, *Arms and Influence*, 1.
25. 同上, 2 – 3, 79 – 80, 82, 80。
26. 同上, 194。
27. Schelling, *Strategy of Conflict*, 188 (emphasis in the original).
28. Schelling, *Arms and Influence*, 93.
29. Schelling, *Strategy of Conflict*, 193.
30. Dixit 在 "Thomas Schelling's Contributions to Game Theory" 中认为, 谢林的许多构想预见到了今后更正规的博弈论的发展。
31. Schelling, *Strategy of Conflict*, 57, 77.
32. Schelling, *Arms and Influence*, 137.
33. Schelling, *Strategy of Conflict*, 100 – 101.
34. 引用于 Robert Ayson, *Hedley Bull and the Accommodation of Power* (London: Palgrave, 2012).
35. 沃尔斯泰特是兰德公司最具影响力的分析家之一。参见 Robert Zarate and Henry Sokolski, eds., *Nuclear Heuristics: Selected Writings of Albert*

and Roberta Wohlstetter （Carlisle，PA：Strategic Studies Institute，U. S. Army War College，2009）。

36. 沃尔斯泰特 1968 年写给 Michael Howard 的信，参见 Stevenson，*Thinking Beyond the Unthinkable*，71。

37. Bernard Brodie，*The Reporter*，November 18，1954.

38. Schelling，*The Strategy of Conflict*，233. 这篇题为 "Surprise Attack and Disarmament" 的文章首次发表于 Klaus Knorr，ed.，*NATO and American Security*（Princeton，NJ：Princeton University Press，1959）。

39. Schelling，*Strategy and Conflict*，236.

40. Donald Brennan，ed.，*Arms Control*，*Disarmament and National Security*（New York：George Braziller，1961）；Hedley Bull，*The Control of the Arms Race*（London：Weidenfeld & Nicolson，1961）.

41. Schelling and Halperin，*Strategy and Arms Control*，1－2.

42. 同上，5。

43. Schelling，*Strategy of Conflict*，239－240.

44. Henry Kissinger，*The Necessity for Choice*（New York：Harper & Row，1961）. 这篇文章最早刊登在 *Daedalus* 89，no. 4（1960）。我能找到的第一份参考资料是积极支持裁军的英国作家 Wayland Young 所写的一片文章。他认为，"在反击报复中，战略家所说的升级、武器规模逐步提高会导致危险愈演愈烈，直至人类文明被毁坏殆尽，同样可以肯定的是，热核武器的初步交锋也会造成这样的结果"。在他的术语汇编中，我们发现了以下内容："Escalation-Escalator：The uncontrolled exchange of ever larger weapons in war，leading to the destruction of civilization." Wayland Young，*Strategy for Survival*：*First Steps in Nuclear Disarmament*（London：Penguin Books，1959）。

45. Schelling，*Strategy of Conflict*.

46. Schelling，*Arms and Influence*，182.

47. Schelling，"Nuclear Strategy in the Berlin Crisis，" Foreign Relations of the United States XIV，170－172；Marc Trachtenberg，*History and Strategy*（Princeton，NJ：Princeton University Press，1991），224.

48. 详述于我的另一本书 *Kennedy's Wars*（New York：Oxford University Press，2000）。

49. Fred Kaplan，*Wizards of Armageddon*（Stanford：Stanford University

Press, 1991), 302.

50. Kaysen to Kennedy, September 22, 1961, Foreign Relations in the United States XIV – VI, supplement, Document 182.

51. Robert Kennedy, *Thirteen Days: The Cuban Missile Crisis of October 1962* (London: Macmillan, 1969), 69 – 71, 80, 89, 182.

52. Ernest May and Philip Zelikow, *The Kennedy Tapes: Inside the White House During the Cuban Missile Crisis* (New York: W. W. Norton, 2002).

53. Albert and Roberta Wohlstetter, *Controlling the Risks in Cuba*, Adelphi Paper no. 17 (London ISS, February 1965).

54. Kahn, *On Thermonuclear War*, 226, 139.

55. Herman Kahn, *On Escalation* (London: Pall Mall Press, 1965).

56. 转引自 Fred Iklé, "When the Fighting Has to Stop: The Arguments About Escalation," *World Politics* 19, no. 4 (July 1967): 693。

57. McGeorge Bundy, "To Cap the Volcano," *Foreign Affairs* 1 (October 1969): 1 – 20. 还可参见 McGeorge Bundy, *Danger and Survival: Choices About the Bomb in the First Fifty Years* (New York: Random House, 1988)。

58. McGeorge Bundy, "The Bishops and the Bomb," *The New York Review*, June 16, 1983. 有关"存在主义"的论述，可参见 Lawrence Freedman, "I Exist; Therefore I Deter," *International Security* 13, no. 1 (Summer 1988): 177 – 195.

十四 游击战

1. Werner Hahlweg, "Clausewitz and Guerrilla Warfare," *Journal of Strategic Studies* 9, nos. 2-3 (1986): 127-133; Sebastian Kaempf, "Lost Through Non-Translation: Bringing Clausewitz's Writings on 'New Wars' Back In," *Small Wars & Insurgencies* 22, no. 4 (October 2011): 548 – 573.

2. Jomini, *The Art of War*, 34 – 35 (参见 chap. 7, n. 5)。

3. Karl Marx, "Revolutionary Spain," 1854, 参见 http://www.marxists.org/archive/marx/works/1854/revolutionary – spain/ch05. htm.

4. Vladimir Lenin, "Guerrilla Warfare," 最早发表在 *Proletary*, no. 5,

September 30, 1906, *Lenin Collected Works* (Moscow: Progress Publishers, 1965), Vol. II, 213 - 223, 参见 http://www.marxists.org/archive/lenin/works/1906/gw/index.htm.

5. Leon Trotsky, "Guerrilaism and the Regular Army," *The Military Writings of Leon Trotsky*, vol. 2, 1919, 参见 http://www.marxists.org/archive/trotsky/1919/military/ch08. Htm。

6. Leon Trotsky, "Do We Need Guerrillas?" *The Military Writings of Leon Trotsky*, Vol. 2, 1919, 参见 http://www.marxists.org/archive/trotsky/1919/military/ch95.htm.

7. C. E. Callwell, *Small Wars: Their Theory and Practice*, reprint of the 1906, 3rd edition (Lincoln: University of Nebraska Press, 1996).

8. T. E. Lawrence, "The Evolution of a Revolt," in Malcolm Brown, ed., T. E. Lawrence in *War & Peace: An Anthology of the Military Writings of Lawrence of Arabia* (London: Greenhill Books, 2005), 260 - 273. 它首次发表在 *Army Quarterly*, October 1920. 在此基础上形成了 *The Seven Pillars of Wisdom* (London: Castle Hill Press, 1997) 的第 35 章。

9. Basil Liddell Hart, *Colonel Lawrence: The Man Behind the Legend* (New York: Dodd, Mead & Co., 1934).

10. "T. E. Lawrence and Liddell Hart," in Brian Holden Reid, *Studies in British Military Thought: Debates with Fuller & Liddell Hart* (Lincoln: University of Nebraska Press, 1998), 150 - 167.

11. Brantly Womack, "From Urban Radical to Rural Revolutionary: Mao from the 1920s to 1937," in Timothy Cheek, ed., *A Critical Introduction to Mao* (Cambridge, UK: Cambridge University Press, 2010), 61 - 86.

12. Jung Chang and Jon Halliday, *Mao: The Unknown Story* (New York: Alfred A. Knopf, 2005).

13. Andrew Bingham Kennedy, "Can the Weak Defeat the Strong? Mao's Evolving Approach to Asymmetric Warfare in Yan'an," *China Quarterly* 196 (December 2008): 884 - 899.

14. 《中国革命战争的战略问题》（1936 年 12 月）、《抗日游击战争的战略问题》（1938 年 5 月）以及《论持久战》（1938 年 5 月）中的大部分主要内容收录于《毛泽东选集》第二卷，《论游击战》的主要内容收录于《毛泽东选集》第六卷。参见 http://

www. marxists. org/reference/archive/mao/selected – works/index. htm。

15. 毛泽东，《论持久战》。
16. Beatrice Heuser, *Reading Clausewitz* (London: Pimlico, 2002), 138 – 139.
17. John Shy and Thomas W. Collier, "Revolutionary War," in Paret, ed., *Makers of Modern Strategy*, 844 (参见 chap. 6, n. 2). 有关毛泽东的战略，还可参见 Edward L. Katzenback, Jr., and Gene Z. Hanrahan, "The Revolutionary Strategy of Mao Tse-Tung," *Political Science Quarterly* 70, no. 3 (September 1955): 321 – 340。毛泽东在《论持久战》中，以德尔布吕克为开端，对消耗战和歼灭战进行了经典比较，但是毛泽东的相关知识可能是通过列宁学到的。
18. 毛泽东，《抗日游击战争的战略问题》。
19. 毛泽东，《论持久战》。
20. 毛泽东，《论游击战》。
21. "People's War, People's Army" (1961), in Russell Stetler, ed., *The Military Art of People's War: Selected Writings of General Vo Nguyen Giap* (New York: Monthly Review Press, 1970), 104 – 106.
22. Graham Greene, *The Quiet American* (London: Penguin, 1969), 61. 格林对美国在越南天真做法的批评的当代意义以及由此引发的辩论参见 Frederik Logevall, *Embers of War: The Fall of an Empire and the Making of America's Vietnam* (New York: Random House, 2012)。William J. Lederer and Eugene Burdick, The Ugly American (New York: Fawcett House, 1958), 233. 希伦戴尔不是标题中所指的"丑陋的美国人"。Cecil B. Currey, *Edward Lansdale: The Unquiet American* (Boston: Houghton Mifflin, 1988). Edward G. Lansdale, "Vietnam: Do We Understand Revolution?" *Foreign Affairs* (October 1964), 75 – 86. 对兰斯代尔的评价参见 Max Boot, *Invisible Armies: An Epic History of Guerrilla Warfare from Ancient Times to the Present* (New York: W. W. Norton & Co., 2012), 409 – 414.
23. 关于镇压叛乱的思想及其在肯尼迪执政期间的发展，参见 Douglas Blaufarb, *The Counterinsurgency Era: US Doctrine and Performance* (New York: The Free Press, 1977); D. Michael Shafer, *Deadly Paradigms: The Failure of US Counterinsurgency Policy* (Princeton, NJ:

Princeton University Press, 1988)；以及 Larry Cable, *Conflict of Myths: The Development of American Counterinsurgency Doctrine and the Vietnam War* (New York: New York University Press, 1986)。除某些为应对第三世界新独立国家内的紧张局势所采取的措施外，学术界在很长时间内鲜有关于反叛乱战略的研究，直到肯尼迪上台执政时才接受了这一概念。该学说在政府内部的早期形成通常被认为应归功于 Walt Rostow 和 Roger Hilsman。有关该学说的特点，参见 W. W. Rostow 1961 年 6 月在布拉格堡美国陆军特种作战学校毕业班上的演讲 "Guerrilla Warfare in Underdeveloped Areas"。转载于 Marcus Raskin and Bernard Fall, *The Viet-Nam Reader* (New York: Vintage Books, 1965). 还可参见 Roger Hilsman, *To Move a Nation: The Politics of Foreign Policy in the Administration of John F. Kennedy* (New York: Dell, 1967).

24. Robert Thompson, *Defeating Communist Insurgency: Experiences in Malaya and Vietnam* (London: Chatto & Windus, 1966).
25. Boot, *Invisible Armies*, 386 - 387.
26. David Galula, *Counterinsurgency Warfare: Theory and Practice* (Wesport, CT: Praeger, 1964).
27. Gregor Mathias, *Galula in Algeria: Counterinsurgency Practice versus Theory* (Santa Barbara, CA: Praeger Security International, 2011).
28. M. L. R. Smith, "Guerrillas in the Mist: Reassessing Strategy and Low Intensity Warfare," *Review of International Studies* 29, no. 1 (2003): 19 - 37; Alistair Horne, *A Savage War of Peace: Algeria, 1954 - 1962* (London: Macmillan, 1977), 480 - 504.
29. Charles Maechling, Jr., "Insurgency and Counterinsurgency: The Role of Strategic Theory," *Parameters* 14, no. 3 (Autumn 1984): 34. Shafer, *Deadly Paradigms*, 113.
30. Paul Kattenburg, *The Vietnam Trauma in American Foreign Policy, 1945 - 75* (New Brunswick, NJ: Transaction Books, 1980), 111 - 112.
31. Blaufarb, *The Counterinsurgency Era*, 62 - 66.
32. Jeffery H. Michaels, "Managing Global Counterinsuregency: The Special Group (CI) 1962 - 1966," *Journal of Strategic Studies* 35, no. 1

(2012): 33 - 61.

33. 可参见 Alexander George et al., *The Limits of Coercive Diplomacy*, 1st edition (Boston: Little Brown, 1971). John Gaddis, *Strategies of Containment: A Critical Appraisal of PostWar American Security Policy* (New York: Oxford University Press, 1982), 243.

34. 重点参见 Ann Arbor 1962 年 12 月 19 日在密歇根大学的演讲，关于其详细论述参见 William Kaufmann, *The McNamara Strategy* (New York: Harper & Row, 1964), 138 - 147。

35. 谢林的回答是 "Schelling's games demonstrate how unrealistic this Cuban crisis is." Ghamari-Tabrizi, 213 (参见 chap. 12, n. 10)。

36. William Bundy, 转引自 William Conrad Gibbons, *The U. S. Government and the Vietnam War* (Princeton, NJ: Princeton University Press, 1986), vol. II, p. 349。

37. The Pentagon Papers, *Senator Gravel Edition: The Defense Department History of the U. S. Decision-Making on Vietnam*, Vol. 3 (Boston: Beacon Press, 1971), 212.

38. Gibbons, *The U. S. Government and the Vietnam War: 1961 - 1964*, 254.

39. 同上, 256 - 259. 参见 *Arms and Influence* 第 4 章。

40. 参见 Freedman, Kennedy's Wars (参见 chap. 13, n. 48).

41. Fred Kaplan, *The Wizards of Armageddon* (New York: Simon and Schuster, 1983), 332 - 336.

42. *Arms and Influence*, vii, 84, 85, 166, 171 - 172. 鉴于这种分析，Pape 在 "Coercive Air Power in the Vietnam War" 中认为谢林本可以提议在"滚雷行动"中只攻击民事目标的观点有失公平。

43. Richard Betts, "Should Strategic Studies Survive?" *World Politics* 50, no. 1 (October 1997): 16.

44. Colin Gray, "What RAND Hath Wrought," *Foreign Policy* 4 (Autumn 1971): 111 - 129; 还可参见 Stephen Peter Rosen, "Vietnam and the American Theory of Limited War," *International Security* 7, no. 2 (Autumn 1982): 83 - 113。

45. Zellen, State of Doom, 196 - 197 (参见 chap. 12, n. 5); Bernard Brodie, "Why Were We So (Strategically) Wrong?" *Foreign Policy* 4 (Autumn 1971): 151 - 162。

十五 观察与调整

1. Beaufre 的两部主要作品 Introduction à la Stratégie（*1963*）和 Dissuasion et Stratégie（*1964*）均以法文出版。由 Major-General R. H. Barry 翻译的英文译本 *Introduction to Strategy* 和 *Dissuasion and Strategy* 于 1965 年由伦敦 Faber & Faber 出版。此处引用于 Introduction，p. 22。Beatrice Heuser，*The Evolution of Strategy*，460－463 对 Beaufre 有所论及。参见 Chapter 6，n. 4。
2. Bernard Brodie，"General André Beaufre on Strategy，" *Survival 7*（August 1965）：208－210. 法国人不一定认可 Beaufre 的政策倡导，但至少对他的思想能产生共鸣，参见 Edward A. Kolodziej，"French Strategy Emergent：General André Beaufre：A Critique，" *World Politics* 19，no. 3（April 1967）：417－442。他没太在意布罗迪对碍事的"宏伟思想"的抱怨，但他承认 Beaufre 的思想常常表达得过于模糊，让人难以信服。
3. 虽然他曾受克劳塞维茨（经常引用"重心"概念）和李德·哈特的影响，但并无这方面的证据。
4. J. C. Wylie，*Military Strategy*：*A General Theory of Power Control*（Annapolis，MD：Naval Institute Press，1989），于 1967 年首次出版。人物生平由 John Hattendorf 加以介绍。
5. Henry Eccles，*Military Concepts and Philosophy*（New Brunswick，NJ：Rutgers University Press，1965）. 关于 Eccles 参见 Scott A. Boorman，"Fundamentals of Strategy：The Legacy of Henry Eccles，" *Naval War College Review* 62，no. 2（Spring 2009）：91－115.
6. Wylie，*Military Strategy*，22.
7. 有关区别的重要性，参见 Lukas Milevski，"Revisiting J. C. Wylie's Dichotomy of Strategy：The Effects of Sequential and Cumulative Patterns of Operations，" *Journal of Strategic Studies* 35，no. 2（April 2012）：223－242. 首次出版 20 年后，Wylie 认为累积的战略更重要。*Military Strategy*，1989 edition，p. 101。
8. 他的著作集可参见 http：//www. ausairpower. net/APA-Boyd-Papers. html。有关博伊德的主要书籍以及有：Frans P. B. Osinga，*Science*，*Strategy*

and War: *The Strategic Theory of John Boyd* (London: Routledge, 2007); Grant Hammond, *The Mind of War*, *John Boyd and American Security* (Washington, DC: Smithsonian Institution Press, 2001); 以及 Robert Coram, *Boyd*, *The Fighter Pilot Who Changed the Art of War* (Boston: Little, Brown & Company, 2002).

9. John R. Boyd, "Destruction and Creation," September 3, 1976, 参见 http://goalsys.com/books/documents/DESTRUCTION_AND_CREATION.pdf.

10. John Boyd, *Organic Design for Command and Control*, May 1987, p. 16, 参见 http://www.ausairpower.net/JRB/organic_design.pdf.

11. 该理论被勤奋钻研的气象学者 Edward Lorenz 加以推广，他在探寻一种能更准确预测天气的方法时发现了“蝴蝶效应”。他最初用于天气预报的数学计算中的微小变化可能给预报结果带来非同寻常和意想不到的影响。蝴蝶效应的概念来自 1972 年 Lorenz 提交给美国科学促进会的论文“Predictability: Does the Flap of a Butterfly's Wings in Brazil Set Off a Tornado in Texas?”。关于混沌理论的历史，参见 James Gleick, *Chaos*: *Making a New Science* (London: Cardinal, 1987)。关于复杂理论，参见 Murray Gell-Man, *The Quark and the Jaguar*: *Adventures in the Simple and the Complex* (London: Little, Brown & Co., 1994); Mitchell Waldrop, *Complexity*: *The Emerging Science at the Edge of Order and Chaos* (New York: Simon & Schuster, 1993)。关于科学理论与军事思想之间的关系，参见 Antoine Bousquet, *The Scientific Way of Warfare*: *Order and Chaos on the Battlefields of Modernity* (New York: Columbia University Press, 2009); Robert Pellegrini, *The Links Between Science*, *Philosophy*, *and Military Theory*: *Understanding the Past*, *Implications for the Future* (Maxwell Air Force Base, AL: Air University Press, August 1997), http://www.au.af.mil/au/awc/awcgate/saas/pellegrp.pdf.

12. Alan Beyerchen, "Clausewitz, Nonlinearity, and the Unpredictability of War," *International Security* (Winter 1992/93); Barry D. Watts, Clausewitzian Friction and Future War, *McNair Paper* 52 (Washington, DC: National Defense University, Institute for Strategic Studies, October 1996).

13. John Boyd, *Patterns of Conflict*: *A Discourse on Winning and Losing*, unpublished, August 1987, 44, 128, available at http://www.ausairpower.net/JRB/poc.pdf.
14. *Patterns of Conflict*, 79.
15. 美国国防部, *Field Manual 100 – 5*: *Operations* (Washington, DC: HQ Department of Army, 1976)。
16. William S. Lind, "Some Doctrinal Questions for the United States Army," *Military Review* 58 (March 1977).
17. 美国国防部, *Field Manual 100 – 5*: *Operations* (Washington, DC: Department of the Army, 1982), vol. 2 – 1; Huba Wass de Czege and L. D. Holder, "The New FM 100 – 5," *Military Review* (July 1982)。
18. Wass de Czege and Holder, "The New FM 100 – 5."
19. 同上。
20. 转引自 Larry Cable, "Reinventing the Round Wheel: Insurgency, Counter-Insurgency, and Peacekeeping Post Cold War," *Small Wars and Insurgencies 4* (Autumn 1993): 228 – 262。
21. U. S. Marine Corps, *FMFM – 1*: *Warfighting* (Washington, DC: Department of the Navy, 1989), 37.
22. Edward Luttwak, *Pentagon and the Art of War* (New York: Simon & Schuster, 1985).
23. Edward Luttwak, *Strategy*: *The Logic of War and Peace* (Cambridge, MA: Harvard University Press, 1987), 5. 关于其特点，参见 Harry Kreisler's conversation with Edward Luttwak in Conversations with History series, March 1987, available at http://globetrotter.berkeley.edu/conversations/Luttwak/luttwak – con0.html.
24. Luttwak, Strategy, 50.
25. Gregory Johnson, "Luttwak Takes a Bath," *Reason Papers* 20 (1995): 121 – 124.
26. Jomini, *The Art of War*, 69 (参见 chap. 7, n. 5)。有关作战指挥艺术的思想发展，参见 Bruce W. Menning, "Operational Art's Origins," *Military Review* 77, no. 5 (September-October 1997): 32 – 47。
27. Jacob W. Kipp, "The Origins of Soviet Operational Art, 1917 – 1936" and David M. Glantz, "Soviet Operational Art Since 1936, The Triumph of

Maneuver War," in Michael D. Krause and R. Cody Phillips, eds., *Historical Perspectives of the Operational Art* (Washington, DC: United States Army Center of Military History, 2005); Condoleeza Rice, "The Making of Soviet Strategy," in Peter Paret, ed., *Makers of Modern Strategy*, 648 – 676; William E. Odom, "Soviet Military Doctrine," Foreign Affairs (Winter 1988 / 89): 114 – 134.

28. 还可参见 Eliot Cohen, "Strategic Paralysis: Social Scientists Make Bad Generals," *The American Spectator*, November 1980.

29. 出版于 1943 年的著名文集 *Makers of Modern Strategy* 中由 Gordon Craig 撰写的一篇文章也赋予了他显赫的历史地位。1986 年版的该文集中保留了这篇文章。Gordon A. Craig, "Delbrück: The Military Historian," in Paret, ed., *Makers of Modern Strategy*. Delbrück's Geschichte der Kriegskunst im Rahmen der Politischen Geschichte, 4 vols., 1900 – 1920（文集中的其他 3 卷到 1936 年由其他作者完成），在 Walter J. Renfroe, Jr. 翻译的 Hans Delbrück, trans., *History of the Art of War Within the Framework of Political History*, 4 vols. (Westport, CT: Greenwood Press, 1975 – 1985) 于 1975 年出版之前没有英译本。

30. J. Boone Bartholomees, Jr., "The Issue of Attrition," *Parameters* (Spring 2010): 6 – 9.

31. U. S. Marine Corps, *FMFM – 1: Warfighting*, 28 – 29. 参见 Craig A. Tucker, *False Prophets: The Myth of Maneuver Warfare and the Inadequacies of FMFM – 1 Warfighting* (Fort Leavenworth, KS: School of Advanced Military Studies, U. S. Army Command and General Staff College, 1995), 11 – 12.

32. Charles C. Krulak, "The Strategic Corporal: Leadership in the Three Block War," *Marines Magazine*, January 1999.

33. Michael Howard, "The Forgotten Dimensions of Strategy," *Foreign Affairs* (Summer 1979), 转载于 Michael Howard, *The Causes of Wars* (London: Temple Smith, 1983). Gregory D. Foster, "A Conceptual Foundation for a Theory of Strategy," *The Washington Quarterly* (Winter 1990): 43 – 59. David Jablonsky, *Why Is Strategy Difficult?* (Carlisle Barracks, PA: Strategic Studies Institute, U. S. Army War College, 1992)。

34. Stuart Kinross, *Clausewitz and America: Strategic Thought and Practice*

from Vietnam to Iraq (London: Routledge, 2008), 124.

35. 美国国防部, *Field Manual (FM) 100 – 5: Operations* (Washington, DC: Headquarters Department of the Army, 1986), 179 – 180.

36. U. S. Marine Corps, *FMFM – 1: Warfighting*, 85.

37. Joseph L. Strange, "Centers of Gravity & Critical Vulnerabilities: Building on the Clausewitizan Foundation so that We Can All Speak the Same Language," *Perspectives on Warfighting* 4, no. 2 (1996): 3; J. Strange and R. Iron, "Understanding Centres of Gravity and Critical Vulnerabilities," research paper, 2001, 参见 http://www.au.af.mil/au/awc/awcgate/usmc/cog2.pdf.

38. John A. Warden III, *The Air Campaign: Planning for Combat* (Washington, DC: National Defense University Press, 1988), 9; idem, "The Enemy as a System," *Airpower Journal* 9, no. 1 (Spring 1995): 40 – 55; Howard D. Belote, "Paralyze or Pulverize? Liddell Hart, Clausewitz, and Their Influence on Air Power Theory," *Strategic Review* 27 (Winter 1999): 40 – 45.

39. Jan L. Rueschhoff and Jonathan P. Dunne, "Centers of Gravity from the 'Inside Out,'" *Joint Forces Quarterly 60* (2011): 120 – 125. 还可参见 Antulio J. Echevarria II, "'Reining in' the Center of Gravity Concept," *Air & Space Power Journal* (Summer 2003): 87 – 96。

40. Carter Malkasian, *A History of Modern Wars of Attrition* (Westport, CT: Praeger, 2002), 5 – 6.

41. 同上, 17。

42. Hew Strachan, "The Lost Meaning of Strategy," *Survival* 47, no. 3 (Autumn 1990): 43 – 59. David Jablonsky, 2005): 47.

43. Rolf Hobson, "Blitzkrieg, the Revolution in Military Affairs and Defense Intellectuals," *The Journal of Strategic Studies* 33, no. 4 (2010): 625 – 643.

44. John Mearsheimer, "Maneuver, Mobile Defense, and the NATO Central Front," *International Security* 6, no. 3 (Winter 1981 – 1982): 104 – 122.

45. Luttwak, *Strategy*, 8.

46. Boyd, *Patterns of Conflict*, 122.

十六　新军事革命

1. 参见 Lawrence Freedman and Efraim Karsh, *The Gulf Conflict* (London: Faber, 1992).
2. 体现在《美国新闻和世界报道》杂志编辑撰写的一本书的书名中，*Triumph Without Victory: The Unreported History of the Persian Gulf War* (New York: Times Books, 1992)。
3. 参见 Andrew F. Krepinevich, Jr., "The Military-Technical Revolution: A Preliminary Assessment," Center for Strategic and Budgetary Assessments, 2002, 1, 3. 在其序言中，克雷皮内维奇更详细地论述了马歇尔的角色。同时可参见 Stephen Peter Rosen, "The Impact of the Office of Net Assessment on the American Military in the Matter of the Revolution in Military Affairs," *The Journal of Strategic Studies* 33, no. 4 (2010): 469 - 482. 还可参见 Fred Kaplan, *The Insurgents: David Petraeus and the Plot to Change the American Way of War* (New York: Simon & Schuster, 2013), 47 - 51。
4. Andrew W. Marshall, "Some Thoughts on Military Revolutions—Second Version," ONA memorandum for record, August 23, 1993, 3 - 4. 转引自 Barry D. Watts, The Maturing Revolution in Military Affairs (Washington, DC: Center for Strategic and Budgetary Assessments, 2011)。
5. A. W. Marshall, "Some Thoughts on Military Revolutions," ONA memorandum for record, July 27, 1993, 1.
6. Andrew F. Krepinevich, Jr., "Cavalry to Computer: The Pattern of Military Revolutions," *The National Interest* 37 (Fall 1994): 30.
7. Admiral William Owens, "The Emerging System of Systems," *US Naval Institute Proceedings*, May 1995, 35 - 39.
8. 有关对各种理论的分析，参见 Colin Gray, *Strategy for Chaos: Revolutions in Military Affairs and the Evidence of History* (London: Frank Cass, 2002)。Lawrence Freedman, The Revolution in Strategic Affairs, *Adelphi Paper* 318 (London: OUP for IISS, 1998).
9. Barry D. Watts, Clausewitzian Friction and Future War, *McNair Paper* 52

(Washington DC: NDU, 1996).

10. A. C. Bacevich, "Preserving the Well-Bred Horse," *The National Interest* 37 (Fall 1994): 48.

11. Harlan Ullman and James Wade, Jr., *Shock & Awe: Achieving Rapid Dominance* (Washington, DC: National Defense University, 1996).

12. 美国参谋长联席会议, Joint Publication 3 - 13, Joint Doctrine for Information Operations (Washington, DC: GPO, October 9, 1998), GL - 7。

13. Arthur K. Cebrowski and John J. Garstka, "Network-Centric Warfare: Its Origin and Future," *US Naval Institute Proceedings*, January 1998.

14. 美国国防部提交国会的报告, Network Centric Warfare, July 27, 2001, iv.

15. Andrew Mack, "Why Big Countries Lose Small Wars: The Politics of Asymmetric Conflict," *World Politics* 26, no. 1 (1975): 175 - 200.

16. Steven Metz and Douglas V. Johnson, *Asymmetry and U. S. Military Strategy: Definition, Background, and Strategic Concepts* (Carlisle, PA: Strategic Studies Institute, 2001).

17. Harry Summers, *On Strategy: A Critical Analysis of the Vietnam War* (Novato, CA: Presidio Press, 1982). 评论来自 Robert Komer, *Survival* 27 (March/April 1985): 94 - 95. 还可参见 Frank Leith Jones, *Blowtorch: Robert Komer, Vietnam and American Cold War Strategy* (Annapolis, MD: Naval Institute Press, 2013).

18. 这种差别的提出见于美国国防部, Joint Pub 3 - 0, Doctrine for Joint Operations (Washington, DC: Joint Chiefs of Staff, 1993)。参见 Jonathan Stevenson, *Thinking Beyond the Unthinkable*, 517 (参见 chap. 13, n. 9).

19. Douglas Lovelace, Jr., *The Evolution of Military Affairs: Shaping the Future U. S. Armed Forces* (Carlisle, PA: Strategic Studies Institute, 1997); Jennifer M. Taw and Alan Vick, "From Sideshow to Center Stage: The Role of the Army and Air Force in Military Operations Other Than War," in Zalmay M. Khalilzad and David A. Ochmanek, eds., *Strategy and Defense Planning for the 21st Century* (Santa Monica, CA: RAND & U. S. Air Force, 1997), 208 - 209.

20. 布什总统于 2001 年 12 月 11 日在南卡罗来州查尔斯顿城堡发表的讲话。还可参见 Donald Rumsfeld, "Transforming the Military," *Foreign Affairs*, May/June 2002, 20 - 32。

21. Stephen Biddle, "Speed Kills? Reassessing the Role of Speed, Precision, and Situation Awareness in the Fall of Saddam," *Journal of Strategic Studies*, 30, no. 1 (February 2007): 3 - 46.

22. Nigel Aylwin-Foster, "Changing the Army for Counterinsurgency Operations," Military Review, November/December 2005, 5.

23. 例如 Kalev Sepp 批评美国一味剿杀反叛分子而不是接触民众和按照美军标准训练当地军队的文章,"Best Practices in Counterinsurgency," *Military Review*, May-June 2005, 8 - 12. 参见 Kaplan, *The Insurgents*, 104 - 107。Kaplan 全面描述了这个时期美国军事思想的转变。

24. John A. Nagl, *Counterinsurgency Lessons from Malaya and Vietnam: Learning to Eat Soup with a Knife* (Westport, CT: Praeger, 2002). 这个标题套用了 T. E. Lawrence 的格言。

25. David Kilcullen, *The Accidental Guerrilla: Fighting Small Wars in the Midst of a Big One* (London: Hurst & Co., 2009).

26. David H. Petraeus, "Learning Counterinsurgency: Observations from Soldiering in Iraq," *Military Review*, January/February 2006, 2 - 12.

27. 关于"增兵",参见 Bob Woodward, *The War Within: A Secret White House History* (New York: Simon & Schuster, 2008); Bing West, *The Strongest Tribe: War, Politics, and the Endgame in Iraq* (New York: Random House, 2008); Linda Robinson, *Tell Me How This Ends: General David Petraeus and the Search for a Way Out of Iraq* (New York: Public Affairs, 2008).

28. 有关和博伊德的关联性,参见 Frans Osinga, "On Boyd, Bin Laden, and Fourth Generation Warfare as String Theory," in John Andreas Olson, ed., *On New Wars* (Oslo: Norwegian Institute for Defence Studies, 2007), 168 - 197, 参见 http://ifs.forsvaret.no/publikasjoner/oslo_files/OF_2007/Documents/OF_4_2007.pdf。

29. William S. Lind, Keith Nightengale, John F. Schmitt, Joseph W. Sutton, and Gary I. Wilson, "The Changing Face of War: Into the Fourth Generation," *Marine Corps Gazette*, October 1989, 22 - 26; William

Lind, "Understanding Fourth Generation War," *Military Review*, September/October 2004, 12 – 16. 这篇文章介绍了林德在自己家里召集的一个研究小组的研究发现。

30. Keegan, *A History of Warfare* and van Creveld, *The Transformation of War*, 分别参见这两本书的第 7 章和第 14 章；Rupert Smith, *The Utility of Force: The Art of War in the Modern World* (London: Allen Lane, 2005)；Mary Kaldor, *New & Old Wars, Organized Violence in a Global Era* (Cambridge: Polity Press, 1999)。

31. "The Evolution of War: The Fourth Generation of Warfare," *Marine Corps Gazette*, September 1994. 还可参见 Thomas X. Hammes, "War Evolves into the Fourth Generation," *Contemporary Security Policy* 26, no. 2 (August 2005): 212 – 218。这个问题还涉及若干针对第四代战争观点的评论，其中也包括本书作者的评论。这些评论重新发表于 Aaron Karp, Regina Karp, and Terry Terriff, eds., *Global Insurgency and the Future of Armed Conflict: Debating Fourth-Generation Warfare* (London: Routledge, 2007)。有关哈姆斯观点的全面论述，参见他的 "The Sling and the Stone: On War in the 21st Century" (St. Paul, MN: Zenith Press, 2004)；Tim Benbow, "Talking 'Bout Our Generation? Assessing the Concept of 'Fourth Generation Warfare'" *Comparative Strategy*, March 2008, 148 – 163 and Antulio J. Echevarria, *Fourth Generation Warfare and Other Myths* (Carlisle, PA: U. S. Army War College Strategic Studies Institute, 2005)。

32. 转引自 Jason Vest, "Fourth-Generation Warfare," *Atlantic Magazine*, December 2001。

33. William Lind et al., "The Changing Face of War," *The Marine Corps Gazette*, October 1989, 22 – 26, 参见 http://zinelibrary.info/files/TheChangingFaceofWar – onscreen.pdf。

34. Ralph Peters, "The New Warrior Class," *Parameters* 24, no. 2 (Summer 1994): 20.

35. Joint Publication 3 – 13, *Information Operations*, March 13, 2006.

36. Nik Gowing, '*Skyful of Lies*' *and Black Swans: The New Tyranny of Shifting Information Power in Crises* (Oxford, UK: Reuters Institute for the Study of Journalism, 2009).

37. John Arquilla and David Ronfeldt, "Cyberwar is Coming!" *Comparative Strategy* 12, no. 2 (Spring 1993): 141 – 165.

38. Steve Metz, *Armed Conflict in the 21st Century: The Information Revolution and Post-Modern Warfare* (April 2000): "未来战争中的攻击行动可能会通过电脑病毒、蠕虫、逻辑炸弹和木马，而不是子弹、炸弹和导弹来实施。" (Future war may see attacks via computer viruses, worms, logic bombs, and trojan horses rather than bullets, bombs, and missiles.)

39. Thomas Rid, *Cyberwar Will Not Take Place* (London: Hurst & Co., 2013). David Betz 认为网络战会带来复杂的影响，参见 "Cyberpower in Strategic Affairs: Neither Unthinkable nor Blessed," *The Journal of Strategic Studies* 35, no. 5 (October 2012): 689 – 711.

40. John Arquilla and David Ronfeldt, eds., *Networks and Netwars: The Future of Terror, Crime, and Militancy* (Santa Monica, CA: RAND, 2001). 全文参见 www.rand.org/publications/MR/MR1382/。有关对他们观点的总结，参见 David Ronfeldt and John Arquilla, "Networks, Netwars, and the Fight for the Future," *First Monday* 6, no. 10 (October 2001), 参见 http://firstmonday.org/issues/issue6_10/ronfeldt/index.html。

41. Jerrold M. Post, Keven G. Ruby, and Eric D. Shaw, "From Car Bombs to Logic Bombs: The Growing Threat from Information Terrorism," *Terrorism and Political Violence* 12, no. 2 (Summer 2000): 102 – 103.

42. Norman Emery, Jason Werchan, and Donald G. Mowles, "Fighting Terrorism and Insurgency: Shaping the Information Environment," *Military Review*, January/Febuary 2005, 32 – 38.

43. Robert H. Scales, Jr., "Culture-Centric Warfare," *The Naval Institute Proceedings*, October 2004.

44. Montgonery McFate, "The Military Utility of Understanding Adversary Culture," *Joint Forces Quarterly* 38 (July 2005): 42 – 48.

45. Max Boot, *Invisible Armies*, 386 (参见 chap. 14, n. 22)。

46. 若想得到有关这个问题的学术辩论的有用指南，可参见 Alan Bloomfield, "Strategic Culture: Time to Move On," *Contemporary Security Policy* 33, no. 3 (December 2012): 437 – 461.

47. Patrick Porter, *Military Orientalism*: *Eastern War Through Western Eyes* (London: Hurst & Co., 2009), 193.
48. David Kilcullen, "Twenty-Eight Articles: Fundamentals of Company-Level Counterinsurgency," *Military Review*, May-June 2006, 105 – 107. 这个建议最初是通过电子邮件在军队中传发的。
49. Emile Simpson, *War from the Ground Up*: *Twenty-First-Century Combat as Politics* (London: Hurst & Co., 2012), 233.
50. G. J. David and T. R. McKeldin III, *Ideas as Weapons*: *Influence and Perception in Modern Warfare* (Washington, DC: Potomac Books, 2009), 3. 重点参见 Timothy J. Doorey, "Waging an Effective Strategic Communications Campaign in the War on Terror," and Frank Hoffman, "Maneuvering Against the Mind"。
51. Jeff Michaels, *The Discourse Trap and the US Military*: *From the War on Terror to the Surge* (London: Palgrave Macmillan, 2013). 还可参见 Frank J. Barrett and Theodore R. Sarbin, "The Rhetoric of Terror: 'War' as Misplaced Metaphor," in John Arquilla and Douglas A. Borer, eds., *Information Strategy and Warfare*: *A Guide to Theory and Practice* (New York: Routledge, 2007): 16 – 33。
52. Hy S. Rothstein, "Strategy and Psychological Operations," in *Arquilla and Borer*, 167.
53. Neville Bolt, *The Violent Image*: *Insurgent Propaganda and the New Revolutionaries* (New York: Columbia University Press, 2012).
54. "基地"组织领导人阿伊曼·阿尔 – 扎瓦希里在 2005 年 7 月写道："我们正深陷战争之中，而且一多半战斗都发生在信息战场上；我们在打一场关乎所有穆斯林的心灵和思想的信息战。" (We are in the midst of war, and more than half of that struggle takes place on an information battlefield; we are in an information war for the hearts and minds of all Muslims.) 这份信件的英文版参见美国国家情报总监 (DNI) 办公室官网 http://www.dni.gov/press_releases/20051011_release.htm。
55. Benedict Wilkinson, *The Narrative Delusion*: *Strategic Scripts and Violent Islamism in Egypt, Saudi Arabia and Yemen*, 未发表的博士论文, King's College London, 2013。

十七　战略大师的神话

1. Colin S. Gray, *Modern Strategy* (Oxford: Oxford University Press, 1999), 23 - 43.
2. Harry Yarger, *Strategic Theory for the 21st Century: The Little Book on Big Strategy* (Carlisle, PA: U. S. Army War College, Strategic Studies Institute, 2006), 36, 66, 73 - 75.
3. Colin S. Gray, *The Strategy Bridge: Theory for Practice* (Oxford: Oxford University Press, 2010), 23.
4. 同上，49，52。这里引用的是艾伯特·沃尔斯泰特的话。
5. Yarger, *Strategic Theory for the 21st Century*, 75.
6. Robert Jervis, *Systems Effects: Complexity in Political and Social Life* (Princeton, NJ: Princeton University Press, 1997).
7. Hugh Smith, "The Womb of War: Clausewitz and International Politics," *Review of International Studies 16* (1990): 39 - 58.
8. Eliot Cohen, *Supreme Command: Soldiers, Statesmen, and Leadership in Wartime* (New York: The Free Press, 2002).

十八　马克思及其为工人阶级服务的战略

1. Mike Rapport, *1848: Year of Revolution* (London: Little, Brown & Co. 2008), 17 - 18.
2. Sigmund Neumann and Mark von Hagen, "Engels and Marx on Revolution, War, and the Army in Society," in Paret, ed., *Makers of Modern Strategy*, 262 - 280 (参见 chap. 6, n. 2); Bernard Semmell, *Marxism and the Science of War* (New York: Oxford University Press, 1981), 266。
3. 这段内容出自 Part I, Feuerbach. "Opposition of the Materialist and Idealist Outlook,"《德意志意识形态》参见 http://www.marxists.org/archive/marx/works/1845/german - ideology/ch01a.htm。
4. Azar Gat, "Clausewitz and the Marxists: Yet Another Look," *Journal of Contemporary History* 27, no. 2 (April 1992): 363 - 382.
5. Rapport, *1848: Year of Revolution*, 108.

6. Alan Gilbert, *Marx's Politics: Communists and Citizens* (New York: Rutgers University Press, 1981), 134 - 135.
7. Engels, "Revolution in Paris," February 27, 1848, 参见 http://www.marxists.org/archive/marx/works/1848/02/27.htm。
8. News from Paris, June 23, 1848, emphasis in original. 参见 http://www.marxists.org/archive/marx/works/1848/06/27.htm。
9. Gilbert, *Marx's Politics*, 140 - 142, 148 - 149.
10. Rapport, *1848: Year of Revolution*, 212.
11. Engels, "Marx and the Neue Rheinische Zeitung," March 13, 1884, 参见 http://www.marxists.org/archive/marx/works/1884/03/13.htm。
12. Rapport, 1848: Year of Revolution, 217.
13. Karl Marx, *Class Struggles in France, 1848 - 1850*, Part II, 参见 http://www.marxists.org/archive/marx/works/1850/class - struggles - france/ch02.htm。
14. Engels to Marx, December 3, 1851, 参见 http://www.marxists.org/archive/marx/works/1851/letters/51_12_03.htm#cite.
15. John Maguire, *Marx's Theory of Politics* (Cambridge, UK: Cambridge University Press, 1978), 31.
16. 同上, 197 - 198。
17. Manifesto of the Communist Party, February 1848, 75, 参见 http://www.marxists.org/archive/marx/works/1848/communist - manifesto/。
18. Engels, "The Campaign for the German Imperial Constitution," 1850, 参见 http://www.marxists.org/archive/marx/works/1850/german - imperial/intro.htm。
19. David McLellan, *Karl Marx: His Life and Thought* (New York: Harper & Row, 1973), 217.
20. Frederick Engels, "Conditions and Prospects of a War of the Holy Alliance Against France in 1852," April 1851, 参见 http://www.marxists.org/archive/marx/works/1851/04/holy - alliance.htm。
21. Gerald Runkle, "Karl Marx and the American Civil War," *Comparative Studies in Society and History* 6, no. 2 (January 1964): 117 - 141.
22. Engels to Joseph Weydemeyer, June 19, 1851, 参见 http://www.marxists.org/archive/marx/works/1851/letters/51_06_19.htm。

23. Engels to Joseph Weydemeyer, April 12, 1853, 参见 http://www.marxists.org/archive/marx/works/1853/letters/53_04_12.htm。
24. Sigmund Neumann and Mark von Hagen, "Engels and Marx on Revolution, War, and the Army in Society," in Paret, ed., *Makers of Modern Strategy*; Semmell, *Marxism and the Science of War*, 266.
25. 恩格斯曾在巴登与他并肩战斗。有关恩格斯的军事经历，参见 Tristram Hunt, The Frock-Coated Communist: *The Revolutionary Life of Friedrich Engels* (London: Allan Lane, 2009), 174 - 181.
26. Gilbert, *Marx's Politics*, 192.
27. Christine Lattek, *Revolutionary Refugees: German Socialism in Britain, 1840 - 1860* (London: Routledge, 2006).
28. Marx to Engels, September 23, 1851, 参见 http://www.marxists.org/archive/marx/works/1851/letters/51_09_23.htm。
29. Engels to Marx, September 26, 1851, 参见 http://www.marxists.org/archive/marx/works/1851/letters/51_09_26.htm。
30. 这些内容最初作为专栏文章以马克思的名义发表于《纽约论坛报》，之后才以恩格斯本人的名义集结成书，*Revolution and Counter-Revolution in Germany*. The quote is from p. 90. 参见 http://www.marxists.org/archive/marx/works/1852/germany/index.htm。

十九 赫尔岑和巴枯宁

1. 以赛亚·伯林有关赫尔岑被西方忽视的有影响力的断言，最先以赫尔岑回忆录 *My Past & Thoughts* (Berkeley: University of California Press, 1973) 的序言形式发表于 1968 年的《纽约书评》。在很长时间里，最有分量的赫尔岑传记一直是 E. H. Carr 的 *Romantic Exiles* (Cambridge, UK: Penguin, 1949)，斯托帕从中引用了大量内容。还可参见 Edward Acton, *Alexander Herzen and the Role of the Intellectual Revolutionary* (Cambridge, UK: Cambridge University Press, 1979)。
2. Tom Stoppard, "The Forgotten Revolutionary," *The Observer*, June 2, 2002.
3. Tom Stoppard, *The Coast of Utopia*, *Part II*, *Shipwreck* (London: Faber & Faber, 2002), 18.

4. Anna Vanninskaya, "Tom Stoppard, the Coast of Utopia, and the Strange Death of the Liberal Intelligentsia," *Modern Intellectual History* 4, no. 2 (2007): 353 – 365.
5. Tom Stoppard, *The Coast of Utopia*, *Part III*, *Salvage* (London: Faber & Faber, 2002), 74 – 75.
6. 转引自 Acton, *Alexander Herzen and the Role of the Intellectual Revolutionary*, 159.
7. 同上, 171, 176; Herzen, *My Past & Thoughts*, 1309 – 1310.
8. Stoppard, *Salvage*, 7 – 8.
9. Engels, "The Program of the Blanquist Fugitives from the Paris Commune," June 26, 1874, 参见 http://www.marxists.org/archive/marx/works/1874/06/26.htm。
10. Henry Eaton, "Marx and the Russians," *Journal of the History of Ideas* 41, no. 1 (January/March 1980): 89 – 112.
11. 转引自 Mark Leier, *Bakunin: A Biography* (New York: St. Martin's Press, 2006), 119。
12. Herzen, *My Past & Thoughts*, 573.
13. 同上, 571。
14. Aileen Kelly, *Mikhail Bakunin: A Study in the Psychology and Politics of Utopianism* (Oxford: Clarendon Press, 1982). 相关评论参见 Robert M. Cutler, "Bakunin and the Psychobiographers: The Anarchist as Mythical and Historical Object," KLIO (St. Petersburg), [Abstract of English original of article] in press [in Russian translation], 参见 http://www.robertcutler.org/bakunin/ar09klio.htm。
15. 摘自他后来的自白书, 引用于 Peter Marshall, *Demanding the Impossible: A History of Anarchism* (London: Harper Perennial, 2008), 269。
16. Paul Thomas, *Karl Marx and the Anarchists* (London: Routledge, 1990), 261 – 262.
17. Marshall, *Demanding the Impossible*, 244 – 245, 258 – 259.
18. Proudhon, 转引自 K. Steven Vincent, *Pierre-Joseph Proudhon and the Rise of French Republican Socialism* (Oxford: Oxford University Press, 1984), 148。

19. Thomas, *Marx and the Anarchists*, 250.
20. Alvin W. Gouldner, "Marx's Last Battle: Bakunin and the First International," *Theory and Society* 11, no. 6 (November 1982): 861. Special issue in memory of Alvin W. Gouldner.
21. 转引自 Hunt, *The Frock-Coated Communist*, 259（参见 chap. 18, n. 25）。
22. Leier, *Bakunin: A Biography*, 191; Paul McClaughlin, *Bakunin: The Philosophical Basis of his Anarchism* (New York: Algora Publishing, 2002).
23. Mikhail A. Bakunin, *Statism and Anarchy* (Cambridge, UK: Cambridge University Press, 1990), 159.
24. Saul Newman, *From Bakunin to Lacan: Anti-authoritarianism and the Dislocation of Power* (Lanham, MD: Lexington Books, 2001), 37.
25. Leier, *Bakunin: A Biography*, 194 - 195.
26. 同上，184，210，241 - 242。
27. 蒲鲁东自己写的《战争与和平》思路极为混乱，尤其是它对战争赤裸裸的赞颂。托尔斯泰的创作灵感更多得自维克多·雨果，后者的《悲惨世界》为他呈现了一种叙写历史事件的方法。
28. Leier, *Bakunin: A Biography*, 196.
29. Carr, *The Romantic Exiles*.
30. 参见 www. marxists. org/subject/anarchism/nechayev/catechism. htm。
31. 引用于 Marshall, Demanding the Impossible, 346。
32. Carl Levy, "Errico Malatesta and Charismatic Leadership," in Jan Willem Stutje, ed., *Charismatic Leadership and Social Movements* (New York: Berghan Books, 2012), 89 - 90. 利维认为，马拉泰斯塔自 1919 年 12 月至 1920 年 10 月在意大利的巡回宣传使他丧失了把工人组织起来的机会。
33. 同上，94。
34. Joseph Conrad, *Under Western Eyes* (London: Everyman's Library, 1991).
35. Joseph Conrad, *The Secret Agent* (London: Penguin, 2007).
36. Stanley G. Payne, *The Spanish Civil War, the Soviet Union and Communism* (New Haven, CT: Yale University Press, 2004).
37. Levy, "Errico Malatesta," 94.

二十　修正主义者和先锋队

1. Engels, Introduction to Karl Marx's THE CLASS STRUGGLES IN FRANCE 1848 TO 1850, March 6, 1895, 参见 http://www.marxists.org/archive/marx/works/1895/03/06.htm。
2. Engels to Kautsky, April 1, 1895, 参见 http://www. marxists.org/archive/marx/works/1895/letters/95_04_01. htm。
3. Engels, Reply to the Honorable Giovanni Bovio, *Critica Sociale* No. 4, February 16, 1892, 参见 http://www.marxists.org/archive/marx/works/1892/02/critica - sociale.htm。
4. Marx, *Critique of the Gotha Programme*, May 1875, 参见 https://www.marxists.org/archive/marx/works/1875/gotha/index.htm。 McLellan, *Karl Marx*, 参见 Chapter 20, n. 19, 437。
5. Leszek Kolakowski, *Main Currents of Marxism*: *The Founders*, *the Golden Age*, *the Breakdown* (New York: Norton, 2005), 391.
6. Stephen Eric Bronner, "Karl Kautsky and the Twilight of Orthodoxy," *Political Theory* 10, no. 4 (November 1982): 580 – 605.
7. Elzbieta Ettinger, *Rosa Luxemburg*: *A Life* (Boston, MA: Beacon Press, 1986), xii, 87.
8. Rosa Luxemburg, *Reform or Revolution* (London: Bookmarks Publications, 1989).
9. Rosa Luxembourg, *The Mass Strike*, *the Political Party*, *and the Trade Unions*, 1906, 参见 http://www.marxists.org/archive/luxemburg/1906/mass - strike/index.htm。
10. Engels, "The Bakuninists at Work: An Account of the Spanish Revolt in the Summer of 1873," September/October 1873, 参见 http://www.marxists.org/archive/marx/works/1873/bakunin/index.htm。
11. Rosa Luxemburg, *The Mass Strike*.
12. Leon Trotsky, *My Life*: *The Rise and Fall of a Dictator* (London: T. Butterworth, 1930).
13. Karl Kautsky, "The Mass Strike," 1910, 转引自 Stephen D'Arcy, "Strategy, Meta-strategy and Anti-capitalist Activism: Rethinking

Leninism by Re-reading Lenin," *Socialist Studies*: *The Journal of the Society for Socialist Studies* 5, no. 2 (2009): 64 - 89.

14. Lenin, "The Historical Meaning of the Inner-Party Struggle," 1910, 参见 http://www.marxists.org/archive/lenin/works/1910/hmipsir/index.htm。

15. Vladimir Lenin, *What Is to Be Done?*, 35, 参见 http://www.marxists.org/archive/lenin/works/1901/witbd/index.htm。

16. Nadezhda Krupskaya, *Memories of Lenin* (London: Lawrence, 1930), 1: 102 - 103, citing One Step Forward, Two Steps Back.

17. Beryl Williams, *Lenin* (Harlow, Essex: Pearson Education, 2000), 46.

18. Hew Strachan, *The First World War, Volume One*: *To Arms* (Oxford: Oxford University Press, 2003), 113.

19. Robert Service, *Comrades*: *A World History of Communism* (London: Macmillan, 2007), 1427, 1448.

二十一　官僚、民主人士和精英

1. 与此同时，莫斯还记载：涂尔干担心他的学生们对马克思主义的兴趣会让他们背离自由主义精神；他不相信"肤浅的激进哲学"；以及他"不愿受党的纪律约束"。Marcel Mauss's preface to Emile Durkheim, *Socialism* (New York: Collier Books, 1958).

2. David Beetham, "Mosca, Pareto, and Weber: A Historical Comparison," in Wolfgang Mommsen and Jurgen Osterhammel, eds., *Max Weber and His Contemporaries* (London: Allen & Unwin, 1987), 140 - 141.

3. 参见 Joachim Radkau, *Max Weber*: *A Biography* (Cambridge, UK: Polity Press, 2009)。

4. Max Weber, *The Theory of Social and Economic Organization*, 由 Henderson and Parsons 翻译 (New York: The Free Press, 1947), 337。

5. Peter Lassman, "The Rule of Man over Man: Politics, Power and Legitimacy," in Stephen Turner, ed., *The Cambridge Companion to Weber* (Cambridge, UK: Cambridge University Press, 2000), 84 - 88.

6. Sheldon Wolin, "Legitimation, Method, and the Politics of Theory,"

Political Theory 9, no. 3 (August 1981): 405.

7. Radkau, *Max Weber*, 487.
8. 同上，488。
9. Nicholas Gane, *Max Weber and Postmodern Theory: Rationalisation versus Re-enchantment* (London: Palgrave Macmillan, 2002), 60.
10. Max Weber, "Science as a Vocation," 参见 http://mail.www.anthropos - lab.net/wp/wp - content/uploads/2011/12/Weber - Science - as - a - Vocation.pdf。
11. Radkau, *Max Weber*, 463.
12. Wolfgang Mommsen, *Max Weber and German Politics, 1890 - 1920*, 由 Michael Steinberg 翻译 (Chicago: University of Chicago Press, 1984), 310。
13. 同上，296。
14. Max Weber, "Politics as Vocation," 参见 http://anthropos - lab.net/wp/wp - content/uploads/2011/12/Weber - Politics - as - a - Vocation.pdf。
15. Reinhard Bendix and Guenther Roth, *Scholarship and Partisanship: Essays on Max Weber* (Berkeley: University of California Press, 1971), 28 - 29.
16. Isaiah Berlin, "Tolstoy and Enlightenment," in Harold Bloom, ed., *Leo Tolstoy* (New York: Chelsea Books, 2003), 30 - 31.
17. *Philosophers of Peace and War*, 参见 Chapter 8, n. 6, 129。
18. Rosamund Bartlett, *Tolstoy: A Russian Life* (London: Profile Books, 2010), 309.
19. Leo Tolstoy, *The Kingdom of God and Peace Essays* (The World's Classics), 347 - 348. 引用于 Gallie, *Philosophers of Peace*, 122。
20. 这篇文章相当于以下作品的序言。Lyof N. Tolstoi, *What to Do? Thoughts Evoked by the Census of Moscow*, 由 Isabel F. Hapgood 翻译 (New York: Thomas Y. Cromwell, 1887).
21. 同上，1。
22. 同上，4 - 5, 10。
23. 同上，77 - 78。
24. Mikhail A. Bakunin, *Bakunin on Anarchy* (New York: Knopf, 1972).
25. Jane Addams, *Twenty Years at Hull House* (New York: Macmillan,

1910).

26. 同上，56。

27. Jan C. Behrends, "Visions of Civility: Lev Tolstoy and Jane Addams on the Urban Condition in Fin de Siècle Moscow and Chicago," *European Review of History: Revue Européenne d'Histoire* 18, no. 3 (June 2011): 335 - 357.

28. Martin, *The Chicago School of Sociology: Institutionalization, Diversity and the Rise of Sociological Research* (Chicago: University of Chicago Press, 1984), 13 - 14.

29. Lincoln Steffens, *The Shame of the Cities* (New York: Peter Smith, 1948, first published 1904), 234.

30. Lawrence A. Schaff, *Max Weber in America* (Princeton, NJ: Princeton University Press, 2011), 41 - 43.

31. 同上，45。Schaff 认为韦伯对暴力的描述可能夸大了事实。

32. 同上，43 - 44。

33. James Weber Linn, *Jane Addams: A Biography* (Chicago: University of Illinois Press, 2000), 196.

34. Addams, *Twenty Years at Hull House*, 171 - 172. 她的态度反映在 Jane Addams, "A Function of the Social Settlement" in Louis Menand, ed., *Pragmatism: A Reader* (New York: Vintage Books, 1997), 273 - 286.

35. 同上，98 - 99。

36. 《李尔王》也是托尔斯泰最喜欢的莎士比亚戏剧。剧终时的国王是"英国文学中最接近于圣愚（yurodivy，意为'高尚的傻子'）的人物——一种托尔斯泰想要成为的、在其他宗教文化中见不到的十分特别的俄国式圣徒"。Bartlett, *Tolstoy*, 332.

37. Jane Addams, "A Modern Lear." 这份 1896 年的演说稿直到 1912 年才发表。参见 http://womenshistory.about.com/cs/addamsjane/a/mod_lear_10003b.htm。

38. Jean Bethke Elshtain, *Jane Addams and the Dream of American Democracy* (New York: Basic Books, 2002), 202, 218 - 219.

39. 赫尔安居会出色的研究工作曾让很多人认为，如果不是因为芝加哥大学里的男性社会学家们歧视女性，亚当斯和她的同事们将会被奉为美国社会学发展史上的重要人物。Mary Jo Deegan, *Jane Addams*

and the Men of the Chicago School (New Brunswick: Transaction Books, 1988).

40. Don Martindale, "American Sociology Before World War II," *Annual Review of Sociology* 2 (1976): 121; Anthony J. Cortese, "The Rise, Hegemony, and Decline of the Chicago School of Sociology, 1892 - 1945," *The Social Science Journal*, July 1995, 235; Fred H. Matthews, *Quest for an American Sociology: Robert E. Park and the Chicago School* (Montreal: McGill Queens University Press, 1977), 10; Martin Bulmer, *The Chicago School of Sociology.*

41. Small, 引用于 Lawrence J. Engel, "Saul D. Alinsky and the Chicago School," *The Journal of Speculative Philosophy* 16, no. 1 (2002): 50 - 66. 除了对周边社区的大量案例研究之外，这所大学还拥有约翰·洛克菲勒的慷慨捐赠和自由的学术氛围，而且没有常春藤盟校惯有的那种片面追求社会精英主义和区别待人的习气。

42. Albion Small, "Scholarship and Social Agitation," *American Journal of Sociology* 1 (1895 - 1896): 581 - 582, 605.

43. Robert Westbrook, "The Making of a Democratic Philosopher: The Intellectual Development of John Dewey," in Molly Cochran, ed., *The Cambridge Companion to Dewey* (Cambridge, UK: Cambridge University Press, 2010), 13 - 33.

44. 这方面最重要的著作包括：*Democracy and Education* (New York: Macmillan, 1916); *Human Nature and Conduct* (New York: Henry Holt, 1922); *Experience and Nature* (New York: Norton, 1929); *The Quest for Certainty* (New York: Minton, 1929); *Logic: The Theory of Inquiry* (New York: Henry Holt, 1938).

45. Small, "Scholarship and Social Agitation," 362, 237.

46. Andrew Feffer, *The Chicago Pragmatists and American Progressivism* (Ithaca, NY: Cornell University Press, 1993), 168.

47. 同上，237。

48. William James, "Pragmatism," in Louis Menand, ed., *Pragmatism*, 98.

49. Louis Menand, *The Metaphysical Club* (London: Harper Collins, 2001), 353 - 354.

50. 同上，350。

51. 杜威"差一点就调和了欲望与行为"。John Patrick Duggan, *The Promise of Pragmatism: Modernism and the Crisis of Knowledge and Authority* (Chicago: University of Chicago Press, 1994), 48.

52. Dewey, *Human Nature and Conflict*, 230.

53. Menand, *The Metaphysical Club*, 374.

54. Robert K. Merton, "The Unanticipated Consequences of Purposive Social Action," *American Sociological Review* 1, no. 6 (December 1936): 894 –904.

二十二　规则、神话和宣传

1. H. Stuart Hughes, *Consciousness and Society: The Reorientation of European Social Thought* (Cambridge, MA: Harvard University Press, 1958).

2. Robert Michels, *Political Parties: A Sociological Study of the Oligarchical Tendencies of Modern Democracy* (New York: The Free Press, 1962), 46. 首次出版于1900年。

3. Wolfgang Mommsen, "Robert Michels and Max Weber: Moral Conviction versus the Politics of Responsibility," in Wolfgang and Jurgen Osterhammel, 126.

4. Michels, *Political Parties*, 338.

5. Gaetano Mosca, *The Ruling Class* (New York: McGraw Hill, 1939), 50. 首次出版于1900年。

6. 同上，451。

7. David Beetham, "Mosca, Pareto, and Weber: A Historical Comparison," in Wolfgang Mommsen and Jurgen Osterhammel, eds., *Max Weber and His Contemporaries* (London: Allen & Unwin, 1987), 139 – 158.

8. Vilfredo Pareto, *The Mind and Society*, 由 Arthur Livingston 编辑，4 volumes (New York: Harcourt Brace, 1935)。

9. Geraint Parry, *Political Elites* (London: George Allen & Unwin, 1969).

10. Gustave Le Bon, *The Crowd: A Study of the Popular Mind* (New York: The Macmillan Co., 1896), 13, 参见 http://etext.virginia.edu/toc/

modeng/public/BonCrow. html。

11. Hughes, *Consciousness and Society*, 161.
12. Irving Louis Horowitz, *Radicalism and the Revolt Against Reason: The Social Theories of George Sorel* (Abingdon: Routledge & Kegan Paul, 2009). 但他也提到索列尔“没有正式组织……从事实到假设再到自由推断，总是随意改变论据……对所有事情都抱着偏见”(p. 9)。
13. Jeremy Jennings, ed., *Sorel: Reflections on Violence* (Cambridge, UK: Cambridge University Press, 1999), viii. 1906 年首次出版于 Le Mouvement Sociale.
14. Antonio Gramsci, *The Modern Prince & Other Writings* (New York: International Publishers, 1957), 143.
15. Thomas R. Bates, "Gramsci and the Theory of Hegemony," *Journal of the History of Ideas* 36, no. 2 (April-June 1975): 352.
16. Joseph Femia, "Hegemony and Consciousness in the Thought of Antonio Gramsci," *Political Studies* 23, no. 1 (1975): 37.
17. 同上，33。
18. Gramsci, *The Modern Prince*, 137.
19. Walter L. Adamson, *Hegemony and Revolution: A Study of Antonio Gramsci's Political and Cultural Thought* (Berkeley: University of California Press, 1980), 223, 209.
20. 同上，223。
21. T. K. Jackson Lears, "The Concept of Cultural Hegemony: Problems and Possibilities," *The American Historical Review* 90, no. 1 (June 1985): 578.
22. Adolf Hitler, Mein Kampf, vol. I, ch. X. First published in 1925.
23. James Burnham, The Managerial Revolution (London: Putnam, 1941). 还可参见 Kevin J. Smant, *How Great the Triumph: James Burnham, Anti-Communism, and the Conservative Movement* (New York: University Press of America, 1991).
24. Bruno Rizzi, *The Bureaucratization of the World*, 由 Adam Westoby 翻译 (New York: The Free Press, 1985).
25. 同上，223 - 225，269。
26. 可参见 C. Wright Mills, "A Marx for the Managers," in Irving Horowitz,

ed. , *Power, Politics and People: The Collected Essays of C. Wright Mills* (New York: Oxford University Press, 1963), 53 – 71。乔治·奥威尔表达了很多担心和疑虑，特别提到了伯纳姆稍早时曾推测德国将赢得战争。不过他运用伯纳姆的地缘政治分析，预言世界将分裂为控制全球的三大战略中心，各中心彼此相似但又不断斗争。这成为了他创作反乌托邦小说《1984》的基础。和往常一样，奥威尔的分析引人入胜。参见他的"James Burnham and the Managerial Revolution," *New English Weekly*, May 1946，参见 http://www.k – 1. com/Orwell/site/work/essays/burnham. html。

27. 这篇论文的完整英文译本直到 1972 年才发表，但它此前已反映在帕克的其他作品中。
28. Stuart Ewen, *PR! A Social History of Spin* (New York: Basic Books, 1996), 69.
29. 同上，68。
30. Robert Park, *the Mass and the Public, and Other Essays* (Chicago: University of Chicago Press, 1972), 80. 首次出版于 1904 年。
31. 引用于 Ewen, *PR!*, 48.
32. Ronald Steel, *Walter Lippmann and the American Century* (New Brunswick, NJ: Transaction Publishers, 1999).
33. W. I. Thomas and Dorothy Swaine Thomas, *The Child in America: Behavior Problems and Programs* (New York: Knopf, 1928). 将托马斯的格言变成定理的 Robert Merton 形容它"或许是美国社会学家迄今为止所铭记的最重要的句子"。"Social Knowledge and Public Policy," in *Sociological Ambivalence* (New York: Free Press, 1976), 174. 还可参见 Robert Merton, "The Thomas Theorem and the Matthew Effect," *Social Forces* 74, no. 2 (December 1995): 379 – 424。
34. Walter Lippmann, *Public Opinion* (New York: Harcourt Brace & Co, 1922), 59，参见 http://xroads. virginia. edu/ ~ Hyper2/CDFinal/Lippman/cover. html。
35. Michael Schudson, "The 'Lippmann-Dewey Debate' and the Invention of Walter Lippmann as an Anti-Democrat 1986 – 1996," *International Journal of Communication* 2 (2008): 140.
36. Harold D. Lasswell, "The Theory of Political Propaganda," *The American*

Political Science Review 21, no. 3 (August 1927): 627 - 631.

37. Sigmund Freud, *Group Psychology and the Analysis of the Ego* (London: The Hogarth Press, 1949). First published 1922, 参见 http://archive.org/stream/grouppsychologya00freu/grouppsychologya00freu_djvu.txt。
38. Wilfred Trotter, *Instincts of the Herd in Peace and War* (New York: Macmillan, 1916); Harvey C. Greisman, "Herd Instinct and the Foundations of Biosociology," *Journal of the History of the Behavioral Sciences* 15 (1979): 357 - 369.
39. Edward Bernays, *Crystallizing Public Opinion* (New York: Liveright, 1923), 35.
40. Edward Bernays, *Propaganda* (New York: H. Liveright, 1936), 71.
41. 一篇写于 1947 年文章的标题, Edward L. Bernays, "The Engineering of Consent," *The Annals of the American Academy of Political and Social Science* 250 (1947): 113。
42. 关于这是否真对女性的吸烟习惯有影响，至少仍存在争议。参见 Larry Tye, *The Father of Spin: Edward L. Bernays and the Birth of Public Relations* (New York: Holt, 1998), 27 - 35.
43. "Are We Victims of Propaganda? A Debate. Everett Dean Martin and Edward L. Bernays," *Forum Magazine*, March 1929.

二十三　非暴力的力量

1. Laura E. Nym Mayhall, *The Militant Suffrage Movement: Citizenship and Resistance in Britain, 1860 - 1930* (Oxford: Oxford University Press, 2003), 45, 79, 107, 115.
2. Donna M. Kowal, "One Cause, Two Paths: Militantvs. Adjustive Strategies in the British and American Women's Suffrage Movements," *Communication Quarterly* 48, no. 3 (2000): 240 - 255.
3. Henry David Thoreau, Civil Disobedience, originally published as Resistance to Civil Government (1849). 参见 http://thoreau.eserver.org/civil.html。
4. 他在 1942 年"给美国朋友"的信中写道，"你们给了我梭罗这个老师，他用他的文章对‘公民不服从的义务’进行了科学论证，这篇文章让我知道了我在南非该做什么。”关于梭罗影响的证据，参见 George Hendrick, “The Influence of Thoreau's ‘Civil Disobedience’ on Gandhi's Satyagraha,” *The New England Quarterly* 29, no. 4 (December 1956): 462 – 471。

5. Leo Tolstoy, *A Letter to a Hindu*, introduction by M. K. Gandhi (1909), 参见 http://www. online – literature. com/tolstoy/2733。
6. 这些内容摘自 Judith M. Brown, “Gandhi and Civil Resistance in India, 1917 – 47: Key Issues,” in Adam Roberts and Timothy Garton Ash, eds., *Civil Resistance & Power Politics: The Experience of Non-Violent Action from Gandhi to the Present* (Oxford: Oxford University Press, 2009), 43 – 57.
7. Sean Scalmer, *Gandhi in the West: The Mahatma and the Rise of Radical Protest* (Cambridge, UK: Cambridge University Press, 2011), 54, 57.
8. “To the American Negro: A Message from Mahatma Gandhi,” *The Crisis*, July 1929, 225.
9. Vijay Prashad, “Black Gandhi,” *Social Scientist* 37, no. 1/2 (January/February 2009): 4 – 7, 45.
10. Leonard A. Gordon, “Mahatma Gandhi's Dialogues with Americans,” *Economic and Political Weekly* 37, no. 4 (January-February 2002): 337 – 352.
11. Joseph Kip Kosek, “Richard Gregg, Mohandas Gandhi, and the Strategy of Nonviolence,” *The Journal of American History* 91, no. 4 (March 2005): 1318 – 1348. 葛瑞格出版了一系列有关非暴力的著作，其中最具影响力的是 *The Power of Non-Violence* (London: James Clarke & Co., 1960)。首次出版于 1934 年。
12. Reinhold Neibuhr, *Moral Man and Immoral Society* (New York: Scribner, 1934).
13. 描述于 James Farmer, *Lay Bare the Arms: An Autobiography of the Civil Rights Movement* (New York: Arbor House, 1985), 106 – 107.
14. 有关马斯特从信奉马克思主义转向信奉基督教和平主义，参见 Chapter 9 of Ira Chernus, *American Nonviolence: The History of an Idea* (New York: Orbis, 2004)。葛瑞格和尼布尔都是唯爱社的成员，但

后者为了求学离开了该组织。

15. August Meierand and Elliott Rudwick, *CORE: A Study in the Civil Rights Movement, 1942 - 1968* (New York: Oxford University Press, 1973), 102 - 103.
16. 同上，111。
17. Krishnalal Shridharani, *War Without Violence: A Study of Gandhi's Method and Its Accomplishments* (New York: Harcourt Brace & Co., 1939). 参见 James Farmer, *Lay Bare the Heart: An Autobiography of the Civil Rights Movement* (New York: Arbor Books, 1985), 93 - 95, 112 - 113。
18. Paula F. Pfeffer, *A. Philip Randolph. Pioneer of the Civil Rights Movement* (Baton Rouge: Louisiana State University Press, 1990).
19. Jervis Anderson, *Bayard Rustin: Troubles I've Seen* (NewYork: HarperCollins, 1997), 17.
20. Adam Fairclough, "The Preachers and the People: The Origins and Early Years of the Southern Christian Leadership Conference, 1955 - 1959," *The Journal of Southern History* 52, no. 3 (August 1986), 403 - 440.
21. 加罗提到，在金的运动生涯中，曾有一位持同情心的白人女性在一封写给报纸的信中将他与甘地相比。David Garrow, *Bearing the Cross: Martin Luther King Jr. and the Southern Christian Leadership Conference, 1955 - 1968* (New York: W. Morrow, 1986), 28。
22. 同上，43。Bo Wirmark, "Nonviolent Methods and the American Civil Rights Movement 1955 - 1965," *Journal of Peace Research* 11, no. 2 (1974): 115 - 132; Akinyele Umoja, "1964: The Beginning of the End of Nonviolence in the Mississippi Freedom Movement," *Radical History Review* 85 (Winter 2003): 201 - 226.
23. Scalmer, *Gandhi in the West*, 180.
24. 金参考过的书籍包括：M. K. Gandhi, *An Autobiography*; *The Story of My Experiments with Truth*, 由 Mahadev Desai 翻译 (Ahmedabad: Navajivan Publishing House, 1927); Louis Fischer, *The Life of Mahatma Gandhi* (London: Jonathan Cape, 1951); Henry David Thoreau, "Civil Disobedience," 1849; Walter Rauschenbusch, *Christianity and the Social Crisis* (New York: Macmillan Press, 1908);

Richard B. Gregg, (*The Power of Non-Violence*); Ira Chernus, (*American Nonviolence: The History of an Idea*) (Maryknoll, NY: Orbis Books, 2004), 169 - 171。参见 James P. Hanigan, *Martin Luther King, Jr. and the Foundations of Nonviolence* (Lanham, MD: University Press of America, 1984), 1 - 18。

25. Taylor Branch, *Parting the Waters. America in the King Years, 1954 - 63* (New York: Touchstone, 1988), 55.

26. Martin Luther King, "Our Struggle," *Liberation*, April 1956, 参见 http://mlk - kpp01. stanford. edu/primarydocuments/Vol3/Apr - 1956 _ OurStruggle. pdf。

27. Branch, *Parting the Waters*, 195.

28. Garrow, *Bearing the Cross: Martin Luther King Jr. and the Southern Christian Leadership Conference, 1955 - 1968*, 111. 举一个例子：葛瑞格曾这样写非暴力反抗者："他对他的敌手不搞身体上的攻击，但他的思想和感情是积极的，总是不断努力劝说后者认识到自己的错误。"而金则写道："因为非暴力反抗者是消极的，对他的敌手不搞身体上的攻击，所以他的思想和感情是积极的，不断寻求劝说他的敌手认识到自己的错误。" Martin Luther King, Jr., "Pilgrimage to Nonviolence," in *Stride Toward Freedom: The Montgomery Story* (New York: Harper & Bros., 1958), 102; Gregg, *The Power of Non-Violence*, 93.

29. Daniel Levine, *Bayard Rustin and the Civil Rights Movement* (New Brunswick: Rutgers University Press, 2000), 95.

30. 引用于 Anderson, *Bayard Rustin*, 192。

31. Aldon Morris, "Black Southern Student Sit-in Movement: An Analysis of Internal Organization," *American Sociological Review* 46, no. 6 (December 1981): 744 - 767.

32. 有关对贝克与金之间关系的公允评价，参见 Barbara Ransby, *Ella Baker and the Black Freedom Movement: A Radical Democratic Vision* (Chapel Hill: University of North Carolina Press, 2003), 189 - 192。

33. Alan Fairclough, "The Preachers and the People," 424.

34. Morris, "Black Southern Student Sit-In Movement," 755.

35. Doug McAdam, "Tactical Innovation and the Pace of Insurgency,"

American Sociological Review 48, no. 6 (December 1983): 748.

36. Bayard Rustin, *Strategies for Freedom: The Changing Patterns of Black Protest* (New York: Columbia University Press, 1976), 24.

37. Aldon D. Morris, "Birmingham Confrontation Reconsidered: An Analysis of the Dynamics and Tactics of Mobilization," *American Sociological Review* 58, no. 5 (October 1993): 621 – 636.

38. Letter from Birmingham Jail, April 16, 1963, 参见 http://mlk-kpp01.stanford.edu/index.php/resources/article/annotated_letter_from_birmingham/。

39. Rustin, *Strategies for Freedom*, 45.

40. 转引自 Branch, *Parting the Waters*, 775.

41. Martin Luther King, Jr., *Why We Can't Wait* (New York: New American Library, 1963), 104 – 105; Douglas McAdam, *Political Process and the Development of Black Insurgency 1930 – 1970* (Chicago: University of Chicago Press, 1983); David J. Garrow, *Protest at Selma: Martin Luther King, Jr. and the Voting Rights Act of 1965* (New Haven, CT: Yale University Press, 1978); Branch, *Parting the Waters*; Thomas Brooks, *Walls Come Tumbling Down: A History of the Civil Rights Movement* (Englewood Cliffs: Prentice – Hall, 1974).

二十四　存在主义战略

1. Tom Hayden, *Reunion: A Memoir* (New York: Collier, 1989), 87. 有关民主社会学生联盟（SDS）的历史，参见 Kirkpatrick Sale, *The Rise and Development of the Students for a Democratic Society* (New York: Vintage Books, 1973).

2. Todd Gitlin, *The Sixties: Years of Hope, Days of Rage* (New York: Bantam Books, 1993), 286.

3. William H. Whyte, *The Organization Man* (Pennsylvania: University of Pennsylvania Press, 2002). First published 1956.

4. David Riesman, *The Lonely Crowd* (New York: Anchor Books, 1950).

5. Erich Fromm, *The Fear of Freedom* (London: Routledge, 1942).

6. Theodore Roszak, *The Making of a Counter-Culture* (London: Faber &

Faber, 1970), 10 - 11.

7. 参见 Jean-Paul Sartre, *Being and Nothingness: An Essay in Phenomenological Ontology* (New York: Citadel Press, 2001), 首次出版于 1943 年; *Existentialism and Humanism* (London: Methuen, 2007), 首次出版于 1946 年。

8. Albert Camus, *The Plague* (New York: Vintage Books, 1961). 首次出版于 1949 年。

9. Irving Horowitz, *C. Wright Mills: An American Utopian* (New York: The Free Press, 1983), 其中对米尔斯的态度明显模棱两可。John H. Summers, "The Epigone's Embrace: Irving Louis Horowitz on C. Wright Mills," *Minnesota Review* 68 (Spring 2007): 107 - 124, 其中对此进行了探讨。

10. C. Wright Mills, *Sociology and Pragmatism* (New York: Oxford University Press, 1969), 423. 在他去世后出版。

11. 在 Listen Yankee (New York: Ballantine, 1960) 中, 他用一位古巴革命者想象出来的词句为古巴革命辩护。

12. Robert Dahl, *Who Governs: Democracy and Power in an American City* (New Haven, CT: Yale University Press, 1962).

13. David Baldwin, "Power Analysis and World Politics: New Trends versus Old Tendencies," *World Politics* 31, no. 2 (January 1979): 161 - 194. 他在这里引用了 Klaus Knorr, *The Power of Nations: The Political Economy of International Relations* (New York: Basic Books, 1975)。

14. Robert Dahl, "The Concept of Power," *Behavioral Science 2* (1957): 201 - 215.

15. Peter Bachrach and Morton S. Baratz, "Two Faces of Power," *The American Political Science Review* 56, no. 4 (December 1962): 947 - 952. 还可参见 Peter Bachrach and Morton S. Baratz, "Decisions and Non-Decisions: An Analytical Framework," *The American Political Science Review* 57, no. 3 (September 1963): 632 - 642.

16. C. Wright Mills, *The Power Elite* (Oxford: Oxford University Press, 1956).

17. Theodore Roszak, *The Making of Counter-Culture*, 25.

18. C. Wright Mills, *The Sociological Imagination* (New York: Oxford

University Press, 1959).

19. Tom Hayden and Dick Flacks, "The Port Huron Statement at 40," *The Nation*, July 18, 2002. 这份宣言以小册子的形式油印了 2 万份，每份售价 35 美分。请注意"叛逆者"这个词的使用。
20. Hayden, *Reunion: A Memoir*, 80. *On the impact of Mills*, 参见 John Summers, "The Epigone's Embrace: Part II, C. Wright Mills and the New Left," *Left History* 13.2 (Fall/Winter 2008)。
21. 关于《休伦港宣言》(The Port Huron Manifesto) 参见 http://coursesa.matrix.msu.edu/~hst306/documents/huron.html。
22. Hayden, *Reunion: A Memoir*, 75.
23. Port Huron Manifesto.
24. Richard Flacks, "Some Problems, Issues, Proposals," July 1965, 转载于 Paul Jacobs and Saul Landau, *The New Radicals* (New York: Vintage Books, 1966), 167-169。
25. Tom Hayden and Carl Wittman, "Summer Report, Newark Community Union, 1964," in Massimio Teodori, *The New Left: A Documentary History* (London: Jonathan Cape, 1970), 133.
26. Tom Hayden, "The Politics of the Movement," *Dissent*, Jan/Feb 1966, 208.
27. Tom Hayden, "Up from Irrelevance," *Studies on the Left*, Spring 1965.
28. Francesca Polletta, "*Freedom Is an Endless Meeting*": *Democracy in American Social Movements* (Chicago: University of Chicago Press, 2002).
29. Lawrence J. Engel, "Saul D. Alinsky and the Chicago School," *The Journal of Speculative Philosophy* 16, no. 1 (2002).
30. Robert Park, "The City: Suggestions for the Investigation of Human Behavior in the City Environment," *The American Journal of Sociology* 20, no. 5 (March 1915): 577-612.
31. Engel, "Saul D. Alinsky and the Chicago School," 54-57. 阿林斯基选修的伯吉斯的课程之一是"现代社会的病理状况和发展进程"，其中囊括了"酗酒、卖淫、贫穷、流浪、青少年和成年人犯罪"等问题，需要通过"实地参观考察、完成调查作业和参加学术会议"来进行教学。

32. 他认识了卡彭帮的二号人物 Frank Nitti，并通过他了解到该帮派从“酒馆、妓院和赌窟到他们开始接管的合法生意”的运作情况。考虑到他们与当地政府和警察局里的很多人关系密切，他认为自己收集的信息没有太大用处。正如他后来所说，“真正能挑战这个帮派的只能是其他像 Bugs Moran 或 Roger Touhy 这样的犯罪团伙”。他自称已经学到了“犯罪团伙运用和滥用权力的丰富经验，这些经验对于我后来做组织工作有很大帮助”。“要将权力赋予人民，而不是精英。”索尔·阿林斯基访谈录，*Playboy Magazine*，March 1972.
33. Engel，“Saul D. Alinsky and the Chicago School，” 60.
34. “Empowering People，Not Elites，” 索尔·阿林斯基访谈录。
35. Saul D. Alinsky，“Community Analysis and Organization，” *The American Journal of Sociology* 46，no. 6（May 1941）：797 – 808.
36. Sanford D. Horwitt，“*Let Them Call Me Rebel*”：*Saul Alinsky，His Life and Legacy*（New York：Alfred A. Knopf，1989），39.
37. Saul D. Alinsky，*John Lewis*：*An Unauthorized Biography*（New York：Vintage Books，1970），104，219.
38. Saul D. Alinsky，*Reveille for Radicals*（Chicago：University of Chicago Press，1946），22.
39. Horwitt，“Let Them Call Me Rebel，” 174.
40. Charles Silberman，*Crisis in Black and White*（New York：Random House，1964），335.
41. “This did not work out，” he recorded in a notebook. 参见 Horwitt，“Let Them Call Me Rebel，” 530.
42. Nicholas von Hoffman，*Radical*：*A Portrait of Saul Alinsky*（New York：Nation Books，2010），75，36.
43. 这两个敌对组织于 1955 年合并。
44. El Malcriado，no. 14，July 9，1965，引用于 Marshall Ganz，*Why David Sometimes Wins*：*Leadership*，*Organization and Strategy in the California Farm Worker Movement*（New York：Oxford University Press，2009），93。
45. Randy Shaw，*Beyond the Fields*：*Cesar Chávez*，*the UFW*，*and the Struggle for Justice in the 21st Century*（Berkeley and Los Angeles：University of California Press，2009），87 – 91.

46. Von Hoffman, *Radical*, 163.
47. Ganz, *Why David Sometimes Wins*.
48. Miriam Pawel, *The Union of Their Dreams: Power, Hope, and Struggle in Cesar Chávez's Farm Worker Movement* (New York: Bloomsbury Press, 2009).
49. Von Hoffman, *Radical*, 51 – 52.
50. Horwitt, "Let Them Call Me Rebel," 524 – 526.
51. "Empowering People, Not Elites," 索尔·阿林斯基访谈录。
52. Von Hoffman, *Radical*, 69.
53. David J. Garrow, *Bearing the Cross: Martin Luther King Jr. and the Southern Christian Leadership Conference* (New York: Quill, 1999), 455.

二十五　黑人的权力与白人的愤怒

1. 马尔科姆·艾克斯没有发表过任何策略声明。其主要思想见于他与 Arthur Haley 合写的自传，*The Autobiography of Malcolm X* (New York: Ballantine Books, 1992).
2. David Macey, *Frantz Fanon: A Biography* (New York: Picador Press, 2000).
3. Frantz Fanon, *The Wretched of the Earth* (London: Macgibbon and Kee, 1965), 28; Jean-Paul Sartre, *Anti-Semite and Jew* (New York: Schocken Books, 1995), 152, 首次出版于 1948 年。参见 Sebastian Kaempf, "Violence and Victory: Guerrilla Warfare, 'Authentic Self-Affirmation' and the Overthrow of the Colonial State," *Third World Quarterly* 30, no. 1 (2009): 129 – 146.
4. Preface to Fanon, *Wretched of the Earth*, 18.
5. Hannah Arendt, "Reflections on Violence," *The New York Review of Books*, February 27, 1969. 扩充版本见于 *Crises of the Republic* (New York: Harcourt, 1972)。
6. Paul Jacobs and Saul Landau, *The New Radicals: A Report with Documents* (New York: Random House, 1966), 25.
7. Taylor Branch, *At Canaan's Edge: America in the King Years 1965 – 68*

(New York: Simon & Schuster, 2006), 486.

8. SNCC, "The Basis of Black Power," *New York Times*, August 5, 1966.

9. Stokely Carmichael and Charles V. Hamilton, *Black Power: The Politics of Liberation in America* (New York: Vintage Books, 1967), 12-13, 58, 66-67.

10. Garrow, *Bearing the Cross*, 488 (参见 chap. 23, n. 21)。

11. Martin Luther King, Jr., *Chaos or Community* (London: Hodder & Stoughton, 1968), 56.

12. Bobby Seale, *Seize the Time: The Story of the Black Panther Party and Huey P. Newton* (New York: Random House, 1970), 79-81.

13. Stokely Carmichael, "A Declaration of War, February 1968," in Teodori, ed., *The New Left*, 258.

14. John D'Emilio, *Lost Prophet: The Life and Times of Bayard Rustin* (New York: The Free Press, 2003), 450-451.

15. Bayard Rustin, "From Protest to Politics," *Commentary* (February 1965).

16. Staughton Lynd, "Coalition Politics or Nonviolent Revolution?" *Liberation*, June/July 1965, 197-198.

17. Carmichael and Hamilton, *Black Power*, 72.

18. 同上, 92-93。

19. Paul Potter, 1965 年 4 月 17 日的演讲, 参见 http://www.sdsrebels.com/potter.htm。

20. Jeffrey Drury, "Paul Potter, 'The Incredible War,'" *Voices of Democracy* 4 (2009): 23-40. 还可参见 Sean McCann and Michael Szalay, "Introduction: Paul Potter and the Cultural Turn," *The Yale Journal of Criticism* 18, no. 2 (Fall 2005): 209-220.

21. Gitlin, *The Sixties*, 265-267 (参见 chap. 24, n. 2)。

22. Mark Rudd, *Underground, My Life with SDS and the Weathermen* (New York: Harper Collins, 2009), 65-66.

23. Herbert Marcuse, *One-Dimensional Man* (London: Sphere Books, 1964); "Repressive Tolerance" in Robert Paul Wolff, Barrington Moore, Jr., and Herbert Marcuse, eds., *A Critique of Pure Tolerance* (Boston: Beacon Press, 1969), 95-137; *An Essay on Liberation* (London:

Penguin, 1969).

24. Che Guevara, "Message to the Tricontinental," 1967 年 4 月 16 日首次出版于哈瓦那，参见 http://www.marxists.org/archive/guevara/1967/04/16.htm。

25. Boot, *Invisible Armies*, 438 （参见 chap. 14, n. 22）。*On Snow*, 参见 341。

26. Matt D. Childs, "An Historical Critique of the Emergence and Evolution of Ernesto Che Guevara's Foco Theory," *Journal of Latin American Studies* 27, no. 3 (October 1995): 593 - 624.

27. Che Guevara, *Guerrilla Warfare* (London: Penguin, 1967). 还可参见 Che Guevara, *The Bolivian Diaries* (London: Penguin, 1968)。

28. Childs, "An Historical Critique," 617.

29. Paul Dosal, *Commandante Che: Guerrilla Soldier, Commander, and Strategist, 1956 - 1967* (University Park: Pennsylvania University Press, 2003), 313.

30. Regis Debray, *Revolution in the Revolution* (London: Pelican, 1967).

31. 同上, 51. Jon Lee Anderson, *Che Guevara: A Revolutionary Life* (New York: Bantam Books, 1997)，其中表达了对格瓦拉而非德布雷的著作更积极的看法。德布雷最终认定卡斯特罗和格瓦拉并没有那么值得钦佩。

32. 它最初发表于 the *Tricontinental Bimonthly* (January-February 1970). 参见 http://www.marxists.org/archive/marighellacarlos/1969/06/minimanual - urban - guerrilla/index.htm。有关马里盖拉及其影响，参见 John W. Williams, "Carlos Marighella: The Father of Urban Guerrilla Warfare," *Terrorism* 12, no. 1 (1989): 1 - 20。

33. 此事见于 Branch, *At Canaan's Edge*, 662 - 664。Henry Raymont, "Violence as a Weapon of Dissent Is Debated at Forum in 'Village,'" *New York Times*, December 17, 1967. 事件发生过程见于 Alexander Klein, ed., *Dissent, Power, and Confrontation* (New York: McGraw Hill, 1971).

34. Arendt, *Reflections on Violence.*

35. Eldridge Cleaver, *Soul on Fire* (New York: Dell, 1968), 108. 引用于 Childs, "An Historical Critique," 198。

36. 海登虽然谴责自由合作主义，但一直和肯尼迪保持着交往，而且被拍到在他的灵柩旁流泪哀悼。
37. Tom Hayden, "Two, Three, Many Columbias," *Ramparts*, June 15, 1968, 346.
38. Rudd, *Underground*, 132.
39. 同上，144。
40. Daniel Bell, "Columbia and the New Left," *National Affairs* 13 (1968): 100.
41. Letter of December 3, 1966. Bill Morgan, ed., *The Letters of Allen Ginsberg* (Philadelphia: Da Capo Press, 2008), 324.
42. 金斯伯格访谈录，August 11, 1996，参见 http://www.english.illinois.edu/maps/poets/g_l/ginsberg/interviews.htm。
43. Amy Hungerford, "Postmodern Supernaturalism: Ginsberg and the Search for a Supernatural Language," *The Yale Journal of Criticism* 18, no. 2 (2005): 269 - 298.
44. 关于"雅皮士"（Yippies）的起源，参见 David Farber, *Chicago'68* (Chicago: University of Chicago Press, 1988)。这个名称的优点是既合于"嬉皮士"（hippie，源于代表反传统和赶时髦一代人的"hip"）的发音，听起来又像是一声快乐的叫喊。为了带有一点幽默的可信性，它被说成了"youth international party"（青年国际党）的缩写。
45. Gitlin, *The Sixties*, 289.
46. Farber, *Chicago'68*, 20 - 21.
47. Harry Oldmeadow, "To a Buddhist Beat: Allen Ginsberg on Politics, Poetics and Spirituality," *Beyond the Divide* 2, no. 1 (Winter 1999): 6.
48. 同上，27。到了二十世纪七十年代，他开始以一种相当传统的视角回顾往事："我们在六十年代晚期的所作所为可能拖长了越南战争。"因为左派拒绝把票投给汉弗莱，所以选择了尼克松。他实际上曾支持过汉弗莱。Peter Barry Chowka, "Interview with Allen Ginsberg," New Age Journal, April 1976，参见 http://www.english.illinois.edu/maps/poets/g_l/ginsberg/interviews.htm。
49. 在此事完全平息后，海登和 7 位臭名昭著的新左派领导人，包括黑豹党成员博比·西尔在内，一并因煽动暴力犯罪而被逮捕。对他们的审判很快就演变成一场闹剧。

50. Scalmer, *Gandhi in the West*, 218（参见 chap. 23, n. 7）.

51. Michael Kazin, *American Dreamers: How the Left Changed a Nation* (New York: Vintage Books, 2011), 213.

52. Betty Friedan, *The Feminist Mystique* (New York: Dell, 1963).

53. Casey Hayden and Mary King, "Feminism and the Civil Rights Movement," 1965, 参见 http://www.wwnorton.com/college/history/archive/resources/documents/ch34_02.htm。关于凯西·海登，参见 Davis W. Houck and David E. Dixon, eds., *Women and the Civil Rights Movement, 1954 - 1965* (Jackson: University Press of Mississippi, 2009), 135 - 137。

54. Jo Freeman, "The Origins of the Women's Liberation Movement," *American Journal of Sociology* 78, no. 4 (1973): 792 - 811; Ruth Rosen, *The World Split Open: How the Modern Women's Movement Changed America* (New York: Penguin, 2000).

55. Carol Hanish, "The Personal Is Political," in Shulamith Firestone and Anne Koedt, eds., *Notes from the Second Year: Women's Liberation, 1970*, 参见 http://web.archive.org/web/20080515014413/http://scholar.alexanderstreet.com/pages/viewpage.action? pageId = 2259。

56. Ruth Rosen, *The World Split Open*.

57. Robert O. Self, *All in the Family: The Realignment of American Democracy since the 1960s* (New York: Hill and Wang, 2012), Chapter 3.

58. Gene Sharp, *The Politics of Nonviolent Action*, 3 vols. (Manchester, NH: Extending Horizons Books, Porter Sargent Publishers, 1973).

59. 198 种方法列表见于 vol. 2 of Sharp, The Politics of Nonviolent Action. The list can be found at http://www.aeinstein.org/organizations103a.html.

60. Sheryl Gay Stolberg, "Shy U. S. Intellectual Created Playbook Used in a Revolution," *New York Times*, February 16, 2011.

61. Todd Gitlin, *Letters to a Young Activist* (New York: Basic Books, 2003), 84, 53.

二十六 框架、范例、话语和叙事

1. Karl Popper, *The Open Society and Its Enemies* (London: Routledge, 1947).
2. Peter L. Berger and Thomas Luckmann, *The Social Construction of Reality: A Treatise in the Sociology of Knowledge* (Garden City, NY: Anchor Books, 1966).
3. Erving Goffman, *Frame Analysis* (New York: Harper & Row, 1974), 10 - 11, 2 - 3. William James, *Principles of Psychology*, vol. 2 (New York: Cosimo, 2007). 相关章节最初刊登于《思想》杂志。詹姆斯意识到了选择性注意、亲密参与和已知非矛盾的重要性，也意识到可以存在各种子世界，用戈夫曼的话说，它们每一个在退出之前“都以各自的方式存在”。
4. Peter Simonson, “The Serendipity of Merton's Communications Research,” *International Journal of Public Opinion Research* 17, no. 1 (January 2005): 277 - 297. 这场合作的一个副作用，就是莫顿介绍 C·赖特·米尔斯（“他那个时代的杰出社会学家”）参与了研究，但由于米尔斯在这个项目统计分析部分的工作进行得极为艰难，他最终被拉扎斯菲尔德解雇。这也是拉扎斯菲尔德为什么会出现米尔斯的著作 *The Sociological Imagination* 中 “Abstracted Empiricism” 章节内，其中详细描述了他对米尔斯的态度，即“不管你做了多少统计分析，都别想让我们相信有什么价值”。这种恶意攻击使得米尔斯被无形中赶出了主流社会学家圈子。John H. Summers, “Perpetual Revelations: C. Wright Mills and Paul Lazarsfeld,” *The Annals of the American Academy of Political and Social Science* 608, no. 25 (November 2006): 25 - 40.
5. Paul F. Lazarsfeld and Robert K. Merton, “Mass Communication, Popular Taste, and Organized Social Action,” in L. Bryson, ed., *The Communication of Ideas* (New York: Harper, 1948), 95 - 188.
6. M. E. McCombs and D. L. Shaw, “The Agenda-setting Function of Mass Media,” *Public Opinion Quarterly* 36 (1972): 176 - 187; Dietram A. Scheufele and David Tewksbury, “Framing, Agenda Setting, and Priming: The Evolution of the Media Effects Models,” *Journal of*

Communication 57 (2007): 9 - 20.

7. McCabe, "Agenda-setting Research: A Bibliographic Essay," *Political Communication Review* 1 (1976): 3; E. M. Rogers and J. W. Dearing, "Agenda-setting Research: Where Has It Been? Where Is It Going?" in J. A. Anderson, ed., *Communication Yearbook* 11 (Newbury Park, CA: Sage, 1988), 555 - 594.
8. Todd Gitlin, *The Whole World Is Watching: Mass Media in the Making and Unmaking of the New Left* (Berkeley and Los Angeles, CA: University of California Press, 2003), xvi.
9. 同上，6。
10. J. K. Galbraith, *The Affluent Society* (London: Pelican, 1962), 16 - 27.
11. Sal Restivo, "The Myth of the Kuhnian Revolution," in Randall Collins, ed., *Sociological Theory* (San Francisco: Jossey-Bass, 1983), 293 - 305.
12. Aristides Baltas, Kostas Gavroglu, and Vassiliki Kindi, "A Discussion with Thomas S. Kuhn," in James Conant and John Haugeland, eds., *The Road Since Structure* (Chicago: University of Chicago Press, 2000), 308.
13. Thomas Kuhn, *The Structure of Scientific Revolutions*, 2nd edn. (Chicago: University of Chicago Press, 1970), 5, 16 - 17. 若想找一本容易理解的思想传记，参见 Alexander Bird, "Thomas S. Kuhn (18 July 1922 - 17 June 1996)," *Social Studies of Science* 27, no. 3 (1997): 483 - 502。还可参见 Alexander Bird, *Thomas Kuhn* (Chesham, UK: Acumen and Princeton, NJ: Princeton University Press, 2000)。
14. Kuhn, *Scientific Revolutions*, 77.
15. E. Garfield, "A Different Sort of Great Books List: The 50 Twentieth-century Works Most Cited in the Arts & Humanities Citation Index, 1976 - 1983," *Current Contents* 16 (April 20, 1987): 3 - 7.
16. Sheldon Wolin, "Paradigms and Political Theory," in Preston King and B. C. Parekh, eds., *Politics and Experience* (Cambridge, UK: Cambridge University Press, 1968), 134 - 135.

17. The Wedge Project, The Center for the Renewal of Science and Culture, http://www.antievolution.org/features/wedge.pdf.
18. Intelligent Design and Evolution Awareness Center, http://www.ideacenter.org/contentmgr/showdetails.php/id/1160. 令局面更加混乱的是，一些库恩的批评者同时也对进化论持批评态度，特别是 Steven Fuller，他的著作包括 *Thomas Kuhn: A Philosophical History for Our Times* (Chicago: University of Chicago Press, 2000) and *Dissent Over Descent: Intelligent Design's Challenge to Darwinism* (London: Icon Books, 2008)。还可参见 Jerry Fodor with Massimo Piattelli-Palmarini, *What Darwin Got Wrong* (New York: Farrar, Straus, and Giroux, 2010)。
19. 一项对中学生物老师的调查显示，有 1/8 的美国中学生物老师在课堂上积极主动地介绍过创世论或智慧设计，差不多同样数量的老师会在某些时候要求学生讨论这些问题，http://www.foxnews.com/story/0, 2933, 357181, 00.html。虽然这么多老师和当时占主导地位的科学范式格格不入多少有些让人惊讶，但重要的一点是，他们仍然符合这个范式，和普通大众支持创世论和（或）智慧设计的态度还是有很大距离的。一份 2008 年的盖洛普民调结果显示，44% 的美国人相信“上帝创造了和现在一样的人类”，另有 36% 的人相信上帝引导着人类发展。只有 14% 的人认为人类发展进程和上帝无关。Gallup, Evolution, Creationism, Intelligent Design, http://www.gallup.com/poll/21814/evolution - creationism - intelligent - design.aspx polling for id (2008).
20. 若想得到有关这些不同立场以及围绕进化论的争论的有用指南，可参见 TalkOrigins Archive (www.talkorigins.org).
21. Michel Foucault, *Power/Knowledge: Selected Interviews and Other Writings, 1972 - 1977*, 由 C. Gordon 编辑 (Brighton: Harvester Press, 1980), 197.
22. Michel Foucault, *The Order of Things: An Archeology of the Human Science* (London: Tavistock Publications, 1970).
23. Michel Foucault, *Discipline and Punish: The Birth of the Prison* (London: Penguin, 1991).
24. Michel Foucault, "The Subject and Power," *Critical Inquiry* 8, no. 4

(Summer 1982): 777 – 795.

25. Julian Reid, "Life Struggles: War, Discipline, and Biopolitics in the Thought of Michel Foucault," *Social Text* 86, 24: 1, Spring 2006.
26. Michel Foucault, *Society Must Be Defended*, 由 David Macey 翻译 (London: Allen Lane, 2003), 49 – 53, 179。
27. Michel Foucault, *Language*, *Counter-Memory*, *Practice*: *Selected Essays and Interviews* (Oxford: Blackwell, 1977), 27.
28. Foucault, *Power/Knowledge*, 145.
29. 在 J. G. Merquior's critique, *Foucault* (London: Fontana Press, 1985) 中，他被描述为具有法国传统的哲学魅力，集卓越的文学天赋和"摆脱学术规范的肆意理论阐述风格"于一身。
30. Robert Scholes and Robert Kellogg, *The Nature of Narrative* (London: Oxford University Press, 1968).
31. Roland Barthes and Lionel Duisit, "An Introduction to the Structural Analysis of Narrative," *New Literary History* 6, no. 2 (Winter 1975): 237 – 272. 最初发表在 *Communications* 8, 1966, as "Introduction à l'analyse structurale des récits." 该期刊于 1966 年以特刊形式发起了结构主义叙事研究。
32. Editor's Note, *Critical Inquiry*, Autumn 1980. The volume was published as W. T. J. Mitchell, *On Narrative* (Chicago: University of Chicago Press, 1981).
33. Francesca Polletta, Pang Ching, Bobby Chen, Beth Gharrity Gardner, and Alice Motes, "The Sociology of Storytelling," *Annual Review of Sociology* 37 (2011): 109 – 130.
34. Mark Turner, *The Literary Mind* (New York; Oxford: Oxford University Press, 1998), 14 – 20.
35. William Colvin, "The Emergence of Intelligence," *Scientific American* 9, no. 4 (November 1998): 44 – 51.
36. Molly Patterson and Kristen Renwick Monroe, "Narrative in Political Science," *Annual Review of Political Science* 1 (June 1998): 320.
37. Jane O'Reilly, "The Housewife's Moment of Truth," *Ms.*, Spring 1972, 54. 引用于 Francesca Polletta, *It Was Like a Fever*: *Storytelling in Protest and Politics* (Chicago: University of Chicago Press, 2006),

48 – 50.

38. John Arquilla and David Ronfeldt, eds., *Networks and Netwars: The Future of Terror, Crime and Militancy* (Santa Monica, CA: RAND, 2001).

39. See, for example Jay Rosen, "Press Think Basics: The Master Narrative in Journalism," September 8, 2003, 参见 http://journalism.nyu.edu/pubzone/weblogs/pressthink/2003/09/08/basics_master.html。

二十七 种族、宗教和选举制度

1. William Safire, "On Language: Narrative," New York Times, December 5, 2004. 同样，阿尔·戈尔在2000年总统竞选辩论中也因大讲"荒诞故事"受到批评。正如 Francesca Polletta 所说，问题在于戈尔缺少"讲述令人信服的故事"的天赋，知识分子型的政策书呆子不太会调动别人的情绪。Francesca Polletta, *It Was Like a Fever: Storytelling in Protest and Politics*（参见 chap. 26, n. 37）。

2. Frank Lutz, *Words that Work: It's Not What You Say, It's What People Hear* (New York: Hyperion, 1997), 149 – 157.

3. http://www.informationclearinghouse.info/article4443.htm.

4. George Lakoff, *Don't Think of an Elephant!: Know Your Values and Frame the Debate* (White River Junction, VT: Chelsea Green Publishing Company, 2004).

5. George Lakoff, *Whose Freedom? The Battle Over America's Most Important Idea* (New York: Farrar, Straus & Giroux, 2006).

6. Drew Westen, *The Political Brain* (New York: Public Affairs, 2007), 99 – 100, 138, 147, 346.

7. Steven Pinker, "Block That Metaphor!," *The New Republic*, October 9, 2006.

8. Lutz, *Words that Work*, 3. 和许多其他能干的政治宣讲者一样，他重温了奥威尔1946年所写的《政治与英语语言》(*Politics and the English Language*) 一文，这篇文章强调了语言平实、精练，避免矫饰、空洞、使用外来词和晦涩难懂的重要性。参见 http://

www. orwell. ru/library/essays/politics/english/e_ polit/。

9. Donald R. Kinder, "Communication and Politics in the Age of Information," in David O. Sears, Leonie Huddy, and Robert Jervis, eds., *Oxford Handbook of Political Psychology* (Oxford: Oxford University Press, 2003), 372, 374–375.

10. Norman Mailer, *Miami and the Siege of Chicago: An Informal History of the Republican and Democratic Conventions of 1968* (New York: World Publishing Company, 1968), 51.

11. Jill Lepore, "The Lie Factory: How Politics Became a Business," *The New Yorker*, September 24, 2012.

12. Joseph Napolitan, *The Election Game and How to Win It* (New York: Doubleday, 1972); Larry Sabato, *The Rise of Political Consultants: New Ways of Winning Elections* (New York: Basic Books, 1981).

13. Dennis Johnson, *No Place for Amateurs: How Political Consultants Are Reshaping American Democracy* (New York: Routledge, 2011), xiii.

14. James Thurber, "Introduction to the Study of Campaign Consultants," in James Thurber, ed., *Campaign Warriors: The Role of Political Consultants in Elections* (Washington, DC: Brookings Institution, 2000), 2.

15. Dan Nimmo, *The Political Persuaders: The Techniques of Modern Election Campaigns* (New York: Prentice Hall, 1970), 41.

16. James Perry, *The New Politics: The Expanding Technology of Political Manipulation* (London: Weidenfeld and Nicolson, 1968).

17. 对这条广告及其影响的最初讨论见于 Robert Mann, *Daisy Petals and Mushroom Clouds: LBJ, Barry Goldwater, and the Ad That Changed American Politics* (Baton Rouge: Louisiana State University Press, 2011).

18. Joe McGinniss, *Selling of the President* (London: Penguin, 1970), 76; Kerwin Swint, *Dark Genius: The Influential Career of Legendary Political Operative and Fox News Founder Roger Ailes* (New York: Union Square Press, 2008).

19. Richard Whalen, *Catch the Falling Flag* (New York: Houghton Mifflin, 1972), 135.

20. James Boyd, "Nixon's Southern Strategy: It's All in the Charts," *New York Times*, May 17, 1970.
21. 菲利普斯最终转而反对他曾推崇的保守主义政治，并写下了"错误的共和党多数派"（*Erring Republican Majority*）一文。他开始变得左倾，例证可参见，Kevin Phillips, *American Theocracy: The Peril and Politics of Radical Religion, Oil, and Borrowed Money in the 21st Century* (New York: Viking, 2006)。
22. Nelson Polsby, "An Emerging Republican Majority?" *National Affairs*, Fall 1969.
23. Richard M. Scammon and Ben J. Wattenberg, *The Real Majority* (New York: Coward McCann, 1970).
24. Lou Cannon, *President Reagan: The Role of a Lifetime* (New York: Public Affairs, 2000), 21; Ewen, *PR! A Social History of Spin*（参见 chap. 2, n. 28), 396。
25. Perry, *The New Politics*, 16, 21 - 31. 他于1966年聘用了曾为纳尔逊·洛克菲勒工作的 Spencer 和 Roberts 来对付巴里·戈德华特，而且之后还说他将来将会一直使用"专业经纪人"。
26. William Rusher, *Making of the New Majority Party* (Lanham, MD: Sheed and Ward, 1975). Rusher 一直支持出现一个新的保守主义政党，但他的观点却帮了共和党内的反叛力量。
27. Kiron K. Skinner, Serhiy Kudelia, Bruce Bueno de Mesquita, and Condoleezza Rice, *The Strategy of Campaigning: Lessons from Ronald Reagan and Boris Yeltsin* (Ann Arbor: University of Michigan Press, 2007), 132 - 133.
28. David Domke and Kevin Coe, *The God Strategy: How Religion Became a Political Weapon in America* (Oxford: Oxford University Press, 2008), 16 - 17, 101.
29. John Brady, *Bad Boy: The Life and Politics of Lee Atwater* (New York: Addison-Wesley, 1996), 34 - 35, 70.
30. Richard Fly, "The Guerrilla Fighter in Bush's War Room," *Business Week*, June 6, 1988.
31. 到阿特沃特去世时，只有第一卷 *The Years of Lyndon Johnson: The Path to Power*（New York: Alfred Knopf, 1982）已经出版。卡罗现在

已经写到了第四卷。阿特沃特绝不是唯一一个赞赏卡罗的政治战略家。

32. John Pitney, Jr., *The Art of Political Warfare* (Norman: University of Oklahoma Press, 2000), 12–15.
33. Mary Matalin, James Carville, and Peter Knobler, *All's Fair: Love, War and Running for President* (New York: Random House, 1995), 54.
34. Brady, *Bad Boy*, 56.
35. Matalin, Carville, and Knobler, *All's Fair*, 48.
36. Brady, *Bad Boy*, 117–118.
37. 同上，136。
38. Sidney Blumenthal, *Pledging Allegiance: The Last Campaign of the Cold War* (New York: Harper Collins, 1990), 307–308.
39. Eric Benson, "Dukakis's Regret," *New York Times*, June 17, 2012.
40. Domke and Coe, *The God Strategy*, 29.
41. Sidney Blumenthal, *The Permanent Campaign: Inside the World of Elite Political Operatives* (New York: Beacon Press, 1980).
42. Matalin, Carville, and Knobler, *All's Fair*, 186, 263, 242, 208, 225.
43. 这是昆图斯·图里乌斯·西塞罗写给他的哥哥马可斯·西塞罗的竞选指南，后者曾于公元前64年竞选古罗马执政官。"西塞罗的竞选诀窍：从台伯河到波托马克河的政治艺术"，James Carville, *Foreign Affairs*, May/June 2012.
44. James Carville and Paul Begala, *Buck Up, Suck Up… And Come Back When You Foul Up* (New York: Simon & Schuster, 2002), 50.
45. 同上，108，65。
46. 关于对否定式竞选的辩护，参见 Frank Rich, "Nuke'Em," *New York Times*, June 17, 2012。
47. Kim Leslie Fridkin and Patrick J. Kenney, "Do Negative Messages Work?: The Impact of Negativity on Citizens' Evaluations of Candidates," *American Politics Research* 32 (2004): 570.
48. 1992年时的一个复杂因素是罗斯·佩罗（Ross Perot）作为独立总统候选人的参选。他的竞选活动尽管缺少章法，但还是成功获得了将近 20% 的选票。虽然看起来他好像平均分走了布什和克林顿的票数，但总的来说对布什的伤害更大。

49. Domke and Coe, *The God Strategy*, 117.

50. 此言论成为头版头条新闻："Pat Robertson Says Feminists Want to Kill Kids, Be Witches," 同上，133。

51. James McLeod, "The Sociodrama of Presidential Politics: Rhetoric, Ritual, and Power in the Era of Teledemocracy," *American Anthropologist*, *New Series* 10, no. 2 (June 1999): 359 - 373. 1992 年 6 月发生的一段亲民小插曲并没有帮上奎尔什么忙，当时他想为一个小学生纠正拼写错误，结果自己却出了洋相，误将"potato"（土豆）拼成"potatoe"。

52. David Paul Kuhn, "Obama Models Campaign on Reagan Revolt," *Politico*, July 24, 2007.

53. David Plouffe, *The Audacity to Win: The Inside Story and Lessons of Barack Obama's Historic Victory* (New York: Viking, 2009), 236 - 238, 378 - 379. 有关竞选活动的全面记述，参见 John Heilemann and Mark Halperin, *Game Change* (New York: Harper Collins, 2010)。

54. John B. Judis and Ruy Teixeira, *The Emerging Democratic Majority* (New York: Lisa Drew, 2002).

55. Peter Slevin, "For Clinton and Obama, a Common Ideological Touchstone," *Washington Post*, March 25, 2007.

56. 她引用的是 The Economist："Plato on the Barricades," *The Economist*, May 13 - 19, 1967, 14。这篇题为"THERE IS ONLY THE FIGHT... An Analysis of the Alinsky Model"的论文 2008 年时主要在右翼博主圈子里流传。参见 http://www.gopublius.com/HCT/HillaryClintonThesis.pdf。

二十八　经理阶层的崛起

1. Paul Uselding, "Management Thought and Education in America: A Centenary Appraisal," in Jeremy Atack, ed., *Business and Economic History*, *Second Series* 10 (Urbana: University of Illinois, 1981), 16.

2. Matthew Stewart, *The Management Myth: Why the Experts Keep Getting It*

Wrong (New York: W. W. Norton, 2009), 41. 还可参见 Jill Lepore, "Not So Fast: Scientific Management Started as a Way to Work. How Did It Become a Way of Life?" *The New Yorker*, October 12, 2009.

3. Frederick W Taylor, *Principles of Scientific Management* (Digireads. com: 2008), 14. 首次出版于 1911 年。
4. Charles D. Wrege and Amadeo G. Perroni, "Taylor's Pig-Tale: A Historical Analysis of Frederick W. Taylor's Pig-Iron Experiments," *Academy of Management Journal* 17, no. 1 (1974): 26.
5. Jill R. Hough and Margaret A. White, "Using Stories to Create Change: The Object Lesson of Frederick Taylor's 'Pig-Tale,'" *Journal of Management* 27 (2001): 585 - 601.
6. Robert Kanigel, *The One Best Way: Frederick Winslow Taylor and the Enigma of Efficiency* (New York: Viking Penguin, 1999); Daniel Nelson, "Scientific Management, Systematic Management, and Labor, 1880 - 1915," *The Business History Review* 48, no. 4 (Winter 1974): 479 - 500. 参见 chapter on Taylor in A. Tillett, T. Kempner, and G. Wills, eds., *Management Thinkers* (London: Penguin, 1970)。
7. Judith A. Merkle, *Management and Ideology: The Legacy of the International Scientific Movement* (Berkeley: University of California Press, 1980), 44 - 45.
8. Peter Drucker, *The Concept of the Corporation*, 3rd edn. (New York: Transaction Books, 1993), 242.
9. Oscar Kraines, "Brandeis' Philosophy of Scientific Management," *The Western Political Quarterly* 13, no. 1 (March 1960): 201.
10. Kanigel, *The One Best Way*, 505.
11. V. I. Lenin, "The Immediate Tasks of the Soviet Government," *Pravda*, April 28, 1918. 参见 http://www. marxists. org/archive/lenin/works/1918/mar/x03. htm。
12. Merkle, *Management and Ideology*, 132. 还可参见 Daniel A. Wren and Arthur G. Bedeian, "The Taylorization of Lenin: Rhetoric or Reality?" International Journal of Social Economics 31, no. 3 (2004): 287 - 299。
13. Mary Parker Follett, *The New State* (New York: Longmans, 1918), 引用于 Ellen S. O'Connor, "Integrating Follett: History, Philosophy and

Management," *Journal of Management History* 6, no. 4 (2000): 181。

14. Peter Miller and Ted O'Leary, "Hierarchies and American Ideals, 1900 - 1940," *Academy of Management Review* 14, no. 2 (April 1989): 250 - 265.
15. Pauline Graham, ed., *Mary Parker Follett: Prophet of Management* (Washington, DC: Beard Books, 2003).
16. Mary Parker Follett, *The New State: Group Organization—The Solution of Popular Government* (New York: Longmans Green, 1918), 3.
17. Irving L. Janis, *Groupthink: Psychological Studies of Policy Decisions and Fiascos* (Andover, UK: Cengage Learning, 1982)
18. 摘自 Ellen S. O'Connor, "The Politics of Management Thought: A Case Study of the Harvard Business School and the Human Relations School," *Academy of Management Review* 24, no. 1 (1999): 125 - 128。
19. O'Connor, "The Politics of Management Thought," 124 - 125.
20. Elton Mayo, *The Human Problems of an Industrial Civilization* (New York: MacMillan, 1933) and Roethlisberger and Dickson, *Management and the Worker* (Cambridge, MA: Harvard University Press, 1939); Richard Gillespie, *Manufacturing Knowledge: A History of the Hawthorne Eexperiments* (Cambridge, UK: Cambridge University Press, 1991); R. H. Franke and J. D. Kaul, "The Hawthorne Experiments: First Statistical Interpretation," *American Sociological Review* 43 (1978): 623 - 643; Stephen R. G. Jones, "Was There a Hawthorne Effect?" *The American Journal of Sociology* 98, no. 3 (November 1992): 451 - 468.
21. 关于梅奥的生平，参见 Richard C. S. Trahair, *Elton Mayo: The Humanist Temper* (New York: Transaction Publishers, 1984)。特别有意思的是 Abraham Zaleznik 所写的充满诅咒的前言，他在梅奥正要离开哈佛大学的时候加入了该校的人际关系研究小组。
22. Barbara Heyl, "The Harvard 'Pareto Circle,'" *Journal of the History of the Behavioral Sciences* 4 (1968): 316 - 334; Robert T. Keller, "The Harvard 'Pareto Circle' and the Historical Development of Organization Theory," *Journal of Management* 10 (1984): 193.
23. Chester Irving Barnard, *The Functions of the Executive* (Cambridge, MA: Harvard University Press, 1938), 294 - 295.

24. Peter Miller and Ted O'Leary, "Hierarchies and American Ideals, 1900 - 1940," *Academy of Management Review* 14, no. 2 (April 1989): 250 - 265; William G. Scott, "Barnard on the Nature of Elitist Responsibility," *Public Administration Review* 42, no. 3 (May-June 1982): 197 - 201.
25. Scott, "Barnard on the Nature of Elitist Responsibility," 279.
26. Barnard, *The Functions of the Executive*, 71.
27. James Hoopes, "Managing a Riot: Chester Barnard and Social Unrest," *Management Decision* 40 (2002): 10.

二十九　企业的天职

1. 我特别参考了 Ron Chernow, *Titan: The Life of John D. Rockefeller, Sr.* (New York: Little, Brown & Co., 1998) and Daniel Yergin, *The Prize: The Epic Quest for Oil, Money & Power* (New York: The Free Press, 1992).
2. Chernow, *Titan*, 148 - 150.
3. Allan Nevins, *John D. Rockefeller: The Heroic Age of American Enterprise*, 2 vols. (New York: Charles Scribner's Sons, 1940).
4. 同上，433。
5. Richard Hofstadter, *The Age of Reform* (New York: Vintage, 1955), 216 - 217.
6. 由她的报道文章编纂而成的书籍至今仍在出版：Ida Tarbell, *The History of the Standard Oil Company* (New York: Buccaneer Books, 1987); Steven Weinberg, *Taking on the Trust: The Epic Battle of Ida Tarbell and John D. Rockefeller* (New York: W. W. Norton, 2008).
7. Yergin, *The Prize*, 93.
8. 同上，26。
9. Chernow, *Titan*, 230.
10. Steve Watts, *The People's Tycoon: Henry Ford and the American Century* (New York: Vintage Books, 2006), 16; Henry Ford, *My Life and Work* (New York: Classic Books, 2009; first published 1922).
11. 转引自 Watts, *The People's Tycoon*, 190。
12. Richard Tedlow, "The Struggle for Dominance in the Automobile Market:

The Early Years of Ford and General Motors," *Business and Economic History Second Series*, 17 (1988): 49 - 62.

13. Watts, *The People's Tycoon*, 456, 480.
14. David Farber, *Alfred P. Sloan and the Triumph of General Motors* (Chicago: University of Chicago Press, 2002), 41.
15. Alfred Sloan, *My Years with General Motors* (New York: Crown Publishing, 1990), 47, 52, 53 - 54.
16. Farber, *Alfred P. Sloan*, 50.
17. Sloan, *My Years with General Motors*, 71.
18. 同上，76. 还可参见 John MacDonald, *The Game of Business* (New York: Doubleday: 1975), Chapter 3。
19. Sloan, *My Years with General Motors*, 186 - 187.
20. 同上，195 - 196。
21. Sidney Fine, "The General Motors Sit-Down Strike: A Re-examination," *The American Historical Review* 70, no. 3, April 1965, 691 - 713.
22. Adolf Berle and Gardiner Means, *The Modern Corporation and Private Property* (New York: Harcourt, Brace and World, 1967), 46, 313.

三十　管理战略

1. 索罗更是促成了两部小说的问世，一部是由他前妻 Tess Slesinger 创作的 *The Unpossessed*，另一部是 James T. Farrell 死后出版的 *Sam Holman*，讲的是二十世纪三十年代的政治风云把天才变成庸才的故事。麦克唐纳以 Holman（索罗）最亲密朋友的形象出现在小说中，是个有着怀疑态度和道德心的人。
2. Amitabh Pal，约翰·肯尼斯·加尔布雷斯访谈录，The Progressive, October 2000，参见 http://www.progressive.org/mag_amitpalgalbraith。
3. Alfred Chandler, *The Visible Hand* (Harvard, MA: Belknap Press, 1977), 1.
4. Galbraith, *The New Industrial State*, 2nd edn. (Princeton, NJ: Princeton University Press, 2007), 59, 42.
5. Drucker, *The Concept of the Corporation*，参见 Chapter 28, n. 8.
6. 同上，Introduction。

7. Peter Drucker, *The Practice of Management* (Amsterdam: Elsevier, 1954), 3, 245 - 247.
8. 同上，11。
9. 同上，177，参见他在其自传中的言论，Peter Drucker, *Adventures of a Bystander* (New York: Transaction Publishers, 1994)。
10. 这番话出现在该书 1983 年版的附录中，而且在他为斯隆著作 *My Years with General Motors* 1990 年版所写的序言中再次出现。他的自传中也有这段话。
11. Christopher D. McKenna, "Writing the Ghost-Writer Back In: Alfred Sloan, Alfred Chandler, John McDonald and the Intellectual Origins of Corporate Strategy," *Management & Organizational History* 1, no. 2 (May 2006): 107 - 126.
12. Jon McDonald and Dan Seligman, *A Ghost's Memoir: The Making of Alfred P. Sloan's My Years with General Motors* (Boston: MIT Press, 2003), 16.
13. 律师们担心书中提到的斯隆早期计划会招致福特公司的挑战。最初计划中有段话称通用公司不寻求垄断，这可能会被解读为承认垄断是个选项。
14. Edith Penrose, *The Theory of the Growth of the Firm* (New York: Oxford University Press, 1959). 她在 1995 年曾说过，钱德勒的"分析架构和我的一样"（第三版前言）。John Kay, *Foundations of Corporate Success: How Business Strategies Add Value* (Oxford: Oxford University Press, 1993) 强调了彭罗斯的奠基性作用，335。
15. Alfed Chandler, "Introduction," in 1990 edition of *Strategy and Structure* (Cambridge, MA: MIT Press, 1990), v. 在 1956 年钱德勒首次就这个话题发表著述时，他曾把他现在所谓的战略称作长期政策。
16. Chandler, "Introduction," *Strategy and Structure*, 13.
17. 钱德勒注意到了关于同一主题的其他例子，比如杜邦的例子。Alfred D. Chandler and Stephen Salsbury, *Pierre S. du Pont and the Making of the Modern Corporation* (New York: Harper & Row, 1971).
18. Chandler, *Strategy and Structure*, 309. Robert F. Freeland, "The Myth of the M-Form? Governance, Consent, and Organizational Change," *The American Journal of Sociology* 102 (1996): 483 - 526; Robert

F. Freeland, "When Organizational Messiness Works," *Harvard Business Review* 80 (May 2002): 24–25.

19. Freeland, "The Myth of the M-Form," 516.

20. Neil Fligstein, "The Spread of the Multidivisional Form Among Large Firms, 1919–1979," *American Sociological Review* 50 (1985): 380.

21. McKenna, "Writing the Ghost-Writer Back In." 钱德勒所研究的其他大公司，如 IBM 和 AT&T，想必也都阻止了大量关于反托拉斯法对公司结构影响的调研。

22. Edward D. Berkowitz and Kim McQuaid, *Creating the Welfare State: The Political Economy of Twentieth Century Reform* (Lawrence, KS: Praeger, 1992), 233–234. 引用于 Richard R. John, "Elaborations, Revisions, Dissents: Alfred D. Chandler, Jr.'s, 'The Visible Hand' after Twenty Years," *The Business History Review* 71, no. 2 (Summer 1997): 190. Sanford M. Jacoby, *Employing Bureaucracy: Managers, Unions, and the Transformation of Work in American Industry, 1900–1945* (New York: Columbia University Press, 1985), 8. John, "Elaborations, Revisions, Dissents," 190.

23. Louis Galambos, "What Makes Us Think We Can Put Business Back into American History?" *Business and Economic History* 21 (1992): 1–11.

24. John Micklethwait and Adrian Wooldridge, *The Witch Doctors: Making Sense of the Management Gurus* (New York: Random House, 1968), 106.

25. 参见 1986 年版 *Managing for Results* 的前言。

26. Stewart, *The Management Myth*, 参见 Chapter 28, n. 2, 153.

27. Walter Kiechel III, *The Lords of Strategy: The Secret Intellectual History of the New Corporate World* (Boston: The Harvard Business Press, 2010), xi–xii, 4.

28. Kenneth Andrews, *The Concept of Corporate Strategy* (Homewood, IL: R. D. Irwin, 1971), 29.

29. Henry Mitzberg, Bruce Ahlstrand, and Joseph Lampel, *Strategy Safari: The Complete Guide Through the Wilds of Strategic Management* (New York: The Free Press, 1998). 还可参见其姐妹篇，Strategy Bites Back: It Is Far More, and Less, Than You Ever Imagined (New York:

Prentice Hall, 2005).

30. "The Guru: Igor Ansoff," *The Economist*, July 18, 2008; Igor Ansoff, *Corporate Strategy: An Analytic Approach to Business Policy for Growth and Expansion* (New York: McGraw-Hill, 1965).

31. Igor Ansoff, *Corporate Strategy* (London: McGraw-Hill, 1965), 120.

32. Stewart, *The Management Myth*, 157 - 158.

33. Kiechel, *The Lords of Strategy*, 26 - 27.

34. John A. Byrne, *The Whiz Kids: Ten Founding Fathers of American Business—And the Legacy They Left Us* (New York: Doubleday, 1993).

35. Samuel Huntington, *The Common Defense: Strategic Programs in National Politics* (New York: Columbia University Press, 1961).

36. Mintzberg et al., *Strategy Safari*, 65.

37. Friedrich Hayek, "The Use of Knowledge in Society," *American Economic Review* 35, no. 4 (1945): 519 - 530.

38. Aaron Wildavsky, "Does Planning Work?" *The National Interest*, Summer 1971, No. 24, 101. 还可参见他的 "If Planning Is Everything Maybe It's Nothing," *Policy Sciences* 4 (1973): 127 - 153.

39. 转引自 Mitzberg et al., *Strategy Safari*, 65.

40. Jack Welch, with John Byrne, *Jack: Straight from the Gut* (New York: Grand Central Publishing, 2003), 448. 这封信由 Kevin Peppard 所写，见于 *Fortune Magazine*, November 30, 1981, p. 17. 还可参见 Chapter 3 of Thomas O'Boyle, *At Any Cost: Jack Welch, General Electric, and the Pursuit of Profit* (New York: Vintage, 1999)。

41. Henry Mintzberg, *The Rise and Fall of Strategic Planning* (London: Prentice-Hall, 1994).

42. Igor Ansoff, "Critique of Henry Mintzberg's 'The Design School: Reconsidering the Basic Premises of Strategic Management,'" *Strategic Management Journal* 12, no. 6 (September 1991): 449 - 461.

三十一　商场如战场

1. Albert Madansky, "Is War a Business Paradigm? A Literature Review," *The Journal of Private Equity* 8 (Summer 2005): 7 - 12.

2. Wess Roberts, *Leadership Secrets of Attila the Hun* (New York: Grand Central Publishing, 1989).
3. Dennis Laurie, *From Battlefield to Boardroom: Winning Management Strategies in Today's Global Business* (New York: Palgrave, 2001), 235.
4. Douglas Ramsey, *Corporate Warriors* (New York: Houghton Mifflin, 1987).
5. Aric Rindfleisch, "Marketing as Warfare: Reassessing a Dominant Metaphor—Questioning Military Metaphors' Centrality in Marketing Parlance," *Business Horizons*, September-October, 1996. 虽然有《孙子兵法》的结论支撑，但仍有人对此提出质疑，参见 John Kay, "Managers from Mars," *Financial Times*, August 4, 1999.
6. 关于 BCG 参见 pp. 519。
7. Bruce Henderson, *Henderson on Corporate Strategy* (New York: Harper Collins, 1979), 9 - 10, 27.
8. Philip Kotler and Ravi Singh, "Marketing Warfare in the 1980s," *Journal of Business Strategy* (Winter 1981): 30 - 41. 这方面研究工作被认为开端于 Alfred R. Oxenfeldt and William L. Moore, "Customer or Competitor: Which Guideline for Marketing?" *Management Review* (August 1978): 43 - 38.
9. Al Ries and Jack Trout, *Marketing Warfare* (New York: Plume, 1986); Robert Duro and Bjorn Sandstrom, *The Basic Principles of Marketing Warfare* (Chichester, UK: John Wiley & Sons, Inc., 1987); Gerald A. Michaelson, *Winning the Marketing War* (Lanham, MD: Abt Books, 1987).
10. 除《孙子兵法》和其他中国战略大师的著作之外，还可参见：马丹斯基收集整理的书籍，包括 Foo Check Teck and Peter Hugh Grinyer, *Organizing Strategy: Sun Tzu Business Warcraft* (Butterworth: Heinemann Asia, 1994); Donald Krause, *The Art of War for Executives* (New York: Berkley Publishing Group, 1995); Gary Gagliardi, *The Art of War Plus The Art of Sales* (Shoreline, WA: Clearbridge Publishing, 1999); Gerald A Michaelson, *Sun Tzu: The Art of War for Managers: 50 Strategic Rules* (Avon, MA: Adams Media Corporation, 2001)。
11. Episodes: "Big Girls Don't Cry"; "He Is Risen." 参见 http://

www. hbo. com/the - sopranos/episodes/index. html。

12. Richard Greene and Peter Vernezze, eds. , *The Sopranos and Philosophy: I Kill Therefore I Am* (Chicago: Open Court, 2004) . 在其中一集里，Soprano 的一个副手 Paulie ‘Walnuts’ Gualtieri 告诉他“Sun-Tuh-Zoo”曾说：“好的领袖都是仁慈的，不在乎名声（将者，智信仁勇严也）。”他解释说，“Sun-Tuh-Zoo”是“中国的马基雅维利王子”。这时他的同事 Silvio Dante 纠正道：“Tzu, Tzu! Sun Tzu（子，子！孙子——嘲笑他的发音不对），你这个大傻瓜！”在下一集里，蹲了一阵监狱后想东山再起的 Paulie 在开车去他姑妈家附近的路上听着《孙子兵法》的磁带。就在听到“攻其无备，出其不意”的时候，他无意中发现两个兄弟正在他们刚刚从一个朋友手里抢走的地盘上修剪树枝。他的做法和兄弟们使用的手段差不多：以武力相威胁。在他们拒绝交还地盘后，他用铁铲怒砸一个兄弟的脑袋，致使他松掉了绑在树上另一个兄弟身上的绳子，后者随即栽下树来。这可不是《孙子兵法》！（第 5 集）
13. Marc R. McNeilly, *Sun Tzu and the Art of Business* (New York: Oxford University Press, 2000).
14. Khoo Kheng-Ho, *Applying Sun Tzu's Art of War in Managing Your Marriage* (Malaysia: Pelanduk, 2002).
15. William Scott Wilson, *The Lone Samurai: The Life of Miyamoto Musashi* (New York: Kodansha International, 2004), 220; Miyamoto Musashi, *The Book of Five Rings: A Classic Text on the Japanese Way of the Sword*, translated by Thomas Cleary (Boston: Shambhala Publications, 2005).
16. Thomas A. Green, ed. , *Martial Arts of the World: An Encyclopedia* (Santa Barbara, CA: ABC - CLIO, 2001).
17. George Stalk, Jr. , “Time—The Next Source of Competitive Advantage,” *Harvard Business Review* 1 (August 1988): 41 - 51; George Stalk and Tom Hout, *Competing Against Time: How Time-Based Competition Is Reshaping Global Markets* (New York: The Free Press, 1990).
18. 两个还同时出现在 Chet Richards, *Certain to Win: The Strategy of John Boyd as Applied to Business* (Philadelphia: Xlibris, 2004)。
19. 后来出版的一本书里谈到通过释放出“大规模和压倒性的力量”、威胁竞争对手的“赚钱买卖”以及诱使他们退却等手段，征服而不是智取他们。这不是给心软的人准备的手段。据他后来说，他思想中的“共同主题”是“让竞争对手对所发生的事情惊慌失措，从而为自己取得优势”。George Stalk and Rob Lachenauer Hardball, *Are You Playing to Play or Playing to Win*?（Cambridge，MA：Harvard Business School Press，2004）；Jennifer Reingold，“The 10 Lives of George Stalk，” Fast Company. com，December 19，2007，http：//www. fastcompany. com/magazine/91/open_ stalk. html.

三十二　经济学的兴起

1. Mirowski，*Machine Dreams*，12－17（参见 chap. 12，n. 11）. Cyborg 这个词直到二十世纪六十年代才开始使用，专指具备人造技术增强功能的人。
2. Duncan Luce and Howard Raiffa，*Games and Decisions*：*Introduction and Critical Survey*（New York：John Wiley & Sons，1957），10.
3. 同上，18。
4. Sylvia Nasar，*A Beautiful Mind*（New York：Simon & Schuster，1988）.
5. John F. Nash，Jr.，*Essays on Game Theory*，*with an introduction by K. Binmore*（Cheltenham，UK：Edward Elgar，1996）.
6. Roger B. Myerson，“Nash Equilibrium and the History of Economic Theory，” *Journal of Economic Literature* 37（1999）：1067.
7. Mirowski，*Machine Dreams*，369.
8. Richard Zeckhauser，“Distinguished Fellow：Reflections on Thomas Schelling，” *The Journal of Economic Perspectives* 3，no. 2（Spring 1989）：159.
9. Milton Friedman，*Price Theory*：*A Provisional Text*，revised edn.（Chicago：Aldine，1966），37.
10. 转引自 Rakesh Khurana，*From Higher Aims to Higher Hands*：*The Social Transformation of American Business Schools and the Unfulfilled Promise of Management as a Profession*（Princeton，NJ：Princeton University Press，2007），239－240.
11. 同上，292，307。
12. 同上，272。

13. 同上，253 - 254. 275，268 - 269，331。
14. Pankat Ghemawat, "Competition and Business Strategy in Historical Perspective," *The Business History Review* 76, no. 1 (Spring 2002): 37 - 74, 44 - 45.
15. Interview with Seymour Tilles, October 24, 1996.
16. John A. Seeger, "Reversing the Images of BCG's Growth/Share Matrix," *Strategic Management Journal* 5 (1984): 93 - 97.
17. Herbert A. Simon. "From Substantive to Procedural Rationality," in Spiro J. Latsis, ed., *Method and Appraisal in Economics* (Cambridge, UK: Cambridge University Press, 1976), 140.
18. Michael Porter, *Competitive Strategy Techniques for Analyzing Industries and Competitors* (New York: The Free Press, 1980).
19. Porter, *Competitive Strategy*, 3.
20. Mitzberg et al., *Strategy Safari*, 113 (参见 chap. 30, n. 29).
21. Porter, *Competitive Strategy*, 53, 86.
22. Porter, *Competitive Advantage*.
23. Michael Porter, Nicholas Argyres, and Anita M. McGahan, "An Interview with Michael Porter," *The Academy of Management Executive* (1993 - 2005) 16, no. 2 (May 2002): 43 - 52.
24. Vance H. Fried and Benjamin M. Oviatt, "Michael Porter's Missing Chapter: The Risk of Antitrust Violations," *Academy of Management Executive* 3, no. 1 (1989): 49 - 56.
25. Adam J. Brandenburger and Barry J. Nalebuff, *Co-Opetition* (New York: Doubleday, 1996).
26. As demonstrated by Wikipedia: http://en.wikipedia.org/wiki/Coopetition.
27. Stewart, *The Management Myth*, 214 - 215.

三十三　红皇后与蓝海洋

1. Kathleen Eisenhardt, "Agency Theory: An Assessment and Review," *Academy of Management Review* 14, no. 1 (1989): 57 - 74.
2. Justin Fox, *The Myth of the Rational Market: A History of Risk, Reward,*

and Delusion on Wall Street (New York: Harper, 2009), 159 – 162.

3. Michael C. Jensen and William H. Meckling, "Theory of the Firm: Managerial Behavior, Agency Costs and Ownership Structure," *Journal of Financial Economics* 3 (1976): 302 – 360.
4. Michael C. Jensen, "Organization Theory and Methodology," *The Accounting Review* 58, no. 2 (April 1983): 319 – 339.
5. Jensen, "Takeovers: Folklore and Science," *Harvard Business Review* (November-December 1984), 109 – 121.
6. 引用于 Fox, *The Myth of the Rational Market*, 274.
7. Paul M. Hirsch, Ray Friedman, and Mitchell P. Koza, "Collaboration or Paradigm Shift?: Caveat Emptor and the Risk of Romance with Economic Models for Strategy and Policy Research," *Organization Science* 1, no. 1 (1990): 87 – 97.
8. Robert Hayes and William J. Abernathy, "Managing Our Way to Economic Decline," *Harvard Business Review* (July 1980), 67 – 77.
9. Franklin Fisher, "Games Economists Play: A Noncooperative View," *RAND Journal of Economics* 20, no. 1 (Spring 1989): 113.
10. Carl Shapiro, "The Theory of Business Strategy," *RAND Journal of Economics* 20, no. 1 (Spring 1989): 125 – 137.
11. Richard P. Rumelt, Dan Schendel, and David J. Teece, "Strategic Management and Economics," *Strategic Management Journal* 12 (Winter 1991): 5 – 29.
12. Garth Saloner, "Modeling, Game Theory, and Strategic Management," *Strategic Management Journal* 12 (Winter 1991): 119 – 136. 还可参见 Colin F. Camerer, "Does Strategy Research Need Game Theory?" *Strategic Management Journal* 12 (Winter 1991): 137 – 152。
13. Richard L. Daft and Arie Y. Lewin, "Can Organization Studies Begin to Break Out of the Normal Science Straitjacket? An Editorial Essay," *Organization Science* 1, no. 1 (1990): 1 – 9; Richard A. Bettis, "Strategic Management and the Straightjacket: An Editorial Essay," *Organization Science* 2, no. 3 (August 1991): 315 – 319.
14. Sumantra Ghoshal, "Bad Management Theories Are Destroying Good Management Practices," *Academy of Management Learning and Education*

4, no. 1 (2005): 85.

15. Timothy Clark and Graeme Salaman, "Telling Tales: Management Gurus' Narratives and the Construction of Managerial Identity," *Journal of Management Studies* 3, no. 2 (1998): 157. 还可参见 T. Clark and G. Salaman, "The Management Guru as Organizational Witchdoctor," *Organization* 3, no. 1 (1996): 85 - 107。
16. James Champy, *Reengineering Management: The Mandate for New Leadership* (London: HarperBusiness, 1995), 7.
17. Michael Hammer and James Champy, *Reengineering the Corporation: A Manifesto for Business Revolution* (London: HarperBusiness, 1993), 49.
18. Peter Case, "Remember Re-Engineering? The Rhetorical Appeal of a Managerial Salvation Device," *Journal of Management Studies* 35, no. 4 (July 1991): 419 - 441.
19. Michael Hammer, "Reengineering Work: Don't Automate, Obliterate," *Harvard Business Review*, July/August 1990, 104.
20. Thomas Davenport and James Short, "The New Industrial Engineering: Information Technology and Business Process Redesign," *Sloan Management Review*, Summer 1990; Keith Grint, "Reengineering History: Social Resonances and Business Process Reengineering," *Organization* 1, no. 1 (1994): 179 - 201; Keith Grint and P. Case, "The Violent Rhetoric of Re-Engineering: Management Consultancy on the Offensive," *Journal of Management Studies* 6, no. 5 (1998): 557 - 577.
21. Bradley G. Jackson, "Re-Engineering the Sense of Self: The Manager and the Management Guru," *Journal of Management Studies* 33, no. 5 (September 1996): 571 - 590.
22. Hammer and Champy, *Reengineering the Corporation: A Manifesto for Business Revolution*. 还可参见 John Micklethwait and Adrian Wooldridge, *The Witch Doctors: Making Sense of the Management Gurus*.
23. Iain L. Mangham, "Managing as a Performing Art," *British Journal of Management* 1 (1990): 105 - 115.
24. Michael Hammer and Steven Stanton, *The Reengineering Revolution: The*

Handbook (London: HarperCollins, 1995), 30, 52.

25. Michael Hammer, *Beyond Reengineering: How the Process-Centered Organization Is Changing Our Work and Our Lives* (London: HarperCollins, 1996), 321.

26. Champy, *Reengineering Management*, 204.

27. 同上，122。

28. Willy Stern, "Did Dirty Tricks Create a Best-Seller?" *Business Week*, August 7, 1995; Micklethwait and Wooldridge, *The Witch Doctors*, 23 - 25; Kiechel, *The Lords of Strategy*, 24 (参见 chap. 30, n. 27)。Timothy Clark and David Greatbatch, "Management Fashion as Image-Spectacle: The Production of Best-Selling Management Books," *Management Communication Quarterly* 17, no. 3 (February 2004): 396 - 424.

29. Michael Porter, "What Is Strategy?" *Harvard Business Review*, November-December 1996, 60 - 78.

30. Leigh Van Valen, "A New Evolutionary Law," Evolutionary Theory I (1973): 20.

31. Ghemawat, "Competition and Business Strategy in Historical Perspective," 64.

32. Chan W. Kim and Renee Mauborgne, *Blue Ocean Strategy: How to Create Uncontested Market Space* (Boston: Harvard Business School Press, 2005), 6 - 7.

33. 同上，209 - 221。

34. Chan W. Kim and Renee Mauborgne, "How Strategy Shapes Structure," *Harvard Business Review* (September 2009), 73 - 80.

35. Eric D. Beinhocker, "Strategy at the Edge of Chaos," *McKinsey Quarterly* (Winter 1997), 25 - 39.

三十四　社会的挑战

1. James A. C. Brown, *The Social Psychology of Industry* (London: Penguin Books, 1954).

2. Douglas McGregor. *The Human Side of Enterprise* (New York: McGraw-

Hill, 1960）. 还可参见 Gary Heil, Warren Bennis, and Deborah C. Stephens, *Douglas McGregor Revisited*: *Managing the Human Side of the Enterprise*（New York: Wiley, 2000）。

3. 转引自 David Jacobs, "Book Review Essay: Douglas McGregor? The Human Side of Enterprise in Peril," *Academy of Management Review* 29, no. 2（2004）: 293 – 311.

4. These are discussed below, p. 592.

5. Karl Weick, *The Social Psychology of Organizing*（New York: McGraw Hill, 1979）, 91.

6. Tom Peters, Bob Waterman, and Julian Phillips, "Structure Is Not Organization," *Business Horizons*, June 1980. Peters 的表述出自 Tom Peters, "A Brief History of the 7 – S（'McKinsey 7 – S'）Model," January 2011, 参见 http://www.tompeters.com/dispatches/012016.php。

7. Richard T. Pascale and Anthony Athos, *The Art of Japanese Management*: *Applications for American Executives*（New York: Simon & Schuster, 1981）.

8. Kenichi Ohmae, *The Mind of the Strategist*: *The Art of Japanese Business*（New York: McGraw-Hill, 1982）.

9. 书名最初本打算叫作 *The Secrets of Excellence*（卓越的秘密），但麦肯锡公司担心这会让人以为他们在透露客户的秘密。

10. Tom Peters and Robert Waterman, *In Search of Excellence*: *Lessons from America's Best Run Companies*（New York: HarperCollins, 1982）.

11. Tom Peters, "Tom Peters's True Confessions," Fast Company.com, November 30, 2001, http://www.fastcompany.com/magazine/53/peters.html. 关于 Tom Peters, 参见 Stuart Crainer, *The Tom Peters Phenomenon*: *Corporate Man to Corporate Skink*（Oxford: Capstone, 1997）。

12. Peters and Waterman, *In Search of Excellence*, 29.

13. D. Colville, Robert H. Waterman, and Karl E. Weick, "Organization and the Search for Excellence: Making Sense of the Times in Theory and Practice," *Organization* 6, no. 1（February 1999）: 129 – 148.

14. Daniel Carroll, "A Disappointing Search for Excellence," *Harvard*

Business Review, November-December 1983, 78 – 88.

15. "Oops. Who's Excellent Now?" *Business Week*, November 5, 1984. 这本书里确实提到，"卓越公司中的大多数不会永远保持上升势头"(pp. 109 – 10)，但有一些公司确实表现出了惊人的韧性。
16. Tom Peters, *Liberation Management: Necessary Disorganization for the Nanosecond Nineties* (New York: A. A. Knopf, 1992).
17. Tom Peters, *Re-Imagine! Business Excellence in a Disruptive Age* (New York: DK Publishing, 2003), 203.
18. "Guru: Tom Peters," *The Economist*, March 5, 2009. Tom Peters with N. Austin, *A Passion for Excellence: The Leadership Difference* (London: Collins, 1985); *Thriving on Chaos: Handbook for a Management Revolution* (New York: Alfred A. Knopf, 1987).
19. Stewart, *The Management Myth*, 234.
20. "Peter Drucker, the Man Who Changed the World," *Business Review* Weekly, September 15, 1997, 49.
21. C. K. Prahalad and G. Hamel, "Strategic Intent," *Harvard Business Review* (May-June 1989), 63 – 76.
22. C. K. Prahalad and G. Hamel, "The Core Competence of the Corporation," *Harvard Business Review* (May-June 1990), 79 – 91.
23. C. K. Prahalad and G. Hamel, "Strategy as a Field of Study: Why Search for a New Paradigm?" *Strategic Management Journal* 15, issue supplement S2 (Summer 1994): 5 – 16.
24. Gary Hamel, "Strategy as Revolution," *Harvard Business Review* (July-August 1996), 69.
25. 同上，78。
26. Gary Hamel, *Leading the Revolution: How to Thrive in Turbulent Times by Making Innovation a Way of Life* (Cambridge, MA: Harvard Business School Press, 2000).
27. 明茨伯格多少有点幸灾乐祸地将哈默尔对安然董事长 Kenneth Lay 所做的令人尴尬的采访收入了 *Strategy Bites Back*。
28. 哈默尔不是唯一一个认定安然公司是未来企业典范的作者。*The Financial Times* 于 2001 年 12 月 4 日评论说："不同古鲁们的书都对这家公司另眼相看，把它树立为有效管理的榜样，认为它将

LEADING THE REVOLUTION（《引领革命》）（Gary Hamel，2000），践行 CREATIVE DESTRUCTION（《创造性破坏》）（Richard Foster and Sarah Kaplan，2001），想出 STRATEGY THROUGH SIMPLE RULES（《规则简单的战略》）（Kathy Eisenhardt and Donald Sull，2001），打赢 WAR FOR TALENT（《人才争夺战》）（Ed Michaels，1998），并且指明 ROAD TO THE NEXT ECONOMY（《通往新经济之路》）（James Critin，原定发表于 2002 年 2 月，现在看到的可能是改写过的）。"

29. Gary Hamel, *The Future of Management* (Cambridge, MA: Harvard Business School Press, 2007), 14.
30. 同上，62。
31. Gary Hamel, *What Matters Now: How to Win in a World of Relentless Change, Ferocious Competition, and Unstoppable Innovation* (San Francisco: Jossey-Bass, 2012).
32. Scott Adams, *The Dilbert Principle* (New York: Harper Collins, 1996), 153, 296. 描述该战略的连环漫画可参见 http://www.dilbert.com/strips/。

三十五　计划型战略或应变型战略

1. Henry Mintzberg and James A. Waters, "Of Strategies, Deliberate and Emergent," *Strategic Management Journal* 6, no. 3 (July-September 1985): 257 - 272.
2. Ed Catmull, "How Pixar Fosters Collective Creativity," *Harvard Business Review*, September 2008.
3. Henry Mintzberg, "Rebuilding Companies as Communities," *Harvard Business Review*, July-August 2009, 140 - 143.
4. Peter Senge, *The Fifth Discipline: The Art and Practice of the Learning Organization* (New York: Doubleday, 1990).
5. Daniel Quinn Mills and Bruce Friesen, "The Learning Organization," *European Management* Journal 10, no. 2 (June 1992): 146 - 156.
6. Charles Handy, "Managing the Dream," in S. Chawla and J. Renesch, eds., *Learning Organizations* (Portland, OR: Productivity Press,

1995), 46, 转引自 Michaela Driver, "The Learning Organization: Foucauldian Gloom or Utopian Sunshine?" *Human Relations* 55 (2002): 33 - 53。

7. Robert C. H. Chia and Robin Holt, *Strategy Without Design: The Silent Efficacy of Indirect Action* (Cambridge: Cambridge University Press, 2009), 203.

8. 虽然有李德·哈特（间接方法的倡导者）和卢特瓦克（将战略视为矛盾体）帮忙，而且两人都明确反对采用直接、正面的方法，但他们都不认为军事胜利能靠毫无目的性的行动实现，因为他们很清楚一支军队中的每个个体在身处险境时的表现（行动没有任何方向，可能会投降，也可能会开小差）。在战争中运用间接战略需要富于想象力的领导艺术，以及在实施可能具有很大风险的迂回作战之前认清敌人意图的能力。

9. Chia and Holt, *Strategy Without Design*, xi.

10. Jeffrey Pfeffer, *Managing with Power: Politics and Influence in Organizations* (Boston: Harvard Business School Press, 1992). 他将权力定义为"影响行为、改变事件进程、克服阻力以及让人们做他们不会做的事的潜在能力", 30。

11. Jeffrey Pfeffer, *Power: Why Some People Have It—and Others Don't* (New York: HarperCollins, 2010), 11. 对组织政治的最好且最有趣的理解指南是 F. M. Cornford, *Microcosmographia Academica: Being a Guide for the Young Academic Politician* (London: Bowes & Bowes, 1908)。

12. Helen Armstrong, "The Learning Organization: Changed Means to an Unchanged End," *Organization* 7, no. 2 (2000): 355 - 361.

13. John Coopey, "The Learning Organization, Power, Politics and Ideology," *Management Learning* 26, no. 2 (1995): 193 - 214.

14. David Knights and Glenn Morgan, "Corporate Strategy, Organizations, and Subjectivity: A Critique," *Organization Studies* 12, no. 2 (1991): 251.

15. Stewart Clegg, Chris Carter, and Martin Kornberger, "Get Up, I Feel Like Being a Strategy Machine," *European Management Review* 1, no. 1 (2004): 21 - 28.

16. Stephen Cummings and David Wilson, eds., *Images of Strategy* (Oxford: Blackwell, 2003), 3. 他们认为："一个好的战略，无论直白还是含蓄，都应该能为公司确定方向并赋予它活力。"
17. Peter Franklin, "Thinking of Strategy in a Postmodern Way: Towards an Agreed Paradigm," Parts 1 and 2, *Strategic Change* 7 (September-October 1998), 313 - 332 and (December 1998), 437 - 448.
18. Donald Hambrick and James Frederickson, "Are You Sure You Have a Strategy?" *Academy of Management Executive* 15, no. 4 (November 2001): 49.
19. John Kay, *The Hare & The Tortoise: An Informal Guide to Business Strategy* (London: The Erasmus Press, 2006), 31.
20. "Instant Coffee as Management Theory," *Economist* 25 (January 1997): 57.
21. Eric Abrahamson, "Management Fashion," *Academy of Management Review* 21, no. 1 (1996): 254 - 285.
22. Jane Whitney Gibson and Dana V. Tesone, "Management Fads: Emergence, Evolution, and Implications for Managers," *The Academy of Management Executive* 15, no. 4 (2001): 122 - 133.
23. "呆伯特"中有个例子：在主管得知他可以通过统计回头客的数量来衡量自己的业绩后，他骄傲地上报称："每名顾客基本上都会在购买第一件商品后的三个月内购买第二件！"当被问到他是否"算上了保修更换的数量"时，他又回答说，"呃，那么说来，我们看起来没那么好。" Adams, *The Dilbert Principle*, 158.
24. R. S. Kaplan and D. P. Norton, "The Balanced Scorecard: Measures that Drive Performance," *Harvard Business Review* 70 (Jan-Feb 1992): 71 - 79, and "Putting the Balanced Scorecard to Work," *Harvard Business Review* 71 (Sep-Oct 1993): 134 - 147. Stephen Bungay, *The Art of Action: How Leaders Close the Gaps Between Plans, Actions and Results* (London: Nicholas Brealey, 2011), 207 - 214.
25. Paula Phillips Carson, Patricia A. Lanier, Kerry David Carson, and Brandi N. Guidry, "Clearing a Path Through the Management Fashion Jungle: Some Preliminary Trailblazing," *The Academy of Management Journal* 43, no. 6 (December 2000): 1143 - 1158.

26. Barry M. Staw and Lisa D. Epstein, "What Bandwagons Bring: Effects of Popular Management Techniques on Corporate Performance, Reputation, and CEO Pay," *Administrative Science Quarterly* 45, no. 3 (September 2000): 523 – 556.
27. Keith Grint, "Reengineering History," 193 (参见 chap. 33, n. 20)。
28. Guillermo Armando Ronda-Pupo and Luis Angel Guerras-Martin, "Dynamics of the Evolution of the Strategy Concept 1992 – 2008: A Co-Word Analysis," *Strategic Management Journal* 33 (2011): 162 – 188. 他们的一致定义是:"在公司与其所处环境关系的动态变化中,为实现公司目标和(或)通过合理利用资源提高绩效而采取的必要行动。"这个定义还没有流行起来。
29. Damon Golskorkhi, Linda Rouleau, David Seidl, and Erro Vaara, eds., "Introduction: What Is Strategy as Practice?" *Cambridge Handbook of Strategy as Practice* (Cambridge, UK: Cambridge University Press, 2010), 13.
30. Paula Jarzabkowski, Julia Balogun, and David See, "Strategizing: The Challenge of a Practice Perspective," *Human Relations* 60, no. 5 (2007): 5 – 27. 公平地说,这个词至少自二十世纪七十年代起就已经存在了。
31. Richard Whittington, "Completing the Practice Turn in Strategy Research," *Organization Studies* 27, no. 5 (May 2006): 613 – 634. (注意头韵的妙处)
32. Ian I. Mitroff and Ralph H. Kilmann, "Stories Managers Tell: A New Tool for Organizational Problem Solving," *Management Review* 64, no. 7 (July 1975): 18 – 28; Gordon Shaw, Robert Brown, and Philip Bromiley, "Strategic Stories: How 3M Is Rewriting Business Planning," *Harvard Business Review* (May-June 1998), 41 – 48.
33. Jay A. Conger, "The Necessary Art of Persuasion," *Harvard Business Review* (May-June 1998), 85 – 95.
34. Lucy Kellaway, *Sense and Nonsense in the Office* (London: Financial Times: Prentice Hall, 2000), 19.
35. Karl E. Weick, *Sensemaking in Organizations* (Thousand Oaks, CA: Sage, 1995), 129.

36. Valérie-Inès de la Ville and Elèonore Mounand, “A Narrative Approach to Strategy as Practice: Strategy Making from Texts and Narratives,” in Golskorkhi, Rouleau, Seidl, and Vaara, eds., *Cambridge Handbook of Strategy as Practice*, 13.
37. David M. Boje, “Stories of the Storytelling Organization: A Postmodern Analysis of Disney as ‘Tamara-Land,’” *Academy of Management Journal* 38, no. 4 (August 1995): 997 - 1035.
38. Karl E. Weick, *Making Sense of the Organization* (Oxford: Blackwell, 2001), 344 - 345. 此事在他开始于 1982 年的研究中出现过多个版本。
39. Mintzberg et al., *Strategy Safari*, 160（参见 chap. 30, n. 29）。
40. 这招致了人们对瓢窃行为的指责。Thomas *Basbøll* and Henrik Graham, “Substitutes for Strategy Research: Notes on the Source of Karl Weick's Anecdote of the Young Lieutenant and the Map of the Pyrenees,” *Ephemera: Theory & Politics in Organization* 6, no. 2 (2006): 194 - 204.
41. Richard T. Pascale, “Perspectives on Strategy: The Real Story Behind Honda's Success,” *California Management Review* 26 (1984): 47 - 72. *The California Management Review* 38, no. 4（1996）举办了一场圆桌会来讨论此事的意义，成果包括：Michael Goold (author of the original BCG report), “Learning, Planning, and Strategy: Extra Time”; Richard T. Pascale, “Reflections on Honda”; Richard P. Rumelt, “The Many Faces of Honda”; and Henry Mintzberg, “Introduction” and “Reply to Michael Goold.” 帕斯卡莱对英国政府委托波士顿咨询公司（BCG）完成的一份报告提出质疑，该报告分析了曾经占据市场主导地位的英国摩托车产业急速衰落的原因。BCG 将其归咎于“片面追求短期利润”，同时阐释了日本成功培育出巨大的小型摩托车国内市场的经验。这意味成本要低，所以当他们决定出口小型摩托车时，只适合生产大型摩托车的英国公司根本无力与之竞争。本田实现了惊人的规模经济：每名工人每年生产大约 200 辆摩托车，相比之下，英国只有 14 辆。Boston Consulting Group, *Strategy Alternatives for the British Motorcycle Industry*, 2 vols. (London: Her Majesty's Stationery Office, 1975).

42. Henry Mintzberg, "Crafting Strategy," *Harvard Business Review* (July-August 1987), 70.
43. Andrew Mair, "Learning from Japan: Interpretations of Honda Motors by Strategic Management Theorists," *Nissan Occasional Paper Series* No. 29, 1999, 参见 http://www. nissan. ox. ac. uk/_ data/assets/pdf_ file/0013/11812/NOPS29. pdf。较短的版本见于 Andrew Mair, "Learning from Honda," *Journal of Management Studies* 36, no. 1 (January 1999): 25-44.
44. Jeffrey Alexander, *Japan's Motorcycle Wars: An Industry History* (Vancouver: UBC Press, 2008).
45. Mair, "Learning from Japan," 29-30. 对这场辩论的回顾见于 Christopher D. McKenna, "Mementos: Looking Backwards at the Honda Motorcycle Case, 2003-1973," in Sally Clarke, Naomi R. Lamoreaux, and Steven Usselman, eds., *The Challenge of Remaining Innovative: Lessons from Twentieth Century American Business* (Palo Alto: Stanford University Press, 2008).
46. Phil Rosenzweig, *The Halo Effect* (New York: The Free Press, 2007).
47. John Kay, *The Hare & The Tortoise*, 33, 70, 158, 160.
48. Stephen Bungay, *The Art of Action: How Leaders Close the Gap Between Plans, Actions and Results* (London: Nicholas Brealey, 2011).
49. A. G. Laffley and Roger Martin, *Playing to Win: How Strategy Really Works* (Cambridge, MA: Harvard Business Review Press, 272), 214-215.
50. Richard Rumelt, *Good Strategy, Bad Strategy: The Difference and Why It Matters* (London: Profile Books, 2011), 77, 106, 111.
51. 同上，32。"没有价值的东西"涉及为拔高浅显道理的重要性而用一些新词对其所做的无聊重述，或是对深刻事物的晦涩解释。它反映了一种把每个具有肯定含义的抽象名词串在一起的癖好。鲁梅尔对学术界提出批评，因为学术作者常常通过玩弄抽象概念让自己显得比实际更聪明，而且这些概念可能需要不断用实例加以解读。
52. 同上，58。

三十六　理性选择的极限

1. 转引自 Paul Hirsch, Stuart Michaels, and Ray Friedman, " 'Dirty Hands' versus 'Clean Models': Is Sociology in Danger of Being Seduced by Economics," *Theory and Society* 16 (1987): 325。
2. Emily Hauptmann, "The Ford Foundation and the Rise of Behavioralism in Political Science," *Journal of the History of the Behavioral Sciences* 48, no. 2 (2012): 154 – 173.
3. S. M. Amadae, *Rationalising Capitalist Democracy: The Cold War Origins of Rational Choice Liberalism* (Chicago: University of Chicago Press, 2003), 3.
4. Martin Hollis and Robert Sugden, "Rationality in Action," *Mind* 102, no. 405 (January 1993): 2.
5. Richard Swedberg, "Sociology and Game Theory: Contemporary and Historical Perspectives," *Theory and Society* 30 (2001): 320.
6. William Riker, "The Entry of Game Theory into Political Science," in Roy Weintraub, ed., *Toward a History of Game Theory*, 208 – 210 (参见 chap. 12, n. 19).
7. S. M. Amadae and Bruce Bueno de Mesquita, "The Rochester School: The Origins of Positive Political Theory," *Annual Review of Political Science* 2 (1999): 276.
8. 同上，282，291。
9. 参见 Ronald Terchek, "Positive Political Theory and Heresthetics: The Axioms and Assumptions of William Riker," *The Political Science Reviewer*, 1984, 62. On Riker 还可参见 Albert Weale, "Social Choice versus Populism? An Interpretation of Riker's Political Theory," *British Journal of Political Science* 14, no. 3 (July 1984): 369 – 385; Iain McLean, "William H. Riker and the Invention of Heresthetic (s)," *British Journal of Political Science* 32, no. 3 (July 2002): 535 – 558。
10. Jonathan Cohn, "The Revenge of the Nerds: Irrational Exuberance: When Did Political Science Forget About Politics," *New Republic*, October 15, 1999.

11. William Riker and Peter Ordeshook, *An Introduction to Positive Political Theory* (Englewood Cliffs: Prentice-Hall, 1973), 24.
12. Richard Langlois, "Strategy as Economics versus Economics as Strategy," *Managerial and Decision Economics* 24, no. 4 (June-July 2003): 287.
13. Donald P. Green and Ian Shapiro, *Pathologies of Rational Choice Theory: A Critique of Applications in Political Science* (New Haven, CT: Yale University Press, 1996), X. 对它的反驳见于 Jeffery Friedman, ed., "Rational Choice Theory and Politics," *Critical* Review 9, no. 1 – 2 (1995)。
14. Stephen Walt, "Rigor or Rigor Mortis? Rational Choice and Security Studies," *International Security* 23, no. 4 (Spring 1999): 8.
15. Dennis Chong 转引自 Cohn, *The Revenge of the Nerds.*
16. William A. Gamson, "A Theory of Coalition Formation," *American Sociological Review* 26, no. 3 (June 1961): 373 – 382.
17. William Riker, *The Theory of Political Coalitions* (New Haven, CT: Yale University Press, 1963).
18. William Riker, "Coalitions. I. The Study of Coalitions," in David L. Sills, ed., *International Encyclopedia of the Social Sciences*, vol. 2 (New York: The Macmillan Company, 1968), 527. 转引自 Swedberg, *Sociology and Game Theory*, 328.
19. Riker, *Theory of Political Coalitions*, 22.
20. Mancur Olson, *The Logic of Collective Action: Public Goods and the Theory of Groups* (Cambridge, MA: Harvard University Press, 1965); Iain McLean, "Review Article: The Divided Legacy of Mancur Olson," *British Journal of Political Science* 30, no. 4 (October 2000), 651 – 668.
21. Mancur Olson and Richard Zeckhauser, "An Economic Theory of Alliances," *The Review of Economics and Statistics* 48, no. 3 (August 1966): 266 – 279.
22. Avinash K. Dixit and Barry J. Nalebuff, *The Art of Strategy: A Game Theorist's Guide to Success in Business and Life* (New York: W. W. Norton, 2008), x.
23. Anatol Rapoport, *Strategy and Conscience* (New York: Harper & Row,

1964）. 有关谢林的回应，参见他的评论，The American Economic Review，LV（December 1964），1082 - 1088.

24. Robert Axelrod，*The Evolution of Cooperation*（New York：Basic Books，1984），177. 这段插曲见于 Mirowski，*Machine Dreams*，参见 Chapter 12，n. 11，484 - 487。

25. Dennis Chong，*Collective Action and the Civil Rights Movement*（Chicago：University of Chicago Press，1991），231 - 237.

26. Robert Jervis，"Realism，Game Theory and Cooperation，" *World Politics* 40，no. 3（April 1988）：319. 还可参见 Robert Jervis，"Rational Deterrence：Theory and Evidence，" *World Politics* 41，no. 2（January 1989）：183 - 207。

27. Herbert Simon，"Human Nature in Politics，The Dialogue of Psychology with Political Science，" *American Political Science Review* 79，no. 2（June 1985）：302.

28. Albert Weale，"Social Choice versus Populism?"，379.

29. William H. Riker，"The Heresthetics of Constitution-Making：The Presidency in 1787，with Comments on Determinism and Rational Choice，" *The American Political Science Review* 78，no. 1（March 1984）：1 - 16.

30. Simon，"Human Nature in Politics，" 302.

31. Amadae and Bueno de Mesquita，"The Rochester School."

32. William Riker，*The Art of Political Manipulation*（New Haven，CT：Yale University Press，1986），ix.

33. William Riker，*The Strategy of Rhetoric*（New Haven，CT：Yale University Press，1996），4.

三十七　超越理性选择

1. 引用于 Martin Hollis and Robert Sugden，"Rationality in Action，" *Mind* 102，no. 405（January 1993）：3。

2. Anthony Downs，*An Economic Theory of Democracy*（New York：Harper & Row，1957），5.

3. Riker，*The Theory of Political Coalitions*，20（参见 chap. 36，n. 17）.

4. 参见 pp. 153 - 154。
5. Brian Forst and Judith Lucianovic, "The Prisoner's Dilemma: Theory and Reality," *Journal of Criminal Justice* 5 (1977): 55 - 64.
6. 例如，纳莱巴夫和布兰登伯格承认，"简单的教科书提供的只是对'理性人'的看法，不能很好地适用于混乱无常的真实商业世界。但这是教科书本身的问题"。在纳莱巴夫和布兰登伯格看来，一个理性的人会依靠他的感性认识"尽他所能把事情做好"，这种感性认识取决于可用信息的数量以及他对各种结果的估计。也就是说，要记着从多重视角来看一场博弈。他们的结论就是，"对于我们而言，人们是否理性在很大程度上是个无关紧要的问题"。本书提供了一些让人耳目一新的东西。这本书据称代表了面向更广大商业读者的博弈论，它明目张胆地回避了影响其分析方法并可能限制其应用范围的基本概念性问题。Nalebuff and Brandenburger, *Co-Opetition*, 56 - 58.
7. Introduction in Jon Elster, ed., *Rational Choice* (New York: New York University Press, 1986), 16. Green and Shapiro, *Pathologies of Rational Choice Theory*, 20（参见 chap. 36, n. 13）引用埃尔斯特的观点证明了严格的标准给研究者带来的负担。埃尔斯特是一位理性选择理论的早期倡导者，但后来失去了吸引力。
8. 关于个人在运用形式推理和理解统计方法方面的无能为力，参见 John Conlisk, "Why Bounded Rationality?" *Journal of Economic Literature* 34, no. 2 (June 1996): 670.
9. Faruk Gul and Wolfgang Pesendorfer, "The Case for Mindless Economics," in A. Caplin and A. Shotter, eds., *Foundations of Positive and Normative Economics* (Oxford: Oxford University Press, 2008).
10. Khurana, *From Higher Aims to Higher Hands*, 参见 Chapter 32, n. 10, 284 - 285.
11. Herbert A. Simon, "A Behavioral Model of Rational Choice," *Quarterly Journal of Economics* 69, no. 1 (February 1955): 99 - 118. 还可参见 "Information Processing Models of Cognition," *Annual Review of Psychology* 30, no. 3 (February 1979): 363 - 396. Herbert A. Simon and William G. Chase, "Skill in Chess," *American Scientist* 61, no. 4 (July 1973): 394 - 403。
12. Amos Tversky and Daniel Kahneman, "Judgment Under Uncertainty:

Heuristics and Biases," *Science* 185, no. 4157 (September 1974): 1124. 还可参见 Daniel Kahneman, "A Perspective on Judgment and Choice: Mapping Bounded Rationality," *American Psychologist* 56, no. 9 (September 2003): 697 – 720。

13. "IRRATIONALITY: Rethinking thinking," *The Economist*, December 16, 1999, 参见 http://www.economist.com/node/268946。

14. Amos Tversky and Daniel Kahneman, "The Framing of Decisions and the Psychology of Choice," *Science* 211, no. 4481 (1981): 453 – 458; "Rational Choice and the Framing of Decisions," *Journal of Business* 59, no. 4, Part 2 (October 1986): S251 – S278.

15. Richard H. Thaler, "Toward a Positive Theory of Consumer Choice," *Journal of Economic Behavior and Organization* 1, no. 1 (March 1980): 36 – 90; "Mental Accounting and Consumer Choice," *Marketing Science* 4, no. 3 (Summer 1985): 199 – 214.

16. Joseph Henrich, Steven J. Heine, and Ara Norenzayan, "The Weirdest People in the World?" *Behavioral and Brain Sciences*, 2010, 1 – 75.

17. Chris D. Frith and Tania Singer, "The Role of Social Cognition in Decision Making," *Philosophical Transactions of the Royal Society* 363, no. 1511 (December 2008): 3875 – 3886; Colin Camerer and Richard H. Thaler, "Ultimatums, Dictators and Manners," *Journal of Economic Perspectives* 9, no. 2: 209 – 219; A. G. Sanfey, J. K. Rilling, J. A. Aronson, L. E. Nystrom, and J. D. Cohen, "The Neural Basis of Economic Decisionmaking in the Ultimatum Game," *Science* 300, no. 5626 (2003): 1755 – 1758. 有关调查参见 Angela A. Stanton, *Evolving Economics: Synthesis*, April 26, 2006, Munich Personal RePEc Archive, Paper No. 767, posted November 7, 2007, 参见 http://mpra.ub.uni-muenchen.de/767/。

18. Robert Forsythe, Joel L. Horowitz, N. E. Savin, and Martin Sefton, "Fairness in Simple Bargaining Experiments," *Game Economics Behavior* 6 (1994): 347 – 369.

19. Elizabeth Hoffman, Kevin McCabe, and Vernon L. Smith, "Social Distance and Other-Regarding Behavior in Dictator Games," *American Economic Review* 86, no. 3 (June 1996): 653 – 660.

20. Joseph Patrick Henrich et al., "'Economic Man' in Cross-Cultural Perspective: Behavioral Experiments in 15 Small-Scale Societies," *Behavioral Brain Science* 28 (2005): 813.
21. Stanton, Evolving Economics, 10.
22. Martin A. Nowak and Karl Sigmund, "The Dynamics of Indirect Reciprocity," *Journal of Theoretical Biology* 194 (1998): 561–574.
23. 利他惩罚已经被证明在维护群体合作方面发挥了至关重要的作用。参见 Herbert Gintis, "Strong Reciprocity and Human Sociality," *Journal of Theoretical Biology* 206, no. 2 (September 2000): 169–179。
24. Mauricio R. Delgado, "Reward-Related Responses in the Human Striatum," *Annals of the New York Academy of Sciences* 1104 (May 2007): 70–88.
25. Fabrizio Ferraro, Jeffrey Pfeffer, and Robert I. Sutton, "Economics, Language and Assumptions: How Theories Can Become Self-Fulfilling," *The Academy of Management Review* 30, no. 1 (January 2005): 14–16; Gerald Marwell and Ruth E. Ames, "Economists Free Ride, Does Anyone Else? Experiments on the Provision of Public Goods," *Journal of Public Economics* 15 (1981): 295–310.
26. Dale T. Miller, "The Norm of Self-Interest," *American Psychologist* 54, no. 12 (December 1999): 1055, 转引自 Ferraro et al., "Economics, Language and Assumptions," 14.
27. "Economics Focus: To Have and to Hold," *The Economist*, August 28, 2003, 参见 http://www.economist.com/node/2021010.
28. Alan G. Sanfey, "Social Decision-Making: Insights from Game Theory and Neuroscience," *Science* 318 (2007): 598.
29. 参见 Guido Möllering, "Inviting or Avoiding Deception Through Trust: Conceptual Exploration of an Ambivalent Relationship," *MPIfG Working Paper* 08/1, 2008, 6。
30. Rachel Croson, "Deception in Economics Experiments," in Caroline Gerschlager, ed., *Deception in Markets: An Economic Analysis* (London: Macmillan, 2005), 113.
31. Erving Goffman, *The Presentation of Self in Everyday Life* (New York: Doubleday, 1959), 83–84. 研究骗术的学者曾试图恢复使用一个古

老的词 paltering，其含义是敷衍了事或误导他人，通过“捏造、扭曲、掩盖、篡改、引申、歪曲、夸大、误传、粉饰和选择性报告”给人造成错觉。Frederick Schauer and Richard Zeckhauser, “Paltering,” in Brooke Harrington, ed., *Deception: From Ancient Empires to Internet Dating* (Stanford: Stanford University Press, 2009), 39.

32. Uta Frith and Christopher D. Frith, “Development and Neurophysiology of Mentalizing,” *Philosophical Transactions of the Royal Society*, London 358, no. 1431 (March 2003): 459 – 473. 研究发现，一个人对他人痛苦的反应和对自身痛苦的反应产生于其大脑的同一个区域。但一个人自身的痛苦会促使其采取某些应对措施，而且这需要激活大脑的其他部分。它也许是进化过程的遗产，即通过审视他人可以发现有关自身感受的重要线索。面对他人时，自身会意识到即将发生的危险。T. Singer, B. Seymour, J. O'Doherty, H. Kaube, R. J. Dolan, and C. D. Frith, “Empathy for Pain Involves the Affective but Not Sensory Components of Pain,” *Science* 303, no. 5661 (February 2004): 1157 – 1162; Vittorio Gallese, “The Manifold Nature of Interpersonal Relations: The Quest for a Common Mechanism,” *Philosophical Transactions of the Royal Society*, London 358, no. 1431 (March 2003): 517; Stephany D. Preston and Frank B. M. de-Waal, “Empathy: the Ultimate and Proximate Bases,” *Behavioral and Brain Scences* 25 (2002): 1.

33. R. P. Abelson, “Are Attitudes Necessary?” in B. T. King and E. McGinnies, eds., *Attitudes, Conflict, and Social Change* (New York: Academic Press, 1972), 19 – 32, 转引自 Ira J. Roseman and Stephen J. Read, “Psychologist at Play: Robert P. Abelson's Life and Contributions to Psychological Science,” *Perspectives on Psychological Science* 2, no. 1 (2007): 86 – 97。

34. R. C. Schank and R. P. Abelson, *Scripts, Plans, Goals and Understanding: An Inquiry into Human Knowledge Structures* (Hillsdale, NJ: Erlbaum, 1977).

35. R. P. Abelson, “Script Processing in Attitude Formation and Decision-making,” in J. S. Carroll and J. W. Payne, eds., *Cognition and Social Behavior* (Hillsdale, NJ: Erlbaum, 1976).

36. M. Lyons, T. Caldwell, and S. Shultz, "Mind-Reading and Manipulation—Is Machiavellianism Related to Theory of Mind?" *Journal of Evolutionary Psychology* 8, no. 3 (September 2010): 261 – 274.
37. Mirowski, *Machine Dreams*, 424.
38. Alan Sanfey, "Social Decision-Making: Insights from Game Theory and Neuroscience," *Science* 318, no. 5850 (October 2007): 598 – 602.
39. Stephen Walt, "Rigor or Rigor Mortis?" (参见 chap. 36, n. 14)。
40. Jonah Lehrer, *How We Decide* (New York: Houghton Mifflin Harcourt, 2009), 227.
41. George E. Marcus, "The Psychology of Emotion and Passion," in David O. Sears, Leonie Huddy, and Robert Jervis, eds., *Oxford Handbook of Political Psychology* (Oxford: Oxford University Press, 2003), 182 – 221.
42. 系统 1 和系统 2 的名称出自 Keith Stanovich and Richard West, "Individual Differences in Reasoning: Implications for the Rationality Debate," *Behavioral and Brain Sciences* 23 (2000): 645 – 665。丹尼尔·卡尼曼曾在他的著作 *Thinking Fast and Slow* (London: Penguin Books, 2011) 中推介这个术语。J. St. B. T. Evans, "In Two Minds: Dual-Process Accounts of Reasoning," *Trends in Cognition Science* 7, no. 10 (October 2003): 454 – 459; "Dual-Processing Accounts of Reasoning, Judgment and Social Cognition," *The Annual Review of Psychology* 59 (January 2008): 255 – 278.
43. Andreas Glöckner and Cilia Witteman, "Beyond Dual-Process Models: A Categorisation of Processes Underlying Intuitive Judgement and Decision Making," *Thinking & Reasoning* 16, no. 1 (2009): 1 – 25.
44. Daniel Kahneman, *Thinking Fast and Slow*, 42.
45. Alan G. Sanfey et al., "Social Decision-Making," 598 – 602.
46. Colin F. Camerer and Robin M. Hogarth, "The Effect of Financial Incentives," *Journal of Risk and Uncertainty* 19, no. 1 – 3 (December 1999): 7 – 42.
47. Jennifer S. Lerner and Philip E. Tetlock, "Accounting for the Effects of Accountability," *Psychological Bulletin* 125, no. 2 (March 1999): 255 – 275.

48. Daniel Kahneman, Peter P. Wakker, and Rakesh Sarin, "Back to Bentham? Explorations of Experienced Utility," *The Quarterly Journal of Economics* 112, no. 2 (May 1997): 375 – 405; Daniel Kahneman, "A Psychological Perspective on Economics," *American Economic Review: Papers and Proceedings* 93, no. 2 (May 2003): 162 – 168.
49. J. K. Rilling, A. L. Glenn, M. R. Jairam, G. Pagnoni, D. R. Goldsmith, H. A. Elfenbein, and S. O. Lilienfeld, "Neural Correlates of Social Cooperation and Noncooperation as a Function of Psychopathy," *Biological Psychiatry* 61 (2007): 1260 – 1271.
50. Philip Tetlcok, *Expert Political Judgement* (Princeton, NJ: Princeton University Press, 2006), 23.
51. Alan N. Hampton, Peter Bossaerts, and John P. O' Doherty, "Neural Correlates of Mentalizing-Related Computations During Strategic Interactions in Humans," *The National Academy of Sciences of the USA* 105, no. 18 (May 6, 2008): 6741 – 6746; Sanfey et al., *Social Decision-Making*, 598.
52. David Sally, "Dressing the Mind Properly for the Game," *Philosophical Transactions of the Royal Society London B 358*, no. 1431 (March 2003): 583 – 592.

三十八　故事和剧本

1. Charles Lindblom, "The Science of 'Muddling Through,'" *Public Administration Review* 19, no. 2 (Spring 1959): 79 – 88.
2. Gordon Wood, "History Lessons," *New York Review of Books*, March 29, 1984, p. 8 (Review of Barbara Tuchman's *March of Folly*).
3. 1957 年 11 月 14 日在华盛顿特区国防行政准备会议（National Defense Executive Reserve Conference）上的演讲，参见 *Public Papers of the Presidents of the United States, Dwight D. Eisenhower*, 1957 (National Archives and Records Service, Government Printing Office), p. 818. 他当时提到，"所谓'紧急事态'就是意想不到的事态，所以它不会按照你规划的方式发生"。
4. Hew Strachan, "The Lost Meaning of Strategy," *Survival* 47, no. 3

(2005): 34.

5. Timothy Crawford, "Preventing Enemy Coalitions: How Wedge Strategies Shape Power Politics," *International Security* 35, no. 4 (Spring 2011): 189.
6. Jon T. Sumida, "The Clausewitz Problem," *Army History* (Fall 2009), 17 – 21.
7. Isaiah Berlin, "On Political Judgment," *New York Review of Books* (October 3, 1996).
8. Bruce Kuklick, *Blind Oracles: Intellectuals and War from Kennan to Kissinger* (Princeton, NJ: Princeton University Press, 2006), 16.
9. Hannah Arendt, *The Human Condition*, 2nd revised edition (Chicago: University of Chicago Press, 1999), 200. 首次出版于 1958 年。
10. Steven Lukes, *Power: A Radical View* (London: Macmillan, 1974).
11. Charles Tilly, "The Trouble with Stories," in *Stories, Identities, and Social Change* (New York: Rowman & Littlefield, 2002), 25 – 42.
12. Naomi Lamoreaux, "Reframing the Past: Thoughts About Business Leadership and Decision Making Under Certainty," *Enterprise and Society* 2 (December 2001): 632 – 659.
13. Daniel M. G. Raff, "How to Do Things with Time," *Enterprise and Society* 14, no. 3 (forthcoming, September 2013).
14. Daniel Kahneman, *Thinking Fast and Slow*, 199, 200 – 201 206, 259 (参见 chap. 38, n. 44).
15. Nassim Taleb, *The Black Swan: The Impact of the Highly Improbable* (New York: Random House, 2007), 8.
16. Joseph Davis, ed., *Stories of Change: Narrative and Social Movements* (New York: State University of New York Press, 2002).
17. Francesca Polletta, *It Was Like a Fever*, 参见 Chapter 27, n. 1, 166。
18. Joseph Davis, ed., *Stories of Change: Narrative and Social Movements* (New York: State University of New York Press, 2002).
19. Dennis Gioia and Peter P. Poole, "Scripts in Organizational Behavior," *Academy of Management Review* 9, no. 3 (1984): 449 – 459; Ian Donald and David Canter, "Intentionality and Fatality During the King's Cross Underground Fire," *European Journal of Social Psychology* 22

(1992)：203-218.

20. R. P. Abelson, "Psychological Status of the Script Concept," *American Psychologist* 36 (1981)：715-729.

21. Avner Offer, "Going to War in 1914：A Matter of Honor?" *Politics and Society* 23, no. 2 (1995)：213 - 241. Richard Herrmann 和 Michael Fischerkeller 也在他们的文章 "Beyond the Enemy Image and Spiral Model：Cognitive-Strategic Research After the Cold War," *International Organization* 49, no. 3 (Summer 1995)：415-450 中引入了 "战略剧本" 的观点。但它们的使用不同于被视为 "提供组织全部外交政策行为手段的假设结构" 的剧本。另一种方法参见 James C. Scott, *Domination and the Arts of Resistance*：*Hidden Transcripts* (New Haven, CT：Yale University Press, 1992)。Scott 描述了次级群体如何通过秘密发展 "隐蔽文本" 评论方式，来评判优势群体主推的 "公开文本"。由此，他采用关于范式、做事规则、神话乃至虚假意识的常见论点，通过暗示次级群体并不那么好骗，来对它们提出质疑。

22. Jerome Bruner, "The Narrative Construction of Reality," *Critical Inquiry*, 1991, 4-5, 34.

23. Christopher Fenton and Ann Langley, "Strategy as Practice and the Narrative Turn," *Organization Studies* 32, no. 9 (2011)：1171 - 1196; G. Shaw, R. Brown, and P. Bromiley, "Strategic Stories：How 3M Is Rewriting Business Planning," *Harvard Business Review* (May-June 1998), 41-50.

24. Valérie-Inès de la Ville and Elèonore Mounand, "A Narrative Approach to Strategy as Practice：Strategy-making from Texts and Narratives," in Damon Golskorkhi, et al. eds., *Cambridge Handbook of Strategy as Practice* (chap. 35, n. 29), 13.

25. David Barry and Michael Elmes, "Strategy Retold：Toward a Narrative View of Strategic Discourse," *The Academy of Management Review* 22, no. 2 (April 1997)：437, 430, 432-433.

26. Robert McKee, *Story*, *Substance*, *Structure*, *Style*, *and the Principles of Screenwriting* (London：Methuen, 1997).

27. Aristotle, *Poetics*, http：//classics. mit. edu/Aristotle/poetics. html.

28. Laton McCartney, *The Teapot Dome Scandal*：*How Big Oil Bought the*

Harding White House and Tried to Steal the Country (New York: Random House, 2008).

29. 虽然他是公开支持罗斯福及其新政的首位参议员，但让他出名的却另有其事：到1939年，他已经被看作一名充满斗志的孤立主义者，而且公然指责好莱坞的犹太势力利用电影的影响力挑动人们的好战热情。他在珍珠港事件发生几周前还否认日本的敌对意图。这一背景使他后来有了一个文学化身，成了 Philip Roth 的小说 *The Plot Against America* (New York: Random House, 2004) 中查尔斯·林德伯格 (Charles Lindbergh) 的副总统。

30. Michael Kazin, *American Dreamers* (参见 chap. 25, n. 51), 187; Charles Lindblom and John A. Hall, "Frank Capra Meets John Doe: Anti-politics in American National Identity," in Mette Hjort and Scott Mackenzie, eds., *Cinema and Nation* (New York: Routledge, 2000)。还可参见 Joseph McBride, *Frank Capra* (Jackson: University Press of Mississippi, 2011)。

31. 这个为维护电影特有道德标准而成立的自律性机构针对的主要是电影中的性行为，但布林还对电影实施政治审查，例如反纳粹题材电影至少在1938年以前是禁止拍摄的。

32. Richard Maltby, *Hollywood Cinema* (Oxford: Blackwell, 2003), 278 - 279.

33. Eric Smoodin, "'Compulsory' Viewing for Every Citizen: Mr. Smith and the Rhetoric of Reception," *Cinema Journal* 35, no. 2 (Winter 1996): 3 - 23.

34. Frances Fitzgerald, *Way Out There in the Blue: Reagan, Star Wars and the End of the Cold War* (New York: Simon & Schuster, 2000), 27 - 37.

35. 最初的剧本可参见 http://www.dailyscript.com/scripts/MrSmithGoesToWashington.txt。

36. Michael P. Rogin and Kathleen Moran, "Mr. Capra Goes to Washington," *Representations*, no. 84 (Autumn 2003): 213 - 248.

37. Christopher Booker, *The Seven Basic Plots: Why We Tell Stories* (New York: Continuum, 2004).

索　引

图书在版编目（CIP）数据

战略：一部历史：全2册 / （英）劳伦斯·弗里德曼（Lawrence Freedman）著；王坚，马娟娟译. --北京：社会科学文献出版社，2016.11（2021.9重印）

书名原文：Strategy：A History

ISBN 978-7-5097-9822-5

Ⅰ.①战… Ⅱ.①劳… ②王… ③马… Ⅲ.①世界史-通俗读物 Ⅳ.①K109

中国版本图书馆CIP数据核字（2016）第245715号

战略：一部历史（上下册）

著　　者 / ［英］劳伦斯·弗里德曼（Lawrence Freedman）
译　　者 / 王　坚　马娟娟

出 版 人 / 王利民
项目统筹 / 段其刚　董风云
责任编辑 / 周方茹　张金勇

出　　版 / 社会科学文献出版社·甲骨文工作室（分社）（010）59366527
地址：北京市北三环中路甲29号院华龙大厦　邮编：100029
网址：www.ssap.com.cn
发　　行 / 市场营销中心（010）59367081　59367083
印　　装 / 三河市东方印刷有限公司

规　　格 / 开　本：889mm × 1194mm　1/32
印　张：31.75　字　数：727千字
版　　次 / 2016年11月第1版　2021年9月第7次印刷
书　　号 / ISBN 978-7-5097-9822-5
著作权合同登记号 / 图字01-2014-1569号
定　　价 / 148.00元（上下册）

本书如有印装质量问题，请与读者服务中心（010-59367028）联系